LANDMANN/ROHMER, UMWELTR

Anweisung zum Einordnen der 98. Ergänzungslieferung (Stand: April

Herauszunehmen:	Zahl der Blätter	Einzufügen:	der Blätter
	Band I		
Titelblatt (Band I)–**Geleitwort**	2	**Titelblatt** (Band I)–**Geleitwort**	2
Inhalt 1–10	9	**Inhalt** 1–12	6
Bearbeiter 1-3a	2	**Bearbeiter** 1-3a	2
5/6	1	5/6	1
UVPG 1 § 24 1–4	2	**UVPG 1 § 24** 1–14	7
§ 25 1/2	1	**§ 25** 1–22	11
§ 43 1/2	1	**§ 43** 1–8	4
§ 51 1/2	1	**§ 51** 1–20	10
§ 65 1–**§ 69** 2	9	**§ 65** 1–**§ 69** 4	25
§ 74 1–4	2	**§ 74** 1–12	6
UAG 12.1 § 15 1–**§ 20** 2	13	**UAG 12.1 § 15** 1–**§ 20** 4	19
	Band II		
Titelblatt (Band II)	1	**Titelblatt** (Band II)	1
Bearbeiter 1–3a	2	**Bearbeiter** 1–3a	2
5/6	1	5/6	1
BzBlG 4.1 1/1a	1	**BzBlG 4.1** 1/1a	1
9/10	1	9/10	1
17/18	1	17–18a	2
21/22	1	21/22	1
BNatschG 11 § 44 9/10	1	**BNatschG 11 § 44** 9/10	1
PRTR-G 15 Vorb. 1–**§ 9** 2	16	**PRTR-G 15 Vorb.** 1–**§ 9** 2	16
	Band III		
Titelblatt (Band III)	1	**Titelblatt** (Band III)	1
Bearbeiter 1–3a	2	**Bearbeiter** 1–3a	2
5/6	1	5/6	1
	Band IV		
Titelblatt (Band IV)	1	**Titelblatt** (Band IV)	1
Inhalt 3/4	1	**Inhalt** 3/4	1
Bearbeiter 1–3a	2	**Bearbeiter** 1–3a	2
5/6	1	5/6	1
Übertrag:	77	Übertrag:	128

Herauszunehmen:		Zahl der Blätter	Einzufügen:		Zahl der Blätter
Übertrag:		77	Übertrag:		128
1. BImSchV 2.1	**Vorb.** 1–4	2	**1. BImSchV 2.1**	**Vorb.** 1–4a	3
	§§ 11–13 25–			**§ 13** 25–	
	§ 14 26	1		**§ 14** 26	1
	§ 19 31–			**§ 19** 31–	
	§§ 20–22 32	1		**§ 22** 32b	3
18. BImSchV 2.18	1/2	1	**18. BImSchV 2.18**	1/2	1
18. BImSchV 2.18	**Anhang** 7/8	1	**18. BImSchV 2.18**	**Anhang** 7/8	1
			nach **2.39** 62 *einzufügen:*		
			UERV 2.40	**Vorb.** 1–**§ 52** 2	59
Insgesamt herauszunehmen:		83	Insgesamt einzufügen:		196

LANDMANN/ROHMER

UMWELTRECHT

BAND I

KOMMENTAR

Herausgegeben von

Prof. Dr. Martin Beckmann
Rechtsanwalt und Fachanwalt für Verwaltungsrecht,
Honorarprofessor der Universität Münster

Prof. Dr. Dr. Wolfgang Durner LL. M.
Rheinische Friedrich-Wilhelms-Universität Bonn und Direktor des Instituts für das Recht der Wasser- und Entsorgungswirtschaft

Prof. Dr. Thomas Mann
Direktor des Instituts für Öffentliches Recht,
Lehrstuhl für Verwaltungsrecht der Georg-August-Universität Göttingen

Prof. Dr. Marc Röckinghausen
Hochschule für Polizei und öffentliche Verwaltung NRW, Abteilung Gelsenkirchen, Fachbereich Allgemeine Verwaltung/Rentenversicherung

Stand: 1. April 2022
(98. Ergänzungslieferung)

(Zum Bearbeitungsstand im Einzelnen siehe die Datumszeile am unteren Ende jeder Seite)

C.H.BECK

Dieses Titelblatt stammt aus der 98. Ergänzungslieferung April 2022.

(Anschluss an die 97. Ergänzungslieferung Dezember 2021)

ISBN 978 3 406 79498 8

Der Kommentar wurde von der 1. bis zur 50. Ergänzungslieferung von Prof. Dr. Klaus Hansmann und von der 51. bis zur 58. Ergänzungslieferung von Prof. Dr. Martin Beckmann herausgegeben.

Zitiervorschläge:

Beckmann in Landmann/Rohmer UmweltR KrWG § 17 Rn. 1
Landmann/Rohmer UmweltR/*Beckmann* KrWG § 17 Rn. 1

www.beck.de

Grundwerk ISBN 978 3 406 34327 8 ergänzt bis ISBN 978 3 406 79498 8

Wilhelmstraße 9, 80801 München
Druck: Druckerei C. H. Beck, Nördlingen
(Adresse wie Verlag)

Satz: mediaTEXT Jena GmbH, Jena

chbeck.de/nachhaltig

Gedruckt auf säurefreiem, alterungsbeständigem Papier
(hergestellt aus chlorfrei gebleichtem Zellstoff)

Geleitwort zur 98. Ergänzungslieferung

Kurz vor Erscheinen dieser Ergänzungslieferung erreichte die Herausgeber die Nachricht vom Tod des ehemaligen Alleinherausgebers und immer noch wichtigen Autors Prof. Dr. Klaus Hansmann. Auch wenn es sicher stimmen mag, dass Herr Dr. Hansmann ein langes und erfülltes Leben hatte, so löst sein Tod doch große Trauer aus. Das gilt für seine Familie, bei der unsere Gedanken in erster Linie sind. Das gilt aber auch für alle, die Herrn Dr. Hansmann kennenlernen durften. Bewunderung gilt seinem stets scharfen Intellekt, Respekt dem Menschen Klaus Hansmann. Wir werden ihn vermissen.

Mit der vorliegenden 98. Ergänzungslieferung werden die Rechtstexte des Kommentars auf den Stand von April 2022 gebracht. Die Lieferung beinhaltet Beiträge sowohl zum Allgemeinen als auch zum Besonderen Umweltrecht, die zum Teil vorhandene Kommentierungen aktualisieren, zum Teil Vorschriften vollständig neu erläutern.

Anknüpfend an die Ergänzungslieferung 97, mit der *Fontana* in die Erläuterung des Umweltauditgesetzes eingestiegen war, setzt sie ihr Engagement mit einem zweiten Paket fort. Mit Kommentierungen der §§ 15 bis 20 UAG erläutert *Fontana* die Vorschriften zur Aufsicht über Umweltgutachter und Umweltgutachterorganisationen. Weitere Kommentierungspakete zum Umweltauditgesetz sind für die folgenden Ergänzungslieferungen geplant.

Einen Schwerpunkt findet diese Lieferung in der Fortsetzung der Neukommentierung des UVPG, die seit der Neufassung kontinuierlich ausgebaut wird. Die Herausgeber freuen sich dabei, Mitwirkende an der Kommentierung der Vorgängerfassung des UVPG für eine weitere Mitarbeit gewonnen zu haben: *Wulfhorst, Wittmann* und *Hagmann*, deren Kommentierungen zum außer Kraft getretenen UVPG auch weiterhin und dauerhaft über *beck-online* zur Verfügung stehen, haben für die vorliegende Ergänzungslieferung einige Parallelvorschriften im aktuellen Gesetz bearbeitet. *Wulfhorst* legt Erläuterungen zu den §§ 24, 25 und 43 UVPG vor, *Wittmann* hat § 51 UVPG bearbeitet und *Hagmann* steuert Kommentierungen zu §§ 65 bis 69 UVPG bei. Abgerundet wird das Paket zum UVPG durch die Bearbeitung der Übergangsvorschrift des § 74, die von *Dix* stammt, der seinen Anteil an der Kommentierung des Gesetzes damit weiter ausbaut.

Im Besonderen Teil des Kommentars legt der Mitherausgeber *Röckinghausen* eine Überarbeitung der Kommentierung des Gesetzes zur Ausführung des Protokolls über Schadstofffreisetzungs- und -verbringungsregister (PRTR-Gesetz) vor, die u.a. auf die Änderungen durch das Erste Gesetz zur Änderung des PRTR-Gesetzes eingeht. Neu in den Kommentar aufgenommen (unter der Ordnungsnummer 2.40 in Band 4) wird schließlich die Upstream-Emissionsminderungs-Verordnung (UERV), die zugleich vollständig erläutert wird. Für diese Aufgabe konnte mit Frau *Dr. Friederike Erxleben* aus dem Umweltbundesamt eine neue Autorin gewonnen werden, die wir hiermit herzlich im Kreis der Autorinnen und Autoren begrüßen. Sie teilt sich die Aufgabe der Kommentierung der UERV mit *Wolke*, der zum Team der Kommentatoren des TEHG gehört.

Herausgeber und Verlag danken allen an der Ergänzungslieferung beteiligten Autorinnen und Autoren.

Prof. Dr. Marc Röckinghausen
für die Herausgeber

Gelsenkirchen, im August 2022

Inhaltsverzeichnis (Band I)

Inhaltsübersicht (Band I–IV)
Bearbeiterverzeichnis (Band I–IV)

A. Umweltverfassungsrecht

1. Umweltvölkerrecht

2. Vertrag über die Arbeitsweise der Europäischen Union (AEUV)

Kommentierung

3. Grundgesetz (GG)

Kommentierung

B. Umweltrecht Allgemeiner Teil

1. Gesetz über die Umweltverträglichkeitsprüfung (UVPG)

Kommentierung

Teil 1. Allgemeine Vorschriften

Teil 2. Umweltverträglichkeitsprüfung

Abschnitt 1. Voraussetzungen für eine Umweltverträglichkeitsprüfung

12. Umweltauditgesetz (UAG) mit Verordnungen

14. Umweltschadensgesetz (USchadG)

Umweltrecht Besonderer Teil

1. Wasserrecht (WHG)

Kapitel 2. Bewirtschaftung von Gewässern

Abschnitt 1. Gemeinsame Bestimmungen

Abschnitt 2. Bewirtschaftung oberirdischer Gewässer

Abschnitt 3. Umgang mit wassergefährdenden Stoffen

Abschnitt 4. Gewässerschutzbeauftragte

Abschnitt 5. Gewässerausbau, Deich-, Damm- und Küstenschutzbauten

Abschnitt 6. Hochwasserschutz

Abschnitt 7. Wasserwirtschaftliche Planung und Dokumentation

Bearbeiterverzeichnis (Band I–IV)

Prof. Dr. Martin Beckmann Rechtsanwalt in Münster	Vorb. Abfallrecht, §§ 1–57, 62–68, 70–72 KrWG § 15 UVPG, Umweltschadensgesetz (mit Wittmann)
Dr. Christian-Dietrich Bracher Rechtsanwalt in Bonn	§§ 41 bis 43 BImSchG, 16. und 24. BImSchV
Prof. Dr. Peter Bruckmann Landesamt für Natur, Umwelt und Verbraucherschutz Nordrhein-Westfalen, Essen	39. BImSchV (mit Strecker und Vogt) 43. BImSchV (mit van Endern und Vogt)
Prof. Dr. Pascale Cancik O. Professorin an der Universität Osnabrück	Vorb. §§ 47a ff. BImSchG, §§ 47a–47f BImSchG (§§ 47a–47c, 47e und 47f mit Hansmann)
Prof. Dr. Johannes Dietlein O. Professor an der Universität Düsseldorf	§§ 1, 2, Vorb. §§ 4–21, 4 bis 8, 9 bis 11, 16a, 19, 23a–23c und 25a BImSchG, 9. BImSchV
Dr. Robert Dix Syndikusrechtsanwalt der EWE AG, Oldenburg	§ 29–32, 70, 71, 73 UVPG
Prof. Dr. Matthias Dombert Rechtsanwalt in Potsdam	§§ 4–6, 8, 13, 14, 20, 24, 25 BBodSchG
Rolf-Dieter Dörr Ministerialrat a. D.	OberflächengewässerV (mit Walter)
Prof. Dr. Dr. Wolfgang Durner LL. M. O. Professor an der Universität Bonn	Umweltvölkerrecht, Vorb. §§ 27 ff. WHG, §§ 27–31, 34, 35, 82–85 WHG
Benedikt van Endern Ministerium für Umwelt, Landwirtschaft, Natur- und Verbraucherschutz des Landes Nordrhein-Westfalen	43. BImSchV (mit Bruckmann und Vogt)
Prof. Dr. Astrid Epiney LL. M. O. Professorin an der Université de Fribourg	Art. 191–193 AEUV
Dr. Friederike Erxleben Umweltbundesamt	UERV (mit Wolke)
Prof. Dr. Wolfgang Ewer Rechtsanwalt in Kiel	Vorb. BBodSchG, §§ 9, 15, 16 BBodSchG
Prof. Dr. Kurt Faßbender O. Professor an der Universität Leipzig	§§ 1–5, 33, 36–38 WHG

Bearbeiter

Dr. Frank Fellenberg LL. M. Rechtsanwalt in Berlin	Fluglärmgesetz (mit Reidt und Schiller), Umweltrechtsbehelfsgesetz (mit Schiller)
Dr. Henrik Flatter Bundesamt für Naturschutz, Bonn	§§ 69–74 BNatSchG
Privatdozentin Dr. Sina Fontana, MLE Akademische Rätin, Universität Göttingen	§§ 1, 2, 15–20 UAG
Dr. Matthias Ganske Rechtsanwalt in Bonn	§§ 25, 26, 54–61 WHG
Prof. Dr. Klaus Ferdinand Gärditz O. Professor an der Universität Bonn	Art. 20a GG
Prof. Dr. Martin Gellermann Rechtsanwalt, apl. Professor an der Universität Osnabrück	§§ 4, 7–51, §§ 52–56, §§ 57–68 BNatSchG (§§ 41–43 Mit Sanden)
Nela Gies Richterin am Verwaltungsgericht Gelsenkirchen	§§ 41, 42 WHG
Prof. Dr. Christoph Görisch Hochschule für Polizei und öffentliche Verwaltung NRW, Abteilung Münster	§§ 4–14 UAG
Dipl.-Met. Arno Graff Umweltbundesamt, Dessau	Nr. 5.5 TA Luft (mit Hansmann), Vorb. zu Anhang 3 der TA Luft
Moritz Grunow Rechtsanwalt in Düsseldorf	Vorb. AwSV, § 1 AwSV
Prof. Dr. Günter Hager † O. Professor an der Universität Freiburg	§§ 6, 7 UmweltHG (mit Rehbinder)
Dr. Joachim Hagman Rechtsanwalt in Münster	§§ 65–69 UVPG
Prof. Dr. Klaus Hansmann Leitender Ministerialrat a. D.	§§ 17, 18, 20, 21, 26–37, 38–40, 47a–47c, 47e, 47f, 52, 52b–58d, 59, 60, 62, 64–72, 74 BImSchG (§§ 17, 18 mit Ohms, Vor § 26, §§ 26–31 mit Pabst, Vor § 38, §§ 38–40 mit Hofmann, §§ 20, 21, Vor 32, §§ 32–37, 52, 52b, 62, 66 und 67 mit Röckinghausen, §§ 47a–47c, 47e und 47f mit Cancik), Vor § 53, §§ 53–58d mit Maciejewski, 14., 32. und 34. BImSchV, TA Lärm, TA Luft (ohne Vorb. zu Anhang 3), 4., 11., 20., 21., 25., 27., 30., 34. und 35. BImSchV (mit Röckinghausen), 2. BImSchV (mit Mahrwald und Röckinghausen), 5. BImSchV mit Maciejewski, 12. BImSchV (mit König), BzBlG, 1. DVO BzBlG

Dr. Felix Hardach Bundesministerium für Umwelt, Naturschutz und nukleare Sicherheit	§§ 1, 8, 11–13, 17, 20, 22, 23, 26, 31, 32, 35 TEHG
Prof. Dr. Torsten Heilshorn Rechtsanwalt in Freiburg	Vor § 22 BImSchG, §§ 22–25 BImSchG (mit Sparwasser)
Dr. Franziska Heß Rechtsanwältin in Leipzig	§§ 1-3 BNatSchG (mit Wulff)
Michael Heugel Bundesministerium für Umwelt, Naturschutz und nukleare Sicherheit	§§ 5, 6 BNatSchG
Prof. Dr. Ekkehard Hofmann O. Professor an der Universität Trier	Vorb. § 38, §§ 38–40 BImSchG, §§ 16–23, 54–56 UVPG
Dr. Frank Hofmann Bundesministerium für Umwelt, Naturschutz und Reaktorsicherheit nukleare Sicherheit	§ 23 WHG
Dr. Georg Hünnekens Rechtsanwalt in Münster	§§ 50–53 WHG, Vorb. §§ 64–66, §§ 64–66 WHG, Vorb. §§ 72–81 WHG, §§ 72–81 WHG
Georg Kahl † Ministerialrat a. D.	7. BImSchV
Lutz Keppner Bundesministerium für Umwelt, Naturschutz und nukleare Sicherheit	Grundwasserverordnung
Dr. Andreas Kersting Rechtsanwalt in Münster	§§ 58–61 KrWG
Dr. Heike Kieserling Deutsche Bahn AG	§§ 13, 14, 25–38 AwSV
Dr. Jens Martin König Hessisches Ministerium für Umwelt, Klimaschutz, Landwirtschaft und Verbraucherschutz	12. BImSchV (mit Hansmann)
Dr. Olaf Konzak Rechtsanwalt in Köln	§§ 2, 3 und 7 VerpackG (mit Körner)
Dr. Michael Körner, LL.M. Rechtsanwalt in Köln	§§ 2, 3 und 7 VerpackG (mit Konzak)
Dr. Philip Kubitza Richter auf Probe, Rheinland-Pfalz	§§ 100–102 WHG
Prof. Dr. Silke Ruth Laskowski O. Professorin an der Universität Kassel	§ 24 WHG, § 58e BImSchG mit der EMASPrivilegV
Prof. Dr. Joachim Lege O. Professor an der Universität Greifswald	§§ 96–99 WHG
Dr. Rasso Ludwig LL. M. Richterin am Verwaltungsgericht München	§§ 19, 21–23, 26 BBodSchG

Bearbeiter

Prof. Dr. Karim Maciejewski Hochschule des Bundes für öffentliche Verwaltung	Vor § 53 BImSchG, §§ 53–58d BImSchG (mit Hansmann), 5. BImSchV (mit Hansmann)
Birgit Mahrwald Bundesministerium für Umwelt, Naturschutz und nukleare Sicherheit	2. BImSchV (mit Hansmann und Röckinghausen)
Prof. Dr. Thomas Mann O. Professor an der Universität Göttingen	§§ 8a, 12 BImSchG, Vorb. ElektroG, §§ 1, 2 ElektroG, §§ 1–14, 26–28, 30–42, 44–46, 48–50, 52, 53, 57–64, 72 UVPG, §§ 21–38 UAG
Dr. Cedric Christian Meyer Rechtsanwalt in Köln	§§ 46–49, 62–63 WHG
Dr. Uwe Neuser Bundesministerium für Umwelt, Naturschutz und nukleare Sicherheit	§§ 2, 27, 33, 34 TEHG
Volkmar Nies Landwirtschaftsdirektor bei der Landwirtschaftskammer Rheinland	§§ 1, 2, 7, 17, 18 BBodSchG
Dr. Martin Ohms Rechtsanwalt in Berlin	§§ 17, 18 BImSchG (mit Hansmann), 13. BImSchV, 17. BImSchV (z.T. mit Sahm)
Prof. Dr. Heinz-Joachim Pabst Hochschule des Bundes für öffentliche Verwaltung	Vor § 26, §§ 26–31 BImSchG (mit Hansmann), § 61 BImSchG, 41. BImSchV
Dr. Kay Artur Pape Rechtsanwalt in Bonn	Vorb. WHG, §§ 6–22 WHG
Dr. Malte Petersen LL. M. Ministerium für Umwelt, Landwirtschaft, Natur- und Verbraucherschutz des Landes Nordrhein-Westfalen	§§ 89–95 WHG
Prof. Dr. Alexander Proelß O. Professor an der Universität Trier	§§ 43–45l WHG
Prof. Dr. Eckard Rehbinder Em. Professor an der Universität Frankfurt/Main	§ 14 BImSchG UmweltHG (§§ 6, 7 mit Hager)
Prof. Dr. Olaf Reidt Rechtsanwalt in Berlin	§ 16 BImSchG (mit Schiller), 18. BImSchV (mit Schiller), Fluglärmgesetz (mit Fellenberg und Schiller), Umweltinformationsgesetz (mit Schiller)
Dr. Christoph Riese Rechtsanwalt in Berlin	§§ 67–71, 86 WHG

(Fortsetzung Seite 4)

Prof. Dr. Dr. Joachim Sanden † Behörde für Stadtentwicklung und Umwelt, Freie und Hansestadt Hamburg, zugl. Apl. Prof. an der Universität Lüneburg	§§ 41–43 BNatSchG (mit Gellermann)
Dr. Gernot Schiller Rechtsanwalt in Berlin	§ 16 BImSchG (mit Reidt), 18. BImSchV (mit Reidt), Fluglärmgesetz (mit Reidt und Fellenberg), Umweltinformationsgesetz (mit Reidt) Umweltrechtsbehelfsgesetz (mit Fellenberg), §§ 14a, 15 BImSchG
Matthias Schleifenbaum, LL.M. Rechtsanwalt in Köln	Vorb. BattG, § 1 BattG
Prof. Dr. Hendrik Schoen Hochschule für Polizei und öffentliche Verwaltung NRW, Abteilung Münster	§ 50 BImSchG
Prof. Dr. Meinhard Schröder Em. Professor an der Universität Trier	EG-Abfallverbringungs-VO
Prof. Dr. Max-Jürgen Seibert Vorsitzender Richter am Oberverwaltungsgericht Münster	§ 13 BImSchG
Prof. Dr. Reinhard Sparwasser Rechtsanwalt in Freiburg	Vor § 22 BImSchG, §§ 22–25 BImSchG (mit Heilshorn)
Prof. Dr. Indra Spiecker genannt Döhmann, LL.M. O. Professorin an der Universität Frankfurt a.M.	UStatG BImSchG (mit Heilshorn)
Prof. Dr. Peter-Tobias Stoll O. Professor an der Universität Göttingen	EG-Artenschutzverordnung
Silvia Strecker Ministerium für Umwelt, Landwirtschaft, Natur- und Verbraucherschutz des Landes Nordrhein-Westfalen	39. BImSchV (mit Bruckmann)
Prof. Dr. Dr. Markus Thiel Deutsche Hochschule der Polizei, Münster	§§ 3, 48–48b BImSchG
Dr. Christian Tünnesen-Harmes Rechtsanwalt in Duisburg	AbfAEV
Dr. Klaus Vogt Landesamt für Natur, Umwelt und Verbraucherschutz Nordrhein-Westfalen	39. BImSchV (mit Bruckmann und Strecker), 43. BImSchV (mit Bruckmann und van Endern)
Anne-Barbara Walter Umweltbundesamt	OberflächengewässerV (mit Dörr)
Dr. Dirk Weinreich Bundesministerium für Umwelt, Naturschutz und nukleare Sicherheit	Vorb. TEHG, §§ 7, 19 TEHG

Bearbeiter

Dr. Armin von Weschpfennig Akademischer Rat, Universität Bonn	§§ 13a, 13b, 103–107 WHG
Dr. Antje Wittmann Rechtsanwältin in Münster	UmweltschadensG (zusammen mit Beckmann), § 51 UVPG
Frank Wolke Umweltbundesamt, Deutsche Emissionshandelsstelle	§§ 4, 18, 24 TEHG, UERV (mit Erxleben)
Justus Wulff LL.M. Juristischer Mitarbeiter in der Kanzlei Baumann-Rechtsanwälte, Leipzig	§§ 1-3 BNatSchG (mit Heß)
Dr. Reinhard Wulfhorst Ministerium für Wirtschaft, Infrastruktur, Tourismus und Arbeit des Landes Mecklenburg-Vorpommern	§§ 24, 25, 43 UVPG

§ 24 Zusammenfassende Darstellung

(1) [1]**Die zuständige Behörde erarbeitet eine zusammenfassende Darstellung**

1. der Umweltauswirkungen des Vorhabens,

2. der Merkmale des Vorhabens und des Standorts, mit denen erhebliche nachteilige Umweltauswirkungen ausgeschlossen, vermindert oder ausgeglichen werden sollen, und

3. der Maßnahmen, mit denen erhebliche nachteilige Umweltauswirkungen ausgeschlossen, vermindert oder ausgeglichen werden sollen, sowie

4. der Ersatzmaßnahmen bei Eingriffen in Natur und Landschaft.

[2]**Die Erarbeitung erfolgt auf der Grundlage des UVP-Berichts, der behördlichen Stellungnahmen nach § 17 Absatz 2 und § 55 Absatz 4 sowie der Äußerungen der betroffenen Öffentlichkeit nach den §§ 21 und 56.** [3]**Die Ergebnisse eigener Ermittlungen sind einzubeziehen.**

(2) **Die zusammenfassende Darstellung soll möglichst innerhalb eines Monats nach dem Abschluss der Erörterung im Beteiligungsverfahren erarbeitet werden.**

Schrifttum: *Erbguth/Schink*, UVPG. Kommentar, 2. Aufl. 1996; *Gassner*, UVPG. Kommentar, 2006; *Heiderich/Hüttemann/Kleinschmidt/Wübbe*, Gutachten zur zusammenfassenden Darstellung und Bewertung. Umweltauswirkungen in der Umweltverträglichkeitsprüfung – Leitlinien für den vorsorgenden Umweltschutz, herausgegeben von der Ministerin für Natur und Umwelt Schleswig-Holstein, 1995; *Hoppe/Beckmann/Kment*, Gesetz über die Umweltverträglichkeitsprüfung (UVPG). Umwelt-Rechtsbehelfsgesetz (UmwRG). Kommentar, 5. Aufl. 2018; *Jarass*, Grundstrukturen des Gesetzes über die Umweltverträglichkeitsprüfung, NuR 1991, 201 ff.; *Lieber*, Die Umweltverträglichkeitsprüfung (nach dem neuen UVPG) im Planfeststellungsverfahren, UPR 2018, 441 ff.; *Mann/Sennekamp/Uechtritz*, Verwaltungsverfahrensgesetz, 2. Auf. 2019; *Peters/Balla/Hesselbarth*, UVPG. Handkommentar, 4. Aufl. 2019; *Schink/Reidt/Mitschang*, Umweltverträglichkeitsprüfungsgesetz/Umwelt-Rechtsbehelfsgesetz: UVPG/UmwRG, 1. Aufl. 2018; *Schmidt-Preuß*, Der verfahrensrechtliche Charakter der Umweltverträglichkeitsprüfung, DVBl. 1995, 485 ff.; *Jens-Peter Schneider*, Nachvollziehende Amtsermittlung bei der Umweltverträglichkeitsprüfung, 1991; *Seibert*, Die gerichtliche Kontrolle von Verfahrensvorschriften nach § 4 UmwRG, NVwZ 2019, 337 ff.; *Storm/Bunge*, Handbuch der Umweltverträglichkeitsprüfung, Stand: Oktober 2021

Übersicht

A. Einleitung

I. Bedeutung und Grundzüge der Vorschrift

1 Mit der zusammenfassenden Darstellung regelt § 24 einen zentralen Schritt der UVP. Innerhalb der dreistufigen Verfahrensabfolge der UVP (Ermittlung, Beschreibung, Bewertung; vgl. § 3 Satz 1) ist die zusammenfassende Darstellung der **Beschreibung** der Umweltauswirkungen zuzuordnen. Sie bietet die in sich geschlossene Aufbereitung der zuvor ermittelten voraussichtlichen Umweltauswirkungen des beantragten Vorhabens und bildet damit die **rechtstatsächliche Grundlage** für die anschließende rechtliche Bewertung nach § 25 Abs. 1.

2 Nach **Absatz 1 Satz 1** erarbeitet die zuständige Behörde eine zusammenfassende Darstellung, die sowohl die Umweltauswirkungen als auch mögliche Umweltschutzmaßnahmen umfasst. Grundlage dieser Darstellung sind der vom Vorhabenträger vorgelegte UVP-Bericht und die in dem anschließenden Beteiligungsverfahren gewonnenen Erkenntnisse **(Satz 2)** sowie die Ergebnisse eigener Ermittlungen der Behörde **(Satz 3)**. Für die Erarbeitung nennt **Absatz 2** eine Frist von einem Monat.

II. Entstehungsgeschichte

3 § 24 entspricht in seinem Kern noch der Fassung der Vorgängernorm in **§ 11** im **UVPG** von **1990**. Von Bedeutung für das Verständnis der zusammenfassenden Darstellung ist aus dem damaligen Gesetzgebungsverfahren die gescheiterte Forderung des Bundesrates, die zusammenfassende Darstellung auf die „zu erwartenden erheblichen Auswirkungen des Vorhabens" zu begrenzen. Dies lehnte die Bundesregierung in ihrer Gegenäußerung mit der Begründung ab, die Einstufung von Umweltauswirkungen als „erheblich" sei der Bewertung nach § 25 (damals § 12) vorbehalten (BT-Drs. 11/3919, 42, 51).

4 Die Änderungen, die die Norm durch die **UVPG-Novelle von 2017** erfahren hat, beruhen in erster Linie auf der **UVP-Änderungsrichtlinie 2014/52/EU**. Das betrifft überwiegend begriffliche Anpassungen. Unter den gewichtigeren Änderungen hervorzuheben sind die in Absatz 1 Satz 1 Nr. 2 aufgenommenen Merkmale des Vorhabens und des Standorts, mit denen erheblichen nachteiligen Umweltauswirkungen entgegengewirkt werden sollen; damit wird der Vorgabe in Art. 8a Abs. 1 lit. b der geänderten Projekt-UVP-RL Rechnung getragen. Die bisher der Behörde freigestellte Aufnahme der zusammenfassenden Darstellung in die Begründung des Zulassungsbescheides (§ 11 Satz 4 aF) ist durch Art. 9 Abs. 1 lit. b der UVP-Änderungsrichtlinie 2014/52/EU zur Pflicht geworden, die jetzt in § 26 Abs. 1 Nr. 3b geregelt wird. Ebenfalls in den Anwendungsbereich des § 26 Abs. 1 Nr. 3 gewechselt ist die Darstellung der Vermeidungs-, Verminderungs-,

Ausgleichs- und Ersatzmaßnahmen (§ 11 Satz 5 aF), die in die dortige Erläuterung nach lit. d gehört.

In dem Gesetzentwurf der Bundesregierung (BT-Drs. 18/11499, 23) war zunächst 5
vorgesehen, dass in der zusammenfassenden Darstellung bei jeder **Information** anzugeben ist, ob diese aus dem UVP-Bericht, einer behördlichen Stellungnahme oder aus Äußerungen der Öffentlichkeit **stammt**. Der Bundesrat lehnte diese Zuordnung als europarechtlich nicht gefordert und unter Hinweis auf den Aufwand gerade in Großverfahren ab (BR-Drs. 164/17 (B),17). Dem folgten Bundesregierung (BT-Drs. 18/11948, 24) und Bundestag (BT-Drs. 18/12994, 18).

III. Verhältnis zu anderen Vorschriften

1. §§ 49, 50 und 51. § 24 findet für die UVP im **Raumordnungsverfahren** (siehe 6
§ 49) Anwendung, soweit die Länder keine gleichlautenden oder weitergehenden Verfahrensregelungen getroffen haben. Dies ergibt sich aus § 1 Abs. 4.

§ 24 gilt nicht für die Aufstellung von **Bebauungsplänen**. Hier wird gem. **§ 50 Abs. 1** 7
Satz 1 die Umweltverträglichkeitsprüfung als Umweltprüfung nach den Vorschriften des Baugesetzbuchs durchgeführt; die Beschreibung der Umweltauswirkungen erfolgt im Umweltbericht, der als gesonderter Teil in die Begründung zum Bebauungsplan aufzunehmen ist **(§ 2 Abs. 4 Satz 1, § 2a, § 9 Abs. 8 BauGB)**.

Durch die UVPG-Novelle von 2017 wurde – abweichend vom bisherigen Recht – 8
die Anwendbarkeit des § 24 für das **bergrechtliche Planfeststellungsverfahren** ausdrücklich bestimmt **(§ 51 i.V.m. § 57a Abs. 1 Satz 5 BBergG)**.

2. § 20 Abs. 1a 9. BImSchV, § 14a Abs. 1 AtVfV. § 20 Abs. 1a 9. BImSchV und 9
§ 14a Abs. 1 AtVfV enthalten spezielle Regelungen über die zusammenfassende Darstellung, die gem. § 1 Abs. 4 gegenüber § 24 Vorrang haben. Die beiden fachrechtlichen Verordnungsregelungen haben wesentliche Inhalte der allgemeinen Grundnorm in § 24 übernommen (zur zusammenfassenden Darstellung im BImSchG-Verfahren → 9. BImSchV § 20 Rn. 6 ff.). Im atomrechtlichen Genehmigungsverfahren besteht die Besonderheit, dass **§ 14a Abs. 1 AtVfV** wegen der Komplexität atomrechtlicher Genehmigungsverfahren **keine** dem § 24 Abs. 2 entsprechende **Fristenregelung** vorsieht, so dass hier die Monatsfrist nicht gilt (Kümper in Schink/Reidt/Mitschang § 24 Rn. 7; Bunge in Storm/Bunge § 11 Rn. 12).

B. Erläuterung der Vorschrift

I. Funktion der zusammenfassenden Darstellung

Bei der Auslegung des § 24 ist es hilfreich, sich immer wieder die Funktion der zusam- 10
menfassenden Darstellung im Rahmen der UVP vor Augen zu führen. Diese ergibt sich aus dem Zusammenspiel mit § 25. Danach ist die zusammenfassende Darstellung die **Grundlage** für die **rechtliche Bewertung** der ermittelten Umweltauswirkungen (VGH München NuR 1993, 285; Beckmann in Hoppe/Beckmann/Kment § 24 Rn. 6; Bunge in Storm/Bunge § 11 Rn. 3; Peters/Balla/Hesselbarth § 24 Rn. 1, 3). Die zusammenfassende Darstellung enthält eine von anderen betroffenen Belangen getrennte, systematisch aufbereitete **Gesamtschau** der **nachteiligen Folgen** des geplanten Vorhabens für die **Umwelt**. (ebenso VGH Mannheim Urt. vom 20.11.2018 – 5 S 2138/16 – juris Rn. 102). Dies und die Gliederung in klare Verfahrensschritte dient dem zentralen Anliegen der UVP, durch **verfahrensrechtliche Vorkehrungen** die Chance zu erhöhen, dass die Ent-

scheidungsträger die Umweltauswirkungen des Vorhabens in ihrem ganzen Umfang tatsächlich zur Kenntnis nehmen (zustimmend Kümper in Schink/Reidt/Mitschang § 24 Rn. 1; zu diesem Anliegen die grundlegende UVP-Entscheidung BVerwGE 100, 238 (245 ff., insbes. 246)).

11 Durch die europarechtlich ausgelöste Pflicht, die zusammenfassende Darstellung in den Zulassungsbescheid aufzunehmen (§ 26 Abs. 1 Nr. 3b); → Rn. 4) sowie anschließend öffentlich bekannt zu machen und zur Einsicht auszulegen (§ 27 Abs. 1), hat die zusammenfassende Darstellung eine zusätzliche, nach **außen gerichtete Funktion** erhalten (Beckmann in: Hoppe/Beckmann/Kment § 24 Rn. 8, 58): Die abschließende Sicht der Behörde, wie sie die Umweltrelevanz des Vorhabens und insbesondere die Äußerungen im Rahmen der Öffentlichkeitsbeteiligung dazu einschätzt, wird gegenüber der **Öffentlichkeit transparent** gemacht.

II. Vorgaben des EU-Rechts

12 Das Instrument der zusammenfassenden Darstellung lässt sich nicht unmittelbar aus der Projekt-UVP-RL 85/337/EWG (sowie deren Änderungen durch die UVP-Änderungsrichtlinie 2014/52/EU) ableiten (BVerwG NuR 1997, 441 (442); Kümper in Schink/Reidt/Mitschang § 24 Rn. 2), ist also eine Schöpfung des nationalen Gesetzgebers. § 24 greift aber Regelungselemente der **Art. 3 und 8a Projekt-UVP-RL** auf und setzt sie mit einem eigenständigen Verfahrensschritt um. Die nach Art. 8a Abs. 1 lit. a i.V.m. Art. 1 Abs. 2 lit. g Zif. iv Projekt-UVP-RL bei der Genehmigungsentscheidung zu berücksichtigenden Erkenntnisse aus dem umfassenden Beteiligungsverfahren werden zusammengestellt. § 24 schließt damit das **Beschreiben der identifizierten Umweltauswirkungen** ab, das nach Art. 3 Abs. 1 Projekt-UVP-RL „in geeigneter Weise" zu erfolgen hat. Die mit der zusammenfassenden Darstellung verbundene Gesamtschau unterstützt zudem die **medienübergreifende Ausrichtung** des Art. 3 Abs. 1 lit. e Projekt-UVP-RL, die über eine bloße Addition der verschiedenen Umweltauswirkungen hinausgeht, indem sie auch die Wechselwirkungen zwischen den Umweltmedien einbezieht (VG Osnabrück NuR 2016, 217; Erbguth/Schink § 11 Rn. 1; Beckmann in Hoppe/Beckmann/Kment § 24 Rn. 37).

III. Inhalt der zusammenfassenden Darstellung (Abs. 1)

13 Die zusammenfassende Darstellung erstreckt sich nach § 24 Abs. 1 Satz 1 zum einen auf die Umweltauswirkungen des Vorhabens und zum anderen auf mögliche Umweltschutzmaßnahmen. Aus dieser Formulierung des Gesetzes lassen sich – auch unter Berücksichtigung anderer Normen des UVPG – folgende **Vorgaben** ableiten:

14 **1. Ökologieinterne Betrachtung.** In der zusammenfassenden Darstellung werden nur die **Folgen** des Vorhabens **für die Umwelt** erfasst. Diese von anderen Belangen getrennte, ökologieinterne Betrachtung soll dazu beitragen, dass die zuständige Behörde die Umweltfolgen mit ihrem ganzen Gewicht zur Kenntnis nimmt (statt vieler BVerwGE 100, 238 (245 f.)).

15 **2. Bestandteile und Gliederung der zusammenfassenden Darstellung.** Zur Beschreibung der Umweltauswirkungen enthält § 24 – anders als etwa § 40 zum Umweltbericht im Rahmen der Strategischen Umweltprüfung – keine weiteren Konkretisierungen. Was Inhalt und Struktur betrifft, kann sich die zusammenfassende Darstellung aber durchaus an den Vorgaben orientieren, die § 16 Abs. 1 für den vom Vorhabenträger vorzulegenden UVP-Bericht enthält (Erbguth/Schink § 11 Rn. 11; Beckmann in Hoppe/Beck-

mann/Kment § 24 Rn. 14, 57; Kümper in Schink/Reidt/Mitschang § 24 Rn. 8; Heiderich/Hüttemann/Kleinschmidt/Wübbe, 19 f.). Eine solche **strukturprägende Wirkung** des **§ 16** auf die zusammenfassende Darstellung entspricht der Bedeutung der Unterlagen des Vorhabenträgers, die § 24 in seinem Abs. 1 Satz 2 an prominenter Stelle nennt. Darin kommt die hervorgehobene Rolle zum Ausdruck, die das UVPG dem Vorhabenträger innerhalb des UVP-Verfahrens beimisst (dazu etwa BVerwGE 100, 238 (245); ausführlicher → Rn. 26). Daraus und aus den übrigen Vorgaben des UVPG ergeben sich grundsätzlich folgende **Bestandteile einer zusammenfassenden Erklärung** (vgl. auch Heiderich/Hüttemann/Kleinschmidt/Wübbe, 20, 22 ff.; Bunge in Storm/Bunge § 11 Rn. 14; Nr. 0.5.2.2 UVPVwV):

– Beschreibung des Vorhabens (§ 16 Abs. 1 Satz 1 Nr. 1)
– Beschreibung der gegenwärtigen Umweltsituation (Ist-Zustand/Vorbelastungen; § 16 Abs. 1 Satz 1 Nr. 2)
– Vorhabens- und Standortmerkmale, die erheblichen nachteiligen Umweltauswirkungen entgegenwirken (§ 16 Abs. 1 Satz 1 Nr. 3, § 24 Abs. 1 Satz 1 Nr. 2)
– zu erwartende unmittelbare und mittelbare Umweltauswirkungen infolge der Errichtung und des Betriebs des geplanten Vorhabens (§ 16 Abs. 1 Satz 1 Nr. 5, § 24 Abs. 1 Satz 1 Nr. 1)
– voraussichtliche Veränderungen der Umwelt bei Vorhaben- oder Trassenvarianten, soweit diese vom Vorhabenträger geprüft wurden oder das Fachrecht eine solche Alternativenprüfung verlangt (§ 16 Abs. 1 Satz 1 Nr. 6; Näheres → § 25 Rn. 37 ff.)
– Maßnahmen, mit denen erhebliche nachteilige Umweltauswirkungen ausgeschlossen, vermindert oder ausgeglichen werden (§ 16 Abs. 1 Satz 1 Nr. 4, § 24 Abs. 1 Satz 1 Nr. 3).

Hiervon abweichend hält es das Bundesverwaltungsgericht für zulässig, dass die Umweltauswirkungen der vom Vorhabenträger geprüften **Alternativen** nicht in der zusammenfassenden Darstellung, sondern in der **abschließenden Abwägung** beschrieben (und bewertet) werden (BVerwG UPR 2018, 176 Rn. 48). Das widerspricht jedoch der in der UVP-Grundsatzentscheidung des Gerichts herausgearbeiteten Verfahrensgliederung der UVP, die eine „auf die Umweltauswirkungen zentrierter Vorabprüfung" gewährleistet und es ermöglichen soll, „die Umweltbelange in gebündelter Form herauszuarbeiten" (BVerwGE 100, 238 (245 ff., insbes. 246); → Rn. 10 und 31). Diese umweltbezogene Gesamtschau ist nur möglich, wenn das gesamte umweltrelevante Abwägungsmaterial innerhalb der UVP-Verfahrensschritte aufbereitet wird; eine Auslagerung der Beschreibung und Bewertung der Umweltauswirkungen von alternativen Lösungen in die nach Abschluss der UVP (dazu etwa → § 25 Rn. 2 und 41 m.w.N.) stattfindende Berücksichtigung gem. § 25 Abs. 2 ist damit nicht zu vereinbaren. Dies bestätigt für die Strategische Umweltprüfung die ausdrückliche Regelung in § 40 Abs. 1 Satz 2, die die Beschreibung und Bewertung von Alternativen zum Kernbestandteil der SUP erklärt. Es ist mit Blick auf den in § 3 i.V.m. § 2 Abs. 10 bestimmten Gleichlauf von SUP und UVP kein Grund ersichtlich, bei der UVP hiervon abzuweichen. 16

Das in § 24 Abs. 1 Satz 1 zweifach vorkommende **„ausgeschlossen"** umfasst sowohl das „Vermeiden" als auch das „Verhindern" von Umweltauswirkungen (amtl. Begründung, BT-Drs. 18/11499, 93). Wegen weiterer einzelner Auslegungsfragen zu den in → Rn. 15 aufgezählten Bestandteilen sei auf die Erläuterungen zu § 16 (→ § 16 Rn. 19 ff.) verwiesen. 17

Angesichts der Fülle des zu verarbeitenden Materials ist es eine wesentliche Aufgabe der zusammenfassenden Darstellung, die vorliegenden Informationen sinnvoll zu systematisieren und zu strukturieren. Es empfiehlt sich deshalb, bereits im Scoping-Termin auf 18 der Grundlage von § 15 Abs. 1 eine **Gliederung** zu vereinbaren, nach der im gesamten Verfahren – beginnend mit den vom Vorhabenträger vorzulegenden Unterlagen (§ 16) über einen Erörterungstermin (§ 18 Abs. 1 Satz 2 und 4 i.V.m. § 73 Abs. 6 VwVfG) bis hin zur zusammenfassenden Darstellung – die Umweltauswirkungen aufbereitet werden (Heiderich/Hüttemann/Kleinschmidt/Wübbe, 24 f.). Dies erleichtert es dann auch der zuständigen Behörde, die knappe Monatsfrist für die Erarbeitung der zusammenfassenden Darstellung (§ 24 Abs. 2) einzuhalten.

19 Eine **allgemein verständliche Zusammenfassung**, wie sie § 16 Abs. 1 Satz 1 Nr. 7 vom Vorhabenträger verlangt, erscheint bei der Darstellung nach § 24 Abs. 1 **nicht erforderlich**. Denn letztere soll bereits selbst „zusammenfassend" sein. Das Gesetz will also keine lückenlose Wiedergabe sämtlicher von den Beteiligten in das Verfahren eingebrachten Informationen (Bunge in Storm/Bunge § 11 Rn. 20), so dass es einer weiteren Zusammenfassung nicht bedarf. Zudem erfolgt die allgemein verständliche Zusammenfassung nach § 16 Abs. 1 Satz 1 Nr. 7 vor allem mit Blick auf die Öffentlichkeitsbeteiligung; sie soll den Bürgern ein erstes Bild von dem Projekt und dessen Auswirkungen verschaffen und eine Prüfung der eigenen Betroffenheit ermöglichen (→ § 16 Rn. 35; Bunge in Storm/Bunge § 6 Rn. 60). Dies ist bei der zusammenfassenden Darstellung nach § 24 nicht mehr vordringlich, da die Öffentlichkeitsbeteiligung zu diesem Zeitpunkt bereits abgeschlossen ist.

20 **3. Gegenstand der Darstellung.** Gegenstand der Beschreibung sind die in § 2 Abs. 1 aufgezählten **UVP-Schutzgüter** sowie die **Wechselwirkungen** zwischen diesen. Letztgenannter Begriff verdeutlicht den medienübergreifenden Ansatz der UVP, der über den traditionellen sektoralen Schutz einzelner Umweltmedien hinausgeht und die Umwelt als ein vielfach vernetztes System versteht (vgl. statt vieler BVerwGE 100, 238 (246); ausführlicher → § 25 Rn. 21, 26 f.).

21 **4. Umfang der Darstellung.** Die zusammenfassende Darstellung ist, wie § 24 Abs. 1 Satz 1 Nr. 1 und 2 ausdrücklich betont, streng auf das **konkrete Vorhaben** ausgerichtet. Gegenstand der zusammenfassenden Darstellung sind also nicht abstrakte ökologische Fragestellungen ohne Projektbezug (BVerwGE 100, 238 (249); Kümper in Schink/Reidt/Mitschang § 24 Rn. 9). Der **Umfang** und der **Detaillierungsgrad** der Beschreibung richten sich für die verschiedenen Auswirkungen jeweils nach der Bedeutung des Schutzgutes und der Intensität der Beeinträchtigung. Die Beschreibung muss also **problemorientiert** erfolgen. Die Behörde kann, um eine konzentrierte und lesbare Darstellung zu gewährleisten, zur Konkretisierung bestimmter Aussagen auf andere **Verfahrensunterlagen,** insbesondere vorliegende Gutachten, verweisen (Erbguth/Schink § 11 Rn. 10; Kümper in Schink/Reidt/Mitschang § 24 Rn. 10; Bunge in Storm/Bunge § 11 Rn. 20). Dabei muss die Darstellung aber aus sich heraus verständlich bleiben.

22 Von einiger praktischer Bedeutung ist die Frage, ob die zusammenfassende Darstellung sich auf solche Umweltauswirkungen des Vorhabens beschränken darf, die eine gewisse **Erheblichkeitsschwelle** erreichen. Für eine solche Beschränkung hat sich insbesondere das Bundesverwaltungsgericht sehr deutlich ausgesprochen. Nach der UVP-Richtlinie und dem UVPG gehe es um die „Hauptwirkungen" bzw. „erheblichen" Auswirkungen eines Vorhabens; die UVP erstrecke sich deshalb nicht auf „alle nur erdenklichen Auswirkungen … bis in alle Einzelheiten und feinsten Verästelungen" (BVerwGE 100, 370 (377); siehe auch BVerwG NuR 1998, 305 (311); für eine Begrenzung der zusammenfassenden Darstellung auf „entscheidungserhebliche" Umstände: Erbguth/Schink § 11 Rn. 4, 14; Beckmann in Hoppe/Beckmann/Kment § 24 Rn. 31 ff.). Demgegenüber hält etwa Gassner (§ 11 Rn. 6, 10) eine **erschöpfende Beschreibung** für geboten. Für diese Auffassung

lassen sich insbesondere Wortlaut und Entstehungsgeschichte des § 24 anführen: Die Weglassung des Attributes „erheblich“ in § 24 Abs. 1 Satz 1 Nr. 1 beruht auf einer bewussten Entscheidung des Gesetzgebers, der die mit einer Einstufung als „erheblich“ verbundene (rechtliche) Bewertung vermeiden und dies dem folgenden Verfahrensschritt nach § 25 vorbehalten wollte (vgl. → Rn. 3). Würde bereits bei der zusammenfassenden Darstellung die (Entscheidungs-)Erheblichkeit als ein Abschneidekriterium großzügig eingesetzt, so wären damit die betreffenden Umweltauswirkungen stillschweigend einer Bewertung entzogen. Ein solcher „Bewertungsausfall“ ist deswegen problematisch, weil erst der Verfahrensschritt nach § 25 Abs. 1 durch die transparente Offenlegung der Bewertungsmaßstäbe eine ausreichende Nachvollziehbarkeit ermöglicht. Nur so werden zweifelhafte oder gar unzutreffende Einschätzungen der Zulassungsbehörde offenbar. Andererseits beschränken sich die Vorlagepflichten des Vorhabenträgers gem. § 16 Abs. 1 Satz 1 Nr. 5 auf die erheblichen nachteiligen Umweltauswirkungen des Vorhabens. Das kann nicht ohne Auswirkungen auf die Reichweite der zusammenfassenden Darstellung bleiben; denn die hervorgehobene Rolle des Vorhabenträgers im UVP-Verfahren begründet einen grundsätzlichen Gleichklang zwischen dem von ihm aufzubereitenden Sachverhalt und demjenigen, den die Behörde schließlich ihrer Genehmigungsentscheidung zugrundelegt (Schneider, S. 51 ff., 85 ff.; Beckmann in Hoppe/Beckmann/Kment § 24 Rn. 31; → Rn. 15 und ausführlich Rn. 26).

Angesichts dieser nicht ganz konsistenten Gesetzeslage wird hier ein **Mittelweg** vorgeschlagen: Es brauchen solche Umweltauswirkungen nicht im Einzelnen beschrieben zu werden, die wegen ihrer **Geringfügigkeit offensichtlich** als **unerheblich** einzustufen sind oder die für die **Zulassungsentscheidung** nach dem Fachrecht zweifelsfrei **keine Rolle** spielen (zustimmend wohl Seibert NVwZ 2019, 337 (340 m.w.N.); ähnlich Bunge in Storm/Bunge § 11 Rn. 19). Soweit danach die Auswirkungen auf eines der UVP-Schutzgüter eindeutig unterhalb der Erheblichkeitsschwelle bleiben, ist das allerdings in der zusammenfassenden Darstellung stichwortartig zu vermerken. Dies gebietet auch der integrative Ansatz der UVP, der ein vollständiges Bild der Folgen für die Umwelt und deren einzelne Bestandteile vermitteln will. 23

5. Keine rechtliche Bewertung. Das UVPG unterscheidet zwischen der deskriptiv-analysierenden Beschreibung der Umweltauswirkungen in § 24 und deren anschließender Bewertung nach § 25 Abs. 1. Die Subsumtion unter die fachgesetzlichen Zulassungsvoraussetzungen erfolgt also erst in der Bewertung (dazu → § 25 Rn. 17). **Rechtliche Bewertungen** der Umweltauswirkungen als „Gefahr“, „erhebliche Belästigung“ oder „schädlich“ gehören demnach **nicht** in die zusammenfassende Darstellung nach **§ 24**, sondern sind dem Verfahrensschritt nach § 25 Abs. 1 vorbehalten (Erbguth/Schink § 11 Rn. 11; Beckmann in Hoppe/Beckmann/Kment § 24 Rn. 55; Bunge in Storm/Bunge § 11 Rn. 16 ff.; Peters/Balla/Hesselbarth § 24 Rn. 5; Kümper in Schink/Reidt/Mitschang § 24 Rn. 10; Schmidt-Preuß DVBl. 1995, 485; bestätigt durch die Entstehungsgeschichte → Rn. 3; aA Gassner § 11 Rn. 23 ff.). Auch wenn die Abgrenzung von Beschreibung und Bewertung nicht immer leicht fällt (OVG Lüneburg ZUR 2019, 429 (431); Beckmann in Hoppe/Beckmann/Kment § 24 Rn. 56 und § 25 Rn. 31; Bunge in Storm/Bunge § 11 Rn. 18), so ist sie doch angesichts der klaren gesetzlichen Unterscheidung so weit wie möglich durchzuhalten. Beide Verfahrensschritte sind also während der Erarbeitung und bei der Verschriftlichung im Zulassungsbescheid (§ 26 Abs. 1 Nr. 3b und c) klar zu trennen (siehe auch → § 25 Rn. 50 m.w.N.). Ganz praktisch heißt das, dass die zusammenfassende Darstellung abgeschlossen sein muss, bevor die Bewertung beginnt. Dafür spricht auch der Wortlaut des § 25 Abs. 1 Satz 1 („Auf der Grundlage …“). 24

25 Von der rechtlichen Bewertung ist die **fachliche Einschätzung** zu unterscheiden, die durchaus in der zusammenfassenden Darstellung vorzunehmen ist (Bunge in Storm/Bunge § 11 Rn. 16 ff.; Schmidt-Preuß DVBl. 1995, 485; Gassner § 11 Rn. 22; Kümper in Schink/Reidt/Mitschang § 24 Rn. 10). Denn für die Beschreibung nach § 24 reicht es nicht aus, etwa die Einwirkung eines bestimmten Schadstoffes auf ein UVP-Schutzgut zahlenmäßig zu quantifizieren. Es muss sich vielmehr die fachliche Beurteilung anschließen, mit welcher Wahrscheinlichkeit dadurch an diesem Schutzgut welche nachteiligen Folgen eintreten. Da die Umwelt von komplexen Wirkungszusammenhängen geprägt ist, die vielfach noch nicht ausreichend erforscht sind, können solche Wirkungsprognosen in der UVP einen zentralen Platz einnehmen (so auch OVG Lüneburg ZUR 2019, 429 (431)).

26 **6. Informationen der Verfahrensbeteiligten (Satz 2) und eigene Ermittlungen (Satz 3). Grundlagen** für die zusammenfassende Darstellung sind gem. **§ 24 Abs. 1 Satz 2** in erster Linie die Informationen, die die Behörde aus dem UVP-Bericht des Vorhabenträgers (§ 16), den behördlichen Stellungnahmen (§ 17 Absatz 2, § 55 Abs. 4) sowie der Öffentlichkeitsbeteiligung (§§ 21 und 56) gewonnen hat. Daneben sind nach **Satz 3** auch die Ergebnisse **eigener Ermittlungen** einzubeziehen. Damit folgt das Gesetz dem Modell einer **nachvollziehenden Amtsermittlung** (vgl. ausführlich Schneider, S. 22, 51 ff., 85 ff., 116 ff., 126 ff.; außerdem Beckmann in: Hoppe/Beckmann/Kment § 24 Rn. 24; Erbguth/Schink § 11 Rn. 2; Bunge in Storm/Bunge § 11 Rn. 6). Danach ist zunächst der **Vorhabenträger** gefragt, der im Zuge der sehr weit gehenden Vorlagepflichten den entscheidungserheblichen Sachverhalt zu ermitteln und zu beschreiben hat. Dies umfasst das gesamte Prüfprogramm der UVP (vgl. → Rn. 15). Anschließend kontrolliert die Behörde im Rahmen des **Amtsermittlungsgrundsatzes (§ 24 VwVfG)** die vorgelegten Angaben auf ihre Richtigkeit und Vollständigkeit. In Zweifelsfällen muss sie dann – evtl. durch die Beauftragung von Gutachten – eigene Ermittlungen vornehmen. Das folgt jedoch nicht aus **§ 24 Abs. 1 Satz 3**, der nach seinem eindeutigen Wortlaut nur eine **Darstellungspflicht**, nicht hingegen eine eigenständige Verpflichtung (und Ermächtigung) für Sachverhaltsermittlungen enthält; diese wird vielmehr in § 24 Abs. 1 Satz 3 vorausgesetzt und ergibt sich aus § 24 VwVfG (zustimmend Kümper in Schink/Reidt/Mitschang § 24 Rn. 11; aA offenbar Schneider, S. 128; Beckmann in Hoppe/Beckmann/Kment § 24 Rn. 24; Gassner § 11 Rn. 4, 18; differenzierend Bunge in Storm/Bunge § 11 Rn. 26: Ermächtigung: § 24 Abs. 1 Satz 3; Verpflichtung: § 24 VwVfG).

27 § 24 hat bewusst darauf verzichtet, die Angabe der **Informationsquelle** in der zusammenfassenden Darstellung zu einer Pflicht zu erklären (→ Rn. 5). Es empfiehlt sich aber zumindest bei zentralen und unter den Beteiligten umstrittenen Umweltauswirkungen anzugeben, von welchem der Verfahrensbeteiligten – Vorhabenträger, beteiligte Behörden, Öffentlichkeit, Ermittlungen der Zulassungsbehörde – die jeweilige Information stammt (VG Osnabrück NuR 2016, 217 (218); Peters/Balla/Hesselbarth § 24 Rn. 5; Bunge in Storm/Bunge § 11 Rn. 15; Kümper in Schink/Reidt/Mitschang § 24 Rn. 4, 11). Dies kann für die Bewertung der Informationen von Belang sein, da diese durch die unterschiedlichen Interessen und Sichtweisen der Beteiligten geprägt sein können.

28 **7. Beschreibung der Umweltschutzmaßnahmen (Satz 1 Nr. 2 bis 4).** Die Beschreibung der **Umweltschutzmaßnahmen** steht in engem Zusammenhang mit den in § 24 Abs. 1 Satz 1 Nr. 1 zuvor genannten Umweltauswirkungen des Vorhabens. Sind erhebliche Umweltauswirkungen zu befürchten, so wirft dies die Frage nach möglichen Umweltschutzmaßnahmen auf; andererseits brauchen nachteilige Auswirkungen, die auf Grund von vorgesehenen Schutzmaßnahmen eindeutig vermieden werden, nicht detail-

liert beschrieben zu werden (→ Rn. 23). Die Beschreibung stellt allerdings in erster Linie die vom **Vorhabenträger** vorgesehenen Maßnahmen zur Vermeidung, Verminderung oder zum Ausgleich von erheblichen nachteiligen Umweltauswirkungen des Vorhabens dar. Es geht somit an dieser Stelle **nicht** um Ausführungen zum **materiell-rechtlich erforderlichen Umfang** solcher Maßnahmen, zu denen § 24 als verfahrensrechtliche Bestimmung keine Vorgaben enthält (wie hier Kümper in Schink/Reidt/Mitschang § 24 Rn. 9; aA Gassner § 11 Rn. 27 ff.).

8. Hinreichende Aktualität (§ 25 Abs. 3). § 25 Abs. 3 legt auch für die zusammenfassende Darstellung nach § 24 fest, dass diese zum Zeitpunkt der Zulassungsentscheidung **hinreichend aktuell** sein muss. Wegen der Anforderungen und Rechtsfolgen kann auf die dortige Kommentierung (→ § 25 Rn. 56 ff.) verwiesen werden. 29

IV. Form der zusammenfassenden Darstellung

1. Behördeninterne Funktion. Die zusammenfassende Darstellung nach § 24 ist die rechtstatsächliche Grundlage für die Bewertung, die die zuständige Behörde nach § 25 Abs. 1 vorzunehmen hat (vgl. bereits → Rn. 10). Auf Grund dieser vorbereitenden Aufgabe im Rahmen der behördlichen Zulassungsentscheidung kommt ihr zunächst eine **behördeninterne Funktion** zu (VG Osnabrück NuR 2016, 217 (221); Beckmann in Hoppe/Beckmann/Kment § 24 Rn. 73; Peters/Balla/Hesselbarth § 24 Rn. 4; Bunge in Storm/Bunge § 11 Rn. 30; Schneider, S. 128). Diese kommt insbesondere bei parallelen Zulassungsverfahren zur Geltung (→ Rn. 33). Dadurch unterscheidet sich die zusammenfassende Darstellung von dem ähnlich strukturierten Umweltbericht bei der Strategischen Umweltprüfung, der bewusst darauf angelegt ist, einer Kontrolle durch die Öffentlichkeit noch unterzogen zu werden (vgl. § 42 i.V.m. § 40). Allerdings haben sich durch die transparenzfördernde obligatorische Veröffentlichung der zusammenfassenden Darstellung im Zulassungsbescheid (→ Rn. 33) beide Instrumente angenähert (vgl. Kümper in Schink/Reidt/Mitschang § 24 Rn. 12 f.). 30

2. Systematisierende Darstellung. § 24 Abs. 1 Satz 1 bringt durch die Begriffe „zusammenfassend" und „Darstellung", vor allem aber mit dem Verb **„erarbeiten"** zum Ausdruck, dass ihm eine kompilierende Aneinanderreihung der vorliegenden Gutachten und Stellungnahmen zu den Auswirkungen auf einzelne Schutzgüter oder zu bestimmten Wirkfaktoren (zB Natur und Landschaft, Lärm) nicht genügt (BVerwG NVwZ 2007, 84 (86); Gassner § 11 Rn. 32). Damit drohte eine isolierte Sicht auf einzelne Umweltbelange, die die UVP gerade verhindern will. Nur eine **zusammenhängende Darstellung** unter Einbeziehung der Wechselwirkungen kann den Anspruch der UVP erfüllen, durch eine Gesamtschau den Umweltbelangen das ihnen gebührende Gewicht zukommen zu lassen (→ Rn. 10; dazu etwa BVerwGE 100, 238 (246); BVerwG NVwZ 1999, 989). Die Behörde muss deshalb das vorliegende Material **gedanklich verarbeiten**, **systematisieren** und in **geschlossener Form darstellen** (OVG Münster NuR 2010, 583 (586); OVG Hamburg ZUR 2017, 113 (115); VG Osnabrück NuR 2016, 217; Schneider, S. 128; Beckmann in Hoppe/Beckmann/Kment § 24 Rn. 54; Erbguth/Schink § 11 Rn. 1, 11; Kümper in Schink/Reidt/Mitschang § 24 Rn. 10; Bunge in Storm/Bunge § 11 Rn. 29 f.; Gassner § 11 Rn. 22, 32 ff.; amtl. Begründung, BT-Drs. 11/3919, 26). 31

Das Erfordernis einer systematisierenden, medienübergreifenden Darstellung geht aber **nicht** so weit, dass die nachteiligen Auswirkungen des Vorhabens auf die Umwelt mit eventuellen positiven Folgen **saldierend verrechnet** werden müssten (zB bei Windkraftanlagen: Eingriff in Natur und Landschaft gegen CO_2-Einsparung). Denn die Methoden für eine solche umfassende Ökobilanz sind nach wie vor unterentwickelt und könnten 32 eine Scheinrationalität erzeugen, die einer sachgerechten Bewertung nach § 25 Abs. 1 eher schaden würde (zu dem gleichgelagerten Problem bei der Bewertung → § 25 Rn. 22 f.). Erwartet wird vielmehr eine fachliche Einschätzung der Umweltauswirkungen in einem **qualitativ-verbalen** Sinn (BVerwGE 98, 339 (363 f. m.w.N.)).

33 **3. Darstellung in der Begründung der Zulassungsentscheidung (§ 26 Abs. 1 Nr. 3b).** Die zusammenfassende Darstellung ist ein obligatorischer Bestandteil der Zulassungsentscheidung (§ 26 Abs. 1 Nr. 3b). Innerhalb der **Begründung** muss sie ein von anderen Ausführungen **klar abgegrenzter**, in sich geschlossener **Abschnitt** sein. Das bedeutet aber keineswegs, dass sie vor und außerhalb der Zulassungsentscheidung im UVP-Verfahren keine eigenständige Bedeutung spielen dürfte. Ganz im Gegenteil: Ihre Funktion innerhalb des UVP-Verfahrens kann die zusammenfassende Darstellung erst dann entwickeln, wenn sie **fertig** vorliegt, bevor die Behörde die **Entscheidungsgründe** formuliert (Bunge in Storm/Bunge § 11 Rn. 31). Denn zu diesem letztgenannten späteren Zeitpunkt ist die Zulassungsentscheidung bereits gefallen, deren Findung die Darstellung nach § 24 gerade dienen soll. Auch ist die Monatsfrist nach Absatz 2 bereits für die Erstellung der zusammenfassenden Darstellung knapp bemessen (→ Rn. 36). Die übrigen Entscheidungsgründe ebenfalls in Monatsfrist zu fertigen, dürfte bei den UVP-pflichtigen größeren Vorhaben in aller Regel unrealistisch sein. Es gibt sogar Verfahrenskonstellationen, in denen es unausweichlich ist, dass die zusammenfassende Darstellung zunächst als ein gesondertes Schriftstück verfasst wird (Kümper in: Schink/Reidt/Mitschang § 24 Rn. 15; immer für ein eigenes Dokument Lieber UPR 2018, 441 (445)). Dies betrifft insbesondere die Zulassung eines Vorhabens durch mehrere Behörden **(parallele Zulassungsverfahren)**. Nachdem die federführende Behörde die zusammenfassende Darstellung erarbeitet hat (§ 31 Abs. 2 Satz 1 Nr. 3), muss diese in einem internen, aber eigenständigen Prozess mit den betroffenen Zulassungsbehörden abgestimmt werden, da sie als gemeinsame Darstellung für alle Zulassungsverfahren fungiert (§ 31 Abs. 4). Erst danach geht sie in die jeweiligen Zulassungsentscheidungen ein. Dies schließt die Dokumentation (erst) in den Entscheidungsgründen faktisch aus (Jarass NuR 1991, 201 (205 f.) unter Verweis auf die amtl. Begründung BT-Drs. 11/3919, 26 f.; Gassner § 11 Rn. 35; Beckmann in Hoppe/Beckmann/Kment § 24 Rn. 71; Schmidt-Preuß DVBl. 1995, 485; abweichend offenbar Bunge in Storm/Bunge § 11 Rn. 32; Nr. 0.5.2.1 Abs. 2 UVPVwV).

V. Verfahrensfragen

34 **1. Zuständigkeit.** Zuständig für die Erstellung der zusammenfassenden Darstellung ist die **Zulassungsbehörde** (Bunge in Storm/Bunge § 11 Rn. 13; Beckmann in Hoppe/Beckmann/Kment § 24 Rn. 70; Peters/Balla/Hesselbarth § 24 Rn. 7). Fallen im **Planfeststellungsverfahren** die Anhörungs- und die Planfeststellungsbehörde auseinander, so ist umstritten, welche der beiden Behörden die zusammenfassende Darstellung zu erarbeiten hat. Während Stimmen vor allem in der Kommentarliteratur zum VwVfG die Anhörungsbehörde befürworten (Lieber in Mann/Sennekamp/Uechtritz § 73 Rn. 361 m.w.N.; auch Gassner § 11 Rn. 8), erachten das Bundesverwaltungsgericht und der überwiegende Teil der Literatur richtigerweise die **Planfeststellungsbehörde** für zuständig (BVerwGE 104, 123 (126 f.); Kümper in Schink/Reidt/Mitschang § 24 Rn. 16; Peters/Balla/Hesselbarth § 24 Rn. 7; Beckmann in Hoppe/Beckmann/Kment § 24 Rn. 70). Als zentrales Argument für eine Zuständigkeit der Anhörungsbehörde wird angeführt, dass die in § 24 Abs. 2 genannte Monatsfrist für die Erarbeitung der zusammenfassenden Darstellung (→ Rn. 36) zusammenfalle mit der Frist, die § 73 Abs. 9 VwVfG der Anhörungsbehörde für die Vorlage der Stellungnahme setzt; die Planfeststellungsbehörde könne aber kaum die zusammenfassende Darstellung erarbeiten, bevor ihr die Stellungnahme der Anhö-

rungsbehörde vorliege. Das sollte man jedoch als systematische Ungereimtheit zweier verschiedener Gesetze nicht überbewerten. Denn diese könnte schlicht darauf zurückzuführen sein, dass ein im aktionistischen Beschleunigungsmodus agierender Gesetzgeber nicht jede Feinheit des von ihm geschaffenen Fristendickichts im Blick hatte. Zudem lässt sich der vermeintliche legislative Widerspruch in der praktischen Anwendung ohne weiteres auflösen: Da das Auseinanderfallen von Anhörungs- und Planfeststellungsbehörde im Kreis aller UVP-pflichtigen Zulassungsverfahren nur eine begrenzte Gruppe darstellt, kann man für diese die in § 24 Abs. 2 gleich zweifach vorgesehene Abweichungsoption („soll"/„möglichst") aktivieren, um der Planfeststellungbehörde ausreichend Zeit für die Erarbeitung der zusammenfassenden Darstellung einzuräumen. Für die Zuständigkeit der Planfeststellungsbehörde spricht bereits § 26 Abs. 1 Nr. 3b, wonach die zusammenfassende Darstellung Pflichtbestandteil der Begründung der Zulassungsentscheidung ist. Denn für den Planfeststellungsbeschluss und dessen Begründung ist gem. § 74 Abs. 1 Satz 1 VwVfG allein die Planfeststellungsbehörde zuständig (Beckmann in Hoppe/Beckmann/Kment § 24 Rn. 70). Zudem stärkt eine solche Zuständigkeitszuweisung auch das zentrale **Ziel** der **zusammenfassenden Darstellung**, dass die Zulassungsbehörde die Umweltauswirkungen des Vorhabens in ihrem ganzen Umfang tatsächlich zur Kenntnis nimmt (→ Rn. 10). Diese Funktion erfüllt dieser Verfahrensschritt erheblich besser, wenn die Planfeststellungsbehörde die Darstellung selbst erarbeitet. Denn dies erfordert ein ungleich intensiveres Auseinandersetzen mit den Umweltauswirkungen als das nachvollziehende Lesen eines fertigen Dokuments der Anhörungsbehörde.

Ähnliche Überlegungen sprechen gegen eine Übertragung der zusammenfassenden 35
Darstellung auf einen **externen Sachverständigen** (OVG Lüneburg ZUR 2019, 429 (431 f.)). Wenn dieser Verfahrensschritt vollständig ausgelagert wird, liegt es nahe, dass die zuständige Behörde das Ergebnis nur noch passiv nachvollzieht. Die zusammenfassende Darstellung erfüllt dann nicht mehr in vollem Maße ihre Rolle als eine der verfahrensrechtlichen Vorkehrungen, mit denen die UVP die Chance erhöhen will, dass die Entscheidungsträger die Umweltauswirkungen des Vorhabens in ihrem ganzen Umfang tatsächlich zur Kenntnis nehmen (→ Rn. 10).

2. Frist (Absatz 2). Die zusammenfassende Darstellung soll nach § 24 Abs. 2 möglichst innerhalb eines Monats nach dem Abschluss der Erörterung im Beteiligungsverfahren erarbeitet werden. Die **Monatsfrist** ist gerade für die typischerweise der UVP-Pflicht unterliegenden Großvorhaben **sehr knapp bemessen** (Bunge in: Storm/Bunge § 11 Rn. 34; Jarass NuR 1991, 201 (205); siehe bereits → Rn. 33). Dies gilt regelmäßig für den Fall der Zulassung eines Vorhabens durch mehrere Behörden, bei der die federführende Behörde nach § 31 Abs. 2 Satz 1 Nr. 3, Abs. 4 Satz 1 ihre zusammenfassende Darstellung innerhalb der Monatsfrist auch noch mit den anderen Zulassungsbehörden abstimmen muss (siehe → Rn. 33 und 37; ebenso Kümper in Schink/Reidt/Mitschang § 24 Rn. 18). Dem hat das Gesetz durch das einschränkende „möglichst" Rechnung getragen. Die Behörde kann also in begründeten Fällen die **Frist verlängern**. Selbst eine Fristverlängerung ohne sachlichen Grund hat keine Folgen für die Rechtmäßigkeit des Verfahrens und der Zulassungsentscheidung, da es sich um eine **bloße Ordnungsvorschrift** handelt (Gassner § 11 Rn. 36 m.w.N.; weitergehend Beckmann in Hoppe/Beckmann/Kment § 24 Rn. 76: uU beachtlicher Verfahrensfehler). Jedenfalls aber sollte die Behörde den Vorhabenträger von der Verlängerung der Frist verständigen (Beckmann in Hoppe/Beckmann/Kment § 24 Rn. 75). 36

3. Besonderheiten bei einzelnen Verfahrenstypen. Bedarf ein Vorhaben der Zulassung durch mehrere Behörden **(parallele Verfahren)**, so ist gem. § 31 Abs. 2 Satz 1 37

Nr. 3 die durch Landesrecht bestimmte federführende Behörde für die zusammenfassende Darstellung zuständig. Sie nimmt diese Aufgabe im Zusammenwirken zumindest mit den Zulassungsbehörden und der Naturschutzbehörde wahr (§ 31 Abs. 2 Satz 3). Zu erarbeiten ist gem. § 31 Abs. 4 Satz 1 eine gemeinsame zusammenfassende Darstellung für das gesamte Vorhaben (→ Rn. 33 und im Einzelnen → § 31 Rn. 43 ff.).

38 Für die zusammenfassende Darstellung in **gestuften Verfahren** sieht das UVPG zur Vermeidung von Doppelprüfungen verfahrensökonomische Erleichterungen vor, die alle demselben Grundmuster folgen: Im vorgelagerten Verfahren orientiert sich die Beschreibung der Umweltauswirkungen am jeweiligen Planungsstand des Vorhabens; im nachfolgenden Zulassungsverfahren kann bzw. soll sich die zusammenfassende Darstellung auf zusätzliche oder andere erhebliche Umweltauswirkungen beschränken. Solche Regelungen trifft § 47 Abs. 3 für Linienbestimmungsverfahren und Genehmigungsverfahren für Flugplätze, § 49 Abs. 2 für das Raumordnungsverfahren und § 2 Abs. 4 Satz 5 BauGB i.V.m. § 50 Abs. 1 bzw. Abs. 3 für das Bebauungsplanverfahren.

39 Bei **Vorbescheiden** und **Teilzulassungen** erstreckt sich die zusammenfassende Darstellung gem. § 29 Abs. 1 Satz 1 vorläufig auf die erkennbaren Umweltauswirkungen des Gesamtvorhabens und abschließend auf die Umweltauswirkungen des Vorhabens, soweit es Gegenstand des aktuellen Verfahrens ist.

C. Rechtsschutz

40 Verfahrensfehler bei der Anwendung des § 24 kann der **Vorhabenträger** gem. § 44a Satz 1 VwGO nur gemeinsam mit der Anfechtung der Zulassungsentscheidung geltend machen. Praktisch relevant dürfte aus Sicht des Vorhabenträgers ohnehin nur eine für ihn nachteilige Überschreitung der Monatsfrist nach § 24 Abs. 2 sein. Da es sich dabei aber lediglich um eine Ordnungsvorschrift handelt (→ Rn. 36), sind hier Rechtsmittel von vornherein ausgeschlossen (Kümper in Schink/Reidt/Mitschang § 24 Rn. 19).

41 Wesentlich unübersichtlicher ist die Rechtslage bei der Frage, ob sich **Dritte** auf eine fehlerhafte Umsetzung des § 24 berufen können. Hier befindet sich wegen der wenig kompatiblen Ansätze von europäischem und deutschem Recht vieles im Fluss, so dass diese Rechtsfragen hier nur in den Grundzügen dargestellt werden.

42 Ist eine zusammenfassende Darstellung **vollständig unterblieben**, so kommt ein absoluter Verfahrensfehler gem. § 4 Abs. 1 Satz 1 Nr. 1a UmwRG in Betracht. Ganz überwiegend wird dies verneint, weil hier nur das vollständige Unterbleiben einer UVP erfasst sei und die zusammenfassende Darstellung kein unionsrechtlich gebotener Verfahrensschritt sei (Kümper in: Schink/Reidt/Mitschang § 24 Rn. 21; für Einzelfallprüfung → UmwRG § 4 Rn. 43). Von Wortlaut und Zweck der Vorschrift ist jedoch auch eine Auslegung gedeckt, die die erforderliche UVP erst dann als „durchgeführt“ ansieht, wenn nicht nur der eine oder andere, sondern **sämtliche wesentlichen Verfahrensschritte erfolgt** sind (so für §§ 24 und 25 VG Hamburg ZUR 2016, 497 (500); VG Osnabrück NuR 2016, 217 (218 f.)). Führt man sich das Hauptziel der UVP vor Augen, dass die Zulassungsbehörde die Umweltauswirkungen in ihrem ganzen Umfang zur Kenntnis nimmt (→ Rn. 10 und 31), so übernimmt die von der zusammenfassenden Darstellung zu leistende Gesamtschau dabei eine Schlüsselfunktion (darauf verweist bereits die amtliche Begründung, BT-Drs. 11/3919, 27 re. Sp.). Fehlt eine solche Gesamtschau vollständig, weil der Zulassungsbehörde bei ihrer Entscheidung nur eine unsystematisierte Sammlung verschiedenster Informationen zu den einzelnen Umweltgütern vorlag, sollte man einen Fall des § 4 Abs. 1 Satz 1 Nr. 1a UmwRG bejahen (so auch VG Hamburg ZUR 2016, 497 (499 f.); Beckmann in Hoppe/Beckmann/Kment § 24 Rn. 84). Die anderslautende

Auffassung dürfte nicht zu einem sonstigen absoluten Verfahrensfehler nach § 4 Abs. 1 Satz 1 Nr. 3 UmwRG gelangen (so aber Lieber UPR 2018, 441 (445)), weil die zusammenfassende Darstellung erst nach der Öffentlichkeitsbeteiligung entsteht, so dass es an der Voraussetzung des lit. c fehlt. Dann kommen die einschränkenden Anforderungen zum Tragen, die § 4 Abs. 1a UmwRG an einen sog. relativen Verfahrensfehler stellt (sogleich → § Rn. 43).

Liegt eine zusammenfassende Darstellung vor, genügt diese aber **nicht** den **Anforderungen** des § 24, weil etwa bestimmte Mindestinhalte fehlen oder Äußerungen der Öffentlichkeit außer Acht gelassen sind, so kommt ein relativer Verfahrensfehler nach § 4 Abs. 1a UmwRG in Betracht. Über das Vorliegen des Verfahrensfehlers hinaus ordnet § 4 Abs. 1a Satz 1 UmwRG die Geltung des § 46 VwVfG ausdrücklich an. Folglich muss der Verfahrensfehler einen dort näher bestimmten Einfluss auf die Sachentscheidung gehabt haben, für den allerdings § 4 Abs. 1a Satz 2 UmwRG eine Vermutungsregel statuiert. **43**

Während bei **anerkannten Vereinigungen** (§ 3 UmwRG) gem. § 2 Abs. 1 Satz 1 Nr. 1 UmwRG der bloße Verfahrensfehler genügt, wird für **natürliche Personen** (vgl. § 4 Abs. 3 UmwRG i.V.m. § 61 Nr. 1 VwGO) zusätzlich eine **Verletzung eigener Rechte** (§ 42 Abs. 2 VwGO) für erforderlich gehalten (BVerwG NVwZ 2021, 736 f. (st. Rspr.); Seibert NVwZ 2019, 337 f. m.w.N.; → UmwRG § 4 Rn. 53) Für § 24 wird dies überwiegend verneint (Kümper in Schink/Reidt/Mitschang § 24 Rn. 20). Dies erscheint aber jedenfalls dann nicht überzeugend, wenn die Mängel der zusammenfassenden Darstellung einen Bezug zur vorangehenden Öffentlichkeitsbeteiligung haben, weil zB Äußerungen der beteiligten Öffentlichkeit unvollständig wiedergegeben werden (ohne diese Einschränkung Drittschutz bejahend VG Osnabrück NuR 2016, 217 (219, 223); Beckmann in Hoppe/Beckmann/Kment § 24 Rn. 90), Denn dies schmälert die „Wirkmächtigkeit" (Beckmann in Hoppe/Beckmann/Kment § 24 Rn. 90) dieser Äußerungen und beeinträchtigt somit die zentrale Funktion der zusammenfassenden Darstellung, der Zulassungsbehörde eine vollständige Gesamtschau der mit dem Vorhaben verbundenen Umweltauswirkungen zu vermitteln (aA VGH München Urt. v. 30.11.2020 – 22 A 19.40034 und 40036 – juris Rn. 134). **44**

§ 25 Begründete Bewertung der Umweltauswirkungen und Berücksichtigung des Ergebnisses bei der Entscheidung

(1) [1]**Auf der Grundlage der zusammenfassenden Darstellung bewertet die zuständige Behörde die Umweltauswirkungen des Vorhabens im Hinblick auf eine wirksame Umweltvorsorge im Sinne des § 3 nach Maßgabe der geltenden Gesetze.** [2]**Die Bewertung ist zu begründen.**

(2) **Bei der Entscheidung über die Zulässigkeit des Vorhabens berücksichtigt die zuständige Behörde die begründete Bewertung nach dem in Absatz 1 bestimmten Maßstab.**

(3) **Bei der Entscheidung über die Zulassung des Vorhabens müssen die zusammenfassende Darstellung und die begründete Bewertung nach Einschätzung der zuständigen Behörde hinreichend aktuell sein.**

Schrifttum: *Eichberger,* Gerichtliche Kontrolldichte, naturschutzfachliche Einschätzungsprärogative und Grenzen wissenschaftlicher Erkenntnis, NVwZ 2019, 1560 ff.; *Erbguth,* Das Bundesverwaltungsgericht und die Umweltverträglichkeitsprüfung, NuR 1997, 261 ff.; *ders.,* Ziel, Konzeption und Entwicklungstendenzen der Umweltverträglichkeitsprüfung, ZUR 2014, 515 ff.; *Erbguth/Schink,* UVPG. Kommentar, 2. Aufl. 1996; *Erbguth/Stollmann,* Die Verzahnung der integrativen Elemente von IVU- und UVP-Änderungs-Richtlinie, ZUR 2000, 379 ff.; *Gassner,* UVPG. Kommentar, 2006; *Hoppe/Beckmann/Kment,* Gesetz über die Umweltverträglichkeitsprüfung (UVPG). Umwelt-Rechtsbehelfsgesetz (UmwRG). Kommentar, 5. Aufl. 2018; *Jarass,* Umweltverträglichkeitsprüfung bei Industrievorhaben, 1987; *ders.,* Grundstrukturen des Gesetzes über die Umweltverträglichkeitsprüfung, NuR 1991, 201 ff.; *Kahl/Gärditz.* Umweltrecht, 12. Aufl. 2021; *Lange,* Rechtsfolgen der Umweltverträglichkeitsprüfung für die Genehmigung oder Zulassung eines Projekts, DÖV 1992, 780 ff.; *Mayen,* Die Umweltverträglichkeitsprüfung nach dem UVP-Gesetz und der UVP-Verwaltungsvorschrift, NVwZ 1996, 319 ff.; *Peters/Balla/Hesselbarth,* UVPG. Handkommentar, 4. Aufl. 2019; *Sangenstedt,* Die Reform der UVP-Richtlinie 2014: Herausforderungen für das deutsche Recht, ZUR 2014, 526 ff.; *Scheidler,* Rechtsschutz Dritter bei fehlerhafter oder unterbliebener Umweltverträglichkeitsprüfung, NVwZ 2005, 863 ff.; *Schmidt-Preuß,* Der verfahrensrechtliche Charakter der Umweltverträglichkeitsprüfung, DVBl. 1995, 485 ff.; *Schink/Reidt/Mitschang,* Umweltverträglichkeitsprüfungsgesetz/Umwelt-Rechtsbehelfsgesetz: UVPG/UmwRG, 1. Aufl. 2018; *Soell/Dirnberger,* Wieviel Umweltverträglichkeit garantiert die UVP?, NVwZ 1990, 705 ff.; *Storm/Bunge,* Handbuch der Umweltverträglichkeitsprüfung, Stand: Oktober 2021; *Vorwerk,* Die Bewertung von Umweltauswirkungen im Rahmen der Umweltverträglichkeitsprüfung nach § 12 UVPG, Die Verwaltung 29 (1996), 241 ff.; *Wahl,* Die Normierung der materiell-integrativen (medienübergreifenden) Genehmigungsanforderungen, ZUR 2000, 360 ff.; *Wulfhorst,* Integrativer Umweltschutz durch das Baugenehmigungsverfahren? – Zur Einführung der Umweltverträglichkeitsprüfung in die Landesbauordnungen, ZUR 2002, 24 ff.

Übersicht

A. Einleitung

I. Bedeutung und Grundzüge der Vorschrift

1 § 25 kann man ohne Übertreibung als das **legislative Herzstück** des deutschen UVP-Rechts bezeichnen (zustimmend Kümper in Schink/Reidt/Mitschang § 25 Rn. 1; Beckmann in Hoppe/Beckmann/Kment § 25 Rn. 29). Gleichzeitig wirft § 25 **schwierige dogmatische Grundsatzfragen** auf. Vor allem an dieser Vorschrift entzündete sich die anfangs geradezu bekenntnishaft geführte Auseinandersetzung um den Charakter der UVP. Während die eine Seite mit der UVP die Hoffnung verband, dass sie materielle Schwächen und Lücken des deutschen Umweltrechts ausgleiche, sahen andere in ihr bloße verfahrensrechtliche Anforderungen, deren Wirkung sich auf die Verzögerung der Zulassungsverfahren beschränke. Allerdings wird nach über 30 Jahren Gesetzespraxis und einigen Grundsatzentscheidungen des Bundesverwaltungsgerichts die dogmatische Diskussion erheblich entspannter geführt. Sie erlangt freilich bei Fragen des Rechtsschutzes gegen Verletzungen von Vorschriften des UVPG (Anfechtbarkeit, Fehlerfolgen) wieder Bedeutung.

2 § 25 unterscheidet mit der zu begründenden **Bewertung** der Umweltauswirkungen (Absatz 1) und deren anschließender **Berücksichtigung** bei der Zulassungsentscheidung (Absatz 2) sorgsam zwei Verfahrensschritte, die im herkömmlichen Genehmigungsverfahren eher uno actu vollzogen wurden. Die Bewertung erfolgt auf der Grundlage der zusammenfassenden Darstellung nach § 24 und schließt als letzter Akt des Dreiklangs Ermitteln – Beschreiben – Bewerten das UVP-Verfahren ab (vgl. § 3 Satz 1). Die nachfolgende Berücksichtigung der Bewertungsergebnisse stellt die verfahrensmäßige Verbindung zur materiellen Genehmigungsentscheidung her. § 25 markiert somit die **Schnittstelle** zwischen **UVP** und **Zulassungsentscheidung** (VGH Mannheim Urt. vom 20.11.2018 – 5 S 2138/16 – juris Rn. 132; VG Hamburg ZUR 2016,497 (500); Beckmann in Hoppe/Beckmann/Kment § 25 Rn. 1; Kümper in Schink/Reidt/Mitschang § 25 Rn. 6). Absatz 3 schreibt vor, dass zusammenfassende Darstellung und begründete Bewertung zum Zeit-

punkt der Zulassungsentscheidung nach Einschätzung der Zulassungsbehörde **hinreichend aktuell** sein müssen.

II. Entstehungsgeschichte

Die Vorgängerregelung in § 12aF galt bis zur UVPG-Novelle von 2017 unverändert in 3
der ersten Fassung des UVPG 1990. Auch bei der Überführung in § 25nF hat sie im Wesentlichen nur redaktionelle Umstellungen erfahren. Die dazu von der Bundesregierung vorgeschlagene Formulierung war eine der wenigen, für die der Bundesrat in seiner Stellungnahme (BR-Drs. 164/17 (B)) keinerlei Änderungsbedarf sah. Diese legislative Zurückhaltung ist wohl vor allem dem Umstand zu verdanken, dass sich der Gesetzgeber nicht erneut an die von ihm im UVPG 1990 **offen gelassenen Grundsatzfragen** heranwagen mochte, sondern deren Beantwortung gerne Rechtsprechung und Literatur überlässt.

Aufschlussreich für die Auslegung der Vorschrift ist es, dass der Gesetzentwurf der 4
Bundesregierung von 1989 zunächst nur auf die „geltenden Gesetze" Bezug nahm (BT-Drs. 11/3919, 6). Erst der Bundestag fügte auf Grund eines Vorschlages seines Umweltausschusses in § 12aF die Formulierung „im Hinblick auf eine **wirksame Umweltvorsorge** im Sinne der §§ 1, 2 Abs. 1 Satz 2 und 4" ein. Durch diese Ergänzung wollte der Umweltausschuss den „materielle(n) Regelungsgehalt des Gesetzes im Sinne einer medienübergreifenden, integrativen UVP deutlicher" machen (BT-Drs. 11/5532, 38). Die unbestimmten Rechtsbegriffe der Fachgesetze (zB „schädlich" oder „nachteilig") bekämen durch das UVPG einen neuen Gehalt, da der integrative medienübergreifende Ansatz der UVP bei der Anwendung und Auslegung dieser Gesetze mit einfließe. UVP-pflichtige Vorhaben seien also unter Berücksichtigung des gesamthaften Ansatzes der UVP nunmehr gegebenenfalls anders zu beurteilen als nach bisherigem Recht (BT-Drs. 11/5532, 31).

Die Umsetzung der **UVP-Änderungsrichtlinie 2014/52/EU** in der UVPG-Novelle 5
von 2017 nutzte der Gesetzgeber, um die bislang in einem Satz geregelten Verfahrensschritte der Bewertung und der Berücksichtigung auf zwei Absätze aufzuteilen, um deren Eigenständigkeit zu betonen (BT-Drs. 18/11499, 94). Inhaltliche Änderungen sollten damit ausdrücklich nicht verbunden sein (aA offenbar Beckmann in Hoppe/Beckmann/Kment § 25 Rn. 39). Dennoch hielt es die Gesetzesbegründung für angezeigt, noch einmal grundsätzliche Worte zum Charakter der UVP an die Gesetzesanwender zu richten: Das UVPG enthalte „keine eigenständigen, von den fachgesetzlichen Zulassungsvoraussetzungen unabhängigen materiellrechtlichen Vorgaben", und fachgesetzliche Versagungsgründe würden durch das Wort „berücksichtigen" keineswegs relativiert (BT-Drs. 18/11499, 94). Eine Distanzierung von den soeben (Rn. 4) zitierten Erwägungen des Bundestages zur Aufnahme der „wirksamen Umweltvorsorge" in das UVPG 1990 ist damit aber nicht verbunden, denn diese stellte die grundsätzliche „Herrschaft des Fachrechtes" gerade nicht infrage.

Zur Umsetzung der UVP-Änderungsrichtlinie 2014/52/EU wurde in **Absatz 1** 6
Satz 2 die Pflicht zur Begründung der Bewertung aufgenommen. Außerdem wurde Art. 8a Abs. 6 Satz 1 der geänderten Projekt-UVP-RL mit **Absatz 3** umgesetzt.

III. Verhältnis zu anderen Vorschriften

1. §§ 49, 50 und 51. § 25 gilt auch für die UVP im **Raumordnungsverfahren** nach 7
§ 49 Abs. 1, es sei denn, dass die Länder gleichlautende oder weitergehende Verfahrensregelungen getroffen haben. Dies ergibt sich aus § 1 Abs. 4.

8 § 25 findet für die Aufstellung von **Bebauungsplänen** keine Anwendung. Hier wird gem. **§ 50 Abs. 1 Satz 1** die Umweltverträglichkeitsprüfung als Umweltprüfung nach den Vorschriften des Baugesetzbuchs durchgeführt. Die Bewertung der Umweltauswirkungen erfolgt im Umweltbericht, der als gesonderter Teil in die Begründung zum Bebauungsplan aufzunehmen ist **(§ 2 Abs. 4 Satz 1, § 2a, § 9 Abs. 8 BauGB)**; das Ergebnis dieser Bewertung ist gem. **§ 2 Abs. 4 Satz 4 BauGB** in der Abwägung nach § 1 Abs. 7 BauGB zu berücksichtigen.

9 Durch die UVPG-Novelle von 2017 wurde – abweichend vom bisherigen Recht – die Anwendbarkeit des § 25 für das **bergrechtliche Planfeststellungsverfahren** ausdrücklich bestimmt **(§ 51 i.V.m. § 57a Abs. 1 Satz 5 BBergG)**.

10 **2. § 7 Abs. 1 Satz 3. § 7 Abs. 1 Satz 3** nimmt für die **Vorprüfung** der UVP-Pflicht bei bestimmten Vorhaben § 25 Abs. 2 ausdrücklich in Bezug. Bei der erforderlichen überschlägigen Prüfung wird darauf abgestellt, ob das Vorhaben erhebliche nachteilige Umweltauswirkungen haben kann, die nach § 25 Abs. 2 bei der Zulassungsentscheidung zu berücksichtigen wären.

11 **3. § 20 Abs. 1b 9. BImSchV, § 14a Abs. 2 AtVfV.** Für das immissionsschutzrechtliche Genehmigungsverfahren übernimmt **§ 20 Abs. 1b 9. BImSchV** wesentliche Inhalte des § 25. Zwei **Abweichungen** sind aber zu konstatieren: Zum einen fehlt in § 20 Abs. 1b Satz 1 (und 2) 9. BImSchV die Formulierung „im Hinblick auf eine wirksame Umweltvorsorge" und zum anderen benennt Satz 1 als Bewertungsmaßstab die für die Entscheidung maßgeblichen „Rechts- und Verwaltungsvorschriften". Folgt man der amtlichen Begründung, so haben beide Abweichungen keine weitere Bedeutung; nach Auffassung der Bundesregierung soll § 20 Abs. 1b Satz 1 9. BImSchV inhaltlich dem § 25 (damals § 12aF) entsprechen (BR-Drs. 494/91, 75). Im Falle der „wirksamen Umweltvorsorge" übernahm der Bundesrat sogar eine entsprechende Ergänzungsempfehlung seines Umweltschusses mit der Begründung nicht, der Verweis auf geltendes Recht sei „entbehrlich" (BR-Drs. 494/1/91, 25). Da jedoch in beiden Fällen Fragen berührt sind, die zum Zeitpunkt der Verordnungsregelung intensiv und teilweise sehr streitig diskutiert wurden, nimmt die Literatur dem Verordnungsgeber diese Absichtslosigkeit offenbar nicht ab und passt § 20 Abs. 1b Satz 1 9. BImSchV durch Auslegung dem Wortlaut des § 25 Abs. 1 an. Soweit der Hinweis auf die **wirksame Umweltvorsorge** fehlt, der eine materiell-rechtliche Steuerungswirkung der UVP stützt (ausführlich → Rn. 25 ff.), soll § 25 Abs. 1 gem. § 1 Abs. 4 Satz 1 Vorrang haben (Bunge in: Storm/Bunge § 12 Rn. 20; Peters/Balla/Hesselbarth § 25 Rn. 59, 71; Erbguth/Schink Art. 4 Rn. 32a; Schmidt-Preuß DVBl. 1995, 485 (488 Fn. 45); anders Beckmann in Hoppe/Beckmann/Kment § 25 Rn. 23). Was die Formulierung der Bewertungsmaßstäbe in § 20 Abs. 1b Satz 1 9. BImSchV betrifft, schließt diese ausdrücklich auch **Verwaltungsvorschriften** ein. Nimmt man diesen Wortlaut ernst, so würden damit auch Gerichte unmittelbar an Verwaltungsvorschriften gebunden. Das ist verfassungsrechtlich unzulässig. § 20 Abs. 1b Satz 1 9. BImSchV ist deshalb dahingehend einschränkend auszulegen, dass nur Gesetze und Rechtsverordnungen für die Bewertung relevant sind (Schmidt-Preuß DVBl. 1995, 485 (486 f.); Bunge in Storm/Bunge § 12 Rn. 19; Kümper in Schink/Reidt/Mitschang § 25 Rn. 5; aA Erbguth/Schink Art. 4 Rn. 32; zur parallelen Frage der Auslegung des Gesetzesbegriffs in § 25 Abs. 1 → Rn. 33). Für die Zulassungsbehörden sind die Verwaltungsvorschriften ohnehin grundsätzlich verbindlich, ohne dass es einer ausdrücklichen Regelung in der 9. BImSchV bedürfte.

12 Dieselben Einschränkungen gelten für die Anwendung des **§ 14a Abs. 2 Satz 1 AtVfV**, der insofern wörtlich mit der 9. BImSchV übereinstimmt.

B. Erläuterung der Vorschrift

I. Vorgaben des EU-Rechts

§ 25 setzt **Art. 1, 3, 8** und **8a** der **Projekt-UVP-RL 85/337/EWG** und deren Änderungen durch die **UVP-Änderungsrichtlinie 2014/52/EU** um (amtl. Begründungen, BT-Drs. 11/3919, 27; BT-Drs. 18/11499, 93 f.). Nach Art. 1 Abs. 2 lit. g (mit Zif. iv) Projekt-UVP-RL handelt es sich bei der unter dem europarechtlichen Begriff „begründete Schlussfolgerung" firmierenden Bewertung um einen eigenständigen Verfahrensschritt der UVP. Art. 3 Abs. 1 Projekt-UVP-RL verlangt, dass die ermittelten und beschriebenen Umweltauswirkungen eines Projektes „in geeigneter Weise" bewertet werden. Mit diesem **Bewertungsgebot** enthält die Richtlinienbestimmung einen materiellrechtlichen Ansatz; denn eine Bewertung kann nur anhand materieller Maßstäbe erfolgen (VG Osnabrück NuR 2016, 217 (218); Beckmann in Hoppe/Beckmann/Kment § 25 Rn. 7, 12). Diese Maßstäbe konkretisiert die Projekt-UVP-RL freilich nicht näher, sondern überlässt dies dem für die Zulassung einschlägigen **nationalen Fachrecht** (BVerwGE 100, 238 (243 f.)). Allerdings lässt sich aus Art. 3 Projekt-UVP-RL nicht nur die Vorgabe ableiten, dass eine Bewertung überhaupt stattfinden muss. Art. 3 Projekt-UVP-RL setzt auch einen gewissen **materiell-rechtlichen Mindeststandard** für die UVP. So verlangt diese Bestimmung in Abs. 1 lit e, dass im Sinne eines medienübergreifenden Umweltschutzes auch die Wechselwirkungen zwischen den einzelnen Umweltgütern bewertet werden müssen. 13

Die nach § 25 Abs. 2 erforderliche **Berücksichtigung** der UVP-Ergebnisse bei der Zulassungsentscheidung ist durch Art. 1 Abs. 2 lit. g Zif. v) und Art. 8 Projekt-UVP-RL vorgegeben. Auch hier beschränkt sich die UVP-Richtlinie auf die Forderung, dass die Zulassungsbehörde die Erkenntnisse aus der UVP berücksichtigt, indem sie sich mit ihnen inhaltlich auseinandersetzt. Wie dies zu geschehen hat, insbesondere mit welchem Gewicht die Umweltbelange in den Entscheidungsprozess einbezogen werden, ergibt sich also wiederum aus dem **nationalen Zulassungsrecht** (Beckmann in Hoppe/Beckmann/Kment § 25 Rn. 15 f.; Erbguth/Schink § 12 Rn. 22 f.). 14

Nach Art. 8a Abs. 6 Satz 1 Projekt-UVP-RL muss die Zulassungsbehörde der Auffassung sein, dass die „begründete Schlussfolgerung" im Zeitpunkt der Entscheidung **aktuell** ist. 15

II. Abgrenzung von zusammenfassender Darstellung, Bewertung und Berücksichtigung

Das UVPG **spaltet** in seinen §§ 24 und 25 den Weg zur Entscheidungsfindung in **Verfahrensschritte auf**, die im herkömmlichen Genehmigungsverfahren kaum unterschieden werden. Dies wirft im Detail Abgrenzungs- und Handhabungsprobleme auf (dazu Jarass NuR 1991, 201 (206 f.); Schmidt-Preuß DVBl. 1995, 485 (488)). Macht man sich aber die grundsätzlichen Unterschiede dieser Verfahrensschritte bewusst, so trägt das dazu bei, den Entscheidungsprozess zu strukturieren sowie transparenter zu gestalten und damit zu objektivieren. 16

Die **Bewertung** nach Abs. 1 ist in die eine Richtung von der **zusammenfassenden Darstellung** abzugrenzen. Während die zusammenfassende Darstellung nach § 24 die Umweltauswirkungen des Projektes deskriptiv-analysierend beschreibt, erfolgt gem. § 25 Abs. 1 auf dieser rechtstatsächlichen Grundlage die rechtliche Bewertung, die die umweltbezogenen Tatbestandsmerkmale der Zulassungsnormen auf den ermittelten Sachverhalt anwendet (ebenso VGH Mannheim Urt. vom 20.11.2018 – 5 S 2138/16 – juris Rn. 102; 17

Nr. 0.6.1.1 Abs. 1 UVPVwV). Die Bewertung soll also am Maßstab des geltenden Zulassungsrechtes beurteilen, ob die beschriebenen Umweltauswirkungen hingenommen werden müssen oder nicht (OVG Lüneburg Urt. v. 31.7.2017 – 7 KS 17/16 – juris Rn. 194; Kümper in Schink/Reidt/Mitschang § 25 Rn. 6; Bunge in Storm/Bunge § 12 Rn. 24; Erbguth/Schink § 12 Rn. 5; Vorwerk Verw. 29 (1996), 241 (259 ff.); siehe zu den Unterschieden von zusammenfassender Darstellung und Bewertung auch → § 24 UVPG Rn. 24).

18 Die **Bewertung** muss andererseits von der nachfolgenden **Berücksichtigung** unterschieden werden. Zu der im Detail nicht einfachen Abgrenzung sollen an dieser Stelle folgende skizzenhafte Anmerkungen genügen (ausführlicher → Rn. 41 ff.): Die Berücksichtigung gewährleistet, dass die Ergebnisse der UVP in die Zulassungsentscheidung einfließen und stellt somit die Verbindung zwischen UVP und abschließender Entscheidung her. Erst auf dieser Verfahrensstufe werden die Umweltbelange mit den übrigen (evtl. gegenläufigen) Belangen zusammen betrachtet und verarbeitet, während die vorangegangene UVP sich ausschließlich den Umweltauswirkungen des Vorhabens zuwendet (statt vieler Kümper in Schink/Reidt/Mitschang § 25 Rn. 6).

III. Begründete Bewertung (Abs. 1)

19 **1. Ökologieinterne und projektbezogene Bewertung.** Wie bereits die beiden vorangegangenen Verfahrensschritte der Ermittlung und der Beschreibung weist auch die Bewertung zwei Charakteristika auf, die die UVP entscheidend prägen. Zum einen bezieht sich die Bewertung ausschließlich auf die **Umweltauswirkungen** des Vorhabens. Diese **ökologieinterne Ausrichtung** blendet andere Belange wie die der Wirtschaft, des Städtebaus oder des Arbeitsschutzes aus. Diese kommen erst bei der abschließenden Berücksichtigung der UVP im Rahmen der Zulassungsentscheidung wieder in den Blick (→ Rn. 18). Mit dieser ökologieinternen Bewertung will die UVP dazu beitragen, dass die zuständige Behörde die Umweltfolgen mit ihrem ganzen Gewicht zur Kenntnis nimmt (statt vieler BVerwGE 100, 238 (245 f.)).

20 Zum anderen ist hervorzuheben, dass die UVP nach § 4 unselbständiger Teil eines Zulassungsverfahrens ist. Die Bewertung ist also, wie § 25 Abs. 1 ausdrücklich betont, strikt auf das **konkrete Vorhaben** ausgerichtet und darf sich deshalb nicht mit abstrakten ökologischen Fragestellungen ohne Projektbezug befassen (BVerwGE 100, 238 (249); Kümper in Schink/Reidt/Mitschang § 25 Rn. 9; Beckmann in Hoppe/Beckmann/Kment § 25 Rn. 29; Erbguth/Schink § 12 Rn. 5b).

21 **2. Einzel- und Gesamtbewertung.** Die Bewertung erfasst zunächst die mittelbaren und unmittelbaren Auswirkungen auf die einzelnen in § 2 Abs. 1 Nr. 1 bis 4 genannten UVP-Schutzgüter **(Einzelbewertung)**. Auf Grund des integrativen Ansatzes der UVP ist zusätzlich aber auch eine **Gesamtbewertung** der Umweltauswirkungen unerlässlich. Sie geht über die additive Zusammenstellung der jeweiligen Auswirkungen auf die einzelnen UVP-Schutzgüter hinaus und nimmt diese Auswirkungen „in ihrer medienübergreifenden Vernetztheit" (Erbguth ZUR 2014, 515 (523)) in den Blick (Bunge in Storm/Bunge § 12 Rn. 30 ff.; Kümper in Schink/Reidt/Mitschang § 25 Rn. 11; Peters/Balla/Hesselbarth § 25 Rn. 19 ff.). Diese medienübergreifende Bewertung erstreckt sich insbesondere auch auf die **Wechselwirkungen** zwischen den einzelnen Schutzgütern (§ 2 Abs. 1 Nr. 5). Gegenüber der herkömmlichen aufgespaltenen Betrachtungsweise, die die Auswirkungen auf die einzelnen Schutzgüter getrennt in den Blick nimmt, trägt diese gebündelte Gesamtschau dazu bei, dass die Zulassungsbehörde die Umweltauswirkungen in ihrem ganzen Ausmaß wahrnimmt (BVerwGE 100, 238 (245 f.)).

Ziel ist allerdings nicht ein zusammenfassendes Gesamturteil, ob das Projekt „umweltverträglich" ist oder nicht. Vielmehr sind die Vor- und Nachteile des Projektes für die Umwelt zu gewichten. Diese **ökologische Gesamtbilanz** erfolgt im Allgemeinen in **verbalisierender Form**, bei der die von dem Vorhaben ausgehende Belastung für sämtliche Umweltgüter **argumentativ gewichtet** wird (Vorwerk Verw. 29 (1996), 241 (248); Erbguth ZUR 2014, 515 (522 f.); Beckmann in Hoppe/Beckmann/Kment § 25 Rn. 55, 59; unnötig kritisch gegen die entsprechende Vorgabe in Nr. 0.6.2.1 Abs. 3 UVPVwV Mayen NVwZ 1996, 319 (324)). Denn Verrechnungseinheiten, die die Auswirkungen auf die verschiedenen Umweltmedien mathematisch zu einem Gesamtergebnis saldieren, sind nicht vorhanden (amtl. Begründung, BT-Drs. 11/3919, 27; Erbguth/Schink § 12 Rn. 11; Kümper in Schink/Reidt/Mitschang § 25 Rn. 11; Beckmann in Hoppe/Beckmann/Kment § 25 Rn. 56). Sie wären auch keineswegs erstrebenswert, weil sie schwierige Gewichtungsprobleme („verschmutztes Wasser gegen saubere Luft"), für deren rechtliche Einschätzung die Zulassungsbehörde letztlich die Verantwortung übernehmen muss, hinter simplifizierenden Zahlenkolonnen verstecken würden. 22

Besteht bei der Ablehnung einer solchen quantitativen Saldierung Einigkeit, wird hingegen mitunter eine **qualitative Saldierung** gefordert. So sollen konfligierende Umweltbelange bereits in diesem Verfahrensstadium gegeneinander abgewogen werden (Erbguth/Schink § 12 Rn. 11 ff. m.w.N.; Erbguth ZUR 2014, 515 (523); Kümper in Schink/Reidt/Mitschang § 25 Rn. 12). Damit wäre jedoch die Gefahr verbunden, dass bestimmte Umweltauswirkungen von vornherein als „nachrangig" aus der Gesamtbilanz herausfallen, die gerade Ziel der Bewertung ist. Es ist allein Aufgabe der abschließenden Zulassungsentscheidung, die Umweltbelange untereinander und gegenüber anderen Belangen abzuwägen. Ein weitere (vorgeschaltete) umweltinterne Abwägung wäre verfahrensrechtlich verwirrend und bedenklich (Beckmann in Hoppe/Beckmann/Kment § 25 Rn. 56 ff.; Bunge in Storm/Bunge § 12 Rn. 32). 23

3. Bewertungsmaßstäbe. a) Grundsätzliche Vorgaben des § 25 Abs. 1. Die Frage nach den **Maßstäben** für die Bewertung der Umweltauswirkungen ist die wohl umstrittenste des gesamten UVPG, weil sie unmittelbar das **Grundverständnis** der **UVP** berührt. Aus § 25 Abs. 1 lässt sich entnehmen, dass die Bewertung im Hinblick auf eine wirksame Umweltvorsorge nach Maßgabe der geltenden Gesetze erfolgen soll. Mit der Neuformulierung des § 25 Abs. 1 und 2 hat der Gesetzgeber eindeutig entschieden, dass die „wirksame Umweltvorsorge" nicht nur der **Berücksichtigung** zuzuordnen ist, sondern auch der **Bewertung** (BT-Drs. 18/11499, S. 94), was zu § 12aF streitig war (vgl. nur Jarass NuR 1991, 201 (206) – bejahend – und Erbguth ZUR 2014, 515 (523) – verneinend), 24

b) Materiell-rechtliche Steuerungswirkungen des § 25 Abs. 1 („wirksame Umweltvorsorge"). aa) Allgemeines. Nach Auffassung des Bundesverwaltungsgerichts (BVerwGE 100, 238 (243 f.); BVerwG NVwZ 2007, 84 (86)) und eines Teils der Literatur (etwa Schmidt-Preuß DVBl. 1995, 485 (488 ff.)) beschränkt sich das UVP-Recht auf **rein verfahrensrechtliche Anforderungen** im Vorfeld der Zulassungsentscheidung. Die Sachentscheidung selbst sei hingegen ausschließlich auf der Grundlage des jeweiligen Anlagenzulassungsrechtes zu treffen, das die Projekt-UVP-RL materiell nicht angereichert oder gar verschärft habe. Dieses Primat des Fachrechts werde auch im Wortlaut des § 25 Abs. 1 deutlich, der auf die „geltenden Gesetze" verweise. Erhebliche Teile der Literatur sehen in § 25 Abs. 1 und 2 UVPG hingegen auch eine **materiell-rechtliche Komponente** (umfassend aus jüngerer Zeit Erbguth ZUR 2014, 515 (516 ff., 519 ff.)). Dies komme in der Formulierung „im Hinblick auf eine wirksame Umweltvorsorge im Sinne 25 des § 3" zum Ausdruck (Bunge in Storm/Bunge § 12 Rn. 3, 51 ff.; Erbguth/Schink vor § 5 Rn. 8 ff.; Vorwerk Verw. 29 (1996), 241 (242 ff.); Jarass NuR 1991, 201 (206); Mayen NVwZ 1996, 319 (325) will die materiellen Wirkungen des UVPG auf den medienübergreifenden Ansatz begrenzen, was aber angesichts des auf die „Umweltvorsorge" abstellenden Gesetzeswortlautes zu eng sein dürfte; materielle Wirkungen werden der UVP auch unter Hinweis auf deren „gebührende" Berücksichtigung nach Art. 8 der UVP-Änderungsrichtlinie 2014/52/EU zugemessen (zB Kahl/Gärditz § 4 Rn. 89, 91)). Umstritten ist unter den Befürwortern dieser Auffassung, ob es ein zulässiger Weg ist, bei möglichen **Defiziten** des Fachrechts dessen UVP-Konformität durch **Auslegung** zu erreichen (so Bunge in Storm/Bunge § 12 Rn. 51 ff.; Peters/Balla/Hesselbarth § 25 Rn. 17 f.; Vorwerk Verw. 29 (1996), 241 (246 ff., 250 ff.); dagegen aber Erbguth/Schink § 12 Rn. 10, 102; Gassner § 12 Rn. 20; auch Beckmann in Hoppe/Beckmann/Kment § 25 Rn. 98 ff.). Eine rein prozedurale Sicht der UVP lehnt wohl auch der Europäische Gerichtshof ab, der die Bewertung nach Art. 3 Projekt-UVP-RL ausdrücklich als eine „materielle Prüfung der eingeholten Angaben" einordnet (EuGH NVwZ 2011, 929 Rn. 40 mit zustimmender Anmerkung Erbguth).

26 **bb) Streitpunkt „Wechselwirkungen".** Die Auseinandersetzung um einen materiellen Gehalt des § 25 Abs. 1 kulminierte lange Zeit in der Frage, ob insbesondere das Bundes-Immissionsschutzgesetz eine ausreichende Berücksichtigung der **Wechselwirkungen** zwischen den UVP-Schutzgütern (Art. 3 Abs. 1 lit. e Projekt-UVP-RL, § 2 Abs. 1 Nr. 5) gewährleiste (zweifelnd Erbguth/Stollmann ZUR 2000, 379 (382 f.); Bunge in Storm/Bunge § 12 Rn. 11 ff.; bejahend hingegen Beckmann in Hoppe/Beckmann/Kment § 25 Rn. 138 ff.; Lange DÖV 1992, 780 (784); Schmidt-Preuß DVBl. 1995, 485 (490 ff.)). Nebenbei sei hier bemerkt, dass sich diese Frage überhaupt nur dann stellt, wenn man einen materiellen Kern des UVP-Rechts anerkennt. Der Begriff der Wechselwirkungen ist das positiv-rechtliche Einfallstor für den integrativen, medienübergreifenden Ansatz der UVP, der die Umwelt als ein **komplexes Ökosystem** versteht, das durch vielfältige Wirkungsbeziehungen zwischen den einzelnen Umweltmedien geprägt ist (statt vieler Bunge in Storm/Bunge § 2 Rn. 113 ff.). Diskutiert werden in diesem Zusammenhang auch Summationswirkungen, Problemverschiebungen von einem Umweltmedium in ein anderes und Grenzbelastungen (Vorwerk Verw. 29 (1996), 241 (246 f.); Mayen NVwZ 1996, 319 (322 ff.)). Bei Durchsicht der umfangreichen Literatur zu dieser Thematik fällt allerdings auf, dass der konkrete Einfluss der Wechselwirkungen auf den Normalfall einer Zulassungsentscheidung seltsam unbestimmt bleibt; dieser schillernde Begriff scheint der Gefahr einer Mystifizierung nicht immer zu entgehen. Andererseits darf man seine praktische Bedeutung keinesfalls unterschätzen. Er hat das Bewusstsein der zuvor monomedial strukturierten und denkenden Umweltverwaltung für eine ökosystemare Sicht der Umwelt geweckt und entwickelt (Wulfhorst ZUR 2002, 24 (28 f. m.w.N.)).

27 Der Streit um eine ausreichende Berücksichtigung von Wechselwirkungen dürfte sich durch die Umsetzung der **Richtlinie über die integrierte Vermeidung und Verminderung der Umweltverschmutzung 96/61/EG (IVU-Richtlinie**; inzwischen abgelöst durch die Richtlinie 2010/75/EU über Industrieemissionen (integrierte Vermeidung und Verminderung der Umweltverschmutzung)) im Rahmen des Artikelgesetzes von 2001 wesentlich entspannt haben (dazu und zu anderen Anpassungen des materiellen Zulassungsrechts an den integrativen medienübergreifenden Ansatz der Projekt-UVP-RL Beckmann in Hoppe/Beckmann/Kment § 25 Rn. 9 ff., 138 ff.). Die IVU-RL verfolgt mit ihrer integrativen Ausrichtung das Ziel, über den Schutz der einzelnen Umweltmedien hinaus die Belastung der Umwelt in ihrer Gesamtheit in den Blick zu nehmen, um ein hohes Schutzniveau für die Umwelt insgesamt zu erreichen (amtl. Begründung zum

Artikelgesetz, BT-Drs. 14/4599, 76). Anders als bei der Projekt-UVP-RL ist es aber bei der IVU-RL völlig unstreitig, dass sie diesen integrativen Ansatz auch mit materiell-rechtlichen Anforderungen untersetzt. Entsprechend hat das Artikelgesetz das Bundes-Immissionsschutzgesetz in seinen materiellen Zulassungsanforderungen angepasst. So wurde der Integrationsgedanke der IVU-Richtlinie („Umwelt insgesamt") insbesondere im Gesetzeszweck (§ 1 Abs. 2 1. Spiegelstrich), bei den Grundpflichten einschließlich des Standes der Technik (§ 5 Abs. 1 Satz 1, § 3 Abs. 6) und vor allem bei den Ermächtigungsgrundlagen für das untergesetzliche Regelwerk (§ 7 Abs. 1 Satz 2, § 48 Abs. 1 Satz 2) hervorgehoben (siehe im Einzelnen → BImSchG § 1 Rn. 29 ff., BImSchG § 5 Rn. 7, BImSchG § 7 Rn. 61). Diese Umsetzung kann man mit guten Gründen als minimalistisch und mutlos – wenn auch wahrscheinlich gerade noch europarechtskonform – kritisieren (eindrucksvoll die grundsätzliche Kritik bei Wahl ZUR 2000, 360 ff.). Unter dem Strich dürfte aber das Bundes-Immissionsschutzgesetz spätestens durch die Anpassung an die IVU-RL auch einem materiell-rechtlichen Verständnis der Projekt-UVP-RL genügen (kritisch weiterhin Erbguth ZUR 2014, 515 (520 f.)).

cc) Eigene Lösung. Somit hat der Streit um die materiell-rechtlichen Wirkungen der UVP bei einem so zentralen Zulassungsinstrument wie der BImSchG-Genehmigung, deren medienübergreifende UVP-Tauglichkeit besonders skeptisch betrachtet worden war, durch die überlagernde IVU-RL einiges an praktischer Bedeutung eingebüßt. Dennoch bleibt diese Grundsatzfrage weiterhin relevant. Auf sie soll hier in der gebotenen Kürze eine Antwort gegeben werden, die einen **Mittelweg** beschreitet: Sie bejaht materielle Wirkungen der UVP, überfordert diese aber nicht durch detaillierte Schlussfolgerungen für Einzelprobleme des Zulassungsrechts, sondern beschränkt sich auf die Forderung nach einem materiell-rechtlichen Mindeststandard. Dabei greift sie Lösungsansätze aus den Anfängen der UVP-Diskussion (siehe vor allem Lange DÖV 1992, 780 (781 f.)) auf und entwickelt sie fort. 28

Zunächst spricht die Entstehungsgeschichte (→ Rn. 4 f.) eindeutig dafür, dass der Bundestag bei der endgültigen Fassung des § 12 a.F eine **materielle Steuerungswirkung** des vorsorgenden und medienübergreifenden Ansatzes im UVPG auf die Anwendung der unbestimmten Rechtsgriffe im Fachrecht festschreiben wollte. Dieser ausdrückliche Wille des Gesetzgebers hat durch die zusätzlich aufgenommene Formulierung „im Hinblick auf eine wirksame Umweltvorsorge" auch einen klaren Niederschlag im Gesetz gefunden. Damit hat das Gesetz zwar den Konflikt zwischen der rechtssicheren und praktikablen Anwendung des von Änderungen verschonten Fachrechts einerseits und der ausreichenden Berücksichtigung des integrierten UVP-Ansatzes andererseits nicht entschieden, sondern durch die gleichzeitige Bezugnahme auf die geltenden Gesetze und auf die Umweltvorsorge in § 12aF hineingetragen und im neu gefassten § 25 Abs. 1 belassen (Erbguth/Schink § 12 Rn. 9; Bunge in Storm/Bunge § 12 Rn. 4). Das berechtigt aber nicht dazu, diesen **latenten Widerspruch** einseitig zugunsten der geltenden Gesetze aufzulösen und der anderen Hälfte des Gesetzwortlautes jede Bedeutung zu nehmen (vgl. etwa den wenig überzeugenden Deutungsversuch für die „Umweltvorsorge" bei Schmidt-Preuß DVBl. 1995, 485 (489 f.)). Auch wenn die Regelungen des UVPG in erster Linie und schwerpunktmäßig Verfahrensrecht sind, weisen sie somit aber insbesondere in § 25 Abs. 1 einen materiellen Einschlag auf. Erbguth (NuR 1997, 261 (265)) hat sie deshalb plastisch als „janusköpfig" bezeichnet. Man sollte allerdings hinzufügen, dass die zwei Gesichter dieses Januskopfes weit unterschiedlicher ausgeformt sind als in den antiken Darstellungen: Während sich die verfahrensrechtliche Seite durch die detaillierten Regelungen in Projekt-UVP-RL und UVPG fein ausmodelliert präsentiert, bleiben die Konturen des materiell-rechtlichen Gesichtes verschwommen; auf Grund der sehr allgemein bleibenden For- 29 mulierungen in Art. 3 und 8 Projekt-UVP-RL sowie in § 25 Abs. 1 sind auf dieser Seite des Januskopfes nicht mehr als nur die groben Umrisse erkennbar.

30 Reichen also die dürren Vorgaben des UVP-Rechts für eine Feinsteuerung der materiellen Zulassungsvoraussetzungen nicht aus, so setzt die Projekt-UVP-RL gleichwohl einen **Mindeststandard** materiell-rechtlicher Anforderungen an einen vorsorgenden und medienübergreifenden Umweltschutz voraus (→ Rn. 13 f.). Anderenfalls käme es zu dem verfahrensökonomisch unsinnigen und mit Art. 3 und 8 Projekt-UVP-RL nicht mehr zu vereinbarenden Ergebnis, dass zunächst in einem aufwändigen UVP-Verfahren Erkenntnisse über Umweltauswirkungen gewonnen würden, die dann aber bei der Zulassungsentscheidung keine Rolle spielen dürften (zur weiteren Begründung eines solchen Mindeststandards Wulfhorst ZUR 2002, 24 (27); in diese Richtung unter Hinweis auf die „gebührende" Berücksichtigung nach Art. 8 der UVP-Änderungsrichtlinie 2014/52/EU Kahl/Gärditz § 4 Rn. 91). Das Bundesverwaltungsgericht brauchte diesen Aspekt nicht zu bedenken, als es die Grundzüge seiner UVP-Rechtsprechung entwickelte (BVerwGE 100, 238 ff.; 100, 370 ff.). Denn dies geschah an Hand von Fällen aus dem Planfeststellungsrecht, das anerkanntermaßen geradezu prädestiniert ist, dem integrativen Ansatz der UVP Rechnung zu tragen (statt vieler Kümper in Schink/Reidt/Mitschang § 25 Rn. 21; Näheres → Rn. 44 ff.). Diese Frage hat hingegen neue Bedeutung gewonnen, seit das **Baugenehmigungsverfahren** als Auffangtatbestand für Lücken bei der nationalen Umsetzung der UVP-Änderungsrichtlinie herangezogen wird (dazu und zum Folgenden ausführlich Wulfhorst ZUR 2002, 24 ff.; zur praktischen Bedeutung OVG Magdeburg ZUR 2009, 36 (38); VG Hamburg ZUR 2016, 497 ff.). Denn die nach den Landesbauordnungen üblichen Genehmigungsvoraussetzungen unterschreiten den durch die Projekt-UVP-RL gebotenen Mindeststandard gleich zweifach. Zum einen ist das Bauordnungsrecht im Wesentlichen auf die Abwehr konkreter Gefahren beschränkt, statuiert also keine weitergehende Umweltvorsorge. Demgegenüber ist die Projekt-UVP-RL – wie in den Erwägungsgründen betont wird – dem Vorsorgegedanken verpflichtet. § 25 UVPG erweitert diesen Ansatz auf eine umfassende Umweltvorsorge. Das andere entscheidende Defizit ist darin zu sehen, dass das Bauordnungsrecht mit seiner Ausrichtung auf die Gefahrenabwehr in geradezu klassischer Weise einen sektoralen Schutz einzelner Umweltmedien repräsentiert; ihm ist der integrative Ansatz der Projekt-UVP-RL (→ Rn. 13) fremd. Um das Baugenehmigungsverfahren zu einem mit der Projekt-UVP-RL konformen Trägerverfahren zu entwickeln, müssen also die materiellen Genehmigungsvoraussetzungen für eine medienübergreifende und den Vorsorgeaspekt erfassende Bewertung geöffnet werden (vgl. erstmals § 72 Abs. 2 Landesbauordnung Mecklenburg-Vorpommern).

31 **Weitergehende** oder detailliertere **Anforderungen** an den vorsorgenden und medienübergreifenden Umweltschutz sind der insoweit unbestimmten Projekt-UVP-RL **nicht** zu **entnehmen**. Angesichts dieses Ergebnisses stellt sich auch nicht mehr die Frage, ob diese Richtlinie Antworten auf konkrete Auslegungsprobleme des materiellen Zulassungsrechts geben kann. Insbesondere würde es den Aussagegehalt dieser Richtlinie überfordern, wenn man sie heranzöge, um vermeintlich verbleibende kleinere Lücken bei den schon lange nicht mehr monomedial ausgerichteten umweltrechtlichen Zulassungsverfahren zu schließen (→ Rn. 27).

32 **c) „Nach Maßgabe der geltenden Gesetze".** Indem § 25 Abs. 1 die Bewertung der Umweltauswirkungen an die geltenden Gesetze bindet, erklärt er die umweltbezogenen Tatbestandsmerkmale der fachgesetzlichen Zulassungsnormen für maßgeblich (siehe bereits → Rn. 17). Damit wird zugleich deutlich, dass der Schutz der Umwelt durch die UVP **nicht** etwa generell einen höheren Stellenwert oder gar einen **Vorrang** gegenüber anderen Belangen erlangt (BVerwGE 100, 370 (376); BVerwG NuR 1998, 305 (309);

Beckmann in Hoppe/Beckmann/Kment § 25 Rn. 87 ff.; Kümper in Schink/Reidt/Mitschang § 25 Rn. 13; ebenso zur Projekt-UVP-RL Mayen NVwZ 1996, 319 (322)). Aus dem Hinweis auf die geltenden Gesetze ist auch zu entnehmen, dass die Bewertung allein auf der Grundlage von **rechtlichen** oder **rechtlich vermittelten Maßstäben** und **Kriterien** erfolgt. „Wissenschaftliche" oder „fachliche" Bewertungsmaßstäbe kann es bei der Anwendung des § 25 Abs. 1 nicht geben, weil ihnen die politische Legitimation für die wertende Entscheidung fehlt, welches Maß an Umwelteinwirkungen hinzunehmen ist (ausführlich Vorwerk Verw. 29 (1996), 241 (255 ff.); ebenso etwa Peters/Balla/Hesselbarth § 25 Rn. 4; Kümper in Schink/Reidt/Mitschang § 25 Rn. 13; dagegen Beckmann in Hoppe/Beckmann/Kment § 25 Rn. 36 ff., wobei es bei Lichte betrachtet nur um Formulierungsnuancen geht, denn auch die hier vertretene überwiegende Auffassung zieht zur Konkretisierung rechtlicher Bewertungsmaßstäbe selbstverständlich wissenschaftliche Erfahrungssätze heran).

Mit dem Verweis auf die „geltenden Gesetze" in § 25 Abs. 1 sollten nach der amtlichen Begründung zur Vorgängerregelung in § 12aF nur **formelle Gesetze** umfasst sein (BT-Drs. 11/3919, 27). Dahinter stand die Einschätzung, dass die unbestimmten Rechtsbegriffe der Zulassungsgesetze hinreichend offen für eine integrative Bewertung sind, während Rechtsverordnungen oder Verwaltungsvorschriften insofern Lücken aufweisen könnten (ebenso Bunge in Storm/Bunge § 12 Rn. 37 m.w.N.; anders Erbguth/Schink § 12 Rn. 7). Solche Defizite insbesondere im Bereich der medienübergreifenden Umwelteinwirkungen müssten freilich spätestens mit der IVU-Richtlinie der Vergangenheit angehören. Denn die Umsetzung ihres integrativen Ansatzes sollte nach der Konzeption des Artikelgesetzes von 2001 im Wesentlichen über eine entsprechende Anpassung des untergesetzlichen Regelwerkes erfolgen (Wahl ZUR 2000, 360 (365 f.); → BImSchG § 5 Rn. 7, BImSchG § 7 Rn. 61; siehe auch → Rn. 27). Soweit die in § 25 Abs. 1 in Bezug genommenen Fachgesetze durch **Rechtsverordnungen** oder **Verwaltungsvorschriften** konkretisiert werden, wenden Behörden und Gerichte diese also nach den üblichen Regeln (eingeschränkt) an; das UVPG schafft hier keine abweichende Rechtslage (siehe auch → Rn. 11). 33

d) „Rein umweltbezogene" Normen? Aus der ökologiezentrierten Ausrichtung der Bewertung, die nur die Umweltauswirkungen in den Blick nimmt und andere Belange ausklammert (→ Rn. 19), wird teilweise geschlossen, dass nur **„rein umweltbezogene"** Zulassungsvorschriften und untergesetzliche Umweltstandards für eine Bewertung in Betracht kämen. Eröffne ein Begriff wie das „Wohl der Allgemeinheit" in § 36 Abs. 1 Nr. 1 KrWG Abwägungsmöglichkeiten zwischen Umwelt- und anderen Belangen, so sei zunächst eine Reduktion der Norm zu umweltbezogenen Bewertungszwecken erforderlich. Diese Reduktionen würden erst wieder bei der anschließenden Berücksichtigung aktiviert, die auch die umweltfremden Belange einbeziehe (so insbesondere Peters/Balla/Hesselbarth § 25 Rn. 14 ff.; ihm folgend Bunge in Storm/Bunge § 12 Rn. 42 ff.; für rein umweltspezifische Standards auch Erbguth ZUR 2014, 515 (523); ablehnend Beckmann in Hoppe/Beckmann/Kment § 25 Rn. 32 ff.; Vorwerk Verw. 29 (1996), 241 (253 f.)). Wie dieses auch nach Einschätzung seiner Befürworter „recht komplizierte … methodische Vorgehen" (Peters/Balla/Hesselbarth § 25 Rn. 15) in der **Praxis des Genehmigungsverfahrens** konkret vonstattengehen soll, wird nicht recht nachvollziehbar. 34

Eine solche umweltbezogene Reduktion überzeugt auch **dogmatisch nicht**. Die Klassifizierung der Zulassungsnormen in „umweltbezogene" und solche, die durch Reduktion erst dazu herausgebildet werden müssen, ist fragwürdig. Auch diejenigen Normen, die ausschließlich dem Schutz eines Umweltgutes dienen, erlauben ein bestimmtes Maß an Beeinträchtigungen. Wenn § 5 Abs. 1 Satz 1 Nr. 1 i.V.m. § 3 Abs. 1 BImSchG 35

„nur" vor Gefahren, erheblichen Nachteilen oder erheblichen Belästigungen für die dort genannten Umweltgüter schützt, so heißt dies zugleich, dass Umweltauswirkungen unterhalb dieser Eingriffsschwellen zugelassen werden. Dies beruht auf einer Abwägung des Gesetzgebers zwischen dem Umweltschutz und anderen (ihrerseits oftmals grundrechtlich geschützten) Belangen insbesondere ökonomischer Natur. Eine Vorschrift, die „ausschließlich umweltbezogen" ist und „andere Belange nicht (kennt)" (so die Anforderung bei Peters/Balla/Hesselbarth § 25 Rn. 27), ist also eine **Illusion** (ähnlich Vorwerk Verw. 29 (1996), 241 (254); Mayen NVwZ 1996, 319 (323 m.w.N.)).

36 Die Forderung nach „rein umweltbezogenen" Normen lässt sich auch **nicht** zwingend aus der **ökologieinternen Ausrichtung** der UVP ableiten (so auch Vorwerk Verw. 29 (1996), 241 (254); Beckmann in Hoppe/Beckmann/Kment § 25 Rn. 34). Die auf die Umweltauswirkungen zentrierte Vorabprüfung unter Ausschluss der sonstigen Belange beruht auf der Überlegung, dass eine solche gebündelte Gesamtschau die Folgen für die Umwelt besser zum Tragen bringt als eine aufgespaltene Betrachtungsweise, die die verschiedenen Umweltfolgen vereinzelt und durch eine frühzeitige Einbeziehung der anderen Belange „unter die Räder" kommen zu lassen droht (vgl. etwa BVerwGE 100, 238 (245 f.); → Rn. 19, 21). Dieses Ziel wird aber nicht dadurch infrage gestellt, dass die zur Bewertung herangezogenen Rechtsvorschriften und Umweltstandards in gewissem Maße auch umweltexterne Belange berücksichtigen. Dies ist unschädlich, solange sich der Rechtsanwender bewusst macht, dass mit der Einhaltung solcher Umweltstandards kein absoluter Schutz vor jeder Umweltbeeinträchtigung verbunden ist.

37 **4. Bewertung von Alternativen.** Die Prüfung von **Standort- oder Konzeptalternativen** ist als „Herzstück der Umweltverträglichkeitsprüfung" bezeichnet worden (Jarass Umweltverträglichkeitsprüfung bei Industrievorhaben S. 43). Umweltpolitisch wäre die Pflicht zu einer solchen Alternativenprüfung bei den einer UVP zu unterziehenden (Groß-)Vorhaben in der Tat zu begrüßen; denn oftmals lassen sich die Umweltauswirkungen eines Projektes durch Korrekturen am Standort oder an der Konfiguration wesentlich effektiver mindern als durch aufwändige Schutzmaßnahmen. Das geltende Recht lässt hier jedoch eine erhebliche **Zurückhaltung** erkennen. Hat der Vorhabenträger von sich aus Alternativen geprüft, so hat er gem. § 16 Abs. 1 Satz 1 Nr. 6 eine entsprechende Beschreibung in die Unterlagen aufzunehmen. Die Behörde beurteilt diese Alternativen im Rahmen des § 25 Abs. 1 im direkten Vergleich. Diese vergleichende Prüfung mehrerer Varianten auf die bessere Umweltverträglichkeit fällt in aller Regel leichter als die auf eine Variante beschränkte Beurteilung, die nur anhand absoluter Bewertungsmaßstäbe erfolgen kann (Soell/Dirnberger NVwZ 1990, 705 (710 f.)).

38 Hiervon abweichend hält es das Bundesverwaltungsgericht für zulässig, dass die Umweltauswirkungen der vom Vorhabenträger geprüften Alternativen erst in der **abschließenden Abwägung** bewertet werden (BVerwG UPR 2018, 176 (Rn. 48)). Das widerspricht jedoch der in der UVP-Grundsatzentscheidung des Gerichts herausgearbeiteten Verfahrensgliederung der UVP, die eine „auf die Umweltauswirkungen zentrierter Vorabprüfung" gewährleistet und es ermöglichen soll, „die Umweltbelange in gebündelter Form herauszuarbeiten" (BVerwGE 100, 238 (245 ff., insbes. 246)). Diese umweltbezogene Gesamtschau ist nur möglich, wenn das gesamte umweltrelevante Abwägungsmaterial innerhalb der UVP-Verfahrensschritte aufbereitet wird; eine Auslagerung der Bewertung der Umweltauswirkungen von alternativen Lösungen in die nach Abschluss der UVP (→ Rn. 2 und 41 m.w.N.) stattfindende Berücksichtigung gem. § 25 Abs. 2 ist damit nicht zu vereinbaren (zu der selbstverständlichen Bewertung von Alternativen auf der dritten UVP-Stufe statt vieler VG Osnabrück NuR 2016, 217 (222); Peters/Balla/Hesselbarth § 25 Rn. 33; Beckmann in Hoppe/Beckmann/Kment § 25 Rn. 69). Dies bestätigt

für die Strategische Umweltprüfung die ausdrückliche Regelung in § 40 Abs. 1 Satz 2, die die Bewertung von Alternativen zum Kernbestandteil der SUP erklärt. Es ist mit Blick auf den in § 3 i.V.m. § 2 Abs. 10 bestimmten Gleichlauf von SUP und UVP kein Grund ersichtlich, bei der UVP hiervon abzuweichen.

Umstritten ist, ob der Vorhabenträger von der Zulassungsbehörde gezwungen werden kann, andere Lösungsmöglichkeiten zu prüfen. Eine solche **Pflicht zur Alternativenprüfung** ist teilweise unmittelbar aus dem **Vorsorgezweck** der **Projekt-UVP-RL** abgeleitet worden (so etwa Erbguth/Schink § 2 Rn. 22 ff.; Soell/Dirnberger NVwZ 1990, 705 (710 f.); dagegen aber BVerwGE 101, 166 (173); BVerwG NVwZ 2008, 789 f.). Die UVP-Änderungsrichtlinie 97/11/EG hat – was bislang nicht ausreichend beachtet worden ist – in diesem Streit eine eindeutige Klarstellung getroffen: In ihrem 11. Erwägungsgrund überlässt sie es ausdrücklich den Mitgliedstaaten, eine solche Pflicht zur Vorlage von alternativen Lösungen einzuführen (mit weiteren dieses Ergebnis bestätigenden Hinweisen Beckmann in Hoppe/Beckmann/Kment § 25 Rn. 64 ff.). Hieran hat die zweite UVP-Änderungsrichtlinie 2014/52/EU nichts geändert. Es kommt somit allein darauf an, ob das jeweilige **nationale Fachrecht** eine solche Pflicht statuiert (Sangenstedt ZUR 2014, 526 (532 m.w.N.); Peters/Balla/Hesselbarth Einleitung Rn. 15). Im Fall von Planfeststellungsverfahren ist dies grundsätzlich zu bejahen; bei den gebundenen Kontrollerlaubnissen wie der immissionsschutzrechtlichen Genehmigung nach § 6 BImSchG ist hingegen grundsätzlich kein Raum für die Pflicht zur Prüfung und Bewertung von Alternativen (zustimmend Kümper in Schink/Reidt/Mitschang § 25 Rn. 14; siehe aber auch die Hinweise von Beckmann in Hoppe/Beckmann/Kment § 25 Rn. 142 ff. auf Ansätze zu Alternativprüfungen im geltenden Recht). 39

5. Begründung der Bewertung (Abs. 1 Satz 2). Nach Abs. 1 Satz 2 ist die Bewertung zu begründen. Damit setzt das UVPG den Begriff der „**begründeten** Schlussfolgerung“ um, der mit der UVP-Änderungsrichtlinie 2014/52/EU Einzug in das europäische UVP-Recht gehalten hat (→ Rn. 13). Eine praxisrelevante Änderung der Rechtslage wird dem unter Hinweis auf die bereits bestehende Begründungspflicht nach § 39 Abs. 1 VwVfG nicht beigemessen (Beckmann in Hoppe/Beckmann/Kment § 25 Rn. 85). In der Tat dürften die praktischen Auswirkungen insbesondere bei den üblicherweise ohnehin aufwändigst begründeten Zulassungsentscheidungen für UVP-pflichtige Großhaben gering sein. Von den gesetzlichen Vorgaben des UVPG her **intensivieren** sich jedoch die **Begründungspflichten** tendenziell. Denn nach § 39 Abs. 1 Satz 2 VwVfG darf sich die Behörde darauf beschränken, die wesentlichen rechtlichen Gründe für die Zulassungsentscheidung mitzuteilen. Dies sind nach einhelliger Auffassung (statt vieler OVG Lüneburg NdsVBl. 2018, 236 Rn. 32; VGH Kassel BeckRS 2018, 16586 Rn. 4 jeweils m.w.N.) nur die tragenden Gründe. § 26 Abs. 1 Nr. 3 wiederholt zwar für die Begründung des Zulassungsbescheides diesen begrenzenden Wortlaut des § 39 Abs. 1 Satz 2 VwVfG. Er gilt aber gesetzessystematisch nicht für die der Zulassungsentscheidung vorgelagerte begründete Bewertung nach § 25 Abs. 1. Auch diese muss nicht jedes Bewertungsdetail begründen, sondern gewinnt durch konzentrierte Darstellung. Um die mit der UVP intendierte Gesamtschau (→ Rn. 21) zu gewährleisten, sind jedoch zumindest die Bewertungen für alle in Betracht kommenden UVP-Schutzgüter nach § 2 Abs. 1 zu begründen, und zwar auch dann, wenn die bewerteten Auswirkungen letztendlich keinen Einfluss auf die Zulassungsentscheidung etwa in Form von Nebenbestimmungen haben. Dies geht über die gesetzlichen Anforderungen des § 39 Abs. 1 Satz 2 VwVfG tendenziell hinaus. 40

IV. Berücksichtigung (Abs. 2)

41 **1. Allgemeines.** Der Beitrag der UVP zu einem wirkungsvollen Umweltschutz bemisst sich letztlich daran, wie stark sie auf die Sachentscheidung Einfluss zu nehmen vermag. Deshalb hat die Regelung in § 25 Abs. 2 große Bedeutung, wonach die zuständige Behörde die Bewertung der Umweltauswirkungen bei der Entscheidung über die Zulässigkeit des Vorhabens berücksichtigt. Die Berücksichtigung stellt also das **Gelenk** zwischen der **UVP**, die mit der Bewertung ihren Abschluss gefunden hat, und der **Zulassungsentscheidung** dar (→ Rn. 2). Dabei reicht es nicht, wenn die Behörde die Bewertung einfach zur Kenntnis nimmt. Sie muss sich vielmehr mit deren Ergebnissen **inhaltlich auseinandersetzen** (BVerwG NVwZ-RR 1999, 429 (430); VG Osnabrück NuR 2016, 217 (218); Schmidt-Preuß DVBl. 1995, 485 (487 f.); Peters/Balla/Hesselbarth § 25 Rn. 36; Kümper in Schink/Reidt/Mitschang § 25 Rn. 16, 18; amtl. Begründung, BT-Drs. 11/3919, 27). Diesen Prozess und seine Bedeutung für die Zulassungsentscheidung hat die UVPG-Novelle 2017 in Umsetzung der UVP-Änderungsrichtlinie 2014/52/EU dadurch gestärkt, dass im **Zulassungsbescheid darzustellen** ist, wie die begründete Bewertung in der Zulassungsentscheidung berücksichtigt wurde (§ 26 Abs. 1 Nr. 3d); nach § 27 ist diese Dokumentation mit dem Zulassungsbescheid der Öffentlichkeit zugänglich zu machen. Diese Berücksichtigung kann dazu führen, dass die Zulassung auf Grund der Bewertung der Umweltauswirkungen versagt oder mit Nebenbestimmungen versehen wird (Erbguth/Schink § 12 Rn. 19 ff.; Beckmann in Hoppe/Beckmann/Kment § 25 Rn. 86 m.w.N.; Kümper in Schink/Reidt/Mitschang § 25 Rn. 19; Lange DÖV 1992, 780 (781)).

42 Die Berücksichtigung ist kein Vorgang, der sich grundsätzlich von der vorangegangenen Bewertung unterschiede. Da beide Verfahrensstationen durch dieselben rechtlich vermittelten Maßstäbe gesteuert werden (→ Rn. 24), gewinnt die Berücksichtigung vor allem in zweierlei Hinsicht eine praktisch relevante Eigenständigkeit (Schmidt-Preuß DVBl. 1995, 485 (488); Jarass NuR 1991, 201 (206 f.); Kümper in Schink/Reidt/Mitschang § 25 Rn. 19): Zum einen sind hier auch die **nicht umweltbezogenen Zulassungsvoraussetzungen** zu prüfen; dies betrifft etwa die Gesichtspunkte der Arbeitssicherheit oder des Baurechts. Zum anderen treten neben den Auswirkungen auf die Umwelt erstmals auch **andere Belange** wie die Schaffung von Arbeitsplätzen oder der Ausbau der Verkehrsinfrastruktur in den Blick, soweit die Zulassungsnorm offen für eine solche **Abwägung** ist (zu der hier insbesondere zu nennenden Planfeststellung → Rn. 44 ff.).

43 **2. Berücksichtigung in einzelnen Zulassungsverfahren.** Wie diese Berücksichtigung im Einzelnen erfolgt, hängt von der Formulierung der verschiedenen Zulassungstatbestände ab, auf die hier nicht im Detail eingegangen werden kann. Es lassen sich aber grundsätzlich **drei Typen** von **Zulassungsentscheidungen** unterscheiden. Deren Grundzüge werden im Folgenden insofern skizziert, als sie für die Berücksichtigung der UVP-Ergebnisse besonders relevant sind.

44 **a) Berücksichtigung bei Planfeststellungen.** Das **Planfeststellungsverfahren** wird gemeinhin als **besonders geeignet** angesehen, die Bewertungsergebnisse der UVP zu berücksichtigen (Erbguth/Schink § 12 Rn. 33; Soell/Dirnberger NVwZ 1990, 705 (708); Kümper in Schink/Reidt/Mitschang § 25 Rn. 21; Beckmann in Hoppe/Beckmann/Kment § 25 Rn. 104 ff. m.w.N.). Dafür gibt es zwei Gründe. Zum einen gewährleistet die weitgehende **Konzentrationswirkung** des Planfeststellungsverfahrens, dass die Berücksichtigung sämtlicher Umweltauswirkungen in der Hand einer Behörde zusam-

mengeführt wird, während sie ansonsten in verschiedenen Zulassungsverfahren geprüft werden (Bunge in Storm/Bunge § 12 Rn. 86 ff.; Kümper in Schink/Reidt/Mitschang § 25 Rn. 21). Zum anderen ist der Planfeststellung eine **„planerische Gestaltungsfreiheit“** immanent (siehe nur BVerwGE 56, 110 (116 f.)). Diese ermöglicht eine umfassende Einbeziehung auch der Umweltbelange in die Abwägung.

Die die Planfeststellung beschließende **Abwägung** der Belange (zu den für die UVP weniger relevanten vorausgehenden Prüfstufen der Planrechtfertigung und der Beachtung von Planungsleitsätzen siehe Beckmann in Hoppe/Beckmann/Kment § 25 Rn. 117 ff., 123 f.; Erbguth/Schink § 12 Rn. 60 ff., 64 ff.; Bunge in Storm/Bunge § 12 Rn. 93 ff., 97 ff.) gliedert sich in **drei Schritte**. Zunächst ist das **Abwägungsmaterial zusammenzustellen**. Dabei gehen die Ermittlungspflichten im UVP-pflichtigen Verfahren tendenziell weiter als im herkömmlichen Planfeststellungsverfahren. Dort sollen nur solche Umwelteinwirkungen zu ermitteln sein, die sich als abwägungsbeachtlich aufdrängen. Das hat das Bundesverwaltungsgericht in der Formel zusammengefasst, es müsse das nicht berücksichtigt werden, „was die planende Stelle nicht ‚sieht‘, und was sie nach den gegebenen Umständen auch nicht zu ‚sehen‘ braucht“ (BVerwGE 59, 87 (103)). Die Ermittlungspflichten gehen im Anwendungsbereich des UVPG nach der hier vertretenen Auffassung weiter: Nur bei solchen Umweltgütern, bei denen erhebliche Auswirkungen durch das Vorhaben ausgeschlossen werden können, brauchen keine weiteren Sachverhaltsermittlungen angestellt zu werden (→ § 24 Rn. 22 f.; ähnlich Bunge in Storm/Bunge § 12 Rn. 102 f.; Erbguth/Schink § 12 Rn. 74; im Ergebnis nicht abweichend Beckmann in Hoppe/Beckmann/Kment § 25 Rn. 129). 45

Im Anschluss an die Zusammenstellung des Abwägungsmaterials sind die durch das Vorhaben betroffenen **Belange** zu **gewichten**. Soweit es um die Auswirkungen auf die Umwelt geht, ist für diesen zweiten Abwägungsschritt die vorausgegangene Bewertung nach § 25 Abs. 1 eine wichtige Grundlage (Erbguth/Schink § 12 Rn. 75). Die UVP hat allerdings **nicht** zur Folge, dass das **objektive Gewicht** der betroffenen Umweltbelange generell **gestärkt** würde (Kümper in Schink/Reidt/Mitschang § 25 Rn. 24; Erbguth NuR 1997, 261 (265); aA wohl Peters/Balla/Hesselbarth § 25 Rn. 42; siehe bereits → Rn. 32). 46

Bei der abschließenden **Abwägung im engeren Sinn** sind dann die gewichteten Belange in einen Ausgleich bringen. Es ist zu entscheiden, welche Belange Vorrang haben sollen und wie den zurückgestellten Belangen durch Schutzmaßnahmen Rechnung getragen werden kann. Für diesen letzten Abwägungsschritt und die vorangegangene Gewichtung gibt es kaum feste Maßstäbe, so dass sich der Planfeststellungsbehörde erhebliche Gestaltungsspielräume eröffnen (Bunge in Storm/Bunge § 12 Rn. 107 ff.). Hier wird der verfahrensgesteuerte Einfluss der UVP besonders deutlich. Diese soll durch verfahrensrechtliche Vorkehrungen auf den der Abwägung vorgelagerten Stufen sicherstellen, dass die Auswirkungen auf die Umwelt einschließlich der Wechselwirkungen besser erkannt und aufbereitet und anschließend auch tatsächlich zur Kenntnis genommen werden, um so die Zulassungsbehörde zu veranlassen, sich mit den Umweltfolgen gründlich und detailliert auseinander zu setzen (zustimmend VGH Mannheim Urt. vom 20.11.2018 – 5 S 2138/16 – juris Rn. 93). Diese verfahrenspsychologische Wirkung der UVP nimmt zu, je weniger strikt die Bindung der Entscheidungsträger an rechtliche Vorgaben ist. Deshalb ist die Planfeststellung mit den ihr eigenen Gestaltungsspielräumen besonders empfänglich dafür. Die UVP kann also gerade in der Abwägung durchaus zu einer **faktischen Erhöhung des Gewichtes der Umweltbelange** führen (vgl. Erbguth NuR 1997, 261 (265)). 47

b) Berücksichtigung bei gebundenen Kontrollerlaubnissen. Anders verläuft die Berücksichtigung des Bewertungsergebnisses bei den **gebundenen Kontrollerlaubnis-** 48

sen. Hier besteht ein (grundrechtlich verbürgter) Anspruch auf Genehmigung, wenn die Genehmigungsvoraussetzungen erfüllt sind. Das prominenteste und für die UVP wichtigste Beispiel ist die immissionsschutzrechtliche Genehmigung nach § 6 BImSchG. Die Zweifel, die an deren UVP-Konformität geäußert wurden (siehe etwa Bunge in Storm/Bunge § 12 Rn. 8 ff., 119), dürften spätestens seit der Anpassung des Immissionsschutzrechtes an die IVU-Richtlinie ausgeräumt sein (→ Rn. 27). Die Berücksichtigung erfolgt bei diesen Erlaubnissen auf der Tatbestandsseite der Zulassungsnorm. Bejaht die Behörde auf der Grundlage der Bewertung die umweltbezogenen Tatbestandsvoraussetzungen, so ist die Genehmigung zu erteilen, sofern keine anderen (umweltexternen) Versagungsgründe greifen. Die **Bewertung indiziert** damit weitgehend die **Entscheidung** der Genehmigungsbehörde (→ § 10 BImSchG Rn. 240; siehe auch die amtl. Begründung, BT-Drs. 11/3919, 28).

49 **c) Berücksichtigung bei Ermessensentscheidungen.** Bei **Ermessensentscheidungen** werden die Prüfergebnisse der UVP zweifach berücksichtigt (Beckmann in Hoppe/Beckmann/Kment § 25 Rn. 147 ff.; Bunge in Storm/Bunge § 12 Rn. 120 f.; Lange DÖV 1992, 780 (784)). Zunächst wird die Bewertung als Beurteilungsgrundlage auf der **Tatbestandsseite** eingesetzt. Kommt die Zulassungsbehörde zu dem Ergebnis, dass die Genehmigungsvoraussetzungen nicht gegeben sind, lehnt sie die Genehmigung – vergleichbar dem Vorgang bei der Kontrollerlaubnis – ab, ohne dass es noch zu einer Ermessensbetätigung auf der Rechtsfolgenseite käme. Anderenfalls prüft sie in pflichtgemäßem **Ermessen**, ob die Genehmigung erteilt werden kann. Auch dabei ist die Bewertung zu berücksichtigen. Bei dieser Ermessensausübung ist keineswegs nur das Umweltmedium zu berücksichtigen, das bei der einschlägigen fachgesetzlichen Zulassungsnorm im Vordergrund steht. Da vielmehr die gesamte die Entscheidung betreffende (Umwelt-)Rechtsordnung in die Ermessensbetätigung einzubeziehen ist – also auch die integrativen Ziele des UVPG –, kann bei diesem Zulassungstyp die medienübergreifende Bewertung ebenfalls ausreichend berücksichtigt werden (Soell/Dirnberger NVwZ 1990, 705 (708); Erbguth/Schink § 12 Rn. 53 f.).

V. Form der Bewertung und der Berücksichtigung

50 § 25 selbst enthält keine Regelungen zur **Form** der Bewertung und der Berücksichtigung. In § 26 Abs. 1 Nr. 3c und d ist jedoch ausdrücklich festgelegt, dass die begründete Bewertung und deren Berücksichtigung in der Zulassungsentscheidung im **Bescheid** zur Zulassung des Vorhabens **schriftlich zu dokumentieren** sind. Wie die Zuordnung der verschiedenen Verfahrensschritte in jeweils einem Buchstaben dieser Norm unmissverständlich zum Ausdruck bringt, ist dabei die Bewertung der Umweltauswirkungen einerseits von der zusammenfassenden Darstellung und andererseits von der Bewertung der anderen Belange und von der Berücksichtigung klar zu **trennen** (Kümper in Schink/Reidt/Mitschang § 25 Rn. 7; Erbguth/Schink § 12 Rn. 5c; Peters/Balla/Hesselbarth § 25 Rn. 9; aA ohne weitere Begründung OVG Koblenz NVwZ-RR 2018, 647 Rn. 37; siehe auch → § 24 Rn. 24). Denn die Unterscheidung und die Eigenständigkeit der genannten Verfahrensschritte ist gerade ein Charakteristikum der UVP (→ Rn. 16 ff.).

VI Verfahrensfragen

51 **1. Zuständigkeit.** Für die Bewertung der Umweltauswirkungen und die Berücksichtigung des Bewertungsergebnisses zuständig ist die Behörde, die die **Zulassungsentscheidung** trifft (Kümper in Schink/Reidt/Mitschang § 25 Rn. 7). Fallen im Planfeststellungsverfahren die Anhörungs- und die Planfeststellungsbehörde auseinander, so ist die

Planfeststellungsbehörde für die Bewertung zuständig (dazu für die zusammenfassende Darstellung eingehend → § 24 Rn. 34). In der Praxis ist es durchaus üblich, dass der Vorhabenträger zusammen mit dem UVP-Bericht nach § 16 zumindest eine Bewertung der von seinem Projekt ausgehenden Umweltauswirkungen vorlegt. Dies sind aber lediglich Vorschläge, an die die Zulassungsbehörde nicht gebunden ist und die sie auch kritisch prüfen muss, bevor sie sie übernehmen kann (zustimmend OVG Lüneburg Urt. v. 31.7.2018 – 7 KS 17/16 – juris Rn. 143; vgl. Peters/Balla/Hesselbarth § 25 Rn. 6; Bunge in Storm/Bunge § 12 Rn. 23; Erbguth/Schink § 12 Rn. 5a). Die vollständige Übertragung der Bewertung auf einen **externen Sachverständigen** dürfte hingegen unzulässig sein (OVG Lüneburg ZUR 2019, 429 (431 f.)). Die begründete Bewertung ist ein wesentliches Element der verfahrensrechtlichen Vorkehrungen, mit denen die UVP die Chance erhöhen will, dass die Entscheidungsträger die Umweltauswirkungen des Vorhabens in ihrem ganzen Umfang tatsächlich zur Kenntnis nehmen (→ Rn. 47 und § 24 Rn. 10). Wenn aber dieser Verfahrensschritt vollständig ausgelagert wird, liegt es nahe, dass die zuständige Behörde das Ergebnis nur noch passiv nachvollzieht; die Bewertung kann so ihre Funktion nicht mehr ausreichend erfüllen.

2. Besonderheiten bei einzelnen Verfahrenstypen. Bedarf ein Vorhaben der Zu- 52
lassung durch mehrere Behörden **(parallele Verfahren)**, so haben diese gem. § 31 Abs. 4 Satz 2 eine Gesamtbewertung der Umweltauswirkungen des Vorhabens vorzunehmen und sie nach § 25 Abs. 2 bei ihren jeweiligen Zulassungsentscheidungen zu berücksichtigen. Dabei stellt die durch Landesrecht zu bestimmende federführende Behörde gem. § 31 Abs. 4 Satz 3 das Zusammenwirken der Zulassungsbehörden sicher (→ § 31 Rn. 43, 45 f.). Die Erstellung der Gesamtbewertung selbst gehört nicht zu den originären Aufgaben der federführenden Behörde nach § 31 Abs. 2 Satz 1. Allerdings erstreckt sich die in § 31 Abs. 2 Satz 2 weit gefasste Möglichkeit der Länder, weitere Aufgaben auf die federführende Behörde zu übertragen, auch auf die Erarbeitung der Gesamtbewertung (amtl. Begründung BT-Drs. 18/11499, S. 97). Hiervon haben zB Bayern und Niedersachsen Gebrauch gemacht (vgl. Nachweise → § 31 Rn. 36).

Für die Bewertung in **gestuften Verfahren** sieht das UVPG dieselben verfahrensöko- 53
nomischen Erleichterungen wie bei der zusammenfassenden Darstellung nach § 24 vor (→ § 24 Rn. 38): Im vorgelagerten Verfahren orientiert sich die Bewertung der Umweltauswirkungen am jeweiligen Planungsstand des Vorhabens, im nachfolgenden Zulassungsverfahren kann bzw. soll sich die Bewertung auf zusätzliche oder andere erhebliche Umweltauswirkungen beschränken (vgl. § 47 Abs. 3; § 49 Abs. 2; § 2 Abs. 4 Satz 5 BauGB i.V.m. § 50 Abs. 1 bzw. Abs. 3).

Bei **Vorbescheiden** und **Teilzulassungen** erstreckt sich die Bewertung gem. § 29 54
Abs. 1 Satz 1 vorläufig auf die erkennbaren Umweltauswirkungen des Gesamtvorhabens und abschließend auf die Umweltauswirkungen des Vorhabens, soweit es Gegenstand des aktuellen Verfahrens ist.

Was die **Berücksichtigung** der Bewertungsergebnisse angeht, trifft unter diesen Son- 55
derregelungen für einzelne Verfahrenstypen nur § 31 Abs. 4 Satz 2 eine ausdrückliche Aussage. Die anderen Sonderbestimmungen in § 29 Abs. 1 Satz 1, § 47 Abs. 1 Satz 1 und Abs. 3, § 49 Abs. 2 und § 50 Abs. 3 beziehen sich hingegen nur ganz allgemein auf die „Umweltverträglichkeitsprüfung". Da diese nach § 3 Satz 1 mit der Bewertung endet, erstreckt sich der Wortlaut streng genommen nicht mehr auf die Berücksichtigung. Selbstverständlich müssen aber auch hier die Bewertungsergebnisse (mit ihren Einschränkungen auf Grund der jeweiligen Verfahrensbesonderheiten) in der behördlichen Entscheidung berücksichtigt werden, wie dies in der Grundnorm des § 25 Abs. 2 und in Art. 8 Projekt-UVP-RL vorgesehen ist.

VII. Hinreichende Aktualität (Abs. 3)

56 § 25 Abs. 3 bestimmt, dass die zusammenfassende Darstellung nach § 24 Abs. 1 und die begründete Bewertung nach Abs. 1 zum Zeitpunkt der Zulassungsentscheidung nach Einschätzung der zuständigen Behörde hinreichend **aktuell** sein müssen. Das ist nach der amtlichen Begründung dann nicht mehr gegeben, „wenn sich die tatsächlichen oder rechtlichen Umstände zwischenzeitlich so verändert haben, dass diese Unterlagen für die Zulassungsentscheidung keine tragfähige Entscheidungsgrundlage bieten" (BT-Drs. 18/11499, 94; dem folgend zB Beckmann in Hoppe/Beckmann/Kment § 25 Rn. 152). Der noch tolerable Zeitabstand ist stark von dem in Rede stehenden UVP-Schutzgut und den konkreten Umständen vor Ort abhängig. Deshalb hat der Gesetzgeber mit gutem Grund keinen Gebrauch von der in Art. 8a Abs. 6 Satz 2 der geänderten Projekt-UVP-RL ausdrücklich eröffneten Möglichkeit gemacht, für den „Ablauf" eine feste Frist vorzugeben, auch wenn sich die Praxis eine solche eindeutige zeitliche Grenze sicherlich wünschen würde. Ob zusammenfassende Darstellung und begründete Bewertung noch hinreichend aktuell sind, ist also eine Frage des **Einzelfalles** (Kümper in Schink/Reidt/Mitschang § 25 Rn. 28).

57 Eine mangelnde Aktualität der **zusammenfassenden Darstellung** kann sich insbesondere aus **tatsächlichen Veränderungen** bei den beschriebenen UVP-Schutzgütern ergeben. In der Praxis dürften dies häufig Änderungen der naturschutzfachlichen Bestandserfassungen insbesondere im Bereich des Artenschutzes sein. Auf Grund der das gesamte UVP-Recht prägenden Selbständigkeit der einzelnen Verfahrensschritte (→ § 24 Rn. 10 und 24 m.w.N.) kommt es bei der Aktualität der zusammenfassenden Darstellung nicht darauf an, inwiefern die in Frage stehende Veränderung Auswirkungen auf der nachfolgenden Stufe der Bewertung hat. Allerdings können nach den zu § 24 Abs. 1 entwickelten Maßstäben (→ § 24 Rn. 23) solche Veränderungen außer Betracht bleiben, die wegen ihrer Geringfügigkeit offensichtlich als unerheblich einzustufen sind oder die für die Zulassungsentscheidung nach dem Fachrecht zweifelsfrei keine Rolle spielen. Auf der Stufe der **Bewertung** kommen neben den Veränderungen im Tatsächlichen auch **Erkenntnisfortschritte** bei der fachlichen Einordnung und Beurteilung bestimmter Wirkungen in Betracht.

58 Mit der Forderung nach der Aktualität von zusammenfassender Darstellung und Bewertung bewegt sich § 25 Abs. 3 auf einem Feld, das bislang vom materiellen Recht bestimmt wurde. Die Frage, ob die Behörde ihrer Entscheidung hinreichend aktuelle Erkenntnisse zugrunde gelegt hat, prüfen die Gerichte in Anwendung der **materiellen Zulassungsvoraussetzungen** (statt vieler OVG Magdeburg BeckRS 2018, 802 Rn. 15, 20 m.w.N.; OVG Greifswald Urt. v. 24.8.2021 – 1 LB 21/16 – juris Rn. 55 ff.: § 6 Abs. 1 Nr. 2 BImSchG i.V.m. § 44 Abs. 1 Nr. 1 BNatSchG; für die ähnlich gelagerte Frage der fachlichen Belastbarkeit von Gutachten ausdrücklich BVerwG Urt. v. 19.12.2017 – 7 A 9.17 – juris Rn. 23). Als Konkurrenz dazu wollen Stimmen in der Literatur offenbar § 25 Abs. 3 aufbauen. Sie schließen aus der Bezugnahme auf die „Einschätzung der zuständigen Behörde", dass dieser bei der Aktualitätsprüfung ein Beurteilungsspielraum (Kümper in Schink/Reidt/Mitschang § 25 Rn. 27; andererseits in Rn. 26 den verfahrensrechtlichen Charakter betonend) bzw. eine Einschätzungsprärogative (Beckmann in Hoppe/Beckmann/Kment § 24 Rn. 74 und § 25 Rn. 155) zustehe. Die damit verbundene Reduktion der gerichtlichen Kontrolldichte (ausführlicher → Rn. 66) soll augenscheinlich unabhängig von den Besonderheiten des jeweils einschlägigen materiellen Fachrechts gelten, dieses also von § 25 Abs. 3 als UVP-spezifischer Spezialregelung verdrängt werden. Für einen solchen „Übergriff" des UVP-Gesetzgebers in das materielle Recht bietet jedoch die

Entstehungsgeschichte des § 25 Abs. 3 (→ Rn. 6, 15, 56) keinen Anhaltspunkt. Nimmt man den Wortlaut der UVP-Änderungsrichtlinie in den Blick, so ergibt sich aus der nationalen Umsetzung in § 25 Abs. 3 ein anderer, nämlich **rein verfahrensrechtlicher** Regelungsgehalt. Nach **Art. 8a Abs. 6 Satz 1 Projekt-UVP-RL** muss die Zulassungsbehörde überzeugt sein, dass das in der UVP gewonnene Entscheidungsmaterial zum Zeitpunkt der Zulassungsentscheidung aktuell ist. Während § 25 Abs. 3 die Behördenrolle in dem Zusatz „nach Einschätzung der zuständigen Behörde" eher versteckt, richtet die Projekt-UVP-RL ihre zentrale Botschaft an die Behörde: Sie wird aufgefordert, sich am Schluss eines möglicherweise jahr(zehnt)elangen Prüfprozesses von der Aktualität zu überzeugen. Damit beschränkt sich Art. 8a Abs. 6 Satz 1 Projekt-UVP-RL auf einen verfahrensleitenden Regelungsgehalt. Die Maßstäbe für die Aktualitätsüberprüfung ergeben sich demgegenüber weiterhin ausschließlich aus dem **materiellen Fachrecht**.

Unterlaufen bei der Aktualitätsprüfung Fehler, so ist dies der jeweiligen materiellen 59 Zulassungsvoraussetzung zuzurechnen. Ein **Verstoß** gegen § 25 Abs. 3 liegt hingegen nur vor, wenn sich die Behörde mit der abschließenden Frage nach der Aktualität überhaupt nicht oder in vollkommen ungenügender Weise befasst hat. Um dies überprüfbar zu machen, ist dieser Verfahrensschritt zu **dokumentieren**. Kommt die Behörde bei ihrer Prüfung zu dem Ergebnis, dass zusammenfassende Darstellung und/oder Bewertung nicht mehr ausreichend aktuell sind, so hat sie diese nachzubessern; bei Bedarf löst sie nach dem Amtsermittlungsgrundsatz des § 24 VwVfG neue Ermittlungen aus (anders Kümper in Schink/Reidt/Mitschang § 25 Rn. 26 f.: Ablehnung der Vorhabenzulassung).

C. Rechtsschutz

I. Allgemeines

Beim Rechtsschutz ist zum einen zwischen den Klagemöglichkeiten des **Vorhabenträgers** und denen **Dritter** zu unterscheiden. Zudem kommt es darauf an, ob eine Verletzung des § 25 als **Verfahrensvorschrift** geltend gemacht oder ob das Bewertungs- bzw. Berücksichtigungsergebnis angegriffen wird (zu dieser Unterscheidung Bunge in Storm/Bunge § 12 Rn. 133 ff.; Kümper in Schink/Reidt/Mitschang § 25 Rn. 29). Der letztgenannte Fall ist als ein Verstoß gegen **materielles Recht** zu qualifizieren. Denn § 25 Abs. 1 und 2 verweist als Maßstab für die Bewertung und die Berücksichtigung auf die materiellen Zulassungsnormen (→ Rn. 17 f., 32, 41 ff.). Solche möglichen Verletzungen von materiellem Recht stehen bei § 25 im Vordergrund. Demgegenüber treten prozedurale Verstöße – zB findet die Bewertung statt, bevor die zusammenfassende Darstellung abgeschlossen worden ist – mangels ausgeprägter Verfahrensvorgaben des § 25 in ihrer Bedeutung zurück (zustimmend Kümper in Schink/Reidt/Mitschang § 25 Rn. 29). 60

II. Rechtsschutz des Vorhabenträgers

Der **Vorhabenträger** wird typischerweise gegen ein ihn belastendes **Ergebnis** der 61 Bewertung oder der Berücksichtigung vorgehen, das zu Auflagen für zusätzliche Umweltschutzmaßnahmen o.ä. geführt hat. Diese aus seiner Sicht inhaltlich unzutreffende Zulassungsentscheidung kann er mit den üblichen Rechtsschutzmöglichkeiten angreifen. Hingegen ist ein den Vorhabenträger belastender Verfahrensfehler bei der Anwendung des § 25 eher unwahrscheinlich.

III. Rechtsschutz Dritter

62 **1. Verfahrensfehler bei § 25 Abs. 1 und 2.** Sobald es um die verfahrensrechtliche Dimension des § 25 geht, ist man inmitten der heftig geführten Debatte, ob Dritte unabhängig vom materiellen Ergebnis der Zulassungsentscheidung ihre Klage **allein** darauf stützen können, dass § 25 (oder eine andere Vorschrift des UVPG) **verfahrensfehlerhaft** angewendet worden ist. Ein solcher Verfahrensfehler könnte etwa darin begründet liegen, dass die begründete Bewertung oder die Berücksichtigung gänzlich unterblieben sind, dass die Bewertung vor Abschluss der zusammenfassenden Darstellung durchgeführt wurde oder die Bewertung nach Abs. 1 und die Berücksichtigung nach Abs. 2 nicht voneinander getrennt erfolgten. Hier stellt sich eine Vielzahl von umstrittenen Rechtsfragen, deren (auch europarechtlich bestimmte) Entwicklung keineswegs abgeschlossen ist. Mit Blick auf die gegenüber der materiell-rechtlichen Seite weniger bedeutungsvollen verfahrensrechtlichen Komponente des § 25 (→ Rn. 60) wird hier in erster Linie auf die ausführlichere Darstellung zu der entsprechenden Problematik bei § 24 (→ § 24 Rn. 42 ff.) verwiesen.

63 Ergänzend ist zu § 25 darauf hinzuweisen, dass dessen Abs. 1 und 2 zu denjenigen Verfahrensvorschriften des UVPG gehören, denen in Teilen der Literatur eine **drittschützende Wirkung** zugesprochen wird, da die Bewertung und Berücksichtigung unmittelbar auf die Entscheidungsfindung einwirke (so etwa Kümper in Schink/Reidt/Mitschang § 25 Rn. 29 f.). Allerdings soll dies nur gelten, soweit der jeweilige materielle Bewertungsmaßstab selbst den Schutz des Dritten bezweckt, was etwa bei § 5 Abs. 1 Satz 1 Nr. 1 BImSchG unstreitig der Fall ist (Scheidler NVwZ 2005, 863 (864 f.); Bunge in Storm/Bunge § 12 Rn. 136 f.; für originären Drittschutz durch § 25 VG Osnabrück NuR 2016, 217 (219, 223); Beckmann in Hoppe/Beckmann/Kment § 25 Rn. 167).

64 **2. Materiell-rechtliche Verstöße gegen § 25 Abs. 1 und 2.** Wie ausgeführt (→ Rn. 60), wird der wichtigste Fall eines Rechtsverstoßes gegen § 25 Abs. 1 und 2 eine unzutreffende Anwendung des materiellen Zulassungsrechts sein, das Maßstab für die Bewertung und die Berücksichtigung ist. Rechtsschutz kann ein Dritter hier erlangen, indem er die Zulassungsentscheidung mit der Begründung angreift, die betroffene Zulassungsnorm sei fehlerhaft angewendet worden. Dies setzt allerdings voraus, dass diese **Genehmigungsvoraussetzung drittschützend** ist (Kümper in Schink/Reidt/Mitschang § 25 Rn. 30; Peters/Balla/Hesselbarth Einleitung Rn. 65; Erbguth/Schink Einleitung Rn. 134).

65 **3. Verstoß gegen § 25 Abs. 3.** Beim Rechtsschutz Dritter wegen Verstoßes gegen § 25 Abs. 3 ist von vornherein nur der Fall relevant, dass die Behörde vor ihrer Zulassungsentscheidung eine Prüfung der Aktualität von zusammenfassender Darstellung und begründeter Bewertung überhaupt nicht oder in vollkommen ungenügender Weise durchgeführt hat. Denn nach der hier vertretenen Auffassung (→ Rn. 58 f.) richtet sich die Aktualitätsprüfung selbst ausschließlich nach den Maßstäben des **materiellen Fachrechts**. Ist die Behörde also bei einzelnen Schutzgütern unzutreffend von einer ausreichenden Aktualität ausgegangen, so ist Rechtsschutz wegen der Verletzung der einschlägigen materiellen Norm zu erlangen. Ist eine Aktualitätsprüfung vollständig unterblieben, so dürfte dies **keinen Verfahrensfehler** i.S.d. § 4 Abs. 1 UmwRG darstellen. Denn die an die Behörde gerichtete „Erinnerung" des § 25 Abs. 3 ist – anders als der UVP-Kernbestand der §§ 24 und 25 Abs. 1 und 2 – kein zentraler Verfahrensschritt mit ausgeprägter Drittwirkung, so dass die Voraussetzungen des § 4 Abs. 1 Satz 1 Nr. 1 und Nr. 3b UmwRG nicht gegeben sind. Eine Verletzung des § 25 Abs. 3 tritt hinter dem Rechts-

schutz zurück, den die Aktualitätsanforderungen des materiellen Fachrechts in ausreichender Weise bieten.

Wenn man abweichend von der hier vertretenen Auffassung dem § 25 Abs. 3 selbst materielle Maßstäbe für die Aktualitätsprüfung entnimmt (→ Rn. 58), dürften der Behörde dabei in der Regel kein **Beurteilungsspielraum** (so aber Kümper in Schink/Reidt/Mitschang § 25 Rn. 27) bzw. keine **Einschätzungsprärogative** (dafür Beckmann in Hoppe/Beckmann/Kment § 24 Rn. 74 und § 25 Rn. 155) zustehen. Denn die Anforderungen der aktuellen Rechtsprechung des Bundesverfassungsgerichts für eine entsprechende Reduktion der gerichtlichen Kontrolle dürften regelmäßig nicht gegeben sein. Diese bejaht das Bundesverfassungsgericht zum einen bei fachwissenschaftlichen Erkenntnislücken, die die Gerichte ebenso wenig schließen können wie die Verwaltungsbehörden. Hier darf das Gericht der plausiblen Einschätzung der Behörde folgen (BVerfGE 149, 407 Rn. 17 ff.; zur Einordnung dieser neuen Rechtsprechung instruktiv Eichberger NVwZ 2019, 1560 ff. m.w.N.). Solche Konstellationen stellen jedoch bei der Anwendung des § 25 Abs. 3 nicht den relevanten Regelfall dar. Die Frage, ob die in der zusammenfassenden Darstellung beschriebene und anschließend bewertete umweltfachliche Situation noch dem aktuellen Stand entspricht, ist üblicherweise der sachverständigen Ermittlung zugänglich, wenn sie auch zusätzlichen Aufwand mit entsprechenden Verfahrensverzögerungen auslöst. Die andere Rücknahme der gerichtlichen Kontrolldichte – der Beurteilungsspielraum – bezieht sich auf die Rechtsauslegung und -anwendung (Eichberger NVwZ 2019, 1560 (1563)) und setzt eine gesetzliche Ermächtigung voraus, für die es einen hinreichend gewichtigen sachlichen Grund geben muss (BVerfGE 129, 1 (21 ff.)). Der Entstehungsgeschichte des § 25 Abs. 3 ist kein Anhaltspunkt zu entnehmen, dass mit der Bezugnahme auf die „Einschätzung der Behörde" ein entsprechender Beurteilungsspielraum eingeräumt werden sollte. Der Gesetzgeber wollte vielmehr ausweislich der amtlichen Begründung (BT-Drs. 18/11499, 94) „nur" Art. 8a Abs. 6 Satz 1 Projekt-UVP-RL umsetzen. Dieser Richtlinie wiederum dürfte kaum etwas ferner liegen, als Feinheiten der deutschen Rechtsschutzsystematik zu regeln. In § 25 Abs. 3 wird also keine gesetzliche Einräumung eines Beurteilungsspielraums vorgenommen (aA Beckmann in Hoppe/Beckmann/Kment § 24 Rn. 74 und § 25 Rn. 155). Dieses Ergebnis wird in systematischer Hinsicht durch § 5 Abs. 3 Satz 2 bestätigt, dessen klaren Normbefehl („in einem gerichtlichen Verfahren … nur daraufhin zu überprüfen …") § 25 Abs. 3 gerade nicht übernimmt. 66

§ 43 Abschließende Bewertung und Berücksichtigung

(1) [1]**Nach Abschluss der Behörden- und Öffentlichkeitsbeteiligung überprüft die zuständige Behörde die Darstellungen und Bewertungen des Umweltberichts unter Berücksichtigung der ihr nach den §§ 41, 42, 60 Absatz 1 und § 61 Absatz 1 übermittelten Stellungnahmen und Äußerungen.** [2]**Bei der Überprüfung gelten die in § 40 Absatz 3 bestimmten Maßstäbe.**

(2) **Das Ergebnis der Überprüfung nach Absatz 1 ist im Verfahren zur Aufstellung oder Änderung des Plans oder Programms zu berücksichtigen.**

Schrifttum: *Bundesumweltministerium* (Hrsg.), Leitfaden zur Strategischen Umweltprüfung (Langfassung), März 2010 – https://www.bmu.de/fileadmin/Daten_BMU/Download_PDF/Umweltpruefungen/sup_leitfaden_lang_bf.pdf; *Bunge/Nesemann,* Das Gesetz zur Einführung einer Strategischen Umweltprüfung und zur Umsetzung der EG-Richtlinie 2001/42/EG, in: Storm / Bunge, Handbuch der Umweltverträglichkeitsprüfung, Stand: Oktober 2021, Kennzahl 0507; *Callies*, Europarechtlicher Hintergrund der SUP, in: Erbguth (Hrsg.), Strategische Umweltprüfung (SUP) – Stand, Rechtsfragen, Perspektiven, Rostocker Umweltrechtstag 2005, 2006, S. 21 ff.; *Erbguth/Schubert,* Das Gesetz zur Einführung der Strategischen Umweltprüfung und zur Umsetzung der Richtlinie 2001/42/EG (SUPG), ZUR 2005, 524 ff.; *EU-Kommission - Generaldirektion Umwelt,* Umsetzung der Richtlinie 2001/42/EG des Europäischen Parlaments und des Rates über die Prüfung der Umweltauswirkungen bestimmter Pläne und Programme – https://www.bmu.de/fileadmin/Daten_BMU/Download_PDF/Umweltpruefungen/umweltauswirkung_pruefung_richtlinie.pdf; *Gassner,* UVPG. Kommentar, 2006; *Ginsky,* Die Richtlinie über die Prüfung der Umweltauswirkungen bestimmter Pläne und Programme – Interpretationen und Umsetzungsempfehlungen, UPR 2002, 47 ff.; *Hendler,* Das Gesetz zur Einführung einer Strategischen Umweltprüfung, NVwZ 2005, 977 ff.; *Hoppe/Beckmann/Kment,* Gesetz über die Umweltverträglichkeitsprüfung (UVPG). Umwelt-Rechtsbehelfsgesetz (UmwRG). Kommentar, 5. Aufl. 2018; *Peters/Balla/Hesselbarth,* UVPG. Handkommentar, 4. Aufl. 2019; *Schink,* Umweltprüfung für Pläne und Programme – Verfahrensanforderungen, NuR 2005, 143 ff.; *Schink/Reidt/Mitschang,* Umweltverträglichkeitsprüfungsgesetz / Umwelt-Rechtsbehelfsgesetz: UVPG/UmwRG, 1. Aufl. 2018; *Uebbing,* Umweltprüfung bei Raumordnungsplänen. Eine Untersuchung zur Umsetzung der Plan-UP-Richtlinie in das Raumordnungsrecht, 2004

Übersicht

A. Einleitung

I. Bedeutung und Grundzüge der Vorschrift

1 § 43 regelt zwei eigenständige Verfahrensschritte: die abschließende Bewertung und deren Berücksichtigung bei der Entscheidung. Die **abschließende Bewertung** ist erforderlich, weil der Umweltbericht bei seiner Erstellung zunächst nur eine **vorläufige** Bewertung enthält (§ 40 Abs. 3), die dann die Behörden- und die Öffentlichkeitsbeteiligung durchläuft. Sobald dieses Konsultationsverfahren abgeschlossen ist, hat die zuständige Behörde nach **Absatz 1 Satz 1** die Darstellungen und Bewertungen des Umweltberichts im Lichte der nach §§ 41, 42, 60 Absatz 1 und § 61 Absatz 1 eingegangenen Stellungnahmen und Äußerungen noch einmal zu **überprüfen**. Hinsichtlich der **Maßstäbe** für diese Überprüfung verweist **Absatz 1 Satz 2** auf § 40 Abs. 3.

2 Das Ergebnis der Überprüfung ist gem. **Absatz 2** bei der Aufstellung oder Änderung des Plans bzw. Programms zu **berücksichtigen**.

II. Entstehungsgeschichte

3 § 43 (= § 14k aF) wurde mit dem **Gesetz zur Einführung einer Strategischen Umweltprüfung und zur Umsetzung der Richtlinie 2001/42/EG (SUPG)** von **2005** in das UVPG aufgenommen. Bundestag und Bundesrat haben die Fassung, wie sie der Gesetzentwurf der Bundesregierung und der wortgleiche Entwurf der Regierungsfraktionen (BT-Drs. 15/3441 und 15/4119) vorgesehen hatten, ohne Änderungswünsche passieren lassen. Auch in der Zeit nach dem Inkrafttreten ist diese Vorschrift unverändert geblieben; die umfassende **UVPG-Novelle von 2017** hat nur die Paragraphenverweisungen angepasst (BT-Drs. 18/11499, 99).

III. Anwendungsbereich

4 § 43 gilt grundsätzlich für **alle Pläne und Programme**, die nach §§ 35 bis 37 einer Strategischen Umweltprüfung (SUP) zu unterziehen sind. Von diesem Grundsatz gibt es jedoch einige **Ausnahmen**:

5 § 43 findet keine Anwendung auf die Aufstellung, Änderung oder Ergänzung von **Bauleitplänen**. Denn gem. § 50 Abs. 1 Satz 1 erfolgt hier die Umweltprüfung nach den Vorschriften des Baugesetzbuches.

6 Ähnliches gilt für die SUP-pflichtigen **Raumordnungspläne** nach § 7 ROG. Auch hier enthält das Fachgesetz in §§ 8 bis 10 ROG eine abschließende Regelung des SUP-Verfahrens, auf die § 48 Satz 1 verweist.

7 Bei **Landschaftsplanungen** richtet sich gem. § 52 die Durchführung einer SUP nach dem Landesrecht (dazu näher → BNatSchG vor §§ 8-12 Rn. 12 f.). Für diese Pläne findet § 43 also ebenfalls keine Anwendung, es sei denn, der Landesgesetzgeber entschließt sich, aus Vereinfachungsgründen auf diese bundesrechtliche Vorschrift zu verweisen.

B. Erläuterung der Vorschrift

I. Abschließende Überprüfung (Absatz 1)

8 **1. Gegenstand der Überprüfung.** Bei der **abschließenden Überprüfung** kontrolliert die zuständige Behörde, ob die Inhalte des Umweltberichts im Lichte der Behörden- und der Öffentlichkeitsbeteiligung noch als zutreffend zu erachten sind (→ Rn. 1).

Dieser Verfahrensschritt ist in der Richtlinie 2001/42/EG über die Prüfung der Umweltauswirkungen bestimmter Pläne und Programme (Plan-UP-RL) nicht ausdrücklich vorgesehen. Da aber nach Art. 8 Plan-UP-RL neben dem Umweltbericht auch die im Rahmen der Behörden- und Öffentlichkeitsbeteiligung abgegebenen Stellungnahmen bei der Entscheidungsfindung zu berücksichtigen sind, ist es **verfahrensökonomisch sinnvoll**, in einem Zwischenschritt zu **überprüfen**, ob angesichts der vorliegenden Stellungnahmen die Annahmen des Umweltberichtes noch zutreffend sind (ebenso Schink NuR 2005, 143 (148)). So werden die Einschätzungen der verfahrensführenden Behörde im Umweltbericht und die Ergebnisse des Beteiligungsverfahrens bereits vor der Entscheidungsfindung abgeglichen und zu einer geschlossenen Beurteilung zusammengeführt. Dieser Weg gewährleistet zudem im Zweifel eine intensivere Auseinandersetzung mit den Ergebnissen des Konsultationsverfahrens als die in Art. 8 Plan-UP-RL vorgesehene parallele Berücksichtigung von Umweltbericht und Konsultationsergebnissen (Erbguth/Schubert ZUR 2005, 524 (529)).

Nach § 43 Abs. 1 Satz 1 werden sowohl die **beschreibenden Darstellungen** im Umweltbericht (§ 40 Abs. 2) als auch die darauf aufbauende **Bewertung** nach § 40 Abs. 3 überprüft. Die Überschrift des § 43, die diesen Vorgang auf die Bewertung verkürzt, darf also nicht dazu verleiten, die Darstellungen des Umweltberichts ungeprüft zu lassen. 9

Wie der Umweltbericht selbst ist auch dessen Überprüfung auf die **umweltbezogenen** Auswirkungen des Plan oder Programms begrenzt (Beckmann in Hoppe/Beckmann/Kment § 43 Rn. 14; Schink in Schink/Reidt/Mitschang § 43 Rn. 4; Bunge/Nesemann, Nr. 3.2.6 und 3.5.1). Die Abwägung mit anderen, umweltexternen Belangen findet erst im Rahmen der Berücksichtigung nach Absatz 2 statt (→ Rn. 21). 10

2. Zeitpunkt der Überprüfung. Die abschließende Überprüfung erfolgt gem. § 43 Abs. 1 Satz 1 nach **Beendigung** der Behörden- und Öffentlichkeitsbeteiligung. Wie der Gesetzeswortlaut hervorhebt, geht es bei diesem Verfahrensschritt entscheidend um die Stellungnahmen der Behörden nach § 41 und 60 Abs. 1 sowie die Äußerungen der Öffentlichkeit nach § 42 und § 61. Dieses Konsultationsverfahren ist deshalb **abgeschlossen**, wenn die nach den jeweiligen Vorschriften zu setzenden Stellungnahme- bzw. Äußerungsfristen (siehe § 41 Satz 2, § 60 Abs. 3, § 42 Abs. 3 Satz 2, § 61 Abs. 1 Satz 2) abgelaufen sind (Beckmann in Hoppe/Beckmann/Kment § 43 Rn. 9). 11

Ist nach § 42 Abs. 3 Satz 5 ein **Erörterungstermin** durchzuführen, so ist auch dieser abzuwarten, bevor die Behörde ihre abschließende Überprüfung nach § 43 Abs. 1 Satz 1 beginnen kann (Beckmann in Hoppe/Beckmann/Kment § 43 Rn. 9). Denn § 43 Abs. 1 Satz 1 nimmt ganz allgemein auf den Abschluss der „Öffentlichkeitsbeteiligung" Bezug, zu der nach § 42 Abs. 3 Satz 5 ausdrücklich auch ein solcher Erörterungstermin gehört. 12

3. Inhalt und Maßstab der Überprüfung. Für eine „Überprüfung" des Umweltberichtes i.S.d. § 43 Abs. 1 Satz 1 genügt es nicht, dass die zuständige Behörde die Stellungnahmen der anderen Behörden und die Äußerungen der Öffentlichkeit zur Kenntnis nimmt. Sie muss sich vielmehr mit ihnen **inhaltlich auseinandersetzen**. Soweit die Behörden- und die Öffentlichkeitsbeteiligung abweichende Darstellungen und Bewertungen der zu erwartenden Umweltauswirkungen erbracht haben, prüft die zuständige Behörde, ob die entsprechenden Ausführungen im Umweltbericht Bestand haben können. 13

Diese Überprüfung richtet sich gem. § 43 Abs. 1 Satz 2 nach denselben **Maßstäben**, wie sie für die erste Fassung des Umweltberichts in § 40 Abs. 3 genannt sind. 14

15 **4. Dokumentation der Überprüfung.** Das Gesetz enthält zwar keine ausdrücklichen Vorgaben dazu, ob und wie die Überprüfung zu dokumentieren ist. Zweifelsfrei dürfte aber sein, dass eine **schriftliche** Fixierung erforderlich ist. Denn nur so ist eine angemessene Berücksichtigung dieser Überprüfung bei der Aufstellung bzw. Änderung des Plans oder Programms gewährleistet, wie dies § 43 Abs. 2 verlangt (darauf verweist Beckmann in Hoppe/Beckmann/Kment § 43 Rn. 10). Zudem ist die Überprüfung eng mit vorangehenden und nachfolgenden Verfahrensschritten verknüpft, deren Schriftform vom Gesetz ausdrücklich vorgegeben ist: Sowohl der Umweltbericht, der Gegenstand der Überprüfung ist, als auch die abschließende Information über die Berücksichtigung der Stellungnahmen und Äußerungen aus dem Konsultationsverfahren (vgl. § 44 Abs. 2 Nr. 2) sind schriftlich zu fassen.

16 Das Ergebnis der Überprüfung wird in der Regel in einem **eigenständigen Schriftstück** festgehalten, das neben den ursprünglichen Umweltbericht tritt (Beckmann in Hoppe/Beckmann/Kment § 43 Rn. 10 m.w.N.; Schink NuR 2005, 143 (148); amtl. Begründung, BT-Drs. 15/3441, 34). Bleibt die Behörde trotz abweichender Stellungnahmen und Äußerungen bei ihrer ursprünglichen Einschätzung, so ist sie gehalten, dies nachvollziehbar zu begründen (Beckmann in Hoppe/Beckmann/Kment § 43 Rn. 12). Mit dieser Bestätigung des Umweltberichts wird aus der vorläufigen Bewertung nach § 40 Abs. 3 eine endgültige. Hält die Behörde den Umweltbericht auf Grund der Behörden- und Öffentlichkeitsbeteiligung für änderungs- bzw. ergänzungsbedürftig, so legt sie dies ebenfalls in einem eigenen Schriftstück dar. Eine Überarbeitung des Umweltberichtes ist dafür nicht erforderlich (Beckmann in Hoppe/Beckmann/Kment § 43 Rn. 10; Schink in Schink/Reidt/Mitschang § 43 Rn. 7; amtl. Begründung, BT-Drs. 15/3441, 34; anders hingegen Erbguth/Schubert ZUR 2005, 524 (529)). Insbesondere bei umfangreichem Korrekturbedarf kann sich die Behörde allerdings aus Praktikabilitätsgründen auch entscheiden, den **Umweltbericht** selbst **fortzuschreiben** (anders Gassner § 14k Rn. 2: immer eigenständiges Dokument). In diesem Fall muss nachvollziehbar sein, bei welchen Passagen die Überprüfung zu Änderungen geführt hat und auf welcher Stellungnahme bzw. Äußerung die jeweilige Änderung beruht. Dies kann in einem jeweils eigenen Absatz „Abschließende Überprüfung" an den betreffenden Stellen der Umweltberichts erfolgen (Bunge/Nesemann, Nr. 3.5.1; zu anderen Darstellungsmöglichkeiten Peters/Balla/Hesselbarth § 43 Rn. 4).

17 **5. Erneute Auslegung.** Führt die Überprüfung nach § 43 Abs. 1 zu Erkenntnissen, die in wichtigen Punkten von der Darstellung und Bewertung des Umweltberichts abweichen, so stellt sich die sehr praxisrelevante Frage, ob eine **erneute Auslegung** des Umweltberichts erforderlich ist. Die Literatur kommt hier zu unterschiedlichen Ergebnissen. Nach der einen Auffassung trifft das UVPG dazu keine Regelung, sondern überlässt das dem für den jeweiligen Plan geltenden Fachrecht (Beckmann in Hoppe/Beckmann/Kment § 43 Rn. 13; Peters/Balla/Hesselbarth § 43 Rn. 4). Andere Stimmen berufen sich hingegen auf § 42 Abs. 1 i.V.m. § 22. Ergebe das Konsultationsverfahren gegenüber dem ausgelegten Umweltbericht zusätzliche oder andere erhebliche Umweltauswirkungen, so sei dieser zu überarbeiten und erneut auszulegen (Schink in Schink/Reidt/Mitschang § 43 Rn. 9; Bundesumweltministerium, 43). Hiergegen spricht jedoch schon, dass die Voraussetzungen des § 22 Abs. 1 ihrem entsprechend anzuwendenden Wortlaut nach nicht gegeben sind. Denn § 43 Abs. 1 sieht gerade keine Pflicht vor, den Umweltbericht zu ändern, wenn die Behörden- und Öffentlichkeitsbeteiligung neue Erkenntnisse erbringt (→ Rn. 16). Eine solche nachträgliche Änderung der auszulegenden Unterlagen setzt § 22 Abs. 1 aber voraus. Dieses Ergebnis ist auch schlüssig: Die erneute Beteiligung bezieht sich bei § 22 Abs. 1 auf Unterlagen, die bereits ausgelegen haben (so wörtlich § 9 Abs. 7

Satz 1 NABEG); der zentralen Bedeutung der Öffentlichkeitsbeteiligung entsprechend sollen diese Unterlagen nicht in wesentlichen Punkten geändert und so der Entscheidung zugrunde gelegt werden dürfen, ohne der Öffentlichkeit erneut Gelegenheit zur Äußerung zu geben. § 43 setzt hingegen ausdrücklich „nach Abschluss der … Öffentlichkeitsbeteiligung" an und qualifiziert die Überprüfung des Umweltberichts als einen davon getrennten eigenständigen Verfahrensschritt. Der Gesetzgeber begrenzt aber dessen Bedeutung, indem er auf ausdrückliche Formvorgaben verzichtet und zu dem Ergebnis der Überprüfung keine eigene Öffentlichkeitsbeteiligung vorsieht.

Gegen eine Anwendung von § 42 Abs. 1 i.V.m. § 22 auf die hier in Rede stehende Fallgestaltung sprechen auch die **ausdrücklichen Sonderregelungen** im Baugesetzbuch und im Raumordnungsgesetz. Diese sind hier deswegen von Bedeutung, weil ihnen dasselbe Regelungskonzept zur Umsetzung der Plan-UP-RL wie dem UVPG zugrunde liegt (vgl. amtl. Begründung, BT-Drs. 15/3441, 13). Sowohl nach § 4a Abs. 3 Satz 1 BauGB als auch nach § 9 Abs. 3 Satz 1 ROG erfolgt nur dann eine erneute Auslegung, wenn der Plan selbst geändert wird (so auch die Empfehlung der EU-Kommission, Arbeitshilfe, Nr. 7.1). Einige der für die SUP-pflichtigen Pläne und Programme maßgeblichen fachgesetzlichen Regelungen sehen solche Auslegungspflichten ebenfalls vor. Diese auf Änderungen des Plans beschränkte Wiederholung der Auslegung genügt auch, um angemessen zu reagieren, wenn das Konsultationsverfahren zu besonders relevanten neuen Einsichten kommt. Denn solche gravierenderen Fälle werden regelmäßig auch Planänderungen zur Folge haben (zu weiteren unterstützenden Argumenten Beckmann in Hoppe/Beckmann/Kment § 43 Rn. 13). Zusammengefasst sprechen also überwiegende Gründe dafür, bei neuen umweltrelevanten Erkenntnissen aus dem Konsultationsverfahren eine Pflicht zur erneuten Auslegung des Umweltberichts nicht nach § 42 Abs. 1 i.V.m. § 22, sondern allein auf Grund des für den **Plan maßgeblichen Fachrechts** zu entscheiden. 18

II. Berücksichtigung (Absatz 2)

1. Allgemeines. Mit der Überprüfung des Umweltberichts (§ 43 Abs. 1) hat die SUP ihren Abschluss abgefunden (vgl. auch die Formulierung in § 3 Satz 1). Nach § 43 Abs. 2 ist das Ergebnis dieser Überprüfung bei der Aufstellung oder Änderung des Plans bzw. Programms zu **berücksichtigen**. Dieses Berücksichtigungsgebot bildet das **Gelenk** zwischen der Umweltprüfung und der Entscheidung über den Plan bzw. das Programm (Gassner § 14k Rn. 3). Die Formulierung des Gesetzes trifft den Kern allerdings nicht ganz. Denn es ist nicht das Ergebnis der Überprüfung, das berücksichtigt werden soll, sondern der (überprüfte) Umweltbericht (Erbguth/Schubert ZUR 2005, 524 (529)). 19

Mit der Aufteilung der Bewertung (§ 40 Abs. 3, § 43 Abs. 1) und der Berücksichtigung (§ 43 Abs. 2) auf verschiedene Normen hebt das Gesetz besonders hervor, dass diese beiden Verfahrensschritte zu **trennen** sind. Es folgt damit der Systematik der zugrundeliegenden Plan-UP-RL (Art. 5 Abs. 1 – Bewertung; Art. 8 – Berücksichtigung). 20

Der wesentliche **Unterschied** beider Verfahrensschritte liegt darin, dass die **Bewertung** ausschließlich die umweltbezogenen Umweltauswirkungen betrachtet, während bei der **Berücksichtigung** die Auswirkungen des Planes bzw. Programms auf die Umwelt mit allen anderen betroffenen Belangen (Wirtschaft, Verkehr, usw.) in einer Gesamtabwägung zusammengeführt werden (Peters/Balla/Hesselbarth § 43 Rn. 5; Schink in Schink/Reidt/Mitschang § 43 Rn. 10; Beckmann in Hoppe /Beckmann/Kment § 43 Rn. 14, 16; Bunge/Nesemann, Nr. 3.5.2; amtl. Begründung, BT-Drs. 15/3441, 33 f.; zu diesem Abwägungsvorgang ausführlich → § 25 Rn. 45 ff.). 21

2. Gewicht der Umweltbelange bei der planerischen Entscheidung. Wie in § 25 Abs. 2 (dazu → § 25 Rn. 41 ff.) macht der Gesetzgeber mit dem Begriff **„berück-** 22

sichtigen" deutlich, dass die Umweltbelange bei der Entscheidung über SUP-pflichtige Pläne und Programme **keinen generellen Vorrang** haben, dass also nicht automatisch diejenige Variante zu wählen ist, die die geringsten Umweltauswirkungen mit sich bringt (Beckmann in Hoppe/Beckmann/Kment § 43 Rn. 16, 18; Peters/Balla/Hesselbarth § 43 Rn. 6; Hendler NVwZ 2005, 977 (983); Ginsky UPR 2002, 47 (51 f.); Uebbing, S. 290 f.; Schink, 143 (148)). Andererseits wird man aus dem Umstand, dass die in § 25 Abs. 2 i.V.m. Abs. 1 Satz 1 ausdrücklich hervorgehobene **„wirksame Umweltvorsorge"** in § 43 Abs. 2 nicht erwähnt wird, keinen substantiellen Unterschied beider Berücksichtigungsvorgänge herleiten können (so auch Peters/Balla/Hesselbarth § 43 Rn. 5; offen gelassen von Beckmann in Hoppe/Beckmann/Kment § 43 Rn. 17; Unterschiede machen Bunge/Nesemann, Nr. 3.5.2 aus). Sähe man hierin eine gewollte Differenzierung des Gesetzgebers, so könnte dies nur auf ein geringeres Gewicht der „wirksamen Umweltvorsorge" bei allen SUP-pflichtigen Plänen und Programmen hinauslaufen. Dies wäre schon mit § 40 Abs. 3 nicht zu vereinbaren, der für die vorausgehende Bewertung das Ziel einer wirksamen Umweltvorsorge ausdrücklich erwähnt. Zudem verpflichtet die mit der UVPG-Novelle 2017 aufgenommene Bestimmung des § 3 Satz 2 die gesamte Umweltprüfung ausdrücklich auf das Ziel einer wirksamen Vorsorge (Peters/Balla/Hesselbarth § 43 Rn. 5). Dieses Ziel würde faktisch aufgegeben, wenn die anschließende Berücksichtigung, in der die vorausgegangene SUP ihre Wirkungen beweisen muss, nicht mehr der wirksamen Umweltvorsorge dienen müsste. Letztlich hat diese Frage aber zumindest nach der hier vertretenen Auffassung keine praktische Relevanz, da die Bezugnahme auf eine wirksame Umweltvorsorge in § 25 nur dann einen Einfluss auf die Auslegung des materiellen Rechts hat, wenn dieses bestimmte Mindeststandards des vorsorgenden und medienübergreifenden Umweltschutzes unterschreitet (→ § 25 Rn. 26 ff. m.w.N.). Dies ist aber bei den SUP-pflichtigen Plänen und Programmen nicht der Fall, da die einschlägigen fachrechtlichen Vorschriften stets weite Abwägungsklauseln bereithalten, die einen umfassenden Schutz der Umwelt ermöglichen (statt vieler Uebbing S. 291 f.).

23 Mit welchem **Gewicht** die Umweltbelange in diese Gesamtabwägung einfließen, richtet sich nach den jeweiligen **fachrechtlichen Vorschriften**, auf deren Grundlage der Plan bzw. das Programm aufgestellt wird (Schink in Schink/Reidt/Mitschang § 43 Rn. 11; Beckmann in Hoppe/Beckmann/Kment § 43 Rn. 16, 18; Peters/Balla/Hesselbarth § 43 Rn. 5; Bunge/Nesemann, Nr. 3.5.2). Daraus können sich im Einzelfall verbindliche Vorgaben zugunsten des Umweltschutzes in Gestalt von Planungsleitsätzen oder Optimierungsgeboten ergeben, die über die in § 43 Abs. 2 vorgeschriebene Berücksichtigung hinausgehen (Beckmann in Hoppe/Beckmann/Kment § 43 Rn. 18; Peters/Balla/Hesselbarth § 43 Rn. 5 f.; Uebbing, S. 295 ff.).

24 Eine Berücksichtigung der ermittelten, beschriebenen und bewerteten Umweltbelange erfordert, dass die zuständige Behörde sich bei ihrer Entscheidungsfindung mit den zu erwartenden Umweltauswirkungen **inhaltlich auseinandersetzt** (Beckmann in Hoppe/Beckmann/Kment § 43 Rn. 18; Uebbing, S. 288 f.), sie also „sichtbar in die planerische Entscheidung integriert" (Callies, S. 43). Diese Pflicht wird verfahrensrechtlich durch § 44 Abs. 2 Nr. 2 flankiert, wonach bei Annahme des Plans/Programms eine zusammenfassende Erklärung auch dazu auszulegen ist, wie der Umweltbericht berücksichtigt wurde (Schink NuR 2005, 143 (148); Peters/Balla/Hesselbarth § 43 Rn. 5; Gassner § 14k Rn. 13). Die Umweltbelange erfahren – wie ausgeführt – durch die SUP zwar keinen stärkeren materiellen Schutz. Mit dem streng formalisierten Verfahren der SUP ist aber in aller Regel eine systematischere und gebündelte Aufarbeitung der Umweltauswirkungen verbunden, die wiederum die Begründungsanforderungen erhöht, wenn sich die zuständige Behörde über die betroffenen Umweltbelange hinwegsetzen möchte. Durch die Umweltprüfung kann somit der Schutz der Umwelt **faktisch** ein höheres Gewicht erhalten (Peters/Balla/Hesselbarth § 43 Rn. 6; Callies, S. 43; Uebbing, S. 292 f.; Beckmann in Hoppe/Beckmann/Kment § 43 Rn. 19; zu diesem das gesamte U(V)P-Recht bestimmenden Leitgedanken BVerwGE 100, 238 (245 ff., insbes. 246)). Dies gilt gerade im Vergleich zu anderen Belangen, für die solche verfahrensrechtliche Anforderungen nicht bestehen.

§ 51 Bergrechtliche Verfahren

Bei bergbaulichen Vorhaben, die in der Anlage 1 aufgeführt sind und dem Bergrecht unterliegen, werden die Umweltverträglichkeitsprüfung und die Überwachung des Vorhabens nach den Vorschriften des Bundesberggesetzes durchgeführt. Teil 2 Abschnitt 2 und 3 in Verbindung mit Anlage 4 findet nur Anwendung, soweit das Bundesberggesetz dies anordnet.

Schrifttum: *Beckmann,* Rechtliche Rahmenbedingungen der Einstellung des Steinkohlenbergbaus an der Ruhr, DÖV 2010, 512 ff; *Bohne,* Die Umweltverträglichkeitsprüfung bergbaulicher Vorhaben nach den Gesetzentwürfen der Bundesregierung zur Umsetzung der EG-Richtlinie vom 27. 6. 1985, ZfB 1989, 93 ff; *Boldt/Weller/Kühne/von Mäßenhausen,* Bundesberggesetz, Kommentar, 2. Aufl., Berlin 2016; *Boldt/Weller,* Bundesberggesetz, Ergänzungsband, Berlin 1992; *Cosack,* Bergrechtliches Zulassungsverfahren und Fauna-Flora-Habitat-Verträglichkeitsprüfung, NuR 2000, 311 ff.; *Durner,* Konflikte räumlicher Planungen, Berlin 2005; *Elgeti/Dietrich,* UVP-(Vorprüfungs)pflichtigkeit bergrechtlich zuzulassender Flutungen von Grubenbauen und der Aufhebungsanspruch nach § 4 Abs. 1 UmwRG, NuR 2009, 461 ff.; Frenz (Hrsg.), BBergG, Kommentar, Berlin 2019; *Fouquet,* Zur UVP-Pflichtigkeit von Tagebauen, ZUR 1994, 190 ff.; *Frenz,* Drittschutz im Bergrecht, NVwZ 2011, 86 ff.; *Gaentzsch,* Die bergrechtliche Planfeststellung, in: Festschrift für *Sendler,* 1991, 403 ff.; *Himmelmann/Tünnesen-Harmes,* Wende bei der Beurteilung bergrechtlicher Betriebspläne?, UPR 2002, 212 ff.; *Hoppe* (Hrsg.), UVPG, 3. Aufl., Köln 2007; *Jordan/Welsing,* Einstellung der Grubenwasserhaltung nach der Beendigung der Steinkohlegewinnung, ZfB 2017, 231; *Keienburg,* Die Öffentlichkeitsbeteiligung im Bergrecht, Stuttgart 2004; *Knöchel,* Die Umweltverträglichkeitsprüfung bei Vorhaben des untertägigen Steinkohlenbergbau, NWVBl. 1992, 117 ff.; *Kremer,* Umweltverträglichkeitsprüfung im Bergrecht – Anmerkungen zur 4. Änderung des Bundesberggesetzes, NVwZ 1990, 736 ff.; *ders.,* Zur UVP-Pflichtigkeit bergbaulicher Vorhaben in den neuen Bundesländern, LKV 1994, 434; *Kremer/Neuhaus gen. Wever,* Bergrecht, Stuttgart 2001; *Kühne,* Die Einführung der Umweltverträglichkeitsprüfung im Bergrecht, UPR 1989, 326 ff.; *ders.,* Bergrechtlicher Rahmenbetriebsplan, Köln 1993; *ders.,* Obligatorische Rahmenbetriebsplanzulassung im Bergrecht und ihre Wirkungen, DVBl. 2006, 662 ff.; *ders.,* UVP und SUP: Auswirkungen auf bergrechtliche Zulassungsentscheidungen, in: Heggemann (Hrsg.): Bergrechtliche Zulassungsentscheidungen im Kontext mit Umweltprüfungen, Baden-Baden 2009, *von Mäßenhausen,* Rahmenbetriebsplan und Umweltverträglichkeitsprüfung, ZfB 1994, 119 ff.; *Pielow* (Hrsg.), Bergrecht im Wandel der Zeit – gestern, heute, morgen, Stuttgart 2020, *Piens/Schulte/Graf Vitzthum,* Bundesberggesetz, Kommentar, 3. Aufl., Stuttgart 2020; *Stiens,* Der bergrechtliche Betriebsplan, Münster 1995.

Übersicht

A. Einleitung

1 Mit der Schaffung des § 18 a.F., der Vorgängerregelung des § 51, und der parallelen Änderung des Bundesberggesetzes (BBergG) hat der Gesetzgeber die Vorgaben der UVP-Richtlinie im Bereich des Bergbaus umgesetzt. § 51 schafft die Verbindung zwischen den allgemeinen Regelungen des UVPG und speziellen Vorschriften zur Umweltverträglichkeitsprüfung im BBergG. Nach der Vorschrift wird die Umweltverträglichkeitsprüfung im Planfeststellungsverfahren nach dem BBergG durchgeführt. Diverse verfahrensrechtlichen Regelungen des 2. Teils des UVPG können aber – anders als noch in § 18 UVPG a.F. vorgesehen - auf bergrechtliche Verfahren Anwendung finden, wenn das BBergG dies ausdrücklich anordnet. Eine entsprechende **Anordnung** findet sich in § 57a Abs. 1 Satz 5 und Abs. 6 BBergG. Demnach finden die **§§ 15 bis 27 und 31 sowie der 5. Teil** des UVPG im bergrechtlichen Planfeststellungsverfahren unmittelbare Anwendung.

2 In der Rechtsanwendung spielt § 51 selbst keine bedeutende Rolle. Die Norm hat im Wesentlichen den Zweck, im Regelungszusammenhang des UVPG klarzustellen, dass auch im Bereich der bergrechtlichen Vorhaben eine Umweltverträglichkeitsprüfung stattzufinden hat, die verfahrensrechtlichen Anforderungen an diese aber speziell im BBergG geregelt sind. Systematisch hat der Gesetzgeber bei der Umsetzung der UVP-Richtlinie für den Bereich des Bergbaus eine andere Regelungskonzeption verfolgt als im Geltungsbereich sonstiger Spezialgesetze für umweltrelevante Vorhaben, beispielsweise im KrWG, AtomG und BImSchG. Während in den dortigen Regelungsbereichen lediglich ein Verweis auf das UVPG oder auf „die Umweltverträglichkeitsprüfung" in das jeweilige Fachrecht aufgenommen wurde (vgl. etwa § 35 Abs. 2 Satz 2 KrWG, § 10 Abs. 10 Satz 2 BImSchG, § 9b Abs. 2 AtomG), hat der Gesetzgeber im BBergG eigene Regelungen zum Verfahren der Umweltverträglichkeitsprüfung getroffen. § 51 Satz 2 erklärt lediglich dann Verfahrensvorschriften des UVGP für anwendbar, wenn das BBergG dies ausdrücklich vorsieht. Diese abweichende Regelungssystematik beruht im Ursprung vermutlich auf dem Umstand, dass im BBergG zunächst kein (Planfeststellungs-)Verfahren zur Verfügung stand, in das die Umweltverträglichkeitsprüfung durch bloßen Verweis auf das UVPG hätte integriert werden können. Der Gesetzgeber sah sich gezwungen, durch Änderung des BBergG mit dem planfeststellungspflichtigen Rahmenbetriebsplanverfahren ein „Trägerverfahren" zu schaffen, im Rahmen dessen die Umweltverträglichkeitsprüfung stattfindet. Mit der Regelung dieses „Trägerverfahrens" wurden zugleich die verfahrensrechtlichen Bestimmungen für die Umweltverträglichkeitsprüfung in das BBergG aufgenommen. Mit der Neuordnung des UVPG und der Änderung des § 57a Abs. 1 BBergG im Jahr 2017 durch das Gesetz zur Modernisierung des Rechts der Umweltverträglichkeitsprüfung hätte es nahegelegen, auch für das Bergrecht insgesamt auf die Verweistechnik umzusteigen, verfahrensbezogene Regelungen aus dem BBergG komplett zu streichen und eine umfassende Geltung des UVPG anzuordnen. Dazu konnte sich der Gesetzgeber aber offenbar nicht entschließen. So heißt es zu der nun geltenden Systematik in der Gesetzesbegründung, dass sich das Verfahren künftig nach den §§ 15 bis 27 UVPG sowie

ergänzend weiterhin nach den spezifischen Zusatzregelungen des BBergG richten solle, die einzelne Aspekte der allgemeinen Regelungen des UVPG konkretisierten (BR-Drs. 164/17, S. 137)

B. Entstehungsgeschichte und unionsrechtliche Vorgaben

§ 51 wurde im Zuge des Gesetzes zur Modernisierung des Rechts der Umweltverträglichkeitsprüfung im Jahr 2017 als Nachfolgeregelung des § 18 UVPG a.F. geschaffen (Gesetzentwurf BT-Drs. 18/11499, BR-Drs. 164/17). Die Vorgängerregelung des § 18 a.F. beruhte auf dem Gesetzentwurf vom 26.1.1989 (BT-Drs. 11/3919, S. 7). Änderungen bei der Bestimmung der von der UVP-Pflicht betroffenen bergbaulichen Vorhaben haben sich zwischenzeitlich in Änderungen des Anhangs 1 zum UVPG sowie in Änderungen der zu § 18 UVPG erlassenen Verordnung über die Umweltverträglichkeitsprüfung bergbaulicher Vorhaben **(UVP-V Bergbau)** niedergeschlagen. Diese Verordnung war auf der Grundlage des § 57c BBergG am 13. 8. 1980 erlassen worden (BGBl. I S. 1310) und wurde mehrfach, zuletzt durch Art. 2 der Verordnung vom 8.11.2019 (BGBl. I S. 1581) geändert. 3

Die Regelung des § 51 geht materiell auf die Richtlinie des Rates vom 27. 6. 1985 über die Umweltverträglichkeitsprüfung bei bestimmten öffentlichen und privaten Projekten (85/337/EWG, **UVP-Richtlinie**) zurück, die durch die Richtlinien 97/11/EG und 2014/52/EU **(UVP-Änderungsrichtlinien)** erhebliche Änderungen erfahren hat. Die UVP-Richtlinie definiert als Projekte, für die eine Umweltverträglichkeitsprüfung vorzunehmen ist, in Art. 1 Abs. 2 ausdrücklich auch „sonstige Eingriffe in Natur und Landschaft einschließlich derjenigen zum Abbau von Bodenschätzen". Es liegt auf der Hand, dass zahlreiche Vorhaben, die nach Bergrecht zu genehmigen sind, erhebliche Auswirkungen auf die Umwelt haben können und deshalb dem Anwendungsbereich der UVP-Richtlinie unterliegen. Dementsprechend listet auch der Anhang II zur Richtlinie ausdrücklich diverse bergbauliche Vorhaben, aber auch sonstige mit dem Bergbau im Zusammenhang stehende Vorhaben auf, die als Projekte im Sinne des Art. 4 Abs. 2 UVP-pflichtig sind. 4

Da die herkömmlichen bergrechtlichen Zulassungsverfahren des deutschen Rechts nicht geeignet erschienen, eine Umweltverträglichkeitsprüfung, wie sie die Richtlinie vorschreibt, zu integrieren, sah sich der Gesetzgeber veranlasst, zum einen im Bundesberggesetz entsprechende verfahrensrechtliche Regelungen für ein geeignetes **„Trägerverfahren"** zu schaffen und die betroffenen Bergbauvorhaben in die Liste der UVP-pflichtigen Vorhaben aufzunehmen. Diesen Verpflichtungen ist der Bundesgesetzgeber zunächst mit Schaffung des § 18 a.F. sowie der §§ 52 Abs. 2, Abs. 2a–2c, 57a–57 c BBergG nachgekommen. Ergänzend hat der Bundesminister für Wirtschaft die UVP-V Bergbau erlassen. Mit diesen Rechtsetzungsakten genügte der Gesetzgeber den Umsetzungsverpflichtungen nach der UVP-Richtlinie. Inzwischen hat über §§ 51 und 57a Abs. 1 Satz 5, Abs. 6 BBergG eine weitere Annäherung zwischen dem Recht des UVPG und den spezialrechtlichen Regelungen des BBergG zur Umweltverträglichkeitsprüfung stattgefunden. 5

C. Verhältnis zu § 1 Abs. 4

§ 51 enthält keine inhaltlichen Regelungen zum Verfahren der Umweltverträglichkeitsprüfung bei bergbaulichen Vorhaben, sondern verweist auf die Regelungen des Bundesberggesetzes. Das BBergG enthält seinerseits zum Teil eigene Verfahrensvorschriften für 6 die Durchführung der UVP. In § 51 S. 2 erklärt der Gesetzgeber zusätzlich Teil 2 Abschnitt 2 und 3 in Verbindung mit Anlage 4 für anwendbar, wenn das Bundesberggesetz dies anordnet. Eine derartige Anordnung trifft § 57a Abs. 1 Satz 5 BBergG für die §§ 15 bis 27 sowie 31 und § 57 Abs. 6 BBergG für den 5. Teil. Im Übrigen trifft § 51 eine Subsidiaritätsregelung dahingehend, dass die Regelungen des UVPG im Anwendungsbereich der Regelungen des Bundesberggesetzes zur UVP durch diese verdrängt werden.

7 Unklar ist das Verhältnis dieser **Konkurrenzregelung** zu der allgemeinen **Subsidiaritätsregelung** des § 1 Abs. 4. Nach § 1 Abs. 4 findet das UVPG Anwendung, soweit Rechtsvorschriften des Bundes oder der Länder die Prüfung der Umweltverträglichkeit nicht näher bestimmen oder die wesentlichen Anforderungen dieses Gesetzes nicht beachten. Unklar ist, ob in Fällen, in denen UVP-bezogene Regelungen des Bundesberggesetzes hinter den Anforderungen des UVPG zurückbleiben, aufgrund der allgemeinen Regelung des § 1 Abs. 4 diese Vorschriften – entgegen § 51– dennoch Anwendung finden können, oder ob insoweit § 51 als speziellere Regelung für bergrechtliche Verfahren gegenüber § 1 Abs. 4 vorgeht und damit abschließend auf die Regelungen des Bundesberggesetzes zur UVP verweist.

8 Bei richtlinienkonformer Auslegung dürfte davon auszugehen sein, dass § 1 Abs. 4 durch § 51 jedenfalls dann nicht verdrängt wird, wenn Regelungen des BBergG den Anforderungen des UVPG, die ihrerseits die Anforderungen der UVP-Richtlinie umsetzen, nicht genügen. Der europäische Normgeber hat in der UVP-Richtlinie keine Privilegierung für bergbauliche Vorhaben vorgesehen. Bergbauliche Vorhaben sollen nach der dortigen Regelungssystematik derselben Umweltverträglichkeitsprüfung unterliegen, wie sie für alle sonstigen UVP-pflichtigen Vorhaben vorzunehmen ist. Wenn man bei unionsrechtskonformem Gesetzesverständnis unterstellt, dass die Regelungen des UVPG die Anforderungen des europäischen Rechts zutreffend umsetzen und der Gesetzgeber auch bei Schaffung der §§ 52 Abs. 2, Abs. 2a–2c, 57a–57 c BBergG davon ausgegangen ist, ein gleichwertiges Verfahrensrecht für die UVP im Bergrecht zu schaffen, das keine Privilegierung gegenüber dem Verfahren nach dem UVPG darstellt, kann § 1 Abs. 4 neben § 51 Anwendung finden, soweit das UVPG Anforderungen an die UVP definieren sollte, die im BBergG nicht in gleichwertiger Weise enthalten sind. Auf diese Weise wird verfahrensrechtlich ein gleichwertiges und unionsrechtskonformes Regelungsregime für die UVP im Bereich des Bergbaus sichergestellt.

9 Praktisch dürfte das Verhältnis von § 51 zu § 1 Abs. 4 kaum noch relevant werden, da die verfahrensrechtlichen Regelungen des BBergG und der dazu erlassenen UVPV-Bergbau inhaltlich keine wesentlichen Abweichungen zu den Vorgaben des UVPG bzw. den UVP-Richtlinien aufweisen, zumal § 57a BBergG seit 2017 in Abs. 1 Satz 5 die §§ 15 – 27 und 31 und in Abs. 6 den 5. Teil für das bergrechtliche Planfeststellungsverfahren für unmittelbar anwendbar erklärt.

10 Zu den Begriffsbestimmungen und zu den Voraussetzungen der UVP, wie sie in §§ 2–14 geregelt sind, aber auch zur strategischen Umweltprüfung (SUP) enthält das Bundesberggesetz keine oder nur sehr rudimentäre Regelungen. Die Umweltverträglichkeitsprüfung kann sich insoweit an den Vorgaben des UVPG orientieren, soweit dies zur Sicherstellung einer unionsrechtskonformen Rechtsanwendung erforderlich ist.

11 Hinsichtlich der **SUP** ist zu beachten, dass Anlage 3 zum UVPG zwar keine SUP-pflichtigen Pläne und Programme nennt, die bergbauliche Vorhaben zum Gegenstand haben, in den UVP- und Fachgesetzen der Länder aber z. T. strategische Umweltprüfungen für bergbauliche Vorhaben vorgesehen sind. So bestimmt beispielsweise § 27 Abs. 1 Landesplanungsgesetz NRW für Braunkohlenpläne, dass die Umweltprüfung und die Umweltverträglichkeitsprüfung in einem gemeinsamen Verfahren durchgeführt werden.

Das BbgUVPG regelt in einer eigenständigen Anlage 2 diejenigen Vorhaben, die nach Landesrecht einer SUP unterliegen, u.a. die Braunkohlen- und Sanierungsplanung.

D. Bestimmung UVP-pflichtiger Bergbauvorhaben

§ 51 Satz 1 betrifft „bergbauliche Vorhaben, die in der Anlage 1 aufgeführt sind und dem Bergrecht unterliegen". Für die Bestimmung derjenigen Vorhaben, für die sich die UVP nach §§ 57a–c BBergG richtet, sind demnach die Anlage 1 und die UVP-V Bergbau zu berücksichtigen. 12

I. Bergbauliche Vorhaben nach Anlage 1

Anlage 1 zum UVPG listet an verschiedenen Stellen Vorhaben auf, die mit dem Bergbau im Zusammenhang stehen. So finden sich bergbauliche Vorhaben unter Nr. 1 unter der Überschrift „Wärmeerzeugung, Bergbau und Energie", unter Nr. 15 unter der Überschrift „Bergbau", aber auch in anderen Ziffern der Anlage 1, beispielsweise die Errichtung und der Betrieb eines Steinbruchs mit einer bestimmten Mindestabbaufläche unter Nr. 2.1. 13

II. Verhältnis der Anlage 1 zu § 1 UVP-V Bergbau

Die frühere Regelung des § 18 a.F. betraf sämtliche „bergbauliche Vorhaben", die in Anlage 1 aufgeführt sind. Nunmehr hat der Gesetzgeber dem § 51 die Klarstellung hinzugefügt, dass nur diejenigen Vorhaben erfasst sind, die „dem Bergrecht unterfallen". Dies sind diejenigen bergbaulichen Tätigkeiten und Einrichtungen, die nach § 2 BBergG in den sachlichen und räumlichen Anwendungsbereich des BBergG fallen und für die demgemäß nach § 51 BBergG eine Betriebsplanpflicht besteht. Im Bergrecht findet sich eine entsprechende Regelung zum Geltungsbereich der §§ 57a–c BBergG. Nach § 52 Abs. 2a Satz 1 BBergG ist die Aufstellung eines Rahmenbetriebsplans zu verlangen und für dessen Zulassung ein Planfeststellungsverfahren nach Maßgabe der §§ 57a, 57b BBergG durchzuführen, wenn ein Vorhaben nach § 57c BBergG einer Umweltverträglichkeitsprüfung bedarf. In § 57c BBergG sind die UVP-pflichtigen Vorhaben nicht genannt; die Norm enthält aber die Ermächtigung an das Bundesministerium für Wirtschaft, durch Rechtsverordnung zu bestimmen, welche „betriebsplanpflichtigen Vorhaben" einer Umweltverträglichkeitsprüfung bedürfen. Der Verordnungsgeber hat von dieser Ermächtigung mit Erlass der **UVP-V Bergbau** Gebrauch gemacht. Die UVP-V Bergbau bestimmt ihrerseits in § 1 die UVP-pflichtigen Vorhaben, wobei auch hier nur „betriebsplanpflichtige Vorhaben" erfasst werden. 14

Nach Nr. 15.1 der Anlage 1 zum UVPG bedürfen bergbauliche Vorhaben einschließlich der zu deren Durchführung erforderlichen betriebsplanpflichtigen Maßnahmen dieser Anlage einer UVP nur nach Maßgabe der aufgrund des § 57c Nr. 1 BBergG erlassenen Rechtsverordnung. Damit nimmt der Gesetzgeber in Nr. 15.1 der Anlage 1 zum UVPG ausdrücklich auf die Bestimmung der UVP-pflichtigen Vorhaben in der UVP-V Bergbau Bezug und erklärt für diese Vorhaben die UVP nach der UVP-V Bergbau für anwendbar. 15

Vor Ergänzung der UVP-V Bergbau um § 1 Abs. 1 Nr. 9 unter Geltung des alten § 18 a.F. war unklar, wie mit Vorhaben umzugehen war, die nicht unter § 1 Nr. 1–8 UVPV-Bergbau fielen, bei denen es sich aber dennoch um „bergbauliche Vorhaben" handelte, die in der Anlage 1 zum UVPG aufgeführt werden, wie beispielsweise Anlagen nach Ziff. 1 der Anlage 1, die nach §§ 4 Abs. 3, 51 Abs. 1 BBergG betriebsplanpflichtig sind. Für diese Vorhaben fehlte es vormals an der durch Nr. 15.1 der Anlage 1 zum UVPG 16 sichergestellten Verknüpfung mit der UVP-V Bergbau. Dennoch handelte es sich um „bergbauliche Vorhaben" im Sinne des Wortlautes des § 18 S. 1 a.F.. Diese Divergenz zwischen dem Vorhabenskatalog der UVP-V Bergbau und der Liste der UVP-pflichtigen Vorhaben in Anlage 1 zum UVPG wollte der Gesetzgeber durch Änderung der UVP-V Bergbau beseitigen. Im Jahr 2005 wurde in § 1 UVP-V Bergbau ein **Auffangtatbestand** eingefügt. Nach **§ 1 Nr. 9 UVP-V Bergbau** bedürfen demgemäß auch sonstige betriebsplanpflichtige Vorhaben einschließlich der zur Durchführung bergbaulicher Vorhaben erforderlichen betriebsplanpflichtigen Maßnahmen einer UVP, soweit diese Vorhaben oder Maßnahmen als solche nach Maßgabe der Anlage 1 zum UVPG der UVP bedürfen und ihrer Art oder Gruppe nach nicht unter die Nr. 1–8 des § 1 UVP-V Bergbau fallen. In der Begründung zur Änderungsverordnung wurde ausdrücklich darauf hingewiesen, dass durch den neuen Auffangtatbestand betriebsplanpflichtige Vorhaben, die weder ihrer Art noch ihrer Vorhabensgruppe (z.B. Gewinnung von Bodenschätzen im Tagebau, im Tiefbau, Gewinnung von Erdöl und Erdgas) von dem spezialgesetzlich geregelten Katalog in § 1 Nr. 1–8 UVP-V Bergbau erfasst wurden, der UVP nach den Vorschriften des BBergG und den gem. § 18 a.F. zur Anwendung kommenden Vorschriften des UVPG unterworfen wurden, soweit diese Vorhaben als solche nach Maßgabe der Anlage 1 zum UVPG einer UVP bedürfen.

17 Nachdem nun auch in § 51 auch klargestellt ist, dass die Vorschrift bergbauliche Vorhaben erfasst, die in der Anlage 1 aufgeführt sind *und dem Bergrecht unterliegen*, steht fest, dass die UVP immer dann über § 51 nach den Vorgaben des BBergG und der UVP-V Bergbau und nicht unmittelbar gem. §§ 15 ff. durchzuführen ist, wenn es um die Genehmigung betriebsplanpflichtiger bergbaulicher Vorhaben oder Maßnahmen geht, die in der UVP-V Bergbau (ggf. über den Auffangtatbestand des § 1 Nr. 9 UVP-V Bergbau) aufgelistet sind.

III. Vorhaben nach der UVP-V Bergbau

18 Die UVP-V Bergbau listet UVP-pflichtige Vorhaben in § 1 auf. Sie bildet unter § 1 Nr. 1–8 Vorhabensgruppen und definiert bestimmte Größen-/Schwellenwerte, bei deren Erreichen eine UVP-Pflicht besteht.

19 Klassische UVP-pflichtige Bergbauvorhaben sind die unter Nr. 1 genannten **Gewinnungsbetriebe** zum Abbau von Braunkohle, Steinkohle, Erzen im Tief- oder Tagebau sowie die unter Nr. 2 genannte Erdöl- und Erdgasgewinnung. Gewinnungsbetriebe fallen nach Nr. 1 Buchst. a) und b) unter die UVP-Pflicht, wenn sie bestimmte Größen-/Schwellenwerte überschreiten. Für § 1 Nr. 1b) dd) UVPV-Bergbau hat der Bayerische VGH die Auffassung vertreten, dass im Rahmen einer Erweiterungsgenehmigung bei der Prüfung des Schwellenwertes durch Ermittlung der Abbaufläche auf die Abbaufläche des Gesamtvorhabens im Sinne des gesamten Tagebaus abzustellen sei, nicht nur auf die Fläche des konkreten Erweiterungsvorhabens oder auf die für den aktuellen Abbau beanspruchte Fläche (BayVGH, B. v. 27.03.2019, 8 CS 18.2398, Juris, Leitsätze und Rn. 35 ff.). Demnach sollen auch bereits abgebaute Flächen, deren Rekultivierung noch einem Abschlussbetriebsplan vorbehalten ist, und sogar bereits aus der Bergaufsicht entlassen Flächen einzubeziehen sein. Diese Sichtweise überzeugt nicht. Jedenfalls die bereits aus der Bergaufsicht entlassenen Flächen unterliegen keinem Betriebsplan mehr und sind daher auch nicht Teil des betriebsplanpflichtigen Vorhabens, für das die UVP-Pflicht nach § 51 und nach § 52 Abs. 2a BBergG, § 1 UVP-V Bergbau überhaupt nur bestehen kann. Insoweit dient auch das (überweite) Begriffsverständnis des BayVGH nicht der Sicherstellung der umfassenden Betrachtung der Umweltauswirkungen und der Verhinderung einer „Salamitaktik". Denn hinsichtlich der aus der Bergaufsicht entlassenen Flächen wurde der

Abschlussbetriebsplan vollständig abgearbeitet, so dass von dem Betrieb insoweit keine regelungsbedürftigen Umweltauswirkungen mehr ausgehen. Vor diesem Hintergrund ist es nicht plausibel, die aus der Bergaufsicht entlassenen Flächen mit der Begründung in die Berechnung des Schwellenwertes einzubeziehen, dass die gesamten Auswirkungen des Vorhabens auf die Umwelt erfasst und bewertet werden müssten. Tatsächlich könnten in der UVP, wenn sie für das Erweiterungsvorhaben durchgeführt würde, gar keine Umweltauswirkungen der längst eingestellten Abbau- und Rekultivierungshandlungen auf die aus der Bergaufsicht entlassenen Flächen mehr erfasst und bewertet werden (kritisch auch *Neumann*, in: juris PR-UmwR 6/2019, Anm. 3).

Weiterhin enthält die Liste der UVP-pflichtigen Vorhaben in § 1 UVP-V Bergbau u.a. 20
die Aufsuchung und Gewinnung von Erdöl und Erdgas durch Aufbrechen von Gestein unter hydraulischem Druck **(Fracking)** in Nr. 2a, die **Aufsuchung von Erdöl und Erdgas** durch Explorationsbohrungen (Nr. 2b), die **Entsorgung von Lagerstättenwasser** (Nr. 2c), **Halden** (Nr. 3), **Abfallentsorgungseinrichtungen** (Nr. 4a), **Bahnstrecken** (Nr. 5) und **Wassertransportleitungen** (Nr. 6) sowie **Untergrundspeicher** (Nr. 6a). Für die unter Nr. 8 genannten **Tiefbohrungen** zur Gewinnung von Erdwärme besteht eine UVP-Pflicht erst ab einer Teufe von 1.000 m und nur in ausgewiesenen Naturschutz-, FFH- oder Vogelschutzgebieten. Eine Initiative des Bundesrates aus dem Jahr 2010, mit der die UVP-Pflicht auch außerhalb der genannten Schutzgebiete vorgesehen werden sollte, war nicht erfolgreich (vgl. BR-Drs. 478/10). Zur Bedeutung des § 1 Nr. 9 UVP-V Bergbau siehe oben unter D. II). In Nr. 10 wurde eine Auffangregelung für **Tiefbohrungen** ab 1.000 m Teufe eingefügt, die eine Vorprüfungsflicht anordnet. Die Rechtsprechung geht davon aus, dass **Erkundungsbergwerke,** die dazu dienen, die Eignung eines Bergwerks zur Endlagerung radioaktiver Stoffe zu untersuchen, nicht der UVP-Pflicht unterliegen. Es handle sich nicht um „Gewinnungsbetriebe" gem. § 1 Nr. 1 UVP-V Bergbau. Erkundungsbergwerke stellten aber auch kein Vorhaben nach § 1 Nr. 7 UVP-V Bergbau dar, da eine „Errichtung" einer Anlage zur Sicherstellung oder Endlagerung radioaktiver Stoffe im Sinne der Vorschrift nicht schon in jedem Ausbau eines Bergwerks liege, sondern erst anzunehmen sei, wenn die Anlage ihrer Zweckbestimmung nach auch zur Sicherstellung/Endlagerung betrieben werden solle. Für Erkundungsbergwerke ergebe sich die UVP-Pflicht auch nicht aus § 1 Nr. 9 UVPV-Bergbau i.V.m. Anlage 1 zum UVPG, da Ziff. 11.2 der Anlage 1 dieselbe Definition verwende, wie § 1 Nr. 7 UVP-V Bergbau (zu alledem VG Lüneburg, Urt. v. 14. 4. 2001, 2 B 12/11, Rdnr. 69 ff.).

E. Betriebsplanpflicht

Entscheidendes Kriterium für die Zuordnung eines Vorhabens zum Auffangtatbestand 21
des § 1 Nr. 9 UVP-V Bergbau ist die **Betriebsplanpflicht**. Auf die Form des erforderlichen Betriebsplans (Rahmen-, Haupt-, Sonder- oder Abschlussbetriebsplan) soll es nicht ankommen (OVG Lüneburg, B. v. 21. 10. 2008 – 7 ME 170/07, juris Rdnr. 31). Ob ein Vorhaben betriebsplanpflichtig ist, bestimmt sich in erster Linie nach § 51 BBergG. Nach § 51 Abs. 1 BBergG dürfen Aufsuchungsbetriebe, Gewinnungsbetriebe und Betriebe zur Aufbereitung nur aufgrund von Betriebsplänen errichtet, geführt und eingestellt werden, die vom Unternehmer aufgestellt und von der zuständigen Behörde zugelassen worden sind. Nach § 51 Abs. 1 Satz 2 BBergG gehören zum Betrieb auch die in § 2 Abs. 1 BBergG bezeichneten Tätigkeiten und Einrichtungen.

Betriebsplanpflichtig sind demnach **Aufsuchungs-, Gewinnungs- und Aufbereitungsbetriebe**. Die **Aufsuchung** ist nach § 4 Abs. 1 BBergG die mittelbar oder unmittelbar auf die Entdeckung oder Feststellung der Ausdehnung von Bodenschätzen gerich- 22 tete Tätigkeit mit Ausnahme der Tätigkeiten im Rahmen der amtlichen geologischen Landesaufnahmen, der Tätigkeiten, die ausschließlich und unmittelbar Lehr- oder Unterrichtszwecken dienen und des Sammelns von Mineralien in Form von Handstücken oder kleinen Proben. Unter der **Gewinnung** ist nach § 4 Abs. 2 BBergG das Lösen oder Freisetzen von Bodenschätzen einschließlich der damit zusammenhängenden vorbereitenden, begleitenden und nachfolgenden Tätigkeiten zu verstehen. **Aufbereiten** ist nach § 4 Abs. 3 BBergG das Trennen oder Anreichern von Bodenschätzen nach stofflichen Bestandteilen oder geometrischen Abmessungen auf physikalischer oder physikalisch-chemischer Grundlage einschließlich der damit zusammenhängenden vorbereitenden, begleitenden und nachfolgenden Tätigkeiten sowie das Brikettieren, Verschwelen, Verkoken, Vergasen, Verflüssigen und Verlösen von Bodenschätzen, wenn der Unternehmer Bodenschätze der aufzubereitenden Art in unmittelbarem betrieblichem Zusammenhang selbst gewinnt oder wenn die Bodenschätze in unmittelbarem räumlichen Zusammenhang mit dem Ort ihrer Gewinnung aufbereitet werden.

23 Neben diesen Tätigkeiten erklärt § 51 Abs. 1 Satz 2 BBergG auch Tätigkeiten und Einrichtungen nach § 2 Abs. 1 BBergG für betriebsplanpflichtig. Von Bedeutung sind hier insbesondere Tätigkeiten wie das **Verlagern, Befördern, Abladen, Lagern und Ablagern von Bodenschätzen**, Nebengestein und sonstigen Massen, soweit es im unmittelbaren betrieblichen Zusammenhang mit dem Aufsuchen, Gewinnen oder Aufbereiten steht. Außerdem besteht eine Betriebsplanpflicht für alle sonstigen Betriebsanlagen und Betriebseinrichtungen, die überwiegend einer der Aufsuchungs-, Gewinnungs- oder Aufbereitungstätigkeiten **dienen** oder **zu dienen bestimmt** sind. Zu diesen sonstigen Betriebsanlagen und Betriebseinrichtungen können alle baulichen oder sonstigen Anlagen und technischen Einrichtungen gehören, die aufgrund ihrer Funktion und/oder Produktion dem Aufsuchen, Gewinnen oder Aufbereiten von Bodenschätzen zugeordnet sind. Ob eine Einrichtung im Sinne des § 2 Abs. 1 Nr. 3 BBergG überwiegend bergbaulichen Zwecken dient, ist nach dem Sinn und Zweck der Vorschrift, den Bergbaubetrieb als ökonomisch-technische Funktionseinheit umfassend dem Bergrecht zu unterwerfen, funktional und nach dem objektivierten Schwerpunkt der unternehmerischen Entscheidung auszulegen (OVG Münster, Urt. v. 20.05.2015, 8 A 2662/11, Juris Leitsatz 1 und Rn. 41).

24 Weitere betriebsplanpflichtige Vorhaben sind in den Sondervorschriften der §§ 126–129 BBergG bezeichnet, für die das BBergG gem. § 2 Abs. 2 partiell Anwendung findet. Zu diesen Vorhaben gehören u.a. **Untergrundspeicher,** die aber in der UVP-V Bergbau auch als eigene Vorhabensgruppe aufgeführt werden (§ 1 Nr. 6a).

25 Nach § 2 Abs. 1 Nr. 2 BBergG gilt das Bundesberggesetz auch für das **Wiedernutzbarmachen** der Oberfläche während und nach der Aufsuchung, Gewinnung und Aufbereitung von Bodenschätzen. Demnach ist über § 51 Abs. 1 Satz 2 BBergG grundsätzlich auch die Wiedernutzbarmachung betriebsplanpflichtig; konkrete Regelungen über die Wiedernutzbarmachung enthält regelmäßig der Abschlussbetriebsplan nach §§ 53, 55 Abs. 2 BBergG. Über das Kriterium der Betriebsplanpflicht kann demnach auch die spätere Wiedernutzbarmachung der Erdoberfläche der UVP-Pflicht unterliegen, wenn ein Vorhaben als solches die Kriterien des § 1 UVPV-Bergbau erfüllt (vgl. OVG Lüneburg, B. v. 21. 10. 2008 – 7 ME 170/07, juris Rdnr. 31/32). Das Bundesverwaltungsgericht hat in einer Entscheidung, in der es um die Wiedernutzbarmachung eines Tontagebaus ging, zwar pauschal die Auffassung vertreten, dass das Verfüllen eines Tagebaues mit dazu geeigneten Abfällen nicht UVP-pflichtig sei, da die Wiedernutzbarmachung der Oberfläche kein (betriebsplanpflichtiges) Vorhaben darstelle, das einer UVP bedürfe. Der Sinn und Zweck der UVP bestehe darin, die Auswirkungen eines Vorhabens auf die Umwelt vor Beginn dieses Vorhabens zu überprüfen. Die Wiedernutzbarmachung der Oberfläche sei insoweit nicht als neuer Eingriff bzw. eigenständiges Vorhaben zu werten, sondern lediglich eine Maßnahme, die die Folgen des – hinsichtlich seiner Umweltauswirkungen zu untersuchenden – Eingriffs, also des Abbaus begrenzen oder vermindern soll (BVerwG, Urt. v. 14. 4. 2005 – 7 C 26.03, ZfB 2005, 156, 162; zu diesem Themenkomplex auch *Beckmann*, DÖV 2010, 512, 516). Diese Entscheidung ist im konkreten zeitlichen Kontext zu verstehen, da damals § 1 UVPV-Bergbau noch nicht um die Öffnungsklausel der Nr. 9 ergänzt war. Im Ergebnis ist nach heutiger Rechtslage davon auszugehen, dass die Wiedernutzbarmachung von § 1 Nr. 1 – 8 UVPG nicht erfasst wird, da die dort genannten Tatbestände jeweils Gewinnungsvorhaben bzw. die Errichtung und den Betrieb bergbaulicher Anlagen zum Gegenstand haben. Eine UVP-Pflicht für eine in der Abschlussphase vorgesehene Maßnahme kann aber bestehen, wenn diese nach § 1 Nr. 9 UVPV-Bergbau UVP-pflichtig ist, etwa wenn der Abschlussbetriebsplan eine Einleitung oder eine sonstige Gewässerbenutzung vorsieht, die nach Nr. 13 der Anlage 1 zum UVPG UVP-pflichtig ist. In diesem Fall kommt – entgegen dem Wortlaut des § 52 Abs. 2a BBergG, der nach seiner Überschrift nur für die „Errichtung und Führung des Betriebs" gilt - als Trägerverfahren für die UVP eine bergrechtliche Planfeststellung nach § 52 Abs. 2a BBergG auch für die Phase des Abschlussbetriebsplans in Betracht (so auch *von Hammerstein*, in: Boldt/Weller/Kühne/von Mäßenhausen, BBergG, 2. Aufl., § 53 Rn. 16 und Anh. § 57c Rn. 62 ff., der den Betriebsplan insoweit treffend als „obligatorischen Rahmenabschlussbetriebsplan" bezeichnet).

F. Das Betriebsplanverfahren nach dem BBergG

I. Gegenstand und Beteiligte des Betriebsplanverfahrens

Die Zulassung von Betriebsplänen stellt ein besonderes Genehmigungsinstrument für 26 die in § 2 Abs. 1 BBergG genannten bergbaulichen Tätigkeiten, insbesondere für das Aufsuchen und Gewinnen von Bodenschätzen dar. Mit dem gestuften Betriebsplanverfahren gem. §§ 51 ff. BBergG hat der Gesetzgeber ein flexibles Instrumentarium geschaffen, um den teilweise viele Jahre oder Jahrzehnte andauernden Betriebsphasen von Bergbaubetrieben und naturgegebenen Unwägbarkeiten bei der Aufsuchung und Gewinnung von Bodenschätzen gerecht zu werden und eine Überwachung des Betriebs nicht nur im Zeitpunkt der Genehmigung, sondern fortlaufend bis zum Abschluss bergbaulicher Tätigkeiten einschließlich der Wiedernutzbarmachung der Erdoberfläche zu gewährleisten (vgl. *Kremer/Neuhaus, gen. Wever,* Bergrecht, Rdnr. 157 ff.). Gem. § 51 Abs. 1 Satz 1 BBergG dürfen Aufsuchungsbetriebe, Gewinnungsbetriebe und Betriebe zur Aufbereitung aufgrund von Betriebsplänen errichtet, geführt und eingestellt werden, die vom Unternehmer aufgestellt und von der zuständigen Behörde zugelassen worden sind. Es ist demnach Aufgabe des Unternehmers, den Gegenstand und Umfang seines Vorhabens im Betriebsplan zu präzisieren. Der Behörde obliegt die Prüfung der Zulässigkeit des Vorhabens und die Genehmigung. Die Zulassung des Betriebsplans erfolgt in dem Verfahren nach § 54 BBergG und setzt das Vorliegen der Zulassungsvoraussetzungen nach §§ 55 und 48 BBergG voraus.

II. Betriebsplanarten

Herkömmlicherweise wird ein Bergbaubetrieb auf der Grundlage von **Hauptbe-** 27 **triebsplänen** i.S.d. § 52 Abs. 1 BBergG geführt. Die Hauptbetriebspläne werden ergänzt durch einen **Abschlussbetriebsplan** gem. § 53 BBergG, der die Einstellung des Betriebs zum Gegenstand hat. Außerdem sieht das Bundesberggesetz in § 52 Abs. 2 Nr. 1 die Möglichkeit vor, dem Unternehmer aufzugeben, für einen bestimmten längeren, nach den jeweiligen Umständen bemessenen Zeitraum Rahmenbetriebspläne aufzustellen, die allgemeine Angaben über das beabsichtigte Vorhaben, dessen technische Durchführung und voraussichtlichen zeitlichen Ablauf enthalten müssen. Diese **„fakultativen Rahmenbetriebspläne"** ermöglichen es, ein bergbauliches Vorhaben in einen größeren zeitlichen Zusammenhang zu stellen und einen Überblick über die langfristige Entwicklung des Abbaubetriebs zu geben (*Kremer/Neuhaus gen. Wever,* Bergrecht, Rdnr. 169). Während der (fakultative) Rahmenbetriebsplan eine „gröbere" und gegenüber den Hauptbetriebsplänen im Sinne des § 52 Abs. 1 BBergG eine das Gesamtvorhaben umfassende, allgemeinere Darstellung beinhaltet, erlaubt § 52 Abs. 2 Nr. 2 BBergG, dem Unternehmer die Aufstellung von **Sonderbetriebsplänen** für bestimmte Teile des Betriebs oder für bestimmte Vorhaben abzuverlangen. Sonderbetriebspläne sind demnach das geeignete Instrument, um in Ergänzung zu den Hauptbetriebsplänen für bestimmte, abgrenzbare Betriebsteile oder bestimmte konkrete Vorhaben gesonderte, spezielle Regelungen zu treffen. Über den Gesetzeswortlaut hinaus können Sonderbetriebspläne auch zur Ergänzung eines Abschlussbetriebsplans aufgestellt und zugelassen werden (vgl. BVerwG, Urt. v. 18.12.2014, 7 C 22/12, Juris Rn. 33/34).

28 Neben diese hergebrachte Systematik der Kontrollerlaubnisse für den Abbau von Bodenschätzen hat der Gesetzgeber in Umsetzung der UVP-Richtlinie den Rahmenbetriebsplan nach §§ 52 Abs. 2a bis 2c, 57a–c BBergG gestellt, der in Abgrenzung zu dem (fakultativen) Rahmenbetriebsplan nach § 52 Abs. 2 Nr. 1 BBergG auch als **„obligatorischer Rahmenbetriebsplan"** bezeichnet wird. Das obligatorische Rahmenbetriebsplanverfahren stellt das Trägerverfahren für die UVP dar. Die Zulassung des obligatorischen Rahmenbetriebsplans erfolgt gem. § 52 Abs. 2a BBergG im **Planfeststellungsverfahren**.

III. Zulassungsvoraussetzungen

29 Die materiellen Zulassungsvoraussetzungen für Betriebsplanzulassungen sind in § 55 BBergG normiert. Danach ist die Zulassung eines Betriebsplans zu erteilen, wenn insbesondere die für die vorgesehene Aufsuchung oder Gewinnung von Bodenschätzen erforderliche Berechtigung nachgewiesen ist, der Unternehmer die erforderliche Zuverlässigkeit aufweist und die zur Leitung oder Beaufsichtigung des Betriebs bestellten Personen die erforderliche Fachkunde besitzen, Vorsorge gegen Gefahren für Leib, Gesundheit und zum Schutz von Sachgütern und für den Schutz der Oberfläche und die Wiedernutzbarmachung der Oberfläche getroffen ist sowie gemeinschädliche Einwirkungen der Aufsuchung oder Gewinnung nicht zu erwarten sind. Nach der Rechtsprechung des Bundesverwaltungsgerichts kommt **§ 55 Abs. 1 BBergG** im Hinblick auf Lebens- und Gesundheitsgefahren, die von dem Bergbaubetrieb ausgehen, **drittschützender Charakter** zu, wobei das Gericht ausdrücklich klarstellt, dass die nach § 55 Abs. 1 Nr. 3 BBergG von der Bergbehörde vorzunehmende Gesundheitsprüfung weiter geht als die UVP, obwohl sich auch die UVP nach § 2 Abs. 1 Nr. 1 UVP-V Bergbau bereits auf den Menschen und die menschliche Gesundheit bezieht (BVerwG, Urt. v. 29. 4. 2010 – ZfB 2010, 129; dazu auch *Frenz,* NVwZ 2011, 86, 87).

30 Speziell für die Zulassung des Abschlussbetriebsplans enthält § 55 Abs. 2 BBergG weitere Voraussetzungen. Danach muss insbesondere der Schutz Dritter vor durch den Betrieb verursachte Gefahren für Leben und Gesundheit auch noch nach Einstellung des Betriebs gewährleistet und die Wiedernutzbarmachung der Oberfläche sichergestellt sein.

31 Ergänzend zu § 55 BBergG leitet die Rechtsprechung aus **§ 48 Abs. 2 BBergG** weitere materielle Zulassungsvoraussetzungen ab. Nach § 48 Abs. 2 BBergG kann die Bergbehörde eine Aufsuchung oder Gewinnung beschränken oder untersagen, soweit ihr überwiegende öffentliche Interessen entgegenstehen. Das Bundesverwaltungsgericht geht davon aus, dass § 48 Abs. 2 BBergG die Befugnisse der Bergbehörde im Betriebsplanzulassungsverfahren erweitert. Die Regelung begründe nicht nur eine eigenständige, dem Betriebsplan neben- oder nachgeordnete Anordnungsbefugnis der Bergbehörde, sondern ergänze § 55 Abs. 1 BBergG. Liegen bereits bei der Entscheidung der Bergbehörde über die Zulassung eines eingereichten Betriebsplans Umstände vor, die der Bergbehörde Anlass geben, die Aufsuchung oder Gewinnung gem. § 48 Abs. 2 BBergG zu beschränken oder zu untersagen, so hat sie dies bei ihrer Entscheidung durch Beschränkungen oder Versagung der Zulassung zu berücksichtigen, da es einer sinnvollen Gesetzesanwendung widerspräche, die Bergbehörde zu verpflichten, den Betriebsplan einschränkungslos zuzulassen, wenn sie gem. § 48 Abs. 2 BBergG im Anschluss daran die Aufsuchung oder Gewinnung beschränken oder untersagen müsste (BVerwG, Urt. v. 4. 7. 1986 – 4 C 31.84, ZfB 1997, 60, 66/67). Insbesondere die Abwägung der Interessen der von Bergschäden betroffenen **Oberflächeneigentümer** mit den Belangen des Bergbaus hat nach der Rechtsprechung im Rahmen des § 48 Abs. 2 BBergG zu erfolgen; die Regelung ermöglicht bei verfassungskonformer Auslegung behördliche Beschränkungen oder Untersagungen der Aufsuchung oder Gewinnung von Bodenschätzen zum Schutz der betroffenen Oberflächeneigentümer vor unverhältnismäßigen Beeinträchtigungen (BVerwG, Urt. v. 16. 3. 1989 – 4 C 36.85, ZfB 1989, 199, 206 ff.; bestätigend BVerfG, Urt. v. 17.12.2013, 1 BvR 3139/08, Juris Rn. 276). § 52 Abs. 2a Satz 3 BBergG ordnet zudem neuerdings ausdrücklich an, dass **Anforderungen eines vorsorgenden Umweltschutzes**, die sich bei der UVP ergeben und über die Zulassungsvoraussetzungen des § 55 sowie der auf das Vorhaben anwendbaren Vorschriften in anderen Gesetzen hinausgehen, öffentliche Interessen im Sinne des § 48 Abs. 2 BBergG sind und demnach in Anwendung dieser Vorschrift berücksichtigt werden müssen.

IV. Entscheidungscharakter der Betriebsplanzulassung

Ihrem Rechtscharakter nach ist die Betriebsplanzulassung eine gebundene Entscheidung ohne Ermessensspielraum und ohne planerischen Gestaltungsspielraum der Behörde **(Kontrollerlaubnis).** Dies gilt nach ständiger Rechtsprechung – insoweit abweichend vom sonstigen Planfeststellungsrecht – auch für die Zulassung des obligatorischen Rahmenbetriebsplans im Planfeststellungsverfahren. Das Bundesverwaltungsgericht betont, dass die Zulassung des Rahmenbetriebsplans, auch soweit über sie gem. § 52 Abs. 2a BBergG durch Planfeststellung zu entscheiden ist, eine gebundene Entscheidung ohne planerischen Gestaltungsspielraum der Planfeststellungsbehörde sei. Liegen die gesetzlich normierten Versagungsgründe nicht vor, habe die Bergbehörde über die Zulassung des Vorhabens nicht aufgrund einer umfassenden Abwägung der für und gegen das Vorhaben sprechenden Belange zu entscheiden. Das allgemeine (und drittschützende) fachplanerische Abwägungsgebot gelte für die bergrechtliche Planfeststellung nicht; der Ausfall einer solchen Abwägung und deren mögliche Mängel könnten deshalb nicht zur Rechtswidrigkeit des Planfeststellungsbeschlusses über die Zulassung eines Rahmenbetriebsplans führen (BVerwG, Urt. v. 15. 12. 2006 – 7 C 6.06, ZfB 2006, 315, 318; kritisch zur Einordnung der Rahmenbetriebsplanzulassung als gebundene Kontrollerlaubnis *Durner,* Konflikte räumlicher Planung, S. 352 ff.; vgl. auch *Kühne,* in: Heggemann, Bergrechtliche Zulassungsentscheidungen, S. 11, 18/19). 32

Die Zulassung des fakultativen Rahmenbetriebsplans enthält, anders als etwa der Bauvorbescheid, kein „vorläufiges positives Gesamturteil" über das Abbauvorhaben und hat keine abbaufreigebende Wirkung. Das Bundesverwaltungsgericht hat entschieden, dass 33 der Zulassung des Rahmenbetriebsplans zwar noch keine Gestattungswirkung zukomme, dass sie aber eine der Bestandskraft fähige Feststellung der Zulässigkeit des Gesamtvorhabens enthalte, so dass die Zulässigkeit des Gesamtvorhabens bei späterer Zulassung von Hauptbetriebsplänen – vorbehaltlich einer Änderung der tatsächlichen Verhältnisse – nicht mehr in Frage gestellt werden könne (BVerwG, Urt. v. 26. 6. 2006 – 7 C 11.05, ZfB 2006, 156; zu dieser Tendenz *Kühne,* in: Heggemann, Bergrechtliche Zulassungsentscheidungen, S. 11, 15). Auch die obligatorische Rahmenbetriebsplanzulassung hat **keine abbaufreigebende Wirkung.** Ihre Bindungswirkung für die vom Vorhaben berührten Belange privater Dritter und Behörden geht aber wesentlich weiter als die des fakultativen Rahmenbetriebsplans (z.T. wird die Bindungswirkung mit der eines immissionsschutzrechtlichen Vorbescheids verglichen; vgl. *Kühne*, DVBl. 2006, 662, 665). Sie folgt aus der Konzentrationswirkung der Entscheidung (dazu nachfolgend) sowie aus § 57a Abs. 5 BBergG, wonach entsprechende Einwendungen bei der nachfolgenden Zulassung und Verlängerung von Haupt-, Sonder- und Abschlussbetriebsplänen ausgeschlossen sind, soweit im Rahmenbetriebsplanverfahren über Einwendungen entschieden wurde oder bei rechtzeitiger Geltendmachung hätte entschieden werden können.

34 Die Zulassung des obligatorischen Rahmenbetriebsplans hat **keine enteignungsrechtliche Vorwirkung,** da es im BBergG an einer entsprechenden gesetzlichen Anordnung fehlt (BVerwG, B. v. 29. 9. 2008 – 7 B 20.08, ZfB 2009, 43; BVerfG, Urt. v. 17.12.2013, 1 BvR 3139/08, Juris Rn. 272).

V. Konzentrationswirkung der Rahmenbetriebsplanzulassung

35 Planfeststellungsbeschlüsse entfalten nach § 75 Abs. 1 VwVfG in der Regel **Konzentrationswirkung** dahingehend, dass die Planfeststellung die Zulässigkeit des Vorhabens einschließlich der notwendigen Folgemaßnahmen an anderen Anlagen im Hinblick auf alle von ihm berührten Belange feststellt und andere behördliche Entscheidungen und Genehmigungen nicht erforderlich sind. Die Konzentrationswirkung der Zulassung obligatorischer Rahmenbetriebspläne wird jedoch durch die Spezialregelungen in § 57b Abs. 3 Satz 3 BBergG modifiziert. Soweit **Folgemaßnahmen** des bergbaulichen Vorhabens, beispielsweise Deichbaumaßnahmen, nach anderen Vorschriften **planfeststellungspflichtig** sind, ist für die Folgemaßnahmen das Planfeststellungsverfahren nach diesen Vorschriften durchzuführen, wobei die Vorschrift, anders als § 75 Abs. 1 Satz 1 VwVfG, nicht zwischen notwendigen und sonstigen Folgemaßnahmen unterscheidet. Die Fälle des § 57b Abs. 3 Satz 3 BBergG werden insoweit auch nicht von § 78 VwVfG erfasst (zu alledem BVerwG, Urt. v. 15. 12. 2006 – 7 C 6.06, ZfB 2006, 315, Rdnr. 37–39). Folgemaßnahmen des Abbauvorhabens, die nach § 57b Abs. 3 Satz 3 BBergG in einem eigenen Planfeststellungsverfahren zu genehmigen sind, dürfen allerdings bei der Zulassung des Rahmenbetriebsplans für das Abbauvorhaben nicht völlig unberücksichtigt bleiben. Die bergrechtliche Planfeststellung wäre zu versagen, wenn bereits bei Zulassung des Rahmenbetriebsplans feststünde, dass bergbaubedingten Auswirkungen durch notwendige Folgemaßnahmen nicht wirksam begegnet werden kann, wenn also von vornherein absehbar ist, dass das Vorhaben letztlich nicht zu verwirklichen ist. Insoweit hat die Bergbehörde ungeachtet der Zuständigkeit anderer Fachbehörden für die Planfeststellung von Folgemaßnahmen im Rahmenbetriebsplanverfahren eine **„Machbarkeitsprüfung"** vorzunehmen (dazu BVerwG, Urt. v. 15. 12. 2006 – 7 C 6.06, ZfB 2006, 315, Rdnr. 40, 41).

36 Für **wasserrechtliche Erlaubnisse** besteht gem. § 19 Abs. 1 WHG die Besonderheit, dass zwar Zuständigkeit und Verfahren bei der Bergbehörde konzentriert sind, die wasserrechtliche Erlaubnis aber als getrennte Entscheidung von der Bergbehörde erteilt wird.

Nach § 57b Abs. 3 Satz 2 BBergG ist zudem zu berücksichtigen, dass bei Anlagen zur Lagerung, Sicherung oder Endlagerung radioaktiver Stoffe das Planfeststellungsverfahren nach **§ 3b AtomG** Vorrang gegenüber dem bergerechtlichen Rahmenbetriebsplanzulassungsverfahren hat. 37

VI. Änderung von Vorhaben

Nach § 52 Abs. 2c BBergG ist auch für die **wesentliche Änderung** eines Vorhabens ein Rahmenbetriebsplanverfahren mit UVP erforderlich, wenn die Änderung erhebliche Auswirkungen auf die Umwelt haben kann. 38

Mit dieser Formulierung greift das BBergG in verkürzter Form die Regelung des § 9 Abs. 1 Nr. 2 auf, wonach Änderungen dann UVP-pflichtig sind, wenn eine allgemeine Vorprüfung ergibt, dass die Änderung zusätzliche erhebliche nachteilige oder andere erhebliche nachteilige Umweltauswirkungen hervorrufen kann. Anders als bei § 9 Abs. 1 greift die Verpflichtung der Behörde zur Prüfung der UVP-Pflichtigkeit nach dem Wortlaut des § 52 Abs. 2c BBergG allerdings nicht bei jeder Änderung, sondern nur bei einer „wesentlichen Änderung" eines Vorhabens. Ob damit ein qualitativer Unterschied zu § 9 betont und eine höhere Schwelle für die UVP-Pflichtigkeit von Änderungen normiert werden sollte, ist trotz des abweichenden Wortlautes zweifelhaft. Die in § 52 Abs. 2c BBergG gewählte Formulierung orientierte sich zunächst an dem ursprünglichen Gesetzentwurf für das UVPG, nach dem unter den Vorhabensbegriff noch die „wesentliche Änderung" fiel (§ 2 Abs. 2 Nr. 4 des Gesetzentwurfs, BR-Drs. 335/88, S. 2). Später hat man die Formulierung im BBergG beibehalten, obwohl das UVPG mit dem damaligen § 3e a.F. eine abweichende Systematik und Terminologie erhalten hat. Darin muss jedoch keine inhaltliche Differenzierung liegen. Zwar ist mit dem dynamischen Charakter des Bergbaus und den mit Abbauvorhaben naturgemäß verbundenen Unsicherheiten über Verlauf und Zustand der Lagerstätte zwangsläufig ein stetiger Anpassungsbedarf verbunden. Anders als klassische Vorhaben der Anlage 1 zum UVPG (z.B. ortsfeste BImSchG-Anlagen) unterliegen bergbauliche Vorhaben stetig Veränderungen. Möglicherweise sollte mit der in § 52 Abs. 2c BBergG beibehaltenen Formulierung klargestellt werden, dass kleinere (unwesentliche) Anpassungen in der Abbauführung keine UVP-Pflicht auslösen. Das folgt letztlich aber bereits daraus, dass Bezugspunkt für die Feststellung einer „Änderung" das im Rahmenbetriebsplan beschriebene Vorhaben ist. Der Rahmenbetriebsplan beschreibt das Vorhaben ohnehin nur überblicksartig und überlässt beispielsweise die detaillierte Festlegung der konkreten Abbauführung den nachfolgenden Haupt- und Sonderbetriebsplänen. Von einer Änderung im Sinne des § 52 Abs. 2c BBergG kann daher nur die Rede sein, wenn es um Abweichungen von dem im Rahmenbetriebsplan beschriebenen Gesamtkonzept geht (*Boldt/Weller*, BBergG, Ergänzungsband, § 52 Rdnr. 80). Dem Kriterium der „Wesentlichkeit" der Änderung kommt bei derartigem Normverständnis kaum noch eigenständige Bedeutung zu. Unwesentliche Änderungen dürften auch für die Schutzgüter der UVP nicht von solchem Gewicht sein, dass die Möglichkeit einer erheblichen Auswirkung auf die Umwelt zu bejahen wäre. Im Ergebnis stellt sich daher die Schwelle der UVP-Pflichtigkeit von Änderungen im Bergrecht nicht anders dar als im allgemeinen UVP-Recht. 39

G. Prüfungstiefe und Detailgenauigkeit der UVP im Bergrecht

Die Reichweite der Konzentrationswirkung sowie der rahmensetzende Charakter bergrechtlicher Planfeststellungsbeschlüsse sind für die Durchführung der UVP unmittelbar relevant. Das Bundesverwaltungsgericht hat darauf hingewiesen, dass sich Konkretisie- 40 rungsgrad und Detailgenauigkeit der nach § 57a Abs. 2 Satz 2 für die UVP erforderlichen Angaben nach den Zulassungswirkungen des Rahmenbetriebsplans richten (BVerwG, Urt. v. 15. 12. 2006 – 7 C 6.06, ZfB 2006, 315, Rdnr. 18). Dem Rahmenbetriebsplan kommt angesichts der oben geschilderten gestuften Zulassungssystematik des Bergrechts ausdrücklich (nur) eine **rahmensetzende Funktion** zu. Bergbauspezifischen Sachgesetzlichkeiten, zu denen beispielsweise die strenge Standortgebundenheit der Lagerstätte, der dynamische Charakter und der lange Realisierungszeitraum des Abbauvorhabens sowie Unsicherheiten über geologische und tektonische Gegebenheiten gehören, wird nach allgemeiner Auffassung durch die Stufung des Zulassungsverfahrens in sachgerechter Weise entsprochen (dazu *Kremer/Neuhaus gen. Wever,* Bergrecht, Rdnr. 157 ff.; *Kühne,* DVBl. 2006, 662/663). Soweit der Gegenstand der bergrechtlichen Planfeststellung wegen des rahmensetzenden Charakters des Rahmenbetriebsplans oder wegen der Regelung des § 57b Abs. 3 Satz 3 BBergG eingeschränkt ist, reduziert sich grundsätzlich auch die Prüfungstiefe der UVP. Im Rahmen des § 57b Abs. 3 Satz 3 BBergG können zwar die relevanten Umweltauswirkungen und die insoweit erforderlichen Folgemaßnahmen nach Auffassung des Bundesverwaltungsgerichts auch im Rahmen der UVP nicht vollständig ausgeblendet werden, es reicht aber aus, wenn die Bergbehörde Unterlagen zur Machbarkeit der in einem gesonderten Planfeststellungsverfahren zu genehmigenden Folgemaßnahmen vorlegt (BVerwG, Urt. v. 15. 12. 2006 – 7 C 6.06, ZfB 2006, 315, Rdnr. 19).

41 Die vom Bundesverwaltungsgericht gebilligte Reduzierung der Prüfungstiefe der UVP ist folgerichtig, wenn man berücksichtigt, dass die UVP nur einen unselbständigen Bestandteil des Planfeststellungsverfahrens bildet und das bergrechtliche Planfeststellungsverfahren letztlich nur eine Rahmenentscheidung zum Gegenstand hat, die durch nachfolgende Haupt- und Sonderbetriebspläne präzisiert und durch weitere Planfeststellungsverfahren zu Folgemaßnahmen flankiert wird. Ob auf diese Weise den Zielen der UVP-Richtlinie entsprochen wird, die Umweltauswirkungen des der UVP-Pflicht unterliegenden Vorhabens möglichst umfassend zu ermitteln, erscheint fraglich, zumal in parallelen Planfeststellungsverfahren i.S.d. § 57b Abs. 3 Satz 3 BBergG nur noch die Umweltauswirkungen der Folgemaßnahmen, nicht die des bergbaulichen Vorhabens geprüft werden und nachfolgende Zulassungsverfahren für Haupt- und Sonderbetriebspläne überhaupt keine Trägerverfahren für eine UVP bilden. Eine echte Stufung oder Abschichtung der UVP findet insoweit nicht statt; es könnte damit zu einer eher grobmaschigen Betrachtung der Umweltauswirkungen im Rahmenbetriebsplanverfahren kommen. Um sich insoweit nicht dem Vorwurf einer unzureichenden Umsetzung des europäischen Rechts auszusetzen, empfiehlt sich hinsichtlich des UVP-pflichtigen Vorhabens eine möglichst weitgehende Präzisierung auf Rahmenbetriebsplanebene. Dies dürfte unter modernen technischen Gegebenheiten heute wesentlich einfacher sein als zum Zeitpunkt der Schaffung der §§ 52a, 57a BBergG, da sich bspw. die geologischen, hydrologischeng und tektonischen Rahmenbedingungen und der Verlauf der Bodenschatzgewinnung heute wesentlich präziser ermitteln und vorhersagen lassen. Bei sorgfältiger Ausarbeitung des Rahmenbetriebsplans und der UVP dürfte es nicht zu relevanten UVP-Defiziten kommen.

H. Die UVP im Planfeststellungsverfahren nach §§ 52 Abs. 2a, 57a–57 c BBergG

42 Der obligatorische Rahmenbetriebsplan wird im Planfeststellungsverfahren zugelassen. Das Planfeststellungsverfahren tritt gem. § 57a Abs. 1 Satz 1 BBergG an die Stelle des Verfahrens nach §§ 54 Abs. 1 und 2, 56 Abs. 1 BBergG. Planfeststellungsbehörde und

Anhörungsbehörde ist gem. § 57a Abs. 1 Satz 2 BBergG die **Bergbehörde.** Das Verwaltungsverfahren zur Zulassung des Rahmenbetriebsplans ist in §§ 57a–c BBergG nur teilweise geregelt. Soweit diese Vorschriften und die gem. § 57a Abs. 1 Satz 5 BBergG anzuwendenden §§ 15 bis 27 und 31 UVPG keine Regelungen treffen, gilt gem. § 72 Abs. 1 VwVfG subsidiär das **Verwaltungsverfahrensgesetz** mit den Vorschriften zum Planfeststellungsverfahren in §§ 73 ff.

Wesentlicher Bestandteil des Planfeststellungsverfahrens zur Zulassung des Rahmenbetriebsplans ist die UVP. Nach dem mindestens seinem Rechtsgedanken nach auch im Rahmenbetriebsplanverfahren anwendbaren § 3 Satz 1 umfasst die Umweltverträglichkeitskeitsprüfung die Ermittlung, Beschreibung und Bewertung der erheblichen Auswirkungen des Vorhabens auf die in § 2 Abs. 1 Satz 2 Nr. 1–4 näher definierten Schutzgüter. 43

Sobald die zuständige Bergbehörde Kenntnis von einem Vorhaben erlangt, das nach § 57c BBergG einer Umweltverträglichkeitsprüfung bedarf, verlangt sie von dem Unternehmer durch förmlichen Verwaltungsakt, gestützt auf § 52 Abs. 2a Satz 1 BBergG, die Durchführung einer Umweltverträglichkeitsprüfung. In dem **Verlangensbescheid** kann sie Hinweise über Gegenstand, Umfang und Methodik der Umweltverträglichkeitsprüfung und erforderliche Informationen geben. Regelmäßig findet auf der Grundlage des § 57a Abs. 1 Satz 4 BBergG i.V.m. § 15 ein **Scoping-Termin** mit dem Unternehmer statt, in dem dieser über die für die Durchführung der UVP erheblichen Fragen informiert wird und zu dem Behörden, Sachverständige und Dritte hinzugezogen werden können. 44

Sofern Bergbehörde und Unternehmer einvernehmlich von der UVP-Pflicht ausgehen, bedarf es keines Verlangensbescheids gem. § 52 Abs. 2a Satz 1 BBergG. In diesem Fall leitet der Unternehmer von sich aus die erforderlichen Maßnahmen zur Durchführung der UVP ein. Besteht demgegenüber eine unterschiedliche Auffassung über die UVP-Pflicht, kann die Behörde diese im Verlangensbescheid förmlich verfügen. Der Unternehmer kann den Bescheid mit einer Anfechtungsklage anfechten. Parallel kann er versuchen, die Zulassung des nach seiner Auffassung ausreichenden fakultativen Rahmenbetriebsplans bzw. Hauptbetriebsplans im Wege der Verpflichtungsklage durchzusetzen. 45

Die vom Unternehmer für die Durchführung der Umweltverträglichkeitsprüfung vorzulegenden **Unterlagen** ergeben sich aus § 57a Abs. 2 BBergG. Der Rahmenbetriebsplan muss den Anforderungen genügen, die sich aus den Voraussetzungen für die Durchführung des Planfeststellungsverfahrens unter Berücksichtigung der Antragserfordernisse für die vom Planfeststellungsbeschluss eingeschlossenen behördlichen Entscheidungen ergeben. Er muss alle für die UVP bedeutsamen Angaben in der Form eines Berichts zu den voraussichtlichen Umweltauswirkungen des Vorhabens (UVP-Bericht) nach Maßgabe des § 16 und der UVP-V Bergbau enthalten. Der Unternehmer hat dem Rahmenbetriebsplan einen zur Auslegung geeigneten Plan beizufügen. Nach § 16 Abs. 1 hat der UVP-bericht folgende Mindestangaben: eine Beschreibung des Vorhabens mit Angaben zum Standort, zur Art, zum Umfang und zur Ausgestaltung, zur Größe und zu anderen wesentlichen Merkmalen des Vorhabens; eine Beschreibung der Umwelt und ihrer Bestandteile im Einwirkungsbereich des Vorhabens; eine Beschreibung der Merkmale des Vorhabens und des Standorts, mit denen das Auftreten erheblicher nachteiliger Umweltauswirkungen des Vorhabens ausgeschlossen, vermindert oder ausgeglichen werden soll; eine Beschreibung der geplanten Maßnahmen, mit denen das Auftreten erheblicher nachteiliger Umweltauswirkungen des Vorhabens ausgeschlossen, vermindert oder ausgeglichen werden soll, sowie eine Beschreibung geplanter Ersatzmaßnahmen; eine Beschreibung der zu erwartenden erheblichen Umweltauswirkungen des Vorhabens; eine Beschreibung der vernünftigen Alternativen, die für das Vorhaben und seine spezifischen Merkmale relevant und vom Vorhabenträger geprüft worden sind, und die Angabe der wesentlichen Gründe für 46 die getroffene Wahl unter Berücksichtigung der jeweiligen Umweltauswirkungen sowie eine allgemein verständliche, nichttechnische Zusammenfassung des UVP-Berichts. Soweit der UVP-Bericht nach § 16 Abs. 1 Nr. 6 eine Beschreibung der vernünftigen **Alternativen**, die für das Vorhaben und seine spezifischen Merkmale relevant und vom Vorhabenträger geprüft worden sind, und die Angabe der wesentlichen Gründe für die getroffene Wahl unter Berücksichtigung der jeweiligen Umweltauswirkungen verlangt, folgt daraus keine materielle Verpflichtung zur umfassenden Alternativenprüfung (vgl. dazu VG Oldenburg, Urt. v. 19. 6. 2008 – 5 A 4956/06, ZfB 2008, 296, 302 unter Verweis auf BVerwG, B. v. 18. 11. 2006 – 9 VR 5.06, Rdnr. 11).

47 Bei einem Vorhaben nach § 1 Absatz 1, das einzeln oder im Zusammenwirken mit anderen Vorhaben, Projekten oder Plänen geeignet ist, ein Natura 2000-Gebiet erheblich zu beeinträchtigen, muss der UVP-Bericht zudem Angaben zu den Auswirkungen des Vorhabens auf die Erhaltungsziele dieses Gebiets enthalten.

48 § 2 UVP-V Bergbau enthält ergänzend weitere konkrete Vorgaben für den UVP-Bericht bestimmter Vorhaben. Danach muss der Bericht für Vorhaben nach § 1 Nummer 2a, 2c und 8a (Fracking-Vorhaben, Entsorgung der dabei angefallenen Lagerstättenwasser sowie Tiefbohrungen zur Aufsuchung und Gewinnung von Erdwärme mit Aufbrechen von Gestein unter hydraulischem Druck) insbesondere Angaben über die Identität aller Stoffe, die eingesetzt, wiederverwendet, entsorgt oder beseitigt werden sollen, über ihre voraussichtliche Menge und über ihren Anteil in Gemischen sowie Angaben über die Beschaffenheit des Grundwassers, oberirdischer Gewässer, des Bodens und der Gesteine im möglichen Einwirkungsbereich der Vorhaben enthalten, wobei die zuständige Behörde festzulegen hat, welche Untersuchungen im Einzelnen erforderlich sind.

49 Die in § 57a Abs. 2 Satz 2 BBergG genannten Angaben sind zwingend vorzulegen. Die Beibringungslast liegt nach § 16 Abs. 7 beim Unternehmer; die Bergbehörde hat Nachbesserungen innerhalb einer angemessenen Frist zu verlangen, soweit der Bericht den Anforderungen nicht entspricht.

50 § 57a Abs. 3 Satz 1 BBergG begründet für den Unternehmer, der die Verantwortung für die Zusammenstellung der nach § 57a Abs. 2 BBergG erforderlichen Angaben trägt, einen **Informationsanspruch** gegen zu beteiligende Behörden. Sofern diese zu den nach § 57a Abs. 2 Satz 2 und 3 BBergG zu machenden Angaben über zweckdienliche Informationen verfügen, sind sie kraft Gesetzes verpflichtet, den Unternehmer darüber zu unterrichten und ihm die Informationen auf Verlangen zur Verfügung zu stellen. Soweit § 57a Abs. 3 Satz 2 BBergG die für die Raumordnung zuständige Behörde zur Vorlage entsprechender Unterlagen bei der Bergbehörde verpflichtet, kann der Unternehmer die entsprechenden Informationen bei der Bergbehörde einfordern, er kann sich aber auch unmittelbar an die für die Raumordnung zuständige Behörde wenden, da § 57a Abs. 3 Satz 1 BBergG ihm einen unmittelbaren Informationsanspruch gegenüber allen Behörden einräumt, die über zweckdienliche Informationen verfügen.

51 Sobald der Bergbehörde die nach § 57a Abs. 2 BBergG erforderlichen Unterlagen vorliegen, hat sie nach den allgemeinen Vorschriften für das Planfeststellungsverfahren eine **Behörden- und Öffentlichkeitsbeteiligung** durchzuführen. § 57a Abs. 1 Satz 1 BBergG schließt als speziellere Vorschrift die Regelung des § 54 Abs. 2 BBergG, die für „einfache" Betriebsplanzulassungsverfahren gilt, aus. Die Vorgaben für die Beteiligung der Behörden und der Öffentlichkeit ergeben sich (über § 57a Abs. 1 Satz 5 BBergG) aus §§ 17 – 23 sowie ergänzend aus §§ 73 ff. VwVfG. Eine **grenzüberschreitende** Behördenbeteiligung erfolgt nach § 57a Abs. 6 BBergG nach den Vorschriften des 5. Teils des UVPG.

52 Im Anschluss an die Behörden- und Öffentlichkeitsbeteiligung ist nach § 24 eine **zusammenfassende Darstellung der Umweltauswirkungen** zu erstellen, die auf der

Grundlage des UVP-Berichts, der behördlichen Stellungnahmen sowie der Äußerungen der betroffenen Öffentlichkeit zu erarbeiten ist und in die Begründung der Entscheidung über die Zulassung des Betriebsplans aufgenommen wird. Sie stellt die Umweltauswirkungen des Vorhabens, die Merkmale des Vorhabens und des Standorts, mit denen erhebliche nachteilige Umweltauswirkungen ausgeschlossen, vermindert oder ausgeglichen werden sollen, und die Maßnahmen, mit denen erhebliche nachteilige Umweltauswirkungen ausgeschlossen, vermindert oder ausgeglichen werden sollen, sowie die Ersatzmaßnahmen bei Eingriffen in Natur und Landschaft dar.

Die zusammenfassende Darstellung dient nach § 25 Abs. 1 als Grundlage für die **Bewertung** der Auswirkungen des Vorhabens durch die Planfeststellungsbehörde. Dabei bewertet die Bergbehörde die Umweltauswirkungen des Vorhabens gem. § 25 im Hinblick auf eine wirksame Umweltvorsorge im Sinne des § 3 nach Maßgabe der geltenden Gesetze. Die Bewertung ist zu begründen. Bei der Entscheidung über die Zulässigkeit des Vorhabens berücksichtigt die zuständige Behörde die begründete Bewertung. Die „geltenden Gesetze" sind die Vorschriften des BBergG, nach denen die Zulassungsentscheidung zu treffen ist, also die §§ 55 Abs. 1 und 48 Abs. 2 BBergG. Da die bergrechtliche Planfeststellung eine gebundene Entscheidung darstellt (siehe oben RN. 32), kann die Bewertung im Sinne des § 25 nur im Rahmen der Anwendung der Zulassungsvoraussetzungen nach §§ 55 Abs. 1 und 48 Abs. 2 BBergG erfolgen, nicht im Rahmen einer planerischen Abwägung. § 52 Abs. 2a Satz 3 BBergG ordnet an, dass **Anforderungen eines vorsorgenden Umweltschutzes**, die sich bei der UVP ergeben und über die Zulassungsvoraussetzungen des § 55 sowie der auf das Vorhaben anwendbaren Vorschriften in anderen Gesetzen hinausgehen, öffentliche Interessen im Sinne des § 48 Abs. 2 BBergG sind und demnach in Anwendung dieser Vorschrift berücksichtigt werden müssen. 53

Die näheren Anforderungen an die **Entscheidung** über die Rahmenbetriebsplanzulassung regelt § 26. Danach muss der Bescheid zur Zulassung des Vorhabens, also die positive Zulassung des Rahmenbetriebsplans mindestens die umweltbezogenen Nebenbestimmungen, eine Beschreibung der vorgesehenen Überwachungsmaßnahmen nach § 28 sowie eine Begründung enthalten, aus der die wesentlichen tatsächlichen und rechtlichen Gründe hervorgehen, die die Behörde zu ihrer Entscheidung bewogen haben. Mindestinhalt der Begründung sind Angaben über das Verfahren zur Beteiligung der Öffentlichkeit, die zusammenfassende Darstellung, die begründete Bewertung und eine Erläuterung, wie die begründete Bewertung, die behördlichen Stellungnahmen sowie die Äußerungen der Öffentlichkeit in der Zulassungsentscheidung berücksichtigt wurden oder wie ihnen anderweitig Rechnung getragen wurde. Wird das Vorhaben nicht zugelassen, müssen die wesentlichen Gründe dafür im Ablehnungsbescheid erläutert werden (§ 26 Abs. 2). 54

Über § 57a Abs. 1 Satz 5 BBergG findet die Regelung des § 27 zur **Bekanntmachung** und **Auslegung** Anwendung, die ihrerseits eine entsprechende Anwendung des § 74 Absatz 5 Satz 2 und Abs. 4 Satz 2 VwVfG anordnet.

I. Übergangsregelungen

Bei der Integration der UVP in das bergrechtliche Zulassungsverfahren durch Schaffung des obligatorischen Rahmenbetriebsplanverfahrens, aber auch im Zuge der Wiedervereinigung hatte der Gesetzgeber Überleitungsvorschriften für bereits betriebene Vorhaben zu erlassen. Diese Regelungen warfen diverse Rechtsfragen auf, die mittlerweile ober- und bundesgerichtlich geklärt sind. Wegen Zeitablaufs dürfte den Überleitungsvorschriften inzwischen kaum noch praktische Relevanz zukommen. 55

I. Übergangsregelungen anlässlich der Einführung der UVP-Pflicht

56 Mit dem Bergrechtsänderungsgesetz vom 12. 2. 1995 (BGBl. I 1990, 217) fügte der Gesetzgeber § 52 Abs. 2a sowie die §§ 57a–c in das BBergG ein und kam damit seiner Verpflichtung zur Umsetzung der UVP-Richtlinie im Bereich des Bergrechts nach. Mit den neuen Regelungen wurde das obligatorische Rahmenbetriebsplanverfahren als Genehmigungsverfahren für UVP-pflichtige Vorhaben vorgeschrieben. **Art. 2 des Bergrechtsänderungsgesetzes** sah als Überleitungsvorschrift vor, dass bei Vorhaben, über deren Zulässigkeit nach geltendem Recht auch unter Einbeziehung der Öffentlichkeit entschieden wird, ein nach dem BBergG bereits begonnenes Verfahren nach den Vorschriften des Bergrechtsänderungsgesetzes zu Ende zu führen ist, wenn das Vorhaben bei seinem Inkrafttreten (1. 8. 1990) noch nicht öffentlich bekannt gemacht worden ist; im Übrigen sind die bei Inkrafttreten des Bergrechtsänderungsgesetzes begonnenen Verfahren nach den zuvor geltenden Vorschriften zu Ende zu führen. Das maßgebliche Kriterium für die Geltung alten Rechts sollte demnach bei bereits begonnenen Genehmigungsverfahren mit Öffentlichkeitsbeteiligung in der öffentlichen Bekanntmachung liegen.

57 Das Bundesverwaltungsgericht hat in seiner „Gorleben-Entscheidung“ den vorhabenbezogenen Charakter der Überleitungsvorschrift klargestellt und höchstrichterlich festgehalten, dass Art. 2 Bergrechtsänderungsgesetz ein **Vorhabenbegriff** zugrunde liegt, der nicht bloß räumlich oder zeitlich abgegrenzte Teilausschnitte meint. Sinn und Zweck der Einführung des obligatorischen Rahmenbetriebsplanverfahrens sei es, dass ein Vorhaben, das die in der UVP-Richtlinie vorgegebenen Kriterien erfüllt, für die Beurteilung der Umweltauswirkungen „als Ganzes“ in den Blick genommen werde und damit auch Gegenstand des Verfahrens sei. Demzufolge liege es fern, die Fortführung bereits teilweise genehmigter und durchgeführter Vorhaben nachträglich einer UVP und einem Planfeststellungsverfahren zu unterwerfen. Das Gericht hat außerdem festgehalten, dass Art. 2 Bergrechtsänderungsgesetz nur Fälle regele, für die vor dem 1. 8. 1990 ein Genehmigungsverfahren eingeleitet wurde, und insoweit unter den dort genannten Voraussetzungen die rückwirkende Geltung des neuen Rechts anordne mit der Folge, dass das Genehmigungsverfahren nochmals nach neuem Recht eingeleitet werden muss. Nicht geregelt seien Fälle, bei denen das Genehmigungsverfahren vor dem Stichtag bereits abgeschlossen und das Vorhaben bereits zugelassen war (BVerwG, Urt. v. 2. 11. 1995 – 4 C 14.94, ZfB 1995, 278). Für diese „Altfälle“ kommt, ohne dass insoweit eine Überleitungsvorschrift erforderlich wäre, ohnehin die Durchführung eines neuen Genehmigungsverfahrens nicht in Betracht.

58 Das Bundesverwaltungsgericht konnte die Vereinbarkeit des Art. 2 Bergrechtsänderungsgesetz mit der UVP-Richtlinie in seiner Gorleben-Entscheidung dahinstehen lassen, da das Erkundungsbergwerk nicht nur vor dem Stichtag des 1. 8. 1990, sondern auch bereits vor dem Ablauf der Umsetzungsfrist für die Richtlinie (3. 7. 1988) genehmigt und zugelassen war. Mit der Konzeption der Richtlinie dürfte es aber unvereinbar sein, dass Art. 2 Bergrechtsänderungsgesetzt auch solche Vorhaben von der UVP-Pflicht ausnimmt, die vor dem entscheidenden Stichtag 1. 8. 1990, aber nach Ablauf der Umsetzungsfrist zugelassen bzw. öffentlich bekanntgemacht wurden.

II. Übergangsregelungen nach dem Einigungsvertrag

59 Nach Anlage I Kapitel V D Abschnitt III Nr. 1h) bb) des **Einigungsvertrags** (BGBl. 1990 II, 889) gilt § 52 Abs. 2a BBergG nicht für Vorhaben, bei denen das Verfahren zur Zulassung des Betriebs, insbesondere zur Genehmigung eines technischen Betriebsplans, am Tage des Wirksamwerdens des Beitritts bereits begonnen war. Stichtag für die UVP-

Pflicht bergbaulicher Vorhaben in den neuen Bundesländern ist demnach der 3. 10. 1990. Vorhaben, deren Genehmigungsverfahren vor diesem Tag bereits begonnen war, sind insgesamt von der UVP-Pflicht befreit. Als **„Gesamtvorhaben"** im Sinne dieser Vorschrift ist nach der Rechtsprechung des Bundesverwaltungsgerichts das Bergbauvorhaben als Ganzes anzusehen und nicht gegenständlich oder zeitlich begrenzte Teilabschnitte, wie sie Gegenstand eines fakultativen Rahmenbetriebsplans i.S.d. § 52 Abs. 2 Nr. 1 BBergG oder eines technischen Betriebsplans nach dem Recht der DDR sein können. War ein solches Gesamtvorhaben bei Wirksamwerden des Beitritts bereits in beliebiger Form zugelassen und teilweise ausgeführt, bedürfen auch die weiteren Abschnitte des Abbaus keiner UVP, solange sie sich im Rahmen dieses „Vorhabens" halten (BVerwG, Urt. v. 12. 6. 2002 – 7 C 3.02, ZfB 2002, 165, 167). Das Bundesverwaltungsgericht sieht in der Übergangsvorschrift des Einigungsvertrags keinen Verstoß gegen die UVP-Richtlinie, weil es davon ausgeht, dass die unionsrechtliche Pflicht zur Durchführung einer UVP für Projekte in den neuen Bundesländern ohnehin nicht mit Ablauf der Umsetzungsfrist der Richtlinie, sondern erst mit dem Beitrittszeitpunkt bestehen könne und es nach der Konzeption der Richtlinie zulässig sei, vor dem Geltungsstichtag bereits begonnene Vorhaben ohne UVP fortzuführen. Diese Argumentation überzeugt in dem vom Bundesverwaltungsgericht entschiedenen Fall, in dem der Tagebau tatsächlich im Zeitpunkt des Beitritts bereits seit vielen Jahren betrieben wurde. Ob sie auch für solche Vorhaben überzeugt, die, wie es die Übergangsvorschrift im Einigungsvertrag verlangt, vor dem Beitrittsstichtag „nur" genehmigt, aber mit deren tatsächlicher Realisierung noch nicht begonnen wurde, mag dahinstehen, da sich die Frage viele Jahre nach der Wiedervereinigung praktisch nicht mehr stellt (ausführlich zu der Vereinbarkeit des Einigungsvertrags mit der UVP-Richtlinie OVG Brandenburg, Urt. v. 28. 6. 2001 – 4 A 115/99, ZfB 2001, 257, 272 ff.).

J. Gerichtliche Durchsetzung

Das Bundesverwaltungsgericht hat in seiner bergrechtlichen Rechtsprechung über viele 60
Jahre an der Auffassung festgehalten, die Vorschriften über die UVP seien nicht drittschützend. Daher konnten Dritte die Ablehnung einer UVP-Pflicht durch die Bergbehörde, die Zulassung eines bergbaulichen Vorhabens ohne Durchführung der vermeintlich notwendigen UVP oder die vermeintlich unzureichende Prüfung der Umweltverträglichkeit nicht mit Erfolg gerichtlich geltend machen. In späteren Entscheidungen zu bergrechtlichen Verfahren hat das Bundesverwaltungsgericht den drittschützenden Charakter der UVP-Vorschriften offen gelassen und die darauf bezogenen Einwendungen der Kläger inhaltlich geprüft (vgl. etwa BVerwG, Urt. v. 15. 12. 2006 – 7 C 6.06, ZfB 2006, 315, 317/318). Später hat das Gericht die Vorschriften zur Umweltverträglichkeitsprüfung in einer bergrechtlichen Entscheidung aus dem Jahr 2010 als **„möglicherweise drittschützend"** bezeichnet (BVerwG, Urt. v. 29. 4. 2010 – 7 C 18.09, Rdnr. 11).

Der drittschützende Charakter kann inzwischen weitgehend dahinstehen, da mit dem 61
Umwelt-Rechtsbehelfsgesetz weitgehende Rechtsschutzmöglichkeiten geschaffen wurden, um die Fehlerhaftigkeit oder das Unterlassen einer UVP oder einer UVP-Vorprüfung sowie weitere Verfahrensfehler zu rügen.

Teil 6 Vorschriften für bestimmte Leitungsanlagen (Anlage 1 Nummer 19)

§ 65 Planfeststellung, Plangenehmigung

(1) **Vorhaben, die in der Anlage 1 unter den Nummern 19.3 bis 19.9 aufgeführt sind, sowie die Änderung solcher Vorhaben bedürfen der Planfeststellung durch die zuständige Behörde, sofern dafür nach den §§ 6 bis 14 eine Verpflichtung zur Durchführung einer Umweltverträglichkeitsprüfung besteht.**

(2) **Sofern keine Verpflichtung zur Durchführung einer Umweltverträglichkeitsprüfung besteht, bedarf das Vorhaben der Plangenehmigung. Die Plangenehmigung entfällt in Fällen von unwesentlicher Bedeutung. Diese liegen vor, wenn die Prüfwerte nach § 7 Absatz 1 und 2 für Größe und Leistung, die die Vorprüfung eröffnen, nicht erreicht werden oder die Voraussetzungen des § 74 Absatz 7 Satz 2 des Verwaltungsverfahrensgesetzes erfüllt sind; die §§ 10 bis 12 gelten entsprechend. Die Sätze 2 und 3 gelten nicht für Errichtung, Betrieb und Änderung von Rohrleitungsanlagen zum Befördern wassergefährdender Stoffe sowie für die Änderung ihres Betriebs, ausgenommen Änderungen von unwesentlicher Bedeutung.**

Schrifttum Wilrich, Zulassung, Betrieb und Überwachung von Rohrleitungsanlagen und Energieleitungen, NVwZ 2003, S. 787; Peters, Planfeststellungsverfahren mit integrierter Umweltverträglichkeitsprüfung bei Rohrleitungsanlagen, ZfWassR 2002, S. 146; Wahlhäuser, Gasversorgungsleitung oder Rohrleitungsanlage: Welches Genehmigungsregime gilt für Erdgasröhrenspeicher?, UPR 2011, S. 262; Beckmann in: Hoppe/Beckmann/Kauch, Kommentar zum UVPG, 5. Aufl. 2018, § 65, Rn. 1 ff.; Dippel in: Schink/Reidt/Mitschang, Kommentar zum UVPG/UmwRG, 1. Aufl. 2018, § 65, Rn. 1 ff.; Peters/Balla/Hesselbarth in: dies., Kommentar zum UVPG, 4. Aufl. 2019, § 65, Rn. 1 ff.

Rechtsprechung OVG Münster, Urt. v. 31.08.2020 – 20 A 1923/11 –; VGH Mannheim, Beschl. v. 14.11.2011 – 8 S 1281/11 –; VG Düsseldorf, Urt. v. 25.05.2011– 3 K 1599/07 –; OVG Münster, Beschl. v. 17.12.2007 – 20 B 1586/07 –.

Übersicht

A. Allgemeines

Bis zum Inkrafttreten des „Artikelgesetzes" vom 27.07.2001 gab das deutsche Recht kein **Trägerverfahren** für die Genehmigung von Rohrleitungsanlagen vor. Eine Ausnahme stellte lediglich § 19a WHG a.F. dar, nach dem die Errichtung und der Betrieb von Rohrleitungsanlagen zum Befördern wassergefährdender Stoffe der Genehmigung der für das Wasser zuständigen Behörde bedurfte. Da Rohrleitungsanlagen in den Anhängen I und II der Richtlinie 97/11/EG des Rates vom 03. März 1997 zur Änderung der Richtlinie 85/337/EWG über die Umweltverträglichkeitsprüfung bei bestimmten öffentlichen und privaten Projekten (UVP-Änderungsrichtlinie) jedoch aufgeführt sind (vgl. z. B An- 1 hang I Nr. 16 und 20, Anhang II Nr. 3 Buchstabe b und Nr. 10 Buchstabe g, i und j der UVP-Änderungsrichtlinie), war auch im deutschen Recht die Einführung eines Trägerverfahrens notwendig, das die Durchführung der UVP-Prüfung ermöglicht. Der Gesetzgeber hat dieses Trägerverfahren für alle betroffenen Rohrleitungen in Form eines Planfeststellungs- bzw. Plangenehmigungsverfahrens durch die §§ 20 ff. UVPG in der vor dem Inkrafttreten des UVP-Modernisierungsgesetzes vom 20.07.2017 geltenden Fassung eingeführt. Mit dem UVP-Modernisierungsgesetzes vom 20.07.2017 sind die bis dahin geltenden Regelungen in die §§ 65 ff. überführt worden. Dabei wurden in § 66 Ergänzungen vorgenommen. Ferner wurden die §§ 67a und 68 neu in das Gesetz eingefügt.

2 Nach den §§ 65 ff. besteht für Vorhaben, die in der Anlage 1 unter den Nummern 19.3 bis 19.9 aufgeführt sind, die Pflicht zur Durchführung eines **Planfeststellungsverfahrens**, soweit eine Verpflichtung zur Durchführung einer Umweltverträglichkeitsprüfung besteht. Gemäß § 65 Abs. 2 Satz 1 bedarf das Vorhaben, sofern keine Verpflichtung zur Durchführung einer Umweltverträglichkeitsprüfung besteht, der **Plangenehmigung**. Nur in **Fällen unwesentlicher Bedeutung** entfällt gemäß § 65 Abs. 2 Satz 2 das Erfordernis der Plangenehmigung. Die Zulassungsvorschriften der §§ 65 ff. beschränken sich damit nicht lediglich auf die Fälle, in denen eine Pflicht zur Durchführung einer UVP besteht (was die systematische Stellung der §§ 65 ff. im UVPG eventuell nahegelegt hätte). Stattdessen wird das Zulassungserfordernis auch für alle übrigen Fälle geregelt, in denen keine UVP-Pflicht besteht.

B. Planfeststellung und Plangenehmigung

3 Zur Beantwortung der Frage, ob nach den §§ 65 ff. die Durchführung eines Planfeststellungs- bzw. Plangenehmigungsverfahrens erforderlich ist, bedarf es einer **gestuften Prüfung**. Zunächst ist zu untersuchen, ob die Art des Vorhabens unter die Nummern 19.3 bis 19.9 der Anlage 1 zum UVPG fällt. Im nächsten Schritt kommt es darauf an, ob die Prüfwerte für Größe oder Leistung, die in den Nummern 19.3 bis 19.9 der Anlage 1 zum UVPG vorgegeben werden, erreicht bzw. überschritten werden. Ist dies der Fall, so ist im dritten Schritt zu untersuchen, ob für das Vorhaben eine UVP-Pflicht besteht. Sollte das Vorhaben UVP-pflichtig sein, weil das Vorhaben in Spalte 1 der Anlage 1 gelistet ist (sog. X-Vorhaben), oder eine allgemeine bzw. standortbezogene Vorprüfung zu dem Ergebnis führte, dass eine UVP-Pflicht besteht (sog. A-Vorhaben oder S-Vorhaben), so bedarf es gemäß § 65 Abs. 1 der Planfeststellung. Werden die Prüfwerte für Größe oder Leistung hingegen überschritten, ohne dass eine UVP-Pflicht besteht (im Fall der allgemeinen oder standortbezogenen Vorprüfung, die zu dem Ergebnis führt, dass das Vorhaben nicht UVP-pflichtig ist), so bedarf das Vorhaben gemäß § 65 Abs. 2 Satz 1 der Plangenehmigung. Werden die Prüfwerte für Größe oder Leistung hingegen nicht erreicht, so liegt ein Fall unwesentlicher Bedeutung vor, sodass keine Plangenehmigung erforderlich ist. Ein Fall unwesentlicher Bedeutung liegt ferner auch dann vor, wenn zwar die Prüfwerte für Größe bzw. Leistung der Anlage 1 überschritten werden, jedoch zugleich die Voraussetzungen des § 74 Abs. 7 Satz 2 VwVfG vorliegen. Dabei gelten die Vorgaben über die Prüfung der UVP-Pflichtigkeit kumulierender Vorhaben nach den §§ 10 bis 12 UVPG entsprechend (§ 65 Abs. 2 S. 3 2. Halbsatz).

I. Pflicht zur Planfeststellung (§ 65 Abs. 1)

4 Eine Pflicht zur Planfeststellung besteht, sofern es sich um ein „Vorhaben" im Sinne des Gesetzes handelt. Das Vorhaben muss ferner in den Nummern 19.3 bis 19.9 der

Anlage 1 aufgeführt sein. Schließlich muss eine Verpflichtung zur Durchführung einer Umweltverträglichkeitsprüfung bestehen.

1. Begriff des Vorhabens. Das Eingreifen einer Pflicht zur Planfeststellung setzt zunächst voraus, dass es sich um ein **Vorhaben** handelt. Der Begriff des Vorhabens wird in § 2 Abs. 4 definiert. Gemäß § 2 Abs. 4 Nr. 1 ist ein Vorhaben unter anderem die Errichtung und der Betrieb einer technischen Anlage nach Maßgabe der Anlage 1. Nach § 2 Abs. 4 Nr. 2 fällt auch die Änderung einschließlich der Erweiterung der Lage, der Beschaffenheit oder des Betriebs einer technischen Anlage im Sinne der Anlage 1 unter den Begriff des Vorhabens. Da die Änderung und Erweiterung einer Anlage bereits nach der Legaldefinition des § 2 Abs. 4 unter den Vorhabenbegriff fallen, kann der in § 65 Abs. 1 aufgenommene Halbsatz „sowie die Änderung solcher Vorhaben" nur die Bedeutung einer redaktionellen Klarstellung haben. 5

2. Art des Vorhabens. Das Eingreifen einer Pflicht zur Planfeststellung setzt weiterhin voraus, dass das Vorhaben **seiner Art nach den in den Nrn. 19.3 bis 19.9 aufgezählten Vorhaben** zugeordnet werden kann. Auf die Nummern 19.1 und 19.2 wird in § 65 Abs. 1 hingegen nicht verwiesen. Nr. 19.1 der Anlage 1 betrifft die Errichtung und den Betrieb von Hochspannungsfreileitungen. Nr. 19.2 umfasst die Errichtung und den Betrieb von Gasversorgungsleitungen im Sinne des Energiewirtschaftsgesetzes. Für diese Vorhaben wird das Trägerverfahren durch die §§ 43 ff. EnWG vorgegeben, der unter den dort geregelten Voraussetzungen ebenfalls eine Pflicht zur Planfeststellung bzw. Plangenehmigung vorsieht. 6

Den Nummern 19.3 bis 19.8 ist gemein, dass sie sich auf Rohrleitungsanlagen beziehen. Rohrleitungsanlagen umfassen bereits nach ihrem Wortlaut zunächst die Rohrleitungen als solche. Zu den Rohrleitungsanlagen gehören aber darüber hinaus auch alle dem Leitungsbetrieb dienenden Einrichtungen, insbesondere Pump-, Abzweig-, Übergabe-, Absperr- und Entlastungsstationen sowie Verdichter-, Regel- und Messanlagen. Dies entspricht auch der Begriffsbestimmung in § 2 Abs. 2 S. 2 RohrFLtV. Auch wenn diese, in einer Rechtsverordnung verankerte Begriffsdefinition keine Bindungswirkung für die Auslegung des Parlamentsgesetzes UVPG entfalten kann, spricht für dieses Verständnis, dass in den Nummern 19.3 bis 19.8 nicht auf Rohrleitungen, sondern auf Rohrleitungs**anlagen** abgestellt wird. 7

a) Rohrleitungsanlagen zum Befördern wassergefährdender Stoffe (Nr. 19.3). Nr. 19.3 der Anlage 1 betrifft die Errichtung und den Betrieb von **Rohrleitungsanlagen zum Befördern wassergefährdender Stoffe** im Sinne von § 66 Abs. 6 S. 7. Nach § 66 Abs. 6 S. 7 hat der Verordnungsgeber die Befugnis, die Stoffe, die geeignet sind, die Wasserbeschaffenheit nachteilig zu verändern, somit wassergefährdende Stoffe im Sinne von Nummer 19.3 der Anlage 1 zu bestimmen. Mit dem Erlass der Regelung des § 2 Abs. 1 S. 2 RohrFLtgV hat der Verordnungsgeber von dieser Befugnis Gebrauch gemacht. Wassergefährdende Stoffe sind danach 8

1. brennbare Flüssigkeiten mit einem Flammpunkt kleiner als 100 Grad Celsius sowie brennbare Flüssigkeiten, die bei Temperaturen gleich oder oberhalb ihres Flammpunktes befördert werden,
2. Stoffe mit dem Gefahrenmerkmal T, T+ oder C,
3. Stoffe mit den R-Sätzen R 14, R 14/15, R 29, R 50, R 50/53 oder R 51/53.

Die in § 2 Abs. 1 S. 1 Nr. 2 und Nr. 3 RohrFLtV genannten **Gefahrenmerkmale** und **R-Sätze** entsprechen dem Anhang II und III der Richtlinie 67/548/EWG („Richtlinie zur Angleichung der Rechts- und Verwaltungsvorschriften für die Einstufung, Verpa- 9 ckung und Kennzeichnung gefährlicher Stoffe"). Die Richtlinie ist zwar mittlerweile durch die Verordnung (EG) Nr. 1972/2008 („Verordnung über die Einstufung, Kennzeichnung und Verpackung von Stoffen und Gemischen") aufgehoben worden. Da § 2 Abs. 1 S. 1 Nr. 2 und Nr. 3 RohrFLtV aber nicht geändert wurde, ist für die Einordnung weiterhin die Richtlinie 67/548/EWG maßgeblich. Nach Anhang II der Richtlinie 67/548/EWG bedeuten: „F" = „leicht entzündlich", „F+" = „hochentzündlich", „T" = „giftig", „T+" = „sehr giftig" und „C" = „ätzend". Die in Nr. 3 verwendeten **R-Sätze** werden in Anhang III der Richtlinie 67/548/EWG definiert. Hiernach bedeuten: „R14" = „Reagiert heftig mit Wasser", „R14/15" = „Reagiert heftig mit Wasser unter Bildung hochentzündlicher Gase", „R29" = „Entwickelt bei Berührung mit Wasser giftige Gase", „R50" = „Sehr giftig für Wasserorganismen", „R50/53" = „Sehr giftig für Wasserorganismen, kann in Gewässern längerfristig schädliche Wirkungen haben" und „R51/53" = „Giftig für Wasserorganismen, kann in Gewässern längerfristig schädliche Wirkungen haben". Die Einstufung und damit die Prüfung, ob und ggf. welche Gefahrenmerkmale bzw. R-Sätze einschlägig sind, ist nach den Vorgaben des Chemikalienrechts vorzunehmen.

10 In Nr. 19.3 der Anlage 1 ausgenommen sind Rohrleitungsanlagen, die den Bereich eines **Werksgeländes** nicht überschreiten, die **Zubehör** einer Anlage zum Umgang mit wassergefährdenden Stoffen sind oder die **Anlagen verbinden**, die in einem engen räumlichen und betrieblichen Zusammenhang miteinander stehen und kurzräumig durch landgebundene öffentliche Verkehrswege getrennt sind. Für diese Rohrleitungsanlagen gilt § 62 Abs. 1 S. 2 WHG (vgl. dazu: Gößl, in: Sieder/Zeitler/Dame, Kommentar zum Wasserhaushaltsgesetz und Abwasserabgabengesetz, § 62 WHG, Rn. 34 ff.).

11 Als **Werksgelände** ist das Grundstück oder sind die Grundstücke anzusehen, die zu dem Unternehmen gehören, dessen Betrieb die darauf liegenden Rohrleitungsanlagen dienen. Die Eigenschaft als Werksgelände setzt nicht voraus, dass es im Eigentum des Unternehmers steht, es genügen auch andere Rechtsformen, die dem Unternehmen Besitz am Grundstück einräumen. Zwischen dem Betrieb und dem Grundstück muss, um es als Werksgelände zu qualifizieren, ein betrieblicher Zusammenhang, also eine dem Betrieb dienende Funktion bestehen (so auch Gößl, in: Sieder/Zeitler/Dame, Kommentar zum Wasserhaushaltsgesetz und Abwasserabgabengesetz, § 62 WHG, Rn. 36).

12 Von Nr. 19.3 ausgenommen sind ebenfalls Leitungen, die Anlagen verbinden, welche in einem engen räumlichen und betrieblichen Zusammenhang miteinander stehen und kurzräumig durch landgebundene öffentliche Verkehrswege getrennt sind. Einige Auslegungshinweise zum Begriff der so genannten **Verbindungsleitungen** enthält die Begründung des Gesetzesentwurfes des 7. Gesetzes zur Änderung des Wasserhaushaltsgesetzes (BT-Drs. 14/7755, S. 17). Dort wird ausgeführt, der Gesetzgeber habe bewusst darauf verzichtet, eine bestimmte Längenbegrenzung einzuführen, um den Vollzug nicht unnötig einzuschränken. Gerade im Hinblick auf die ggf. eingreifende UVP-Pflichtigkeit dürften die Leitungen aber nur der kurzräumigen Verbindung dienen. Keinesfalls dürfe die in Nr. 19.3 der Anlage 1 enthaltene Vorgabe der Pflicht zur Durchführung einer Vorprüfung unterlaufen werden. Hieraus ist zu schließen, dass Verbindungsleitungen in jeden Fall eine Länge von 2 km unterschreiten müssen.

13 **b) Rohrleitungsanlagen zum Befördern von verflüssigten und nicht verflüssigten Gasen (Nrn. 19.4 und 19.5).** Nr. 19.4 der Anlage 1 umfasst die Errichtung und den Betrieb von Rohrleitungsanlagen zum Befördern von verflüssigten Gasen, sofern die dort geregelten Prüfwerte für die Größe überschritten werden. Nr. 19.5 umfasst demgegenüber die Errichtung und den Betrieb von Rohrleitungsanlagen zum Befördern von nichtverflüssigten Gasen. Jeweils ausgenommen sind Rohrleitungsanlagen, die den Bereich eines Werksgeländes nicht überschreiten.

Nichtverflüssigte Gase sind Substanzen, die sich in einem gasförmigen Aggregatzustand befinden. **Verflüssigte Gase** sind demgegenüber Substanzen, die durch thermische Einwirkung (Kondensation durch Abkühlung) oder durch die Erhöhung des Drucks in einem flüssigen Aggregatzustand überführt worden sind. 14

Sowohl verflüssigte als auch nichtverflüssigte Gase können **zugleich wassergefährdende Stoffe** im Sinne des § 66 Abs. 6 S. 7 i.V.m. § 2 Abs. 1 S. 2 RohrFLtgV sein. Zur Abgrenzung wird in Nr. 19.4 und Nr. 19.5 ausdrücklich klargestellt, dass Nr. 19.3 den Nrn. 19.4 und 19.5 vorgeht. Ist ein verflüssigtes oder nicht verflüssigtes Gas also zugleich wassergefährdender Stoff im Sinne von § 66 Abs. 6 S. 7 i.V.m. § 2 Abs. 1 S. 2 RohrFLtgV, so ist Nr. 19.3 mit den dort geregelten Prüfwerten für Größe und Leistung maßgeblich. Eines Rückgriffs auf die in Nr. 19.4 und 19.5 geregelten Größenwerte findet in diesen Fällen nicht statt. 15

Für Rohrleitungen zum Befördern von nicht verflüssigten Gasen wird schließlich in Nr. 19.5 ausdrücklich klargestellt, dass der Tatbestand der Nr. 19.5 hinter Nr. 19.2 zurücktritt, sofern die Rohrleitungsanlage als **Energieanlage im Sinne des Energiewirtschaftsgesetzes** unter Nr. 19.2 fällt. Für Gasversorgungsleitungen im Sinne des Energiewirtschaftsgesetzes kommt es damit allein auf die in Nr. 19.2 geregelten Größenwerte an. 16

Nicht unter Nr. 19.4 bzw. 19.5 fallen Rohrleitungen, die den Bereich des **Werksgeländes** nicht überschreiten. Hinsichtlich des Verständnisses des Begriffs „Werksgelände" wird auf die oben stehenden Ausführungen zu Nr. 19.3 verwiesen. 17

c) Rohrleitungsanlagen zum Befördern von Stoffen im Sinne von § 3a ChemG (Nr. 19.6). Der Tatbestand der Nr. 19.6 bezieht sich auf Rohrleitungsanlagen zum Befördern von Stoffen im Sinne von § 3a ChemG, soweit diese nicht unter eine Nummern 19.2 bis 19.5 fällt. Weiterhin sind Abwasserleitungen sowie Leitungen, die den Bereich eines Werksgeländes nicht überschreiten, oder Zubehör einer Anlage zum Lagern solcher Stoffe vom Anwendungsbereich der Nr. 19.6 ausgenommen. 18

§ 3a ChemG umfasst Leitungen, 19

1. die in Anhang I Teil 2 und 3 der Verordnung (EG) Nr. 1272/2008 (sog. CLP-Verordnung) dargelegten Kriterien für physikalische Gefahren oder Gesundheitsgefahren erfüllen oder
2. umweltgefährlich sind, indem sie
   a) die in Anhang I Teil 4 und 5 der Verordnung (EG) Nr. 1272/2008 dargelegten Kriterien für Umweltgefahren und weitere Gefahren erfüllen oder
   b) selbst oder deren Umwandlungsprodukte sonst geeignet sind, die Beschaffenheit des Naturhaushaltes, von Wasser, Boden oder Luft, Klima, Tieren, Pflanzen oder Mikroorganismen derart zu verändern, dass dadurch sofort oder später Gefahren für die Umwelt herbeigeführt werden können.

§ 3a Abs. 2 ChemG enthält eine Ermächtigungsgrundlage zum Erlass einer Rechtsverordnung, mit der nähere Vorschriften über die Festlegung der oben aufgezählten Gefährlichkeitsmerkmale getroffen werden können. Diese Ermächtigung ist mit dem Erlass der Verordnung zum Schutz vor Gefahrstoffen **(Gefahrstoffverordnung)** vom 23.12.2004 (BGBl. I S. 3758), zuletzt geändert durch Art. 2 der Verordnung zur Änderung der BiostoffVO und anderer Arbeitsschutzverordnungen vom 21.7.2021 (BGBl. I S. 3115), ausgenutzt worden. Im Hinblick auf die Einstufung ist zwischen **Stoffen und Gemischen** zu unterscheiden. Stoffe sind gemäß § 3 Nr. 1 ChemG chemische Elemente und ihre Verbindungen, unabhängig davon, ob diese in natürlicher Form vorliegen oder durch ein 20

Herstellungsverfahren gewonnen werden. Gemische sind demgegenüber gemäß § 3 Nr. 4 ChemG aus zwei oder mehreren Stoffen bestehende Gemische oder Lösungen. Im Hinblick auf die **Einstufung von Stoffen und Gemischen** verweist 4 Abs. 1 S. 1 GefahrstoffV auf die Bestimmungen der Verordnung (EG) Nr. 1272/2008. Dabei sind nach § 4 Abs. 2 GefahrstoffV die nach § 20 Abs. 4 GefahrstoffV bekannt gegebenen Regeln und Erkenntnisse zu beachten.

21 Der Tatbestand der Nr. 19.6 greift nicht ein, sofern es sich um **Abwasserleitungen** handelt sowie um Anlagen, die den Bereich eines **Werksgeländes** nicht überschreiten oder um Zubehör einer Anlage zum Lagern von Stoffen im Sinne des § 3a ChemG. Im Hinblick auf das Verständnis des Begriffs „Werksgelände" wird auf die Ausführungen zu Nrn. 19.3 verwiesen. Schließlich stellt der Wortlaut der Nr. 19.6 ausdrücklich klar, dass Nr. 19.6 hinter alle in Nr. 19.2 bis 19.5 geregelten Tatbestände zurücktritt.

22 **d) Rohrleitungsanlagen zum Befördern von Dampf, Warmwasser oder Wasser (Nr. 19.7 und 19.8).** Nr. 19.7 erfasst Rohrleitungsanlagen zum Befördern von Dampf oder Warmwasser aus Anlagen nach den Nummern 1 bis 10, die den Bereich des Werksgeländes überschreiten (sog. Dampf- oder Warmwasserpipelines). Nr. 19.8 erfasst Rohrleitungsanlagen zum Befördern von Wasser, die das Gebiet einer Gemeinde überschreiten (sog. Wasserfernleitungen).

23 Aus der Systematik der Regelung ist zu folgern, dass mit dem Begriff **„Dampf"** in Nr. 19.7 ausschließlich Wasserdampf gemeint ist. Sofern andere Stoffe als Wasser verdampft werden und diese Stoffe in Rohrleitungsanlagen geführt werden sollen, ist Nr. 19.7 nicht einschlägig. Diese Fälle sind stattdessen unter Nr. 19.3 (sofern der Stoff wassergefährdend ist) oder Nr. 19.5 zu fassen.

24 Was unter den Begriff **„Warmwasser"** zu verstehen ist, erschließt sich aus dem Normtext nicht. Insbesondere bleibt die Abgrenzung zu Nr. 19.8 (Wasserfernleitung) unklar. Angesichts des Gesetzeszwecks, der auf die Gewähr einer wirksamen Umweltvorsorge ausgerichtet ist, kann es wohl nicht darauf ankommen, ob Wasser absichtlich erwärmt wird oder die Erwärmung des Wassers Nebenfolge eines in der Anlage durchgeführten Prozesses ist. In beiden Fällen hat das erwärmte Wasser nämlich ein erhöhtes Potential, das Wohl der Allgemeinheit, insbesondere die in § 2 Abs. 1 genannten Schutzgüter zu beeinträchtigten. Entscheidend ist daher allein, dass das Wasser eine Temperatur erreicht, der eine Einordnung als „Warmwasser" gebietet. Wo diese Temperatur liegt, ist fraglich. Insbesondere kann aus dem Gesetz kein numerischer Wert angegeben werden. Dass 5 °C kaltes Wasser kein Warmwasser in diesem Sinne ist, kann als ebenso sicher gelten, wie die Annahme, dass es sich bei 75 °C warmem Wasser um Warmwasser im Sinne der Nr. 19.7 handelt. Im Übrigen ist nur eine grobe Annäherung möglich. Davon ausgehend, dass sich das in der Natur vorkommende Wasser in den Sommermonaten bereits bis auf ca. 30 °C erwärmen kann, scheint ein möglicher Ansatz darin zu liegen, von der Anwendbarkeit der Nr. 19.8 dann auszugehen, wenn das in der Rohrleitung geführte Wasser wärmer als 30 °C ist.

25 Sowohl für Dampfpipelines als auch für Warmwasserpipelines gilt, dass der Dampf bzw. das Warmwasser in einer Anlage angefallen sein muss, die unter die **Nummern 1 bis 10** der Anlage 1 zu fassen ist. Unklar bleibt allerdings, ob es dabei nur auf die Art der Anlage, oder auch auf die in den Nummern 1 bis 10 aufgeführten Prüfwerte für Größe oder Leistung ankommen soll. Da das Gefährdungspotenzial einer Dampf- oder Warmwasserpipeline aber nicht dadurch beeinflusst wird, ob die den Dampf bzw. das Warmwasser erzeugende Anlage die in den Nummern 1 bis 10 genannten Prüfwerte für Größe oder Leistung überschreitet, kann es nur auf die Art der Anlage ankommen. Nr. 19.7 ist also auch dann einschlägig, wenn die den Dampf bzw. das Warmwasser erzeugende Anlage zwar ihrer Art nach unter die Nummern 1 bis 10 der Anlage 1 fällt, die dort geregelten Prüfwerte für Größe oder Leistung aber nicht erreicht bzw. überschritten werden.

Nicht unter Nr. 19.7 fallen Rohrleitungen, die den Bereich des **Werksgeländes** nicht überschreiten. Zur Frage, wie der Begriff des „Werksgeländes" zu verstehen ist, wird auf die Ausführungen zu Nr. 19.3 verwiesen. 26

Rohrleitungsanlagen zur Beförderung von Wasser, das nicht Warmwasser in diesem Sinne ist, werden von Nr. 19.8 erfasst, sofern die Rohrleitungsanlage das Gebiet einer Gemeinde überschreitet (sog. **Wasserfernleitung**). Durch die Regelung der Voraussetzung des Überschreitens des Gemeindegebiets wird sichergestellt, dass im Hinblick auf das städtische Wasserversorgungsnetz innerhalb des Gemeindegebietes nicht umfassend eine Pflicht zur Durchführung von Planfeststellungs- bzw. Plangenehmigungsverfahren eröffnet wird. 27

e) Künstliche Wasserspeicher (Nr. 19.9). Nr. 19.9 erfasst schließlich künstliche Wasserspeicher mit einer Kapazität von mindestens 5.000 m^3 (vgl. Nr. 19.9.2). Der Tatbestand der Nr. 19.9 wirft die Frage der **Abgrenzung zum Gewässerausbau** auf, für den durch § 68 WHG eine Planfeststellungs- bzw. Plangenehmigungspflicht angeordnet ist. Für diese wasserwirtschaftlichen Vorhaben enthält Nr. 13 der Anlage 1 einen eigenen Katalog von Vorhaben, nach dem sich die UVP-Pflichtigkeit bemisst. § 68 WHG bezieht sich indes nur auf die Herstellung, Beseitigung oder wesentliche Umgestaltung von Gewässern. Nicht von § 68 WHG erfasst werden demgegenüber Wasseransammlungen, denen die natürlichen Gewässerfunktionen fehlen. Dies ist insbesondere dann der Fall, wenn die Wasseransammlung nicht in den natürlichen Wasserkreislauf eingebunden ist (vgl. Faßbender, in: Landmann/Rohmer, Umweltrecht, § 3 WHG, Rn. 10). Einfließendes Niederschlags- und Oberflächenwasser stellt bereits eine Verbindung zum natürlichen Wasserkreislauf her, der zur Einordnung als Gewässer führt. Fehlt es an einer solchen Verbindung zum natürlichen Wasserkreislauf (z.B. im Fall abgeschlossener Wasseransammlungen), so ist Raum für die Anwendbarkeit der Nr. 19.9. 28

3. UVP-Pflichtigkeit. Gemäß § 65 Abs. 1 bedarf ein Vorhaben nur dann der Planfeststellung, sofern nach den §§ 6 bis 14 eine Verpflichtung zur Durchführung einer Umweltverträglichkeitsprüfung besteht. Dies ist zum Einen dann der Fall, wenn das Vorhaben über **Größen und Leistungswerte erreicht bzw. überschreitet**, die nach der Anlage 1 zur Einordnung die Spalte 1 führen (sog. X-Vorhaben). Handelt es hingegen um ein Vorhaben, das in Spalte 2 einzuordnen ist (sog. A-Vorhaben oder S-Vorhaben), so hängt die Frage, ob das Vorhaben planfeststellungspflichtig ist, davon ab, ob das Ergebnis der durchzuführenden **allgemeinen oder standortbezogenen Vorprüfung** nach § 7 die UVP-Pflichtigkeit des Vorhabens ist. Nur wenn nach Durchführung der Vorprüfung eine UVP-Pflicht angenommen wird, greift § 65 Abs. 1 ein, sodass das Vorhaben planfeststellungspflichtig ist. Sofern die Vorprüfung hingegen zu dem Ergebnis führt, dass das Vorhaben nicht UVP-pflichtig ist, besteht keine Planfeststellungsbedürftigkeit. In diesem Fall gilt § 65 Abs. 2. 29

II. Plangenehmigungsbedürftigkeit

Gemäß § 65 Abs. 2 Satz 1 bedarf ein Vorhaben der Plangenehmigung, sofern **keine Verpflichtung zur Durchführung einer UVP** besteht. Faktisch können dies nur solche Vorhaben sein, die in Spalte 2 der Anlage 1 aufgeführt sind (A-Vorhaben oder S-Vorhaben), und bei denen die Durchführung der allgemeinen oder standortbezogenen Vorprüfung zu dem Ergebnis geführt hat, dass keine UVP durchzuführen ist. Handelt es sich hingegen um ein Vorhaben, das in Spalte 1 des Anhangs 1 aufgeführt ist (X-Vorhaben), 30 so greift stets § 65 Abs. 1 und die dort geregelte Pflicht zur Planfeststellung ein. Dasselbe gilt, wenn das Vorhaben in Spalte 2 des Anhangs I aufgeführt ist und die allgemeine oder standortbezogene Vorprüfung zu dem Ergebnis geführt hat, dass das Vorhaben UVP-pflichtig ist. Auch in diesem Fall greift § 65 Abs. 1 und die dort geregelte Pflicht zur Planfeststellung ein.

31 Werden die in Anhang 1 geregelten Prüfwerte für Größe oder Leistung hingegen unterschritten, ist also weder eine Vorprüfung noch eine obligatorische UVP-Prüfung durchzuführen, liegt ein Fall unwesentlicher Bedeutung vor, sodass nach § 65 Abs. 2 Satz 2 die Pflicht zur Plangenehmigung entfällt.

C. Fälle unwesentlicher Bedeutung

32 Gemäß § 65 Abs. 2 Satz 2 entfällt die Plangenehmigung in Fällen von unwesentlicher Bedeutung. Diese liegen vor, wenn die **Prüfwerte nach § 7 Abs. 1 und 2** für Größe und Leistung, die die Vorprüfung eröffnen, nicht erreicht werden, oder wenn die **Voraussetzungen des § 74 Abs. 7 Satz 2 VwVfG** erfüllt sind.

33 Auch wenn die in Anlage 1 Spalte 2 genannten Prüfwerte für Größe oder Leistung überschritten werden, kann dementsprechend ein Fall unwesentlicher Bedeutung gemäß gegeben sein, sofern die Voraussetzungen des § 74 Abs. 7 Satz 2 VwVfG kumulativ eingreifen. Dies ist dann der Fall, wenn

1. andere öffentliche Belange nicht berührt sind oder die erforderlichen behördlichen Entscheidungen vorliegen und sie dem Plan nicht entgegenstehen,
2. Rechte anderer nicht beeinflusst werden oder mit den vom Plan Betroffenen entsprechende Vereinbarungen getroffen worden sind und
3. nicht andere Rechtsvorschriften eine Öffentlichkeitsbeteiligung vorschreiben, die den Anforderungen des § 73 Absatz 3 Satz 1 und Absatz 4 bis 7 VwVfG entsprechen muss.

34 Unter dem Begriff **„andere öffentliche Belange"** sind solche Belange zu verstehen, deren Geltendmachung dem Zuständigkeitsbereich anderer Behörden zugeordnet ist. Ein Fall unwesentlicher Bedeutung liegt dann nicht mehr vor, wenn diese Belange „berührt" werden. Sicher ist, dass die Schwelle der „Berührung" unterhalb der Schwelle der „Beeinträchtigung" liegt. Ob der Begriff „Berührung" im Sinne einer negativen Beeinflussung zu verstehen ist (so: Kopp/Ramsauer, Kommentar zum VwVfG, § 74, Rn. 226), erscheint zweifelhaft. Ausreichend ist stattdessen bereits jeder Einfluss auf die Belange, da die Bewertung von Art und Ausmaß der Berührung gerade der Abwägungsentscheidung vorbehalten bleiben soll (Lieber in: Mann/Sennekamp, Kommentar zum VwVfG, § 74, Rn. 490; Ziekow in: ders., Kommentar zum VwVfG, § 74, Rn. 77).

35 Die Anforderungen des § 74 Abs. 7 Satz 2 Nr. 1 VwVfG werden alternativ auch dann erfüllt, wenn die **erforderlichen behördlichen Entscheidungen** vorliegen und sie dem Plan nicht entgegenstehen. Dies ist dann der Fall, wenn das Vorhaben auf der Grundlage anderer behördlicher Entscheidungen geprüft und die Vorhabenverwirklichung auf der Grundlage dieser anderen Behördenentscheidungen bereits akzeptiert worden ist (Lieber in: Mann/Sennekamp, Kommentar zum VwVfG, § 74, Rn. 490).

36 Weiterhin darf eine Abwägungsentscheidung zwischen den Vorhabenzielen und **Rechten anderer** nicht deshalb erforderlich sein, weil Rechte anderer beeinflusst werden oder mit den Betroffenen keine entsprechenden Vereinbarungen getroffen worden sind. Wann eine Beeinflussung des Rechts eines Anderen vorliegt, bemisst sich wiederum danach, ob eine Abwägungsnotwendigkeit ausgelöst wird. Ausreichend ist daher jede mehr als nur geringfügige negative Berührung, wobei auch faktische Einwirkungen ausreichen (Ziekow, Kommentar zum VwVfG, § 74, Rn. 78 m.w.N.).

Mit dem Gesetz zur Verbesserung der Öffentlichkeitsbeteiligung und Vereinheitlichung von Planfeststellungsverfahren vom 31.05.2013 (BGBl. I S. 1388) wurde § 74 Abs. 7 S. 2 Nr. 3 VwVfG eingeführt. Danach kommt ein Entfall der Planfeststellung und Plangenehmigung nur dann in Betracht, wenn nicht **andere Rechtsvorschriften** eine Öffentlichkeitsbeteiligung nach § 73 Abs. 3 S. 1, Abs. 4 bis 7 VwVfG verlangen. Beispiel einer solchen Rechtsvorschrift ist § 18 Abs. 1 S. 4 (Lieber in: Mann/Sennekamp, Kommentar zum VwVfG, § 74, Rn. 498 unter Verweis auf BT-Drs. 17/9666, S. 20). 37

§ 65 Abs. 2 Satz 4 enthält eine Sonderregelung für **Rohrleitungsanlagen zum Befördern wassergefährdender Stoffe**. Für diese gelten die Vorschriften des § 65 Abs. 2 Satz 2 und 3 über die Fälle unwesentlicher Bedeutung grundsätzlich nicht. Dies bedeutet, dass Vorhaben der **Errichtung** und des **Betriebs** von Rohrleitungsanlagen zum Befördern wassergefährdender Stoffe mindestens einer Plangenehmigung, ggf. sogar eines Planfeststellungsbeschlusses bedürfen. Eine Rückausnahme enthält der letzte Halbsatz des § 65 Abs. 2 Satz 4. Danach gilt § 65 Abs. 2 Satz 4 erster Halbsatz nicht für **Änderungen von unwesentlicher Bedeutung**. Die Änderung von Rohrleitungsanlagen zum Befördern wassergefährdender Stoffe ist dementsprechend weder planfeststellungs- noch plangenehmigungspflichtig, wenn die Änderung lediglich eine unwesentliche Bedeutung im Sinne des Gesetzes hat. 38

Sofern ein Fall unwesentlicher Bedeutung vorliegt, bedarf es zur Verwirklichung des Vorhabens weder einer Planfeststellung noch einer Plangenehmigung. Dies hat jedoch **nicht zwingend** zur Folge, dass das Vorhaben **zulassungsfrei** bleibt. Beispielsweise muss geprüft werden, ob das Verfahren baugenehmigungspflichtig ist, wobei allerdings eine Reihe von Landesbauordnungen Rohrleitungsanlagen von der Baugenehmigungspflicht ausnehmen (vgl. z.B. § 1 Abs. 2 Nr. 4 BauO NRW, Art. 1 Abs. 2 Nr. 3 BayBauO, § 1 Abs. 2 Nr. 6 HessBauO). Gegebenenfalls sind Genehmigungen oder andere Zulassungen nach naturschutzrechtlichen Regelungen einzuholen (z.B. Genehmigung nach § 17 Abs. 3 BNatSchG). Sofern Verkehrswege gekreuzt oder in anderer Weise in Anspruch genommen werden sollen, können Sondernutzungserlaubnisse nach dem FStrG bzw. den landesrechtlichen Straßengesetzen notwendig sein. Wenn Leitungsanlagen andere Anlagen kreuzen, sind zahlreiche Sonderregelungen einschlägig (vgl. die Übersicht bei Wilrich, NVwZ 2003, S. 787, 790). 39

§ 66 Entscheidung, Nebenbestimmungen; Verordnungsermächtigung

(1) Der Planfeststellungsbeschluss darf nur ergehen, wenn

1. sichergestellt ist, dass das Wohl der Allgemeinheit nicht beeinträchtigt wird, insbesondere
   a) Gefahren für die Schutzgüter nicht hervorgerufen werden können und
   b) Vorsorge gegen die Beeinträchtigung der Schutzgüter, insbesondere durch bauliche, betriebliche oder organisatorische Maßnahmen entsprechend dem Stand der Technik getroffen wird,
2. umweltrechtliche Vorschriften und andere öffentlich-rechtliche Vorschriften dem Vorhaben nicht entgegenstehen,
3. Ziele der Raumordnung beachtet und Grundsätze und sonstige Erfordernisse der Raumordnung berücksichtigt sind,
4. Belange des Arbeitsschutzes gewahrt sind.

Bei Vorhaben im Sinne der Nummer 19.3 der Anlage UVPG 1 darf der Planfeststellungsbeschluss darüber hinaus nur erteilt werden, wenn eine nachteilige Veränderung der Wasserbeschaffenheit nicht zu besorgen ist.

(2) Der Planfeststellungsbeschluss kann mit Bedingungen versehen, mit Auflagen verbunden und befristet werden, soweit dies zur Wahrung des Wohls der Allgemeinheit oder zur Erfüllung von öffentlich-rechtlichen Vorschriften, die dem Vorhaben entgegenstehen können, erforderlich ist. Die Aufnahme, Änderung oder Ergänzung von Auflagen über Anforderungen an das Vorhaben ist auch nach dem Ergehen des Planfeststellungsbeschlusses zulässig.

(3) Die Absätze 1 und 2 gelten für die Plangenehmigung entsprechend.

(4) Der Planfeststellungsbeschluss muss zumindest die folgenden Angaben enthalten:

1. die umweltbezogenen Nebenbestimmungen, die mit der Zulassungsentscheidung verbunden sind,
2. eine Beschreibung der vorgesehenen Überwachungsmaßnahmen,
3. eine Begründung, aus der die wesentlichen tatsächlichen und rechtlichen Gründe hervorgehen, die die Behörde zu ihrer Entscheidung bewogen haben; hierzu gehören
   a) Angaben über das Verfahren zur Beteiligung der Öffentlichkeit,
   b) die zusammenfassende Darstellung gemäß § 24,
   c) die begründete Bewertung gemäß § 25 Absatz 1 sowie
   d) eine Erläuterung, wie die begründete Bewertung, insbesondere die Angaben des UVP-Berichts, die behördlichen Stellungnahmen nach § 17 Absatz 2 und § 55 Absatz 4 sowie die Äußerungen der Öffentlichkeit nach den §§ 21 und 56, in der Zulassungsentscheidung berücksichtigt wurden oder wie ihnen anderweitig Rechnung getragen wurde.

(5) Wird das Vorhaben nicht zugelassen, müssen im Bescheid die dafür wesentlichen Gründe erläutert werden.

(6) Die Bundesregierung wird ermächtigt, nach Anhörung der beteiligten Kreise durch Rechtsverordnung mit Zustimmung des Bundesrates Vorschriften zur Erfüllung der Voraussetzungen des Absatzes 1 Satz 1 Nr. 1 zu erlassen über

1. die dem Stand der Technik entsprechenden baulichen, betrieblichen oder organisatorischen Maßnahmen zur Vorsorge gegen die Beeinträchtigung der Schutzgüter,
2. die Pflichten von Vorhabenträgern und Dritten,

a) Behörden und die Öffentlichkeit zu informieren,
b) Behörden Unterlagen vorzulegen,
c) Behörden technische Ermittlungen und Prüfungen zu ermöglichen sowie ihnen dafür Arbeitskräfte und technische Hilfsmittel zur Verfügung zu stellen,

2a die behördlichen Befugnisse,
a) technische Ermittlungen und Prüfungen vorzunehmen,
b) während der Betriebszeit Betriebsräume sowie unmittelbar zugehörige befriedete Betriebsgrundstücke zu betreten,
c) bei Erforderlichkeit zur Verhütung dringender Gefahren für die öffentliche Sicherheit oder Ordnung Wohnräume und außerhalb der Betriebszeit Betriebsräume sowie unmittelbar zugehörige befriedete Betriebsgrundstücke zu betreten,
d) jederzeit Anlagen zu betreten sowie Grundstücke, die nicht unmittelbar zugehörige befriedete Betriebsgrundstücke nach den Buchstaben b und c sind,

3. die Überprüfung von Vorhaben durch Sachverständige, Sachverständigenorganisationen und zugelassene Überwachungsstellen sowie über die Anforderungen, die diese Sachverständigen, Sachverständigenorganisationen und zugelassene Überwachungsstellen erfüllen müssen, sowie über das Verfahren ihrer Anerkennung,
4. die Anpassung bestehender Vorhaben an die Anforderungen der geltenden Vorschriften,
5. die Anzeige von Änderungen, die nach § 65 weder einer Planfeststellung noch einer Plangenehmigung bedürfen, an die zuständige Behörde,
6. die Befugnis für behördliche Anordnungen im Einzelfall.

In der Rechtsverordnung können Vorschriften über die Einsetzung technischer Kommissionen getroffen werden. Die Kommissionen sollen die Bundesregierung oder das Bundesministerium für Umwelt, Naturschutz und nukleare Sicherheit in technischen Fragen beraten. Sie schlagen dem Stand der Technik entsprechende Regeln (technische Regeln) unter Berücksichtigung der für andere Schutzziele vorhandenen Regeln und, soweit dessen Zuständigkeiten berührt sind, in Abstimmung mit der Kommission für Anlagensicherheit nach § 51a Absatz 1 des Bundes-Immissionsschutzgesetzes vor. In die Kommissionen sind Vertreter der beteiligten Bundesbehörden und Landesbehörden, der Sachverständigen, Sachverständigenorganisationen und zugelassenen Überwachungsstellen, der Wissenschaft sowie der Hersteller und Betreiber von Leitungsanlagen zu berufen. Technische Regeln können vom Bundesministerium für Umwelt, Naturschutz und nukleare Sicherheit im Bundesanzeiger veröffentlicht werden. In der Rechtsverordnung können auch die Stoffe, die geeignet sind, die Wasserbeschaffenheit nachteilig zu verändern (wassergefährdende Stoffe im Sinne von Nummer 19.3 der Anlage UVPG 1), bestimmt werden. Das Grundrecht der Unverletzlichkeit der Wohnung (Artikel GG Artikel 13 des Grundgesetzes) wird durch Satz 1 Nummer 2a Buchstabe c eingeschränkt.

(7) Die Bundesregierung wird ermächtigt, für Rohrleitungsanlagen, die keiner Planfeststellung oder Plangenehmigung bedürfen, nach Anhörung der beteiligten Kreise im Sinne von § 23 Absatz 2 des Wasserhaushaltsgesetzes durch Rechtsverordnung mit Zustimmung des Bundesrates

1. eine Anzeigepflicht vorzuschreiben,
2. Regelungen entsprechend Absatz 6 Satz 1 Nummer 1 bis 4, 6 oder entsprechend Absatz 6 Satz 2 und 7 zu erlassen.

(8) Für Anlagen, die militärischen Zwecken dienen, obliegen dem Bundesministerium der Verteidigung und den von ihm benannten Stellen die Aufgaben des Vollzugs und der Überwachung.

Schrifttum Wilrich, Zulassung, Betrieb und Überwachung von Rohrleitungsanlagen und Energieleitungen, NVwZ 2003, S. 787; Peters, Planfeststellungsverfahren mit integrierter Umweltverträglichkeitsprüfung bei Rohrleitungsanlagen, ZfWassR 2002, S. 146; Wahlhäuser, Gasversorgungsleitung oder Rohrleitungsanlage: Welches Genehmigungsregime gilt für Erdgasröhrenspeicher?, UPR 2011, S. 262; Beckmann in: Hoppe/Beckmann/Kauch, Kommentar zum UVPG, 5. Aufl. 2018, § 66, Rn. 1 ff.; Dippel in: Schink/Reidt/Mitschang, Kommentar zum UVPG/UmwRG, 1. Aufl. 2018, § 66, Rn. 1 ff.; Peters/Balla/Hesselbarth in: dies., Kommentar zum UVPG, 4. Aufl. 2019, § 66, Rn. 1 ff.

Rechtsprechung OVG Münster, Urt. v. 31.08.2020 – 20 A 1923/11 –; VGH Mannheim, Beschl. v. 14.11.2011 – 8 S 1281/11 –; VG Düsseldorf, Urt. v. 25.05.2011– 3 K 1599/07 –; OVG Münster, Beschl. v. 17.12.2007 – 20 B 1586/07 –.

Übersicht

A. Allgemeines

§ 66 gibt **formale und materielle Voraussetzungen** für die zu treffenden Zulassungsentscheidungen vor. Dabei stellt Absatz 1 einen Katalog von Zulassungsvoraussetzungen auf, der in ähnlicher Form auch in anderen fachplanungsrechtlichen Rechtsgrundlagen (z.B. § 36 Abs. 1 KrWG) zu finden ist. Durch Absatz 2 erlangt die zuständige Behörde die Befugnis, dem Planfeststellungsbeschluss Nebenbestimmungen im Sinne des § 36 VwVfG beizufügen. Absatz 3 stellt klar, dass die Absätze 1 und 2 auch für Plangenehmigungen gelten. Absatz 4 gibt vor, welche Mindestangaben ein Planfeststellungsbeschluss enthalten muss. Nach Absatz 5 sind im Falle der Nichtzulassung eines Vorhabens die Gründe zu erläutern. § 66 enthält ferner in den Absätzen 6 und 7 **Ermächtigungen zum Erlass von Rechtsverordnungen**. Absatz 8 enthält schließlich eine **Zuständigkeitsregelung für Anlagen, die militärischen Zwecken** dienen. 1

B. Zulassung

2 § 66 Abs. 1 enthält objektive Zulassungsvoraussetzungen. Dabei handelt es sich um Vorgaben, die im Rahmen der zu treffenden Abwägungsentscheidung zwingend zur berücksichtigen sind, die also nicht im Wege der Abwägung überwunden werden können. Solche Vorgaben werden als **zwingende Rechtsvorschriften** bzw. (in der Terminologie der älteren Rechtsprechung) als zwingende Planungsleitsätze bezeichnet (zur Systematik und Terminologie vgl. Neumann/Külpmann in: Stelkens/Bonk/Sachs, Kommentar zum VwVfG, § 74, Rn. 130 ff.).

I. Keine Beeinträchtigung des Wohls der Allgemeinheit (Nr. 1)

3 Gemäß § 66 Abs. 1 Nr. 1 darf der Planfeststellungsbeschluss nur ergehen, wenn sichergestellt ist, dass das Wohl der Allgemeinheit nicht beeinträchtigt wird, insbesondere Gefahren für die Schutzgüter nicht hervorgerufen werden können (lit. a) und Vorsorge gegen die Beeinträchtigung der Schutzgüter, insbesondere durch bauliche, betriebliche oder organisatorische Maßnahmen entsprechend dem Stand der Technik getroffen wird (lit. b). Durch Verwendung des Wortes **„insbesondere"** stellt der Gesetzgeber klar, dass die Prüfung, ob das Wohl der Allgemeinheit beeinträchtigt wird, nicht auf die in lit. a und lit. b geregelten Unterfälle beschränkt ist. Auch andere öffentliche Belange können dem Vorhaben entgegenstehen.

4 Die in § 66 Abs. 1 Nr. 1 geregelte Voraussetzung, dass eine Beeinträchtigung des Wohls der Allgemeinheit ausgeschlossen sein muss, ist zwar als zwingende Rechtsvorschrift und Zulassungsvoraussetzung in der Systematik eher der objektiven Tatbestandsebene als der Rechtsfolgenseite zuzuordnen. Gleichwohl setzt die Prüfung dieser Zulassungsvoraussetzung eine **Abwägung** voraus. So führt die Errichtung und der Betrieb einer Rohrleitungsanlage zwangsläufig zu Beeinträchtigungen von Schutzgütern (z.B. der Schutzgüter Boden und Landschaft). Hinzu kommen nicht selten Wechselbeziehungen zwischen den verschiedenen Schutzgütern mit der Folge, dass sich ein stärkerer Schutz des einen Schutzgutes negativ auf den Schutz eines anderen Schutzgutes auswirken kann. Überwiegen die im Rahmen der gebotenen Abwägung für das Vorhaben sprechenden Gemeinwohlbelange, dann führt die Errichtung und der Betrieb der Rohrleitungsanlage nicht zu einer Allgemeinwohlbeeinträchtigung im Sinne des § 66 Abs. 1 Nr. 1. Insoweit ist zur Wahrung der Verhältnismäßigkeit in Grenzen eine Saldierung der für und gegen das Vorhaben sprechenden Belange zulässig und geboten (so auch: Beckmann, in: Hoppe, Kommentar zum UVPG, § 66, Rn. 12). Letztlich hat dies eine Antizipierung der im Rahmen der Ausübung des Planungsermessens durchzuführenden Abwägung zur Folge.

5 **1. Schutzpflicht.** Gemäß § 66 Abs. 1 Nr. 1 lit. a muss sichergestellt sein, dass Gefahren für die Schutzgüter nicht hervorgerufen werden können. Der Begriff „Schutzgüter" knüpft an die Legaldefinition des § 2 Abs. 1 an. Gemeint sind also die Schutzgüter Menschen (insbesondere die menschliche Gesundheit), Tiere, Pflanzen und die biologische Vielfalt, Fläche, Boden, Wasser, Luft, Klima und Landschaft, kulturelles Erbe und sonstige Sachgüter.

6 Unter dem Begriff Gefahren sind mit hinreichender Wahrscheinlichkeit eintretende Schäden an der Schutz- bzw. Umweltgütern zu verstehen, wobei der Maßstab für die künftigen Schäden – wie ordnungsrechtlich üblich – eher streng ist. Niedrige Wahrscheinlichkeiten können allerdings dann genügen, wenn die Quantität oder die Qualität

der befürchteten Schäden hoch ist (Peters/Balla/Hesselbarth in: dies., Kommentar zum UVPG, § 66, Rn. 4).

7 **2. Vorsorgeanforderungen.** Gemäß § 66 Abs. 1 Nr. 1 lit. b muss weiterhin **Vorsorge** gegen die Beeinträchtigung der Schützgüter, insbesondere durch bauliche, betriebliche oder organisatorische Maßnahmen entsprechend dem **Stand der Technik** getroffen werden. Anders als in anderen umweltrechtlichen Regelwerken (vgl. z.B. § 3 Abs. 6 BImSchG; § 3 Abs. 28 KrWG), wird der Begriff „Stand der Technik" im UVPG nicht legal definiert. Allerdings ist es zulässig, bei der Auslegung des abstrakten Rechtsbegriffs auf die Begriffsbestimmung der anderen Fachgesetze zurückzugreifen, da die Schaffung eines einheitlichen Standards gerade das Anliegen des Gesetzgebers beim Erlass des „Artikelgesetzes" vom 27.07.2001 war, das auch der Umsetzung der Richtlinie 96/61/EG des Rates vom 24. September 1994 über die integrierte Vermeidung und Verminderung der Umweltverschmutzung (IVU-Richtlinie) diente. Stand der Technik in diesem Sinne ist dementsprechend der Entwicklungsstand fortschriftlicher Verfahren, Einrichtungen oder Betriebsweisen, der die praktische Eignung einer Maßnahme zur Begrenzung von Emissionen in Luft, Wasser und Boden, zur Gewährleistung der Anlagensicherheit, zur Gewährleistung einer umweltverträglichen Abfallentsorgung oder sonst zur Vermeidung oder Verminderung von Auswirkungen auf die Umwelt zur Erreichung eines allgemeinen hohen Schutzniveaus für die Umwelt insgesamt gesichert erscheinen lässt.

8 In der Praxis bedeutsamer ist die Konkretisierung des Begriffs „Stand der Technik", die auf der Grundlage des § 66 Abs. 6 Satz 1 Nr. 1, Satz 4, Satz 6 vorgenommen worden ist. § 3 Abs. 2 der **Rohrfernleitungsverordnung** (RohrFLtV) verweist auf die technischen Regelungen, die nach § 9 Abs. 5 RohrFLtV veröffentlicht worden sind. Der nach § 9 RohrFLtV eingerichtete Ausschuss für Rohrfernleitungen hat auf der Grundlage des § 9 Abs. 2 Nr. 2 RohrFLtV die **Technische Regel für Rohrfernleitungsanlagen (TRFL)** vorgeschlagen, die vom Bundesministerium für Umwelt, Naturschutz und nukleare Sicherheit in der Fassung vom 03.05.2017 (BAnz. AT vom 07.06.2017 B6) veröffentlicht und am 30.10.2020 (BAnz AT vom 21.10.2020 B2) letztmalig geändert wurde (siehe dazu auch Rn. 41 f.).

9 Sofern die Rohrleitungsanlage dem in § 2 RohrFLtV genannten Anwendungsbereich unterfällt, was vor allem dann der Fall ist, wenn gefährliche Stoffe im Sinne der Rohrfernleitungsverordnung in der Rohrleitung befördert werden, sind die in der TRFL vorgenommenen Konkretisierungen des Stands der Technik verbindlich (OVG Münster, Urt. v. 31.08.2020 – 20 A 1923/11, BeckRS 2020, 43468 Rn. 294, beck-online). Das schließt angesichts des Begriffs „insbesondere" zwar einerseits anderweitige Konkretisierungen des Stands der Technik, insbesondere durch anderweitige Regelwerke nicht aus. Andererseits ist es wegen der Verbindlichkeit der TRFL nicht ohne Weiteres zulässig, unter Verweis auf den Begriff „insbesondere" strengere, also über die TRFL hinausgehende Anforderungen zu verlangen. Die Umsetzung eines strengeren Schutzniveaus muss auf Sachverhalte beschränkt bleiben, die sich einer sachgerechten Regelung anhand der Anforderungen der TRFL aufgrund fortgeschrittener Erkenntnisse zu Risiken oder deren Beherrschung, zusätzlicher Risiken oder anderer Besonderheiten bislang entzogen haben bzw. entziehen (OVG Münster Urt. v. 31.08.2020 – 20 A 1923/11, BeckRS 2020, 43468 Rn. 298, beck-online). Im Übrigen bestimmt die TRFL den Stand der Technik abschließend. Zur Begründung führt das OVG Münster in der zitierten Entscheidung aus, Vorsorge sei auch dann, wenn sie nicht durch allgemeine Standards verbindlich konkretisiert sei, nicht unbegrenzt. Ihre Grenzen ergäben sich aus dem Grundsatz der Verhältnismäßigkeit. Umfang und Ausmaß von Vorsorgemaßnahmen müssten dem Risikopotenzial pro-

portional sein (OVG Münster Urt. v. 31.08.2020 – 20 A 1923/11, BeckRS 2020, 43468 Rn. 298, beck-online).

II. Umweltrechtliche und andere öffentlich-rechtliche Vorschriften

10 Gemäß § 66 Abs. 1 Nr. 2 dürfen **umweltrechtliche und andere öffentlich-rechtliche Vorschriften** dem Vorhaben nicht entgegenstehen. Da der Wortlaut der Norm den Kreis der zu prüfenden Vorschriften neben dem Umweltrecht auf (alle) „anderen öffentlich-rechtlichen" Vorschriften ausweitet, kommt der expliziten Nennung der umweltrechtlichen Vorschriften keine über ein Regelbeispiel hinausgehende Bedeutung zu. Naturgemäß muss es sich aber um Vorschriften mit Vorhabenbezug handeln, also solche Vorschriften, deren Regelungsgehalt sich auf das Vorhaben bezieht. Die bau- und umweltrechtlichen Vorschriften haben dabei mit Abstand die größte Bedeutung. Dies betrifft beispielsweise die Vorschriften des **Natur- und Landschaftsrechts**. Zu nennen sind weiterhin die **bauplanungsrechtlichen Vorschriften** der §§ 29 ff. BauGB, wobei allerdings auf **§ 38 BauGB** hinzuweisen ist. Danach sind die §§ 29 bis 37 BauGB auf Planfeststellungsverfahren und sonstige Verfahren mit den Rechtswirkungen der Planfeststellung für Vorhaben von überörtlicher Bedeutung nicht anzuwenden, wenn die Gemeinde beteiligt wird; städtebauliche Belange sind zu berücksichtigen. Allein der Umstand, dass der Gesetzgeber auf bundesgesetzlicher Ebene das Erfordernis eines Planfeststellungsverfahrens verankert hat, ist ein Indiz dafür, dass in der gebotenen typisierenden Betrachtungsweise wegen des Koordinierungsbedarfs im Hinblick auf die Belange anderer Planungsträger die räumliche Reichweite örtlicher Bauleitplanungen überschritten wird, also eine überörtliche Bedeutung im Sinne des § 38 BauGB vorliegt (vgl. Ernst/Zinkhahn/Bielenberg, Kommentar zum BauGB, § 38, Rn. 33; Gaentzsch, NVwZ 1998, S. 889, 896; Jäde, BayVBl. 1989, S. 459, 460). Deshalb ist im Regelfall davon auszugehen, dass Rohrleitungsanlagen im Sinne der §§ 65 ff. gemäß § 38 BauGB privilegiert sind. Dies gilt umso mehr, wenn – was bei Rohrleitungsanlagen häufig der Fall sein dürfte – die Grenzen eines Gemeindegebiets überschritten werden.

11 Andere als öffentlich-rechtliche Vorschriften werden von § 66 Abs. 1 Nr. 2 nicht erfasst. Daher sind beispielsweise **zivilrechtliche Vorschriften** in diesem Zusammenhang nicht zu prüfen. Dies ändert aber nichts daran, dass dem Vorhaben entgegenstehende zivilrechtliche Rechtspositionen im Rahmen der bei Ausübung des Planermessens durchzuführenden Abwägung zu berücksichtigen sind. Allerdings können sie dort – anders als entgegenstehende öffentlich-rechtliche Vorschriften im Sinne des § 66 Abs. 1 Nr. 2 – hinter den für das Vorhaben sprechenden Belangen zurücktreten, also im Wege der Abwägung überwunden werden.

III. Ziele und Grundsätze der Raumordnung

12 Gemäß § 66 Abs. 1 Nr. 3 darf der Planfeststellungsbeschluss nur ergehen, wenn Ziele der Raumordnung beachtet und Grundsätze und sonstige Erfordernisse der Raumordnung berücksichtigt sind.

13 **Ziele der Raumordnung** sind gemäß § 3 Nr. 2 ROG verbindliche Vorgaben in Form von räumlich und sachlich bestimmten oder bestimmbaren, vom Träger der Raumordnung abschließend abgewogenen textlichen oder zeichnerischen Festlegungen in Raumordnungsplänen zur Entwicklung, Ordnung und Sicherung des Raums. **Grundsätze der Raumordnung** sind demgegenüber gemäß § 3 Nr. 3 ROG Aussagen zur Entwicklung, Ordnung und Sicherung des Raums als Vorgaben für nachfolgende Abwägungs- oder Ermessensentscheidungen. Grundsätze der Raumordnung können durch Gesetz oder als Festlegungen in einem Raumordnungsplan aufgestellt werden. **Sonstige Erfordernisse**

der Raumordnung sind gemäß § 3 Nr. 4 ROG in Aufstellung befindliche Ziele der Raumordnung, Ergebnisse förmlicher landesplanerischer Verfahren wie des Raumordnungsverfahrens und landesplanerische Stellungnahmen.

Ziele der Raumordnung sind wegen der Beachtungspflicht nach § 4 ROG im Rahmen der Abwägung nicht überwindbar. Grundsätze und sonstige Erfordernisse der Raumordnung müssen dagegen („lediglich") berücksichtigt werden. Sie können jedoch im Rahmen der planerischen Abwägung zugunsten überwiegender anderer Belange zurückgestellt werden. **14**

IV. Belange des Arbeitsschutzes

Der Planfeststellungsbeschluss darf gemäß § 66 Abs. 1 Nr. 4 nur dann ergehen, wenn Belange des Arbeitsschutzes gewahrt sind. Maßgebliche Rechtsgrundlagen sind insoweit z.B. das Arbeitsschutzgesetz, die Arbeitsstättenverordnung, die Gefahrstoffverordnung oder das Sprengstoffgesetz (Beckmann in: Hoppe/Beckmann/Kment, Kommentar zum UVPG, § 66, Rn. 28). **15**

V. Veränderungen der Wasserbeschaffenheit

Nach § 66 Abs. 1 S. 2 darf der Planfeststellungsbeschluss bei Vorhaben im Sinne der Nr. 19.3 der Anlage 1 schließlich nur dann erteilt werden, wenn eine nachteilige Veränderung der Wasserbeschaffenheit nicht zu besorgen ist. Nr. 19.3 der Anlage 1 umfasst Rohrleitungsanlagen zum Befördern wassergefährdender Stoffe im Sinne von § 66 Abs. 6 S. 7, wenn sie entweder einen Mindestdurchmesser von 150 mm oder eine Mindestlänge von 40 km haben. Ausgenommen werden Rohrleitungsanlagen, die den Bereich eines Werksgeländes nicht überschreiten, die Zubehör einer Anlage zum Umgang mit solchen Stoffen sind, oder die Anlagen verbinden, die in engem räumlichen und betrieblichen Zusammenhang miteinander stehen und kurzräumig durch landgebundene öffentliche Verkehrswege getrennt sind (siehe dazu auch dies Ausführungen zu § 65, Rn. 8 ff.). **16**

VI. Ausübung von Planungsermessen

§ 66 beinhaltet ein **Planungsermessen**. Zwar wird keine ausdrückliche Regelung über das planerische Abwägungsgebot getroffen. Dennoch hat es auch bei Entscheidungen nach § 66 als Ausdruck des Verhältnismäßigkeitsprinzips Geltung (Beckmann in: Hoppe/Beckmann/Kment, Kommentar zum UVPG, § 66, Rn. 31). **17**

Es handelt sich somit um einen Planungsakt, der mit der Einräumung einer **planerischen Gestaltungsfreiheit** verbunden ist. Allerdings plant die Planfeststellungsbehörde nicht originär, sondern sie hat die im Antrag konkretisierten Vorstellungen des Vorhabenträgers abwägend nachzuvollziehen und dadurch die rechtliche Verantwortung für die Planung zu übernehmen. Der Vorhabenträger hat zwar keinen Zulassungsanspruch, aber doch einen Rechtsanspruch auf **fehlerfreie Ausübung des Planungsermessens**, der sich auf alle abwägungserheblichen Gesichtspunkte erstreckt. Die Planfeststellungsbehörde prüft nachvollziehend die Einhaltung bindender rechtlicher Vorgaben, aber auch die Anforderungen, die sich aus dem **Abwägungsgebot** ergeben. **18**

Abwägung in diesem Sinne ist eine interessenkoordinierende, sie vorziehende und/oder zurückstellende gewichtende und ausgleichende Auswahlentscheidung im Hinblick auf Ziele. Sie ist eine Methode zur Lösung von Interessenkollisionen zur Erreichung von Zielen, eine Methode der materiellen Interessenkoordination (vgl. Hoppe/Schlarmann/Buchner, Rechtsschutz bei der Planung von Straßen und anderen Verkehrsanlagen, Rn. 541 m.w.N.). Wesentliche Bestandteile der Abwägung sind die Prüfung der **Planrechtfertigung**, die Prüfung, ob **entgegenstehendes zwingendes Recht** als Grenze **19**

der planerischen Abwägung wirkt, sowie das **Abwägungsgebot im engeren Sinne**. Letzteres beinhaltet das Berücksichtigungsgebot, das Optimierungsgebot sowie die allgemeinen Abwägungsgrundsätze.

20 Zu den zentralen Abwägungsgrundsätzen gehört das Gebot der **planerischen Konfliktbewältigung**. Interessenkonflikte, auf die die Planung stößt, sind vollständig und umfassend zu bewältigen. Mit dem Grundsatz der Konfliktbewältigung hängt der planerische Grundsatz der **Rücksichtnahme auf schutzwürdige Individualinteressen** zusammen. Weiterhin von großer Bedeutung ist die Pflicht, **Planungsalternativen** in die Abwägung einzubeziehen. Der Planungsträger hat nicht nur festzustellen, welche öffentlichen und privaten Belange von der planerischen Hauptlösung getroffen werden können, sondern er muss auch für zu prüfende und erwogene Alternativlösungen ermitteln, welche Belange von diesen Planungsalternativen betroffen werden. Dabei kommen Alternativen in Betracht, die als real mögliche Lösungen ernsthaft zu erwägen sind (vertiefend zur Abwägung bei Fachplanungsentscheidungen mit umfangreichen weiteren Nachweisen: Hoppe/Schlarmann/Buchner, Rechtsschutz bei der Planung von Straßen und anderen Verkehrsanlagen, Rn. 514 ff.).

VII. Drittschutz

21 Anders als etwa 36 Abs. 1 Nr. 4 KrWG für abfallrechtliche Planfeststellungen setzt § 66 nicht voraus, dass keine nachteiligen Wirkungen auf das Recht eines anderen zu erwarten sind. Keine der in § 66 Abs. 1 genannten Zulassungsvorrausetzungen ist damit unmittelbar **drittschützend** (Beckmann, in: Hoppe/Beckmann/Kment, Kommentar zum UVPG, § 66, Rn. 4).

22 Rechte Dritter können jedoch über die in § 66 Abs. 1 Nr. 2 genannten umweltrechtlichen und anderen **öffentlich-rechtlichen Vorschriften** geschützt werden, wenn die jeweiligen Vorschriften zumindest auch dem Schutz Dritter zu dienen bestimmt sind. Im Übrigen entnimmt das Bundesverwaltungsgericht dem Abwägungsgebot ein **subjektives Recht auf gerechte Abwägung privater Belange** auch zugunsten derjenigen, die nachteilig in eigenen Belangen betroffen werden. Das Abwägungsgebot wird in diesem Sinne als Schutznorm zugunsten der Träger privater Belange angesehen (BVerwG, Urt. v. 27.11.1996 – 11 A 100/95 –, BeckRS 9998, 50572, beck-online; BVerwG, Beschl. v. 15.05.1996 – 11 VR 3/96 –, BeckRS 9998, 29705, beck-online).

C. Nebenbestimmungen

23 Gemäß § 66 Abs. 2 kann der Planfeststellungsbeschluss mit **Bedingungen** versehen, mit **Auflagen** verbunden und **befristet** werden, soweit dies zur Wahrung des Wohls der Allgemeinheit oder zur Erfüllung von öffentlich-rechtlichen Vorschriften, die dem Vorhaben entgegenstehen können, erforderlich ist. Gemäß Satz 2 ist die Aufnahme, Änderung oder Ergänzung von Auflagen über Anforderungen an das Vorhaben auch **nach dem Ergehen des Planfeststellungsbeschlusses** zulässig.

24 **Bedingungen** sind gemäß § 36 Abs. 2 Nr. 2 VwVfG Bestimmungen, nach denen der Eintritt oder der Wegfall einer Vergünstigung oder einer Belastung von dem ungewissen Eintritt eines zukünftigen Ereignisses abhängt. **Auflagen** sind gemäß § 36 Abs. 2 Nr. 4 VwVfG Bestimmungen, durch die dem Begünstigten ein Tun, Dulden oder Unterlassen vorgeschrieben wird. **Befristungen** sind gemäß § 36 Abs. 2 Nr. 1 VwVfG Bestimmungen, nach der eine Vergünstigung oder Belastung zu einem bestimmten Zeitpunkt beginnt, endet oder für einen bestimmten Zeitraum gilt.

Die Aufnahme von Nebenbestimmungen in dem Planfeststellungsbeschluss steht im pflichtgemäß auszuübenden Ermessen der Behörde. Der Vorhabenträger hat insbesondere keinen Anspruch auf den Erlass eines Planfeststellungsbeschlusses ohne Befristungen, Bedingungen und Auflagen, wohl aber einen **Anspruch auf ermessensfehlerfreie Entscheidung**. Die Prüfung, ob die jeweils auferlegte Nebenbestimmung rechtmäßig ist, ist streng am **Verhältnismäßigkeitsgrundsatz** zu orientieren. Dies gilt erst recht dann, wenn gemäß § 66 Abs. 2 Satz 2 nachträgliche Auflagen verfügt werden. Nicht zu beanstanden ist die Auferlegung von Nebenbestimmungen insbesondere dann, wenn sie die Erfüllung der gesetzlichen Zulassungsvorrausetzungen sicherstellen sollen. 26

D. Entsprechende Anwendung für die Plangenehmigung

§ 66 Abs. 3 stellt klar, dass die Absätze 1 und 2 entsprechend für die Plangenehmigung gelten. 27

E. Mindestangaben des Planfeststellungsbeschlusses

Nach § 66 Abs. 4 muss der Planfeststellungsbeschluss bestimmte Mindestangaben enthalten. Dabei handelt es sich um formale Anforderungen und nicht um materielle Zulassungsvoraussetzungen (BT-Drs. 18/11499, S. 108). Die Regelung dient der **Umsetzung des Art. 8a der UVP-Richtlinie**. Danach sind mindestens die Schlussfolgerung nach Art. 1 Abs. 2 lit. g Ziff. iv der UVP Richtlinie sowie etwaige Umweltauflagen in die Genehmigung aufzunehmen, die mit der Entscheidung verbunden sind, ferner eine Beschreibung der Aspekte des Projekts und/oder der Maßnahmen, mit denen erhebliche nachteilige Auswirkungen auf die Umwelt vermieden, verhindert oder verringert und soweit möglich ausgeglichen werden sollen, und, soweit angemessen, eine Beschreibung der Überwachungsmaßnahmen. 28

Mit den umweltbezogenen **Nebenbestimmungen** (§ 66 Abs. 4 Nr. 1) sind Nebenbestimmungen im Sinne des § 36 VwVfG gemeint (BT-Drs. 18/11499, S. 108). Die vorgesehenen **Überwachungsmaßnahmen** knüpfen insbesondere an § 68 an. Nach § 66 Abs. 4 Nr. 3 sind ferner die wesentlichen tatsächlichen und rechtlichen Gründe anzugeben, die die Behörde zu ihrer Entscheidung bewogen haben. Angaben über das Verfahren zur **Beteiligung der Öffentlichkeit** (lit. a) beziehen sich dabei auf die §§ 18 ff. Die **zusammenfassende Darstellung** ist in § 24, die **begründete Bewertung** in § 25 geregelt. Schließlich ist nach § 66 Abs. 1 Nr. 3 anzugeben, wie die begründete Bewertung, insbesondere die Angaben des UVP-Berichts, die behördlichen Stellungnahmen nach § 17 Absatz 2 und § 55 Absatz 4 sowie die Äußerungen der Öffentlichkeit nach den §§ 21 und 56, **in der Zulassungsentscheidung berücksichtigt** wurden oder wie ihnen anderweitig Rechnung getragen wurde. Neben einer Berücksichtigung in der Zulassungsentscheidung kommt auch ein „anderweitiges Rechnung tragen" in Betracht. Dies können z.B. Maßnahmen sein, die im Rahmen grenzüberschreitender Konsultationen mit einem Nachbarstaat oder im Rahmen eines Mediationsverfahrens vereinbart werden. Soweit diese Maßnahmen nicht Gegenstand des Genehmigungsverfahrens sind, ist auf diesen Umstand in der Begründung hinzuweisen (BT-Drs. 18/11499, S. 108). 29

F. Begründung von Ablehnungsbescheiden

30 Wird das Vorhaben nicht zugelassen, müssen nach § 66 Abs. 5 die dafür **wesentlichen Gründe im Bescheid erläutert** werden. Diese Vorgabe dient unmittelbar der Umsetzung des Art. 8a Abs. 2 der UVP-Richtlinie. Eine eigenständige Bedeutung kann § 66 Abs. 5 jedoch deshalb nicht erlangen, weil schon § 39 VwVfG ein Begründungserfordernis für alle schriftlichen, elektronischen sowie schriftlich und elektronisch zu bestätigenden Verwaltungsakte vorgibt. Nach § 39 Abs. 1 S. 2 VwVfG sind in der Begründung die wesentlichen tatsächlichen und rechtlichen Gründe mitzuteilen, die die Behörde zu ihrer Entscheidung bewogen haben. Handelt es sich um eine Ermessensentscheidung, so soll die Begründung nach § 39 Abs. 1 S. 3 VwVfG auch die Gesichtspunkte erkennen lassen, von denen die Behörde bei der Ausübung ihres Ermessens ausgegangen ist.

G. Verordnungsermächtigungen

31 Nach § 66 Abs. 6 wird die Bundesregierung dazu ermächtigt, Vorschriften zur Erfüllung der Voraussetzungen des § 66 Abs. 1 Nr. 1 durch den Erlass von **Rechtsverordnungen** vorzugeben. Inhaltlich wird die Ermächtigung konkretisiert auf Vorgaben über die dem Stand der Technik entsprechenden baulichen, betrieblichen oder organisatorischen Maßnahmen zur Vorsorge gegen die Beeinträchtigung der Schutzgüter (Nr. 1), ferner über Information- und Aufklärungspflichten (Nr. 2), behördliche Befugnisse (Nr. 2a), die Überprüfung von Vorhaben durch Sachverständige (Nr. 3), die Anpassung bestehender Vorhaben an die Anforderungen der geltenden Vorschriften (Nr. 4), die Anzeige unwesentlicher Änderungen (Nr. 5) und die Befugnis für behördliche Anordnungen im Einzelfall (Nr. 6). § 66 Abs. 6 S. 2 enthält darüber hinaus die Befugnis, in der zu erlassenden Rechtsverordnung Vorschriften über die **Einsetzung technische Kommissionen** zu treffen. Der Verordnungsgeber hat von dieser Befugnis mit dem Erlass des § 9 RohrFLtV Gebrauch gemacht und den Ausschuss für Rohrfernleitungen eingerichtet. Schließlich enthält § 66 Abs. 7 die Ermächtigung für den Erlass einer **Rechtsverordnung**, in der Regelungen für Rohrfernleitungsanlagen getroffen werden, die keiner Planfeststellung oder Plangenehmigung bedürfen.

I. Rohrfernleitungsverordnung

32 Gestützt auf die Ermächtigungsgrundlage des § 66 Abs. 6 hat die Bundesregierung am 27.09.2002 die Verordnung über Rohrfernleitungsanlagen erlassen (**Rohrfernleitungsverordnung**, BGBl. I S. 3809, zuletzt geändert durch Art. 224 der elften Zuständigkeitsanpassungsverordnung vom 19.06.2020, BGBl. I S. 1328).

33 Zweck der Rohrfernleitungsverordnung ist gemäß § 1 RohrFLtV, eine **Beeinträchtigung des Wohls der Allgemeinheit** zu vermeiden, insbesondere den Menschen und die Umwelt vor schädlichen Einwirkungen durch die Errichtung, die Beschaffenheit und den Betrieb von Rohrfernleitungsanlagen zu schützen. Bereits mit der amtlichen Überschrift – „Verordnung über Rohr**fern**leitungsanlagen" – bringt der Verordnungsgeber zum Ausdruck, dass der Anwendungsbereich der Verordnung nicht deckungsgleich mit dem Anwendungsbereich der §§ 65 ff. ist.

34 Die Rohrfernleitungsverordnung gilt gemäß § 2 Abs. 1 S. 1 RohrFLtV nur für solche Rohrfernleitungsanlagen, in denen folgende **Stoffe** befördert werden:

1. brennbare Flüssigkeiten mit einem **Flammpunkt** < 100 °C sowie brennbare Flüssigkeiten, die bei Temperaturen gleich oder oberhalb ihres Flammpunktes befördert werden,
2. Verflüssigte oder gasförmige Stoffe mit dem **Gefahrenmerkmal** F, F+, T, T+ oder C,
3. Stoffe mit den **R-Sätzen** R14, R14/15, R29, R50, R50/53 oder R51/53.

Dabei gelten Stoffe, die unter § 2 Abs. 1 S. 1 Nr. 1 oder Nr. 3 RohrFLtV fallen, und Stoffe mit dem Gefahrenmerkmal T, T+ oder C nach § 2 Abs. 1 S. 2 RohrFLtV als wassergefährdende Stoffe.

Die in § 2 Abs. 1 S. 1 Nr. 2 und Nr. 3 RohrFLtV genannten **Gefahrenmerkmale** und **R-Sätze** entsprechen dem Anhang II und III der Richtlinie 67/548/EWG („Richtlinie zur Angleichung der Rechts- und Verwaltungsvorschriften für die Einstufung, Verpackung und Kennzeichnung gefährlicher Stoffe"). Die Richtlinie ist zwar mittlerweile durch die Verordnung (EG) Nr. 1972/2008 („Verordnung über die Einstufung, Kennzeichnung und Verpackung von Stoffen und Gemischen") aufgehoben worden. Da § 2 Abs. 1 S. 1 Nr. 2 und Nr. 3 RohrFLtV aber nicht geändert wurde, ist für die Einordnung weiterhin die Richtlinie 67/548/EWG maßgeblich. Nach Anhang II der Richtlinie 67/548/EWG bedeuten: „F" = „leicht entzündlich", „F+" = „hochentzündlich", „T" = „giftig", „T+" = „sehr giftig" und „C" = „ätzend". Die in Nr. 3 verwendeten **R-Sätze** werden in Anhang III der Richtlinie 67/548/EWG definiert. Hiernach bedeuten: „R14" = „Reagiert heftig mit Wasser", „R14/15" = „Reagiert heftig mit Wasser unter Bildung hochentzündlicher Gase", „R29" = „Entwickelt bei Berührung mit Wasser giftige Gase", „R50" = „Sehr giftig für Wasserorganismen", „R50/53" = „Sehr giftig für Wasserorganismen, kann in Gewässern längerfristig schädliche Wirkungen haben" und „R51/53" = „Giftig für Wasserorganismen, kann in Gewässern längerfristig schädliche Wirkungen haben". Die Einstufung und damit die Prüfung, ob und ggf. welche Gefahrenmerkmale bzw. R-Sätze einschlägig sind, ist nach den Vorgaben des Chemikalienrechts vorzunehmen. 35

Vom Anwendungsbereich der Rohrfernleitungsverordnung sind gemäß § 2 Abs. 3 RohrFLtV Rohrfernleitungsanlagen ausgenommen, die dem **bergrechtlichen Betriebsplanverfahren** unterliegen. 36

Rohrfernleitungsanlagen müssen gem. § 3 RohrFLtV so beschaffen sein und betrieben werden, dass eine Beeinträchtigung des **Wohls der Allgemeinheit** vermieden wird und insbesondere schädliche Einwirkungen auf den Menschen und die Umwelt nicht zu besorgen sind. Gem. § 3 Abs. 2 RohrFLtV ist eine Rohrfernleitungsanlage entsprechend dem **Stand der Technik** zu errichten und zu betreiben. Als Stand der Technik im Sinne von Satz 1 gelten insbesondere die **technischen Regeln**, die nach § 9 Abs. 5 RohrFLtV veröffentlicht werden (zu der auf dieser Grundlage veröffentlichten TRFL siehe Rn. 41 f.). Als gleichwertige Regeln der Technik im Sinne von Satz 1 gelten Normen, sonstige Bestimmungen oder technische Vorschriften anderer Mitgliedsstaaten der Europäischen Gemeinschaft oder anderer Vertragsstaaten des Abkommens über den europäischen Wirtschaftsraum, sofern das geforderte Schutzniveau gleichermaßen dauerhaft erreicht wird. 37

§ 5 RohrFLtV sieht eine **Prüfung** von Rohrfernleitungsanlagen durch Prüfstellen vor. Prüfstelle in diesem Sinne ist gemäß § 6 RohrFLtV jede von der zuständigen Behörde als **Prüfstelle für Rohrfernleitungsanlagen** anerkannte Sachverständigenorganisation oder nach anderen Vorschriften zugelassene Überwachungsstelle. 38

§ 9 RohrFLtV sieht vor, dass beim Bundesministerium für Umwelt, Naturschutz und nukleare Sicherheit ein **Ausschuss für Rohrfernleitungen** eingerichtet wird, der das Bundesministerium insbesondere in technischen Fragen zu beraten hat und der weiterhin die dem Stand der Technik entsprechenden Regeln (technische Regeln) sowie das Anfor- 39 derungsprofil an Prüfstellen für Rohrfernleitungsanlagen und deren Sachverständige vorzuschlagen hat. In diesem Ausschuss sind Vertreter von betroffenen Bundes- und Landesbehörden, von Sachverständigen nach § 6 RohrFLtV, von Herstellern und Betreibern von Rohrfernleitungsanlagen und der Wissenschaft zu berufen (siehe dazu Rn. 43).

40 Die Regelung des § 4 Abs. 5 RohrFLtV enthält eine **Ermächtigungsgrundlage** zugunsten der zuständigen Behörde, die allgemeinen und besonderen Anforderungen der RohrFLtV durch den Erlass von behördlichen Anordnungen durchzusetzen.

II. TRFL

41 Auf der Grundlage des § 9 Abs. 5 RohrFLtV hat das Bundesministerium für Umwelt, Naturschutz und Reaktorsicherheit die **Technische Regel für Rohrfernleitungsanlagen (TRFL)** vom 03.05.2017 (BAnz. AT vom 07.06.2017 B6) veröffentlicht (letztmalig geändert durch die Bekanntmachung vom 30.10.2020, BAnz AT vom 21.10.2020 B2). Ausweislich ihrer Einleitung gilt die TRFL für die Errichtung, den Betrieb, die Änderung sowie die Prüfung von Rohrfernleitungsanlagen im Sinne der der Rohrfernleitungsverordnung. Rohrfernleitungsanlagen im Sinne der TRFL umfassen nach Teil 1 Nr. 2.1 neben den Rohrleitungen alle dem Leitungsbetrieb dienenden Einrichtungen, insbesondere auch die Pump-, Abzweig-, Übergabe-, Absperr- und Entlastungsstationen sowie Verdichter-, Regel- und Messanlagen.

42 Die TRFL untergliedert sich im Wesentlichen in zwei Teile. Im Teil 2 werden Beschaffenheitsanforderungen gestellt, z.B. Vorgaben zur Wanddickenberechnung, zu den zu verwendenden Werkstoffen, zu Armaturen, Förderpumpen und Verdichtern, zu Flanschverbindungen und Isolierverbindungen. Teil 1 enthält demgegenüber Anforderungen an Planung, Bau, Betrieb und Überwachung von Rohrfernleitungsanlagen. Im Hinblick auf die Verbindlichkeit der TRFL zur Konkretisierung des Stands der Technik wird auf die Ausführungen unter Rn. 9 verwiesen.

III. Ausschuss für Rohrfernleitungen (AfR)

43 Auf der Grundlage des § 9 RohrFLtV hat sich der Ausschuss von Rohrfernleitungen (AfR) konstituiert. Er umfasst zurzeit 15 Mitglieder von Landes- bzw. Bundesbehörden bzw. Ministerien, Fernleitungsbetrieben, Hersteller und anderen Verbänden sowie von sachverständigen Organisationen. Die Geschäftsstelle des AfR ist der Bundesanstalt für Materialforschung und Prüfung (BAM) angegliedert. Der Ausschuss hat eine Reihe von Arbeitsgruppen zu unterschiedlichen Themenfeldern eingerichtet. Weitere Informationen über den AfR sind im Internet auf der Webseite der BAM (https://www.bam.de) abrufbar.

H. Anlagen, die militärischen Zwecken dienen

44 Für Anlagen, die militärischen Zwecken dienen, obliegen die Aufgaben des Vollzugs und der Überwachung nach § 66 Abs. 8 dem Bundesministerium der Verteidigung und den von ihm benannten Stellen.

§ 67 Verfahren; Verordnungsermächtigung

Für die Durchführung des Planfeststellungsverfahrens und des Plangenehmigungsverfahrens gelten die §§ 72 bis 78 des Verwaltungsverfahrensgesetzes. Die Bundesregierung wird ermächtigt, durch Rechtsverordnung mit Zustimmung des Bundesrates weitere Einzelheiten des Planfeststellungsverfahrens, insbesondere zu Art und Umfang der Antragsunterlagen, zu regeln.

Schrifttum Hoppe/Beckmann/Kment, Kommentar zum UVPG, 5. Aufl 2018, § 67, Rn. 1 ff.; Hoppe/Schlarmann/Buchner/Deutsch, Rechtsschutz bei der Planung von Straßen und anderen Verkehrsanlagen, 4. Auflage 2011; Huck/Müller, Kommentar zum VwVfG, 3. Aufl. 2020; Kopp/Ramsauer, Kommentar zum VwVfG, 22. Aufl. 2021; Mann/Sennekamp/Uechtritz, Kommentar zum VwVfG, 2. Aufl. 2019; Peters/Balla/Hesselbarth, Kommentar zum UVPG, Kommentar, 4. Aufl. 2019; Schink/Reidt/Mitschang, Kommentar zum UVPG/UmwRG, 1. Aufl. 2018; Schoch/Schneider, Kommentar zum VwVfG, Stand: Juli 2020; Stelkens/Bonk/Sachs, Kommentar zum VwVfG, 9. Aufl. 2018; Ziekow, Kommentar zum VwVfG, 4. Aufl. 2020.

Rechtsprechung OVG Münster, Urt. v. 31.08.2020 – 20 A 1923/11 –; VGH Mannheim, Beschl. v. 14.11.2011 – 8 S 1281/11 –; VG Düsseldorf, Urt. v. 25.05.2011– 3 K 1599/07 –; OVG Münster, Beschl. v. 17.12.2007 – 20 B 1586/07 –.

Übersicht

A. Allgemeines

Gemäß § 67 Satz 1 gelten die §§ 72 bis 78 VwVfG für die Durchführung des Planfeststellungsverfahrens und des Plangenehmigungsverfahrens. Die Bundesregierung wird nach § 67 Satz 2 ermächtigt, durch Rechtsverordnung mit Zustimmung des Bundesrates weitere Einzelheiten des Planfeststellungsverfahrens, insbesondere zu Art und Umfang der Antragsunterlagen zu regeln. 1

Vergleichbare Regelungen finden sich in nahezu allen fachplanungsrechtlichen Gesetzen. Zu nennen sind beispielsweise § 18 Satz 3 AEG, § 17 Satz 5 FStrG, § 43b EnWG, § 70 Abs. 1 S. 1 WHG und § 38 S. 1 KrWG. Im Folgenden werden die Grundzüge des Verfahrens beschrieben. Im Übrigen wird auf die einschlägigen Kommentierungen der §§ 72 bis 78 VwVfG verwiesen. 2

B. Verweis auf die §§ 72 bis 78 VwVfG

3 Gemäß § 67 Satz 1 gelten für die Durchführung des Planfeststellungsverfahrens und des Plangenehmigungsverfahrens die §§ 72 bis 78 VwVfG. Da es sich um ein Bundesgesetz handelt, kann § 67 Satz 1 nur so verstanden werden, dass die §§ 72 bis 78 des **Verwaltungsverfahrensgesetzes des Bundes** gemeint sind. Über den Verweis auf § 72 VwVfG gelten allerdings, soweit sich aus den §§ 72 ff. nichts Abweichendes ergibt, auch die übrigen Vorschriften des VwVfG. Damit kommt § 1 Abs. 3 VwVfG Bund zur Anwendung. Gemäß § 1 Abs. 3 VwVfG Bund gilt das Gesetz für die Ausführung von Bundesrecht durch die Länder nicht, soweit die öffentlich-rechtliche Verwaltungstätigkeit der Behörden landesrechtlich durch ein Verwaltungsverfahrensgesetz geregelt ist. Da dies flächendeckend der Fall ist, sind – sofern Landesbehörden tätig sind – letztlich die **Verwaltungsverfahrensgesetze der Länder** maßgeblich, die dem Verwaltungsverfahrensgesetz des Bundes insoweit vorgehen.

4 Der in § 67 Satz 1 geregelte Verweis auf die §§ 72 bis 78 VwVfG gilt nur, soweit die §§ 65 ff. keine **spezielleren verfahrensrechtlichen Regelungen** enthalten. In diesem Sinne spezieller ist beispielsweise die in § 65 Abs. 2 S. 1 geregelte Abgrenzung des Anwendungsbereichs des Planfeststellungsverfahrens vom Plangenehmigungsverfahren, die der Regelung des § 74 Abs. 6 VwVfG vorgeht. Auch die in § 65 Abs. 2 Satz 3 geregelten Voraussetzungen der Fälle von unwesentlicher Bedeutung sind spezieller als § 74 Abs. 7 VwVfG. Zwar verweist § 65 Abs. 2 Satz 3 auch auf § 74 Abs. 7 Satz 2 VwVfG. Darüber hinaus liegt nach der Systematik des § 65 Abs. 2 Satz 3 aber ein Fall von unwesentlicher Bedeutung auch dann vor, wenn die Prüfwerte nach § 7 Abs. 1 und 2 für Größe und Leistung, die die Vorprüfung eröffnen, nicht erreicht werden. Dies ist eine Spezialregelung, die § 74 Abs. 7 VwVfG vorgeht.

5 § 72 Abs. 1 VwVfG gibt vor, dass für Planfeststellungsverfahren vorrangig die §§ 73 bis 78 VwVfG gelten. Soweit sich aus diesen spezielleren Regelungen nichts Abweichendes ergibt, gelten die übrigen Vorschriften des VwVfG. Hiervon ausgenommen sind allerdings die §§ 51 und 71a bis 71e VwVfG. Die Vorschrift über die Akteneinsicht (§ 29 VwVfG) ist nach § 72 Abs. 1 3. Halbsatz VwVfG mit der Maßgabe anzuwenden, dass kein Anspruch auf Akteneinsicht besteht, sondern Akteneinsicht nach pflichtgemäßem Ermessen zu gewähren ist.

I. Anhörungs- und Erörterungsverfahren

6 § 73 VwVfG gibt für Planfeststellungsverfahren ein **förmliches Verfahren** vor. Im Gegensatz hierzu ergeht die Plangenehmigung nach § 74 Abs. 6 S. 2 2. Halbsatz VwVfG in einem nicht förmlichen Verfahren. Dementsprechend fordert das Gesetz für das Plangenehmigungsverfahren weder eine Aufforderung zur Abgabe von Behördenstellungnahmen (§ 73 Abs. 2, Abs. 3a VwVfG), noch eine Auslegung des Plans (§ 73 Abs. 3, Abs. 5 VwVfG), noch ein Einwendungsverfahren nach § 73 Abs. 4 VwVfG, noch eine Erörterung nach § 73 Abs. 6 VwVfG. Die nachfolgenden Ausführungen zum förmlichen Verwaltungsverfahren gelten dementsprechend nur für das Planfeststellungsverfahren.

7 **1. Einreichung der Planunterlagen.** Das Anhörungsverfahren beginnt gemäß § 73 Abs. 1 Satz 1 mit der **Einreichung des Plans** durch den Träger des Vorhabens bei der Anhörungsbehörde. Der Plan besteht gemäß § 73 Abs. 1 Satz 2 aus den Zeichnungen und Erläuterungen, die das Vorhaben, seinen Anlass und die von dem Vorhaben betroffenen Grundstücke und Anlagen erkennen lassen.

Der Gesetzgeber trennt die in § 73 VwVfG bezeichnete **Anhörungsbehörde** von der **Planfeststellungsbehörde**, die gemäß § 74 VwVfG über die Feststellung des vorgelegten Plans zu entscheiden hat. Das Gesetz sieht somit im Grundsatz vor, dass die Anhörungsbehörde und die Planfeststellungsbehörde nicht identisch sind. Demgegenüber verhält es sich in der Praxis oftmals so, dass die Anhörungsbehörde und die Planfeststellungsbehörde nach den jeweiligen landesgesetzlichen Zuständigkeitsregelungen zusammenfallen (vgl. § 14 Abs. 1 S. 3 WaStrG, § 3 Abs. 2 BEVVG, § 2 Abs. 2 S. 1 FStrBAG). 8

2. Beteiligung der Träger öffentlicher Belange. Nach § 73 Abs. 2 VwVfG fordert die Anhörungsbehörde innerhalb eines Monats nach Zugang des vollständigen Plans die **Behörden**, deren Aufgabenbereich durch das Vorhaben berührt wird, zur **Stellungnahme** auf. Die auf diese Weise beteiligten Behörden haben gemäß § 73 Abs. 3a VwVfG ihre Stellungnahmen innerhalb einer von der Anhörungsbehörde zu setzenden Frist abzugeben, die drei Monate nicht überschreiten darf. Nach Fristablauf eingehende Stellungnahmen müssen im Planfeststellungsverfahren nicht mehr zwingend berücksichtigt werden, es sei denn, die vorgebrachten Belange sind der Planfeststellungsbehörde bereits bekannt oder hätten ihr bekannt sein müssen, oder sie sind für die Rechtmäßigkeit der Entscheidung von Bedeutung (sog. **Behördenpräklusion**). Allerdings können sie nach § 73 Abs. 3a S. 2 2. Halbsatz VwVfG berücksichtigt werden. 9

3. Öffentliche Auslegung. Gemäß § 73 Abs. 2 VwVfG veranlasst die Anhörungsbehörde innerhalb eines Monats nach Zugang des vollständigen Plans, dass der Plan in den Gemeinden, in denen sich das Vorhaben auswirkt, **ausgelegt** wird. Die Gemeinden haben den Plan gemäß § 73 Abs. 3 innerhalb von drei Wochen nach Zugang für die Dauer eines Monats zur Einsicht auszulegen. Dabei ist die Auslegung gemäß § 73 Abs. 5 VwVfG vorher **ortsüblich bekannt zu machen**. Die Form der ortsüblichen Bekanntmachung richtet sich nach dem anzuwendenden Landes- oder Ortsrecht (Ziekow in: ders., Kommentar zum VwVfG, § 73, Rn. 38). In Betracht kommen insbesondere die Bekanntmachung durch Aushang, im amtlichen Veröffentlichungsblatt oder in den örtlichen Tageszeitungen. Die ordnungsgemäße Bekanntmachung mit dem in § 73 Abs. 5 Satz 2 VwVfG vorgeschriebenen Inhalt ist wesentliche Voraussetzung für den Lauf der Einwendungsfrist. 10

4. Einwendungen. Gemäß § 73 Abs. 4 VwVfG kann jeder, dessen Belange durch das Vorhaben berührt werden, bis zwei Wochen nach Ablauf der Auslegungsfrist schriftlich oder zur Niederschrift bei der Anhörungsbehörde oder bei der Gemeinde **Einwendungen gegen den Plan** erheben. Nach § 73 Abs. 4 S. 3 VwVfG sind – so jedenfalls die Regelung des VwVfG – alle Einwendungen ausgeschlossen, die nicht auf besonderen privatrechtlichen Titeln beruhen (sog. **materielle Präklusion**). Allerdings hat der EuGH in seinem Urteil vom 15.10.2015 entschieden, dass die bis dahin geltenden deutschen Regelungen über eine umfassende materielle Präklusion (darunter auch § 73 Abs. 4 VwVfG) nicht mit Art. 11 der UVP-Richtlinie bzw. Art. 25 der IVU-RL vereinbar sind (EuGH, Urt. v. 15.10.2015 – C-137/14; vgl. dazu ausführlich: dazu ausführlich Weiß in: Schoch/Schneider, Kommentar zum VwVfG, § 73, Rn. 249 ff.; Rieger/Groß, NZBau 2017, S. 195 ff.). Der Gesetzgeber hat auf diese Entscheidung mit einer Novellierung des UmwRG reagiert. Nach § 7 Abs. 4 UmwRG in der ab dem 02.06.2017 geltenden Fassung ist § 73 Abs. 4 S. 3 VwVfG für eine Reihe von Vorhaben nicht anwendbar, nämlich für solche Vorhaben, die UVP-pflichtig sind oder sein können (die also entweder obligatorisch UVP-pflichtig sind oder für die eine Pflicht zur Durchführung einer Vorprüfung nach § 7 UVPG besteht), ferner für Vorhaben im Sinne der IED-Richtlinie und im Sinn 11 der Seveso III-Richtlinie. Daher gilt der Ausschluss des § 73 Abs. 4 S. 3 VwVfG durch § 7 Abs. 4 UmwRG auch für die Vorhaben nach § 65.

12 Von der materiellen Präklusion ist die in § 21 Abs. 4 UVPG geregelte **formelle Präklusion** zu unterscheiden. Danach sind – jedenfalls für Vorhaben, die dem Anwendungsbereich des UVPG unterliegen – mit Ablauf der Äußerungsfrist alle Äußerungen ausgeschlossen, die nicht auf besonderen privatrechtlichen Titeln beruhen. Die Regelung betrifft allerdings allein die Frage, ob die jeweilige Äußerung noch im Verfahren geltend gemacht werden kann bzw. zu berücksichtigen ist, ob also ein Anspruch darauf besteht, dass sich die Zulassungsbehörde im Zulassungsverfahren mit der Äußerung befasst. Selbst wenn die formelle Präklusion nach § 21 Abs. 4 UVPG eingreift, bleibt die zuständige Behörde aufgrund ihrer Amtsermittlungspflicht nach § 24 VwVfG weiterhin objektivrechtlich dazu verpflichtet, den Sachverhalt aufzuklären, die rechtlichen Voraussetzungen für die Zulassung des Vorhabens zu beachten und schlussendlich eine sachgerechte Abwägung aller privaten und öffentlichen Belange vorzunehmen. Daher kommt der in § 21 Abs. 4 UVPG geregelten formellen Präklusion faktisch nur eine begrenzte Wirkung zu (ausführlich: Hagmann in: Hoppe/Beckmann/Kment, Kommentar zum UVPG, § 21, Rn. 28 ff.).

13 **5. Erörterungstermin.** Nach Ablauf der Einwendungsfrist hat die Anhörungsbehörde die rechtzeitig erhobenen Einwendungen gegen den Plan und die Stellungnahmen der Behörden zu dem Plan gemäß § 73 Abs. 6 Satz 1 VwVfG mit dem Träger des Vorhabens, den Behörden, den Betroffenen sowie den Personen, die Einwendungen erhoben haben, zu erörtern. Die **Erörterung** soll gemäß § 73 Abs. 6 Satz 7 VwVfG innerhalb von drei Monaten nach Ablauf der Einwendungsfrist abgeschlossen werden.

14 Die Durchführung eines Erörterungstermins ist nach § 73 Abs. 6 Satz 6 i.V.m. § 67 Abs. 2 Nr. 1 und 4 VwVfG nur dann **entbehrlich**, wenn dem Antrag im Einvernehmen mit allen Beteiligten und Einwendern entsprochen werden kann bzw. ein Verzicht aller Beteiligter und Einwender auf den Erörterungstermin vorliegt. Liegen diese Voraussetzungen offenkundig nicht vor und wird der Erörterungstermin dennoch nicht durchgeführt, so ist der Planfeststellungsbeschluss gemäß § 44 VwVfG nichtig (Ziekow in: ders., Kommentar zum VwVfG, § 73, Rn. 61).

15 Für die Durchführung des Erörterungstermins verweist § 73 Abs. 6 Satz 6 VwVfG ergänzend auf die Vorschriften über das förmliche Verwaltungsverfahren und hier insbesondere auf § 68 VwVfG. Danach ist der Erörterungstermin **nicht öffentlich** (§ 68 Abs. 1 Satz 1 VwVfG). Im Übrigen liegt die Gestaltung des Ablaufs des Erörterungstermins im Ermessen der Anhörungsbehörde. Sofern es sich um ein Verfahren mit einer Vielzahl von Teilnahmeberechtigten handelt, können statt eines einheitlichen Termins auch mehrere zeitlich getrennte Erörterungstermine durchgeführt werden, sofern eine sachgerechte Erörterung des geplanten Vorhabens in seiner Gesamtheit dadurch nicht geschmälert wird (vgl. Ziekow, Kommentar zum VwVfG, § 73, Rn. 66).

II. Entscheidungsverfahren

16 Gemäß § 74 Abs. 1 Satz 1 VwVfG entscheidet die **Planfeststellungsbehörde** über den Antrag auf Planfeststellung, indem sie dem Antrag stattgibt oder ihn ablehnt. Die Behörde kann dem Antrag auch teilweise stattgeben, insbesondere den Planfeststellungsbeschluss mit Nebenbestimmungen versehen (vgl. § 66 Abs. 2).

17 Im Planfeststellungsbeschluss entscheidet die Planfeststellungsbehörde gemäß § 74 Abs. 2 VwVfG über die Einwendungen, über die bei der Erörterung vor der Anhörungsbehörde keine Einigung erzielt worden ist. Es gilt der Grundsatz der **umfassenden Konfliktbewältigung**. Grundsätzlich erfordert das aus dem Abwägungsgebot abgeleitete

Gebot der Problembewältigung, dass der Planfeststellungsbeschluss alle Probleme und Konflikte bewältigt (d.h. in angemessener Weise regelt), die durch das Vorhaben aufgeworfen bzw. verschärft werden (vgl. Kupfer in: Schoch/Schneider, Kommentar zum VwVfG, vor § 72, Rn. 223 ff.). Eine Ausnahme zu diesem Grundsatz enthält § 74 Abs. 3 VwVfG. Soweit eine abschießende Entscheidung noch nicht möglich ist, ist diese danach im Planfeststellungsbeschluss vorzubehalten. Dem Träger des Vorhabens ist dabei aufzugeben, noch fehlende oder von der Planfeststellungsbehörde bestimmte Unterlagen rechtzeitig vorzulegen. Der Vorbehalt muss aber seinerseits dem Abwägungsgebot gerecht werden. Verlangt wird eine Abtrennbarkeit der noch als regelungsbedürftig befundenen vorbehaltenen Festsetzung in dem Sinne, dass die vorbehaltene Entscheidung nicht den Planfeststellungsbeschluss als solchen in Frage stellen darf. Der einer abschließenden Entscheidung vorbehaltene Teil des Plans muss zumindest insoweit konkretisierbar sein, dass seine Bedeutung für die Abwägungsentscheidung abgeschätzt werden darf. Der Planfeststellungsbeschluss darf nicht durch das spätere Misslingen der vorbehaltenen Entscheidung zu einem Planungstorso werden (vgl. Ziekow in: ders., Kommentar zum VwVfG, § 74, Rn. 58).

Gemäß § 74 Abs. 4 VwVfG ist der Planfeststellungsbeschluss dem Träger des Vorhabens, den bekannten Betroffenen und denjenigen, über deren Einwendungen entschieden worden ist, **zuzustellen**. Eine Ausfertigung des Beschlusses ist ferner mit einer Rechtsbehelfsbelehrung und einer Ausfertigung des festgestellten Plans in den Gemeinden zwei Wochen zur Aussicht **auszulegen**; der Ort und die Zeit der Auslegung sind ortsüblich bekannt zu machen (zum Begriff der ortsüblichen Bekanntmachung siehe oben unter Rn. 10). Mit dem Ende der Auslegungsfrist gilt der Beschluss gegenüber den übrigen Betroffenen als zugestellt; darauf ist in der Bekanntmachung hinzuweisen. 18

III. Rechtswirkungen von Planfeststellung und Plangenehmigung

Hinsichtlich der Frage, welche Rechtswirkungen die stattgebende Entscheidung über einen vorgelegten Plan entfaltet, ist zwischen Planfeststellungsverfahren und Plangenehmigungsverfahren zu unterscheiden. 19

1. Planfeststellungsverfahren. Die wesentlichen Wirkungen des Planfeststellungsbeschlusses sind die Gestattungswirkung, die Konzentrationswirkung, die Gestaltungswirkung sowie die Ausschlusswirkung. Weiterhin können Planfeststellungsbeschlüsse nach den §§ 65 ff. eine so genannte enteignungsrechtliche Vorwirkung entfalten. 20

a) Gestattungswirkung. Gemäß § 75 Abs. 1 Satz 1 1. Halbsatz VwVfG wird durch die Planfeststellung die Zulässigkeit des Vorhabens einschließlich der notwendigen Folgemaßnahmen an anderen Anlagen im Hinblick auf alle von ihm berührten öffentlichen Belange festgestellt. Dies bedeutet eine **umfassende Genehmigung** des Vorhabens. Mit dem Planfeststellungsbeschluss wird der Vorhabenträger rechtlich in die Lage versetzt, das Vorhaben durchzuführen. Der Umfang der Genehmigungswirkung bezieht sich nach § 75 Abs. 1 S. 1 VwVfG sowohl auf das Vorhaben selbst als auch auf alle notwendigen Folgemaßnahmen an anderen Anlagen. Folgemaßnahmen in diesem Sinne sind solche Maßnahmen, die aus Anlass des genehmigten (Haupt-)Vorhabens vorzunehmen sind. Sie werden nur dann von der Genehmigungswirkung erfasst, wenn sie im Planfeststellungsbeschluss ausdrücklich angeordnet sind, was wiederum die Erforderlichkeit dieser Folgemaßnahmen voraussetzt (vgl. Neumann/Külpmann in: Stelkens/Bonk/Sachs, Kommentar zum VwVfG, § 75, Rn. 9a). 21

22 **b) Konzentrationswirkung.** Gemäß § 75 Abs. 1 Satz 1 2. Halbsatz VwVfG sind neben der Planfeststellung **andere behördliche Entscheidungen**, insbesondere öffentlich-rechtliche Genehmigungen, Verleihungen, Erlaubnisse, Bewilligungen, Zustimmungen und Planfeststellungen **nicht erforderlich**. In der Reichweite seiner Geltung ersetzt der Planfeststellungsbeschluss somit die Entscheidung einer Behörde. Dies betrifft beispielsweise Genehmigungen nach dem Baurecht, dem Wasserrecht oder dem Naturschutzrecht. Von der Konzentrationswirkung ausgeschlossen sind hingegen Erlaubnisse nach dem Wasserrecht. Die Konzentrationswirkung führt zu einer Bündelung der Zuständigkeit bei der Planfeststellungsbehörde. Dabei ist das materielle Recht von der Planfeststellungsbehörde im selben Maße zu beachten, wie dies der ansonsten zuständigen Behörde oblegen hätte.

23 **c) Gestaltungswirkung.** Gemäß § 75 Abs. 1 Satz 2 VwVfG werden durch die Planfeststellung alle öffentlich-rechtlichen Beziehungen zwischen dem Träger des Vorhabens und den durch den Planbetroffenen **rechtsgestaltend** geregelt. Die Gestaltungswirkung tritt unabhängig davon ein, ob die betroffenen Dritten am Verfahren teilgenommen haben oder nicht. Im Unterschied zur Ausschlusswirkung tritt die Gestaltungswirkung nicht erst mit der Unanfechtbarkeit des Planfeststellungsbeschlusses, sondern bereits mit dessen Zustellung bzw. dem Eintritt der Zustellungsfiktion nach § 74 Abs. 4 Satz 3 VwVfG ein.

24 **d) Ausschlusswirkung.** Ist der Planfeststellungsbeschluss unanfechtbar geworden, so sind gemäß § 75 Abs. 2 Satz 1 VwVfG **Ansprüche** auf Unterlassung des Vorhabens, auf Beseitigung oder Änderung der Anlagen oder auf Unterlassung ihrer Benutzung **ausgeschlossen**. Dies betrifft öffentlich-rechtliche Ansprüche (z.B. öffentlich-rechtlicher Unterlassungsanspruch oder Folgenbeseitigungsanspruch) ebenso wie zivilrechtliche Ansprüche (z.B. Ansprüche aus den §§ 823, 903 ff. und 1004 BGB).

25 Nur wenn **nicht vorhersehbare Wirkungen** des Vorhabens oder der dem festgestellten Plan entsprechende Anlagen auf das Recht eines anderen nach Unanfechtbarkeit des Plans auftreten, kann der Betroffene nach § 75 Abs. 2 Satz 2 VwVfG Vorkehrungen oder die Errichtung und Unterhaltung von Anlagen verlangen, welche die nachteiligen Wirkungen ausschließen. Sind solche Vorkehrungen oder Anlagen untunlich oder mit dem Vorhaben unvereinbar, so richtet sich der Anspruch stattdessen gemäß § 75 Abs. 2 Satz 4 VwVfG auf eine angemessene Entschädigung in Geld.

26 **e) Enteignungsrechtliche Vorwirkung.** Planfeststellungsbeschlüsse lassen die dingliche Eigentumsordnung unberührt. Durch den Erlass des Planfeststellungsbeschlusses erwirbt der Vorhabenträger also nicht das Recht, auf fremde Grundstücke zugreifen zu können. Die gegebenenfalls erforderlichen dinglichen Rechtsänderungen müssen auf anderem Wege bewerkstelligt werden.

27 Sofern keine entsprechenden Verträge (z.B. Kaufverträge oder Nutzungsverträge) geschlossen werden (können), kommt die Durchführung eines **Enteignungsverfahrens** in Betracht. Hierbei handelt es sich um ein vom Planfeststellungsverfahren zu trennendes Verfahren. Das Enteignungsverfahren ist durch die Enteignungsbehörde durchzuführen, die nicht zwingend identisch mit der Planfeststellungsbehörde ist. Im Fall einer besonderen Eilbedürftigkeit kann zudem ein **Verfahren auf vorzeitige Besitzeinweisung** bei der Enteignungsbehörde eingeleitet werden.

28 Auch wenn das Planfeststellungsverfahren und das Enteignungsverfahren zwei unterschiedliche und voneinander zu trennende Verfahren sind, enthalten Fachplanungsgesetze verschiedentlich Regelungen des Inhalts, dass sich die Bindungswirkung der Planfeststel-

lung auch auf ein später durchzuführendes Enteignungsverfahren erstreckt (so genannte **enteignungsrechtliche Vorwirkung**). Solche Regelungen sind z.B. in § 22 Abs. 2 AEG, § 19 Abs. 2 FStrG, § 45 Abs. 2 EnWG, § 28 LuftVG, § 30 PBefG oder § 44 Abs. 2 WaStrG enthalten. In diesen Fällen der enteignungsrechtlichen Vorwirkung hat die Planfeststellungsbehörde bei ihrer Entscheidung bereits die für die spätere Enteignung maßgeblichen Aspekte auf der Stufe der Planrechtfertigung und der Abwägung mit zu berücksichtigen. Auf der anderen Seite ist mit der Entscheidung über den vorgelegten Plan in diesen Fällen zugleich die Entscheidung über die durchzuführende Enteignung getroffen worden. Der Plan ist auch insoweit (also auch im Hinblick auf die notwendige Enteignung) für die Enteignungsbehörde bindend und dem durchzuführenden Enteignungsverfahren zugrunde zu legen.

Die §§ 65 ff. UVPG enthalten eine entsprechende Regelung nicht. Dies bedeutet, dass 29
Planfeststellungsbeschlüsse nach den §§ 65 ff. UVPG **nicht per se eine enteignungsrechtliche Vorwirkung** entfalten. Allerdings ist zu berücksichtigen, dass die Anordnung einer enteignungsrechtlichen Vorwirkung nicht abschließend dem fachplanungsrechtlichen (Bundes-)Gesetzgeber vorbehalten ist (vgl. OVG Münster, Beschl. v. 24.01.2008 – 20 B 1789/07 –). Dementsprechend kann das Bestehen einer enteignungsrechtlichen Vorwirkung auch landesgesetzlich angeordnet werden. Entsprechende Regelungen sind verschiedentlich in den Enteignungsgesetzen der Länder angelegt (vgl. z.B. § 23 Abs. 2 EEG NRW; § 28 NEG; Art. 28 BayEntG).

2. Plangenehmigungsverfahren. Die Plangenehmigung hat gemäß § 74 Abs. 6 30
Satz 2 VwVfG die **Rechtswirkungen der Planfeststellung**. Dies umfasst auch die enteignungsrechtliche Vorwirkung. Der ehemals geltende Ausschluss der enteignungsrechtlichen Vorwirkung der Plangenehmigung ist mit dem „Gesetz zur Verbesserung der Öffentlichkeitsbeteiligung und Vereinheitlichung von Planfeststellungsverfahren" vom 31.05.2013 (BGBl. I 1388) entfallen (Kämper in: BeckOK VwVfG, § 74, Rn. 138).

IV. Planänderungen

Soll ein festgestellter Plan geändert werden, so ist für die Frage, nach welchen Vorgaben 31
die Planänderung zu vollziehen ist, entscheidend, in welchem zeitlichen Stadium sich das Vorhaben befindet.

Soll ein Plan, der bereits **ausgelegt, aber noch nicht beschlossen** worden ist, geän- 32
dert werden und werden dadurch der Aufgabenbereich einer Behörde oder Belange Dritter erstmalig oder stärker als bisher berührt, so ist diesen gemäß § 73 Abs. 8 Satz 1 VwVfG die Änderung mitzuteilen und ihnen Gelegenheit zu Stellungnahmen und Einwendungen innerhalb von zwei Wochen zu geben (sog. **Deckblattverfahren**). Wirkt sich die Änderung auf das Gebiet einer anderen Gemeinde aus, so ist der geänderte Plan in dieser Gemeinde auszulegen. Eine Änderung, die im Deckblattverfahren gemäß § 73 Abs. 8 VwVfG umgesetzt werden kann, liegt aber nur dann vor, wenn das Gesamtkonzept des Vorhabens und dessen maßgeblicher Charakter erhalten bleibt. In allen anderen Fällen bedarf es hingegen der Durchführung eines neuen Auslegungs- und Anhörungsverfahrens. Hier ist § 73 Abs. 8 Satz 1 nicht, auch nicht analog anwendbar (vgl. Ziekow in: ders., Kommentar zum VwVfG, § 73, Rn. 69).

Soweit es sich um UVP-pflichtige Vorhaben handelt, sind bei einer Änderung der 33
Planunterlagen im Zulassungsverfahren ferner die **Vorgaben des UVPG** zu beachten. Nach § 22 Abs. 1, Abs. 2 UVPG ist eine erneute Beteiligung der Öffentlichkeit geboten, wenn der Vorhabenträger die nach § 19 Abs. 2 auszulegenden Unterlagen ändert und dabei nicht auszuschließen ist, dass die Änderung zu zusätzlichen erheblichen oder anderen erheblichen Umweltauswirkungen führt. Unter Umständen ist auch im Falle einer

nachträglichen Ergänzung von Unterlagen im Sinne des § 19 Abs. 2 UVPG eine Wiederholung der Öffentlichkeitsbeteiligung geboten. Dies gilt nach der Rechtsprechung jedenfalls dann, wenn eine nach Gegenstand, Systematik und Ermittlungstiefe neue oder über die bisherigen Untersuchungen wesentlich hinausgehende Prüfung der Umweltbetroffenheiten vorgenommen wird, die ihren Niederschlag in einer neuen entscheidungserheblichen Unterlage über die Umweltauswirkungen findet (BVerwG, Urt. v. 10.11.2016 – 9 A 18.15, Rn. 25, juris; BVerwG, Urt. v. 28.04.2016 – 9 A 9.15, Rn. 34, juris; BVerwG, Urt. v. 09.02.2017 – 7 A 2.15, Rn. 28, juris; Hagmann in: Hoppe/Beckmann/Kment, Kommentar zum UVPG, § 22, Rn. 7 ff.).

34 Für **Planänderungen**, die nach Erlass der Zulassungsentscheidung, aber **vor Fertigstellung des Vorhabens** umgesetzt werden sollen, gilt § 76 VwVfG. Danach bedarf es grundsätzlich eines neuen Planfeststellungsverfahrens. Bei Planänderungen von unwesentlicher Bedeutung kann die Planfeststellungsbehörde aber nach § 76 Abs. 2 VwVfG von einem neuen Planfeststellungsverfahren absehen, wenn die Belange anderer nicht berührt werden oder wenn die Betroffenen der Änderung zugestimmt haben. Auch in diesen Fällen besteht die Möglichkeit, freiwillig ein Planfeststellungsverfahren durchzuführen. Macht die Planfeststellungsbehörde von dieser Möglichkeit Gebrauch, so bedarf es gemäß § 76 Abs. 3 VwVfG keines Anhörungsverfahrens und keiner öffentlichen Bekanntgabe des Planfeststellungsbeschlusses.

35 Die **Änderung eines Vorhabens nach Fertigstellung** wird in den §§ 72 ff. VwVfG nicht explizit behandelt. Im Grundsatz ist in diesen Fällen die Durchführung eines neuen Planfeststellungsverfahrens erforderlich. Sofern die Voraussetzungen für die Durchführung eines Plangenehmigungsverfahrensvorliegen, kann ein Plangenehmigungsverfahren durchgeführt werden. Bei Planänderungen von unwesentlicher Bedeutung entfällt – allgemeinen Grundsätzen folgend – die Pflicht zur Durchführung eines Planfeststellungsverfahrens bzw. Plangenehmigungsverfahrens.

C. Ermächtigung zum Erlass einer Rechtsverordnung

36 Durch § 67 Satz 2 wird die Bundesregierung ermächtigt, durch **Rechtsverordnung** mit Zustimmung des Bundesrates weitere Einzelheiten des Planfeststellungsverfahrens, insbesondere zu Art und Umfang der Antragsunterlagen, zu regeln. Auf den § 22 S. 2 UVPG a.F. hat die Bundesregierung die KWK-Kosten-Nutzen-Vergleich-Verordnung (KNV-V) vom 28. April 2015 (BGBl. I 670) gestützt (Dippel in: Schink/Reidt/Mitschang, Kommentar zum UVPG, § 67, Rn. 6). Diese ist trotz der Novellierung des UVPG nicht außer Kraft getreten. Im Übrigen hat die Bundesregierung von der Verordnungsermächtigung bislang keinen Gebrauch gemacht.

§ 67a Zulassung des vorzeitigen Baubeginns

(1) In einem Planfeststellungs- oder Plangenehmigungsverfahren für ein Vorhaben nach § 65 Absatz 1 in Verbindung mit der Anlage 1 Nummer 19.7 kann die für die Feststellung des Plans oder für die Erteilung der Plangenehmigung zuständige Behörde vorläufig zulassen, dass bereits vor Feststellung des Plans oder der Erteilung der Plangenehmigung in Teilen mit der Errichtung oder Änderung der Rohrleitungsanlage einschließlich der Vorarbeiten begonnen wird, wenn

1. unter Berücksichtigung der Stellungnahmen der Träger öffentlicher Belange einschließlich der Gebietskörperschaften mit einer Entscheidung im Planfeststellungs- oder Plangenehmigungsverfahren zugunsten des Vorhabenträgers gerechnet werden kann,

2. der Vorhabenträger ein berechtigtes oder ein öffentliches Interesse an der Zulassung des vorzeitigen Baubeginns darlegt,

3. der Vorhabenträger nur Maßnahmen durchführt, die reversibel sind,

4. der Vorhabenträger über die für die Maßnahmen notwendigen privaten Rechte verfügt und

5. der Vorhabenträger sich verpflichtet,

a) alle Schäden zu ersetzen, die bis zur Entscheidung im Planfeststellungs- oder Plangenehmigungsverfahren durch die Maßnahmen verursacht worden sind, und

b) sofern kein Planfeststellungsbeschluss oder keine Plangenehmigung erfolgt, den früheren Zustand wiederherzustellen.

Ausnahmsweise können irreversible Maßnahmen zugelassen werden, wenn sie nur wirtschaftliche Schäden verursachen und für diese Schäden eine Entschädigung in Geld geleistet wird. Die Zulassung erfolgt auf Antrag des Vorhabenträgers und unter dem Vorbehalt des Widerrufs.

(2) Die für die Feststellung des Plans oder für die Erteilung der Plangenehmigung zuständige Behörde kann die Leistung einer Sicherheit verlangen, soweit dies erforderlich ist, um die Erfüllung der Verpflichtungen des Vorhabenträgers nach Absatz 1 Satz 1 Nummer 5 und Satz 2 zu sichern. Soweit die zugelassenen Maßnahmen durch die Planfeststellung oder Plangenehmigung für unzulässig erklärt sind, ordnet die Behörde gegenüber dem Träger des Vorhabens an, den früheren Zustand wiederherzustellen. Dies gilt auch, wenn der Antrag auf Planfeststellung oder Plangenehmigung zurückgenommen wurde.

(3) Die Entscheidung über die Zulassung des vorzeitigen Baubeginns ist den anliegenden Gemeinden und den Beteiligten zuzustellen.

(4) Widerspruch und Anfechtungsklage gegen die Zulassung des vorzeitigen Baubeginns haben keine aufschiebende Wirkung.

Schrifttum Wilrich, Zulassung, Betrieb und Überwachung von Rohrleitungsanlagen und Energieleitungen, NVwZ 2003, S. 787; Peters, Planfeststellungsverfahren mit integrierter Umweltverträglichkeitsprüfung bei Rohrleitungsanlagen, ZfWassR 2002, S. 146; Wahlhäuser, Gasversorgungsleitung oder Rohrleitungsanlage: Welches Genehmigungsregime gilt für Erdgasröhrenspeicher?, UPR 2011, S. 262; Beckmann in: Hoppe/Beckmann/Kauch, Kommentar zum UVPG, 5. Aufl. 2018, § 67a, Rn. 1 ff.; Dippel in: Schink/Reidt/Mitschang, Kommentar zum UVPG/UmwRG, 1. Aufl. 2018, § 67a, Rn. 1 ff.; Peters/Balla/Hesselbarth in: dies., Kommentar zum UVPG, 4. Aufl. 2019, § 67a, Rn. 1 ff.; Hermeier/Kalinna, BeckOK EnwG, § 44c, Rn. 1 ff.; Riege, „Erste Erfahrungen zum vorzeitigen Baubeginn nach § 44c EnWG", EnWZ 2020, S. 305 ff.

Rechtsprechung OVG Münster, Urt. v. 31.08.2020 – 20 A 1923/11 –; VGH Mannheim, Beschl. v. 14.11.2011 – 8 S 1281/11 –; VG Düsseldorf, Urt. v. 25.05.2011– 3 K 1599/07 –; OVG Münster, Beschl. v. 17.12.2007 – 20 B 1586/07 –.

Übersicht

A. Allgemeines

1 § 67a eröffnet die Möglichkeit, für bestimmte Vorhaben, nämlich solche nach Anlage 1 Nr. 19.7 (Dampf- oder Warmwasserpipelines, insbesondere zur Fernwärmeversorgung) einen vorzeitigen Baubeginn zuzulassen. Damit wird dem Vorhabenträger ermöglicht, bereits vor Erlass der Zulassungsentscheidung (Planfeststellungsbeschluss oder Plangenehmigung) mit der Realisierung des Vorhabens zu beginnen. Die Regelung ist durch das Gesetz zur Beschleunigung von Investitionen vom 03.12.2020 (BGBl. I S. 2694) in das Gesetz aufgenommen worden. Andere Fachgesetze enthalten vergleichbare Vorschriften, beispielsweise § 44c EnWG, § 17 Abs. 2 FStrG, § 14 Abs. 2 WaStrG, § 8a BImSchG, § 17 WHG und § 37 KrWG.

2 Im ursprünglichen Gesetzgebungsentwurf der Bundesregierung vom 04.09.2020 (BT-Drs. 19/22139) war die Regelung noch nicht enthalten. Sie geht auf die Beschlussempfehlung des Ausschusses für Verkehr und digitale Infrastruktur vom 04.11.2020 zurück (BT-Drs. 19/24040). Zur Begründung wird ausgeführt, mit der neuen Regelung werde die Möglichkeit geschaffen, bei kumulativem Vorliegen der Voraussetzungen von Absatz 1 Satz 1 Nummer 1 bis 5 bereits vorzeitig, also bevor der Planfeststellungsbeschluss ergeht, mit Teilen der Errichtung bzw. Änderung eines Vorhabens im Sinne des § 65 Absatz 1 UVPG in Verbindung mit Anlage 1 Nummer 19.7 UVPG einschließlich der dazugehörigen Vorarbeiten zu beginnen. Damit solle insbesondere der Ausbau des Fernwärmenetzes erleichtert werden. Ziel der neuen Regelung sei, dass die Behörde bei engen Bauzeitfenstern (z.B. wegen zu beachtender Brut- oder Vegetationszeiten) oder bei besonders komplexen Bauabschnitten oder notwendigen Sonderbauten (z.B. im Zuge einer Flussquerung) den Druck aus dem Verfahren nehmen und auf Antrag des Vorhabenträgers den vorzeitigen Baubeginn zulassen könne (BT-Drs. 19/24040, S. 24 f.).

B. Zulassung des vorzeitigen Beginns

I. Anwendungsbereich

Die Zulassung des vorzeitigen Beginns nach § 67a kommt nur für Vorhaben nach § 65 i.V.m. Anlage 1 Nr. 19.7 in Betracht. Voraussetzung ist daher zum einen, dass es um die Errichtung und den Betrieb einer Rohrleitungsanlage zum Befördern von Dampf oder Warmwasser aus einer Anlage nach den Nummern 1 bis 10 der Anlage 1 geht, die den Bereich des Werksgeländes überschreitet (**Dampf- oder Warmwasserpipeline**; siehe dazu auch die Ausführungen zu § 65, Rn. 22 ff.). Hauptanwendungsbereich sind damit Leitungen, die der **Fernwärmeversorgung** dienen. Zum anderen muss für das Vorhaben nach Maßgabe des § 65 die Pflicht zur Durchführung eines Planfeststellungsverfahrens (§ 65 Abs. 1) oder zur Einholung einer Plangenehmigung (§ 65 Abs. 2 S. 1) bestehen. Ferner setzt die Zulassung des vorzeitigen Beginns voraus, dass das Planfeststellungs- oder Plangenehmigungsverfahren anhängig ist. Sie kann somit weder vor der Antragstellung und noch nach dem Erlass des Planfeststellungsbeschlusses bzw. der Plangenehmigung erteilt werden. 3

II. Voraussetzungen

Die Zulassung des vorzeitigen Beginns ist tatbestandlich nur dann möglich, wenn die Voraussetzungen des § 67a Abs. 1 vorliegen. 4

1. Positive Prognose. Nach § 67a Abs. 1 S. 1 Nr. 1 muss zunächst unter Berücksichtigung der Stellungnahmen der Träger öffentlicher Belange einschließlich der Gebietskörperschaften mit einer Entscheidung im Planfeststellungs- oder Plangenehmigungsverfahren zugunsten des Vorhabenträgers gerechnet werden können. Die Zulassung des vorzeitigen Beginns setzt somit eine **positive Prognose** der Zulassungsentscheidung voraus. Dabei sind dabei alle Voraussetzungen des § 66 Abs. 1 sowie – wegen der Konzentrationswirkung von Plangenehmigung und Planfeststellung – alle sonstigen öffentlich-rechtlichen Vorschriften, die eingehalten werden müssen, in den Blick zu nehmen (BT-Drs. 19/24040, S. 25). 5

In der Prognose muss festgestellt werden, dass eine stattgebende Entscheidung überwiegend wahrscheinlich ist. Maßgeblich ist dabei der Zeitpunkt der Prognoseentscheidung; nachträglich eintretende negativ abweichende Erkenntnisse lassen die Rechtmäßigkeit einer zuvor ordnungsgemäß getroffenen Prognoseentscheidung unberührt (vgl. Jarass in: ders., Kommentar zum BImSchG § 8a, Rn. 10 m.w.N.; Enders in: BeckOK UmweltR, § 8a BImSchG, Rn. 15 m.w.N. zu der insoweit vergleichbaren Regelung aus dem BImSchG). Dabei ist keine Gewissheit zu fordern, sodass **Prognoseunsicherheiten** verbleiben können. Diese werden umso geringer sein, je weiter fortgeschritten das Verfahren ist. Dennoch hindern verbleibende Restunsicherheiten die Zulassungsentscheidung nicht (Hermeier/Kalinna in: BeckOK EnWG, § 44c, Rn. 9 m.w.N.). Ein allzu strenger Maßstab ist nicht anzulegen, da die Zulassung gemäß § 67a Abs. 1 S. 3 stets unter dem Vorbehalt des Widerrufs ergeht. Ohnehin kommt es allein auf die positive Prognose der Zulassung des Gesamtvorhabens an. Detailfragen dürfen dabei noch ungeklärt sein, sofern sie lösungsfähig erscheinen und der Genehmigungsfähigkeit nicht entgegenstehen (vgl. auch OVG Berlin-Brandenburg, Beschl. v. 18.12.2020 – 11 S 127/20 –, BeckRS 2020, 35970, Rn. 32). 6

Die Prognoseentscheidung ist nur auf der Grundlage **ausreichender Informationen** möglich. Daher muss der Zulassungsantrag vollständig vorliegen. Dies umfasst auch die 7 maßgeblichen naturschutzrechtlichen Unterlagen, beispielsweise – wenn das Vorhaben UVP-pflichtig ist – den UVP-Bericht nach § 16, ferner – sofern im Verfahren der Vorhabenzulassung erforderlich – die FFH-Verträglichkeitsprüfung nach § 34 BNatSchG und die artenschutzrechtliche Prüfung nach § 44 BNatSchG. Darüber hinaus müssen auch die wesentlichen Stellungnahmen der Träger öffentlicher Belange sowie die wesentlichen privaten Einwendungen vorliegen (vgl. OVG Berlin-Brandenburg, Beschl. v. 20.02.2020 – OVG 11 S 8/20, Rn. 21 ff.). Erst dann ist die Behörde dazu in der Lage, hinreichend sicher zu beurteilen, ob berechtigte Einwendungen gegen das Vorhaben erhoben werden (BT-Drs. 19/24040, S. 25).

8 **2. Berechtigtes oder öffentliches Interesse.** Die Zulassung des vorzeitigen Baubeginns setzt ferner voraus, dass der Vorhabenträger ein berechtigtes oder ein öffentliches Interesse darlegt. Beides ist jedenfalls dann ausgeschlossen, wenn Zweifel an der Rechtmäßigkeit der Teilmaßnahmen oder der Vorarbeiten, mit denen vorzeitig begonnen werden soll, bestehen (BT-Drs. 19/24040, S. 25). Im Übrigen genügt für das **berechtigte Interesse** jedes verständige, durch die besondere Sachlage gerechtfertigte Interesse. In der Regel reicht hierfür das Interesse des Betreibers an einer zeitlichen Beschleunigung aus. Ein berechtigtes Interesse liegt fern auch dann vor, wenn ein späterer Baubeginn mit erheblichen Kostensteigerungen für den Vorhabenträger verbunden wäre, oder wenn sich die endgültige Entscheidung im Planfeststellungs- bzw. Plangenehmigungsverfahren aus voraussichtlich überwindbaren, außerhalb der Sphäre des Vorhabenträgers liegenden Gründen noch verzögert, z.B. wenn gezielte Masseneinwendungen oder behördliche Formfehler vorliegen (Rieger, EnWZ 2020, S. 305, 307).

9 Alternativ zur Darlegung des berechtigten Interesses des Antragstellers kommt die Zulassung des vorzeitigen Beginns auch bei einem **öffentlichen Interesse** in Betracht. Das öffentliche Interesse muss gerade an dem vorzeitigen Beginn und dem mit ihm verbundenen Zeitgewinn bestehen. Es ist – im Rahmen der vorzunehmenden Abwägung – im Ergebnis regelmäßig u.a. dann anzunehmen, wenn durch die vorzeitigen Maßnahmen der Umweltschutz verbessert wird (BT-Drs. 19/24040, S. 25). Dies ist z.B. dann der Fall, wenn es sich um naturschutzrechtliche Maßnahmen, insbesondere des europäischen Arten- und Gebietsschutzes (Maßnahmen zur Schadensbegrenzung, vorgezogene Ausgleichsmaßnahmen nach § 44 Abs. 5 BNatSchG oder Maßnahmen zur Kohärenzsicherung nach § 34 Abs. 5 BNatSchG) handelt. Ein öffentliches Interesse kann aber auch dann vorliegen, wenn durch eintretende Verzögerungen die Versorgungssicherheit tangiert wird. Schließlich können auch sonstige Umstände, wie z.B. Arbeitsmarkt- oder wirtschaftspolitische Gründe (z.B. die Schaffung und Sicherung von Arbeitsplätzen oder die Sicherung der Energieversorgung) ein öffentliches Interesse vermitteln (Rieger, EnWZ 2020, S. 305, 307).

10 **3. Reversible Maßnahmen.** Die Maßnahmen, die vorzeitig zugelassen werden sollen, müssen nach § 67a Abs. 1 S. 1 Nr. 3 im Grundsatz reversibel sein. Nach § 67 Abs. 1 S. 2 können ausnahmsweise irreversible Maßnahmen zugelassen werden, wenn sie nur wirtschaftliche Schäden verursachen und für diese Schäden eine Entschädigung in Geld geleistet wird.

11 **Reversibel** ist eine Maßnahme nach der Gesetzesbegründung, wenn die durch sie hervorgerufenen Beeinträchtigungen sowohl in zeitlicher wie räumlicher Hinsicht eingriffsnah rückgängig zu machen bzw. umkehrbar sind. Hierzu zählen solche Beeinträchtigungen von Natur und Landschaft, die so behoben werden können, dass der ursprüngliche Zustand ohne bleibende Auswirkungen wiederhergestellt ist. Dies ist der Fall, wenn insbesondere die geschädigten natürlichen Ressourcen und/oder beeinträchtigten Funkti-

onen der natürlichen Ressourcen und/oder des Naturhaushaltes in den Ausgangszustand zurückversetzt werden können (BT-Drs. 19/24040, S. 25). Eine Identität im naturwissenschaftlichen Sinne kann dabei nicht verlangt werden, da es regelmäßig nicht möglich sein wird, einen identischen Zustand herzustellen. Faktisch würde § 67a dann leerlaufen. Letztlich muss daher entscheidend sein, ob ein gleichwertiger Zustand erzielt werden kann (vgl. Beckmann in: Landmann/Rohmer, Umweltrecht, § 37 KrWG, Rn. 14 m.w.N.).

Der genaue **zeitliche Zusammenhang** bleibt im Wortlaut der Norm unklar. In der Gesetzesbegründung wird ausgeführt, die Freimachung einer Schneise in einem Wald zur Errichtung einer Dampf- oder Wasserpipeline könne eine irreversible Maßnahme darstellen, da das Nachwachsen des Baumbestandes Jahrzehnte in Anspruch nehmen könne (BT-Drs. 19/24040, S. 26). Damit wird die Reversibilität in zeitlicher Hinsicht offensichtlich an die Zeitspanne angeknüpft, die für eine Wiederherstellung des ursprünglichen Zustands vergeht. Zielführender dürfte es sein, darauf abzustellen, ob der ursprüngliche Zustand darauf zurückgeht, dass die betroffene Natur und Landschaft zuvor lange Zeit frei von sonstigen Eingriffen gewesen sind. Intensiv bewirtschaftete Flächen sind demnach weniger schutzwürdig als ein vollständig naturbelassener Wald; bei ihnen kann eher eine Reversibilität der Maßnahme angenommen werden (Hermeier/Kalinna in: BeckOK EnWG, § 44c, Rn. 22; ähnlich OVG Berlin-Brandenburg Beschl. v. 20.2.2020 – OVG 11 S 8/20 –, BeckRS 2020, 1968, Rn. 15, beck-online). 12

Ausnahmsweise können nach § 67a Absatz 1 Satz 2 UVPG zur Vermeidung einer Verzögerung der Baudurchführung auch **irreversible Maßnahmen** zugelassen werden, soweit keine Umweltbeeinträchtigung droht. In der Gesetzesbegründung wird hierzu ausgeführt, insbesondere könne das Beseitigen von Bäumen innerhalb eines wirtschaftlich genutzten Waldes (z.B. Fichtenmonokultur) umfasst sein. Es sei denkbar, dass die irreversible Abholzung selbst nur einen wirtschaftlichen Schaden für den Forstwirt hervorrufe und keine ökologische Beeinträchtigung drohe. In solchen Fällen könnten ausnahmsweise auch irreversible Maßnahmen zugelassen werden, wenn für die wirtschaftlichen Schäden eine Entschädigung in Geld geleistet werde. Das Abholzen von Wäldern mit ökologischem Wert werde durch die Ausnahmeregelung gerade nicht ermöglicht. Die Ausnahme trage einer hohen praktischen Notwendigkeit Rechnung, die daraus resultiere, dass aufgrund der umweltrechtlichen Anforderungen Gehölze grundsätzlich nur in den Wintermonaten beschnitten oder abgeholzt werden dürften. Wenn ein Planfeststellungsbeschluss im Frühjahr erlassen werde, müsse der Vorhabenträger bisweilen über ein halbes Jahr warten, bis er mit den Bauarbeiten beginnen könne. Dies könnte durch die Zulassung des vorzeitigen Baubeginns in den genannten Fällen verhindert werden. 13

Letztlich geht aus der Gesetzesbegründung hervor, dass die Bewertung der Umweltbeeinträchtigung sowohl die Frage relevant ist, ob eine reversible Maßnahme vorliegt, als auch für die Frage, ob eine irreversible Maßnahme ausnahmsweise zugelassen werden kann. Dies hat zwangsläufig zur Folge, dass die Prüfungen ineinander übergehen, also nicht scharf voneinander abgegrenzt werden können. 14

4. Private Rechte. Nach § 67 Abs. 1 S. 1 Nr. 4 muss der Vorhabenträger über die für die Maßnahmen notwendigen **privaten Rechte** verfügen. Diese Voraussetzung ist dem Umstand geschuldet, dass die Zulassung des vorzeitigen Baubeginns – im Gegensatz zu Planfeststellungsbeschlüssen und Plangenehmigungen – keine enteignungsrechtliche Vorwirkung hat. Der Vorhabenträger hat daher keine Möglichkeit, auf der Grundlage einer Zulassung mit enteignungsrechtlicher Vorwirkung eine vorzeitige Besitzeinweisung zu erwirken. 15

16 Langfristig werden Leitungsrechte regelmäßig durch in das Grundbuch einzutragende Dienstbarkeiten gesichert. Für die Zulassung eines vorzeitigen Baubeginns ist dies nicht zwingend erforderlich. Die privaten Rechte können stattdessen auch über schuldrechtliche Vereinbarungen (z.B. Baufreigabevereinbarungen oder Gestattungsverträge) vermittelt werden. Sofern bereits eine Dienstbarkeit in das Grundbuch eingetragen wurde, ist der Abschluss schuldrechtlicher Vereinbarungen im Hinblick auf die Voraussetzung des § 67 Abs. 1 S. 1 Nr. 4 nicht mehr erforderlich (Hermeier/Kalinna in: BeckOK EnWG, § 44c, Rn. 27).

17 **5. Verpflichtungserklärung.** Nach § 67 Abs. 1 S. 1 Nr. 5 muss sich der Vorhabenträger dazu verpflichten, alle Schäden zu ersetzen, die bis zur Entscheidung im Planfeststellungs- oder Plangenehmigungsverfahren durch die Maßnahmen verursacht worden sind, und, sofern kein Planfeststellungsbeschluss oder keine Plangenehmigung erlassen wird, den früheren Zustand wiederherzustellen. Die **Verpflichtung** kann seitens des Vorhabenträgers durch eine einseitige Erklärung gegenüber der Behörde abgegeben werden. Sie muss verschuldensunabhängig eingreifen.

18 Die Verpflichtung zum Schadensersatz muss alle adäquat kausal verursachten Schäden umfassen. Hierzu gehört auch der entgangene Gewinn für das Ziehen von Früchten auf dem Grundstück. Die Verpflichtungserklärung hat kraft Gesetzes Schutzwirkung zugunsten Dritter und vermittelt diesen ggf. einen entsprechenden verschuldensunabhängigen Anspruch (Enders in: BeckOK UmweltR, § 8a BImSchG, Rn. 14 m.w.N). Da die Verpflichtungserklärung Voraussetzung für die vorläufige Zulassung ist, steht Drittbetroffenen für den Fall des Erlasses ohne die notwendige Erklärung ggf. ein Amtshaftungsanspruch gegen die Behörde zu (vgl. Jarass, in: ders., Kommentar zum BImSchG § 8a, Rn. 9).

III. Maßnahmen

19 Sofern die tatbestandlichen Voraussetzungen vorliegen, kann die zuständige Behörde den vorzeitigen Baubeginn zulassen. Die Entscheidung steht somit im **Ermessen der Behörde**; der Vorhabenträger hat einen Anspruch auf ermessensfehlerfreie Entscheidung. Bei der Ausübung des Ermessens dürfte das mit der Einführung des § 67a verfolgte Beschleunigungsinteresse aber eine bedeutende Rolle spielen. Keinesfalls darf die Zulassung des vorzeitigen Beginns nach § 67a als eine restriktiv zu handhabende Ausnahme verstanden werden (Beckmann in: Landmann/Rohmer, Umweltrecht, § 37 KrWG, Rn. 46 m.w.N.). Stattdessen ist eine großzügige Ermessensausübung im Sinne einer Zulassung des vorzeitigen Baubeginns angezeigt.

20 Zugelassen können die Arbeiten zur Errichtung oder Änderung der Rohrleitungsanlage sowie Vorarbeiten. Neben der Entfernung von Bewuchs kommen zur Trassenvorbereitung das Abstecken des Arbeitsstreifens, das Abschieben und die Ablagerung des Mutterbodens, die archäologische Dokumentation, die Einrichtung der Baustelle und von Lagerplätzen in Betracht. Möglich sind aber auch schon einzelne Errichtungsschritte, z.B. der Aushub von Baugruben und des Rohrgrabens oder erforderliche Bohrungen zur (Unter-)Kreuzung von Straßen oder Leitungen und Kabeln bei grabenloser Querung oder das Einlegen des Rohrstrangs in den Graben und dessen lagenweise Verfüllung (Rieger, EnWZ 2020, S. 305, 306). Zu den Vorarbeiten zählen ferner naturschutzrechtliche Maßnahmen, insbesondere solche des europäischen Arten- und Gebietsschutzes (Maßnahmen zur Schadensbegrenzung, vorgezogene Ausgleichsmaßnahmen nach § 44 Abs. 5 BNatSchG sowie Maßnahmen zur Kohärenzsicherung nach § 34 Absatz 5 BNatSchG).

21 Es muss sich um eine vorzeitige Zulassung von **Teilmaßnahmen** handeln, die in ihrer Gesamtheit nicht das vollständige Vorhaben ergeben (BT-Drs. 19/24040, S. 24). Denkbar ist umgekehrt aber, dass die Behörde das ihr zustehende Ermessen im Sinne einer Be-

schränkung der Zulassung auf einen räumlichen Teilbereich ausübt, sofern dies nicht ohnehin Gegenstand des Antrags ist. Ein Beispiel hierfür könnte die Prüfung einer räumlichen Alternative darstellen, die auf einen räumlich abgrenzbaren Teil des Gesamtvorhabens beschränkt ist. Die Zulassung des vorzeitigen Baubeginns könnte dann für die Teile des Vorhabens ausgesprochen werden, die durch die Prüfung der räumlichen Alternative nicht betroffen sind (Hermeier/Kalinna in: BeckOK EnWG, § 44c, Rn. 42).

IV. Nebenbestimmungen

Da die Entscheidung über die Zulassung des vorzeitigen Baubeginns nach § 67a im Ermessen der Behörde liegt, ist diese nach § 36 Abs. 2 VwVfG dazu berechtigt, **Nebenbestimmungen** zu erlassen. § 36 Abs. 2 VwVfG unterscheidet die Befristung (Nr. 1), die Bedingung (Nr. 2), den Widerrufsvorbehalt (Nr. 3), die Auflage (Nr. 4) und den Auflagenvorbehalt (Nr. 5). Die Nebenbestimmung darf nach § 36 Abs. 3 VwVfG nicht dem Zweck des Verwaltungsakts zuwiderlaufen. Im Grundsatz entscheidet die Behörde in pflichtgemäßer Ermessensausübung, ob Nebenbestimmungen erlassen werden. Etwas anderes gilt für den Widerrufsvorbehalt, der nach § 67a Abs. 1 S. 3 obligatorisch ist. Auch wenn ein Widerrufsvorbehalt wegen der zwingenden Anordnung durch § 67a Abs. 1 S. 3 auch dann gelten dürfte, wenn er nicht ausdrücklich in den Zulassungsbescheid aufgenommen wird (Hermeier/Kalinna in: BeckOK EnWG, § 44c, Rn. 43 unter Verweis auf Tiedemann in: BeckOK VwVfG, § 36, Rn. 52), dürfte es sich in der Praxis zur Klarstellung empfehlen, den Widerrufsvorbehalt jedenfalls deklaratorisch in die Zulassungsentscheidung zu übernehmen. 22

Nach § 67a Abs. 2 S. 1 ist die Behörde darüber hinaus insbesondere dazu berechtigt, die **Leistung einer Sicherheit** zu verlangen, soweit dies erforderlich ist, um die Erfüllung der Verpflichtungen des Vorhabenträgers nach Abs. 1 S. 1 Nr. 5 und S. 2 zu sichern. Es handelt sich um den Spezialfall einer Auflage nach § 36 Abs. 2 Nr. 4 VwVfG. Die Höhe der Sicherheit richtet sich nach der im Einzelfall der zu erwartenden Entschädigungen nach § 67a Abs. 1 S. 1 Nr. 5 lit. a) und § 67a Abs. 1 S. 2. Die Sicherheit kann in Form einer Bürgschaft erbracht werden (BT-Drs. 19/24040, S. 26). In Betracht kommen aber auch die in weiteren § 232 BGB genannten Formen, z.B. die Hinterlegung von Geld oder Wertpapieren oder die Verpfändung von Forderungen bzw. beweglichen Sachen. Zulässig sind ferner die Belastung des Betriebsgrundstücks mit einer Sicherungsgrundschuld bzw. -hypothek, der Abschluss und Nachweis einer das Kostenrisiko deckenden Haftpflichtversicherung oder die Abgabe einer Patronatserklärung (Riege, EnWG 2020, S. 305, 310). 23

V. Formelle Voraussetzungen

Zuständig für die Zulassung des vorzeitigen Baubeginns ist nach § 76a Abs. 1 S. 1 die Behörde, die für die Feststellung des Plans oder die Erteilung der Plangenehmigung zuständig ist. 24

Die Zulassung setzt nach § 67 Abs. 1 S. 3 einen **Antrag des Vorhabenträgers** voraus. Der Antrag muss hinreichend bestimmt sein und insbesondere klar erkennen lassen, welche Maßnahmen vorzeitig zugelassen werden sollen. Grundsätzlich sind Anträge entsprechend der Regelung des § 10 VwVfG formfrei. Im Hinblick auf die erforderliche Bestimmtheit und die Darlegungserfordernisse, die aus den materiellen Voraussetzungen resultieren, wird faktisch ein schriftlicher Antrag unumgänglich sein. 25

Das Verfahren über die vorzeitige Zulassung stellt ein eigenständiges Verwaltungsverfahren dar, das nicht den Vorgaben für Planfeststellungs- und Plangenehmigungsverfahren nach den §§ 72 ff. VwVfG unterliegt. Die Durchführung einer **Öffentlichkeitsbeteili-** 26

gung ist daher nicht geboten, da dies weder in § 67a verlangt wird, noch die Zulassung des vorzeitigen Beginns ein eigenständiges UVP-pflichtiges Vorhaben darstellt (so für Verfahren nach § 8a BImSchG: Mann in: Landmann/Rohmer, Umweltrecht, § 8a BImSchG, Rn. 22; für Verfahren nach § 37 KrWG: Fellenberg/Schiller, in: Jarass/Petersen, Kommentar zum KrWG, § 37, Rn. 14). Auch eine Pflicht zur Beteiligung von Umweltschutzvereinigungen besteht nicht (Fellenberg/Schiller in: Jarass/Petersen, Kommentar zum KrwG, § 37, Rn. 14). Im Einzelfall kann die Beteiligung der Öffentlichkeit zweckmäßig sein, beispielsweise dann, wenn die hieraus resultierenden Erkenntnisse die Prognoseentscheidung der Behörde erleichtern.

27 Unberührt bleibt die Verpflichtung nach § 28 Abs. 1 VwVfG, Beteiligten, in deren Rechte eingegriffen werden soll, Gelegenheit zu geben, sich zu den für die Entscheidung erheblichen Tatsachen zu äußern. Faktisch wird die **Anhörung** aber nur eine begrenzte Bedeutung haben, da der Vorhabenträger ohnehin nach § 67 Abs. 1 S. 1 Nr. 4 über die für die Maßnahme notwendigen privaten Rechte verfügen muss. Ferner kann es zweckmäßig sein, die **Behörden** zu beteiligen, deren Zuständigkeit durch die Entscheidung über den vorzeitigen Beginn tangiert ist, z.B. die Naturschutzbehörde bei beabsichtigten Eingriffen in Natur und Landschaft (Riege, EnWZ 2020, S. 305, 310).

28 Die Entscheidung über die Zulassung des vorzeitigen Baubeginns ist nach § 67a Abs. 3 den anliegenden Gemeinden und den Beteiligten **zuzustellen**. Aus der Pflicht der Zustellung an die Gemeinde folgt nicht, dass vor der Zulassung des vorzeitigen Baubeginns das gemeindliche Einvernehmen im Sinne von § 36 Abs. 1 S. 2 BauGB herzustellen ist (Riege, EnWZ 2020, S. 305, 310).

VI. Wiederherstellung des früheren Zustands

29 Wird die Zulassungsentscheidung endgültig nicht erteilt, ordnet die Behörde nach § 67a Abs. 2 S. 2 gegenüber dem Träger des Vorhabens an, den früheren Zustand wiederherzustellen. Dies gilt insbesondere dann, wenn der Antrag auf Planfeststellung oder Plangenehmigung abgelehnt oder zurückgenommen wird. Die **Pflicht zur Wiederherstellung** greift erst dann ein, wenn eine entsprechende behördliche Anordnung erlassen wurde.

VII. Rechtsschutz

30 **Dritte** können gegen die Zulassungsentscheidung mit einer Anfechtungsklage vorgehen. Ein vorangehendes Vorverfahren nach den §§ 68 ff. VwGO ist erforderlich, wenn dies nicht durch ein Bundes- oder Landesgesetz ausgeschlossen ist. Die Anfechtungsklage hat nach § 67a Abs. 4 keine aufschiebende Wirkung. Für Dritte werden damit die Eilrechtsschutzmöglichkeiten nach den §§ 80 ff. VwGO eröffnet.

31 Der **Vorhabenträger** kann, wenn der Antrag abgelehnt wird, Verpflichtungsklage nach § 42 Abs. 1 VwGO erheben. Dabei wird er regelmäßig nur einen Anspruch auf ermessensfehlerfreie Entscheidung geltend machen können, da die Zulassung des vorzeitigen Beginns im Ermessen der Behörde steht. Ferner kann der Vorhabenträger ggf. belastende Nebenbestimmungen anfechten.

32 Ob **Umweltvereinigungen** ein Klagerecht gegen die Zulassung des vorzeitigen Beginns zusteht, ist umstritten. Im Ergebnis ist dies bei unionsrechtskonformer Auslegung des nationalen Rechts wohl zu bejahen, soweit im Hauptverfahren eine UVP durchzuführen ist (zum Streitstand: Fellenberg/Schiller in: Jarass/Petersen, Kommentar zum KrwG, § 37, Rn. 53). Zwar stellt die Zulassung des vorzeitigen Baubeginns keine Zulassungsentscheidung im Sinne von § 2 Abs. 1 Nr. 1 i.V.m. § 1 Abs. 1 S. 1 UmwRG dar, da keine Pflicht zur Durchführung einer eigenständigen UVP besteht. Auch fehlt es an dem nach

§ 2 Abs. 1 Nr. 3 UmwRG vorausgesetzten Beteiligungsrecht. Das den Umweltvereinigungen nach Art. 11 Abs. 1 der UVP-RL unionsrechtlich eingeräumte Recht auf Zugang zu einem gerichtlichen Überprüfungsverfahren, in dem die materiellrechtliche und verfahrensrechtliche Rechtmäßigkeit von Entscheidungen über UVP-pflichtige Vorhaben überprüft wird, würde jedoch vereitelt, wenn nicht die Möglichkeit bestünde, die Vereinbarkeit der vorläufig zugelassenen Maßnahmen mit umweltrechtlichen Anforderungen zu überprüfen (Fellenberg/Schiller in: Jarass/Petersen, Kommentar zum KrwG, § 37, Rn. 53 m.w.N.).

§ 68 Überwachung

(1) **Die zuständige Behörde hat durch geeignete Maßnahmen zu überwachen, dass Vorhaben, die in Anlage 1 unter den Nummern 19.3 bis 19.9 aufgeführt sind, im Einklang mit den umweltbezogenen Bestimmungen des Zulassungsbescheids nach § 65 durchgeführt werden. Bei UVP-pflichtigen Vorhaben gilt dies insbesondere für die im Planfeststellungsbescheid festgelegten Merkmale des Vorhabens und des Standorts, für die Maßnahmen, mit denen erhebliche nachteilige Umweltauswirkungen ausgeschlossen, vermindert oder ausgeglichen werden sollen, sowie für die Ersatzmaßnahmen bei Eingriffen in Natur und Landschaft.**

(2) **Die Überwachung nach Absatz 1 kann dem Vorhabenträger aufgegeben werden, soweit dies nach landesrechtlichen Vorschriften vorgesehen ist.**

Schrifttum Wilrich, Zulassung, Betrieb und Überwachung von Rohrleitungsanlagen und Energieleitungen, NVwZ 2003, S. 787; Peters, Planfeststellungsverfahren mit integrierter Umweltverträglichkeitsprüfung bei Rohrleitungsanlagen, ZfWassR 2002, S. 146; Wahlhäuser, Gasversorgungsleitung oder Rohrleitungsanlage: Welches Genehmigungsregime gilt für Erdgasröhrenspeicher?, UPR 2011, S. 262; Bunge, Neue Anforderungen an die Umweltverträglichkeitsprüfung: die UVP-Änderungsrichtlinie 2014, NVwZ 2014, 1257; Sangenstedt, Die Reform der UVP-Richtlinie 2014: Herausforderungen für das deutsche Recht, ZUR 2014, 526; Beckmann in: Hoppe/Beckmann/Kauch, Kommentar zum UVPG, 5. Aufl. 2018, § 68, Rn. 1 ff.; Dippel in: Schink/Reidt/Mitschang, Kommentar zum UVPG/UmwRG, 1. Aufl. 2018, § 68, Rn. 1 ff.; Peters/Balla/Hesselbarth in: dies., Kommentar zum UVPG, 4. Aufl. 2019, § 68, Rn. 1 ff.

Rechtsprechung OVG Münster, Urt. v. 31.08.2020 – 20 A 1923/11 –; VGH Mannheim, Beschl. v. 14.11.2011 – 8 S 1281/11 –; VG Düsseldorf, Urt. v. 25.05.2011– 3 K 1599/07 –; OVG Münster, Beschl. v. 17.12.2007 – 20 B 1586/07 –.

Übersicht

A. Allgemeines

Die Regelung des § 68 UVPG ist durch das Gesetz zur Modernisierung des Rechts der Umweltverträglichkeitsprüfung vom 20.07.2017 (BGBl. I S. 2808) in das UVPG eingeführt worden. Zusammen mit § 68 sind die insoweit vergleichbaren Vorschriften des § 69 Abs. 1a des Bundesberggesetzes und des § 43i EnWG des Energiewirtschaftsgesetzes in Kraft getreten. Nach § 70 Nr. 6 kann die Bundesregierung mit Zustimmung des Bundesrates allgemeine Verwaltungsvorschriften über die Grundsätze der Überwachung nach § 68 erlassen. Der nach § 16 anzufertigende UVP-Bericht muss nach Anlage 4 Nr. 7 Angaben zu den getroffenen Überwachungsmaßnahmen des Vorhabenträgers enthalten. 1

I. Hintergrund

2 § 68 dient der **Umsetzung des Art. 8a Abs. 4 der UVP-Richtlinie 2011/92/EU**, der folgenden Wortlaut hat: „Im Einklang mit den Anforderungen gemäß Absatz 1 Buchstabe b stellen die Mitgliedstaaten sicher, dass die Aspekte des Projekts und/oder die Maßnahmen, mit denen erhebliche nachteilige Auswirkungen auf die Umwelt vermieden, verhindert, verringert und soweit möglich ausgeglichen werden sollen, vom Projektträger umgesetzt werden, und legen die Verfahren zur Überwachung erheblicher nachteiliger Auswirkungen auf die Umwelt fest. Die Art der zu überwachenden Parameter und die Dauer der Überwachung müssen der Art, dem Standort und dem Umfang des Projekts sowie dem Ausmaß seiner Auswirkungen auf die Umwelt angemessen sein. Geeignete Überwachungsmechanismen, die aufgrund anderer Unionsgesetzgebung als dieser Richtlinie und nationaler Gesetzgebung bestehen, können angewandt werden, um Doppelgleisigkeiten bei der Überwachung zu vermeiden."

3 In der **Begründung** des Gesetzesentwurfs führt die Bundesregierung u.a. aus, § 68 Abs. 1 S. 1 stelle klar, dass durch geeignete Überwachungsmaßnahmen sicherzustellen sei, dass das Vorhaben im Einklang mit den Bestimmungen des Zulassungsbescheids nach § 65 durchgeführt werde. Die Vorschrift gelte sowohl für Planfeststellungsbeschlüsse als auch für Plangenehmigungen. Bei UVP-pflichtigen Vorhaben seien nach Satz 2 insbesondere die Wirksamkeit bestimmter Merkmale des Vorhabens und des Standorts sowie von Maßnahmen, mit denen erhebliche nachteilige Umweltauswirkungen ausgeschlossen, vermindert, ausgeglichen oder ersetzt werden sollen, zu überwachen. Merkmale und Maßnahmen, mit denen Umweltauswirkungen ausgeschlossen würden, schlössen dabei sowohl die Vermeidung als auch die Verhinderung von Umweltauswirkungen im Sinne der UVP-Änderungsrichtlinie ein. Aufgrund des in § 66 Abs. 1 Nr. 1 Buchst. b geregelten Vorsorgegrundsatzes dürften erhebliche nachteilige Umweltauswirkungen beim Betrieb der Rohrleitungsanlagen nicht auftreten. Erhebliche nachteilige Umweltauswirkungen, die entgegen den Anforderungen des Planfeststellungsbeschlusses sowie eventuell während der Errichtungsphase eintreten würden, würden nach Absatz 1 sowie nach den Bestimmungen der Rohrfernleitungsverordnung und den nach § 9 Rohrfernleitungsverordnung erlassenen Technischen Regeln für Rohrfernleitungsanlagen überwacht. Absatz 2 stelle klar, dass die Überwachung nach Absatz 1 nach landesrechtlichen Vorschriften dem Vorhabenträger aufgegeben werden könne. Die Geltung von Bestimmungen zur Überwachung nach der Rohrfernleitungsverordnung und den Technischen Regeln für Rohrfernleitungsanlagen, die eine Eigenüberwachung vorsehen, bleibe hiervon unberührt (BT-Drs. 18/11499, S. 109).

4 Der **Bundesrat** hatte in seiner Stellungnahme vom 31.03.2017 (BR-Drs. 146/17 (B), S. 22) vorgeschlagen, einen Passus zu ergänzen, mit der die Subsidiarität des § 68 gegenüber Überwachungsmaßnahmen nach anderen bundes- oder landesrechtlichen Regelungen geregelt werden sollte. In seiner Begründung bezog er sich auf § 28, der eine solche Subsidiaritätsregelung beinhaltet. Außerdem sollten in Absatz 2 die Wörter „soweit dies nach landesrechtlichen Vorschriften vorgesehen ist" gestrichen werden. Die **Bundesregierung** lehnte dies in ihrer **Gegenäußerung** ab (BT-Drs. 18/11948, S. 25). § 28 sei – so die Begründung – eine übergreifende Regelung, die für ganz unterschiedliche Vorhaben gelte. Für einen Teil dieser Vorhaben gebe es spezielle Überwachungsvorschriften im Fachrecht. Deshalb sei es sinnvoll, dass § 28 gegenüber diesen fachrechtlichen Überwachungsvorschriften subsidiär sei. Im Anwendungsbereich des § 68 sei eine Subsidiaritätsklausel dagegen nicht erforderlich, denn die Rohrfernleitungsverordnung enthalte selbst keine Bestimmungen zur Überwachung der Vorgaben des Zulassungsbescheids. Die gege-

benenfalls zusätzliche Anwendung weiterer fachrechtlicher Überwachungsvorschriften, die sich unter anderem auch in der Rohrfernleitungsverordnung fänden, werde von § 68 nicht verdrängt.

II. Verhältnis zu anderen Vorschriften

Wie ausgeführt, hat der Gesetzgeber in der Gesetzesbegründung ausgeführt, die gesetzliche Anordnung einer **Subsidiarität** des § 68 sei nicht notwendig, weil Rohrfernleitungsverordnung selbst keine Bestimmungen zur Überwachung der Vorgaben des Zulassungsbescheids enthalte. Ob dies zutrifft, ist zweifelhaft. So sieht die Regelung des § 8a RohrFLtV umfassende Überwachungsbefugnisse der zuständigen Behörde vor. Nach § 4 Abs. 5 RohrFLtV kann die zuständige Behörde zudem die im Einzelfall erforderlichen Anordnungen treffen, um die Erfüllung der in den §§ 3 und 4 RohrFLtV geregelten Anforderungen sicherzustellen. Dies dürfte auch Überwachungsmaßnahmen umfassen, die der Einhaltung der Vorgaben des Zulassungsbescheids dienen. Ferner gelten für Rohrfernleitungsanlagen auch jenseits der in der Rohrfernleitungsverordnung geregelten Überwachungsvorgaben fachrechtliche Überwachungsbefugnisse, die sich auch auf die Zulassungsentscheidung beziehen, so z.B. § 17 Abs. 7 BNatSchG oder § 52 BImSchG. Daher besteht insoweit kein wesentlicher Unterschied zu anderen Anlagen, die nicht § 68, aber § 28 unterfallen. Angesichts der jenseits des § 68 geltenden Regelungen zur Überwachung von Rohrfernleitungsanlagen ist ohnehin fraglich, ob überhaupt ein Bedürfnis für die Regelung des § 68 bestand, oder ob die von Art. 8a der UVP-Richtlinie geforderte Überwachung nicht bereits durch die bestehenden Rechtsvorschriften gewährleistet ist (kritisch zum insoweit vergleichbaren § 43i EnWG: Kment in: Kommentar zum EnWG, § 43i, Rn. 2; zweifelnd auch: Sangenstedt, ZUR 2014, S. 526, 534). 5

Spezieller und vorrangig ist § 68 gegenüber der allgemeinen Regelung zur Überwachung nach § 28. Eine Regelung zur Überwachung der Durchführung von Plänen und Programmen, die der strategischen Umweltprüfung nach den §§ 33 ff. unterliegen, enthält § 45. Da für Vorhaben nach den §§ 65 ff. aber keine Pflicht zur Durchführung einer strategischen Umweltprüfung nach den §§ 33 ff. besteht, findet § 45 für Rohrfernleitungsanlagen keine Anwendung. 6

Nach dem Willen des Gesetzgebers gilt § 68 darüber hinaus parallel zu den allgemeinen fachrechtlichen Überwachungsbefugnissen. Zu nennen sind bspw. die Befugnis zur Auferlegung nachträglicher Schutzauflagen nach § 75 Abs. 2 S. 3 VwVfG unter den dort geregelten Voraussetzungen, ferner die Befugnisse aus § 17 Abs. 7 BNatSchG und den §§ 24, 25 und 52 BImSchG. 7

B. Überwachung durch die zuständige Behörde (Abs. 1)

Die Überwachung durch die zuständige Behörde wird durch § 68 Abs. 1 geregelt. Dabei ist zwischen der allgemeinen Überwachung nach § 68 Abs. 1 S. 1 und der besonderen Überwachung UVP-pflichtiger Vorhaben nach § 68 Abs. 1 S. 2 zu unterscheiden. 8

I. Allgemeine Überwachung (Abs. 1 Satz 1)

1. Erfasste Vorhaben. Die Überwachungsbefugnis des § 68 gilt nicht für alle Vorhaben, die dem Anwendungsbereich des UVPG unterliegen, sondern nur für **Vorhaben nach den Nrn. 19.3 bis 19. 9 der Anlage 1**, also für Rohrfernleitungsanlagen zum Befördern wassergefährdender Stoffe, verflüssigter oder nicht verflüssigter Gase, bestimmter Chemikalien, zum Befördern von Dampf oder Warmwasser, ferner für Wasserfernlei- 9 tungen und künstliche Wasserspeicher, stets unter den weiteren in Nrn. 19.3 bis 19. 9 der Anlage 1 geregelten Voraussetzungen.

10 Die Anwendbarkeit des § 68 ist hingegen nicht davon abhängig, dass das jeweilige Vorhaben tatsächlich **UVP-pflichtig** ist. Dementsprechend greift die Überwachungsbefugnis beispielsweise auch dann ein, wenn das Vorhaben einer Vorprüfungspflicht nach § 7 UVPG unterliegt und die Vorprüfung zu dem Ergebnis führt, das keine UVP-Pflicht besteht. Für UVP-pflichtige Vorhaben gilt allerdings die Sonderregelung des § 68 Abs. 1 S. 2. Danach unterliegen insbesondere die im Planfeststellungsbescheid festgelegten Merkmale des Vorhabens und des Standorts, die Maßnahmen, mit denen erhebliche nachteilige Umweltauswirkungen ausgeschlossen, vermindert oder ausgeglichen werden sollen, sowie die Ersatzmaßnahmen bei Eingriffen in Natur und Landschaft der Überwachung nach § 68.

11 **2. Umweltbezogene Bestimmungen des Zulassungsbescheids.** Die Überwachungsbefugnis des § 68 Abs. 1 beschränkt sich auf umweltbezogene Bestimmungen der **Zulassungsbescheide** nach § 65. Gemeint sind damit Planfeststellungsbeschlüsse nach § 65 Abs. 1 sowie Plangenehmigungen nach § 65 Abs. 2 S. 1. Behördliche Mitteilungen über den Entfall des Planfeststellungs- bzw. Plangenehmigungsverfahrens in Fällen unwesentlicher Bedeutung nach § 65 Abs. 2 S. 2 unterliegen hingegen nicht der Überwachung nach § 68, da es sich nicht um Zulassungsentscheidungen handelt, sondern um schlichte Mitteilungen über den Entfall eines förmlichen Zulassungsverfahrens.

12 Umweltbezogene **Bestimmungen** der Zulassungsentscheidung ergeben sich in erster Linie aus dem Verfügungstenor sowie ggf. erlassenen Nebenbestimmungen nach § 66 Abs. 2 i.V.m. § 36 VwVfG. Bei der Frage, ob es sich bei anderen Inhalten der Zulassungsentscheidungen (insbesondere Hinweisen, der Begründung oder Aussagen in planfestgestellten Fachbeiträgen und Gutachten) um umweltbezogene Bestimmungen des Zulassungsbescheids handeln kann, ist zu differenzieren. Anzunehmen ist dies jedenfalls dann, wenn die jeweilige Aussage ersichtlich eine Grundlage für die im Zulassungsverfahren durchgeführte Konfliktbewältigung darstellt. War die jeweilige Aussage hingegen unerheblich für die fachplanungsrechtliche Konfliktbewältigung, liegt keine nach § 68 zu überwachende Bestimmung vor.

13 Der Begriff des **Umweltbezugs** wird nicht näher im UVPG definiert. Es liegt nahe, auf den Katalog der Schutzgüter nach § 2 Abs. 1 zurückzugreifen. Einen Umweltbezug weist die Bestimmung des Zulassungsbescheids dementsprechend dann auf, wenn sie mindestens einem der folgenden Schutzgüter dient:

1. dem Menschen, insbesondere der menschlichen Gesundheit,
2. den Schutzgütern Tiere, Pflanzen und die biologische Vielfalt,
3. den Schutzgütern Fläche, Boden, Wasser, Luft, Klima und Landschaft,
4. den Schutzgütern kulturelles Erbe und sonstige Sachgüter.

Bestimmungen in den Zulassungsbescheiden, die keinen Umweltbezug aufweisen (z.B. Bestimmungen zur Gewährleistung der Arbeitssicherheit) unterliegen der Überwachung nach § 68 nicht.

14 **3. Geeignete Maßnahmen.** Die Auswahl geeigneter Überwachungsmaßnahmen liegt im **Ermessen** der Behörde (Dippel in: Schink/Reidt/Mitschang, Kommentar zum UVPG/UmwRG, § 68, Rn. 7). Sie können im Erlass regelnder Anordnungen (insbesondere Verwaltungsakte nach § 35 S. 1 VwVfG) oder in einem tatsächlichen Handeln bestehen.

Inhaltlich entsprechen die Überwachungsbefugnisse nach § 68 weitgehend den Befugnissen nach § 8a RohrFLtV. Nach § 8a Abs. 1 S. 1 RohrFLtV sind Bedienstete und Beauftragte der zuständigen Behörde im Rahmen der Überwachung befugt, 15

1. technische Ermittlungen und Prüfungen vorzunehmen,
2. während der Betriebszeit Betriebsräume sowie unmittelbar zugehörige befriedete Betriebsgrundstücke zu betreten,
3. bei Erforderlichkeit zur Verhütung dringender Gefahren für die öffentliche Sicherheit oder Ordnung Wohnräume und außerhalb der Betriebszeit Betriebsräume sowie unmittelbar zugehörige befriedete Betriebsgrundstücke zu betreten und
4. jederzeit Anlagen zu betreten sowie Grundstücke, die nicht unmittelbar zugehörige befriedete Betriebsgrundstücke nach den Nummern 2 und 3 sind.

Anlagenbetreiber und ihre Beschäftigten haben der zuständigen Behörde ferner nach § 8a Abs. 2 S. 1 RohrFLtV auf Verlangen Auskünfte zu erteilen, Unterlagen vorzulegen und technische Ermittlungen und Prüfungen zu ermöglichen sowie dafür Arbeitskräfte und technische Hilfsmittel zur Verfügung zu stellen, soweit dies zur Durchführung der der Behörde obliegenden Aufgaben erforderlich ist. Nach § 4 Abs. 5 RohrFLtV kann die zuständige Behörde schließlich die im Einzelfall erforderlichen Anordnungen treffen, um die Erfüllung der in den §§ 3 und 4 RohrFLtV geregelten Anforderungen sicherzustellen. Diese Befugnisse kann die Behörde auch aus § 68 ableiten.

II. Besondere Gegenstände der Überwachung (Abs. 1 Satz 2)

Für **UVP-pflichtige Vorhaben** spezifiziert § 68 Abs. 1 S. 2 den Begriff der „umweltbezogenen Bestimmungen". Dies sind zum einen im Planfeststellungsbescheid enthaltene Bestimmungen zu den Merkmalen des Vorhabens und des Standorts sowie zu den Maßnahmen, mit denen erhebliche nachteilige Umweltauswirkungen ausgeschlossen, vermindert oder ausgeglichen werden sollen. Zum anderen werden darunter aber auch Bestimmungen zu Ersatzmaßnahmen bei Eingriffen in Natur und Landschaft erfasst. Mit der Verwendung des Begriffs „insbesondere" bringt der Gesetzgeber zum Ausdruck, dass die Aufzählung nicht abschließend ist (Dippel in: Schink/Reidt/Mitschang, Kommentar zum UVPG/UmwRG, § 68, Rn. 5). 16

Zum Begriff der **„Merkmale des Vorhabens"** enthält Anlage 3 Nr. 1 weitergehende Konkretisierungen. Der Begriff **„Merkmale des Standorts"** wird durch Anlage 3 Nr. 2 konkretisiert. Vorgaben zu Ausgleichs- und Ersatzmaßnahmen enthält § 15 Abs. 2 BNatSchG. Danach sind **Ausgleichsmaßnahmen** solche Maßnahmen, die dazu dienen, die beeinträchtigten Funktionen des Naturhaushalts in gleichartiger Weise wiederherzustellen bzw. das Landschaftsbild landschaftsgerecht wiederherzustellen oder neu zu gestalten. **Ersatzmaßnahmen** sind Maßnahmen, die dazu dienen, die beeinträchtigten Funktionen des Naturhaushalts in dem betroffenen Naturraum in gleichwertiger Weise wiederherzustellen und das Landschaftsbild landschaftsgerecht neu zu gestalten. 17

C. Delegation auf den Vorhabenträger (Abs. 2)

Nach § 68 Abs. 2 kann die Überwachung nach Abs. 1 auf den Vorhabenträger **delegiert** werden, soweit dies nach landesrechtlichen Vorschriften vorgesehen ist. Der Gesetzeswortlaut ist missverständlich, denn er impliziert, dass die Delegation der Überwachung auf den Vorhabenträger von der Schaffung entsprechender rechtlicher Vorgaben durch den Landesgesetzgeber abhängt (Beckmann in: Hoppe/Beckmann/Kment, Kommentar zum UVPG, § 68, Rn. 32). Tatsächlich hat der Gesetzgeber die Formulierung aber in 18 dem Bewusstsein abgefasst, dass die Vorgaben der **Rohrfernleitungsverordnung** und der **Technischen Regel für Rohrfernleitungsanlagen (TRFL)** bereits eine Eigenüberwachung vorsehen. Somit hat der Bundesgesetzgeber bereits eine umfassende Delegation der Überwachung auf die Vorhabenträger auf Bundesebene umgesetzt. Für weitergehende Regelungen sah der Gesetzgeber bei der Schaffung des § 68 nur auf der Ebene des Landesrechts (BT-Drs. 18/11499, S. 109).

19 Nach § 4 Abs. 1 RohrFLtV hat der Betreiber einer Rohrfernleitungsanlage hat dafür zu sorgen, dass die Rohrfernleitungsanlage in ordnungsgemäßem Zustand erhalten und fortlaufend überwacht wird. Er hat unverzüglich die notwendigen Instandsetzungsmaßnahmen vorzunehmen. Ferner hat der Betreiber nach § 4 Abs. 2 RohrFLtV spätestens bei Inbetriebnahme der Rohrfernleitungsanlage eine zusammenfassende Dokumentation zu erstellen, jährlich oder unverzüglich nach Änderungen fortzuschreiben und der zuständigen Behörde auf Verlangen zur Verfügung zu stellen. Die Dokumentation muss alle wesentlichen sicherheitsrelevanten bedeutsamen Merkmale der Rohrfernleitungsanlage sowie ihres Betriebs enthalten. Der Betreiber einer Rohrfernleitungsanlage hat nach § 4 Abs. 3 RohrFLtV sicherzustellen, dass auch nach endgültiger oder bei vorübergehender Stilllegung eine Beeinträchtigung des Wohls der Allgemeinheit vermieden wird und insbesondere keine schädlichen Einwirkungen auf den Menschen und die Umwelt von einer Rohrfernleitungsanlage ausgehen. Ferner muss der Betreiber einer Rohrfernleitungsanlage nach § 4 Abs. 4 RohrFLtV als Bestandteil der Betriebsführung über ein Managementsystem zur Schaffung und Beibehaltung der Integrität der Rohrfernleitungsanlage verfügen, das die in § 4 Abs. 4 RohrFLtV angegebenen Mindestinhalte enthält.

21 Weitere Vorgaben zur (Eigen-)Überwachung enthält die **Technische Regel für Rohrfernleitungsanlagen (TFRL)** vom 03.05.2017 (BAnz AT 07.06.2017 B6, geändert durch die Bekanntmachung vom 30.09.2020, BAnz AT 21.10.2020 B2), die auf der Grundlage des § 9 Abs. 5 RohrFLtV veröffentlicht wurde. Im Hinblick auf die Verlegung einer Rohrfernleitung ist auf Teil 1, Abschnitt 9 der TRFL zu verweisen. Druckprüfungen sind vom Betreiber nach Teil 1, Abschnitt 10 der TRFL durchzuführen. Weitere Überwachungsvorgaben regelt Teil 1, Abschnitt 12 der TRFL.

§ 69 Bußgeldvorschriften

(1) **Ordnungswidrig handelt, wer vorsätzlich oder fahrlässig**

1. ohne Planfeststellungsbeschluss nach § 65 Abs. 1 oder ohne Plangenehmigung nach § 65 Abs. 2 Satz 1 ein Vorhaben durchführt,

2. einer vollziehbaren Auflage nach § 66 Abs. 2 zuwiderhandelt oder

3. einer Rechtsverordnung nach

a) § 66 Absatz 6 Satz 1 Nummer 1, 3, 4 oder 6, jeweils auch in Verbindung mit Absatz 7 Nummer 2, oder

b) § 66 Absatz 6 Satz 1 Nummer 2, auch in Verbindung mit Absatz 7 Nummer 2, oder § 66 Absatz 6 Satz 1 Nummer 5 oder Absatz 7 Nummer 1

oder einer vollziehbaren Anordnung aufgrund einer solchen Rechtsverordnung zuwiderhandelt, soweit die Rechtsverordnung für einen bestimmten Tatbestand auf diese Bußgeldvorschrift verweist.

(2) **Die Ordnungswidrigkeit kann in den Fällen des Absatzes 1 Nr. 3 Buchstabe b mit einer Geldbuße bis zu zwanzigtausend Euro, in den übrigen Fällen mit einer Geldbuße bis zu fünfzigtausend Euro geahndet werden.**

Schrifttum Wilrich, Zulassung, Betrieb und Überwachung von Rohrleitungsanlagen und Energieleitungen, NVwZ 2003, S. 787; Peters, Planfeststellungsverfahren mit integrierter Umweltverträglichkeitsprüfung bei Rohrleitungsanlagen, ZfWassR 2002, S. 146; Wahlhäuser, Gasversorgungsleitung oder Rohrleitungsanlage: Welches Genehmigungsregime gilt für Erdgasröhrenspeicher?, UPR 2011, S. 262; Beckmann in: Hoppe/Beckmann/Kauch, Kommentar zum UVPG, 5. Aufl. 2018, § 69, Rn. 1 ff.; Dippel in: Schink/Reidt/Mitschang, Kommentar zum UVPG/UmwRG, 1. Aufl. 2018, § 69, Rn. 1 ff.; Peters/Balla/Hesselbarth in: dies., Kommentar zum UVPG, 4. Aufl. 2019, § 69, Rn. 1 ff.; Boujong, Karlsruher Kommentar zum OWiG, 5. Aufl. 2017; Göhler, OWiG. Kommentar, 18. Aufl. 2020; Rehbinder, Umweltsichernde Unternehmensorganisation, ZHR 165, S. 1; Scheidler, Umweltrechtliche Verantwortung im Betrieb, GewArch 2008, S. 195.

Rechtsprechung OVG Münster, Urt. v. 31.08.2020 – 20 A 1923/11 –; VGH Mannheim, Beschl. v. 14.11.2011 – 8 S 1281/11 –; VG Düsseldorf, Urt. v. 25.05.2011– 3 K 1599/07 –; OVG Münster, Beschl. v. 17.12.2007 – 20 B 1586/07 –.

Übersicht

A. Allgemeines

1 Die Regelung des § 69 enthält Bußgeldvorschriften, die dann zur Anwendung gelangen, wenn einer der dort geregelten Ordnungswidrigkeitstatbestände eingreift. § 69 gibt nur die einzelnen Tatbestände, die in Betracht kommenden Schuldformen (Vorsatz bzw. Fahrlässigkeit) sowie die Höhe der Geldbuße vor. Im Übrigen gelten die allgemeinen Regelungen, insbesondere die Regelungen des **Gesetzes über Ordnungswidrigkeiten** (OWiG).

2 Die Ordnungswidrigkeitstatbestände des § 69 sind nicht der einzig denkbare Anknüpfungspunkt für staatliche Sanktionen von Fehlverhalten in einem Zusammenhang mit der Errichtung und dem Betrieb von Rohrleitungsanlagen. Das in § 69 sanktionierte Fehlverhalten kann stattdessen (auch) einen oder mehrere **Straftatbestände der § 324 ff. StGB** verwirklichen. Insbesondere kommt eine Strafbarkeit gemäß § 327 Abs. 2 Nr. 2 StGB (Unerlaubtes Betreiben einer genehmigungsbedürftigen oder anzeigepflichtigen Rohrleitungsanlage zum Befördern wassergefährdender Stoffe) in Betracht. Ferner ist an eine Strafbarkeit gemäß § 324 StGB (Gewässerverunreinigung), § 324a StGB (Bodenverunreinigung) oder § 325 StGB (Luftverunreinigung) zu denken. Gemäß § 41 OWiG gibt die für die Verfolgung von Ordnungswidrigkeiten zuständige Verwaltungsbehörde die Sache an die Staatsanwaltschaft ab, wenn Anhaltspunkte dafür vorhanden sind, dass die Tat eine Straftat ist.

B. Ordnungswidrigkeitstatbestände

3 § 69 Abs. 1 unterscheidet drei Ordnungswidrigkeitstatbestände. Die Ordnungswidrigkeitstatbestände können im Sinne des § 10 OWiG durch **vorsätzliches** oder **fahrlässiges** Handeln verwirklicht werden.

I. Durchführen eines Vorhabens ohne Genehmigung

4 Gemäß § 69 Abs. 1 Nr. 1 handelt ordnungswidrig, wer vorsätzlich oder fahrlässig ohne Planfeststellungsbeschluss nach § 65 Abs. 1 oder ohne Plangenehmigung nach § 65 Abs. 2 S. 1 ein **Vorhaben durchführt**.

5 Der Ordnungswidrigkeitstatbestand ist bereits dann erfüllt, wenn mit der Errichtung eines Vorhabens i.S.v. § 65 Abs. 1 begonnen wird, wenn also z.B. Ausschachtungsarbeiten begonnen oder bereits Rohre verlegt werden (vgl. Beckmann in: Hoppe/Beckmann/Kment, Kommentar zum UVPG, § 69, Rn. 11 m.w.N.). Der Umsetzungsstand kann im Sinne des § 17 Abs. 3 OWiG Einfluss auf die Bemessung der Bußgeldhöhe haben (Eckart in: Schink/Reidt/Mitschang, Kommentar zum UVPG/UmwRG, § 69, Rn. 2). Ohne die erforderliche Planfeststellung bzw. Plangenehmigung werden Rohrleitungsanlagen des Weiteren auch dann betrieben, wenn die Befristung i.S.v. § 66 Abs. 2 S. 1 ausgelaufen oder aber die Planfeststellung bzw. Plangenehmigung aufgehoben worden ist, der Betrieb aber nicht beendet wird. Die Durchführung eines Vorhabens ohne erforderlichen Planfeststellungsbeschluss oder ohne erforderliche Plangenehmigung kann schließlich auch in der **ungenehmigten Änderung** eines Vorhabens liegen. Dies folgt aus § 2 Abs. 4 Nr. 2 und § 65 Abs. 1, die jeweils die Änderung eines Vorhabens in den Vorhabenbegriff einbeziehen.

6 Der Tatbestand wird allerdings nur dann verwirklicht, wenn eine Planfeststellung oder eine Plangenehmigung erforderlich gewesen wäre, die nicht erteilt worden ist. Insbesondere in **Fällen unwesentlicher Bedeutung** gemäß § 65 Abs. 2 S. 2 ist ein solches Erfordernis nicht anzunehmen, sodass der Ordnungswidrigkeitstatbestand des § 69 Abs. 1 Nr. 1 in diesen Fällen nicht erfüllt wird. Wegen der sog. Verwaltungsakzessorietät liegt in diesen Fällen ferner auch keine Strafbarkeit nach den §§ 324 ff. StGB vor.

7 Der Ordnungswidrigkeitstatbestand greift nicht ein, wenn die zugrunde liegende Zulassung (Planfeststellung oder Plangenehmigung) rechtswidrig, aber nicht nichtig im Sinne des § 44 VwVfG ist. Dann ist die Zulassung nämlich gemäß § 43 VwVfG wirksam, sodass ein Planfeststellungsbeschluss bzw. eine Plangenehmigung vorliegt (Beckmann in: Hoppe/Beckmann/Kment, Kommentar zum UVPG, § 69, Rn. 12).

II. Zuwiderhandlung gegen eine vollziehbare Auflage

Gemäß § 69 Abs. 1 Nr. 2 handelt des Weiteren ordnungswidrig, wer vorsätzlich oder fahrlässig einer **vollziehbaren Auflage** nach § 66 Abs. 2 zuwiderhandelt. 8

Nach § 66 Abs. 2 S. 1 kann ein Planfeststellungsbeschluss mit Auflagen verbunden werden, soweit dies zur Wahrung des Wohls der Allgemeinheit oder zur Erfüllung von öffentlich-rechtlichen Vorschriften, die dem Vorhaben entgegenstehen können, erforderlich ist. Auflagen sind gemäß § 36 Abs. 2 Nr. 4 VwVfG Bestimmungen, durch die dem Begünstigten ein Tun, Dulden oder Unterlassen vorgeschrieben wird. Sie zeichnen sich dadurch aus, dass sie einerseits vollstreckbar sind, andererseits auf die Wirksamkeit der Hauptregelung aber keinen Einfluss nehmen (Tiedemann in: BeckOK VwVfG, § 36, Rn. 59 ff. m.w.N.). Ob die Auflage vollziehbar ist, hängt davon ab, ob ein Rechtsbehelf gemäß § 80 VwGO **aufschiebende Wirkung** entfaltet bzw. entfalten würde. 9

Die **Befristung** und **Bedingung** bleiben im § 69 Abs. 1 Nr. 2 unerwähnt. Dies ist konsequent, da aufschiebende bzw. auflösende Befristungen und Bedingungen verwaltungsverfahrensrechtlich die Wirksamkeit der Planfeststellung bzw. der Plangenehmigung aussetzen. Wird die Rohrleitungsanlage betrieben, obwohl die Wirksamkeit der Planfeststellung bzw. Plangenehmigung wegen einer Befristung oder Bedingung ausgesetzt ist, liegt kein Fall von § 69 Abs. 1 Nr. 2, sondern stattdessen ein Fall von § 69 Abs. 1 Nr. 1 vor. 10

III. Ordnungswidrigkeitstatbestände aus dem untergesetzlichen Regelwerk

Gemäß § 69 Abs. 1 Nr. 3 handelt schließlich ordnungswidrig, wer vorsätzlich oder fahrlässig einer **Rechtsverordnung** nach § 66 Absatz 6 Satz 1 Nummer 1, 3, 4 oder 6, jeweils auch in Verbindung mit Absatz 7 Nummer 2, oder § 66 Absatz 6 Satz 1 Nummer 2, auch in Verbindung mit Absatz 7 Nummer 2, oder § 66 Absatz 6 Satz 1 Nummer 5 oder Absatz 7 Nummer 1 oder einer vollziehbaren Anordnung aufgrund einer solchen Rechtsverordnung zuwiderhandelt, soweit die Rechtsverordnung für einen bestimmten Tatbestand auf die Bußgeldvorschrift des § 69 Abs. 1 Nr. 3 verweist. 11

Solche Bußgeldtatbestände sind in der **Rohrfernleitungsverordnung** geregelt worden. Gemäß § 10 Abs. 1 RohrFLtV handelt ordnungswidrig i.S.d. § 69 Abs. 1 Nr. 3 lit. a, wer vorsätzlich oder fahrlässig 12

1. entgegen § 3 Abs. 2 RohrFLtV eine Rohrfernleitungsanlage nicht nach dem Stand der Technik erreicht oder betreibt,
2. entgegen § 4 Abs. 1 S. 1 RohrFLtV nicht dafür sorgt, dass die Rohrfernleitungsanlage fortlaufend überwacht wird,
3. entgegen § 4 Abs. 1 S. 2 RohrFLtV eine Instandsetzungsmaßnahme nicht oder nicht rechtzeitig vornimmt,
4. entgegen § 4 Abs. 2 S. 1 RohrFLtV eine zusammenfassende Dokumentation nicht oder nicht rechtzeitig erstellt oder nicht oder nicht rechtzeitig vorschreibt,

4a. entgegen § 4a Absatz 1 Nummer 1 eine Anzeige nicht, nicht richtig, nicht vollständig oder nicht rechtzeitig erstattet,

4b. entgegen § 4a Absatz 3 Satz 1 mit der Errichtung oder wesentlichen Änderung einer Rohrfernleitungsanlage beginnt,

5. entgegen § 5 Abs. 1 S. 1 RohrFLtV nicht dafür sorgt, dass eine Prüfung durchgeführt wird,
6. einer vollziehbaren Anordnung nach § 5 Abs. 2 RohrFLtV zuwiderhandelt oder

7. entgegen § 7 Abs. 1 RohrFLtV eine dort genannte Maßnahme nicht oder nicht rechtzeitig ergreift.

13 Nach § 10 Abs. 2 RohrFLtV handelt ordnungswidrig i.S.d. § 69 Abs. 1 Nr. 3 lit. b, wer vorsätzlich oder fahrlässig

1. entgegen § 7 Abs. 2 RohrFLtV eine Anzeige nicht, nicht richtig, nicht vollständig oder nicht rechtzeitig erstattet oder
2. entgegen § 8 Abs. 3 RohrFLtV eine Information nicht, nicht richtig oder nicht vollständig gibt.

C. Bußgeldhöhe

14 Der **Bußgeldrahmen** wird durch § 69 Abs. 2 vorgegeben. Danach können Ordnungswidrigkeiten in den Fällen des Absatzes 1 Nr. 3 lit. b mit einer Geldbuße bis zu 20.000,00 EUR, in den übrigen Fällen mit einer Geldbuße bis zu 50.000,00 EUR geahndet werden. § 69 Abs. 2 enthält insoweit eine von § 17 Abs. 1 OWiG abweichende Vorschrift, nach dem das Bußgeld höchstens 100.000,00 EUR beträgt, sofern das Gesetz nichts anderen bestimmt. § 69 Abs. 2 ist eine anderweitige Bestimmung des Gesetzes in diesem Sinne.

15 Im Hinblick auf die Bemessung des Bußgeldes kommt den weiteren Absätzen des § 17 OWiG wesentliche Bedeutung zu. Droht das Gesetz für vorsätzliches und fahrlässiges Handeln eine Geldbuße an, ohne im Höchstmaß zu unterscheiden, so kann **fahrlässiges Handeln** gemäß § 17 Abs. 2 OWiG im Höchstmaß nur mit der Hälfte des angedrohten Höchstbetrages der Geldbuße geahndet werden. Grundlage für die Zumessung der Geldbuße sind gemäß § 17 Abs. 3 OWiG ferner die **Bedeutung der Ordnungswidrigkeit** und der **Vorwurf**, der den Täter trifft. Auch die **wirtschaftlichen Verhältnisse des Täters** sind relevant; bei geringfügigen Ordnungswidrigkeiten bleiben sie jedoch in der Regel unberücksichtigt. Nach § 17 Abs. 4 OWiG soll die Geldbuße den wirtschaftlichen Vorteil, den der Täter aus der Ordnungswidrigkeit gezogen hat, übersteigen. Reicht das gesetzliche Höchstmaß hierzu nicht aus, kann es überschritten werden.

16 In der Praxis kommt es für die Bemessung der Höhe auferlegter Geldbußen in erster Linie auf die jeweils einschlägigen **Bußgeldkataloge** an, die durch die Bundesländer vorgegeben werden.

§ 74 Übergangsvorschrift

(1) **Für Vorhaben, für die das Verfahren zur Feststellung der UVP-Pflicht im Einzelfall nach § 3c oder nach § 3e Absatz 1 Nummer 2 in der Fassung dieses Gesetzes, die vor dem 16. Mai 2017 galt, vor dem 16. Mai 2017 eingeleitet wurde, sind die Vorschriften des Teils 2 Abschnitt 1 über die Vorprüfung des Einzelfalls in der bis dahin geltenden Fassung weiter anzuwenden.**

(2) **Verfahren nach § 4 sind nach der Fassung dieses Gesetzes, die vor dem 16. Mai 2017 galt, zu Ende zu führen, wenn vor diesem Zeitpunkt**

1. das Verfahren zur Unterrichtung über voraussichtlich beizubringende Unterlagen in der bis dahin geltenden Fassung des § 5 Absatz 1 eingeleitet wurde oder
2. die Unterlagen nach § 6 in der bis dahin geltenden Fassung dieses Gesetzes vorgelegt wurden.

(3) **Verfahren nach § 33 sind nach der Fassung dieses Gesetzes, die vor dem 16. Mai 2017 galt, zu Ende zu führen, wenn vor diesem Zeitpunkt der Untersuchungsrahmen nach § 14f Absatz 1 in der bis dahin geltenden Fassung dieses Gesetzes festgelegt wurde.**

(4) **Besteht nach den Absätzen 1 bis 2 eine Verpflichtung zur Durchführung einer Umweltverträglichkeitsprüfung und ist diese gemäß § 50 im Bebauungsplanverfahren nach den Vorschriften des Baugesetzbuchs durchzuführen, gilt insoweit § 244 des Baugesetzbuchs.**

(5) **(weggefallen)**

(6) **Verfahren zur Errichtung und zum Betrieb sowie zur Änderung von Rohrleitungsanlagen nach Nummer 19.3 der Anlage 1, die vor dem 25. Juni 2002 eingeleitet worden sind, sind nach den Bestimmungen des Gesetzes zur Umsetzung der UVP-Änderungsrichtlinie, der IVU-Richtlinie und weiterer EG-Richtlinien zum Umweltschutz vom 27. Juli 2001 (BGBl. I S. 1950) zu Ende zu führen.**

(6a) **Eine Genehmigung für eine Rohrleitungsanlage zum Befördern wassergefährdender Stoffe, die nach § 19a Absatz 1 Satz 1 des Wasserhaushaltsgesetzes in der am 28. Februar 2010 geltenden Fassung erteilt worden ist, gilt, soweit eine Umweltverträglichkeitsprüfung durchgeführt worden ist, als Planfeststellung nach § 65 Absatz 1, in den übrigen Fällen als Plangenehmigung nach § 65 Absatz 2 fort. Eine Rohrleitungsanlage zum Befördern wassergefährdender Stoffe, die nach § 19e Absatz 2 Satz 1 und 2 des Wasserhaushaltsgesetzes in der am 28. Februar 2010 geltenden Fassung angezeigt worden ist oder keiner Anzeige bedurfte, bedarf keiner Planfeststellung oder Plangenehmigung; § 66 Absatz 2 und 6 gilt entsprechend.**

(7) **(weggefallen)**

(8) **Die Vorschriften des Teils 3 gelten für Pläne und Programme, deren erster förmlicher Vorbereitungsakt nach dem 29. Juni 2005 erfolgt. Verfahren zur Aufstellung oder Änderung von Plänen und Programmen, deren erster förmlicher Vorbereitungsakt nach dem 20. Juli 2004 erfolgt ist, sind nach den Vorschriften dieses Gesetzes zu Ende zu führen.**

(9) **Pläne und Programme, deren erster förmlicher Vorbereitungsakt vor dem 21. Juli 2004 erfolgt ist und die später als am 20. Juli 2006 angenommen oder in ein Gesetzgebungsverfahren eingebracht werden, unterliegen den Vorschriften des Teils 3. § 48 dieses Gesetzes sowie § 27 Absatz 1 und 3 des Raumordnungsgesetzes bleiben unberührt.**

(10) **Verfahren, für die nach § 49 Absatz 1 eine Umweltverträglichkeitsprüfung durchzuführen ist und die vor dem 1. März 2010 begonnen worden sind, sind nach diesem Gesetz in der ab dem 1. März 2010 geltenden Fassung zu Ende zu führen. Hat eine Öffentlichkeitsbeteiligung bereits stattgefunden, ist von einer erneuten Beteiligung der Öffentlichkeit nach § 9 in der vor dem 29. Juli 2017 geltenden Fassung abzusehen, soweit keine zusätzlichen oder anderen erheblichen Umweltauswirkungen zu erwarten sind. Hat eine Behördenbeteiligung bereits stattgefunden, bedarf es einer erneuten Beteiligung nach den §§ 7 und 8 in der vor dem 29. Juli 2017 geltenden Fassung nur, wenn neue Unterlagen zu erheblichen Umweltauswirkungen des Vorhabens vorliegen.**

(11) **Verfahren nach § 4, die der Entscheidung über die Zulässigkeit von Vorhaben dienen und die vor dem 25. Juni 2005 begonnen worden sind, sind nach den Vorschriften dieses Gesetzes in der ab dem 15. Dezember 2006 geltenden Fassung zu Ende zu führen. Satz 1 findet keine Anwendung auf Verfahren, bei denen das Vorhaben vor dem 25. Juni 2005 bereits öffentlich bekannt gemacht worden ist.**

(12) **Für Verfahren nach § 4, die der Entscheidung über die Zulässigkeit von Vorhaben nach Nummer 13.2.2 der Anlage 1 dienen, findet dieses Gesetz nur Anwendung, wenn das Verfahren nach dem 1. März 2010 eingeleitet worden ist. Verfahren nach § 4, die der Entscheidung über die Zulässigkeit von Vorhaben nach den Nummern 3.15, 13.1 bis 13.2.1.3, 13.3 bis 13.18 und 17 der Anlage 1 dienen und die vor dem 1. März 2010 eingeleitet worden sind, sind nach der bis zu diesem Tag geltenden Fassung des Gesetzes zu Ende zu führen.**

(13) **Für Verfahren nach § 4, die der Entscheidung über die Zulässigkeit von Vorhaben nach Nummer 17.3 der Anlage 1 dienen, ist dieses Gesetz nur anzuwenden, wenn das Verfahren nach dem 1. August 2013 eingeleitet worden ist.**

Literatur: *Gassner,* Gesetz über die Umweltverträglichkeitsprüfung, Kommentar, 1. Auflage 2006; *Hendler,* NVwZ 2005, Das Gesetz zur Einführung einer Strategischen Umweltprüfung, 977 – 984; *Hoppe/Beckmann/Kment,* Gesetz über die Umweltverträglichkeitsprüfung/Umweltrechtsbehelfsgesetz, Kommentar, 5. Auflage 2018; Peters/Balla/Hesselbarth, Gesetz über die Umweltverträglichkeitsprüfung, Handkommentar, 4. Auflage 2019; *Schink/Reidt/Mitschang,* Umweltverträglichkeitsprüfungsgesetz/Umwelt-Rechtsbehelfsgesetz, Kommentar, 2018; *Stelkens/Bonk/Sachs,* Verwaltungsverfahrensgesetz, Kommentar, 9. Aufl. 2018.

Übersicht

I. Allgemeines

1. Bedeutung der Vorschrift und Überblick

Die diversen tiefgreifenden Änderungen des UVPG seit dem Inkrafttreten der Urfassung des UVPG im Jahr 1990 (BGBl I 205) werfen die Frage auf, welche Vorschriften auf bereits begonnene Zulassungs- oder Aufstellungsverfahren von Plänen und Programmen anzuwenden sind. Der Gesetzgeber beantwortet diese Frage mit der Regelung in § 74, die den zeitlichen Anwendungsbereich der verschiedenen Fassungen des UVPG bestimmt. 1

Hierzu muss man wissen, dass nach den Grundsätzen des sogenannten intertemporalen Verfahrensrechts geänderte verfahrensrechtliche Vorschriften in der Regel auf alle sachlich erfassten Sachverhalte anzuwenden sind, „sofern das Gesetz nicht mit hinreichender Deutlichkeit etwas Abweichendes bestimmt" (so BVerwG Urt. v. 28.9.2011, Az. 3 C 39/10, BeckRS 2011 55440, Rn. 10; s. auch § 96 VwVfG). Im Grundsatz sind daher alle noch nicht abgeschlossenen Verwaltungsverfahren nach Maßgabe des jeweils aktuell geltenden UVPG zu Ende zu führen. § 74 enthält jedoch einige Ausnahmevorschriften, wonach gewisse Sachverhalte gleichwohl nach bereits außer Kraft getretenen Vorschriften des UVPG zu behandeln sind. 2

Hinzu kommt, dass das UVPG der Umsetzung der durch die Richtlinie 2014/52/EG geänderten Richtlinie 2011/92/EU, der sogenannten UVP-Richtlinie, dient. In § 74 festgelegte Ausnahmen von dem aktuellen Standard der UVP-Richtlinie müssen daher sekundärrechtlich zulässig sein (s. hierzu auch EuGH Urt. v. 9.8.1994, C 396/92 Slg. I 3717 Rn. 19 f.). Das sekundärrechtliche Korsett für eine entsprechende Übergangsvorschrift ergibt sich insbesondere aus Art. 3 der Richtlinie 2014/52/EU. Gemäß Abs. 1 des Art. 3 der Richtlinie 2014/52/EU gelten für Projekte, für die das Verfahren zur Feststellung gemäß Art. 4 Abs. 2 der Richtlinie 2011/92/EU vor dem 16.5.2017 eingeleitet wurde, die Verpflichtungen gemäß Art. 4 der Richtlinie 2011/92/EU in der Fassung vor Inkrafttreten der (Änderungs-)Richtlinie 2014/52/EG. Nach Art. 3 Abs. 2 der Richtlinie der 2014/52/EU unterliegen Projekte den Verpflichtungen gemäß Art. 3 und den Art. 5 bis 11 der Richtlinie 2011/92/EU in der Fassung vor Inkrafttreten der (Änderungs-)Richtlinie 2014/52/EG, wenn vor dem 16.5.2017 das Verfahren in Bezug auf die Stellungnahme gemäß Art. 5 Abs. 2 der Richtlinie 2011/92/EU eingeleitet wurde oder die Informationen nach den Vorgaben von Art. 5 Abs. 1 der Richtlinie 2011/92/EU vorgelegt wurden. Die nationale Umsetzung dieser Vorgaben erfolgte in § 74 Abs. 1, 2 und 4 (näher *Reidt/Eckart* in Schink/Reidt/Mitschang, Umweltverträglichkeitsprüfungsgesetz/Umwelt-Rechtsbehelfsgesetz § 74 Rn. 4 f.). 3

Die historisch gewachsene Zusammenstellung an Übergangsregelungen des § 74 erfasst sowohl Zulassungsverfahren nach § 4 als auch Verfahren zur Aufstellung oder Änderung von Plänen und Programmen nach § 33. Eine Regelungsstruktur verfolgt § 74 nicht. Neben den allgemeinen Übergangsvorschriften in den Abs. 1, 2 und 11 in Bezug auf Zulassungsverfahren für Vorhaben und den Abs. 3, 8 und 9 für Verfahren zur Aufstellung oder Änderung von Plänen und Programmen enthalten insbesondere die Abs. 6, 6a, 10, 12, 13 (für Zulassungsverfahren für Vorhaben) sowie 4 (für Bebauungsplanverfahren) spezielle Regelungen, die das Verhältnis zwischen den früheren und den aktuellen gesetzlichen Vorschriften für Sonderkonstellationen klären. 4

2. Rechtsentwicklung

§ 74 geht auf § 22 UVPG 1990 (Gesetz vom 12.2.1990, BGBl. I 205, hierzu EuGH Urt. v. 9.8.1994, C 396/92 Slg. I 3717 Rn. 19 f.; *Gassner* Kommentar § 25 UVPG aF 5

Rn. 3) zurück, der die Anwendbarkeit des UVPG 1990 auf bereits vor dem Inkrafttreten des UVPG 1990 begonnene Verfahren regelte. Durch Art. 1 Ziff. 25 des Gesetzes zur Umsetzung der UVP-Änderungsrichtlinie, der IVU-Richtlinie und weiterer EG-Richtlinien zum Umweltschutz vom 27.7.2001 (BGBl. I 1950; s. hierzu BT-Drs. 14/4599, 104) wurden die Übergangsvorschriften angepasst und in § 25 UVPG aF verortet und seitdem mehrfach erweitert (zum Ganzen *Gassner* Kommentar § 25 UVPG aF Rn. 1; *Reidt/Eckart* in Schink/Reidt/Mitschang, Umweltverträglichkeitsprüfungsgesetz/Umwelt-Rechtsbehelfsgesetz § 74 Rn. 3; *Winkler* in Hoppe/Beckmann/Kment, Kommentar § 74 Rn. 2).

6 Im Zuge des Gesetzes zur Modernisierung des Rechts der Umweltverträglichkeitsprüfung vom 20.7.2017 (BGBl. I 2808) wurden die Übergangsvorschriften schließlich in § 74 verschoben, an die neuen Rahmenvorgaben angepasst (→ Rn. 3) und erweitert. Die Übergangsvorschriften des § 25 in der bis zum 28.7.2017 geltenden Fassung des UVPG wurden in diesem Zuge im Kern als § 74 Abs. 4 bis 12 übernommen (ausführlich BT-Drs. 18/11499, 111f.; zusammenfassend auch *Winkler* in Hoppe/Beckmann/Kment, Kommentar § 74 Rn. 3).

II. Bereits eingeleitete Zulassungsverfahren

7 Die Abs. 1, 2 und 11 regeln die Fortgeltung von Vorschriften des UVPG alter Fassungen, wenn ein Zulassungsverfahren bereits vor einem bestimmten Stichtag eingeleitet wurde und noch nicht vor dem Inkrafttreten der jeweiligen Neuregelung abgeschlossen wurde (zu den prozessualen Konsequenzen und insbesondere der Klagebefugnis für nach § 3 UmwRG anerkannte Vereine und sonstige Dritte s. Hamburgisches OVG, Beschl. v. 15.3.2020 – 1 Es 1/18.P, Rn. 25 und 39 = BeckRS 2018, 22491).

1. Vor dem 16.5.2017 eingeleitete Vorprüfung (Abs. 1)

8 § 74 Abs. 1 betrifft die sogenannte allgemeine Vorprüfung, die im aktuellen UVPG in § 5 Abs. 2 und § 9 Abs. 1 S. 1 Nr. 2 geregelt ist. Für vor dem 16.5.2017 nach § 3c oder nach § 3e Abs. 1 Nr. 2 UVPG a.F. eingeleitete Verfahren zur Feststellung der UVP-Pflicht im Einzelfall sind gem. § 74 Abs. 1 die Vorschriften des Teils 2 Abschnitt 1 über die Vorprüfung des Einzelfalls in der am 16.5.2017 geltenden Fassung des UVPG weiter anzuwenden. Mit anderen Worten müssen unter diesen Voraussetzungen bereits eingeleitete Verfahrensschritte der Vorprüfung nicht wiederholt und die Vorprüfung kann nach dem alten Recht zu Ende geführt werden (BT-Drs. 18/11499, 111). Relevant ist dies insbesondere mit Blick auf die Neufassung des § 5 Abs. 2 UVPG gF, nach der in Umsetzung von Art. 4 Abs. 2 S. 2 der Richtlinie 2011/92/EU das Ergebnis der Vorprüfung nunmehr stets der Öffentlichkeit bekanntzugeben ist (näher BT-Drs. 18/11499, 77; *Dienes* in Hoppe/Beckmann/Kment, Kommentar § 5 Rn. 2). Auf die von § 74 Abs. 1 erfassten Altverfahren finden diese neuen Anforderungen noch keine Anwendung.

9 Das angesichts des Inkrafttretens des neuen UVPG am 29.7.2017 (s. Art. 4 des Gesetzes zur Modernisierung des Rechts der Umweltverträglichkeitsprüfung vom 20.7.2017 (BGBl. I 2808) auf den ersten Blick irritierende Datum des 16.5.2017 ergibt sich aus den sekundärrechtlichen Vorgaben (→ Rn. 3). Zeitlich weitergehender Bestandschutz bis zum 28.7.2017 durfte das UVPG daher nicht gewähren.

10 § 74 Abs. 1 regelt nicht ausdrücklich, wann ein Verfahren zur Feststellung der UVP-Pflicht im Einzelfall nach § 3c oder nach § 3e Abs. 1 Nummer 2 als „eingeleitet" im Sinne des Abs. 1 anzusehen ist. Hinreichend ist letztlich mit Blick auf Art. 3 Abs. 2 der Richtlinie 2014/52/EU die Vorlage von (nicht notwendig vollständigen und endgültigen) Unterlagen durch den Vorhabenträger zur Durchführung der Vorprüfung (*Reidt/Eckart* in

Schink/Reidt/Mitschang, Umweltverträglichkeitsprüfungsgesetz/Umwelt-Rechtsbehelfsgesetz § 74 Rn. 8). Ebenso genügt, wenn die Zulassungsbehörde bereits selbst Maßnahmen ergriffen hat, die auf die Durchführung der Vorprüfung gerichtet sind (*Peters/Balla/Hesselbarth*, Handkommentar, § 74 Rn. 3). Zulassungsverfahren, in denen die Vorprüfung fehlerhaft nicht erfolgte, erfasst § 74 Abs. 1 nicht (*Winkler* in Hoppe/Beckmann/Kment, Kommentar § 74 Rn. 5).

Wie auch die Gesetzesbegründung herausstellt, betrifft Abs. 1 nur die Vorprüfung. Eine der Vorprüfung nachgelagerte Umweltverträglichkeitsprüfung richtet sich dagegen grundsätzlich nach dem neuen Recht. Ausnahmen können sich allerdings durch die Anwendung von § 74 Abs. 2 ergeben (BT-Drs. 18/11499, 111). 11

Zu beachten ist, dass die Übergangsbestimmung nur die Vorschriften des Teils 2 Abschnitt 1 – also die §§ 3a - 4 UVPG in der bis zum 28.7.2017 geltenden Fassung (s. nunmehr §§ 4 – 14a UVPG gF) – für anwendbar erklärt. Die anderen Vorschriften des UVPG gF sind daher auch im Rahmen einer vor dem 16.5.2017 eingeleiteten Vorprüfung zu beachten. Relevant ist das insbesondere mit Blick auf den geänderten Windfarmbegriff in § 2 Abs. 5 UVPG, der den bisher vorherrschenden Windfarmbegriff auch für „Altfälle" ablösen sollte (so OVG Lüneburg, Beschl. v. 11.3.2018 – 12 ME 105/18, Rn. 33 = BeckRS 2019, 3658; VGH Mannheim, Beschl. v. 25.1.2018 - 10 S 1681/17, Rn. 15 = BeckRS 2018, 737; näher auch *Winkler* in Hoppe/Beckmann/Kment, Kommentar § 74 Rn. 2). 12

2. Bereits eingeleitete Umweltverträglichkeitsprüfungen

Die Abs. 2 und 11 regeln die Fortgeltung des alten Rechts in Bezug auf eine bereits auf der Grundlage eines früheren Rechtsstands eingeleitete Umweltverträglichkeitsprüfung. 13

a) Stichtag: 16.5.2017 (Abs. 2). Die Überleitungsregelung in § 74 Abs. 2 ordnet die Fortführung einer bereits eingeleiteten bzw. in Durchführung befindlichen Umweltverträglichkeitsprüfung nach den vor dem 16.5.2017 geltenden Vorschriften an (zu diesem Stichtag → Rn. 3 und 9). Das alte Recht ist nur zu Grunde zu legen, wenn vor dem 16.5.2017 das Verfahren zur Unterrichtung über voraussichtlich beizubringende Unterlagen in der bis zum 16.5.2017 geltenden Fassung des § 5 Abs. 1 UVPG eingeleitet wurde (Nr. 1) oder wenn alternativ die Unterlagen nach § 6 in der bis zum 16.5.2017 geltenden Fassung des UVPG vorgelegt wurden (Nr. 2). 14

§ 74 Abs. 2 Nr. 1 stellt auf die in § 5 UVPG aF geregelte Unterrichtung über voraussichtlich beizubringende Unterlagen ab. Hintergrund dieses Verweises auf die frühere Gesetzesfassung ist, dass § 5 UVPG aF durch Art. 1 des Gesetzes zur Modernisierung des Rechts der Umweltverträglichkeitsprüfung vom 20.7.2017 (BGBl. I 2808) an die Vorgaben der Richtlinie 2014/52/EU (→ Rn. 3) angepasst und in § 15 UVPG nF verschoben (s. BT-Drs. 18/11499, 87) wurde. Zu beachten ist, dass nicht nur die Unterrichtung nach § 5 UVPG aF, sondern die gesamte UVPG nach dem alten Recht zu Ende zu führen ist, wenn das Verfahren zur Unterrichtung über voraussichtlich beizubringende Unterlagen rechtzeitig nach Maßgabe des § 5 UVPG aF eingeleitet wurde. 15

Auch § 74 Abs. 2 Nr. 1 enthält keine gesetzliche Regelung, wann ein Verfahren nach § 5 UVPG aF als „eingeleitet" anzusehen ist. Obwohl die Unterrichtung über die beizubringenden Unterlagen kein selbstständiges Verwaltungsverfahren nach § 9 VwVfG darstellt, sind die Mechanismen zum Beginn eines Verwaltungsverfahrens nach § 9 VwVfG übertragbar. Der Beginn eines Verfahrens zur Unterrichtung über voraussichtlich beizubringende Unterlagen ist daher zu bejahen, sobald die Behörde nach außen gerichtete oder zumindest dokumentierte Maßnahmen ergreift, die auf die Unterrichtung über den Untersuchungsrahmen gerichtet sind (*Peters/Balla/Hesselbarth*, Handkommentar, § 74 16

Rn. 4; *Reidt/Eckart* in Schink/Reidt/Mitschang, Umweltverträglichkeitsprüfungsgesetz/Umwelt-Rechtsbehelfsgesetz § 74 Rn. 10). Ebenso hinreichend ist ein rechtzeitiges Ersuchen des Vorhabenträgers auf Unterrichtung über den Untersuchungsrahmen (*Reidt/Eckart* in Schink/Reidt/Mitschang, Umweltverträglichkeitsprüfungsgesetz/Umwelt-Rechtsbehelfsgesetz § 74 Rn. 10; im Hinblick auf § 9 VwVfG *Schmitz* in Stelkens/Bonk/Sachs, VwVfG§ 9 Rn. 105). Rein behördeninterne Vorbereitungshandlungen, wie z.B. vorbereitende Prüfungen, ob behördlicherseits ein Unterrichtungsverfahren eingeleitet werden soll, erfüllen den Tatbestand des § 72 Abs. 2 Nr. 1 dagegen nicht (vgl. im Hinblick auf § 9 VwVfG *Schmitz* in Stelkens/Bonk/Sachs, VwVfG§ 9 Rn. 107).

17 § 74 Abs. 2 Nr. 2 stellt auf die nach § 6 UVPG aF durch den Vorhabenträger vorzulegenden entscheidungserheblichen Unterlagen über die Umweltauswirkungen des Vorhabens ab. Hintergrund des Verweises auf die frühere Gesetzesfassung in § 6 UVPG aF. ist, dass die Regelungen zum UVP-Bericht – nunmehr fortgeführt als § 16 UVPG gF – durch Art. 1 des Gesetzes zur Modernisierung des Rechts der Umweltverträglichkeitsprüfung vom 20.7.2017 (BGBl. I 2808) umfassend geschärft und an die Vorgaben des durch Art. 1 Ziff. 5 der Richtlinie 2014/52/EU geänderten Art. 5 der Richtlinie 2011/92/EU (→ Rn. 3) angepasst wurden (s. näher BT-Drs. 18/11499, 69; 88ff.; Peters/Balla/Hesselbarth, Handkommentar, § 16 Rn. 1).

18 Die Gesetzesbegründung stellt heraus, dass die von § 74 Abs. 2 Nr. 2 vorausgesetzte Vorlage von Unterlagen nach § 6 UVPG aF nur dann bejaht werden kann, wenn diese durch den Vorhabenträger vollständig vorgelegt worden sind (BT-Drs. 18/11499, 111). In Anlehnung an das Immissionsschutzrecht (s. dazu § 7 der 9. BImSchV, → § 7 der 9. BImSchV Rn. 3; → § 10 BImSchG Rn. 46 ff.) steht der Begriff der Vollständigkeit möglichen Nachforderungen und Rückfragen oder Einwänden jedoch nicht entgegen (*Reidt/Eckart* in Schink/Reidt/Mitschang, Umweltverträglichkeitsprüfungsgesetz/Umwelt-Rechtsbehelfsgesetz § 74 Rn. 11). Notwendig, aber auch erforderlich, ist nur, dass die Unterlagen des Vorhabensträgers zu allen in § 6 Abs. 3 UVPG aF genannten Angaben derart ausreichende Ausführungen und Tatsachengrundlagen enthalten, dass die Behörde in die Prüfung einsteigen kann (vgl. § 7 der 9. BImSchV, → § 7 der 9. BImSchV Rn. 3; → § 10 BImSchG Rn. 46 ff.).

19 Auch im Rahmen von § 74 Abs. 2 ist die Umweltverträglichkeitsprüfung nach dem alten Recht zu Ende zu führen und bereits erfolgte Verfahrensschritte müssen nicht wiederholt werden (BT-Drs. 18/11499, 111). Im Umkehrschluss aus § 74 Abs. 2 folgt zudem, dass andere als die beiden in Nr. 1 und 2 alternativ aufgeführten Verfahrensschritte nicht geeignet sind, eine Fortgeltung des alten Rechts zu bewirken. Vorbehaltlich des § 74 Abs. 1 hat die Umweltverträglichkeitsprüfung daher, ggf. unter Wiederholung bereits erfolgter Schritte, nach Maßgabe des neuen Rechts zu erfolgen, wenn der Tatbestand des § 74 Abs. 2 nicht vorliegt.

20 **b) Stichtag: 25.6.2005 (Abs. 11).** § 74 Abs. 11 geht auf § 25 Abs. 11 des UVPG in der Fassung aus dem Jahr 2006 zurück (§ 25 Abs. 11 UVPG aF wurde durch Art. 1 Ziff. 21 Buchst. c) des Öffentlichkeitsbeteiligungsgesetzes v. 09.12.2006 eingefügt). § 74 Abs. 11 S. 1 ordnet für vor dem 25.6.2005 begonnene Zulassungsverfahren die Anwendung der Vorschriften des UVPG in der ab 15.12.2006 geltenden Fassung an (zur Herleitung des 15.12.2006 als Stichtag: *Winkler* in Hoppe/Beckmann/Kment, Kommentar § 74 Rn. 9). Zum Verfahrensbeginn sind die Ausführungen zu § 74 Abs. 2 übertragbar, auf die daher verwiesen wird (→ Rn. 16). Als Rückausnahme bestimmt § 74 Abs. 11 S. 2 jedoch, dass diese Übergangsregelung keine Anwendung auf solche Verfahren findet, bei denen das Vorhaben vor dem 25.6.2005 bereits öffentlich bekannt gemacht worden ist. Auch wenn dieses in der Vorschrift nur unzureichend zum Ausdruck gebracht wird, soll auf diese

Verfahren das UVPG in der vor dem 15.12.2006 geltenden Fassung angewandt werden (*Peters/Balla/Hesselbarth,* Handkommentar, § 74 Rn. 5; *Winkler* in Hoppe/Beckmann/Kment, Kommentar § 74 Rn. 9).

c) Rohrleitungsanlagen (Abs. 6, 6a). § 74 Abs. 6 wurde ursprünglich als § 25 Abs. 6 im Jahr 2002 durch Art. 2 Ziff. 1. des Siebten Gesetzes zur Änderung des Wasserhaushaltsgesetzes vom 18.6.2002 (BGBl. I 1914) in das UVPG aF eingefügt. Er betrifft Verfahren zur Errichtung und zum Betrieb sowie zur Änderung von Rohrleitungsanlagen nach Nummer 19.3 der Anlage 1, die vor dem 25.6.2002 eingeleitet worden sind (zur Einleitung des Verfahrens gelten die Ausführungen unter → Rn. 16 entsprechend). Nach § 74 Abs. 6 sind derartige Verfahren nach den Bestimmungen des Gesetzes zur Umsetzung der UVP-Änderungsrichtlinie, der IVU-Richtlinie und weiterer EG-Richtlinien zum Umweltschutz vom 27.7.2001 (BGBl. I, 1950) zu Ende zu führen. Es handelt sich um eine Folgeänderung zu der Änderung von § 19a Abs. 1 S. 4 WHG aF durch Art. 1 Nr. 7. des Siebten Gesetzes zur Änderung des WHG vom 18.6.2002 (BGBl. I, 1914; s. BT-Drs. 14/7755, S. 22 sowie auch *Winkler* in Hoppe/Beckmann/Kment, Kommentar § 74 Rn. 10; *Reidt/Eckart* in Schink/Reidt/Mitschang, Umweltverträglichkeitsprüfungsgesetz/Umwelt-Rechtsbehelfsgesetz § 74 Rn. 25). 21

Für Rohrleitungsanlagen zum Befördern wassergefährdender Stoffe enthält § 74 Abs. 6a eine spezielle Übergangsvorschrift. Die Regelung leitet bestehende Rohrleitungsanlagen vor dem Hintergrund der Föderalismusreform I (Gesetz zur Änderung des Grundgesetzes vom 28.8.2006; BGBl. I, 2034) in das Regime des § 65 UVPG über (zuvor § 20 UVPG aF; zum Ganzen *Winkler* in Hoppe/Beckmann/Kment, Kommentar § 74 Rn. 11). § 74 Abs. 6a S. 1 betrifft Rohrleitungsanlagen zum Befördern wassergefährdender Stoffe, für die eine Genehmigung nach § 19a Abs. 1 S. 1 WHG in der am 28.2.2010 geltenden Fassung erteilt worden ist. Für derartige Anlagen gilt, soweit eine Umweltverträglichkeitsprüfung durchgeführt worden ist, die Genehmigung als Planfeststellung nach § 65 Abs. 1, ansonsten als Plangenehmigung nach § 65 Abs. 2, fort. 22

Hiervon ausgenommen sind nach § 74 Abs. 6a S. 2 Rohrleitungsanlagen zum Befördern wassergefährdender Stoffe, die nach § 19e Abs. 2 S. 1 und 2 WHG in der am 28.2.2010 geltenden Fassung angezeigt worden sind oder keiner Anzeige bedurften. Diese bedürfen in Übereinstimmung mit § 65 Abs. 2 S. 2 Hs. 2 keiner Planfeststellung oder Plangenehmigung. § 66 Abs. 2 und 6 gilt entsprechend. 23

d) Weitere Vorhaben (Abs. 12 und 13). Für gewisse Vorhaben enthalten § 74 Abs. 12 und 13 weitere Sonderregelungen. § 74 Abs. 12 S. 1 betrifft Vorhaben zur Errichtung und zum Betrieb einer Anlage zur intensiven Fischzucht in der ausschließlichen Wirtschaftszone Deutschlands mit einem Fischertrag von mehr als 2.500 t je Jahr nach Anlage 1 Nr. 13.2.2. Entsprechende Vorhaben wurden erst durch das Gesetz zur Bereinigung des Bundesrechts im Geschäftsbereich des Bundesministeriums für Umwelt, Naturschutz und Reaktorsicherheit vom 11.8.2009 (BGBl. I, 2723) in den Katalog der Anlage 1 aufgenommen. Nach § 74 Abs. 12 S. 1 ist das geltende UVPG (nur) auf Verfahren anzuwenden, die nach dem 1.3.2010 eingeleitet worden sind. 24

Weitere Privilegierungen enthält § 74 Abs. 12 S. 2 für Vorhaben nach den Nummern 3.15, 13.1 bis 13.2.1.3, 13.3 bis 13.18 und 17 der Anlage 1. Für vor dem 1.3.2010 eingeleitete Zulassungsverfahren nach § 4 sind die bis zu diesem Tag geltenden Vorschriften des UVPG gem. § 74 Abs. 12 S. 2 weiterhin anzuwenden. 25

§ 74 Abs. 13 betrifft Projekte zur Verwendung von Ödland oder naturnahen Flächen größer als ein Hektar zu intensiver Landwirtschaftsnutzung nach Nummer 17.3 der Anlage 1. Nummer 17.3 der Anlage 1 wurde durch Gesetz zur Änderung des Umwelt-Rechts- 26 behelfsgesetzes und anderer umweltrechtlicher Vorschriften vom 21.1.2013 (BGBl. I S. 95) in das UVPG eingefügt. Hintergrund ist die vor der Aufwertung zur konkurrierenden Gesetzgebungskompetenz des Bundes für die Bereiche Naturschutz und Landschaftspflege in Art. 74 Abs. 1 Nr. 29 GG gF durch die Föderalismusreform I (Gesetz zur Änderung des Grundgesetzes vom 28.8.2006; BGBl. I S. 2034) nur bestehende Rahmengesetzgebungskompetenz des Bundes aus Art. 75 Abs. 1 S. 1 Nr. 3 Alt. 2 GG aF, wonach die Anordnung der Durchführung der UVP zuvor bei den Ländern lag (*Winkler* in Hoppe/Beckmann/Kment, Kommentar § 74 Rn. 16). § 74 Abs. 13 erleichtert daher den Übergang für diese Projekte und legt fest, dass das UVPG gF nur anzuwenden ist, wenn das Verfahren nach dem 1.8.2013 eingeleitet worden ist (zur Einleitung des Verfahrens gelten die Ausführungen unter → Rn. 16 entsprechend). Für alle zuvor eingeleiteten Verfahren „ist die UVP nach den bislang geltenden landesrechtlichen Vorschriften zu Ende zu führen" (BT-Drs. 17/10957, 19).

III. Raumordnungsverfahren (Abs. 10)

27 Auch § 74 Abs. 10 ist Folge der durch die Föderalismusreform I (Gesetz zur Änderung des Grundgesetzes vom 28.8.2006; BGBl. I, 2034) veranlassten Änderungen des UVPG. Aufgrund der Ablösung der bisherigen Rahmengesetzgebungskompetenz des Bundes im Bereich der Raumordnung nach Art. 75 Abs. 1 S. 1 Nr. 4 Var. 2 GG a.F. durch die konkurrierende Bundesgesetzgebungskompetenz auf dem Gebiet der Raumordnung nach Art. 74 Abs. 1 Nr. 31 GG gF wurde es Sache des Bundesgesetzgebers dafür Sorge zu tragen, dass für UVP-pflichtige Vorhaben in Rahmen von Raumordnungsverfahren eine Umweltverträglichkeitsprüfung nach dem Planungsstand des jeweiligen Vorhabens durchgeführt wird. Den Übergang zu der hierzu durch das Gesetz zur Bereinigung des Bundesrechts im Geschäftsbereich des Bundesministeriums für Umwelt, Naturschutz und Reaktorsicherheit vom 11.8.2009 (BGBl. I, S. 2723) in § 16 UVPG des Bundes aF und nunmehr durch Art. 1 des Gesetzes zur Modernisierung des Rechts der Umweltverträglichkeitsprüfung vom 20.7.2017 (BGBl. I 2808) in § 49 verorteten Vorschrift regelt § 74 Abs. 10.

28 Als Grundsatz bestimmt § 74 Abs. 10 S. 1, dass bei Raumordnungsverfahren für uvp-pflichtige Vorhaben die Umweltverträglichkeitsprüfung nach § 49 auch dann nach der ab dem 1.3.2010 geltenden Fassung des UVPG zu Ende zu führen ist, wenn das Verfahren bereits vor dem 1.3.2010 begonnen wurde. Eine Fortgeltung des alten Rechts ist also grundsätzlich nicht vorgesehen.

29 Eine Sonderregelung enthält jedoch § 74 Abs. 10 S. 2 für den Fall, dass eine Öffentlichkeitsbeteiligung nach den landesgesetzlichen Vorläuferregelungen bereits stattgefunden hat. Nach § 74 Abs. 10 S. 2 ist von einer erneuten Beteiligung der Öffentlichkeit nach § 9 in der vor dem 29.7.2017 geltenden Fassung (s. jetzt § 18 UVPG gF) abzusehen, soweit keine zusätzlichen oder anderen erheblichen Umweltauswirkungen zu erwarten sind.

30 Eine weitere Ausnahme enthält § 74 Abs. 10 S. 3, der grundsätzlich auch eine bereits erfolgte Behördenbeteiligung für eine Fortgeltung des alten Rechts genügen lässt. Einer erneuten Beteiligung nach den §§ 7 und 8 in der vor dem 29.7.2017 geltenden Fassung (s. jetzt §§ 17 und 54ff.) bedarf es nach dieser Regelung nur, wenn neue Unterlagen zu erheblichen Umweltauswirkungen des Vorhabens vorliegen.

IV. Pläne und Programme

Hinsichtlich Plänen und Programmen finden sich in den Abs. 3, 4, 8 und 9 einschlägige Übergangsbestimmungen. 31

1. SUP (Abs. 3, 8 und 9)

Die Übergangsvorschriften in Bezug auf die strategische Umweltprüfung sind auf die Abs. 3, 8 und 9 verteilt. 32

In Bezug auf Verfahren zur Aufstellung oder Änderung von Plänen und Programmen nach § 33 regelt § 74 Abs. 3, dass diese in der bis zum 15.5.2017 geltenden Fassung zu Ende zu führen sind, wenn vor diesem Zeitpunkt der Untersuchungsrahmen nach § 14f Abs. 1 in der bis zum 15.5.2017 geltenden Fassung des UVPG festgelegt wurde. Derart fortgeschrittene Verfahren werden daher durch die diversen Neuregelungen durch Art. 1 des Gesetzes zur Modernisierung des Rechts der Umweltverträglichkeitsprüfung vom 20.7.2017 (BGBl. I, 2808) nicht berührt. 33

Die Fortgeltung des alten Rechts setzt nach § 74 Abs. 3 nur voraus, dass die Festlegung des Untersuchungsrahmens nach § 14f Abs. 1 UVPG aF erfolgt ist. Erforderlich, aber auch hinreichend, ist daher eine Festlegung des Untersuchungsrahmens der Strategischen Umweltprüfung einschließlich des Umfangs und Detaillierungsgrads der in den Umweltbericht nach § 14g UVPG aF aufzunehmenden Angaben. Die fachliche Richtigkeit dieser Festlegung und deren formelle Rechtmäßigkeit mit Blick auf § 14f Abs. 4 UVPG aF ist dagegen nicht notwendig (aA in Bezug auf den letzten Gesichtspunkt *Reidt/Eckart* in Schink/Reidt/Mitschang, Umweltverträglichkeitsprüfungsgesetz/Umwelt-Rechtsbehelfsgesetz § 74 Rn. 18). 34

§ 74 Abs. 8 und 9 wurden als § 25 Abs. 8 und 9 durch das Gesetz zur Einführung einer Strategischen Umweltprüfung und zur Umsetzung der Richtlinie 2001/42/EG vom 25.6.2005 (BGBl. I 1746) in das UVPG aufgenommen. Zentraler Hintergrund der Vorschriften ist zum einen Art. 13 Abs. 3 S. 1 der Richtlinie 2001/42/EG, wonach die Verpflichtungen der Richtlinie 2001/42/EG alle Pläne und Programme erfassen, deren erster förmlicher Vorbereitungsakt nach dem 21.7.2004 erfolgte. In Bezug auf Deutschland ist zum anderen festzuhalten, dass die Richtlinie 2001/42/EG gem. deren Art. 13 Abs. 1 bis zum 21.7.2004 umzusetzen war. Da diese Frist nicht eingehalten wurde, waren die zentralen Richtlinienvorschriften zwischenzeitlich mit unmittelbarer Geltung begabt (s. BT-Drs. 15/3441, 41; *Hendler,* NVwZ 2005, 977, 984; *Winkler* in Hoppe/Beckmann/Kment, Kommentar § 74 Rn. 18). Hinzu kommt schließlich der 29.6.2005 als weiterer Stichtag, an dem die entsprechenden Änderungen des UVPG durch das Gesetz vom 25.6.2005 gem. dessen Art. 4 in Kraft traten (s. zum Ganzen *Hendler,* NVwZ 2005, 977, 983). 35

§ 74 Abs. 8 S. 1 betrifft Pläne und Programme, deren erster förmlicher Vorbereitungsakt nach dem 29.6.2005 erfolgt ist. Auf derartige Verfahren sind die Vorschriften des dritten Teils des geltenden UVPG zur strategischen Umweltprüfung (§§ 33–46 UVPG) anzuwenden. Erste förmliche Vorbereitungsakte sind vor allem förmliche Aufstellungsbeschlüsse nach § 2 Abs. 1 S. 2 BauGB (*Winkler* in Hoppe/Beckmann/Kment, Kommentar § 74 Rn. 18). Reine Vorarbeiten für einen erst noch nachfolgenden offiziellen und dokumentierten Vorbereitungsakt genügen dagegen nicht (*Reidt/Eckart* in Schink/Reidt/Mitschang, Umweltverträglichkeitsprüfungsgesetz/Umwelt-Rechtsbehelfsgesetz § 74 Rn. 20). Im Übrigen soll sich notwendigenfalls aus dem jeweiligen Fachrecht ergeben, was als erster förmlicher Vorbereitungsakt anzusehen ist (BT-Drs. 15/3441, 41). 36

37 § 74 Abs. 8 S. 2 ist der Tatsache geschuldet, dass die Richtlinie 2001/42/EG zwischen dem 21.6.2004 und dem 25.6.2005 unmittelbar galt (s. *Winkler* in Hoppe/Beckmann/Kment, Kommentar § 74 Rn. 19). Die damit verbundene Unschärfe hinsichtlich des anzuwendenden Rechts für Übergangsverfahren löst § 74 Abs. 8 S. 2 dahin, dass auch Verfahren zur Aufstellung oder Änderung von Plänen und Programmen, deren erster förmlicher Vorbereitungsakt nach dem 20.7.2004 erfolgt ist, nach den Vorschriften des aktuellen UVP zu Ende zu führen sind. Bereits erfolgte Verfahrensschritte sind also nicht zu wiederholen (*Reidt/Eckart* in Schink/Reidt/Mitschang, Umweltverträglichkeitsprüfungsgesetz/Umwelt-Rechtsbehelfsgesetz § 74 Rn. 20). Verfahren, deren erster förmlicher Vorbereitungsakt vor dem 21.7.2004 datiert, können dagegen, wie sich im Umkehrschluss aus § 74 Abs. 8 ergibt, nur nach Abs. 9 dem UVPG gF unterworfen sein (*Winkler* in Hoppe/Beckmann/Kment, Kommentar § 74 Rn. 19; s. auch *Hendler,* NVwZ 2005, 977, 983).

38 Aufgrund der Regelung in § 74 Abs. 9 unterliegen Pläne und Programme, deren erster förmlicher Vorbereitungsakt vor dem 21.7.2004 erfolgt ist nur dann den Vorschriften des Teil 3 des geltenden UVPG, wenn sie nach dem 20.7.2006 angenommen wurden (in Bezug auf den „ersten förmlichen Vorbereitungsakt" gelten die Ausführungen unter → Rn. 36 entsprechend; zum Stichtag des 21.7.2004 → Rn. 35). Von der in Art. 13 Abs. 3 S. 2 der Richtlinie 2001/42/EG angelegten Ausnahmemöglichkeit, hat der deutsche Gesetzgeber aus Gründen der Rechtssicherheit keinen Gebrauch gemacht (BT-Drs. 15/3441, 41).

39 § 74 Abs. 9 S. 2 wurde durch Art. 1 Nr. 19 des Gesetzes zur Einführung einer Strategischen Umweltprüfung und zur Umsetzung der Richtlinie 2001/42/EG vom 25.6.2005 (BGBl. I 1746) als § 25 Abs. 9 S. 2 in das UVPG aufgenommen und nach redaktionellen Änderungen durch Art. 7 des Gesetzes zur Neufassung des Raumordnungsgesetzes und zur Änderung anderer Vorschriften vom 22.12.2008 (BGBl. I, 2986; s. hierzu BT-Drs. 16/10292, S. 31) durch Art. 1 Nr. 36 des Gesetzes zur Modernisierung des Rechts der Umweltverträglichkeitsprüfung vom 20.7.2017 (BGBl. I 2808) in § 74 Abs. 9 S. 2 verschoben und in diesem Zuge erneut angepasst. Nach § 74 Abs. 9 S. 2 bleiben die weitergehenden Vorschriften (s. hierzu bereits BT-Drs. 15/3441, 41) zur Aufstellung von Raumordnungsplänen in § 48 UVPG sowie in § 27 Abs. 1 und 3 ROG unberührt.

2. Bebauungsplanverfahren (Abs. 4)

40 § 74 Abs. 4 enthält eine Sonderregelung für Bebauungsplanverfahren, für die nach § 74 Abs. 1 und 2 eine Verpflichtung zur Durchführung einer Umweltverträglichkeitsprüfung besteht (→ Rn. 8 ff.) und die gemäß § 50 im Bebauungsplanverfahren nach den Vorschriften des BauGB durchzuführen ist (zur sog. vorhabenorientierten Umweltverträglichkeitsprüfung *Peters/Balla/Hesselbarth,* Handkommentar, § 50 Rn. 9 ff.). Auf Verfahren, bei denen die beiden vorgenannten Voraussetzungen vorliegen, ist die besondere Übergangsvorschrift in § 244 BauGB anzuwenden, die durch Art. 1 Nr. 74 des Gesetzes zur Anpassung des Baugesetzbuchs an EU-Richtlinien vom 24.6.2004 (BGBl. I, 1359) in das BauGB eingefügt wurde und die Überleitung der durch das Gesetz vom 24.6.2004 novellierten Verfahrensvorschriften des BauGB regelt (näher BT-Drs. 15/2250, 66f.).

41 Nach § 244 Abs. 1 BauGB sind (abweichend von der allgemeinen Überleitungsvorschrift in § 233 Abs. 1 BauGB) Verfahren für Bauleitpläne und Satzungen nach § 34 Abs. 4 S. 1 und § 35 Abs. 6 BauGB nach dem aktuellen BauGB zu Ende zu führen, wenn das Verfahren nach dem 20.7.2004 förmlich eingeleitet worden ist oder das Verfahren nach dem 20.7.2006 abgeschlossen wird. In Bezug auf die förmliche Einleitung des Verfahrens gelten die vorstehenden Ausführungen entsprechend (→ Rn. 36). Abgeschlossen ist ein Verfahren bei Bebauungsplänen mit der Bekanntmachung nach § 10

Abs. 3 S. 1 BauGB. Bei Satzungen nach § 34 Abs. 4 S. 1 und § 35 Abs. 6 endet das Verfahren mit der Veröffentlichung der Satzung (*Reidt/Eckart* in Schink/Reidt/Mitschang, Umweltverträglichkeitsprüfungsgesetz/Umwelt-Rechtsbehelfsgesetz § 74 Rn. 15).

Die weitere Sondervorschrift in § 244 Abs. 2 S. 1, die Bebauungsplanverfahren betrifft, **42**
die in der Zeit vom 14.3.1999 bis zum 20.7.2004 förmlich eingeleitet worden sind und die vor dem 20. Juli 2006 abgeschlossen werden, dürfte inzwischen keine nennenswerte praktische Relevanz mehr haben (inhaltlich näher zu der Vorschrift noch *Peters/Balla/Hesselbarth,* Handkommentar, § 74 Rn. 12; *Winkler* in Hoppe/Beckmann/Kment, Kommentar § 74 Rn. 22; *Reidt/Eckart* in Schink/Reidt/Mitschang, Umweltverträglichkeitsprüfungsgesetz/Umwelt-Rechtsbehelfsgesetz § 74 Rn. 15).

§ 15 Überprüfung von Umweltgutachtern, Umweltgutachterorganisationen und Inhabern von Fachkenntnisbescheinigungen

(1) Umweltgutachter, Umweltgutachterorganisationen und Inhaber von Fachkenntnisbescheinigungen sind von der Zulassungsstelle in regelmäßigen Abständen, mindestens alle 24 Monate nach Wirksamwerden der Zulassung oder der Fachkenntnisbescheinigung dahin zu überprüfen, ob die Voraussetzungen für die Zulassung nach den §§ 9 und 10 und für die Erteilung der Fachkenntnisbescheinigung nach § 8 weiterhin vorliegen. Dabei muss auch eine Überprüfung der Qualität der vorgenommenen Begutachtungen erfolgen. Dies umfasst eine mindestens alle 24 Monate durchzuführende Überprüfung der vom Umweltgutachter oder der Umweltgutachterorganisation validierten oder vom Inhaber einer Fachkenntnisbescheinigung mitgezeichneten Umwelterklärungen und der erstellten Begutachtungsberichte.

(2) Umweltgutachter und Inhaber einer Fachkenntnisbescheinigung sind zur Feststellung der erforderlichen Fähigkeiten und Fachkunde spätestens alle sechs Jahre nach Wirksamwerden der Zulassung einer praktischen Überprüfung bei ihrer Arbeit in Organisationen zu unterziehen. Organisationen haben die Durchführung einer Überprüfung nach Satz 1 durch die Zulassungsstelle zu dulden.

(3) Die Zulassungsstelle kann, falls erforderlich, das Fortbestehen der Zulassungsvoraussetzungen, insbesondere die erforderlichen Fähigkeiten des Umweltgutachters, der Umweltgutachterorganisation oder des Inhabers einer Fachkenntnisbescheinigung anhand einer Überprüfung im Umweltgutachterbüro oder im Büro des Inhabers der Fachkenntnisbescheinigung überprüfen (Geschäftsstellenprüfung). In diesem Fall soll die Überprüfung gemäß Absatz 1 Satz 3 im Rahmen der Geschäftsstellenprüfung durchgeführt werden.

(4) Unbeschadet der Absätze 1 bis 3 können aus besonderem Anlass geeignete Aufsichtsmaßnahmen ergriffen werden, wenn die Zulassungsstelle Anhaltspunkte dafür hat, dass der Umweltgutachter, die Umweltgutachterorganisation oder der Inhaber der Fachkenntnisbescheinigung die Voraussetzungen der Zulassung nicht mehr erfüllt oder seinen Aufgaben nach der Verordnung (EG) Nr. 1221/2009, nach diesem Gesetz oder nach den auf Grund dieses Gesetzes erlassenen Rechtsverordnungen nicht ordnungsgemäß nachgeht.

(5) Stellt die Zulassungsstelle im Rahmen der Aufsicht Mängel in der Qualität einer Begutachtung oder sonstige Tatsachen fest, die einen Grund für eine vorübergehende Aussetzung oder Streichung gemäß Artikel 15 Absätze 1 oder 4 der Verordnung (EG) Nr. 1221/2009 darstellen können, so setzt sie die Register führende Stelle über den Inhalt des Aufsichtsberichts in Kenntnis.

(6) Umweltgutachter, Umweltgutachterorganisationen und Inhaber von Fachkenntnisbescheinigungen sind verpflichtet,

1. Zweitschriften der von ihnen gezeichneten oder mitgezeichneten
   a) Vereinbarungen mit den Unternehmen über Gegenstand und Umfang der Begutachtung,
   b) Berichte an die Leitung der Organisation,
   c) in Abstimmung mit der Organisation erstellten Begutachtungsprogramme,
   d) validierten Umwelterklärungen, aktualisierten Umwelterklärungen und Umweltinformationen und
   e) Niederschriften über Besuche auf dem Betriebsgelände und über Gespräche mit dem Betriebspersonal

im Sinne der Artikel 19 Absatz 1 und 25 Absatz 1 und 5 bis 9 der Verordnung (EG) Nr. 1221/2009 bis zur Überprüfung durch die Zulassungsstelle, jedoch nicht länger als fünf Jahre, aufzubewahren,

2. **die Zulassungsstelle unverzüglich über alle Veränderungen zu unterrichten, die auf die Zulassung oder die Fachkenntnisbescheinigung Einfluss haben können,**
3. **sich bei Begutachtungen unparteiisch zu verhalten,**
4. **der Zulassungsstelle zur Vorbereitung der regelmäßig durchzuführenden Aufsichtsverfahren die erforderlichen Angaben zu machen und auf Verlangen der Zulassungsstelle die zur Überprüfung erforderlichen Unterlagen vorzulegen, wobei Umweltgutachterorganisationen auf Anforderung durch die Zulassungsstelle auch die zur Überprüfung der bei ihnen angestellten Umweltgutachter und Inhaber von Fachkenntnisbescheinigungen erforderlichen Unterlagen vorzulegen haben und**
5. **bei der Überprüfung von Organisationen neben den an den einzelnen Standorten der Organisation geltenden Rechtsvorschriften auch die hierzu ergangenen amtlich veröffentlichten Verwaltungsvorschriften des Bundes und der Länder zu berücksichtigen.**

(7) **Umweltgutachter und Inhaber von Fachkenntnisbescheinigungen sind verpflichtet, sich fortzubilden.**

(8) **Die Geschäftsräume der zu überprüfenden Umweltgutachter, Inhaber von Fachkenntnisbescheinigungen, Umweltgutachterorganisationen sowie, im Falle der Durchführung einer Überprüfung nach Absatz 2 Satz 1, der begutachteten Organisation, können zu den üblichen Geschäftszeiten betreten werden, wenn dies zur Feststellung der Anforderungen nach den §§ 8 bis 10 erforderlich ist.**

(9) **Der Aufsicht nach diesem Gesetz unterliegen Umweltgutachter oder Umweltgutachterorganisationen auch, soweit sie auf Grund ihrer Zulassung als Umweltgutachter oder Umweltgutachterorganisation befugt sind, Tätigkeiten auf Grund anderer rechtlicher Regelungen auszuüben. Dieser Paragraf gilt bei der Ausübung von Tätigkeiten durch Umweltgutachter oder Umweltgutachterorganisationen auf Grund anderer rechtlicher Regelungen entsprechend.**

Schrifttum *Bohnen*, Das Umweltauditgesetz im Streit zwischen Bundesrat und Bundestag, BB 1995, 1757 ff.; *Bayerlein*, Parxishandbuch Sachverständigenrecht, 4. Aufl. 2008; *Dreier*, Grundgesetz-Kommentar, Bd. 1, 3. Aufl. 2013; *Ennuschat/Wank/Winkler*, Gewerbeordnung, 9. Aufl. 2020; *Ennuschat*, Behördliche Nachschau in Geschäftsräume und die Unverletzlichkeit der Wohnung gem. Art. 13 GG, AöR 2002, 252 ff.; *Ewer/Lechelt/Theuer*, Handbuch Umweltaudit, 1998; *Giesberts/Reinhardt*, BeckOK Umweltrecht, 60. Edition, Stand: 01.10.2021; *Jarass/Pieroth*, Grundgesetz für die Bundesrepublik Deutschland, 16. Aufl. 2020; *Kämmerer*, Die Umsetzung des Umwelt-Audit-Rechts, 2001; *Kloepfer*, Umweltrecht, 4. Aufl. 2016; *Köck*, Das Pflichten- und Kontrollsystem des Öko-Audit-Konzepts nach der Öko-Audit-Verordnung und dem Umweltauditgesetz, VerwArch 1996, 644 ff.; *Kothe*, Das neue Umweltauditgesetz, 1997; *Lübbe-Wolff*, Die EG-Verordnung zum Umwelt-Audit, DVBl. 1994, 361 ff.; *Lütkes*, Das Umweltauditgesetz – UAG, NVwZ 1996, 230 ff.; *Nissen*, Die EG-Öko-Audit-Verordnung, 1999; *Pielow*, BeckOK GewO, 55. Edition, Stand: 01.06.2021; *Rengeling*, Handbuch zum deutschen und europäischen Umweltrecht, Bd. 1, 2. Aufl. 2003; *Sachs*, Grundgesetz, 9. Aufl. 2021; *Schneider*, Öko-Audit als Scharnier einer ganzheitlichen Regulierungsstrategie, Die Verwaltung 1995, 361 ff.; *van Bon*, Der Umweltgutachter und vérificateur in Deutschland und Frankreich im System der EG-Umwelt-Audit-Verordnung, 2000; *Vetter*, Das Umweltauditgesetz, DVBl 1996, 1223 ff.; *Wellmann/Weidhaas*, Der Sachverständige in der Praxis, 7. Aufl. 2004

Übersicht

A. Allgemeines

I. Bedeutung der Vorschrift

1 Durch die **regelmäßige und weitergehende** Überprüfung wird sichergestellt, dass die **erforderlichen Fachkenntnisse** von Umweltgutachtern, Inhabern von Fachkenntnisbescheinigungen und Umweltgutachterorganisationen nicht nur bei der Zulassung als Umweltgutachter (→ § 9) oder Umweltgutachterorganisationen (→ § 10) sowie bei Erteilung der Fachkenntnisbescheinigung (→ § 8) vorlagen, sondern **dauerhaft fortbestehen**. Zur Verwirklichung dieses Zwecks begründet § 15 in den Absätzen 1 bis 5 ein auch in § 1 Abs. 1 Nr. 2 genanntes (→ § 1 Rn. 15) **Aufsichtsverfahren** und statuiert in den Absätzen 6 und 7 **Pflichten** von Umweltgutachtern, Umweltgutachterorganisationen und Inhabern von Fachkenntnisbescheinigungen. In Absatz 8 wird ein **Betretungsrecht** der Behörden begründet, während Absatz 9 die Überprüfung auf Tätigkeiten **nach anderen Rechtsvorschriften** erstreckt.

II. Rechtsentwicklung

2 § 15 UAG geht zurück auf § 15 des im April 1995 vorgelegten **Gesetzentwurfs der Fraktionen CDU/CSU und FDP** für ein Gesetz zur Ausführung der Verordnung (EWG) Nr. 1836/93 des Rates vom 29. Juni 1993 über die freiwillige Beteiligung gewerblicher Unternehmen an einem Gemeinschaftssystem für das Umweltmanagement und die Umweltbetriebsprüfung (**Umweltauditgesetz** - UAG). Das Gesetz wurde nach Abschluss des Gesetzgebungsverfahrens am 7.12.1995 im BGBl verkündet (BGBl I S. 1591). Der damit ab dem 8.12.1995 in Kraft getretene (vgl. § 39 des UAG i.d. Fassung v. 7.12.1995) § 15 UAG erfuhr **Änderungen** durch Art. 1 des Gesetzes zur Änderung des UAG vom 16.8.2002 (BGBl. I S. 3167), Art. 2 des Erneuerbare Energien-NeuregelungsG vom 21.7.2004 (BGBl I S. 1918), Art. 1 des zweiten ÄndG vom 6.12.2011 (BGBl. I S. 2509) sowie Art. 1 des Gesetzes zur Änd. des UmweltauditG, des AtomG, des

StandortauswahlG, der EndlagervorausleistungsVO und anderer G und VO vom 12.12.2019 (BGBl. I S. 2510).

3 Während die aktuellen **Absätze 1, 6, 7** und **8** (zuvor 1 bis 4) zumindest in Teilen noch auf die Ursprungsfassung zurückgehen, wurden die **Absätze 2–5** im Jahr 2002 neu eingefügt. 2004 erfuhr **Absatz 9**, 2011 **Absatz 6** und in den Jahren 2011 und 2019 nochmals **Absatz 9** eine Änderung. Der Kern des § 15 UAG blieb hierbei jedoch unangetastet.

4 Die heutige Fassung des § 15 UAG beruht in weiten Teilen auf dem Änderungsgesetz vom 16.8.2002, das eine Neubekanntmachung am 4.9.2002 (BGBl. I 3490) erforderlich gemacht hat. Im Zuge dessen kam es zu einer umfassenden Neustrukturierung der Vorschrift zur **Umsetzung** der **VO (EG) Nr. 761/2001** (zuvor VO (EWG) Nr. 1836/93). Neben der Einführung der neuen Absätze 5 bis 9 erfolgte eine Änderung der Absätze 1 bis 4.

5 Das Änderungsgesetz vom 21.7. 2004 fügte dem **Absatz 9** den Satz an, wonach Absatz 6 bei der Ausübung von Tätigkeiten durch Umweltgutachter oder Umweltgutachterorganisationen aufgrund anderer rechtlicher Regelungen entsprechend gilt. **Hintergrund** der Änderung war die Sicherstellung der von der Richtlinie 2001/77/EG geforderten Kontrollmechanismen (BT-Drs. 15/2327, S. 43).

6 2011 erfolgte für den § 15 UAG weitestgehend nur eine **Anpassung** an die **VO (EG) Nr. 1221/2009**. Hierzu führte die Bundesregierung begründend in ihrem Gesetzentwurf aus (BT-Drs. 17/6611, S. 7), dass die Änderung des § 15 Absatz 4 der Präzisierung der Eingriffsbefugnisse aus Gründen der Anlassaufsicht dient, da eine nicht ordnungsgemäße Prüfung auch aus der Nichtbeachtung des deutschen Umweltauditrechts resultieren kann und dieser Tatbestand klarstellend mit aufzunehmen war. Zudem stellt der zusätzliche Verweis auf Absatz 4 in Absatz 9 stellt klar, dass Maßnahmen der Anlassaufsicht auch ergriffen werden können, wenn Umweltgutachter nach anderen Rechtsvorschriften, etwa zur Ausstellung von Bescheinigungen nach dem Erneuerbare-Energien-Gesetz, im Rahmen des Emissionshandelssystems oder im Rahmen der Altfahrzeug-VO tätig werde (BT-Drs. 17/6611, S. 7).

7 Letztmals wurde § 15 im Jahr 2019 geändert. Hierbei erfolgte lediglich die **Ausweitung** der Geltung der Absätze 4, 6 und 7 auf den ganzen Paragrafen. **Hintergrund** letzterer Änderung war eine Klarstellung des Umfangs der Regelaufsicht. Wie die Bundesregierung im Gesetzentwurf darlegt, stellt § 15 Absatz 9 klar, dass Umweltgutachter, die aufgrund anderer rechtlicher Regelungen tätig werden, in demselben Umfang der Regelaufsicht durch die DAU unterliegen wie bei ihrer Tätigkeit im Rahmen der Prüfung des EMAS-Umweltmanagementsystems, wobei die im Jahr 2011 vorgenommene Erweiterung der Anlassaufsicht auf die Tatbestände des Absatzes 6 und die Erstreckung der Pflicht zur Fortbildung bei ihrer Tätigkeit in anderen Rechtsgebieten (→ Rn. 5) unberührt bleiben (BT-Drs. 19/13439, S. 19).

III. Abgrenzung zu anderen Vorschriften

8 Ebenfalls Aufsichtsmaßnahmen verankert **§ 18** betreffend die Aufsicht über Umweltgutachter und Umweltgutachterorganisationen **aus anderen Mitgliedstaaten** der Europäischen Union. In diesen Fällen erfolgt der Zugang über § 18 (vgl. Nissen S. 176), der allerdings in weiten Teilen auf § 15 verweist (→ § 18 Rn. 13). Seine Ergänzung findet § 15 in der vom Umweltgutachterausschuss erlassenen **UAG-Aufsichtsrichtlinie** vom 10.5.2012 (BAnz AT 17.08.2012 B4) - UAG-AufsR (→ § 1 Rn. 23).

IV. Unionsrecht

Seinen unionsrechtlichen Ursprung findet § 15 in **Art. 23** VO (EG) Nr. 1221/2009. 9
Reglungsziel ist mithin zugleich die Umsetzung des Regelungsauftrags der VO (→ § 1 Rn. 1). Zwar macht Art. 23 konkrete Vorgaben für die Überprüfung, lässt aber zugleich **Handlungsspielräume** für die Mitgliedsstaaten fortbestehen. Entsprechende Regelungen enthielten bereits die VO (Art. 6 und Anhang III) sowie die VO (EG) Nr. 761/ 2001 in Anhang V. (EWG) Nr. 1836/93 als Vorgängernormen (→ § 1 Rn. 9). Die erfolgten Änderungen des § 15 gehen vielfach auf Änderungen des Unionsrechts zurück und dienen der Anpassung (→ Rn. 3 ff.).

B. Regelaufsichtsverfahren

Das Regelaufsichtsverfahren besteht auch einer **regelmäßigen Überprüfung** 10
(→ Rn. 11 f.), dem **Witnessaudit** (→ Rn. 13) und der **Geschäftsstellenüberprüfung** (→ Rn. 14 f.). Die Aufsicht obliegt Deutschen Akkreditierungs- und Zulassungsgesellschaft für Umweltgutachter mbH (DAU) als Zulassungsstelle nach § 15 Abs. 1 der UAG-Beleihungsverordnung (UAG-BV) vom 18.12.1995 (BGBl. I S. 2013 → § 1 Rn. 23) in der jeweils geltenden Fassung (I UAbs. 2 UAG-AufsR).

I. Regelmäßige Überprüfung

Entsprechend der Umsetzung des Regelungsauftrags aus Art. 23 Abs. 4 VO (EG) 11
Nr. 1221/2009 ist in **§ 15 Abs. 1 S. 1** eine **regelmäßige** Überprüfung der Umweltgutachter, Umweltgutachterorganisationen und Inhaber von Fachkenntnisbescheinigungen vorgesehen, die sich auf die **Zulassungsvoraussetzungen** sowie die **Qualität** der Begutachtung erstreckt. Auf diese Weise soll dem Vollzugsdefizit im Überwachungsbereich Rechnung getragen werden (Schneider, Die Verwaltung 1995, 361 (368). Die regelmäßige Überprüfung hat regelmäßig, **mindestens alle 24 Monate** nach Wirksamwerden der Zulassung oder der Fachkenntnisbescheinigung, zu erfolgen. Ursprünglich war in der VO (EWG) Nr. 1836/93 (Anhang II A.5) und dementsprechend auch im § 15 Abs. 1 UAG für die regelmäßig durchzuführende Aufsicht ein Zeitraum von 36 Monaten festgelegt (vgl. Lütkes 1996, 230 (233)), was in Hinblick auf die Glaubwürdigkeit des Verordnungssystem (vgl. zu dieser Zielsetzung Abschnitt I UAbs. 2 UAG-AufsR) als zu lang kritisiert wurde (van Bon S. 238). Im Wege der VO (EG) Nr. 761/2001 wurde der Zyklus von 3 auf 2 Jahre verkürzt (Anhang V Abschnitt 5.3.1) und § 15 Abs. 1 im Wege des Änderungsgesetzes von 2002 (→ Rn. 3) entsprechend angepasst.

Die Durchführung der Regelaufsicht erfolgt im Wesentlichen durch ein **schriftliches** 12
Verfahren (Abschnitt 2.2 UAbs. 8 AufsR). In diesem Rahmen wird überprüft, ob die **Voraussetzungen** für die Zulassung nach den §§ 9 (→ § 9 Rn. 5 ff.) und 10 (→ § 10 Rn. 5 ff.) und für die Erteilung der Fachkenntnisbescheinigung nach § 8 (→ § 8 Rn. 5) weiterhin vorliegen. Nach Satz 2 erfolgt auch eine Überprüfung der **Qualität** der vorgenommenen Begutachtungen. Satz 3 bestimmt, dass diese eine Überprüfung der für gültig erklärten und gegebenenfalls vom Inhaber einer Fachkenntnisbescheinigung mitgezeichneten Umwelterklärungen und Begutachtungsberichte umfasst. Dies gilt als **Kernstück** der Überprüfung (Ewer in: Rengeling § 36 Rn. 178; van Bon S. 239; Abschnitt 2.2.2 UAbs. 1 AufsR) geht zurück auf das Änderungsgesetz von 2002 (→ Rn. 3). Nachdem im Anhang V Abschnitt 5.3.1 der VO (EG) Nr. 761/ 2001 die im Rahmen der Regelaufsicht einsetzbaren **Aufsichtsmittel**, die sich bereits in der Praxis bewährt haben, ausdrücklich

benannt wurden, erfolgte im Zuge dessen auch in § 15 Abs. 1 S. 3 ebenfalls eine explizite Benennung, während Aufsichtsmittel zuvor auf Art. 16 Abs. 1 gestützt wurden (BT-Drs. 14/8231, S. 23). Die im Rahmen eines Aufsichtsverfahrens über Umweltgutachterorganisationen erfolgte Überprüfung von Dokumenten soll im Aufsichtsverfahren über bei ihr angestellte Umweltgutachter oder Inhaber von Fachkenntnisbescheinigungen ebenso angerechnet werden wie auch im umgekehrten Fall eine Anrechnung stattfinden soll (BT-Drs. 14/8231, S. 23).

II. Witnessaudit

13 Im ebenfalls durch das Änderungsgesetz von 2002 (→ Rn. 3) eingefügten **Absatz 2** wird die Überprüfung des Umweltgutachters bei seiner gutachterlichen Tätigkeit **am Standort** einer Organisation geregelt. Dieses wird als **Witnessaudit** bezeichnet (BT-Drs. 14/8231, S. 23; Ewer in Rengeling § 36 Rn. 178; Nissen S. 179) und hat in regelmäßigen Abständen, **spätestens** aber einmal **alle sechs Jahre** ab Wirksamwerden der Zulassung stattzufinden. Auch hierbei handelt es sich um eine Maßnahme, die im Anhang V Abschnitt 5.3.1 der VO (EG) Nr. 761/ 2001 in Anknüpfung an die bewährte Praxis erstmals explizit geregelt und im UAG zuvor auf Art. 16 Abs. 1 gestützt wurde (BT-Drs. 14/8231, S. 23). Das Wissenaudit dient der Sicherung der **Qualität** des Öko-Audit-Systems, für das ein **fachkundiges Vorgehen** der zugelassenen Umweltgutachter, unter anderem systematisches Vorgehen, Prüfungsdichte bei der Begutachtung eines Betriebs, Fragetechnik, Vorbereitung und Organisation einer Begutachtung, für unabdingbar erachtet wird (BT-Drs. 14/8231, S. 23). Nach § 15 Abs. 2 S. 2 haben Organisationen, die Durchführung eines Witnessaudits zu **dulden**, um der Zulassungsstelle die Durchführung der praktischen Überprüfung des Umweltgutachters zu ermöglichen (vgl. BT-Drs. 14/8231, S. 24).

III. Geschäftsstellenaudit

14 Als weiteres **optionales Aufsichtsmittel** steht die im durch das Änderungsgesetz von 2002 (→ Rn. 3) eingefügten **§ 15 Abs. 3** geregelte Geschäftsstellenprüfung zur Verfügung. Sie wird auch als **Geschäftsstellenaudit** bezeichnet (BT-Drs. 14/8231, S. 24; Nissen S. 179). Das Geschäftsstellenaudit wird nach Satz 1 eingesetzt, soweit es zur Feststellung des Fortbestehens der Zulassungsvoraussetzungen **erforderlich** ist. Die Feststellung der Erforderlichkeit obliegt dem **Ermessen** der Behörde. Wird eine Geschäftsstellenprüfung im Rahmen der Regelaufsicht durchgeführt, so soll gemäß Satz 2 im Büro des Umweltgutachters, der Umweltgutachterorganisation oder des Inhabers einer Fachkenntnisbescheinigung zugleich die Qualität der durchgeführten Begutachtungen anhand der für gültig erklärten oder mitgezeichneten Umwelterklärungen und Begutachtungsberichte nach § 15 Abs. 1 Satz 2 und 3 überprüft werden. Dahinter steht die Überlegung, den Aufwand des Aufsichtsverfahrens möglichst gering zu halten (BT-Drs. 14/8231, S. 24).

15 Im Rahmen dieser Überprüfung kann die Zulassungsstelle die von den Umweltgutachtern verfassten und gemäß § 15 Abs. 6 Nr. 1 UAG einer fünfjährigen Aufbewahrungspflicht unterliegenden (→ Rn. 18) **Berichte** einsehen. Da das Bundesumweltministerium wiederum von der Zulassungsstelle als Aufsichtsbehörde Einsicht in die bei der Zulassungsstelle befindlichen Unterlagen verlangen kann, ist ein Einblick in die Geschäftsunterlagen der jeweiligen Unternehmen sowohl durch die Zulassungsstelle als auch durch das Bundesumweltministerium möglich (Kloepfer Rn. 1534). Ein Schutz von **Betriebsgeheimnissen** wird in diesen Fällen durch das Strafrecht gemäß §§ 203 Abs. 2, 204, 353b, 11 Abs. 1 Nr. 4 lit. a StGB gewährleitet (Kämmerer S. 144).

C. Anlassaufsicht

Gemäß **Absatz 4** können Aufsichtsmaßnahmen auch außerhalb der regelmäßig durchzuführenden Aufsichtsverfahren ergriffen werden, wenn die Zulassungsstelle **Anhaltspunkte** dafür hat, dass die Zulassungsvoraussetzungen nicht mehr erfüllt sind oder der Umweltgutachter, die Umweltgutachterorganisationen oder der Inhaber der Fachkenntnisbescheinigung seinen Aufgaben nach der VO (EG) Nr. 1221/2009 nach dem UAG oder nach den aufgrund des UAG erlassenen Rechtsverordnungen nicht ordnungsgemäß nachgeht. Diese **Anlassaufsicht** erweitert mithin die Aufsichtsmaßnahmen des Regelaufsichtsverfahrens zur Sicherung der Qualität des Öko-Audit-Systems (BT-Drs. 14/8231, S. 24) unter der Voraussetzung, dass **konkrete Pflichtverstöße** vorliegen (BT-Drs. 13/11127 S. 2; van Bon S. 238; Kothe Rn. 467). Anhaltspunkte für etwaige Pflichtverstöße können sich vor allem im Regelaufsichtsverfahren ergeben (Nissen S. 179). In Betracht kommen Verstöße gegen die Zeichnungsbefugnis, Fragen der Unparteilichkeit Beanstandungen der gutachterlichen Tätigkeit deutscher Umweltgutachter im Ausland, Validierung ohne erforderliche Zulassung für den begutachteten Unternehmensbereich (BT-Drs. 13/11127 S. 2 f.). 16

D. Behördliche Mitteilungspflicht

In **Absatz 5** ist eine **Mitteilungspflicht** vorgesehen, nach der die Zulassungsstelle bei der Feststellung von Mängeln in der Qualität einer Begutachtung oder sonstigen Tatsachen, die einen Grund für eine vorübergehende Aussetzung oder Streichung gemäß Artikel 15 Absätze 1 oder 4 VO (EG) Nr. 1221/2009 darstellen können, die Register führende Stelle über den Inhalt des Aufsichtsberichts in Kenntnis setzt. So wird der hohe Standard des Öko-Audit-Systems durch die Zusammenarbeit der Zulassungsstelle mit den registerführenden Stellen im Falle der Feststellung von Rechtsverstößen sichergestellt (BT-Drs. 14/8231, S. 24). 17

E. Pflichten des Umweltgutachters

Zur Durchführung der Überprüfung begründet **Absatz 6** verschiedene **korrespondierende Verpflichtungen** von Umweltgutachtern, Umweltgutachterorganisationen und Inhabern von Fachkenntnisbescheinigungen (vgl. van Bon S. 239; Kothe Rn. 466; Vetter DVBl 1996, 1223 (1228 f.); Abschnitt I UAbs. 10 AufsR), deren Verletzung gemäß § 16 Abs. 2 Nr. 1 zu einer vollständigen oder teilweise vorläufigen **Untersagung** der Tätigkeit führen kann (→ § 16 Rn. 14). Während die nach Nr. 1 aufzubewahrenden Unterlagen (→ Rn. 19) im Regelaufsichtsverfahren (→ Rn. 11 f.) herangezogen werden, erfolgt die Überprüfung der Einhaltung der Verpflichtungen aus den Nummern 2 bis 5 nur im Anlassaufsichtsverfahren (van Bon S. 241 → Rn. 16). 18

I. Aufbewahrungspflicht

Diese Verpflichtung umfasst nach der **Nummer 1** zunächst die **Aufbewahrung** von **Zweitschriften** der näher bezeichneten von ihnen gezeichneten oder mitgezeichneten Dokumente. Diese Dokumente sind im Einzelnen Vereinbarungen mit den Unternehmen über Gegenstand und Umfang der Begutachtung (a), Berichte an die Leitung der 19

Organisation (b), in Abstimmung mit der Organisation erstellte Begutachtungsprogramme (c), validierte Umwelterklärungen, aktualisierte Umwelterklärungen und Umweltinformationen (d) Niederschriften über Besuche auf dem Betriebsgelände und über Gespräche mit dem Betriebspersonal (e) im Sinne der Artikel 19 Absatz 1 und 25 Absatz 1 und 5 bis 9 VO (EG) Nr. 1221/2009. In zeitlicher Hinsicht erstreckt sich die Aufbewahrungsflicht auf den **Zeitraum** bis zur Überprüfung durch die Zulassungsstelle, jedoch nicht länger als fünf Jahre. Nicht verlangt wird eine Dokumentation der Tätigkeit, was in Hinblick auf die Aufsicht bisweilen als unzureichend beachtet wird (Köck VerwArch 1996, 644 (671); van Bon S. 240).

20 Zu dieser öffentlich-rechtlich begründeten Aufbewahrungspflicht tritt eine **zivilrechtliche Aufbewahrungspflicht** als explizit oder implizit begründete Nebenpflicht aus dem Vertrag mit der zu überprüfenden Organisation (Ewer in Ewer/Lechelt/Theuer E Rn. 58).

II. Mitteilungspflicht

21 Ferner ist nach **Nummer 2** die Zulassungsstelle unverzüglich über alle **Veränderungen** zu unterrichten, die auf die Zulassung oder die Fachkenntnisbescheinigung Einfluss haben können.

III. Unparteilichkeit der Amtsführung

22 Zudem haben sich Umweltgutachter, Umweltgutachterorganisationen und Inhaber von Fachkenntnisbescheinigungen bei Begutachtungen **unparteiisch** zu verhalten **(Nummer 3)**. Damit wird die Verpflichtung zur Sicherstellung der Unparteilichkeit aus Art. 20 Abs. 4 und Anhang II A 5.5. VO (EG) 1221/2009 umgesetzt. Diese Regelung entspricht den **Grundpflichten** eines jeden Sachverständigen (Ewer in Ewer/Lechelt/Theuer E Rn. 43). Aus der Unparteilichkeit folgt eine Pflicht zur Unabhängigkeit von Personen, Neutralität bei der Auftragsdurchführung und Objektivität in Sachfragen (Wellmann/Weidhaas Rn. 410; Bock in Bayerlein § 3 Rn. 10 ff.). Dafür reicht es nicht aus, wenn der Umweltgutachter nur tatsächlich unparteiisch ist, sondern es muss bereits der Anschein der Parteilichkeit vermieden werden (Bayerlein in Bayerlein § 20 Rn. 20). Auf die Unparteilichkeit im Sinne des UAG zugeschnittene Maßstäbe als **Konkretisierung** der Vorschrift ergeben sich aus Abschnitt 2.1 UAbs. 3 bis 5 AufsR).

IV. Mitteilungs- und Vorlagepflicht

23 Umweltgutachter, Umweltgutachterorganisationen und Inhaber von Fachkenntnisbescheinigungen sind außerdem nach **Nummer 4** verpflichtet, der Zulassungsstelle zur Vorbereitung der regelmäßig durchzuführenden Aufsichtsverfahren die erforderlichen **Angaben** zu machen und auf Verlangen der Zulassungsstelle die zur Überprüfung erforderlichen **Unterlagen** vorzulegen. Welche Unterlagen erfasst sind, wird nicht weiter konkretisiert. Auch ohne entsprechende Verweisung kommen aufgrund des Normzwecks zunächst die in Absatz 2 Nr. 1 genannten und von der Aufbewahrungspflicht erfassten Unterlagen (→ Rn. 18) in Betracht, ohne dass diese Aufzählung abschließend ist (Ewer in Ewer/Lechelt/Theuer E Rn. 54). Vielmehr kann die Vorlage **sämtlicher Unterlagen** verlangt werden, aus der sich Rückschlüsse über die ordnungsgemäße Erfüllung der Tätigkeit ziehen lassen (Ewer in Ewer/Lechelt/Theuer E Rn. 55). Für **Umweltgutachterorganisationen** gilt nach HS 2, dass diese dabei auf Anforderung durch die Zulassungsstelle auch die zur Überprüfung der bei ihnen angestellten Umweltgutachter und Inhaber von Fachkenntnisbescheinigungen erforderlichen Unterlagen vorzulegen haben.

Ausgelöst wird die Vorlagepflicht durch ein entsprechendes **Verlangen** der Behörde (Ewer in Ewer/Lechelt/Theuer E Rn. 54; vgl. zur entsprechenden Vorlagepflicht aus § 52 Abs. 2 S. 2 BImSchG; Röckinghausen in Hansmann → § 52 Rn. 47), im Rahmen dessen die Unterlagen konkret zu bezeichnen sind (Ewer in Ewer/Lechelt/Theuer E Rn. 54). Dabei handelt es sich um einen **Verwaltungsakt** (Ewer in Ewer/Lechelt/Theuer E Rn. 54; Röckinghausen in Hansmann → § 52 Rn. 48), der mit den jeweils statthaften Rechtsbehelfen angegrgiffen werden kann. Voraussetzung für das Verlangen ist unter Beachtung des **Verhältnismäßigkeitsgrundsatzes**, dass die jeweiligen Unterlagen Aufschluss über die zu überwachenden Pflichten geben können (vgl. Schwertner in BeckOK UmweltR § 52 BImSchG Rn. 15) sowie dass der Aufwand und der Nutzen in einem angemessenen Verhältnis stehen (vgl. Röckinghausen in Hansmann → § 52 BImSchG Rn. 50). 24

V. Pflicht zur Beachtung von Rechtsvorschriften

In der **Nummer 5** wird für die Überprüfung von Organisationen neben den an den einzelnen Standorten der Organisation geltenden Rechtsvorschriften auch die Geltung der hierzu ergangenen amtlich veröffentlichten **Verwaltungsvorschriften** des Bundes und der Länder angeordnet. Damit haben Umweltgutachter, Umweltgutachterorganisationen und Inhaber von Fachkenntnisbescheinigungen ihre Überprüfung auf eben diese Rechtsvorschriften zu erstrecken. 25

Diese Verpflichtung war bereits im Gesetzgebungsverfahren **umstritten** und wird in der Literatur kritisch betrachtet. Im ursprünglichen Gesetzentwurf der einbringenden Fraktionen (→ Rn. 2) war sie nicht vorgesehen und ist Ergebnis der **Beschlussempfehlung des Vermittlungsausschusses** (BT-Drs. 13/2383, S. 2). Zuvor hatte der **Bundesrat** angeregt, es solle in Hinblick auf eine Erleichterung für teilnehmende Unternehmen im staatlichen Bereich sichergestellt werden, dass die Überprüfung der Einhaltung von Rechtsvorschriften durch zugelassene Umweltgutachter und Umweltgutachterorganisationen nach Maßstäben erfolgt, die auch von staatlichen Umweltbehörden angelegt werden (BT-Drs. 13/1687, S. 5). Nachdem sich die **Bundesregierung** in ihrer Gegenäußerung gegen den Vorschlag ausgesprochen hatte, da die rechtliche Bindungswirkung von Verwaltungsvorschriften für Umweltgutachter nicht in Betracht komme, weil diese nicht Vollzugsorgane der öffentlichen Verwaltung seien (BT-Drs. 13/1687, S. 11), der Bundesrat hingegen auf eine entsprechende Regelung bestand (BT-Drs. 13/2004, S. 2), konnte sich schließlich die nun geltende Formulierung durchsetzen. 26

Den **Bedenken** ist insoweit zuzustimmen, dass Verwaltungsvorschriften gemeinhin keine Bindungswirkungen gegenüber Einzelnen entfalten (BVerfGE 1, 82 (83 f.); BVerwGE 36, 323 (327); vgl. auch EuGH, NVwZ 1991, 868 (868)) und der Umweltgutachter zudem nicht als private staatliche Aufsicht tätigt wird, sondern überprüft, ob die Umweltprüfung, die Umweltpolitik, das Umweltmanagementsystem, die Umweltbetriebsprüfungsverfahren und deren Durchführung den Anforderungen der Verordnung entsprechen, wobei dazu auch die Einhaltung der nationalen Rechtsvorschriften gehört (Art. 20 Abs. 1, Abs. 2 lit. b VO (EG) Nr. 1221/2009; vgl. BT-Drs. 13/1687, S. 11; Lütkes NVwZ 1996, 230 (233 f.)). Allerdings gebiet die Durchführung des unionsrechtlich begründeten **Prüfauftrags**, dass die Prüfung auch eine Einhaltung der einschlägigen Verwaltungsvorschriften als verbindlichen **Mindeststandard** erfasst (Lütkes NVwZ 1996, 230 (234); Bohnen BB 1995, 1757 (1758); Köck VerwArch 1996, 644 (653 ff.); a.A. Ewer in Ewer/Lechelt/Theuer E Rn. 46, der darin eine unzulässige Erweiterung des unionsrechtlichen Auftrags durch den nationalen Gesetzgeber sieht; für eine unionsrechtskonforme Auslegung Nissen S. 169). Bisweilen wird mit Blick auf Verpflichteten eine 27

Konkretisierung der Rechtspflichten für erforderlich gehalten (Kothe Rn. 288; Lübbe-Wolff DVBl. 1994, 361 (370)).

VI. Fortbildungspflicht

28 Eine Verpflichtung zur Durchführung von **Fortbildungsmaßnahmen** begründet **Absatz 7**. Diese richtet sich an Umweltgutachter und Inhaber von Fachkenntnisbescheinigungen. Eine weitere Konkretisierung etwa zum **Umfang** der Fortbildungspflicht wird nicht vorgenommen. Nach dem Zweck der Vorschrift müssen die Fortbildungen so ausgestaltet sein, dass Umweltgutachter und Inhaber von Fachkenntnisbescheinigung zu jeder Zeit über die für ihren Zulassungsbereich erforderlichen Kenntnisse verfügen (Ewer in Ewer/Lechelt/Theuer E Rn. 56) Die Verletzung von Fortbildungspflichten kann gemäß § 16 Abs. 2 Nr. 1 zu einer vollständigen oder teilweise vorläufigen **Untersagung** der Tätigkeit führen (→ § 16 Rn. 14).

F. Betretungsrecht

29 Für die praktische Überprüfung von Umweltgutachtern, Inhabern von Fachkenntnisbescheinigungen, Umweltgutachterorganisationen sowie der begutachteten Organisation im Fall des Absatzes 2 S. 1 wird in **Absatz 8** ein **Betretungsrecht** begründet.

I. Hintergrund und Umfang

30 Mit dem Betretungsrecht wird die **gesetzliche Grundlage** für das Betreten der Geschäftsräume der zu überprüfenden Personen und Organisationen geschaffen (BT-Drs. 13/1192, S. 30). Betreten werden dürfen die Geschäftsräume zu den **üblichen Geschäftszeiten**. Eine vorherige Ankündigung ist nicht geboten (vgl. für das Betretungsrecht aus § 29 GewO OLG Düsseldorf GewArch 1982, 388 (389); Meßerschmidt in BeckOK GewO § 29 Rn. 22).

II. Verfassungsrechtliche Fragen

31 Zwar werden auch Geschäftsräume als **Wohnung** in diesem Sinne verstanden und mithin zumindest abgeschwächt von **Art. 13 GG** geschützt (BVerfGE 32, 54 (69 ff.); 44, 353 (371). Allerdings begründen Betretungsrechte der Verwaltung nach der Rechtsprechung des Bundesverfassungsgerichts **keinen Eingriff** in Art. 13 GG, wenn die Betretung nur zu den üblichen Geschäftszeiten erfolgt. (BVerfGE 32, 54 (77). Sofern hiervon abweichend ein Eingriff angenommen würde, wäre dieser **gerechtfertigt** (Ennuschat AöR 2002, 252 (272 ff.); Kühne in Sachs Art. 12 Rn. 52; Jarass in Jarass/Pieroth Art. 12 Rn. 5; Hermes in Dreier Art. 12 Rn. 19; so auch BVerfGE 97, 228 (266)). Verfassungsrechtliche Bedenken gegen das auf die üblichen Geschäftszeiten beschränke (→ Rn. 30) Betretungsrecht als solches bestehen mithin nicht.

III. Einschränkende Voraussetzungen

32 Auf verfassungsrechtlichen Erwägungen ergibt sich aber, dass ein Betreten entsprechend des Zwecks der Vorschrift (→ Rn. 1) zur Feststellung der Anforderungen der §§ 8 bis 10 erforderlich ist. Insoweit dient der in die Vorschrift aufgenommene Verweis auf die Erforderlichkeit der Wahrung des **Verhältnismäßigkeitsgrundsatzes**. Kann die Feststellung mit geringerer Eingriffsqualität getroffen werden, so sind die milderen Mittel der Betretung vorzuziehen. Auch darüber hinaus ist der Verhältnismäßigkeitsgrundsatz durch die

Behörde zu wahren. Daraus folgt insbesondere, dass Behinderungen des Geschäftsbetriebs nach Möglichkeit zu vermeiden sind (vgl. Winkler in Ennuschat/Wank/Winkler § 29 Rn. 37).

G. Erstreckung der Aufsicht

Durch **Absatz 9** wird die **Aufsicht erstreckt** auf Umweltgutachter oder Umweltgut- 33
achterorganisationen, soweit sie auf Grund ihrer Zulassung als Umweltgutachter oder Umweltgutachterorganisation befugt sind, Tätigkeiten auf Grund **anderer rechtlicher Regelungen** auszuüben. Eine Doppelaufsicht soll dabei vermieden werden (BT-Drs. 14/8231, S. 24). Bei der Ausübung von Tätigkeiten durch Umweltgutachter oder Umweltgutachterorganisationen auf Grund anderer rechtlicher Regelungen gilt § 15 daher entsprechend (Abs. 9 S. 2). Dies ermöglicht es der zuständigen Zulassungs- und Aufsichtsstelle, bei jeder Art des Tätigwerdens von Umweltgutachtern aufgrund anderer Rechtsvorschriften ihre Aufsicht effektiv wahrzunehmen (BT-Drs. 15/2327, S. 43).

H. Folgen von Verstößen

Der Verstoß gegen die Verpflichtungen aus Absatz 6 (→ Rn. 17 ff.) kann nicht nur 34
gemäß § 16 Abs. 2 Nr. 1 zu einer vollständigen oder teilweise vorläufigen **Untersagung** der Tätigkeit führen (→ § 16 Rn. 14), sondern ist gemäß § 37 Abs. 1 **bußgeldbewehrt**. Im Einzelnen handelt ordnungswidrig, wer vorsätzlich oder fahrlässig entgegen § 15 Abs. 6 Nr. 1 eine Zweitschrift nicht oder nicht für die vorgeschriebene Dauer aufbewahrt (Nr. 4), entgegen § 15 Abs. 6 Nr. 2 die Zulassungsstelle nicht oder nicht rechtzeitig unterrichtet (Nr. 5) oder entgegen § 15 Abs. 6 Nr. 4 eine Unterlage nicht oder nicht rechtzeitig vorlegt (Nr. 6).

Durch die Aufnahme in den **Ordnungswidrigkeitentatbestand** wird diesen Ver- 35
pflichtungen und dem Interesse an deren Einhaltung zugleich eine besondere Bedeutung beigemessen. Die Ordnungswidrigkeit kann gemäß § 37 Abs. 3 in den Fällen des § 15 Abs. 1 Nr. 2 bis 4, mit einer Geldbuße bis zu fünfundzwanzigtausend Euro, in den Fällen des § 15 Abs. 1 Nr. 1, 5 und 6 einer Geldbuße bis zu fünftausend Euro geahndet werden.

§ 16 Anordnung, Untersagung

(1) **Zur Erfüllung der Anforderungen und Pflichten nach der Verordnung (EG) Nr. 1221/2009, nach diesem Gesetz, nach den auf Grund dieses Gesetzes erlassenen Rechtsverordnungen und bei Tätigkeiten auf Grund anderer rechtlicher Regelungen im Sinne von § 15 Absatz 9 kann die Zulassungsstelle die erforderlichen Maßnahmen gegenüber Umweltgutachtern, Umweltgutachterorganisationen und Inhabern von Fachkenntnisbescheinigungen treffen.**

(2) **Die Zulassungsstelle kann insbesondere die Fortführung gutachterlicher Tätigkeiten ganz oder teilweise vorläufig untersagen, wenn Umweltgutachter, Umweltgutachterorganisationen und Inhaber von Fachkenntnisbescheinigungen**

1. **unter Verstoß gegen die Pflichten nach Artikel 4 Absatz 5 und Artikel 25 Absatz 8, jeweils in Verbindung mit Artikel 18 und 19, der Verordnung (EG) Nr. 1221/2009 eine Umwelterklärung mit unzutreffenden Angaben und Beurteilungen, insbesondere hinsichtlich der Einhaltung der an einem Standort einer Organisation geltenden Umweltvorschriften, validiert haben,**
2. **die Pflichten nach § 15 Abs. 6 und 7 nicht ordnungsgemäß erfüllt haben oder**
3. **eine vollziehbare Anordnung der Zulassungsstelle nicht befolgt haben.**

Die Untersagung hat zu unterbleiben oder ist wieder aufzuheben, sobald die Pflichten und Anordnungen nach Satz 1 erfüllt sind oder bei nachträglicher Unmöglichkeit keine Wiederholungsgefahr eines Rechtsverstoßes besteht.

Schrifttum *Ewer/Lechelt/Theuer*, Handbuch Umweltaudit, 1998; *Nissen*, Die EG-Öko-Audit-Verordnung, 1999; *Rengeling*, Handbuch zum deutschen und europäischen Umweltrecht, Bd. 1, 2. Aufl. 2003; *van Bon*, Der Umweltgutachter und vérificateur in Deutschland und Frankreich im System der EG-Umwelt-Audit-Verordnung, 2000

Übersicht

A. Allgemeines

I. Bedeutung der Vorschrift

Mit § 16 enthält das UAG eine **Ermächtigungsgrundlage** für die Zulassungsstelle 1
zur Ergreifung von Maßnahmen, um in Hinblick auf Umweltgutachter, Umweltgutachterorganisationen und Inhaber von Fachkenntnisbescheinigungen die Erfüllung der erfor-

derlichen Anforderungen sicherzustellen (vgl. BT-Drs. 13/1192, S. 30). Unterschieden wird zwischen einer **Generalklausel** (→ Rn. 6) in Absatz 1 und einer **besonderen Ermächtigungsgrundlage** für den Erlass einer **Untersagungsanordnung** in Absatz 2.

II. Rechtsentwicklung

2 Die Vorschrift beruht auf § 16 des im April 1995 vorgelegten **Gesetzentwurfs** der Fraktionen CDU/CSU und FDP für ein Umweltauditgesetz. Das Gesetz wurde nach Abschluss des Gesetzgebungsverfahrens am 7.12.1995 im BGBl verkündet (BGBl I S. 1591). § 16 UAG ist am 8.12.1995 in Kraft getreten. In der Folge wurde die Vorschrift **zweimal geändert**: Zunächst durch Art. 1 des Gesetzes zur Änderung des UAG (Neubekanntmachung) vom 16.8.2002 (BGBl. I, S. 3167), das zur Neubekanntmachung am 4.9.2002 (BGBl. I 3490) geführt hat, und durch Art. 1 des Zweiten ÄndG vom 6.12.2011 (BGBl. I, S. 2509).

3 Das Änderungsgesetz von 2002 sah **redaktionelle Anpassungen** des § 16 zur Umsetzung der VO (EG) Nr. 761/2001 vor. Mit dem zweiten Änderungsgesetz vom 6.12.2011 wurde der § 16 UAG letztmals gemäß dem Entwurf der Bundesregierung (BT-Drs. 17/6611, S. 7) dahingehend **geändert**, dass in Absatz 1 die Wörter „Verordnung (EG) Nr. 761/2001, nach diesem Gesetz und nach den auf Grund dieses Gesetzes erlassenen Rechtsverordnungen" durch die Wörter „Verordnung (EG) Nr. 1221/2009, nach diesem Gesetz, nach den auf Grund dieses Gesetzes erlassenen Rechtsverordnungen und bei Tätigkeiten auf Grund anderer rechtlicher Regelungen im Sinne von § 15 Absatz 9" ersetzt wurden, womit zugleich der Verweis auf § 15 Abs. 9 erfolgte.

III. Abgrenzung zu anderen Vorschriften

4 Für **Rücknahme und Widerruf** von Zulassung und Fachkenntnisbescheinigung enthält § 17 eine eigenständige Ermächtigungsgrundlage (→ § 17 Rn. 4), sodass § 16 im Verhältnis zu § 17 zu allen Maßnahmen ermächtigt, die nicht Rücknahme und Widerruf in diesem Sinne sind.

IV. Unionsrecht

5 Wie sämtliche Vorschriften des UAG hat auch § 16 einen unionsrechtlichen Ursprung und dient der Verwirklichung des unionsrechtlichen Regelungsauftrags der Verordnung (→ § 1 Rn. 1). Sie geht zurück auf **Art. 40** VO (EG) Nr. 1221/2009 über die **Nichteinhaltung von Vorschriften**. Danach treffen die Mitgliedstaaten im Falle der Nichteinhaltung der Verordnung geeignete rechtliche oder administrative Maßnahmen. Mit dieser offenen Formulierung (Nissen S. 173) überlässt die Verordnung den Mitgliedsstaaten bei der Umsetzung des Regelungsauftrags (→ § 1 Rn. 1) einen **weiten Gestaltungsspielraum**. Dieser wird mit der Generalklausel (Ewer in Rengeling § 36 Rn. 162) in § 16 Abs. 1 ebenfalls im Wege einer offen formulierten Vorschrift umgesetzt, wohingegen § 16 Abs. 2 konkreter wird.

B. Verfassungsrechtliche Fragen

6 Sowohl die aufgrund der Generalklausel (Ewer in Rengeling § 36 Rn. 162) aus Absatz 1 als auch die aufgrund der speziellen Ermächtigungsgrundlage zum Erlass einer Untersagungsanordnung aus Absatz 2 ergangenen Maßnahmen greifen in die **Berufsfreiheit** aus **Art. 12** ein. Für die Behörde folgt daraus, dass sie ihr Handeln am **Verhältnismäßigkeitsgrundsatz** auszurichten und auch in **tatbestandlicher Hinsicht** eine genaue Be-

stimmung der die Untersagungsmaßnahmen der Zulassungsstelle rechtfertigenden Tatbestandsvoraussetzungen vorzunehmen hat (BT-Drs. 13/1192, S. 30).

C. Generalklausel, Absatz 1

Absatz 1 bietet als **Generalklausel** die rechtliche Grundlage für die Zulassungsstelle, alle **erforderlichen Maßnahmen** gegenüber Umweltgutachtern, Umweltgutachterorganisationen und Inhabern von Fachkenntnisbescheinigungen zu treffen, um sicherzustellen, dass diese die nach der Verordnung erforderlichen Anforderungen erfüllen (vgl. BT-Drs. 13/1192, S. 30). 7

I. Tatbestandsvoraussetzungen

Getroffen werden können die Maßnahmen zur Erfüllung der **Anforderungen und Pflichten** nach der **VO (EG) Nr. 1221/2009**, nach dem **UAG**, nach den **auf Grund des UAG** erlassenen Rechtsverordnungen (→ § 1 Rn. 23) und bei Tätigkeiten auf Grund anderer rechtlicher Regelungen im Sinne von § 15 Abs. 9 (→ § 15 Rn. 7). Damit sind die Tatbestandvoraussetzungen **weit** formuliert und beziehen sich auf **sämtliche** denkbare Verstöße. Durch den nachträglich eingefügten (→ Rn. 3) **Verweis** auf § 15 Abs. 9 wird klargestellt, dass Anordnungen und Untersagungen auch bei Tätigkeiten in Betracht kommen, die in anderen Rechtsvorschriften zugewiesen werden (BT-Drs. 17/6611, S. 13). Wie sich aus § 18 Abs. 2 S. 3 ergibt (→ § 18 Rn. 14), gilt die Ermächtigungsgrundlage auch im Hinblick auf Umweltgutachter aus anderen EU- oder EWR-Mitgliedstaaten (vgl. BT-Drs. 13/1192, S. 30). 8

II. Rechtsfolgen

Mittel zur Durchsetzung der erforderlichen Maßnahmen sind **Anordnungen** (BT-Drs. 13/1192, S. 30). Wie sich aus der Formulierung „kann" ergibt, handelt sich um eine **Ermessensvorschrift**. Der Behörde kommt damit auf Rechtsfolgenseite ein Auswahl- und Entschließungsermessen zu, sodass sie über das Einschreiten als solches und die jeweils zu ergreifenden Anordnungen entscheidet. Dabei steht ihr das **gesamte Spektrum** möglicher Anordnung zur Verfügung. Solche ergeben sich aus dem nicht abschließenden (Abschnitt I UAbs. 13 AufsRL) **Katalog** im Anhang der AufsR (→ § 1 Rn. 23). Konkrete Weisungen hinsichtlich der Tätigkeit sind allerdings unzulässig, soweit sie über die Einhaltung genereller Rechtspflichten hinausgehen (Ewer Rn. 49). Bei der Ausübung ihres Ermessens hat die Behörde angesichts des Eingriffs in die Berufsfreiheit (→ Rn. 6) den **Verhältnismäßigkeitsgrundsatz** zu wahren (Ewer Rn. 50). Dem BMU obliegt insoweit die Fachaufsicht (Nissen S. 176). 9

Auf Seiten der Umweltgutachter, Umweltgutachterorganisationen und Inhaber von Fachkenntnisbescheinigungen besteht eine **Verpflichtung zur Beachtung** der Anordnungen (Ewer in Ewer/Lechelt/Theuer E Rn. 47, 51) 10

D. Untersagungsanordnung, Absatz 2

Als eine (**„insbesondere"**) denkbare Anordnung wird in **Absatz 2** die vollständige oder teilweise vorläufige **Untersagung** der Fortführung gutachterlicher Tätigkeit von Umweltgutachtern, Umweltgutachterorganisationen und Inhabern von Fachkenntnisbescheinigungen gesondert geregelt. 11

I. Tatbestandsvoraussetzungen

12 Die Untersagungsanordnung ist an das Vorliegen **besonderer Voraussetzungen** gebunden. In **Satz 1 Nr. 1 bis 3** werden diese Voraussetzungen in Gestalt einzelner Verstöße gegen Verhaltenspflichten nach der VO (EG) Nr. 1221/2009 und nach dem UAG als Voraussetzungen **aufgezählt**. Diese Aufzählung ist **abschließend** und **alternativ**. Damit ist keine innerstaatliche Ausgestaltung der Umweltbetriebsprüfung, insbesondere keine Anordnung eines „compliance audit", verbunden, da sich der Inhalt der Umweltbetriebsprüfung nach der Verordnung richtet (vgl. zur Ursprungsfassung BT-Drs. 13/1192, S. 30).

13 Entscheidend nach **Nummer 1** ist, dass die Validierung einer Umwelterklärung unter Verstoß gegen die Pflichten nach Artikel 4 Abs. 5 und Artikel 25 Abs. 8, jeweils in Verbindung mit Artikel 18 und 19, der VO (EG) Nr. 1221/2009 mit unzutreffenden Angaben und Beurteilungen, insbesondere hinsichtlich der Einhaltung der an einem Standort einer Organisation geltenden Umweltvorschriften, erfolgt ist.

14 **Nummer 2** nimmt Bezug auf die Pflichten nach § 15 Abs. 6 (→ § 15 Rn. 18 ff.) und 7 (→ § 15 Rn. 28) und deren nicht ordnungsgemäße Erfüllung. Durch den Verweis auf die Einhaltung der an einem Standort einer Organisation geltenden Umweltvorschriften, wird ebenso wie in § 15 Abs. 2 (→ § 15 Rn. 25) eine Beachtung der **Verwaltungsvorschriften** angeordnet. Wenngleich keine rechtliche Bindung des Einzelnen an Verwaltungsvorschriften besteht, gehört die Einhaltung der einschlägigen Verwaltungsvorschriften zu den verbindlichen Mindeststandard der Prüfung (§ 15 Rn. 27).

15 Zuletzt kann eine Untersagungsanordnung nach **Nummer 3** bei Nichtbefolgung einer vollziehbaren Anordnung der Zulassungsstelle erfolgen. **Vollziehbar** ist die Anordnung im Falle der Bestandskraft, Rechtskraft und der sofortigen Vollziehbarkeit. Da die sofortige Vollziehbarkeit nicht gesetzlich angeordnet wird (vgl. § 80 Abs. 2 Nr. 3 VwGO), kann sich Letztere nur aufgrund einer entsprechenden Anordnung durch die Behörde ergeben (vgl. § 80 Abs. 2 Nr. 4 VwGO).

II. Rechtsfolge

16 Auch die vollständige oder teilweise Untersagung der Fortführung gutachtlicher Tätigkeit als Maßnahme nach Absatz 2 steht im **Ermessen** der Behörde („kann"; kritisch van Bon S. 244). Insoweit gelten die zu Absatz 1 dargelegten Erwägungen zu Wahrung des **Verhältnismäßigkeitsgrundsatzes** (→ Rn. 9) entsprechend mit der Maßgabe, dass es sich bei der Untersagungsanordnung um eine **besonders schwerwiegende** Eingriffsmaßnahme handelt. Soweit sich die Einhaltung der Pflichten auch auf andere Weise erwirken lässt, ist mithin davon abzusehen (Ewer in Ewer/Lechelt/Theuer E Rn. 50). Für die Adressaten der Untersagungsanordnung besteht wiederum eine **Befolgungspflicht** (→ Rn. 10).

III. Zeitliche Grenzen

17 Nach **Satz 2** hat die Untersagung zu unterbleiben oder ist wieder aufzuheben, **sobald** die Pflichten und Anordnungen nach Satz 1 erfüllt sind oder bei nachträglicher Unmöglichkeit keine Wiederholungsgefahr eines Rechtsverstoßes besteht. Damit werden den Maßnahmen auch zur Wahrung der **verfassungsrechtlichen Vorgaben** in zeitlicher Hinsicht Grenzen gesetzt und allgemeinen ordnungsrechtlichen Grundsätzen Rechnung getragen (BT-Drs. 13/1192, S. 30).

§ 17 Rücknahme und Widerruf von Zulassung und Fachkenntnisbescheinigung

(1) Zulassung und Fachkenntnisbescheinigung sind mit Wirkung für die Zukunft zurückzunehmen, wenn nachträglich Tatsachen bekannt werden, bei deren Kenntnis die Zulassung oder die Erteilung der Fachkenntnisbescheinigung hätte versagt werden müssen.

(2) Zulassung und Fachkenntnisbescheinigung sind zu widerrufen, wenn

1. der Umweltgutachter oder der Inhaber einer Fachkenntnisbescheinigung
   a) eine Tätigkeit im Sinne des § 6 Abs. 2 Nr. 1 aufgenommen und innerhalb einer von der Zulassungsstelle zu setzenden Frist nicht aufgegeben hat,
   b) infolge strafgerichtlicher Verurteilung die Fähigkeit zur Bekleidung öffentlicher Ämter verloren hat (§ 5 Abs. 2 Nr. 3),
   c) aus gesundheitlichen Gründen nicht nur vorübergehend unfähig geworden ist, gutachterliche Tätigkeiten ordnungsgemäß auszuführen (§ 5 Abs. 2 Nr. 5),
2. die Umweltgutachterorganisation die Anforderungen nach § 10 Absatz 1 Satz 1 Nummer 1 nicht mehr erfüllt und innerhalb einer von der Zulassungsstelle zu setzenden Frist einen gesetzmäßigen Zustand nicht herbeigeführt hat.

Eine Zulassung oder Fachkenntnisbescheinigung wird abweichend von Satz 1 Nummer 1 Buchstabe a nicht widerrufen, wenn der Umweltgutachter oder Inhaber einer Fachkenntnisbescheinigung nur vorübergehend Angestellter einer juristischen Person des öffentlichen Rechts ist; der Umweltgutachter oder Inhaber einer Fachkenntnisbescheinigung darf jedoch keine gutachterlichen Tätigkeiten auf der Grundlage seiner Zulassung oder Fachkenntnisbescheinigung ausüben, es sei denn, die Zulassungsstelle gestattet es. Die Zulassungsstelle kann im Falle des Satzes 2 die Ausübung gutachterlicher Tätigkeiten auf Antrag des Umweltgutachters oder Inhabers einer Fachkenntnisbescheinigung gestatten, wenn sie sich davon überzeugt hat, dass der Umweltgutachter oder Inhaber der Fachkenntnisbescheinigung weiterhin die erforderliche Unabhängigkeit nach § 6 Absatz 1 besitzt. Die Zulassung ist teilweise zu widerrufen, soweit die Voraussetzungen des § 9 Abs. 1 Satz 2 und des § 10 Abs. 1 Satz 1 Nummer 2 weggefallen und innerhalb einer von der Zulassungsstelle zu setzenden Frist nicht wiederhergestellt sind.

(3) Die Drittlandszulassung ist zu widerrufen, soweit eine nach § 9 Absatz 1 Satz 1 und 2 einem Umweltgutachter oder eine nach § 10 Absatz 2 Satz 1 in Verbindung mit Absatz 1 Satz 1 einer Umweltgutachterorganisation erteilte Zulassung widerrufen wurde. Sie ist ferner zu widerrufen, wenn im Falle des Umweltgutachters die Voraussetzungen des § 7 Absatz 4 in Verbindung mit Artikel 22 Absatz 2 der Verordnung (EG) Nr. 1221/2009 oder im Falle der Umweltgutachterorganisation die Voraussetzungen des § 10 Absatz 1 Satz 2 weggefallen und innerhalb einer von der Zulassungsstelle zu setzenden Frist nicht wiederhergestellt sind. Darüber hinaus ist die Drittlandszulassung eines Umweltgutachters oder einer Umweltgutachterorganisation zu widerrufen, wenn die Voraussetzungen des Artikels 22 Absatz 3 der Verordnung (EG) Nr. 1221/2009 weggefallen und innerhalb einer von der Zulassungsstelle zu setzenden Frist nicht wiederhergestellt sind.

(4) Zulassung und Fachkenntnisbescheinigung können, außer nach den Vorschriften des Verwaltungsverfahrensgesetzes, widerrufen werden, wenn

1. der Umweltgutachter keine zustellungsfähige Anschrift im Bundesgebiet angegeben hat (§ 4 Abs. 3),

2. **bei der Durchführung von Begutachtungsaufträgen im Einzelfall ein Abhängigkeitsverhältnis zum auftraggebenden Unternehmen oder zum Betriebsprüfer des Standortes oder Weisungsverhältnisse im Sinne des § 6 Abs. 2 Nr. 2 zwischen den begutachtenden Personen bestanden und die Gefahr der Wiederholung gegeben ist oder**
3. **vollziehbare Anordnungen der Zulassungsstelle im Rahmen der Aufsicht nicht befolgt werden.**

Schrifttum *Metzler/Alt*, Der Umweltgutachter, 1997; *Rengeling*, Handbuch zum deutschen und europäischen Umweltrecht, Bd. 1, 2. Aufl. 2003; *van Bon*, Der Umweltgutachter und vérificateur in Deutschland und Frankreich im System der EG-Umwelt-Audit-Verordnung, 2000

Übersicht

A. Allgemeines

I. Bedeutung der Vorschrift

1 § 17 ist eine **spezielle Ermächtigungsgrundlage** (→ Rn. 4) im Anwendungsbereich des UAG, aufgrund derer die Zulassung als Umweltgutachter (→ § 9 Rn. 9 f.) oder Umweltgutachterorganisation (→ § 10 Rn. 10) sowie die Erteilung der Fachkenntnisbescheinigung (→ § 8 Rn. 6 f.) **zurückgenommen** oder **widerrufen** werden können. Durch diese Ermächtigung zu Rücknahme und Widerruf soll sichergestellt werden, dass die **erforderlichen Anforderungen** für die Ausübung der jeweiligen Tätigkeit zu jeder Zeit auch tatsächlich vorliegen.

2 Wie sich aus der Gesetzesbegründung ergibt, ist **Absatz 1** als Ermächtigungsgrundlage für die Rücknahme an die Regelung des § 20 Abs. 1 WPO angelehnt und betrifft den Fall einer **von Anfang an** rechtswidrigen Zulassung oder Fachkenntnisbescheinigung (BT-Drs. 13/1192, S. 30). Die Absätze 2 bis 3 enthalten einen abgestuften Katalog mit Widerrufsgründen (Ewer in Rengeling § 36 Rn. 164). **Absatz 2 Satz 1** als eine Ermächtigungsgrundlage für den Widerruf der Zulassung oder Fachkenntnisbescheinigung orientiert sich an § 20 Abs. 2 WPO und betrifft den Fall, dass **nachträglich** wesentliche Voraussetzungen für die Erteilung der Zulassung oder Fachkenntnisbescheinigung weggefallen sind (BT-Drs. 13/1192, S. 30). Satz 2 und 3 normieren eine **Rückausnahme** für den Widerruf und Satz 4 regelt den **Teilwiderruf** der Zulassung von Umweltgutachtern und Umweltgutachterorganisationen, soweit das für den Umfang der Zulassung erforderliche fachkundige Personal nicht mehr vorhanden ist. Absatz 3 betrifft den Widerruf von Dritt-

landszulassungen, während von Absatz 4 Widerrufsfälle erfasst sind, im Rahmen der Zulassungsstelle ein Ermessen zusteht.

II. Rechtsentwicklung

Die Vorschrift geht zurück auf § 17 des im April 1995 vorgelegten **Gesetzentwurfs** 3
der Fraktionen CDU/CSU und FDP für ein Umweltauditgesetz und ist in ihrer Ursprungsfassung am 8.12.1995 in Kraft getreten (vgl. § 39 des UAG i.d. Fassung v. 7.12.1995). In der Folge wurde § 17 UAG **drei Mal geändert**, namentlich durch Artikel 26 des Gesetzes zur Gleichstellung behinderter Menschen und zur Änderung anderer Gesetze vom 27.04.2002 (BGBl. I S. 1467), durch Art. 1 des Zweiten Änderungsgesetzes zum UAG vom 6.12.2011 (BGBl. I S. 2509) und durch Art. 3 des Gesetzes zur Änderung des Umwelt-Rechtsbehelfsgesetzes und anderer umweltrechtlicher Vorschriften vom 21.1.2013 (BGBl. I S. 95). Im Zuge Letzteren wurde der heutige Absatz 3 über den Widerruf der Drittlandzulassung eingefügt werden, wodurch der bisherige Absatz 3 zu Absatz 4 werden würde (vgl. BT-Drs. 17/10957, S. 8). Auf Initiative der Bundesregierung wurde im Rahmen des Gesetzes zur Änderung des Umweltauditgesetzes vom 16.8.2002 (BGBl. I S. 3167) die Nummer 3 in Absatz 4 angefügt und damit ein weiterer, durch das Verwaltungsverfahrensgesetz nicht vorgesehener Widerrufsgrund eingeführt, der eine effektive Aufsicht gewährleisten soll (BT-Drs. 14/8231, S. 12).

III. Abgrenzung zu anderen Vorschriften

Wenngleich es sich bei § 17 um eine besondere Vorschrift zu Rücknahme und Wider- 4
ruf im Anwendungsbereich des UAG handelt, kann **neben** den in **Absatz 2** spezialgesetzlich normierten Widerrufsvoraussetzungen ein Widerruf auch unter den Voraussetzungen des allgemeinen **§ 49 VwVfG** erfolgen (BT-Drs. 13/1192, S. 30). Gleiches gilt für **Absatz 4**, der ausweislich des Wortlauts ("außer") neben die Vorschriften des Verwaltungsverfahrensgesetzes tritt. Dem **Spezialitätsgrundsatz** läuft dies nicht zuwider. Denn § 17 Abs. 2 normiert spezifisch auf das UAG zugeschnittene Widerrufsgründe, die mit denen des § 49 VwVfG inhaltlich nicht in Konkurrenz treten und daher auch nicht durch eine speziellere Regelung verdrängt, sondern durch die ergänzt werden. Im Verhältnis zu **§ 48 VwfVG** genießt hingegen § 17 **Vorrang**, wobei allerdings auf die Vertrauensschutzregelung des § 48 zurückgegriffen werden kann (→ Rn. 7).

Im Verhältnis zu § 16 als Ermächtigungsgrundlage zur Anordnung von Maßnahmen 5
zur Sicherstellung der Einhaltung der Verpflichtungen (→ § 16 Rn. 1) regelt § 17 mit Rücknahme und Widerruf **besondere Maßnahmen** zur Sicherstellung der erforderlichen Anforderungen und ist damit **spezieller** (vgl. Abschnitt 2.4 UAbs. 1 AufsR).

IV. Unionsrecht

Ihren unionsrechtlichen Ursprung findet § 17 in **Art. 29 VO (EG) Nr. 1221/2009** 6
über Aussetzung und Entzug der Akkreditierung oder Zulassung. Nach Art. 29 Abs. 3 wird die Akkreditierung oder Zulassung je nach Art und Umfang des Versäumnisses oder des Verstoßes gegen die Rechtsvorschriften ausgesetzt oder entzogen, bis nachgewiesen ist, dass der Umweltgutachter diese Verordnung einhält. In Art. 29 Abs. 1 wird eine vorherige **Anhörung** der betroffenen Beteiligten einschließlich des Umweltgutachters vorgeschrieben, die im nationalen Recht durch § 28 Abs. 1 VwVfG sichergestellt ist. Zudem schreibt Art. 29 Abs. 2 die **Unterrichtung** des Umweltgutachters über die Gründe für die getroffenen Maßnahmen und gegebenenfalls über die Gespräche mit der zuständigen Durchsetzungsbehörde vor. Entsprechende Verpflichtungen ergeben sich im nationalen Recht aus § 25 Abs. 1 S. 2 und § 39 Abs. 1 VwVfG.

B. Rücknahme

7 Die Rücknahme nach Absatz 1 betrifft den Fall, dass **nachträglich** Tatsachen **bekannt werden**, bei deren Kenntnis die Zulassung oder die Erteilung der Fachkenntnisbescheinigung **hätte versagt** werden müssen oder – andersherum gewendet –, dass die Erteilungsvoraussetzungen von Anfang an nicht vorlagen. Die Zulassung oder die Fachkenntnisbescheinigung sind dann mit Wirkung für die Zukunft **(ex nunc)** zurückzunehmen. Wie aus der Formulierung "sind" hervorgeht, handelt es sich um eine **gebundene Entscheidung**. Eine Rücknahme mit Wirkung für die Vergangenheit ist nicht möglich, auch nicht unter Rückgriff auf § 48 Abs. 1 VwVfG (→ Rn. 4). Allerdings sollen die in § 48 VwVfG verankerten **Vertrauenstatbestände** entsprechend zur Anwendung kommen (van Bon S. 245; Metzler/Alt Der Umweltgutachter S. 70). Für die Rücknahme werden nach § 4 UAG-Gebührenverordnung (→ § 1 Rn. 23) Gebühren erhoben.

C. Widerruf

8 In § 17 Abs. 2 ist der **Widerruf** der Zulassung oder der Erteilung der Fachkenntnisbescheinigung regelt. Dabei handelt es sich ebenso wie bei der Rücknahme (→ Rn. 7) um eine **gebundene Entscheidung**. Auch für den Widerruf fallen nach § 4 UAG-Gebührenverordnung (→ § 1 Rn. 23) Gebühren an.

I. Tatbestandsvoraussetzungen

9 Der Widerruf erstreckt sich nach **§ 17 Abs. 2 S. 1 Nr. 1** auf die Fälle, dass der **Umweltgutachter** oder der **Inhaber einer Fachkenntnisbescheinigung** eine Tätigkeit im Sinne des § 6 Abs. 2 Nr. 1 (→ § 6 Rn. 9) aufgenommen und innerhalb einer von der Zulassungsstelle zu setzenden Frist nicht aufgegeben hat (lit. a), nach § 5 Abs. 2 Nr. 3 (→ § 5 Rn. 8) infolge strafgerichtlicher Verurteilung die Fähigkeit zur Bekleidung öffentlicher Ämter verloren hat (lit. b) oder nach § 5 Abs. 2 Nr. 5 (→ § 5 Rn. 9) aus gesundheitlichen Gründen nicht nur vorübergehend unfähig geworden ist, gutachterliche Tätigkeiten ordnungsgemäß auszuführen (lit. c). Auf **Umweltgutachterorganisationen** nimmt **§ 17 Abs. 2 S. 1 Nr. 2** Bezug. Deren Zulassung ist zu widerrufen, wenn die Umweltgutachterorganisation die Anforderungen nach § 10 Abs. 1 S. 1 Nr. 1 (→ § 10 Rn. 6) nicht mehr erfüllt und innerhalb einer von der Zulassungsstelle zu setzenden Frist einen gesetzmäßigen Zustand nicht herbeigeführt hat.

10 Die **Formulierung** in der **§ 17 Abs. 2 S. 1 Nr. 1c)** geht zurück auf Artikel 26 des Gesetzes zur Gleichstellung behinderter Menschen und zur Änderung anderer Gesetze v. 27.4.2002 (BGBl. I S. 1467) und ersetzt die frühere Formulierung „infolge eines körperlichen Gebrechens, wegen Schwäche seiner geistigen Kräfte oder wegen einer Sucht". Diese wird von den Menschen mit Behinderung und ihren Verbänden abgelehnt, weil sie zu **Missverständnissen** Anlass gibt, während die neue Formulierung das Erfordernis der gesundheitlichen Eignung für den Beruf statuiert, das im Hinblick auf den Schutz des Patienten erforderlich ist, ohne Missverständnisse hinsichtlich einer eventuellen **Diskriminierung** bei behinderten Menschen hervorzurufen (BT-Drs. 14/7420, S. 32). Gesundheitliche Gründe können, wenn die insbesondere auf einer Krankheit, Behinderung oder Sucht beruhenden gesundheitlichen Einschränkungen so gravierend sind, dass sie die körperlichen und/oder geistigen Kräfte des Antragstellers nicht nur vorübergehend in einer Weise schmälern, dass diesem auf unabsehbare Zeit bzw. auf Dauer die Befähigung zu einer ordnungsgemäßen Ausübung der Tätigkeit als Umweltgutachter abgesprochen wer-

den muss (vgl. BT-Drs. 14/7420, S. 32). Bei der Prognoseentscheidung sind die jeweiligen Besonderheiten des Berufsbildes des Umweltgutachters und die hierauf beruhenden berufsrechtlichen Regelungen zu beachten (vgl. BT-Drs. 14/7420, S. 32).

II. Rückausnahme

Absatz 2 Satz 2 und 3 enthält eine **Rückausnahme**, die auf die **Beschlussempfehlung** des Ausschusses für Umwelt, Naturschutz und Reaktorsicherheit (BT-Drs. 17/7490, S. 5) zum zweiten UAG-Änderungsgesetz zurückgeht und später vom Bundestag entsprechend beschlossen wurde. Nach Satz 1 HS. 1 wird eine Zulassung oder Fachkenntnisbescheinigung abweichend von Satz 1 Nummer 1 Buchstabe a (→ Rn. 9) **nicht widerrufen**, wenn der Umweltgutachter oder Inhaber einer Fachkenntnisbescheinigung nur vorübergehend Angestellter einer juristischen Person des öffentlichen Rechts ist. Der Umweltgutachter oder Inhaber einer Fachkenntnisbescheinigung darf in diesem Fall jedoch **keine gutachterlichen Tätigkeiten** auf der Grundlage seiner Zulassung oder Fachkenntnisbescheinigung ausüben, es sei denn, die Zulassungsstelle gestattet es. Eine solche **Gestattung** durch die Zulassungsstelle kann nach HS 2 erfolgen, wenn sich diese davon überzeugt hat, dass der Umweltgutachter oder Inhaber der Fachkenntnisbescheinigung weiterhin die erforderliche Unabhängigkeit nach § 6 Absatz 1 besitzt. Eine solche Gestattung setzt einen **Antrag** des Umweltgutachters oder Inhabers einer Fachkenntnisbescheinigung voraus, sodass die Behörde nicht von sich aus tätig werden kann. Die Entscheidung steht im Ermessen der Behörde und setzt deren Überzeugung von der Unabhängigkeit (→ § 6 Rn. 9) voraus. 11

III. Teilwiderruf

§ 17 Abs. 4 Satz 4 sieht unter bestimmten Voraussetzungen den **Teilwiderruf** der Zulassung vor. Auch diese Regelung ist als **gebundene Entscheidung** ausgestaltet. Teilweise zu widerrufen ist die Zulassung danach, soweit die Voraussetzungen des § 9 Abs. 1 S. 2 und des § 10 Abs. 1 Satz 1 Nummer 2 weggefallen und innerhalb einer von der Zulassungsstelle zu setzenden Frist nicht wiederhergestellt sind. 12

Bei den Voraussetzungen des § 9 Abs. 1 S. 2 handelt es sich um die Möglichkeit der **Erstreckung der Zulassung** auf weitere Zulassungsbereiche durch Anstellung (→ Rn 9 Rn. 6; → § 8 Rn. 5) von weiteren, entsprechend qualifizierten **Umweltgutachtern** (§ 9 Abs. 1 S. 1 Nr. 1 Buchst. a) oder **Fachkenntnisbescheinigungsinhabern** i.S.d. § 8 (§ 9 Abs. 1 S. 1 Nr. 1 Buchst. b) für die maßgeblichen Prüfungs-, Begutachtungs- und Validierungstätigkeiten (→ 8 Rn. 6). Der ebenfalls in Bezug genommene § 10 Abs. 1 S. 1 ist die Parallelvorschrift für **Umweltgutachterorganisationen** (→ § 10 Rn. 5). Der Teilwiderruf erfolgt mithin, wenn die Voraussetzungen für die Erstreckung der Zulassung durch Anstellung oder die entsprechenden Voraussetzungen des § 10 Abs. 1 S. 1 nicht mehr vorliegen. 13

Vor Erlass des Widerrufsbescheids hat die Behörde eine **Frist** zur Wiederherstellung der Voraussetzungen zu setzen. Die Länge der Frist ist nicht gesetzlich geregelt, sondern in das **Ermessen** der Behörde gestellt und kann in Abhängigkeit von dem jeweiligen Einzelfall variieren. Sie muss jedenfalls ausreichend lang bemessen sein, um die die Wiederherstellung der Voraussetzungen durch den Umweltgutachter, die Umweltgutachterorganisation oder den Inhaber der Fachkenntnisbescheinigung tatsächlich zu ermöglichen. 14

D. Widerruf von Drittlandszulassungen

15 **Absatz 3** regelt den Widerruf in Bezug auf die **Drittlandszulassung** und ist ebenfalls als gebundene Entscheidung ausgestaltet.

I. Widerrufsgründe

16 Eine solcher Widerruf von Drittzulassungen erfolgt nach Satz 1, soweit eine nach § 9 Absatz 1 Satz 1 und 2 einem Umweltgutachter (→ § 9 Rn. 9 f.) oder eine nach § 10 Absatz 2 Satz 1 in Verbindung mit Absatz 1 Satz 1 einer Umweltgutachterorganisation (§ 10 Rn. 10) erteilte Zulassung widerrufen wurde. Der Widerruf der Drittlandszulassung **folgt** damit dem Widerruf der **Grundzulassung**.

17 **Ferner** erfolgt nach Satz 2 ein Widerruf der Drittlandszulassung, wenn die Voraussetzungen der Drittlandszulassung eines Umweltgutachters nach Maßgabe von § 7 Abs. 4 iVm Art. 22 Abs. 2 VO Nr. (EG) Nr. 1221/2009 oder einer Umweltgutachterorganisation nach § 10 Abs. 1 S. 2 auf Grund eigener Qualifikation entfallen sind. Gleiches gilt nach Satz 3 bei Wegfall der Voraussetzungen nach Art. 22 Abs. 3 VO Nr. (EG) Nr. 1221/2009.

II. Vorherige Fristsetzung

18 In allen Fällen außer demjenigen des Widerrufs aufgrund Wegfalls der Grundzulassung nach S. 1 (→ Rn. 15) ist von der Zulassungsstelle zuvor eine **Frist** zu setzen, innerhalb derer die jeweiligen Voraussetzungen für die Drittlandszulassung wieder hergestellt werden können. Auch insoweit gilt, dass die **Länge** der Frist im Einzelfall zu bestimmen ist (→ Rn. 14). Erst wenn die Wiederherstellung nach Fristablauf nicht erfolgt ist, kann ein Widerrufsbescheid ergehen.

E. Ermessenswiderruf

19 Zu den gebundenen Entscheidungen (→ Rn. 8, 12, 15) über den Widerruf hinzu treten mit Absatz 4 Widerrufsfälle mit **Ermessenspielraum** der Behörde. Damit **ergänzt** § 17 Abs. 4 den **§ 49 VwVfG**, der daneben weiterhin zur Anwendung kommt (→ Rn. 4). Bei der Ausübung ihres Ermessens hat die Behörde in ihre Erwägungen einzubeziehen, dass neben dem Widerruf auch – **mildere** – Maßnahmen nach § 16 in Betracht kommen (vgl. BT-Drs. 13/1687, S. 6).

20 Liegen die in den Nummern 1 bis 3 normierten Voraussetzungen vor, so kann dies den Widerruf der Zulassung oder Fachkenntnisbescheinigung zur Folge haben. Als **Widerrufsgründe** genannt werden Verstöße gegen die Pflicht zur Angabe einer zustellungsfähigen Anschrift (Nr. 1), Fälle fehlender Unabhängigkeit bei der Durchführung von Begutachtungen im Einzelfall (Nr. 2) sowie die Nichtbefolgung vollziehbarer Anordnungen der Zulassungsstelle im Rahmen der Aufsicht (Nr. 3).

21 Betreffend § 17 Abs. 3 Nr. 2 hatte sich der **Bundesrat** im Gesetzgebungsverfahren dafür ausgesprochen, diese als **Soll-Vorschrift** auszugestalten („sie sollen widerrufen werden"), da im Falle von Abhängigkeitsverhältnissen beim Vorliegen von Wiederholungsgefahr der Widerruf die Regel sein müsse (BR-Drs. 210/95, S. 22; vgl. van Bon

S. 246). Dem trat die **Bundesregierung** in ihrer Gegenäußerung entgegen mit der Begründung, der Widerruf von Zulassung und Fachkenntnisbescheinigung wäre in den genannten Fällen ohne Wiederholungsgefahr unverhältnismäßig und hänge vielmehr von dem Gewicht der möglichen Abhängigkeitsverhältnisse ab (BT-Drs. 13/1687, S. 6). Sie konnte sich schließlich damit durchsetzen.

§ 18 Umweltgutachter und Umweltgutachterorganisationen aus anderen Mitgliedstaaten der Europäischen Union

(1) Umweltgutachter und Umweltgutachterorganisationen, die in einem anderen Mitgliedstaat der Europäischen Union oder in einem Staat des Europäischen Wirtschaftsraums zugelassen sind, haben der Zulassungsstelle ihre gutachterliche Tätigkeit nach den Sätzen 2 und 3 vor jeder Begutachtung im Bundesgebiet mindestens vier Wochen vor Aufnahme ihrer Tätigkeit anzuzeigen. In der Anzeige sind der Name, die Anschrift, die fachlichen Qualifikationen und, bei Umweltgutachtern, auch die Staatsangehörigkeit sowie, bei Umweltgutachterorganisationen, die Zusammensetzung der die Begutachtung durchführenden Personengruppe anzugeben. Ferner sind Ort und Zeit der Begutachtung, Anschrift und Ansprechpartner der Organisation sowie, soweit erforderlich, die zur Sicherstellung der erforderlichen Sprach- und Rechtskenntnisse getroffenen Maßnahmen anzugeben. Wenn dies zur Gewährleistung der Qualität der Begutachtung erforderlich ist, kann die Zulassungsstelle weitere Nachweise zu den Sprach- und Rechtskenntnissen verlangen. Bei der erstmaligen Anzeige sowie danach auf Anforderung der Zulassungsstelle sind der Anzeige eine Ausfertigung oder beglaubigte Abschrift der Zulassung und eine beglaubigte deutsche Übersetzung beizufügen.

(2) Die Zulassungsstelle muss vor Aufnahme der Tätigkeit von Umweltgutachtern oder Umweltgutachterorganisationen, die in einem anderen Mitgliedstaat der Europäischen Union oder in einem Staat des Europäischen Wirtschaftsraums zugelassen sind, im Bundesgebiet überprüfen, ob diese über eine gültige Zulassung des Mitgliedstaates verfügen. In regelmäßigen Abständen und mindestens alle 24 Monate nach der ersten Anzeige muss auch eine Überprüfung der Qualität der im Bundesgebiet vorgenommenen Begutachtungen erfolgen. § 15 Absatz 5, 6, 8 und 9 sowie § 16 gelten hierfür entsprechend. Die Zulassungsstelle kann den Umweltgutachter oder die Umweltgutachterorganisation zur Sicherstellung der Qualität der vorgenommenen Begutachtungen einer praktischen Überprüfung bei seiner oder ihrer Arbeit in Organisationen unterziehen. Organisationen haben die Durchführung einer Überprüfung nach Satz 4 zu dulden.

(3) Die Zulassungsstelle erstellt einen Aufsichtsbericht. 2Ist die Qualität der Begutachtungen zu beanstanden, so übermittelt sie den Aufsichtsbericht dem betroffenen Umweltgutachter oder der Umweltgutachterorganisation, der Zulassungsstelle, die die Zulassung erteilt hat, der zuständigen Register führenden Stelle und, bei weiteren Streitigkeiten, dem Forum der Zulassungsstellen.

(4) Soweit dies zur Feststellung der Anforderungen nach den §§ 7 bis 10 erforderlich ist, dürfen die inländischen Geschäftsräume der ausländischen Umweltgutachter oder Umweltgutachterorganisationen sowie der von diesen begutachteten Organisation zu den üblichen Geschäftszeiten zur Durchführung der Überprüfung nach Absatz 2 Satz 4 betreten werden.

(5) Ist der Umweltgutachter oder die Umweltgutachterorganisation nicht im Inland ansässig oder vertreten, so erfolgen Zustellungen, sofern nicht besondere völkervertragliche Regelungen etwas Abweichendes vorschreiben, nach Absendung einer Abschrift des Bescheides durch Aufgabe des Bescheides zur Post mit Einschreiben; die Zustellung gilt nach Ablauf von zwei Wochen ab der Aufgabe zur Post als erfolgt.

Schrifttum *Metzler/Alt,* Der Umweltgutachter, 1997; *Nissen,* Die EG-Öko-Audit-Verordnung, 1999

Übersicht

A. Allgemeines

I. Bedeutung der Vorschrift

1 Die Vorschrift stellt sicher, dass Umweltgutachter und Umweltgutachterorganisationen mit Zulassung in einem **anderen Mitgliedstaat** der Europäischen Union oder der Europäischen Wirtschaftsgemeinschaft der **Aufsicht in Deutschland** unterliegen. In Umsetzung des unionsrechtlichen Regelungsauftrags (→ § 1 Rn. 1) werden zu diesem Zweck in Absatz 1 zunächst eine **Anzeigepflicht** statuiert und die Anforderungen an die Anzeige konkretisiert. In den Absätzen 2 bis 4 werden **einzelne Aufsichtsmittel** geregelt, während sich Absatz 5 mit **Zustellungen** von Bescheiden befasst.

II. Rechtsentwicklung

2 Die aktuelle Fassung der Vorschrift geht hinsichtlich der **Absätze 1 und 2** zurück auf § 18 des im April 1995 vorgelegten **Gesetzentwurfs** der Fraktionen CDU/CSU und FDP für ein Umweltauditgesetz. Er ist am 8.12.1995 in Kraft getreten (vgl. § 39 des UAG i.d. Fassung v. 7.12.1995). In der Folge wurde § 18 UAG durch Art. 1 Nr. 21 des Gesetzes zur Änderung des UAG vom 16.8.2002 (BGBl. I S. 3167) und durch Art. 10 des Gesetzes zur Umsetzung der Dienstleistungsrichtlinie auf dem Gebiet des Umweltrechts sowie zur Änderung umweltrechtlicher Vorschriften vom 11.8.2010 (BGBl. I S. 1163) geändert. Dabei gehen die aktuellen Absätze 1 und 2 zumindest in Teilen noch auf die Ursprungsfassung zurück. **Die Absätze 3 – 5** sind mit der Gesetzesänderung vom 16.8.2002 hinzugekommen.

3 Mit dem Gesetz zur Änderung des UAG vom 16.8.2002 wurde § 18 **wesentlich erweitert**. Diese Änderungen des § 18 Abs. 1 berücksichtigen, dass auch in Staaten des Europäischen Wirtschaftsraumes zugelassene Umweltgutachter und Umweltgutachterorganisationen in Deutschland tätig werden können und in diesem Fall – wie auch in anderen Mitgliedstaaten der Europäischen Union zugelassene Umweltgutachter und Umweltgutachterorganisationen – im Rahmen des § 18 der Aufsicht in Deutschland unterliegen (BT-Drs. 14/8231, S. 24 f.). Die in § 18 Abs. 1 Satz 1 bis 4 geregelte Anzeigepflicht geht auf die Vorgaben des Anhangs V Abschnitt 5.3.2 VO (EG) Nr. 761/2001 zurück.

Mit Art. 10 Nr. 2 des Gesetzes zur Umsetzung der Dienstleistungsrichtlinie auf dem Gebiet des Umweltrechts sowie zur Änderung umweltrechtlicher Vorschriften vom 11.8.2010 (BGBl. I S. 1163) erhielt § 18 Abs. 2 S. 3 seine heutige Fassung. 4

III. Abgrenzung zu anderen Vorschriften

Abzugrenzen ist § 18 von **§ 15**, der die Aufsicht über Umweltgutachter und Umweltgutachterorganisationen mit **Zulassung im Inland** erfasst (Nissen S. 176 → § 15 Rn. 8). 5

IV. Unionsrecht

Unionsrechtlich geht § 18 zurück auf **Art. 23 und Art. 24 VO (EG) Nr. 1221/2009**. Während Art. 23 allgemeine Regelungen für die Aufsicht trifft, enthält **Art. 24 zusätzliche Vorschriften** für die Aufsicht über Umweltgutachter, die Gutachtertätigkeiten in einem anderen Mitgliedstaat als dem Akkreditierungs- oder Zulassungsmitgliedstaat durchführen. Auch in der Verordnung (EWG) Nr. 1836/93 war mit 6 Abs. 7 eine entsprechende Vorschrift enthalten, die bestimmte, dass Umweltgutachter und Umweltgutachterorganisationen aus einem anderen Mitgliedstaat der Europäischen Union die Aufnahme einer gutachterlichen Tätigkeit in einem anderen Mitgliedstaat zuvor der Zulassungsstelle anzuzeigen haben und der Aufsicht der Zulassungsstelle unterliegen. Die Regelung in Anhang V Abschnitt 5.3.2 VO (EG) Nr. 761/2001 war bereits deutlich differenzierter und entspricht in ihrem Regelungsgehalt im Wesentlichen der geltenden Rechtslage. 6

B. Anzeigepflicht

Grundsätzlich ist die Zulassungsstelle gehalten, vom Umweltgutachter oder der Umweltgutachterorganisation vor Aufnahme ihrer Tätigkeit in Deutschland den **Nachweis** einer gültigen Zulassung aus dem anderen Mitgliedstaat zu verlangen. Damit **korrespondiert** die durch Art. 24 Abs. 1 VO (EG) Nr. 1221/2009 begründete und in **Absatz 1 S. 1** statuierte **Anzeigepflicht** für Umweltgutachter und Umweltgutachterorganisationen, die in einem anderen Mitgliedstaat der Europäischen Union oder in einem Staat des Europäischen Wirtschaftsraums zugelassen sind. Diese hat **mindestens vier Wochen** vor Aufnahme der Tätigkeit in Deutschland zu erfolgen. 7

I. Inhalt der Anzeige

In **Satz 2** wird der **Inhalt** der Anzeige dahingehend **konkretisiert**, dass der Name, die Anschrift, die fachlichen Qualifikationen und, bei Umweltgutachtern, auch die Staatsangehörigkeit sowie, bei Umweltgutachterorganisationen, die Zusammensetzung der die Begutachtung durchführenden Personengruppe anzugeben sind. **Ferner** sind Ort und Zeit der Begutachtung, Anschrift und Ansprechpartner der Organisation sowie, soweit erforderlich, die zur Sicherstellung der erforderlichen Sprach- und Rechtskenntnisse getroffenen Maßnahmen anzugeben **(Satz 3)**. In Abschnitt 5 UAbs. 1 AufsR werden die erforderlichen Angaben näher konkretisiert. **Nicht gänzlich unbedenklich** ist die Nennung ausreichender Kenntnisse der einschlägigen Rechts- und veröffentlichten Verwaltungsvorschriften, soweit damit eine Prüfungskompetenz der Zulassungsstelle einhergeht (Nissen S. 184). 8

Nach **Satz 4** kann die Zulassungsstelle **weitere Nachweise** zu den Sprach- und Rechtskenntnissen verlangen, wenn dies zur Gewährleistung der Qualität der Begutachtung erforderlich ist. Im Rahmen der Ermessenentscheidung hat die Zulassungsstelle dem **Verhältnismäßigkeitsgrundsatz** Rechnung zu tragen. Es können mithin nur solche 9

Nachweise verlangt werden, die zur effektiven Wahrnehmung der Aufsicht benötigt werden.

II. Beglaubigte Abschrift

10 Darüber hinaus sind nach **Satz 5** bei der **erstmaligen Anzeige** sowie danach auf **Anforderung** der Zulassungsstelle der Anzeige eine Ausfertigung oder beglaubigte Abschrift der Zulassung und eine beglaubigte deutsche Übersetzung beizufügen. In der **Vorgängerregelung** von Absatz 1 S. 5 (damals Satz 3) war noch vorgesehen, dass immer eine beglaubigte Abschrift beizufügen ist. Die im Zuge des Änderungsgesetzes 2002 (BGBl. I S. 3167) getroffene Änderung trägt dem Verhältnismäßigkeitsgrundsatz Rechnung, da die Vorlage einer Ausfertigung oder beglaubigten Abschrift der Zulassung samt einer beglaubigten deutschen Übersetzung bei jeder erneuten Anzeige eines Begutachtungsfalles nicht zwingend erforderlich ist, sondern eine effektive Aufsicht ist auch gewährleistet wird, wenn nach erstmaliger Anzeige die genannten Dokumente nur mehr auf Anforderung vorzulegen sind (BT-Drs. 14/8231, S. 24 f.).

C. Regelaufsichtsverfahren

11 Umweltgutachter, die in einem **anderen Mitgliedstaat** Begutachtungsaufträge ausführen als in dem Staat, wo die Zulassung erteilt wurde, unterliegen gemäß Art. 23 lit. c VO (EG) Nr. 1221/2009 der **Aufsicht** des **Mitgliedstaates, in dem sie tätig** werden. **Absatz 2 konkretisiert** das Verfahren für die Beaufsichtigung ausländischer Umweltgutachter und Umweltgutachterorganisationen. **Nicht** der Überprüfung unterliegt in Abweichung von § 15 Abs. 1 (→ § 15 Rn. 12), ob die Zulassungsvoraussetzungen noch vorliegen (Metzler/Alt S. 72 f.), die Zulassungsstelle von einer gültigen Zulassung auszugehen hat (Nissen S. 177).

I. Regelmäßige Überprüfung

12 Gegenstand der Überprüfung ist nach **Satz 1** zunächst, ob Umweltgutachter und Umweltgutachterorganisationen weiterhin über eine **gültige Zulassung** ihres Heimatstaates verfügen. Nach **Satz 2** muss sich die Überprüfung auch auf die **Qualität** der im Bundesgebiet vorgenommenen Begutachtungen erstrecken. Vorzunehmen ist diese Qualitätsprüfung den unionsrechtlichen Vorgaben aus Art. 23 Abs. 4 VO (EG) Nr. 1221/2009 entsprechend in regelmäßigen Abständen und **mindestens alle 24 Monate** nach der ersten Anzeige.

II. Pflichten der Umweltgutachter

13 Hinsichtlich der regelmäßigen Überprüfung nach Satz 2 wird in **Satz 3** die **entsprechende Anwendung** von § 15 Absatz 5, 6, 8 und 9 sowie § 16 angeordnet (vgl. BT-Drs. 13/1192, S. 31). Damit werden auch für die Überprüfung nach § 18 eine behördliche Mitteilungspflicht (Nr. 5 → § 15 Rn. 17) sowie ein Betretungsrecht (Nr. 8 → § 15 Rn. 29 ff.) begründet. Ferner wird klargestellt, dass Umweltgutachter mit Zulassung in einem anderen Mitgliedstaat zugleich die in § 15 Abs. 6 normierten **Pflichten** (→ § 15 Rn. 18 ff.) zu erfüllen und den **Aufsichtsmaßnahmen** nach § 16 Folge zu leisten haben (→ 16 Rn. 10).

14 Wie die durch das Gesetz zur Umsetzung der Dienstleistungsrichtlinie auf dem Gebiet des Umweltrechts sowie zur Änderung umweltrechtlicher Vorschriften vom 11.8.2010 (BGBl. I S. 1163) eingeführte **Bezugnahme** auf § 15 Absatz 9 (→ § 15 Rn. 33) klarstellt,

erfolgt eine Überprüfung der Qualität der Tätigkeit der Umweltgutachter aus anderen Mitgliedstaaten auch, wenn diese auf Grund anderer rechtlicher Regelungen tätig werden. (BT-Drucks. 17/1393, S. 21).

III. Witnessaudit

Möglich ist es nach **Satz 4**, den Umweltgutachter oder die Umweltgutachterorganisation zur Qualitätsprüfung einer **praktischen Überprüfung** bei seiner oder ihrer Arbeit in Organisationen unterziehen (sog. **Witnessaudit**, dazu → § 15 Rn. 13). Diese soll in **regelmäßigen** Abständen, spätestens aber **alle sechs Jahre** nach der erstmaligen Anzeige durchgeführt werden (BT-Drs. 14/8231, S. 25). Die letztverbindliche Entscheidung trifft die Zulassungsstelle nach pflichtgemäßem Ermessen. Sofern eine praktische Überprüfung durchgeführt wird, haben Organisationen diese zu **dulden (Satz 5)**. 15

D. Beanstandungsverfahren

In **Absatz 3** wird in Umsetzung der Vorgaben in Art. 24 Abs. 6 VO (EG) Nr. 1221/2009 das Verfahren geregelt, das Anwendung findet, wenn die **deutsche Zulassungsstelle** die Qualität der von ausländischen Umweltgutachtern oder Umweltgutachterorganisationen durchgeführten Begutachtungen **beanstandet**. Zunächst erstellt die Zulassungsstelle einen Aufsichtsbericht **(Satz 1)**. Nach **Satz 2 übermittelt** sie bei Beanstandungen diesen Aufsichtsbericht dem betroffenen Umweltgutachter oder der Umweltgutachterorganisation, der Zulassungsstelle, die die Zulassung erteilt hat, der zuständigen Register führenden Stelle. Sind weitere Streitigkeiten zu besorgen, so erfolgt zudem eine Übermittlung an das Forum der Zulassungsstellen. 16

E. Betretungsrecht

Absatz. 4 regelt ein den Absatz 2 Satz 5 (→ Rn. 15) **ergänzendes** und der Regelung zu inländischen Umweltgutachtern und Umweltgutachterorganisationen in § 15 Abs. 8 (→ § 15 Rn. 29) **entsprechendes Betretungsrecht**. Dieses ermächtigt die Zulassungsstelle zum Betreten der Geschäftsräume der Organisation zur Durchführung des Witnessaudit nach Absatz 2 S. 4 (→ Rn. 13). Betreten werden dürfen die inländischen Geschäftsräume der ausländischen Umweltgutachter oder Umweltgutachterorganisationen sowie der von diesen begutachteten Organisationen zu den üblichen Geschäftszeiten, ohne dass es einer vorherigen Ankündigung bedarf (→ § 15 Rn. 30). 17

In verfassungsrechtlicher Hinsicht wird ein **Eingriff** in **Art. 13 GG** angesichts der Beschränkung auf die üblichen Geschäftszeiten **gar nicht erst begründet** oder ist jedenfalls **gerechtfertigt** (→ § 15 Rn. 31). 18

F. Zustellungen

Für die Zustellung von Bescheiden bestimmt **Absatz 5 HS 1**, dass diese nach Absendung einer **Abschrift** des Bescheides durch Aufgabe des Bescheides zur **Post** mit **Einschreiben** erfolgt, wenn der Umweltgutachter oder die Umweltgutachterorganisation nicht im Inland ansässig oder vertreten sind. Sofern besondere **völkervertragliche** Regelungen etwas Abweichendes vorschreiben, genießen diese **Vorrang. Zuvor** war nach § 18 Abs. 1 S. 1 eine zustellungsfähige Anschrift im Inland anzugeben. Mit der im Zuge 19 des Änderungsgesetzes 2002 (BGBl. I S. 3167) eingefügten Regelung in Satz 5 wird demgegenüber den Anforderungen der Dienstleistungsfreiheit aus Art. 56 ff. AEUV sowie dem Umstand Rechnung getragen, dass ausländische Umweltgutachter oder Umweltgutachterorganisationen, die in Deutschland tätig werden, bereits über eine zustellungsfähige Adresse in dem Zulassungsstaat verfügen (BT-Drs. 14/8231, S. 25). Nach **Ablauf von zwei Wochen** ab der Aufgabe zur Post wird die erfolgte Zustellung **fingiert**. Auf den tatsächlichen Zugang kommt es – ungeachtet dessen, ob dieser früher oder später erfolgt – mithin nicht an.

G. Folgen des Verstoßes

20 Rechtsverstöße gegen die Anzeigepflicht nach § 18 Abs. 1 S. 1 sind **bußgeldpflichtig** gemäß § 37 Abs. 1 Nr. 8. Sie können mit einer Geldbuße von bis zu fünftausend Euro geahndet werden (§ 37 Abs. 3).

§ 19 Verbot der Validierung von Umwelterklärungen

Wer nicht die erforderliche Zulassung oder Fachkenntnisbescheinigung besitzt, darf weder eine Umwelterklärung nach Artikel 19 Absatz 2 oder Artikel 25 Absatz 8 der VO (EG) Nr. 1221/2009 validieren, noch eine Erklärung nach Anhang VII der VO (EG) Nr. 1221/2009 abgeben oder eine Mitzeichnung nach § 8 Absatz 2 Satz 3 vornehmen.

Schrifttum *Kothe,* Das neue Umweltauditgesetz, 1997; *Stobel,* Das Umweltauditgesetz mit dem neuen Umweltgutachter, DStR 1995, 1715 ff.

Übersicht

A. Allgemeines

I. Bedeutung der Vorschrift

1 § 19 stellt durch das **Verbot** der Validierung von Umwelterklärungen sicher, dass eine Validierung von Umwelterklärungen nur erfolgt, wenn die **erforderliche Qualifikation** hierfür vorliegt (BT-Drs. 13/1192, S. 31). Dafür wird die Validierung von Umwelterklärungen sowie die Mitzeichnung von Gültigkeitserklärungen Personen mit der erforderlichen Zulassung oder Fachkenntnisbescheinigung **vorbehalten**.

II. Rechtsentwicklung

2 Die Vorschrift basiert auf § 19 des im April 1995 vorgelegten **Gesetzentwurfs** der Fraktionen CDU/CSU und FDP für ein Gesetz zur Ausführung der Verordnung (EWG) Nr. 1836/93 des Rates vom 29. Juni 1993 über die freiwillige Beteiligung gewerblicher Unternehmen an einem Gemeinschaftssystem für das Umweltmanagement und die Umweltbetriebsprüfung (Umweltauditgesetz - UAG). Das Gesetz wurde nach Abschluss des Gesetzgebungsverfahrens am 7.12.1995 im BGBl verkündet (BGBl I S. 1591) und § 19 ist damit am 8.12.1995 in Kraft getreten (vgl. § 39 des UAG i.d. Fassung v. 7.12.1995). Im Folgenden wurde § 19 durch Art. 1 des Gesetzes zur Änderung des UAG (Neubekanntmachung) vom 16.8.2002 (BGBl. I, S. 3167) und Art. 1 des Zweiten ÄndG vom 6.12.2011 (BGBl. I, S. 2509) geändert.

3 Mit Art. 1 Nr. 22 des Gesetzes zur Änderung des UAG v. 16.08.2002 (Neubekanntmachung) (BGBl. I, S. 3167) wurden lediglich **Folgeänderungen** zur Streichung des § 13 sowie eine Anpassung der Verweise an die Verordnung (EG) Nr. 761/2001 vorgenommen.

4 Eine **Anpassung** der Terminologie und Verweise an die Verordnung (EG) Nr. 1221/2009 war auch Gegenstand der Änderungen, die in Art. 1 Nr. 15 Zweites ÄndG v. 6.12.2011 (BGBl. I S. 2509) vorgesehen waren. Zudem wurde das Verbot auf die getrennt von der Umwelterklärung zu unterzeichnende Konformitätsbescheinigung nach Anhang VII der EG-Verordnung **erstreckt**.

III. Abgrenzung zu anderen Vorschriften

5 Als **„Generalverbot"** stützt § 19 die in den §§ 15 ff. normierten Aufsichtsmaßnahmen (Stobel DStR 1995, 1715 (1719)).

IV. Unionsrecht

6 Schon in seiner ursprünglichen Fassung diente § 19 der Umsetzung des unionsrechtlichen Regelungsauftrags. Die Gesetzesbegründung verweist hierbei auf Art. 4 Abs. 6 VO (EWG) Nr. 1836/93 (BT-Drs. 13/1192, S. 31), der allerdings keine Verpflichtung zum Erlass eines Verbots statuiert, sondern die Voraussetzungen für die Gültigkeit der Umwelterklärung festlegt.

7 Auch die heute maßgebliche (→ § 1 Rn. 9) VO 1221/2009/EG enthält **keinen entsprechenden Regelungsauftrag**, stellt allerdings in den in Bezug genommenen Art 19 Abs. 2 oder Art. 25 Abs. 8 **Voraussetzungen für Validierung** der Umwelterklärung auf, die sich auch auf die Erklärung nach Anhang VII erstrecken. Die **Mitzeichnung** auf der Grundlage einer Fachkenntnisbescheinigung ist hingegen unionsrechtlich nicht vorgehen, wird aber als Ausgestaltung der Systemvorgaben der VO (EG) Nr. 1221/2009 für zulässig erachtet (→ § 8 Rn. 4). Um den auch auf den Zweck der Verordnung zurückzuführenden Schutzzweck des Verbots zu erfüllen, erscheint es damit auch im Lichte unionsrechtlicher Vorgaben nur konsequent und folgerichtig, das Verbot auf die Mitzeichnung aus § 8 Abs. 2 S. 3 zu erstrecken.

B. Validierungs- und Mitzeichnungsverbot

8 Durch § 19 wird ein Validierungs- und Mitzeichnungsverbot begründet.

I. Negativabgrenzung des Personenkreises

9 In der Vorschrift ist festgelegt, wer **keine Validierung** von Umwelterklärungen sowie **keine Mitzeichnung** von Gültigkeitserklärungen vornehmen darf. Dieser von dem Validierungs- und Mitzeichnungsverbot erfasste Personenkreis wird anhand einer **Negativabgrenzung** bestimmt. Dem Verbot unterstehen alle, die nicht die für die Validierung erforderliche Zulassung als Umweltgutachter (→ § 9 Rn. 9 f.) oder als Umweltgutachterorganisationen (→ § 10 Rn. 10) oder die für die Mitzeichnung erforderliche Fachkenntnisbescheinigung (→ § 8 Rn. 1) besitzen.

II. Umfang des Verbots

10 Wie sich aus den in Bezug genommenen Vorschriften ausdrücklich ergibt, **bezieht sich** das Verbot aus § 19 auf die Validierung von Umwelterklärungen nach Art. 19 Abs. 2 S. 2 und Art. 25 Abs. 8 der VO (EG) Nr. 1221/2009, die Abgabe einer Erklärung des Umweltgutachters zu den Begutachtungs- und Validierungstätigkeiten nach Anhang VII VO (EG) Nr. 1221/2009 sowie die Mitzeichnung nach § 8 Abs. 2 S. 3 UAG.

Der **Umfang** des Verbots richtet sich nach den **Befugnissen des jeweiligen Personenkreises**. Da nur zugelassene **Umweltgutachter** oder zugelassene **Umweltgutachterorganisationen** Validierungen von Umwelterklärungen vornehmen dürfen (Art. 19 Abs. 2 S. 2 und Art. 25 Abs. 8 sowie Anhang VII VO (EG) Nr. 1221/2009) und die Fachkenntnisbescheinigung eine gutachterliche Tätigkeit nur im Zusammenwirken mit einem Umweltgutachter, der die Gültigkeitserklärung von Umwelterklärungen verantwortlich zeichnet, gestattet (→ § 8 Rn. 7), erstreckt sich das Verbot zur Validierung von Umwelterklärungen auch auf **Inhaber von Fachkenntnisbescheinigungen**. Hieran anknüpfend ergibt sich über den unionsrechtlichen Regelungsauftrag hinaus (→ Rn. 7) aus dem Verweis auf § 8 Abs. 2 S. 3, dass die Mitzeichnung ohne Fachkenntnisbescheinigung ebenfalls verboten ist. 11

C. Folgen des Verstoßes

Der Verstoß gegen das Verbot aus § 19 ist gemäß § 37 Abs. 1 Nr. 9 **bußgeldbewehrt**. 12
Die Ordnungswidrigkeit kann gemäß § 37 Abs. 3 in diesem Fall mit einer Geldbuße bis zu fünfundzwanzigtausend Euro geahndet werden. In **strafrechtlicher** Hinsicht liegt mangels Identitätstäuschung keine Urkundenfälschung im Sinne des § 267 Abs. 2 StGB, sondern eine schriftliche Lüge vor (Kothe Rn. 491).

§ 20 Aufsichtsverfahren

Die Bundesregierung kann nach Anhörung des Umweltgutachterausschusses durch Rechtsverordnung, die nicht der Zustimmung des Bundesrates bedarf, Inhalt und Umfang der Pflichten nach § 15 Abs. 6 und 7 sowie das Verfahren für Aufsichtsmaßnahmen zu dem in § 1 Abs. 1 Nr. 2 genannten Zweck näher regeln.

Schrifttum *Benecke,* Europarechtliche Aspekte des Umweltaudits, 2001; *Lütkes,* Das Umweltauditgesetz – UAG, NVwZ 1996, 230 ff.; *Sachs,* Grundgesetz, 9. Aufl. 2021; *von Münch/Kunig,* Grundgesetz-Kommentar, 7. Aufl. 2021

Übersicht

A. Allgemeines

I. Bedeutung der Vorschrift

Die Vorschrift ermächtigt die Bundesregierung, durch **Rechtsverordnung** Inhalt und Umfang der Pflichten nach § 15 Abs. 6 (→ § 15 Rn. 18 ff.) und 7 (→ § 15 Rn. 28) sowie das Verfahren für Aufsichtsmaßnahmen zu dem in § 1 Abs. 1 Nr. 2 (→ § 1 Rn. 15) genannten Zweck näher zu regeln. Damit soll nach der Begründung zum Gesetzentwurf der Fraktionen CDU/CSU und FDP einem etwaigen praktischen Bedürfnis Rechnung getragen werden (BT-Drs. 13/1192, S. 31). 1

Da das **Verwaltungsverfahrensgesetz** bereits allgemeine Vorschriften für die Durchführung des Aufsichtsverfahrens bereithält (vgl. BT-Drs. 13/1192, S. 31), ist das tatsächliche Bedürfnis nach weiteren Regelungen im Wege von Rechtsverordnung eher gering (vgl. BT-Drs. 13/1687, S. 6). Im Verhältnis zur Befugnis des **Umweltgutachterausschusses** aus § 21 Abs. Nr. 1 zum Erlass von **Richtlinien** zur Regelung des Aufsichtsverfahrens besteht vor allem dann Regelungsbedarf, wenn dieser nicht oder nicht in ausreichendem Maße davon Gebrauch macht (Lütkes NVwZ 1996, 230 (234)). Gemeinsam mit den Verordnungsermächtigungen nach § 4 Abs. 5 und § 11 Abs. 5 ist § 20 Bestandteil einer verfassungsrechtlichen Gesamtkonzeption (BT-Drs. 13/1687, S. 13). 2

II. Rechtsentwicklung

Die heutige Fassung des § 20 UAG ist **beinahe wortgleich** mit der Ursprungsfassung des § 20 des im April 1995 vorgelegten **Gesetzentwurfs** der Fraktionen CDU/CSU und FDP für ein Gesetz zur Ausführung der Verordnung (EWG) Nr. 1836/93 des Rates vom 29. Juni 1993 über die freiwillige Beteiligung gewerblicher Unternehmen an einem Gemeinschaftssystem für das Umweltmanagement und die Umweltbetriebsprüfung (Um- 3 weltauditgesetz - UAG). Das Gesetz wurde nach Abschluss des Gesetzgebungsverfahrens am 7.12.1995 im BGBl verkündet (BGBl I S. 1591). In Kraft ist der § 20 damit seit dem 8.12.1995 (vgl. § 39 des UAG i.d. Fassung v. 7.12.1995). Eine **Änderung** erfuhr er lediglich durch Art. 1 Nr. 23 des Gesetzes zur Änderung des UAG (Neubekanntmachung) vom 16.8.2002 (BGBl. I, S. 3167). Hierbei handelte es sich um eine bloße **Folgeänderung** des Verweises auf § 15 UAG aufgrund einer Änderung des § 15 UAG.

4 Im Gesetzgebungsverfahren war die Vorschrift umstritten. Während die **Bundesregierung** die Verordnungsermächtigung mit einem etwaigen **praktischen Bedürfnis** nach einer weiteren Konkretisierung begründete (BT-Drs. 13/1192, S. 31; → Rn. 1), **bezweifelte** der **Bundesrat** in seiner Stellungnahme ihre **Notwendigkeit** unter Verweis auf die Geltung des Verwaltungsverfahrensgesetze und schlug eine Streichung vor (BT-Drs. 13/1687, S. 6). Der Bundesrat konnte sich allerdings nicht durchsetzen, sodass die Verordnungsermächtigung als Bestandteil der verfassungsrechtlichen Gesamtkonzeption des Gesetzentwurfs (→ Rn. 1) in das UAG Einzug gefunden hat.

III. Abgrenzung zu anderen Vorschriften

5 Die Vorschrift findet ihre Ergänzung durch **§ 21 Abs. 1 Nr. 1**, der den **Umweltgutachterausschuss** zum Erlass von **Richtlinien** für die Auslegung und Anwendung der §§ 4 bis 18 und der auf Grund dieser Rechtsvorschriften ergangenen Rechtsverordnungen ermächtigt.

IV. Unionsrecht

6 Schon angesichts der verschiedenen Rechtssysteme innerhalb der Mitgliedsstaaten kann das **Unionsrecht** und hierbei insbesondere die VO (EG) Nr. 1221/2009 **keine Vorgaben** zur Normcharakter der Durchführungsbestimmungen machen. Mithin richtet es sich **nach innerstaatlichem Recht** (→ Rn. 7), ob und inwieweit die Umsetzung des Reglungsauftrags (→ § 1 Rn. 1) durch Gesetz erfolgen muss oder durch Verordnung ergehen kann (vgl. Benecke S. 176).

B. Verordnungsermächtigung

7 Der Regelungsgehalt von § 20 erschöpft sich in der Schaffung einer Verordnungsermächtigung.

I. Inhalt, Adressat und Verfahren

8 Die Verordnung kann erlassen werden zur **Regelung von** Inhalt und Umfang der Pflichten aus § 15 Abs. 6 (→ § 15 Rn. 18 ff.) und 7 (→ § 15 Rn. 28) sowie des Verfahrens für Aufsichtsmaßnahmen zu dem in § 1 Abs. 1 Nr. 2 normierten Zweck (→ § 1 Rn. 15).

9 Adressat der Verordnungsermächtigung ist die **Bundesregierung als Kollegialorgan** (vgl. Art. 62 GG). In verfahrensrechtlicher Hinsicht bedarf es der vorherigen **Anhörung des Umweltgutachterausschusses**. Damit findet dessen Expertise Berücksichtigung, ohne dass diese für die Bundesregierung bindend wäre. Die **Zustimmung** des Bundesrates ist ausdrücklich **nicht** erforderlich. Insoweit bewegt sich § 20 in Einklang mit Art. 80 Abs. 2 GG, weil keine dort genannte zustimmungsbedürftige Materie betroffen ist.

II. Verfassungsrechtlicher Handlungsspielraum

Da die Bestimmungen des UAG einen **Eingriff** in Art. 12 Abs. 1 GG und wohl auch in Art. 14 Abs. 1 GG bewirken, bedarf es grundsätzlich einer gesetzlichen Ermächtigung (→ § 1 Rn. 13). Das schließt allerdings nicht aus, dass einzelne Fragen im Wege der Verordnung geregelt werden können. Vielmehr bedürfen nur die **wesentlichen Fragen** der Regelung durch ein Parlamentsgesetz (dazu BVerfGE 40, 237 (249); 49, 89 (126); 83, 130 (142, 151 f.); 95, 267 (307); Kotzur in von Münch/Kunig Art. 20 Rn. 156; Mann in Sachs Art. 80 Rn. 21), was hier durch das UAG erfolgt ist. 10

Die Ermächtigung zum Erlass der Verordnung muss nach den verfassungsrechtlichen Vorgaben **hinreichend bestimmt** sein, das heißt **Inhalt, Zweck und Ausmaß** erkennen lassen (Art. 80 Abs. 1 S. 2 GG). Für den Zweck wird auf Inhalt und Umfang der Pflichten nach § 15 Abs. 6 (→ § 15 Rn. 18 ff.) und 7 (→ § 15 Rn. 28) sowie das Verfahren für Aufsichtsmaßnahmen zu dem in § 1 Abs. 1 Nr. 2 normierten Zweck (→ § 1 Rn. 15) verwiesen (→ Rn. 8). Damit sind Zweck und Ausmaß unter Heranziehung der genannten Vorschriften klar erkennbar. 11

C. Umsetzung

Von der Verordnungsermächtigung wurde bisher kein Gebrauch gemacht. Der Hinweis auf ein geringes tatsächliches Bedürfnis (→ Rn. 1, 4) wird damit bekräftigt. Das von der Verordnungsermächtigung erfasste Aufsichtsverfahren ist allerdings in der UAG-Aufsichtsrichtlinie vom 10.5.2012 (BAnz AT 17.08.2012 B4) - UAG-AufsR (→ § 1 Rn. 23) näher geregelt, sodass insoweit noch weniger ein Bedürfnis nach Erlass einer Verordnung besteht. 12

LANDMANN/ROHMER

UMWELTRECHT

BAND II

KOMMENTAR

Herausgegeben von

Prof. Dr. Martin Beckmann
Rechtsanwalt und Fachanwalt für
Verwaltungsrecht,
Honorarprofessor der Universität Münster

Prof. Dr. Dr. Wolfgang Durner LL. M.
Rheinische Friedrich-Wilhelms-Universität
Bonn und Direktor des Instituts für das Recht
der Wasser- und Entsorgungswirtschaft

Prof. Dr. Thomas Mann
Direktor des Instituts für
Öffentliches Recht,
Lehrstuhl für Verwaltungsrecht der
Georg-August-Universität Göttingen

Prof. Dr. Marc Röckinghausen
Hochschule für Polizei und öffentliche
Verwaltung NRW, Abteilung Gelsenkirchen,
Fachbereich Allgemeine Verwaltung/
Rentenversicherung

Stand: 1. April 2022
(98. Ergänzungslieferung)

(Zum Bearbeitungsstand im Einzelnen siehe die Datumszeile
am unteren Ende jeder Seite)

C.H.BECK

Dieses Titelblatt stammt aus der 98. Ergänzungslieferung April 2022.

(Anschluss an die 97. Ergänzungslieferung Dezember 2021)

ISBN 978 3 406 79498 8

Der Kommentar wurde von der 1. bis zur 50. Ergänzungslieferung
von Prof. Dr. Klaus Hansmann und von der 51. bis zur 58. Ergänzungslieferung
von Prof. Dr. Martin Beckmann herausgegeben.

Zitiervorschläge:

Beckmann in Landmann/Rohmer UmweltR KrWG § 17 Rn. 1
Landmann/Rohmer UmweltR/*Beckmann* KrWG § 17 Rn. 1

www.beck.de

Grundwerk ISBN 978 3 406 34327 8 ergänzt bis ISBN 978 3 406 79498 8

Wilhelmstraße 9, 80801 München
Druck: Druckerei C. H. Beck, Nördlingen
(Adresse wie Verlag)

Satz: mediaTEXT Jena GmbH, Jena

CO_2 neutral
chbeck.de/nachhaltig

Gedruckt auf säurefreiem, alterungsbeständigem Papier
(hergestellt aus chlorfrei gebleichtem Zellstoff)

Bearbeiterverzeichnis (Band I–IV)

Prof. Dr. Martin Beckmann Rechtsanwalt in Münster	Vorb. Abfallrecht, §§ 1–57, 62–68, 70–72 KrWG § 15 UVPG, Umweltschadensgesetz (mit Wittmann)
Dr. Christian-Dietrich Bracher Rechtsanwalt in Bonn	§§ 41 bis 43 BImSchG, 16. und 24. BImSchV
Prof. Dr. Peter Bruckmann Landesamt für Natur, Umwelt und Verbraucherschutz Nordrhein-Westfalen, Essen	39. BImSchV (mit Strecker und Vogt) 43. BImSchV (mit van Endern und Vogt)
Prof. Dr. Pascale Cancik O. Professorin an der Universität Osnabrück	Vorb. §§ 47a ff. BImSchG, §§ 47a–47f BImSchG (§§ 47a–47c, 47e und 47f mit Hansmann)
Prof. Dr. Johannes Dietlein O. Professor an der Universität Düsseldorf	§§ 1, 2, Vorb. §§ 4–21, 4 bis 8, 9 bis 11, 16a, 19, 23a–23c und 25a BImSchG, 9. BImSchV
Dr. Robert Dix Syndikusrechtsanwalt der EWE AG, Oldenburg	§ 29–32, 70, 71, 73 UVPG
Prof. Dr. Matthias Dombert Rechtsanwalt in Potsdam	§§ 4–6, 8, 13, 14, 20, 24, 25 BBodSchG
Rolf-Dieter Dörr Ministerialrat a. D.	OberflächengewässerV (mit Walter)
Prof. Dr. Dr. Wolfgang Durner LL. M. O. Professor an der Universität Bonn	Umweltvölkerrecht, Vorb. §§ 27 ff. WHG, §§ 27–31, 34, 35, 82–85 WHG
Benedikt van Endern Ministerium für Umwelt, Landwirtschaft, Natur- und Verbraucherschutz des Landes Nordrhein-Westfalen	43. BImSchV (mit Bruckmann und Vogt)
Prof. Dr. Astrid Epiney LL. M. O. Professorin an der Université de Fribourg	Art. 191–193 AEUV
Dr. Friederike Erxleben Umweltbundesamt	UERV (mit Wolke)
Prof. Dr. Wolfgang Ewer Rechtsanwalt in Kiel	Vorb. BBodSchG, §§ 9, 15, 16 BBodSchG
Prof. Dr. Kurt Faßbender O. Professor an der Universität Leipzig	§§ 1–5, 33, 36–38 WHG

Bearbeiter

Dr. Frank Fellenberg LL. M. Rechtsanwalt in Berlin	Fluglärmgesetz (mit Reidt und Schiller), Umweltrechtsbehelfsgesetz (mit Schiller)
Dr. Henrik Flatter Bundesamt für Naturschutz, Bonn	§§ 69–74 BNatSchG
Privatdozentin Dr. Sina Fontana, MLE Akademische Rätin, Universität Göttingen	§§ 1, 2, 15–20 UAG
Dr. Matthias Ganske Rechtsanwalt in Bonn	§§ 25, 26, 54–61 WHG
Prof. Dr. Klaus Ferdinand Gärditz O. Professor an der Universität Bonn	Art. 20a GG
Prof. Dr. Martin Gellermann Rechtsanwalt, apl. Professor an der Universität Osnabrück	§§ 4, 7–51, §§ 52–56, §§ 57–68 BNatSchG (§§ 41–43 Mit Sanden)
Nela Gies Richterin am Verwaltungsgericht Gelsenkirchen	§§ 41, 42 WHG
Prof. Dr. Christoph Görisch Hochschule für Polizei und öffentliche Verwaltung NRW, Abteilung Münster	§§ 4–14 UAG
Dipl.-Met. Arno Graff Umweltbundesamt, Dessau	Nr. 5.5 TA Luft (mit Hansmann), Vorb. zu Anhang 3 der TA Luft
Moritz Grunow Rechtsanwalt in Düsseldorf	Vorb. AwSV, § 1 AwSV
Prof. Dr. Günter Hager † O. Professor an der Universität Freiburg	§§ 6, 7 UmweltHG (mit Rehbinder)
Dr. Joachim Hagman Rechtsanwalt in Münster	§§ 65–69 UVPG
Prof. Dr. Klaus Hansmann Leitender Ministerialrat a. D.	§§ 17, 18, 20, 21, 26–37, 38–40, 47a–47c, 47e, 47f, 52, 52b–58d, 59, 60, 62, 64–72, 74 BImSchG (§§ 17, 18 mit Ohms, Vor § 26, §§ 26–31 mit Pabst, Vor § 38, §§ 38–40 mit Hofmann, §§ 20, 21, Vor 32, §§ 32–37, 52, 52b, 62, 66 und 67 mit Röckinghausen, §§ 47a–47c, 47e und 47f mit Cancik), Vor § 53, §§ 53–58d mit Maciejewski, 14., 32. und 34. BImSchV, TA Lärm, TA Luft (ohne Vorb. zu Anhang 3), 4., 11., 20., 21., 25., 27., 30., 34. und 35. BImSchV (mit Röckinghausen), 2. BImSchV (mit Mahrwald und Röckinghausen), 5. BImSchV mit Maciejewski, 12. BImSchV (mit König), BzBlG, 1. DVO BzBlG

Bearbeiter

Dr. Felix Hardach Bundesministerium für Umwelt, Naturschutz und nukleare Sicherheit	§§ 1, 8, 11–13, 17, 20, 22, 23, 26, 31, 32, 35 TEHG
Prof. Dr. Torsten Heilshorn Rechtsanwalt in Freiburg	Vor § 22 BImSchG, §§ 22–25 BImSchG (mit Sparwasser)
Dr. Franziska Heß Rechtsanwältin in Leipzig	§§ 1-3 BNatSchG (mit Wulff)
Michael Heugel Bundesministerium für Umwelt, Naturschutz und nukleare Sicherheit	§§ 5, 6 BNatSchG
Prof. Dr. Ekkehard Hofmann O. Professor an der Universität Trier	Vorb. § 38, §§ 38–40 BImSchG, §§ 16–23, 54–56 UVPG
Dr. Frank Hofmann Bundesministerium für Umwelt, Naturschutz und Reaktorsicherheit nukleare Sicherheit	§ 23 WHG
Dr. Georg Hünnekens Rechtsanwalt in Münster	§§ 50–53 WHG, Vorb. §§ 64–66, §§ 64–66 WHG, Vorb. §§ 72–81 WHG, §§ 72–81 WHG
Georg Kahl † Ministerialrat a. D.	7. BImSchV
Lutz Keppner Bundesministerium für Umwelt, Naturschutz und nukleare Sicherheit	Grundwasserverordnung
Dr. Andreas Kersting Rechtsanwalt in Münster	§§ 58–61 KrWG
Dr. Heike Kieserling Deutsche Bahn AG	§§ 13, 14, 25–38 AwSV
Dr. Jens Martin König Hessisches Ministerium für Umwelt, Klimaschutz, Landwirtschaft und Verbraucherschutz	12. BImSchV (mit Hansmann)
Dr. Olaf Konzak Rechtsanwalt in Köln	§§ 2, 3 und 7 VerpackG (mit Körner)
Dr. Michael Körner, LL.M. Rechtsanwalt in Köln	§§ 2, 3 und 7 VerpackG (mit Konzak)
Dr. Philip Kubitza Richter auf Probe, Rheinland-Pfalz	§§ 100–102 WHG
Prof. Dr. Silke Ruth Laskowski O. Professorin an der Universität Kassel	§ 24 WHG, § 58e BImSchG mit der EMASPrivilegV
Prof. Dr. Joachim Lege O. Professor an der Universität Greifswald	§§ 96–99 WHG
Dr. Rasso Ludwig LL. M. Richterin am Verwaltungsgericht München	§§ 19, 21–23, 26 BBodSchG

Bearbeiter

Prof. Dr. Karim Maciejewski Hochschule des Bundes für öffentliche Verwaltung	Vor § 53 BImSchG, §§ 53–58d BImSchG (mit Hansmann), 5. BImSchV (mit Hansmann)
Birgit Mahrwald Bundesministerium für Umwelt, Naturschutz und nukleare Sicherheit	2. BImSchV (mit Hansmann und Röckinghausen)
Prof. Dr. Thomas Mann O. Professor an der Universität Göttingen	§§ 8a, 12 BImSchG, Vorb. ElektroG, §§ 1, 2 ElektroG, §§ 1–14, 26–28, 30–42. 44–46, 48–50, 52, 53, 57–64, 72 UVPG, §§ 21–38 UAG
Dr. Cedric Christian Meyer Rechtsanwalt in Köln	§§ 46–49, 62–63 WHG
Dr. Uwe Neuser Bundesministerium für Umwelt, Naturschutz und nukleare Sicherheit	§§ 2, 27, 33, 34 TEHG
Volkmar Nies Landwirtschaftsdirektor bei der Landwirtschaftskammer Rheinland	§§ 1, 2, 7, 17, 18 BBodSchG
Dr. Martin Ohms Rechtsanwalt in Berlin	§§ 17, 18 BImSchG (mit Hansmann), 13. BImSchV, 17. BImSchV (z.T. mit Sahm)
Prof. Dr. Heinz-Joachim Pabst Hochschule des Bundes für öffentliche Verwaltung	Vor § 26, §§ 26–31 BImSchG (mit Hansmann), § 61 BImSchG, 41. BImSchV
Dr. Kay Artur Pape Rechtsanwalt in Bonn	Vorb. WHG, §§ 6–22 WHG
Dr. Malte Petersen LL. M. Ministerium für Umwelt, Landwirtschaft, Natur- und Verbraucherschutz des Landes Nordrhein-Westfalen	§§ 89–95 WHG
Prof. Dr. Alexander Proelß O. Professor an der Universität Trier	§§ 43–45l WHG
Prof. Dr. Eckard Rehbinder Em. Professor an der Universität Frankfurt/Main	§ 14 BImSchG UmweltHG (§§ 6, 7 mit Hager)
Prof. Dr. Olaf Reidt Rechtsanwalt in Berlin	§ 16 BImSchG (mit Schiller), 18. BImSchV (mit Schiller), Fluglärmgesetz (mit Fellenberg und Schiller), Umweltinformationsgesetz (mit Schiller)
Dr. Christoph Riese Rechtsanwalt in Berlin	§§ 67–71, 86 WHG

(Fortsetzung Seite 4)

Prof. Dr. Dr. Joachim Sanden † Behörde für Stadtentwicklung und Umwelt, Freie und Hansestadt Hamburg, zugl. Apl. Prof. an der Universität Lüneburg	§§ 41–43 BNatSchG (mit Gellermann)
Dr. Gernot Schiller Rechtsanwalt in Berlin	§ 16 BImSchG (mit Reidt), 18. BImSchV (mit Reidt), Fluglärmgesetz (mit Reidt und Fellenberg), Umweltinformationsgesetz (mit Reidt) Umweltrechtsbehelfsgesetz (mit Fellenberg), §§ 14a, 15 BImSchG
Matthias Schleifenbaum, LL.M. Rechtsanwalt in Köln	Vorb. BattG, § 1 BattG
Prof. Dr. Hendrik Schoen Hochschule für Polizei und öffentliche Verwaltung NRW, Abteilung Münster	§ 50 BImSchG
Prof. Dr. Meinhard Schröder Em. Professor an der Universität Trier	EG-Abfallverbringungs-VO
Prof. Dr. Max-Jürgen Seibert Vorsitzender Richter am Oberverwaltungsgericht Münster	§ 13 BImSchG
Prof. Dr. Reinhard Sparwasser Rechtsanwalt in Freiburg	Vor § 22 BImSchG, §§ 22–25 BImSchG (mit Heilshorn)
Prof. Dr. Indra Spiecker genannt Döhmann, LL.M. O. Professorin an der Universität Frankfurt a.M.	UStatG BImSchG (mit Heilshorn)
Prof. Dr. Peter-Tobias Stoll O. Professor an der Universität Göttingen	EG-Artenschutzverordnung
Silvia Strecker Ministerium für Umwelt, Landwirtschaft, Natur- und Verbraucherschutz des Landes Nordrhein-Westfalen	39. BImSchV (mit Bruckmann)
Prof. Dr. Dr. Markus Thiel Deutsche Hochschule der Polizei, Münster	§§ 3, 48–48b BImSchG
Dr. Christian Tünnesen-Harmes Rechtsanwalt in Duisburg	AbfAEV
Dr. Klaus Vogt Landesamt für Natur, Umwelt und Verbraucherschutz Nordrhein-Westfalen	39. BImSchV (mit Bruckmann und Strecker), 43. BImSchV (mit Bruckmann und van Endern)
Anne-Barbara Walter Umweltbundesamt	OberflächengewässerV (mit Dörr)
Dr. Dirk Weinreich Bundesministerium für Umwelt, Naturschutz und nukleare Sicherheit	Vorb. TEHG, §§ 7, 19 TEHG

Bearbeiter

Dr. Armin von Weschpfennig Akademischer Rat, Universität Bonn	§§ 13a, 13b, 103–107 WHG
Dr. Antje Wittmann Rechtsanwältin in Münster	UmweltschadensG (zusammen mit Beckmann), § 51 UVPG
Frank Wolke Umweltbundesamt, Deutsche Emissionshandelsstelle	§§ 4, 18, 24 TEHG, UERV (mit Erxleben)
Justus Wulff LL.M. Juristischer Mitarbeiter in der Kanzlei Baumann-Rechtsanwälte, Leipzig	§§ 1-3 BNatSchG (mit Heß)
Dr. Reinhard Wulfhorst Ministerium für Wirtschaft, Infrastruktur, Tourismus und Arbeit des Landes Mecklenburg-Vorpommern	§§ 24, 25, 43 UVPG

4. Benzinbleigesetz und Durchführungsverordnung

4.1 Gesetz zur Verminderung von Luftverunreinigungen durch Bleiverbindungen in Ottokraftstoffen für Kraftfahrzeugmotore (Benzinbleigesetz – BzBlG –)

Vom 5. August 1971

(BGBl. I S. 1234), zuletzt geändert durch Art. 102 VO v. 19.6.2020 (BGBl. I S. 1328)

Vorbemerkung

Schrifttum: *Hoppe/Beckmann,* Stoffzulassung nach dem Benzinbleigesetz, UPR 90, 161 ff.; *Schleifenbaum/Kamphausen,* Verbraucherschutz an den Tankstellen nach dem Benzinbleigesetz, GewA 83, 45 ff.

Übersicht

A. Bedeutung des Benzinbleigesetzes

I. Luftverunreinigungen durch die Verwendung bleihaltiger Kraftstoffe

Das Benzinbleigesetz dient der Verminderung von Luftverunreinigungen, die durch Bleiverbindungen in Ottokraftstoffen für Kraftfahrzeugmotore hervorgerufen werden. Damit handelt es sich um ein Immissionsschutzgesetz, dessen Ziele jedoch weit weniger umfassend sind als die des Bundes-Immissionsschutzgesetzes. Das Gesetz bezieht sich nur auf den Kraftfahrzeugverkehr und begrenzt nur die Luftverunreinigungen durch einen bestimmten Schadstoff. 1

Eine Beschränkung der Luftverunreinigungen aus dem Kraftfahrzeugverkehr ist eine wichtige Aufgabe des Immissionsschutzes, weil insbesondere in den Ballungsgebieten ein erheblicher Teil der Emissionen aus diesem Bereich entstammt (vgl. Bd. I, Vorbemerkung vor § 38 BImSchG Rn. 1). Alle Kraftfahrzeuge mit Verbrennungsmotoren verursachen Abgase. Diese enthalten vor allem Kohlenmonoxid, Kohlenwasserstoffe, Stickoxide, Schwefeldioxid, Ruß und Bleiverbindungen. Da die Abgase von Kraftfahrzeugen in Bodennähe und damit vielfach in der Nähe der zu schützenden Menschen, Tiere, Pflanzen und sonstigen Sachgüter emittiert werden, besteht bei ihnen in besonderer Weise die 2

Gefahr von schädlichen Umwelteinwirkungen (vgl. dazu auch Teil A der Begründung zum Benzinbleigesetz, BT-Drs. VI/1902).

3 Im Jahre 1974 wurden in der Bundesrepublik Deutschland etwa 11 500t Blei und Bleiverbindungen emittiert; davon entfielen allein etwa 8000t auf den Kraftfahrzeugverkehr (vgl. dazu und zum Folgenden: „Was Sie schon immer über Umweltschutz wissen wollten", herausgegeben vom Bundesminister des Innern, Verlag Kohlhammer, Stuttgart, S. 144 f.). Dies beruhte darauf, dass Bleiverbindungen, insbesondere Bleitetraäthyl und Bleitetramethyl, dem Benzin als Antiklopfmittel beigesetzt wurden und dass von dem im Benzin enthaltenen Blei 50 bis 75 % mit den Abgasen emittiert werden, davon der größte Teil als Feinstaub. Mit dem Inkrafttreten der zweiten Stufe des Benzinbleigesetzes am 1. Januar 1976 (vgl. § 2 Abs. 1 Satz 2 des Gesetzes) sind die Bleiemissionen aus dem Kraftfahrzeugverkehr auf weniger als die Hälfte der Menge des Jahres 1974 gesunken. In einzelnen Hauptstraßen von Großstädten ist die Immissionsbelastung durch Blei nach dem 1. Januar 1976 um bis zu 65 % zurückgegangen. Eine weitere deutliche Verminderung der Bleiemissionen trat mit der Einführung der unverbleiten Ottokraftstoffe Mitte der 80er Jahre ein.

II. Schädlichkeit von Blei- und anderen Metallverbindungen

4 Eine Beschränkung der Immissionsbelastung durch Bleiverbindungen hat aus verschiedenen Gründen eine große Bedeutung (vgl. dazu näher *Schlipköter/Pott,* Die Bleibelastung des Menschen und ihre Bedeutung für die Gesundheit, Umweltbrief Nr. 15, herausgegeben vom Bundesminister des Innern, 1976, S. 19 ff.). Eine überhöhte Aufnahme von Blei kann beim Menschen Gesundheitsschäden durch Beeinträchtigung der Blutbildung und des Nervensystems hervorrufen; besonders gefährdet sind Kinder und Schwangere. Hinzukommt, dass Blei sich im Körper ansammeln kann; vornehmlich kann es in den Knochen gespeichert werden. Dabei ist der durch die Lunge aufgenommene Anteil an Blei besonders gefährlich, da das mit der Nahrung aufgenommene Blei zu 95 % wieder aus dem Körper ausgeschieden wird, das in die Lunge gelangte Blei jedoch nur zu etwa 50 %.

(Fortsetzung Seite 2)

B. Anwendungsbereich

I. Ottokraftstoffe

Das Benzinbleigesetz gilt nicht für alle Arten von Kraftstoffen, sondern gemäß Absatz 2 nur für solche, die zum Betrieb von Ottomotoren (Hub- und Kreiskolbenmotoren) geeignet sind. Ottokraftstoffe bestehen aus Kohlenwasserstoffen und können kohlenwasserstofflösliche Zusätze zur Verbesserung oder Kennzeichnung enthalten (vgl. DIN EN 228). Die zur Herstellung der Ottokraftstoffe erforderlichen Mischkomponenten werden vor ihrer Mischung zu Fertigbenzin vom Anwendungsbereich des Gesetzes nicht erfasst. Im Rahmen der Überwachung nach § 5 kann die zuständige Behörde aber auch Auskünfte und Unterlagen über die Mischkomponenten verlangen. 3

II. Bestimmung für Kraftfahrzeugmotore

Der Anwendungsbereich des Gesetzes wird durch Absatz 2 weiter dahin eingeschränkt, dass nur Ottokraftstoffe erfasst werden, die für Kraftfahrzeugmotore bestimmt sind. Nach dem erkennbaren Willen des Verfügungsberechtigten müssen die Ottokraftstoffe letztlich dazu dienen, Kraftfahrzeugmotore anzutreiben. Das Herstellen, Einführen oder Verbringen von Kraftstoffen, die zu Forschungs- oder Entwicklungszwecken verwendet werden sollen, fällt demnach nicht unter das Benzinbleigesetz (vgl. zu der ähnlichen Problematik bei der Verordnung über Schwefelgehalt von leichtem Heizöl und Dieselkraftstoff: Rn. 3 zu § 1 der 3. BImSchV – abgedruckt in Bd. II unter Nr. 2.3 –). 4

Gleichgültig ist es für den Anwendungsbereich des Gesetzes, ob die Ottokraftstoffe zum Antrieb von Kraftfahrzeugmotoren innerhalb oder außerhalb der Bundesrepublik Deutschland bestimmt sind. Auch Ottokraftstoffe, die ausgeführt werden sollen, müssen grundsätzlich den Anforderungen des Gesetzes entsprechen; für sie kann nur bei Vorliegen der Voraussetzungen des § 3 Abs. 2a Nr. 1 eine Ausnahme bewilligt werden (vgl. § 3 Rn. 5). 5

§2 Begrenzung und Verbot von Zusätzen mit Metallverbindungen

(1) **Ottokraftstoffe, deren Gehalt an Bleiverbindungen, berechnet als Blei, mehr als 0,15 Gramm im Liter (gemessen bei + 15 °C) beträgt, dürfen gewerbsmäßig oder im Rahmen wirtschaftlicher Unternehmungen nicht hergestellt, eingeführt oder sonst in den Geltungsbereich dieses Gesetzes verbracht werden. Ottokraftstoffe, deren Motoroktanzahl den Wert 85 und deren Researchoktanzahl den Wert 95 unterschreitet, dürfen ab 1. Februar 1988 nur in den Verkehr gebracht werden, wenn ihr Gehalt an Bleiverbindungen, berechnet als Blei, nicht mehr als 0,013 Gramm im Liter (gemessen bei + 15 °C) beträgt. Die Oktanzahlen nach Satz 2 sind nach dem hierfür in der Verordnung nach § 2a Abs. 3 vorgeschriebenen Prüfverfahren zu bestimmen. Dem Herstellen im Sinne dieses Gesetzes steht das Zusetzen von Bleiverbindungen gleich.**

(2) **Ottokraftstoffe, die nicht zugelassene Zusätze mit anderen Metallverbindungen enthalten, dürfen gewerbsmäßig oder im Rahmen wirtschaftlicher Unternehmungen nicht hergestellt, eingeführt oder sonst in den Geltungsbereich dieses Gesetzes verbracht werden. Absatz 1 Satz 4 gilt für diese Zusätze entsprechend. Das Bundesamt für Wirtschaft und Ausfuhrkontrolle (BAFA) kann auf Antrag im Einvernehmen mit dem Umweltbundesamt Zusätze nach Satz 1 bis zu einem bestimmten zulässigen Höchstgehalt im Ottokraftstoff zulassen, soweit dies mit dem Schutz der Allgemeinheit, insbesondere dem Schutz vor schädlichen Umwelteinwirkungen vereinbar ist. Die Zulassung kann unter Bedingungen erteilt, mit Auflagen verbunden und befristet**

werden. Sie kann widerrufen werden, wenn die Voraussetzungen für die Zulassung nicht mehr vorliegen. Das Bundesministerium für Umwelt, Naturschutz und nukleare Sicherheit erläßt im Einvernehmen mit dem Bundesministerium für Wirtschaft und Energie Verwaltungsvorschriften über die Grundsätze der Zulassung der Zusätze nach Satz 1.

Übersicht

A. Allgemeines

I. Bedeutung der Vorschrift

1 § 2 ist das Kernstück des Benzinbleigesetzes. Die Bestimmung ist durch das Änderungsgesetz vom 18. 12. 1987 (vgl. Vorb. Rn. 13a) vollständig neu gefasst worden. Absatz 1 regelte früher die stufenweise Herabsetzung des Bleigehaltes in Ottokraftstoffen. Seit dem Änderungsgesetz wird durch Absatz 1 Satz 1 der Bleigehalt in Ottokraftstoffen allgemein begrenzt (zur Kennzeichnung der Kraftstoffe vgl. die 10. BImSchV – abgedruckt in Bd. II unter Nr. 2.10). Absatz 1 Satz 2 verbietet das Inverkehrbringen von verbleitem Normal-Ottokraftstoff ab 1. Februar 1988. Soweit ältere Kraftfahrzeuge nur mit verbleitem Kraftstoff betrieben werden können, müssen die Kraftfahrer auf den noch verfügbaren verbleiten Superkraftstoff zurückgreifen.

(Fortsetzung Seite 11)

angegeben zu werden. Wie sich aus § 6 in Verbindung mit §§ 1–3 der 10. BImSchV, (abgedruckt in Bd. II unter Nr. 2.10) ergibt, müssen nur die Mindestanforderungen der DIN EN 228, der DIN EN 590 oder der DIN 589 mitgeteilt werden; weitere Qualitätsangaben sind jedoch zulässig. – Da es um die mindestens gewährleistete Qualität geht, müssen die Angaben für jede Teilmenge der Lieferung der Wahrheit entsprechen (vgl. OVG Münster, Urt. vom 18. 10. 1978, DVBl. 79, 320 = GewA 79, 205): Die Unterrichtung muß – wie sich auch aus der Bußgeldvorschrift des § 7 Abs. 1 Nr. 2b ergibt – „richtig" sein. Der Großhändler oder der Einführer können sich deshalb nicht auf die Qualitätsangaben verlassen, die sie vom Hersteller erhalten haben. Sie müssen vielmehr eigene Qualitätskontrollen durchführen und dürfen den Auszeichnungspflichtigen nur darüber unterrichten, welche Qualität hinsichtlich der Auswirkung auf das motorische Verhalten **sie** mindestens gewährleisten.

Eine besondere Form für die Unterrichtung ist weder in § 2a Abs. 1 Satz 2 des Gesetzes **10** noch in der 10. BImSchV (Bd. II Nr. 2.10) vorgeschrieben. Grundsätzlich steht es daher dem Lieferer frei, wie er den Auszeichnungspflichtigen unterrichtet. In der Regel wird es zweckmäßig sein, die Unterrichtung schriftlich vorzunehmen. Das gilt insbesondere dann, wenn sie nicht nur eine einzelne Anlieferung, sondern alle Lieferungen im Rahmen einer bestimmten Geschäftsbeziehung betrifft.

III. Bekanntmachungspflicht. Auch wenn sichergestellt ist, daß an allen Tankstel- **11** len die mindestens gewährleistete Qualität der angebotenen Ottokraftstoffe zutreffend kenntlich gemacht wird, kann sich der Verbraucher nicht vor Schäden schützen, wenn er nicht weiß, welche Qualität für den Motor seines Kraftfahrzeugs angezeigt ist. Deshalb werden die Hersteller und gewerblichen Einführer von Kraftfahrzeugen durch Absatz 2 verpflichtet, die für ihre Ottomotoren empfohlenen Kraftstoffqualitäten öffentlich bekanntzumachen. Einzelheiten sind in § 7 der (auch) auf § 2a Abs. 3 gestützten 10. BImSchV (abgedruckt in Bd. II unter Nr. 2.10) geregelt. Auf die Erläuterungen hierzu wird verwiesen.

C. Die Verordnungsermächtigung des Absatzes 3

I. Adressat der Verordnungsermächtigung

Durch Absatz 3 wird die Bundesregierung ermächtigt, durch Rechtsverordnung nähere **12** Einzelheiten zur Auszeichnungspflicht nach Abs. 1 Satz 1 (vgl. Rn. 3 bis 6), zur Unterrichtungspflicht nach Abs. 1 Satz 2 (vgl. Rn. 7 bis 10) und zur Bekanntmachungspflicht nach Abs. 2 (vgl. Rn. 11) festzulegen. Die Rechtsverordnung bedarf nicht der Zustimmung des Bundesrates. Eine Anhörung der beteiligten Kreise (vgl. § 51 BImSchG) oder eine Beratung mit den Ländern ist nicht vorgeschrieben; sie ist aber auch nicht ausgeschlossen.

II. Inhalt der Verordnungsermächtigung

In Absatz 3 wird ausdrücklich gesagt, daß Näheres über Form und Inhalt der Auszeich- **13** nung, der Unterrichtung und der Bekanntgabe durch Rechtsverordnung bestimmt werden kann. Darüber hinaus kann in der Rechtsverordnung festgelegt werden, auf welche bei Inkrafttreten des Ergänzungsgesetzes vom 25. November 1975 (vgl. Vorbem. Rn. 12) noch im Betrieb befindlichen, aber nicht mehr hergestellten oder eingeführten Kraftfahrzeuge sich die Bekanntgabepflicht nach Absatz 2 erstreckt. Damit sind Inhalt, Zweck und Ausmaß der Ermächtigung hinreichend bestimmt, so daß den Anforderungen des Artikel 80 Abs. 1 Satz 2 GG genügt ist (vgl. BVerfG, Beschluß vom 25. 4. 1979, BVerfGE 51, 166 = GewA 79, 227).

III. Ausnutzung der Verordnungsermächtigung

14 Aufgrund des Absatzes 3 hatte die Bundesregierung zunächst die Verordnung über die Auszeichnung der Qualitäten von Ottokraftstoffen und die Bekanntgabe der Anforderungen an Ottokraftstoffe (Benzinqualitätsangabeverordnung – BzAngabV) vom 16. Januar 1976 (BGBl. I S. 135) erlassen. Nachdem das Bundesverfassungsgericht § 1 dieser Verordnung durch Beschluß vom 25. 4. 1979 (BVerfGE 51, 166 = GewA 79, 227) für insoweit mit Artikel 12 Abs. 1 GG unvereinbar erklärt hatte, als die Vorschrift keine Auszeichnungsform für solche Ottokraftstoffe vorsah, die zwar dem Benzinbleigesetz, aber nicht bestimmten Mindestanforderungen der DIN 51600 entsprechen, ist die Benzinqualitätsangabeverordnung durch Verordnung vom 8. August 1980 (BGBl. I S. 1266) geändert worden. Nach einer weiteren Änderung im Jahre 1985 ist die Benzinqualitätsangabeverordnung im Jahre 1988 durch die Benzinqualitätsverordnung vom 27. Juni 1988 (BGBl. I S. 969) abgelöst worden. An die Stelle dieser Verordnung ist ab dem 28. Januar 1994 die 10. BImSchV (abgedruckt mit Erläuterungen in Bd. II unter Nr. 2.10) getreten. Die 10. BImSchV enthält umfassendere Regelungen als ihre Vorgängerverordnungen und ist deshalb nur teilweise auf § 2a Abs. 3 BzBlG gestützt worden.

§ 3 Ausnahmen

(1) **Das Bundesamt für Wirtschaft und Ausfuhrkontrolle (BAFA) kann auf Antrag Ausnahmen von dem Verbot des § 2 Abs. 1 bewilligen, soweit die Einhaltung des zulässigen Höchstgehalts an Bleiverbindungen zu einer erheblichen Gefährdung der Versorgung führen würde.**

(2) **Das Bundesamt für Wirtschaft und Ausfuhrkontrolle (BAFA) kann auf Antrag Ausnahmen von dem Verbot des § 2 Abs. 1 bewilligen, soweit die Einhaltung des zulässigen Höchstgehalts an Bleiverbindungen für den Antragsteller eine unzumutbare Härte bedeuten würde und die Ausnahmen dem Zweck des Gesetzes nicht zuwiderlaufen.**

(2a) **Das Bundesamt für Wirtschaft und Ausfuhrkontrolle (BAFA) kann auf Antrag Ausnahmen von dem Verbot des § 2 Abs. 1 ferner bewilligen**

1. **dem Hersteller für zur Ausfuhr bestimmte Ottokraftstoffe, soweit dadurch keine Gefährdung der Versorgung zu besorgen ist und das Recht des betreffenden Staates nicht entgegensteht,**
2. **dem Einführer oder Verbringer für zur Vermischung bestimmte Ottokraftstoffe, soweit der Gehalt der Mischung an Bleiverbindungen unter die Begrenzung des § 2 Abs. 1 abgesenkt wird.**

(3) **Die Bewilligung kann unter Bedingungen erteilt und mit Auflagen verbunden werden; sie kann widerrufen werden. Die Bewilligung ist zu befristen, im Falle des Absatzes 2 bei einer Ausnahme von der Begrenzung auf 0,40 Gramm Blei im Liter längstens bis zum 31. Dezember 1973 und bei einer Ausnahme von der Begrenzung auf 0,15 Gramm Blei im Liter längstens bis zum 31. Dezember 1977.**

(4) **Das Bundesministerium für Umwelt, Naturschutz und nukleare Sicherheit erläßt im Einvernehmen mit dem Bundesministerium für Finanzen und dem Bundesministerium für Wirtschaft und Energie Verwaltungsvorschriften über die Grundsätze, die bei der Bewilligung der Ausnahmen zu beachten sind.**

Übersicht

A. Bedeutung der Vorschrift

Aufgrund des § 3 können im Einzelfall Ausnahmen von dem Verbot des § 2 Abs. 1 **1**
zugelassen werden. Wird eine Ausnahmebewilligung erteilt, dürfen in deren Rah-

(Fortsetzung Seite 19)

satzes 2a erweitert worden (vgl. Vorbem. Rn. 12). Nach Absatz 2a Nr. 1 kann dem Hersteller eine Ausnahme von dem Verbot des § 2 Abs. 1 bewilligt werden, soweit

– die Ottokraftstoffe für den Export bestimmt sind,
– eine Gefährdung der Versorgung durch den Export nicht zu besorgen ist und
– das Recht des Staates, in den exportiert werden soll, dem Import hoher bleihaltiger Ottokraftstoffe nicht entgegensteht.

Zum Begriff der Exportbestimmung wird auf die Erläuterungen zu § 36 BImSchG (Rn. 4 bis 6) verwiesen. Bei Beurteilung der Versorgungsgefährdung ist auf die ausreichende Versorgungslage in allen Bereichen der Bundesrepublik Deutschland abzustellen; eine Gefährdung ist demnach auch anzunehmen, wenn nur in einem Teil des Bundesgebietes eine Mangellage besteht. – Das Recht des für den Export vorgesehenen Staates ist bei der Ausnahmebewilligung nur insoweit zu berücksichtigen, als es sich auf den Bleigehalt von Ottokraftstoffen bezieht; das folgt aus dem Zweck des Benzinbleigesetzes, der nicht schlechthin auf die Einhaltung der Einfuhrbestimmungen anderer Staaten gerichtet ist.

IV. Beabsichtigte Mischung

6 Dem Einführer oder Verbringer kann nach Abs. 2a Nr. 2 eine Ausnahme bewilligt werden, soweit

– die Ottokraftstoffe zur Vermischung bestimmt sind und
– sichergestellt ist, daß der Gehalt der Mischung an Bleiverbindungen unter die Begrenzung des § 2 Abs. 1 abgesenkt wird.

Als Vermischung ist das Zusammenfügen unterschiedlich bleihaltiger Ottokraftstoffe mit dem Ziel der Veränderung des Bleigehaltes zu verstehen (vgl. dazu auch die Erl. zu § 2 der 3. BImSchV – abgedruckt in Bd. II unter Nr. 2.3 – Rn. 3). Die Absenkung des Bleigehaltes der Mischung braucht nicht durch den Einführer oder Verbringer selbst vorgenommen zu werden; ihre Durchführung durch einen Dritten muss aber durchsetzbar sein.

C. Grenzen der Ausnahmen

7 Ausnahmen können immer nur einem einzelnen Hersteller, Einführer oder Verbringer für eine begrenzte Menge von Ottokraftstoffen gewährt werden. Der Umfang der Bewilligung darf nicht weitergehen, als dies in mengenmäßiger und zeitlicher Hinsicht erforderlich ist; das folgt aus der Verwendung des Wortes „soweit" bei allen Ausnahmemöglichkeiten. Auch bei Vorliegen der Ausnahmevoraussetzungen kann eine Ausnahme aus sachgerechten Ermessenserwägungen versagt werden. Nach Absatz 3 kann eine Bewilligung in Übereinstimmung mit dem Gesetzeszweck unter Bedingungen erteilt und mit Auflagen verbunden werden. Sie ist zu befristen. Aufgrund der Regelung in Absatz 3 Satz 1 2. Halbsatz steht jede Ausnahme unter dem Vorbehalt des Widerrufs.

D. Verfahrensfragen

8 Die Bewilligung einer Ausnahme nach § 3 setzt in jedem Fall einen Antrag desjenigen voraus, der unter Abweichung von dem Verbot des § 2 Abs. 1 Ottokraftstoffe herstellen, einführen oder sonst in den Geltungsbereich des Benzinbleigesetzes verbringen will. Über den Antrag hat bei allen in § 3 geregelten Alternativen das Bundesamt für Wirtschaft und

Ausfuhrkontrolle (BAFA) zu entscheiden. Nähere Regelungen über den Verfahrensablauf bei Ausnahmen nach Absatz 2 enthalten die Nrn. 4 bis 10 der Allgemeinen Verwaltungsvorschrift vom 10. 12. 1975 (BAnz. Nr. 240 vom 30. 12. 1975; vgl. Rn. 3). Diese Verwaltungsvorschrift hat jedoch ihre Bedeutung für den Verfahrensablauf verloren, da seit Ende 1977 Ausnahmen nach Absatz 2 nicht mehr erteilt werden können (Abs. 3 Satz 2). Allgemeine Verwaltungsvorschriften über die Erteilung von Ausnahmen nach den Absätzen 1 und 2 a haben weder der früher zuständige Bundesminister des Innern noch das Bundesministerium für Umwelt, Naturschutz und Reaktorsicherheit erlassen, obwohl Absatz 4 auch derartige Verwaltungsvorschriften vorsieht.

§ 3a Abgabe zum Ausgleich von Wettbewerbsvorteilen bei Ausnahmebewilligung

(1) **Für eine Ausnahmebewilligung, die für einen Zeitraum zwischen dem 1. Januar 1976 und dem 31. Dezember 1977 nach § 3 Abs. 1 oder 2 erteilt wird, hat derjenige, dem die Ausnahme bewilligt wird, an den Bund eine Abgabe von 0,5 Cent je Liter Ottokraftstoff mit einem Bleigehalt bis 0,25 Gramm und eine Abgabe von einem Cent je Liter Ottokraftstoff mit einem höheren Bleigehalt zu entrichten. Die abgabenpflichtige Menge ist das Volumen bei + 12 °C. Die Abgabe entsteht, wenn Ottokraftstoff im Rahmen der Ausnahmebewilligung in Herstellungsbetrieben oder Lagern hergestellt, eingeführt oder sonst in den Geltungsbereich dieses Gesetzes verbracht wird. Sie wird jeweils mit Ablauf des zweiten auf diesen Zeitpunkt folgenden Monats fällig.**

(2) **Der Schuldner hat für jeden Monat des Zeitraumes, auf den die Ausnahmebewilligung befristet worden ist, dem zuständigen Hauptzollamt bis zum Ende des folgenden Monats anzumelden, ob und in welcher Höhe eine Abgabe entstanden ist. Geht die Anmeldung nicht oder nicht rechtzeitig ein, so wird vermutet, dass die Ausnahmebewilligung voll ausgenutzt worden und die Abgabe nach Absatz 1 entstanden ist. Die Abgabe ist unaufgefordert bis zum Fälligkeitstag an das zuständige Hauptzollamt zu entrichten. Soweit dieses Gesetz nichts anderes bestimmt, finden für die Festsetzung, Erhebung, Vollstreckung und das außergerichtliche Rechtsbehelfsverfahren die Vorschriften des Ersten bis Siebenten Teils der Abgabenordnung mit Ausnahme ihrer §§ 30, 76, 172 Abs. 1 Nr. 2, §§ 215 und 221 entsprechende Anwendung. Die Festsetzungsfrist beträgt ein Jahr. Sie beginnt mit dem Ablauf des Kalenderjahres, in dem die Abgabe entstanden ist. Für die Zahlungsverjährung gelten die §§ 228 bis 232 der Abgabenordnung entsprechend.**

(3) **Das Bundesministerium der Finanzen erlässt im Einvernehmen mit dem Bundesministerium für Umwelt, Naturschutz und nukleare Sicherheit und dem Bundesministerium für Wirtschaft und Energie Verwaltungsvorschriften über das bei der Festsetzung, Erhebung und Beitreibung der Abgabe anzuwendende Verfahren.**

(Fortsetzung Seite 23)

die Motivation des Handelnden für die rechtliche Bewertung keine Rolle spielt (BVerwG Urt. v. 27.11.2018 – 9 A 8.17, juris Rn. 125). In der verwaltungsgerichtlichen Rechtsprechung wurde zudem die **Veränderung des Habitats** einer Art selbst dann als Störung bewertet, wenn sie außerhalb der Anwesenheitszeiten geschützter Individuen erfolgt (BVerwG NuR 2009, 112 Rn. 105; NVwZ 2010, 1225 Rn. 114; OVG Berlin NuR 2009, 898; OVG Münster Beschl. v. 22.5.2017 – 8 B 927/16, juris Rn. 31: Verkleinerung der Jagdhabitate; zustimmend *Meßerschmidt* Rn. 49; *Sobotta* NuR 2007, 642 (644). Das sieht sich Bedenken ausgesetzt (*Gellermann* NuR 2009, 85 (87); *Louis* NuR 2009, 91 (95)). Die artenschutzrechtliche Sicherung bestimmter Lebensstätten vollzieht sich in den Bahnen des § 44 Abs. 1 Nr. 3 BNatSchG, während dem § 44 Abs. 1 Nr. 2 BNatSchG die Aufgabe zukommt, die Individuen streng geschützter Tierarten und europäischer Vogelarten vor störenden Einwirkungen zu bewahren. Wer dies anders bewertet, verwischt die Unterschiede zwischen Habitat- und Artenschutzrecht und muss sich vorhalten lassen, das Störungsverbot für Zwecke des Schutzes von Teilhabitaten (zB Nahrungsflächen) zu instrumentalisieren, die nach dem in § 44 Abs. 1 Nr. 3 BNatSchG zum Ausdruck kommenden Willen des Gesetzgebers keinen Anteil an den spezifischen Sicherungen der artenschutzrechtlichen Zugriffsverbote haben sollen (in dieser Hinsicht auch OVG Koblenz NuR 2015, 188; *Lau* in Frenz/Müggenborg Rn. 16; *Schütte/Gerbig* in Schlacke Rn. 23; offenlassend BVerwG NuR 2010, 558; OVG Lüneburg Urt. v. 22.4.2016 – 7 KS 27/15, juris Rn. 374).

Tatbestandlich relevant können Störungen von Individuen sein, wenn sie während der 11
in § 44 Abs. 1 Nr. 2 Halbsatz 1 BNatSchG genannten Phasen des jährlichen Zyklus auftreten, die für die Arterhaltung besonders bedeutsam sind. Die Phase der **Fortpflanzung und Aufzucht** umfasst den Zeitraum, der mit der Partnersuche und Verpaarung beginnt, die Auswahl der Reproduktionsstätte und Aufzucht der Jungen umfasst und bis zur Auflösung der Verbindung zwischen Eltern- und Jungtieren reicht (*Trautner* Naturschutz in Recht und Praxis – online (2008) Heft 1, 13; offenlassend BVerwG Urt. v. 27.11.2018 – 9 A 8.17, juris Rn. 126). Die **Mauser** betrifft ausschließlich Vögel und bezieht sich auf die Phase der Erneuerung des Gefieders, während der einige Vogelarten (zB Entenvögel) flugunfähig und gegenüber Störungen besonders anfällig sind. Mit der **Überwinterung** wird die Phase des Winterschlafs (zB Fledermäuse), der Winterruhe (zB Braunbär) sowie der Winterstarre (zB Amphibien) angesprochen; umfasst ist davon aber auch die winterliche Rast der Vogelarten (zB nordische Gänse und Schwäne), die im Interesse der Vermeidung einer erhöhten Wintermortalität möglichst ungestört verlaufen muss (vgl. hierzu OVG Münster NuR 2011, 59 (65)). Die **Wanderung** schließlich umfasst die Migrationsphase, die durch den periodischen Wechsel von einem Gebiet zu einem anderen als natürlicher Teil des Lebenszyklus charakterisiert wird (*Trautner* Naturschutz in Recht und Praxis – online (2008) Heft 1, 13). Die genannten Zeiträume entziehen sich einer einheitlichen Bestimmung, weil sie artspezifisch unterschiedlich sind, indessen wird zu Recht darauf aufmerksam gemacht, dass bei einigen Arten der gesamte phänologische Lebenszyklus von dem Verbot abgedeckt wird (*Heugel* in Lütkes/Ewer Rn. 11; *Kautz* in Kolodziecok/Endres/Krohn/Markus Kennzahl 0760 Rn. 119).

§ 44 Abs. 1 Nr. 2 Halbsatz 1 BNatSchG untersagt störende Handlungen während der 12
genannten Phasen allerdings nur, wenn sie erheblich sind. Dies ist nach der im 2. Halbsatz enthaltenen Legaldefinition der Fall, wenn sich durch die Störung einzelner Exemplare der Erhaltungszustand der lokalen Population einer Art verschlechtert. Mag der Populationsbegriff auch darauf hindeuten, erfasst der Terminus der **lokalen Population** doch keineswegs nur die an einem bestimmten Ort anzutreffende Fortpflanzungsgemeinschaft (vgl. BVerwG NVwZ 2006, Beil. Heft 8, S. 56 Rn. 571). Stattdessen handelt es sich um eine Chiffre für die Gesamtheit der Individuen einer Art, die während einer bestimmten

Phase des jährlichen Zyklus in einem anhand ihrer jeweiligen Habitatansprüche abgrenzbaren Raum vorkommen (*Gellermann* NuR 2007, 783 (785); ebenso *Lau* in Frenz/Müggenborg Rn. 19; *de Witt/Geismann* Artenschutzrechtliche Verbote, Rn. 22; *Dolde,* NVwZ 2008, 123: ähnlich OVG Münster Urt. v. 30.7.2009 – 8 A 2358/08, BeckRS 2010, 47328: „markantes Schwerpunktvorkommen oder Vorkommen eines Schutzgebietes"; OVG Lüneburg ZUR 2016, 227 (229): Saatkrähenkolonie). Der Brutbestand des Kiebitzes in einem Feuchtwiesengebiet und der Rast- und Überwinterungsbestand der Saatgans in einem EU-Vogelschutzgebiet bilden daher ebenso eine lokale Population wie der Bestand des Dunklen Wiesenknopf-Ameisenbläulings in einem Verbund von Wiesenflächen mit Futterpflanzen und Wirtsameisen oder die Gesamtheit der in einem aufgelassenen Bergwerkstollen überwinternden Großen Mausohren. Bei selten vorkommenden Arten kann die lokale Population auch aus einem einzelnen Brutpaar bestehen (BVerwG Urt. v. 27.11.2018 – 9 A 8.17, juris Rn. 128; anders noch BVerwG NVwZ 2010, 123 Rn. 41: Fehlen einer lokalen Population mangels Betroffenheit einer signifikanten Anzahl von Exemplaren).

13 Weniger gewiss ist dagegen, unter welchen Bedingungen von einer Überschreitung der in § 44 Abs. 1 Nr. 2, Halbsatz 2 BNatSchG definierten **„Erheblichkeitsschwelle"** auszugehen ist. Die Vorschrift verdeutlicht, dass die Störung von Exemplaren geschützter Arten rechtliche Relevanz erst gewinnt, wenn der Erhaltungszustand des lokalen Bestandes darunter leidet. Gemeint ist damit die Gesamtheit der Einflüsse, die sich langfristig auf die Verbreitung und die Größe der lokalen Population auswirken (Art. 1 lit. i FFH-RL). Im Übrigen deutet der Wortlaut des § 44 Abs. 1 Nr. 2, Halbsatz 2 BNatSchG darauf hin, dass einer Störung die Erheblichkeit erst zu attestieren ist, wenn sich der so umrissene Erhaltungszustand des lokalen Bestandes tatsächlich verschlechtert. Unter solchen Vorzeichen liefe das Störungsverbot indes weitgehend leer, zumal sich entsprechende Feststellungen allenfalls auf der Grundlage genauer Kenntnisse über die für den Erhaltungszustand der lokalen Population maßgeblichen Parameter (zB Größe, Abundanz, Altersstruktur, Mortalitäts- und Reproduktionsrate, sonstige Belastungsfaktoren) treffen lassen, die im Regelfall nicht verfügbar sind. Da dem Gesetzgeber nicht unterstellt werden darf, dem Störungsverbot mit seiner Definition des Erheblichkeitsbegriffs jede praktische Wirksamkeit nehmen zu wollen, muss § 44 Abs. 1 Nr. 2, Halbsatz 2 BNatSchG in anderem Sinne verstanden werden. Anhaltspunkte liefert dafür die Gesetzesbegründung, nach der eine Verschlechterung des Erhaltungszustandes der lokalen Population namentlich dann anzunehmen ist, wenn die Überlebenschancen, der Bruterfolg oder die Reproduktionsfähigkeit vermindert werden (BT-Drs. 16/5100, S. 11; OVG Lüneburg Urt. v. 12.11.2008 – 12 LC 72/07, juris Rn. 73; *Heugel* in Lütkes/Ewer Rn. 15). Dies und der ergänzende Hinweis, dass die Erheblichkeit einer Störung artspezifisch für den jeweiligen Einzelfall beurteilt werden muss, lassen den Schluss zu, dass es weniger auf die positive Feststellung des Eintritts einer Verschlechterung auf Ebene der lokalen Population, sondern vielmehr darauf ankommt, ob sich mit der Störung Wirkungen verbinden, die in Ansehung der Gegebenheiten des Einzelfalles und der Erhaltungssituation der betroffenen Art nachteilige Auswirkungen auf den Erhaltungszustand der lokalen Population nahe liegend erscheinen lassen (ähnlich OVG Berlin NuR 2009, 898 (899); *Lau* in Frenz/Müggenborg Rn. 12). Solche Erwartungen sind am ehesten berechtigt, wenn Exemplare seltener oder stark gefährdeter Arten gestört werden, die gestörten Individuen kleinen lokalen Populationen angehören oder eine Störung sämtliche Tiere des in Rede stehenden Bestandes betrifft. Dagegen wird eine erhebliche Störung bei verbreiteten Arten mit womöglich individuenstarken lokalen Populationen eher seltener zu konstatieren sein (vgl. BVerwG NuR 2008, 633 Rn. 258; ähnlich *Trautner/Joss* Naturschutz und Landschaftsplanung 40 (2008), 271). Im Übrigen ist die Vergrämung, Vertreibung oder

15. Gesetz zur Ausführung des Protokolls über Schadstofffreisetzungs- und -verbringungsregister vom 21. Mai 2003 sowie zur Durchführung der Verordnung (EG) Nr. 166/2006

Vom 6. Juni 2007

(BGBl. I S. 1002), geändert durch Art. 1 d. G v. 9.12.2020 (BGBl. I S. 2873)

Inhaltsübersicht

Schrifttum: *Bodle/Homann*, PRTR-Gesetz (SchadRegProtAG), 2. Auflage 2017; *Hofmeister*, Das neue Europäische Schadstofffreisetzungs- und -verbringungsregister, Immissionsschutz 2006, 116; *Röckinghausen*, Das neue Schadstoffregister PRTR – ein weiterer Baustein im Konzept der informierten Öffentlichkeit, ZUR 2009, 19; *Schlacke/Schrader/Bunge*, Informationen, Beteiligung und Rechtsschutz in Umweltangelegenheiten, 2. Aufl. 2019.

Übersicht

A. Allgemeines

I. Zweck des Gesetzes

1 Mit dem *Gesetz zur Ausführung des Protokolls über Schadstofffreisetzungs- und -verbringungsregister vom 21. Mai 2003 sowie zur Durchführung der Verordnung (EG) Nr. 166/2006* vom 6. Juni 2007 (BGBl. I 1002) werden die rechtlichen Voraussetzungen zur Errichtung und Unterhaltung eines nationalen Schadstoffregisters sowie für die Erfüllung der Verpflich-

tung zur Teilnahme an einem europäischen Schadstoffregister geschaffen (die englische Bezeichnung des Registers lautet: ***Pollutant Release and Transfer Register, PRTR***). Bereits aus dem Titel des PRTR-Gesetzes lässt sich ablesen, dass der Bundesgesetzgeber seinen Blick in zwei Richtungen gelenkt hat: Es geht sowohl um die Ausführung eines Protokolls, das am 21. Mai 2003 anlässlich der 5. Ministerkonferenz „Umwelt und Europa" der Wirtschaftskommission der Vereinten Nationen für Europa (UNECE) in Kiew verabschiedet wurde (der Text ist abrufbar unter: *https://thru.de/fileadmin/SITE_MASTER/content/Dokumente/Downloads/Aarhus_Konvention_de.pdf*). Zum anderen dient das Gesetz der Durchführung einer Verordnung der Europäischen Gemeinschaft vom 18. Januar 2006 (*Verordnung (EG) Nr. 166/2006 über die Schaffung eines Europäischen Schadstofffreisetzungs- und -verbringungsregisters*, ABl. EU 2006 L 33, 1), die durch die Verordnung (EG) Nr. 596/2009 vom 18. Juni 2009 (ABl. EU 2009 L 188, 14) und durch die Verordnung (EU) 2019/1010 vom 5. Juni 2019 (ABl. EU 2019 L 170, 115) geändert wurde. Die Notwendigkeit zur Unterhaltung zweier Register ergibt sich daraus, dass Vertragspartner des Protokolls nicht nur die Bundesrepublik Deutschland, sondern auch die Europäische Gemeinschaft war. Die Europäische Gemeinschaft hat ihre vertragliche Verpflichtung zur Errichtung eines europäischen Schadstoffregisters durch den Erlass der Verordnung Nr. 166/2006 erfüllt, die Bundesrepublik Deutschland erfüllt ihre Verpflichtung nunmehr durch den Erlass des PRTR-Gesetzes und die damit verbundene Errichtung eines nationalen Registers. Zugleich schafft das PRTR-Gesetz die notwendigen mitgliedstaatlichen begleitenden Regeln, um die unmittelbar geltende EG-Verordnung in Deutschland anwendbar zu machen.

2 Parallel zur Einführung des PRTR ist das vorherige gemeinschaftsrechtliche Instrument des Europäischen Emissionskatasters **(EPER)** abgeschafft worden und die entsprechenden Vorschriften sind aus der 11. BImSchV herausgenommen worden (vgl. dazu → 11. BImSchV Vorb. Rn. 3 f.). Auf der Grundlage der 11. BImSchV ist somit für das Berichtsjahr 2008 und danach für jedes vierte Kalenderjahr lediglich eine Emissionserklärung abzugeben. Von dieser Verpflichtung befreit das PRTR nicht.

II. Entstehungsgeschichte

3 Das PRTR-Gesetz kann auf mehr als lediglich eine parlamentarische Entstehungsgeschichte zurückblicken. Bedingt dadurch, dass es sowohl der Ausführung eines völkerrechtlichen Vertrags als auch der Durchführung einer Verordnung der Europäischen Gemeinschaft dient, ist die Geschichte dieser Regelwerke zugleich auch die Geschichte des PRTR-Gesetzes.

4 **1. Das Protokoll über Schadstofffreisetzungs- und -verbringungsregister.** Den äußeren Rahmen für die Verabschiedung des Protokolls über Schadstofffreisetzungs- und -verbringungsregister lieferte die **5. Ministerkonferenz „Umwelt für Europa"** der Wirtschaftskommission der Vereinten Nationen (UN-ECE) vom 21. bis 23. Mai 2003 in Kiew. Diesen Rahmen nutzten die Vertragsparteien der **Aarhus-Konvention** *(Übereinkommen über den Zugang zu Informationen, die Öffentlichkeitsbeteiligung an Entscheidungsverfahren und den Zugang zu Gerichten in Umweltangelegenheiten vom 25. Juni 1998)* zu einem außerordentlichen Treffen am 21. Mai 2003, an dessen Ende das Protokoll angenommen wurde. Der völkerrechtliche Vertrag wurde in Kiew von 36 Staaten sowie der Europäischen Gemeinschaft unterzeichnet. Alle damals 15 Mitgliedstaaten der Europäischen Union haben den Vertrag gezeichnet. Von den im Jahr 2004 beigetretenen Staaten haben lediglich Malta und die Slowakei den Vertrag zunächst nicht unterzeichnet. Malta trat mit Wirkung zum 20. Mai 2016, die Slowakei trat zum 1. April 2008 bei. Das Protokoll ist weiterhin für den Beitritt nicht nur der Aarhus-Vertragsstaaten, sondern auch der übrigen

UN-ECE Staaten sowie aller anderen Staaten offen. Das Gesetz zur Ratifizierung des Protokolls ist am 19. April 2007 in Kraft getreten (*Gesetz zu dem Protokoll vom 21. Mai 2003 über Schadstofffreisetzungs- und -verbringungsregister vom 13. April 2007,* BGBl. II 546).

Neben einer Bezugnahme auf Art. 5 Abs. 9 und Art. 10 Abs. 2 der Aarhus-Konvention enthält das Protokoll einen Hinweis auf die **Erklärung von Rio über Umwelt und Entwicklung** von 1992 und die Agenda 21. Ausweislich seines Art. 1 ist das Ziel des Protokolls die Verbesserung des öffentlichen Zugangs zu Informationen durch die Einrichtung von zusammenhängenden und integrierten landesweiten Schadstoffregistern, wodurch die Beteiligung der Öffentlichkeit an umweltbezogenen Entscheidungsverfahren erleichtert und ein Beitrag zur Vermeidung und Verminderung der Umweltbelastung geleistet werden könne. Das Protokoll soll somit ein weiterer Baustein im „Konzept der informierten Öffentlichkeit" sein (vgl. dazu die Formulierungen im **6. Umweltaktionsprogramm** „Umwelt 2010: Unsere Zukunft liegt in unserer Hand", Mitteilung vom 24. Januar 2001 (KOM (2001) 31 endg.; vgl. auch Röckinghausen ZUR 2009, 19 ff.), verabschiedet als Beschluss Nr. 1600/2002/EG des Europäischen Parlaments und des Rates vom 22. Juli 2002, ABl. EG, Nr. L 242, S. 1 ff.). 5

2. Die Verordnung (EG) Nr. 166/2006 über die Schaffung eines Europäischen Schadstofffreisetzungs- und –verbringungsregisters. Mit dem Ziel der Einführung eines Europäischen PRTR **(E-PRTR)** hat die Europäische Gemeinschaft am 18. Januar 2006 die *Verordnung (EG) Nr. 166/2006 über die Schaffung eines Europäischen Schadstofffreisetzungs- und -verbringungsregisters und zur Änderung der Richtlinien 91/689/EWG und 96/61/EG* (ABl. EU 2006 L 33, 1) erlassen. Vom E-PRTR versprach sich die Gemeinschaft eine Verbesserung des Zugangs der Öffentlichkeit zu Informationen über Schadstofffreisetzungen und Abfallverbringungen, weshalb auch hier die enge Verbindung zur Aarhus-Konvention hervorgehoben wurde (vgl. Erwägungsgründe 2 und 3). Ein einheitliches integriertes europäisches Register soll aber auch Wissenschaftlern, Behörden, Nichtregierungsorganisationen und anderen Entscheidungsträgern eine zuverlässige Datenbank für künftige Entscheidungen in Umweltfragen bieten (vgl. Erwägungsgrund 4). Um diese Funktionen erfüllen zu können, bestimmt Art. 5 der Verordnung, dass die teilnehmenden Betriebseinrichtungen den mitgliedstaatlichen Behörden gegenüber berichtspflichtig sind und Art. 7 Abs. 2, dass die Mitgliedstaaten der Kommission die gesammelten Daten weiter übermitteln. Das erste Berichtsjahr war 2007, danach sind für jedes weitere Kalenderjahr Daten zu übermitteln. 6

Eine erste Änderung erfuhr die Verordnung (EG) Nr. 166/2006 durch die Verordnung (EG) Nr. 596/2009 vom 18. Juni 2009 (ABl. EU 2009 L 188, 14). Diese Änderung erfolgte im Anschluss an die Einführung des **Regelungsverfahrens mit Kontrolle** im Komitologie-Beschluss 1999/468/EG durch den Beschluss 2006/512/EG. Zu den an diese Änderung angepassten Rechtsakten gehörte u.a. die Verordnung (EG) Nr. 166/2006. Betroffen waren Art. 8 Abs. 3 sowie Art. 18, die eine neue Fassung erhielten. Art. 19 wurde ein dritter Absatz hinzugefügt. 7

Im Zuge der Angleichung der Berichterstattungspflichten im Bereich der Rechtsvorschriften mit Bezug zur Umwelt durch die **Verordnung (EU) 2019/1010** (ABl. EU 2019 L 170, 115) wurde auch die Verordnung (EG) Nr. 166/2006 erneut geändert. Neben der Verordnung (EG) Nr. 166/2006 erfolgte eine Angleichung der Klärschlamm-Richtlinie 86/278/EWG, der Umgebungslärm-Richtlinie 2002/49/EG, der Umwelthaftungs-Richtlinie 2004/35/EG, der Geodateninfrastruktur-Richtlinie 2007/2/EG, der Vogelschutz-Richtlinie 2009/147/EG, der Tierschutz-Richtlinie 2010/63/EU, der Holz-Verordnung (EU) Nr. 995/2010, der Holzeinfuhr-Verordnung (EG) Nr. 2173/2005 und der Artenschutz-Verordnung (EG) Nr. 338/97. Die Notwendigkeit der Änderung der 8

Verordnung (EG) Nr. 166/2006 wurde dabei insbesondere damit begründet, dass die Kohärenz mit der Berichterstattung nach der Industrieemissions-Richtlinie 2010/75/EU verbessert werden müsse (vgl. Erwägungsgrund Nr. 11, ABl. EU 2019 L 170, 117). Im Einzelnen wurde u.a. in Art. 7 der Kommission die Befugnis zum Erlass von Durchführungsrechtsakten über Art, Format und Häufigkeit der Berichte an die Kommission eingeräumt und zugleich das vorherige Berichtsformat abgeschafft. Unter Bezug auf diese Befugnis hat die Kommission am 23. September 2019 den Durchführungsbeschluss (EU) 2019/1741 (ABl. EU 2019 L 267, 3) erlassen und damit Format und Frist für die mitgliedstaatlichen Berichte neu festgelegt. Eine Änderung dieses Durchführungsrechtsaktes erfolgte mit dem Durchführungsbeschluss (EU) 2022/142 vom 31. Januar 2022 (ABl. EU 2022 L 23, 25), wodurch die Produktionsvolumina der betroffenen Betriebseinrichtungen in die Berichterstattung einbezogen wurden.

9 **3. Das Gesetz zur Ausführung des Protokolls sowie zur Durchführung der Verordnung.** Die Initiative zum Erlass des Gesetzes zur Ausführung des Protokolls sowie zur Durchführung der EG-Verordnung hat die Bundesregierung mit einem Gesetzesentwurf vom 7. Dezember 2006 ergriffen (BT-Drs. 16/3756). Zur Begründung führte sie dabei im allgemeinen Teil aus:

„Zielsetzung und Gegenstand des Gesetzesentwurfs
i. Übersicht
Das Gesetz zur Ausführung des Protokolls über Schadstofffreisetzungs- und -verbringungsregister vom 31. Mai 2003 sowie zur Durchführung der Verordnung (EG) Nr. 166 dient der Ausführung des Protokolls über Schadstofffreisetzungs- und -verbringungsregister sowie der Durchführung der Verordnung (EG) Nr. 166/2006.
Die Bundesrepublik Deutschland hat das Protokoll über Schadstofffreisetzungs- und -verbringungsregister am 21. Mai 2003 anlässlich der 5. Ministerkonferenz „Umwelt für Europa" der Wirtschaftskommission der Vereinten Nationen für Europa (UN-ECE) in Kiew unterzeichnet. Sie ist danach zur Errichtung und Unterhaltung eines nationalen Schadstofffreisetzungs- und -verbringungsregisters verpflichtet. Das Gesetz enthält die hierzu erforderlichen Bestimmungen. Es wird von den Ländern in eigener Angelegenheit ausgeführt, sofern nicht dem Bund Zuständigkeiten übertragen werden.
Die Europäische Gemeinschaft, die selbst Unterzeichnerin des Protokolls über Schadstofffreisezungs und -verbringungsregister ist, hat ihre darauf basierende Verpflichtung in der Verordnung (EG) Nr. 166/2006 umgesetzt. Die Verordnung sieht die Errichtung eines europäischen Schadstofffreisetzungs und -verbringungsregisters durch die Europäische Kommission vor. Zu diesem Zweck verpflichtet sie die Betreiber bestimmter Betriebseinrichtungen unmittelbar zur Berichterstattung über Freisetzungen von Schadstoffen in Luft, Wasser und Boden sowie über Verbringungen außerhalb des Standortes von Abfällen und Schadstoffen in Abwasser. Beim Vollzug ist die Europäische Kommission auf die Mitwirkung der Mitgliedstaaten angewiesen. Die Verordnung (EG) Nr. 166/2006 enthält entsprechend dem gemeinschaftsrechtlichen Subsidiaritätsprinzip im Hinblick auf die Ausgestaltung des mitgliedstaatlichen Vollzugs ausfüllungsbedürftige Regelungen. Das Gesetz dient dem Erlass der erforderlichen ergänzenden Durchführungsbestimmungen.
ii. Ausführung des Protokolls über Schadstofffreisetzungs- und -verbringungsregister
Das Gesetz sieht die Errichtung und Unterhaltung des nationalen Schadstofffreisetzungs- und -verbringungsregisters vor, mit der das Umweltbundesamt betraut wird.
Inhaltlich soll das nationale Schadstofffreisetzungs- und -verbringungsregister zum ersten Mal für das Jahr 2007 auf kalenderjährlicher Basis die Informationen über Freisetzungen von Schadstoffen in Luft, Wasser und Boden sowie über Verbringungen außerhalb des Standortes von Abfällen und Schadstoffen in Abwasser, das für die Abwasserbehandlung bestimmt ist, von Betriebseinrichtungen

auf dem Gebiet der Bundesrepublik Deutschland bereitstellen, die den zuständigen Länderbehörden bereits auf der Grundlage der Verordnung (EG) Nr. 166/2006 vorliegen und deren Veröffentlichung keine öffentlichen oder privaten Interessen entgegenstehen.
Außer betriebseinrichtungsspezifischen Informationen soll das Register auch Daten über die Freisetzungen von Schadstoffen aus diffusen Quellen enthalten, die den zuständigen Bundes- und Landesbehörden aufgrund anderer Bestimmungen vorliegen, sofern deren Aufnahme praktikabel ist.
Mit Hilfe des nationalen Schadstofffreisetzungs- und -verbringungsregisters soll der öffentliche Zugang zu den genannten Informationen verbessert werden, die Beteiligung der Öffentlichkeit an umweltbezogenen Entscheidungsverfahren unterstützt sowie ein Beitrag zur Vermeidung und Verminderung von Umweltverschmutzungen geleistet werden.
iii. Durchführung der Verordnung (EG) Nr. 166/2006
Zur Vereinfachung wird ausschließlich auf die zuständigen Behörden bereits auf der Grundlage der in der Verordnung (EG) Nr. 166/2006 geregelten Berichtspflichten vorliegenden Informationen zurückgegriffen. Das nationale Register wird eingerichtet, ohne dass Betreibern Berichtspflichten oder Verwaltungsaufwand auferlegt werden, die nach dem EG-Recht nicht erforderlich sind (schlankes Konzept).
Das Gesetz ergänzt die Verordnung (EG) Nr. 166/2006 in folgender Weise: Es legt die Form fest, in der die Betreiber ihren Berichtspflichten nachkommen müssen. Es bestimmt den Zeitpunkt, zu dem die Betreiber ihren Berichtspflichten nachkommen müssen. Es bestimmt, dass und welche der von den Betreibern gemachten Angaben durch die zuständigen Landesbehörden an das Umweltbundesamt übermittelt werden müssen. Es verpflichtet das Umweltbundesamt zur Übermittlung der ihm von den zuständigen Landesbehörden übermittelten Informationen an die Europäische Kommission. Es führt Bußgeldtatbestände für den Fall ein, dass gegen die Verordnung (EG) Nr. 166/2006 oder eine zu ihrer Durchführung erlassene Bestimmung verstoßen wird.“

Dem Entwurf der Bundesregierung hat der Bundestag mit Beschluss vom 1. Februar 2007 in der Fassung zugestimmt, die er durch die Beschlussempfehlungen des Ausschusses für Umwelt, Naturschutz und Reaktorsicherheit (BT-Drs. 16/4189, 6) gefunden hatte. Dabei ging es vor allem um die Regelungen in § 5 Abs. 3 zum Schutz von Betriebs- und Geschäftsgeheimnissen. Die Änderung stellte klar, dass es eine Obliegenheit des Informationspflichtigen ist, den Schutzanspruch gegenüber der Behörde darzulegen (vgl. dazu → § 5 Rn. 4). Darüber hinaus wurden die Berichtsfristen der 13. BImSchV an die neuen Berichtsfristen angepasst. Nachdem der Bundesrat in seiner Sitzung am 9. März 2007 auf die Einlegung eines Einspruchs verzichtet hatte, konnte das Gesetz am 6. Juni 2007 ausgefertigt und am 12. Juni 2007 im Bundesgesetzblatt verkündet werden (BGBl. I 1002). Nach Art. 3 des Gesetzes trat es am 13. Juni 2007 in Kraft. 10

4. Das Erste Gesetz zur Änderung des PRTR-Gesetzes. Durch die Änderung der Verordnung (EG) Nr. 166/2006 durch Art. 7 der Verordnung (EU) 2019/1010 sowie den Erlass des Durchführungsbeschlusses (EU) 2019/1741 (vgl. → Rn. 8) war eine Anpassung des PRTR-Gesetzes notwendig geworden. Den entsprechenden Gesetzesentwurf legte die Bundesregierung am 25. September 2020 vor (BT-Drs. 19/22846). Weder im Bundestag (vgl. die Beschlussempfehlung des Umweltausschusses, BT-Drs. 19/24009) noch im Bundesrat (vgl. BR-Drs. 668/20 (Beschluss)) kam es zu Änderungen an dem Entwurf, so dass das Gesetz nach der Ausfertigung am 9. Dezember 2020 am 14. Dezember 2020 im Bundesgesetzblatt verkündet werden konnte (BGBl. I 2873) und gemäß dessen Art. 3 am 15. Dezember 2020 in Kraft trat. 11

Mit dem Änderungsgesetz werden **ab dem Berichtsjahr 2019** die Berichtsfristen für die Betreiber und die zuständigen Landesbehörden verkürzt und Festlegungen getroffen, welche Informationen auf welche Art und mit welcher Häufigkeit für die Berichterstat- 12 tung zu übermitteln sind (vgl. auch → § 3 Rn. ?). Darüber hinaus wurde das Schutzkonzept für sensible Betreiberinformationen geändert. Diese müssen nun unter Angabe des Schutzgrundes an das Umweltbundesamt und an die Kommission übermittelt werden. In das nationale Register werden sie jedoch nicht eingestellt und damit nicht veröffentlicht (vgl. auch → § 5 Rn. ?).

III. Gesetzgebungskompetenz

13 Die Kompetenz des Bundes zum Erlass des Gesetzes begründet die Bundesregierung in ihrem Entwurf (BT-Drs. 16/3756, 10 f.) wie folgt:

„Die Vorschriften zur Errichtung eines nationalen Schadstofffreisetzungs- und - verbringungsregisters durch das Umweltbundesamt (§ 2) sowie zur Übermittlung der ihm von den zuständigen Landesbehörden übermittelten Informationen an die Europäische Kommission (§ 6) stützen sich auf Artikel 87 Abs. 3 Satz 1 des Grundgesetzes (GG) i. V.m. den jeweils die materielle Gesetzgebungskompetenz begründenden Normen (Artikel 74 Abs. 1 Nr. 18 und 24 GG sowie Artikel 75 Abs. 1 Nr. 4 GG). Die Zuweisung neuer Aufgaben an eine Bundesbehörde fällt unter den Begriff der Errichtung von Behörden im Sinne von Artikel 87 Abs. 3 Satz 1 GG. §§ 2 und 6 weisen in diesem Sinne einer Bundesbehörde neue Aufgaben zu, indem sie dem Umweltbundesamt die Errichtung eines nationalen Schadstofffreisetzungs- und -verbringungsregisters sowie die Übermittlung der ihm von den zuständigen Landesbehörden übermittelten Informationen an die Europäische Kommission übertragen.
Die Kompetenz des Bundes zur Regelung der Form und des Zeitpunktes der Abgabe des Berichts der Betreiber der Betriebseinrichtung sowie zur Regelung, dass und welche Informationen durch die zuständigen Landesbehörden an das Umweltbundesamt übermittelt werden, folgt aus der entsprechenden Anwendung von Artikel 84 Abs. 1 GG i. V.m. der entsprechenden Anwendung von Artikel 83 GG.
Artikel 84 Abs. 1 GG ermächtigt den Bund im Bereich des ländereigenen Vollzugs von Bundesgesetzen zur Regelung der Einrichtung der Behörden und des Verwaltungsverfahrens. Artikel 84 Abs. 1 GG wird entsprechend auf die Regelung der Durchführung von unmittelbar geltenden Europäischen Gemeinschaftsrechtsnormen im ländereigenen Vollzug angewandt. Die Voraussetzungen für eine analoge Anwendung liegen hier vor. Die Regelungen dienen der Durchführung der unmittelbar geltenden Verordnung (EG) Nr. 166/2006, die analog Artikel 83 GG im ländereigenen Vollzug ausgeführt wird.
Für die Regelung der Bußgeldbestimmungen (§ 7) ergibt sich die Gesetzgebungskompetenz des Bundes aus Artikel 74 Abs. 1 Nr. 1 GG (Strafrecht), weil dieses Sachgebiet auch das materielle Ordnungswidrigkeitenrecht mit umfasst. Die Wahrnehmung der konkurrierenden Gesetzgebungskompetenz durch den Bund ist zur Wahrung der Rechtseinheit im gesamtstaatlichen Interesse erforderlich (Artikel 72 Abs. 2 GG). Die Bußgeldbestimmungen sind zur Schaffung eines allgemeinen Handlungsrahmens für Bürger und Wirtschaft erforderlich, der im gesamten Bundesgebiet im Wesentlichen der gleiche sein muss. Ansonsten bestünde die Gefahr der Zersplitterung rechtlicher Regelungszusammenhänge, die es dem Bürger erschweren würden, sich in zumutbarer Weise in dem jeweils zu beachtenden Recht zu orientieren."

B. Inhalt des Gesetzes

I. Das nationale Register

14 Das PRTR ist ein **im Internet verfügbares Register** *(https://thru.de)*, das die Öffentlichkeit über die Freisetzung von Schadstoffen informiert. Große Industriebetriebe

berichten dafür ihre Emissionen in Luft, Wasser und Boden. Weiterhin müssen sie die Schadstoffe im Abwasser, das in externen Kläranlagen behandelt wird, berichten sowie die zu entsorgenden Abfallmengen. Anders als das frühere Europäische Schadstoffemissionsregister EPER erfasst das PRTR die Informationen **jährlich** und stellt sie zur Verfügung. Zu den berichtspflichtigen Industriesparten gehören bspw. die Energiewirtschaft, die Chemische Industrie, Intensivtierhaltungen oder große Kläranlagen (vgl. § 1). Im Einzelnen ist der Anhang I der Verordnung (EG) Nr. 166/2006 maßgeblich. Solche Industriebetriebe müssen ihre Emissionen jedoch nur berichten, wenn sie Schadstoffschwellenwerte überschreiten (diese ergeben sich aus Anhang II der Verordnung). Damit wird sichergestellt, dass nur relevante Emissionen erfasst werden und der Aufwand für Betriebe angemessen bleibt. Über eine im Internet verfügbare Datenbank kann sich in Deutschland jedermann umfassend über die Schadstoffemissionen dieser Industriebetriebe informieren. Darüber hinaus enthält das PRTR Informationen über Freisetzungen von Schadstoffen aus diffusen Quellen, soweit diese Informationen bei den zuständigen Landes- und Bundesbehörden vorhanden sind (vgl. § 2 Abs. 2 Nr. 4).

Mit dem Gesetz vom 6. Juni 2007 wird das **Umweltbundesamt** beauftragt, das natio- **15**
nale PRTR zu errichten und zu unterhalten, vgl. § 2 Abs. 1. Dieses nationale PRTR hat zum ersten Mal für das Jahr 2007 auf kalenderjährlicher Basis die Informationen über Freisetzungen von Schadstoffen in Luft, Wasser und Boden sowie über Verbringungen außerhalb des Standortes von Abfällen und Schadstoffen in Abwasser, für das die Abwasserbehandlung bestimmt ist, von Betriebseinrichtungen auf dem Gebiet der Bundesrepublik bereitgestellt. Die materiell-rechtliche Verpflichtung zur Übermittlung von Informationen für die Betreiber der pflichtigen Anlagen entstammt Art. 5 Abs. 1 der Verordnung (EG) Nr. 166/2006. Das nationale Register ist so eingerichtet, dass den Betreibern keine Berichtspflichten auferlegt werden, die nach dem Unionsrecht nicht bereits bestehen. Das Gesetz ergänzt die Verordnung in der Weise, dass die Form festgelegt wird, in der die Betreiber ihren Berichtspflichten nachkommen müssen (§ 3 Abs. 1). **Ab dem Berichtsjahr 2019** ist dabei das nunmehr unionsweit einheitliche elektronische Format zu beachten, das im Durchführungsbeschluss (EU) 2019/1741 der Kommission (ABl. EU 2019 L 267, 3) festgelegt wurde (vgl. dazu → § 3 Rn. ?). Der Zeitpunkt, zu dem die Betreiber ihren Berichtspflichten nachkommen müssen, wird bestimmt (§ 3 Abs. 2). Es legt fest, dass und welche der von den Betreibern gemachten Angaben durch die zuständigen Landesbehörden an das Umweltbundesamt übermittelt werden müssen (§ 5). Außerdem wird das Umweltbundesamt zur Übermittlung der ihm übermittelten Daten an die Europäische Kommission verpflichtet (§ 6). Gegenüber dem Schadstoffemissionsregister EPER erfasst das PRTR neun zusätzliche betriebliche Tätigkeiten und 41 weitere Schadstoffe. Außerdem muss zusätzlich zum EPER über Freisetzungen in den Boden, über die Freisetzung von Schadstoffen aus diffusen Quellen sowie über die Verbringung außerhalb des Standorts von Abfällen und Schadstoffen in Abwasser, welches zur Abwasserbehandlung bestimmt ist, berichtet werden.

Der zeitliche Ablauf, der für die **jährliche Berichtspflicht** vorgesehen ist, sieht fol- **16**
gendermaßen aus: Der Betreiber hat bis zum 30. April des dem Berichtsjahr folgenden Jahres an die zuständige Landesbehörde zu berichten, wobei eine Verlängerung bis zum 31. Mai gewährt werden kann, sofern ein entsprechender Antrag bis zum 31. März gestellt wird (§ 3 Abs. 2). Die zuständigen Landesbehörden übermitteln ihrerseits die gesammelten Daten bis zum 31. August resp. 31. Oktober des Berichtsfolgejahres an das Umweltbundesamt (§ 5 Abs. 1). Das Umweltbundesamt stellt die Informationen dann bis spätestens 31. Januar des Folgejahres in das nationale PRTR ein (§ 2 Abs. 4).

II. Das europäische Register

17 Die Informationen für das E-PRTR sind **an die Kommission** zu übermitteln. Dies sowie die elektronische Form und den Zeitpunkt legen Art. 7 Abs. 2 der Verordnung (EG) Nr. 166/2006 sowie der Durchführungsbeschluss (EU) 2019/1741 der Kommission fest. Zuständig für die Übermittlung ist gemäß § 6 des Gesetzes das Umweltbundesamt. Einzelheiten zur Form und Häufigkeit ergeben sich aus dem Anhang zum Durchführungsbeschluss (EU) 2019/1741, so dass eine einheitliche Form sowohl für die Übermittlung durch die Betreiber an die zuständigen Landesbehörden (§ 3 Abs. 1), als auch durch die Landesbehörden an das Umweltbundesamt (§ 5 Abs. 1), als auch durch das Umweltbundesamt an die Kommission besteht. Allein deshalb ist die Aussage zutreffend, dass die Zweigleisigkeit von nationalem und europäischem Register keine Auswirkungen auf die Betreiber hat. Lediglich das Umweltbundesamt hat diese Informationen zusätzlich auch an die Kommission zu übermitteln, vgl. Art. 7 Abs. 2 der Verordnung (EG) Nr. 166/2006. Die Frist für diese Übermittlung läuft spätestens elf Monate nach dem Ende des Berichtsjahres ab. Vorrangig sind jedoch die Berichtsfristen in Art. 1 des Durchführungsbeschlusses (EU) 2019/1741. Danach sind die administrativen Informationen im Wesentlichen bis zum 30. September und die thematischen Informationen bis zum 30. November des Berichtsfolgejahres zu übermitteln. Die Kommission stellt die Informationen aus allen Mitgliedstaaten einen Monat später (Art. 7 Abs. 3) in das E-PRTR ein, welches ebenfalls ein internetgestütztes Register (über die Seite der Europäischen Umweltagentur) und öffentlich sowie gebührenfrei zugänglich ist (Art. 10 Abs. 1).

§ 1 Anwendungsbereich

Dieses Gesetz gilt für Betriebseinrichtungen im Sinne von Artikel 2 Nr. 4 der Verordnung (EG) Nr. 166/2006 des Europäischen Parlaments und des Rates vom 18. Januar 2006 über die Schaffung eines Europäischen Schadstofffreisetzungs- und -verbringungsregisters und zur Änderung der Richtlinien 91/689/EWG und 96/61/EG des Rates (ABl. EU Nr. L 33 S. 1) in der jeweils geltenden Fassung, in denen eine oder mehrere der in Anhang I der Verordnung (EG) Nr. 166/2006 genannten Tätigkeiten ausgeübt werden.

§ 1 entspricht in seinem Wortlaut dem Regierungsentwurf. In der Begründung zu der Vorschrift wird Folgendes ausgeführt (BT-Drs. 16/3756, 12): 1

„§ 1 des Gesetzes bestimmt den sachlichen Anwendungsbereich, den es auf diejenigen Betriebseinrichtungen erstreckt, die auch in den Anwendungsbereich der Verordnung (EG) Nr. 166/2006 fallen."

Durch die Verknüpfung mit der Verordnung „in der jeweils geltenden Fassung" liegt eine **dynamische Verweisung** vor, die zwar auf grundsätzliche verfassungsrechtliche Zweifel stößt (vgl. dazu: BVerfG, Beschluss vom 1. März 1978, BVerfGE 47, 285, 311 ff.), im Fall der Verweisung auf Gemeinschaftsrecht jedoch als zulässig anzusehen ist (vgl. OVG Münster, Beschluss vom 1. 2. 1996, OVGE 45, 217). 2

Als **Betriebseinrichtung** bezeichnet Art. 2 Nr. 4 der Verordnung (EG) Nr. 166/2006 eine oder mehrere Anlagen am gleichen Standort, die von der gleichen natürlichen oder juristischen Person betrieben werden und ist damit weiter als der Begriff der gemeinsamen Anlage in § 1 Abs. 3 der 4. BImSchV, der nur Anlagen derselben Art erfasst (vgl. dazu → 4. BImSchV § 1 Rn. 21 ff.; Röckinghausen ZUR 2009, 19, 20; Bodle/Homann PRTR-Gesetz (SchadRegProtAG) S. 19 f.). Den Begriff der Anlage definiert Art. 2 Nr. 3 der Verordnung (EG) Nr. 166/2006 als ortsfeste technische Einheit, in der eine oder mehrere der in Anhang I genannten Tätigkeiten durchgeführt werden. 3

Wesentliche Voraussetzung für die Anwendbarkeit der Verordnung (EG) Nr. 166/2006 und damit des Gesetzes ist somit, dass wenigstens eine der im **Anhang I zu der Verordnung aufgeführten Tätigkeiten** tatsächlich ausgeübt wird. Auf eine formale Legalisierung der Tätigkeiten kommt es dabei nicht an (vgl. Bodle/Homann PRTR-Gesetz (SchadRegProtAG) S. 20). Im Bemühen, ein kohärentes europäisches System der Kontrolle Umwelt gefährdender Tätigkeiten zu errichten, entspricht Anhang I der Verordnung (EG) Nr. 166/2006 im Wesentlichen dem Anhang I der **IVU-Richtlinie** (Richtlinie 96/61/EG über die integrierte Vermeidung und Verminderung der Umweltverschmutzung). In der Konsequenz wurde daher durch Art. 21 Abs. 2 der Verordnung (EG) Nr. 166/2006 Art. 15 Abs. 3 der IVU-Richtlinie aufgehoben, der die Grundlage für das Schadstoffemissionsregister EPER war. 4

Von der Absicht zur Vereinfachung der Berichterstattung und zur Verringerung unnötigen Verwaltungsaufwands ist auch die **Industrieemissions-Richtlinie** 2010/75/EU vom 24. November 2010 (ABl. EU 2010 L 334, 17) getragen, die die IVU-Richtlinie abgelöst hat. Deren Anhang I ist zwar gegenüber dem Anhang I der IVU-Richtlinie umfangreicher. Weiterhin sind aber alle dort erfassten Tätigkeiten berichtspflichtig nach der Verordnung (EG) Nr. 166/2006. Darüber hinaus enthält Anhang I der Verordnung (EG) Nr. 166/2006 einige weitere Tätigkeiten, die ebenfalls eine Berichtspflicht auslösen (vgl. den Leitfaden zur Durchführung des Europäischen PRTR der Europäischen Kommission, S. 10). 5

§ 2 Errichtung eines Schadstofffreisetzungs- und -verbringungsregisters

(1) Das Umweltbundesamt errichtet und unterhält ein der Öffentlichkeit frei und unentgeltlich zugängliches, internetgestütztes Schadstofffreisetzungs- und -verbringungsregister (Register).

(2) Das Umweltbundesamt stellt in das Register die von den nach Landesrecht zuständigen Behörden übermittelten Informationen ein:

1. über die Freisetzungen der in Artikel 5 Abs. 1 Buchstabe a der Verordnung (EG) Nr. 166/2006 genannten Schadstoffe, die von Betriebseinrichtungen mitgeteilt werden müssen, in denen eine oder mehrere Tätigkeiten ausgeübt werden,

2. über die Verbringung außerhalb des Standortes von in Artikel 5 Abs. 1 Buchstabe b der Verordnung (EG) Nr. 166/2006 genannten Abfällen und von in Artikel 5 Abs. 1 Buchstabe c der Verordnung (EG) Nr. 166/2006 genannten Schadstoffen in Abwasser, die von Betriebseinrichtungen mitgeteilt werden müssen, in denen eine oder mehrere der in Anhang I der Verordnung (EG) Nr. 166/2006 genannten Tätigkeiten ausgeübt werden,

3. den Namen des Eigentümers oder Betreibers der Betriebseinrichtung und gegebenenfalls der Muttergesellschaft, zu der Informationen nach Nummer 1, 2 oder 4 in das Register eingestellt werden,

4. über die Freisetzungen von Schadstoffen aus diffusen Quellen, die in angemessener räumlicher Detaillierung bei den zuständigen Bundes- und Landesbehörden vorhanden sind und deren Aufnahme in das Register praktikabel ist.

§ 5 Absatz 2 bis 4 bleibt unberührt. Das Umweltbundesamt gibt in dem Register an, welche Art von Information aus welchem Grund nach § 5 Absatz 2 und 3 nicht in das Register eingestellt wurde.

(3) Das Umweltbundesamt stellt Informationen in zusammengefasster und nicht zusammengefasster Form in das Register ein, so dass Freisetzungen und Verbringungen nach dem Kalenderjahr und weiteren Merkmalen gesucht werden können, insbesondere nach,

1. dem Namen der Betriebseinrichtung,

2. dem geographischen Standort der Betriebseinrichtung und dem Flusseinzugsgebiet,

3. der Tätigkeit, die in der Betriebseinrichtung ausgeübt wird,

4. dem Eigentümer oder Betreiber der Betriebseinrichtung und gegebenenfalls der Muttergesellschaft,

5. dem Schadstoff oder Abfall,

6. dem Umweltmedium, in das der Schadstoff freigesetzt wird,

7. der Verbringung außerhalb des Standortes von Abfällen, Abfällen zur Beseitigung und Abfällen zur Verwertung sowie gegebenenfalls dem Zielort der Verbringung der Abfälle,

8. der Verbringung außerhalb des Standortes von Schadstoffen im Abwasser sowie

9. der Freisetzung von Schadstoffen aus diffusen Quellen im Sinne von Absatz 2 Nr. 5.

(4) Das Umweltbundesamt stellt die in Absatz 2 Satz 1 Nummer 1 bis 4 genannten Informationen jährlich und zwar spätestens 13 Monate nach Ende eines jeden Kalenderjahres, für das Informationen über die Freisetzung von Schadstoffen und die Verbringung von Abfällen und von Schadstoffen in Abwasser erfasst werden (Berichtsjahr), in das Register ein. Zehn Jahre nach der erstmaligen Einstellung der Informationen in der Register kann das Umweltbundesamt ihre Löschung vornehmen.

1 Eine zentrale Stellung im Gesetz hat § 2, der die Errichtung des nationalen Schadstoffregisters, seinen Inhalt, den Aufbau und die Veröffentlichungspflicht normiert. Zur Begründung des Entwurfs hat die Bundesregierung ausgeführt (BT-Drs. 16/3756, 12):

> „Absatz 1 sieht die Errichtung eines nationalen Schadstofffreisetzungs- und -verbringungsregisters in Übereinstimmung mit dem Protokoll über Schadstofffreisetzungs- und -verbringungsregister vor.
> Absatz 2 regelt, welche Informationen in das nationale Register eingestellt werden.
> Absatz 3 regelt den Aufbau des Registers.
> Absatz 4 regelt die für die Veröffentlichung von Informationen maßgebenden Zeiträume."

2 Der Gesetzgeber hat seine Absicht, durch die parallele Unterhaltung zweier Register keinen zusätzlichen Aufwand zu erzeugen, klar zum Ausdruck gebracht (vgl. die Begründung des Regierungsentwurfs, BT-Drs. 16/3756, 10). Aus diesem Grund entspricht die Regelung in § 2 Abs. 2 über den Inhalt des nationalen Registers im Wesentlichen dem Art. 3 der Verordnung (EG) Nr. 166/2006, der sich mit dem Inhalt des E-PRTR befasst und die Regelung in § 2 Abs. 3 über den Aufbau des nationalen Registers dem Art. 4 der Verordnung (EG) Nr. 166/2006, der sich mit dem Aufbau des E-PRTR befasst. Von größter Bedeutung sind dabei § 2 Abs. 2 Nr. 1 und 2 (Art. 3 lit. a) und b)), die die berichtspflichtigen Schadstofffreisetzungen und Abfallverbringungen zum Gegenstand haben. Sowohl das nationale als auch das europäische Register enthalten derartige Informationen nämlich nur, soweit die in Art. 5 Abs. 1 der Verordnung (EG) Nr. 166/2006 genannten Bedingungen erfüllt sind. Art. 5 der Verordnung (EG) Nr. 166/2006 beinhaltet die **materiellen Berichtspflichten** der Betreiber. Nach dessen Abs. 1 UAbs. 1 lit. a) sind Freisetzungen in Luft, Wasser und Boden durch die Betreiber zu berichten, sofern es sich um in Anhang II aufgeführte Schadstoffe handelt und die dort genannten nach Umweltmedien differenzierten Schwellenwerte überschritten sind. Dabei gilt es zu beachten, dass diese Schwellenwerte als **Summenwert** aller am Standort einer Betriebseinrichtung vorhandenen Quellen zu verstehen sind, was Art. 5 Abs. 1 UAbs. 4 der Verordnung (EG) Nr. 166/2006 ausdrücklich hervorhebt. Insofern erlangt der Begriff der Betriebseinrichtung besondere Bedeutung (vgl. → § 1 Rn. 2). Im Hinblick auf Verbringungen von Abfall bestimmt Art. 5 Abs. 1 UAbs. 1 lit. b) der Verordnung (EG) Nr. 166/2006, dass die jährliche Fracht mehr als zwei Tonnen gefährlicher oder mehr als 2000 Tonnen nicht gefährlicher Abfälle betragen muss, bevor die Berichtspflicht einsetzt. Ähnlich wie bei Freisetzungen in Luft, Wasser und Boden ist die Berichtspflicht über behandlungsbedürftiges Abwasser vom Erreichen der in Anhang II der Verordnung (EG) Nr. 166/2006 genannten Schwellenwerte abhängig.

3 § 2 Abs. 3 macht dem Umweltbundesamt Vorgaben in Bezug auf **Abfragemöglichkeiten** der im Register enthaltenen Daten. Dadurch, dass Informationen auch in nicht zusammengefasster Form vorzuhalten sind, sind weitgehend individualisierte Abfragen möglich. Das bezieht sich nicht nur auf einzelne Schadstoffe oder Abfälle (§ 2 Abs. 3 Nr. 5), sondern auch auf den Betreiber einer Betriebseinrichtung (§ 2 Abs. 3 Nr. 4) und die dort ausgeübte Tätigkeit (§ 2 Abs. 3 Nr. 3). Die Liste in Absatz 3 ist dabei nicht abschließend, so dass das Umweltbundesamt frei ist, weitere Informationen in das Register aufzunehmen (vgl. Bodle/Homann PRTR-Gesetz (SchadRegProtAG) S. 25).

4 Die in § 2 Abs. 4 enthaltene jährliche **Frist** für die Veröffentlichung der Informationen bezieht sich nicht auf die Freisetzungen aus diffusen Quellen, da Informationen hierüber nicht auf Berichte von Betreibern zurückgehen, sondern bei Behörden vorhanden sein müssen. Diese Informationen können jederzeit unter der Voraussetzung des § 2 Abs. 2 Nr. 5 in das Register aufgenommen und damit auch jederzeit veröffentlicht werden. Nach der Änderung des § 2 durch das Erste Gesetz zur Änderung des PRTR-Gesetzes vom 9. Dezember 2020 (BGBl. I 2873) ist der Gesetzeswortlaut insofern nicht mehr eindeutig.

Durch die Streichung der vormaligen Nummer 4 in Absatz 2 hätte Absatz 4 Satz 1 entsprechend geändert werden müssen, so dass nur noch die Informationen nach Absatz 2 Satz 1 Nummer 1 bis 3 innerhalb der – verkürzten – Frist in das Register einzustellen sind.

Die **Löschung der Informationen aus dem Register** nach frühestens zehn Jahren 5
(§ 2 Abs. 4 Satz 2) steht im Ermessen des Umweltbundesamtes. Dass die Löschung nicht obligatorisch ist, zeigt der Blick auf Art. 4 Abs. 2 Satz 2 der Verordnung (EG) Nr. 166/2006, wonach im Register **mindestens** die letzten zehn Jahre erfasst werden müssen.

Durch die Streichung der vormaligen Nummer 4 in Absatz 2 hätte Absatz 3 Satz 1 entsprechend geändert werden müssen, so dass nur noch die Informationen nach Absatz 2 Satz 1 Nummer 1 bis 3 innerhalb der [illegible] Frist in das Register einzustellen sind.

6 Die Löschung der Informationen aus dem Register nach frühestens zehn Jahren (§ 2 Abs. 4 Satz 2) steht im Ermessen des Umweltbundesamts. Dass die Löschung nicht obligatorisch ist, zeigt der Blick auf Art. 4 Abs. 2 Satz 2 der Verordnung (EG) Nr. 166/2006, wonach im Register mindestens die letzten zehn Jahre erfasst werden müssen.

§ 3 Erhebung der Informationen

(1) **Der Betreiber übermittelt die in Artikel 5 der Verordnung (EG) Nr. 166/2006 genannten Informationen unter Angabe seines Namens sowie des Namens des Eigentümers der Betriebseinrichtung (Bericht) zum ersten Mal für das Jahr 2019 elektronisch und nach dem Anhang zum Durchführungsbeschuss (EU) 2019/1714 der Kommission vom 23. September 2019 zur Festlegung, in welcher Form und mit welcher Häufigkeit die Mitgliedstaaten Daten für die Berichterstattung gemäß der Verordnung (EG) Nr. 166/2006 des Europäischen Parlaments und des Rates über die Schaffung eines Europäischen Schadstofffreisetzungs- und -verbringungsregisters und zur Änderung der Richtlinien 91/689/EWG und 96/61/EG des Rates zu übermitteln haben (ABl. L 267 vom 21.10.2019, S. 3) an die nach Landesrecht zuständige Behörde. Die nach Landesrecht zuständige Behörde kann vorschreiben, dass der Betreiber das von ihr festgelegte elektronische Format zu benutzen hat.**

(2) **Der Bericht ist bis zum 30. April des dem jeweiligen Berichtsjahr folgenden Jahres abzugeben. Die nach Landesrecht zuständige Behörde kann im Einzelfall auf Antrag des Betreibers die Frist bis zum 31. Mai des dem jeweiligen Berichtsjahr folgenden Jahres verlängern, wenn die spätere Abgabe die rechtzeitige Weiterleitung des Berichts an die Europäische Kommission nicht erschwert. Der Verlängerungsantrag muss spätestens bis zum 31. März des dem jeweiligen Berichtsjahr folgenden Jahres gestellt werden.**

§ 3 befasst sich mit der Berichterstattung durch die Betreiber von Betriebseinrichtungen im Sinne der Definition des Art. 2 Nr. 4 der Verordnung (EG) Nr. 166/2006 an die nach Landesrecht zuständigen Behörden. Die **materiell-rechtliche Pflicht zur Berichterstattung** entstammt bereits Art. 5 der Verordnung (EG) Nr. 166/2006 (vgl. auch Bodle/Homann PRTR-Gesetz (SchadRegProtAG) S. 26). Die Begründung zum Entwurf der Vorschrift lautet (BT-Drs. 16/3756, 12): 1

„Absatz 1 konkretisiert die an die Betreiber gerichteten Betriebspflichten aus der EG-Verordnung, indem das erste Jahr, für die Betreiber Berichte erstellen müssen, sowie die elektronische Form und die Struktur der Berichte festgelegt wird. Die Struktur entspricht der Struktur, in der die Bundesrepublik Deutschland die Informationen aus den Berichten der Betreiber an die Europäische Kommission übermitteln muss. Die nach Landesrecht zuständige Behörde soll das festgelegte Format der elektronischen Form auf ihrer Internetseite zur Verfügung stellen.
Absatz 2 regelt Frist für die Abgabe des Berichts der Betreiber. Er setzt damit die Vorgabe aus Artikel 7 Abs. 1 der Verordnung (EG) Nr. 166/2006 um."

Eine wesentliche Änderung erfuhr § 3 durch das Erste Gesetz zur Änderung des PRTR-Gesetzes vom 9. Dezember 2020 (BGBl. I 2873). Beginnend mit dem Berichtsjahr 2019 wurde ein **neues Berichtsformat** festgelegt. Dieses Format ergibt sich nicht mehr aus – dem nunmehr aufgehobenen – Anhang III der Verordnung (EG) Nr. 166/2006, sondern aus dem in § 3 Abs. 1 zitierten Durchführungsbeschluss der Kommission (vgl. dazu → Vorb. Rn. 8). Wenngleich dabei auf eine dynamische Verweisung verzichtet wurde (vgl. die Begründung des Regierungsentwurfs, BT-Drs. 19/22864, 19), ist dennoch die jeweils geltende Fassung des Durchführungsbeschlusses (EU) 2019/1741 maßgeblich, da Beschlüsse gemäß Art. 288 Abs. 4 S. 1 AEUV in allen ihren Teilen verbindlich sind. Somit sind auch die durch den Durchführungsbeschluss (EU) 2022/142 vom 31. Januar 2022 (ABl. EU 2022 L 23, 25) bewirkten Änderungen im Anhang des Durchführungsbeschlusses (EU) 2019/1741 zu beachten. 2

3 Art. 7 Abs. 1 der Verordnung (EG) Nr. 166/2006 verlangt, dass eine Frist für die Berichterstattung durch die Betreiber festgelegt wird, bestimmt aber nicht deren Länge. Wesentlicher Bezugspunkt ist Art. 1 des Durchführungsbeschlusses (EU) 2019/1741, der die Mitgliedstaaten zur Übermittlung der nationalen Daten an die Kommission innerhalb **differenziert bestimmter Fristen** nach Ende des jeweiligen Berichtsjahres verpflichtet. Die administrativen Informationen gemäß den Abschnitten 1 bis 4 des Anhangs zum Durchführungsbeschluss (EU) 2019/1741 sind danach im Wesentlichen bis Ende September des Berichtsfolgejahres der Kommission zu übermitteln, während die thematischen Informationen bis Ende November berichtet werden müssen. Die Frist für die Betreiber muss angemessen, d.h. erfüllbar sein, den zuständigen Behörden aber auch hinreichend Zeit belassen, um die berichteten Daten auf ihre Konformität mit den unionsrechtlichen Vorgaben hinzu überprüfen, wobei insbesondere Geheimhaltungsinteressen der Betreiber zu prüfen sein dürften, vgl. § 5 Abs. 3. Dabei ist zu beachten, dass die Landesbehörden ihrerseits die administrativen Informationen bis Ende August und die thematischen Informationen bis Ende Oktober an das Umweltbundesamt zu übermitteln haben, vgl. § 5 Abs. 1. Damit verbleiben den Landesbehörden vier Monate zur Prüfung der administrativen Daten und sechs Monate zur Prüfung der thematischen Daten, was zu einer angemessenen Verteilung der Zeiträume zwischen Betreibern, Landesbehörden und Umweltbundesamt führt.

4 Im Hinblick auf die **Berichtspflichten der Betreiber** legt Art. 5 Abs. 1 der Verordnung (EG) Nr. 166/2006 fest, dass über Schadstoffe zu berichten ist, sofern der Schwellenwert, der in Anhang II der Verordnung festgelegt ist, überschritten wird. Schwellenwerte sind dabei jeweils für Freisetzungen in die Luft, in Gewässer und in den Boden gesondert festgelegt, so dass auch die Überschreitung der Werte jeweils für jedes Medium gesondert zu prüfen ist. Zu beachten ist jedoch, dass nach dem letzten Satz des Art. 5 Abs. 1 der Verordnung (EG) Nr. 166/2006 alle Freisetzungen aus sämtlichen in Anhang I genannten Quellen am Standort der Betriebseinrichtung umfasst sind. Maßgeblich für die Beurteilung, ob ein Schwellenwert überschritten ist, ist damit zum einen der gesamte Standort, an dem ein Betreiber Tätigkeiten nach Anhang I vornimmt, zum anderen jedoch keine Freisetzungen aus Quellen, die nicht in Anhang I aufgeführt sind, aber dennoch am Standort vorhanden sind (vgl. auch Röckinghausen ZUR 2009, 19, 20; Bodle/Homann PRTR-Gesetz (SchadRegProtAG) S. 44). Nach Art. 5 Abs. 2 der Verordnung (EG) Nr. 166/2006 sind alle beabsichtigten, versehentlichen, routinemäßigen und nicht routinemäßigen Tätigkeiten zu berücksichtigen, sowohl im Hinblick auf die Überschreitung des Schwellenwertes als auch die Pflicht zum Bericht. Art. 5 Abs. 1 UAbs. 2 der Verordnung (EG) Nr. 166/2006 schreibt darüber hinaus vor, dass die weiteren Informationen über die Betriebseinrichtung entsprechend dem auf Art. 7 Abs. 2 gestützten Durchführungsbeschluss (EU) 2019/1741 mitzuteilen sind. Dabei handelt es sich um Angaben über den Standort der Betriebseinrichtung und die sie tragende Gesellschaft, aber auch über Produktionsvolumina, die Zahl der Anlagen und jährlichen Betriebsstunden sowie die Beschäftigtenzahl, wobei die zuletzt genannten Angaben fakultativ sind.

5 Erfüllt der Betreiber seine aus Art. 5 der Verordnung (EG) Nr. 166/2006 resultierenden Pflichten nicht, nicht richtig, nicht vollständig oder nicht rechtzeitig, so kann dies als Ordnungswidrigkeit nach § 7 Abs. 1 Nr. 1 verfolgt werden (vgl. dazu → § 7 Rn. 2 f.). Zur **Durchsetzung der Berichtspflichten** muss die nach Landesrecht zuständige Behörde zunächst einen die abstrakt-generelle Pflicht der EG-Verordnung konkretisierenden Verwaltungsakt erlassen. Das PRTR-Gesetz enthält zwar selbst keine Ermächtigung zum Erlass eines solchen Verwaltungsaktes. **Die Befugnis zum Erlass eines Verwaltungsaktes,** der dann auch Grundlage für Verwaltungsvollstreckungsmaßnahmen sein kann, folgt aus der unmittelbaren materiellen Verpflichtung aus Art. 5 der Verordnung (EG) Nr. 166/

2006 sowie der aus Art. 4 Abs. 3 UAbs. 2 EUV resultierenden Pflicht zur effektiven Durchführung des Unionsrechts. Sollte das Bestehen einer Berichtspflicht im Hinblick auf einen Betreiber fraglich sein, so muss die zuständige Behörde dieser Frage zunächst durch den Erlass eines auf eine ordnungsrechtliche Ermächtigungsgrundlage gestützten Verwaltungsaktes nachgehen.

§ 4 Informantenschutz

(1) **Der Betreiber einer Betriebseinrichtung darf einen Betriebsangehörigen nicht benachteiligen, weil der Betriebsangehörige der zuständigen Behörde konkrete Anhaltspunkte für eine Verletzung einer Bestimmung dieses Gesetzes oder der Verordnung (EG) Nr. 166/2006 anzeigt.**

(2) **Eine Behörde darf bei der Ausübung ihrer Zuständigkeiten niemanden benachteiligen, weil er ihr konkrete Anhaltspunkte für die Verletzung einer Bestimmung dieses Gesetzes oder der Verordnung (EG) Nr. 166/2006 anzeigt.**

Mit § 4 Abs. 1 hat der Gesetzgeber eine Vorschrift geschaffen, die in ihrer Wirkung dem § 58 Abs. 1 BImSchG, der ein Benachteiligungsverbot im Hinblick auf Immissionsschutzbeauftragte statuiert, gleicht (vgl. dazu → BImSchG § 58 Rn. 5 ff.). Zur Begründung führt die Bundesregierung in ihrem Entwurf an (BT-Drs. 16/3756, 12): 1

„§ 4 setzt Artikel 3 Abs. 3 des Protokolls über Schadstofffreisetzungs- und -verbringungsregister[1] zum Informantenschutz um.
Absatz 1 enthält eine Schutzvorschrift für Betriebsangehörige, die einer Behörde den Verdacht der Verletzung oder die Verletzung der Vorschriften des Gesetzes oder der EG-Verordnung anzeigen.
Absatz 2 schützt jeden, der einer Behörde den Verdacht der Verletzung oder die Verletzung der Vorschriften des Gesetzes oder der EG-Verordnung anzeigt, davor, von der zuständigen Behörde bei der Ausübung ihrer Zuständigkeiten benachteiligt zu werden."

Adressat des **Benachteiligungsverbots** in Absatz 1 ist ausschließlich der Betreiber. Insofern ist die Regelung enger als § 58 Abs. 1 BImSchG, der sich an jedermann richtet (vgl. → BImSchG § 58 Rn. 2). Der Begriff der Benachteiligung ist ebenso wie in § 58 Abs. 1 BImSchG weit auszulegen. Danach liegt eine Benachteiligung bereits vor, wenn der Betriebsangehörige **schlechter behandelt** wird als eine Person in einer vergleichbaren Situation (vgl. → BImSchG § 58 Rn. 5; Jarass BImSchG § 58 Rn. 2). Dieser Auslegung steht der Wortlaut des Art. 3 Abs. 3 des PRTR-Protokolls nicht entgegen, der eine Bestrafung, Verfolgung oder Belästigung untersagt. Der bundesdeutsche Gesetzgeber hat im Rahmen der Umsetzung bewusst den bereits bekannten Begriff der Benachteiligung verwendet (vgl. auch Bodle/Homann PRTR-Gesetz (SchadRegProtAG) S. 56). Weiter als die völkerrechtliche Vorgabe ist § 4 Abs. 1 auch insoweit, als das Benachteiligungsverbot bereits greift, sofern ***konkrete Anhaltspunkte*** **für eine Verletzung** von Vorschriften angezeigt werden. Die Verletzung muss also nicht nachgewiesen werden, der begründete Verdacht reicht aus. Eine Benachteiligungsabsicht ist nicht erforderlich; es kommt allein auf eine objektiv schlechtere Behandlung an. 2

Absatz 2 weitet das Benachteiligungsverbot auf die Behörden aus, denen gegenüber eine Anzeige wegen des Verdachts einer Verletzung der einschlägigen Vorschriften erstattet wird. Das muss nicht zwingend eine für die Entgegennahme der Berichte nach der Verordnung (EG) Nr. 166/2006 zuständige Behörde sein. Vom Wortlaut erfasst sind z.B. auch Strafverfolgungsbehörden (vgl. Bodle/Homann PRTR-Gesetz (SchadRegProtAG) S. 56). Dabei gilt das Verbot der Benachteiligung nur für die Anzeige selbst, nicht jedoch für die Ahndung der Verletzung. So stellt § 4 Abs. 2 z.B. kein Verfolgungshindernis hinsichtlich eines Ordnungswidrigkeitentatbestandes aus § 7 dar. 3

---

[1] Art. 3 Abs. 3 lautet: „Jede Vertragspartei ergreift die erforderlichen Maßnahmen, um zu verlangen, dass die Mitarbeiter einer Betriebseinrichtung und die Mitglieder der Öffentlichkeit, die den Behörden eine Verletzung der innerstaatlichen Rechtsvorschriften zur Durchführung dieses Protokolls durch eine Betriebseinrichtung anzeigen, weder von der Betriebseinrichtung noch den Behörden wegen des Anzeigens der Verletzung bestraft, verfolgt oder belästigt werden."

§ 5 Übermittlung der Informationen an das Umweltbundesamt; Einstellung in das Register

(1) Die nach Landesrecht zuständigen Behörden übermitteln die Berichte der Betreiber elektronisch zur Einstellung in das Register und für die Zwecke des Artikels 7 Absatz 2 der Verordnung (EG) Nr. 166/2006 an das Umweltbundesamt. Die Übermittlung erfolgt vorbehaltlich der Absätze 2 und 3 und für

1. die administrativen Informationen nach den Abschnitten 1 bis 4 des Anhangs des Durchführungsbeschlusses (EU) 2019/1741 bis zum 31. August des dem jeweiligen Berichtsjahr folgenden Jahren und

2. die thematischen Informationen nach den Abschnitten 5 bis 10 des Anhangs des Durchführungsbeschlusses (EU) 2019/1741 bis zum 31. Oktober des dem jeweiligen Berichtsjahr folgenden Jahres, wobei die Information nach Abschnitt 4.1 des Anhangs des Durchführungsbeschlusses (EU) 2019/1741 erneut beizufügen ist.

Für die Übermittlung ist das spätestens bis zum 1. Januar des auf das Berichtsjahr folgenden Jahres durch das Umweltbundesamt festgelegte elektronische Format zu verwenden.

(2) Informationen, deren Bekanntgabe nachteilige Auswirkungen hätte auf

1. die internationalen Beziehungen, die Verteidigung oder bedeutsame Schutzgüter der öffentlichen Sicherheit oder

2. die Durchführung eines laufenden Gerichtsverfahrens, den Anspruch einer Person auf ein faires Verfahren oder die Durchführung strafrechtlicher oder disziplinarrechtlicher Ermittlungen,

werden unter Angabe des jeweiligen Schutzgrundes an das Umweltbundesamt übermittelt. Das Umweltbundesamt stellt eine Information nach Satz 1 nur dann in das Register ein, wenn nach Feststellung der nach Landesrecht zuständigen Behörde das öffentliche Interesse an der Bekanntgabe überwiegt.

(3) Soweit

1. durch das Bekanntgeben der Informationen personenbezogene Daten offenbart,

2. Rechte am geistigen Eigentum, insbesondere Urheberrechte, durch das Zugänglichmachen der Informationen verletzt würden oder

3. durch das Bekanntgeben Betriebs- oder Geschäftsgeheimnisse zugänglich gemacht würden oder die Informationen dem Steuergeheimnis oder dem Statistikgeheimnis unterliegen,

werden diese Informationen unter Angabe des jeweiligen Schutzgrundes an das Umweltbundesamt übermittelt. Das Umweltbundesamt stellt eine Information nach Satz 1 nur dann in das Register ein, wenn

1. der Betroffene zugestimmt hat oder

2. das öffentliche Interesse an der Bekanntgabe der Information überwiegt und die in Satz 5 genannte Entscheidung bestandskräftig geworden ist.

Die Einstellung von Informationen über die Freisetzung von Schadstoffen darf nicht aus den in Satz 1 Nummer 1 und 3 genannten Gründen unterbleiben. Die nach Landesrecht zuständige Behörde hat in der Regel von einer Betroffenheit im Sinne des Satzes 1 Nr. 3 auszugehen, soweit übermittelte Informationen als Betriebs- und Geschäftsgeheimnisse gekennzeichnet sind und die betroffene Person bei der Übermittlung der Informationen im Einzelnen dargelegt hat, warum diese als Betriebs- oder Geschäftsgeheimnis schützenswert sind. Steht das öffentliche Interesse an der Bekanntgabe einer Information nach Satz 1 dem Geheimhaltungsinteresse entgegen, ist

die betroffene Person von der nach Landesrecht zuständigen Behörde vor der Entscheidung über die Einstellung der Information in das Register anzuhören. Die nach Landesrecht zuständige Behörde entscheidet, ob das öffentliche Interesse an der Bekanntgabe überwiegt. Die Entscheidung, das das öffentliche Interesse an der Bekanntgabe einer Information nach Satz 1 das Geheimhaltungsinterese überwiegt, wird der betroffenen Person bekannt gegeben. Bei der Übermittlung an das Umweltbundesamt gibt die nach Landesrecht zuständige Behörde an, hinsichtlich welcher Informationen das Geheimhaltungsinteresse das öffentliche Interesse an der Bekanntgabe überwiegt und bezeichnet die Gründe, weshalb das Umweltbundesamt diese Informationen nicht in das Register einstellen darf.

(4) **Liegt nach Absatz 2 oder 3 ein Grund für die Nichteinstellung einer Information in das Register vor, sind die hiervon nicht betroffenen Informationen in das Register einzustellen.**

(5) **Unter Berücksichtigung des Standes der Technik trifft das Umweltbundesamt geeignete technische und organisatorische Maßnahmen, um für die Informationen, die nach den Absätzen 2 und 3 nicht in das Register einzustellen sind, ein angemessenes Schutzniveau zu gewährleisten.**

(6) **Bei Betriebseinrichtungen im Geschäftsbereich des Bundesministeriums der Verteidigung und der in der Bundesrepublik Deutschland stationierten Truppen entscheidet das Bundesministerium der Verteidigung oder eine von ihm beauftragte Stelle über die Schutzbedürftigkeit nach Absatz 2 Nr. 1.**

1 § 5 befasst sich mit der Frage, welche Informationen, die die Betreiber an die zuständigen Länderbehörden übermittelt haben, an das Umweltbundesamt weiterzuleiten und in das nationale Register einzustellen sind. Er dient dem **Schutz geheimhaltungsbedürftiger Daten** und regelt das Verfahren zur Klärung der Geheimhaltungsbedürftigkeit. Nach dem ursprünglichen Schutzkonzept waren sensible Daten von der Übermittlung an das Umweltbundesamt ausgeschlossen. Nachdem jedoch Art. 11 der Verordnung (EG) Nr. 166/2006 dahingehend geändert (vgl. dazu → Vorb. Rn. 8) worden war, dass sensible Daten für das E-PRTR unter Angabe des Schutzgrundes an die Kommission berichtet werden müssen, erfolgt nun auch ein Bericht dieser Daten von den zuständigen Länderbehörden an das Umweltbundesamt.

2 In seiner aktuellen Fassung verpflichtet § 5 Abs. 1 die zuständigen Länderbehörden zur Übermittlung der Informationen in der Form, die durch Art. 7 Abs. 2 der Verordnung (EG) Nr. 166/2006 und den darauf gestützten Durchführungsbeschluss (EU) 2019/1741 (ABl. EU 2019 L 267, 3) bestimmt ist, an das Umweltbundesamt, sowohl zur Einstellung in das nationale PRTR als auch zur Weiterleitung an die Kommission für das E-PRTR. Dabei sind die administrativen und die thematischen Informationen getrennt voneinander und zeitlich gestaffelt zu übermitteln. Um die spätere Zusammenführung der Datensätze zu ermöglichen, wird bei der Übermittlung der thematischen Informationen die Geodaten-Inspire ID nach Nummer 4.1 ein weiteres Mal mitgeteilt (vgl. BT-Drs. 19/22846, 20).

3 Mit § 5 Abs. 2 und 3 enthält das PRTR-Gesetz Regelungen über den Schutz von Informationen, die inhaltlich im Wesentlichen mit den Ablehnungsgründen der §§ 8 und 9 des Umweltinformationsgesetzes übereinstimmen (vgl. dazu die Erläuterungen von *Reidt/Schiller* in Band I). § 5 Abs. 2 dient dem **Schutz öffentlicher Belange** und sieht eine Veröffentlichung der vom Betreiber übermittelten Informationen durch das Umweltbundesamt nur für den Fall vor, dass das öffentliche Interesse an der Bekanntgabe überwiegt. Ausweislich der Begründung zum Regierungsentwurf sollte damit die im Umweltinformationsrecht bereits enthaltene Regelung auf die in das nationale sowie

europäische Register aufzunehmenden Informationen übertragen werden. Der Begriff des überwiegenden öffentlichen Interesses ist daher ebenso wie in §§ 8 und 9 UIG auszulegen (vgl. dazu *Reidt/Schiller* → UIG § 8 Rn. 47 ff.). Anders als § 5 Abs. 3, der sich mit dem Schutz privater Belange befasst, sieht § 5 Abs. 2 für den Fall, dass die nach Landesrecht zuständige Behörde ein Überwiegen öffentlicher Belange annimmt, weder eine Anhörung des Betreibers noch eine Bekanntgabe der Entscheidung gegenüber diesem vor der Weiterleitung an das Umweltbundsamt vor. Soweit mit der Entscheidung für eine Veröffentlichung im nationalen sowie europäischen Register **subjektive Rechte** des Betreibers verletzt werden können, folgt jedoch bereits aus dem Gebot effektiven Rechtsschutzes des **Art. 19 Abs. 4 GG,** dass die Behörde ihn vor ihrer Entscheidung anhören muss und die Entscheidung für die Weiterleitung so rechtzeitig bekannt gibt, dass der Betreiber die Möglichkeit hat, vor der Veröffentlichung hiergegen vorzugehen (vgl. dazu auch *Reidt/Schiller* → UIG § 6 Rn. 16 f.; Röckinghausen ZUR 2009, 19, 21). Einen derartigen **drittschützenden Charakter** hat § 5 Abs. 2 S. 1 Nr. 2 insofern, als der **Anspruch auf ein faires Verfahren** der Veröffentlichung von Informationen grundsätzlich entgegensteht. Das Gebot eines fairen Verfahrens vermittelt einen verfassungsrechtlich verankerten subjektiven Anspruch, der auch gerichtlich durchsetzbar ist (vgl. BVerfG, Urteil vom 13. 11. 1979 – 1 BvR 1022/78, BVerfGE 52, 380 (389); *Reidt/Schiller* → UIG § 6 Rn. 19).

Im Hinblick auf den **Schutz privater Belange** untersagt § 5 Abs. 3 Satz 3 das Zurückhalten von Informationen über die Freisetzung von Schadstoffen, soweit sich die Geheimhaltungsbedürftigkeit aus den Gründen der Nummern 1 oder 3 ergibt. Damit beschränkt das PRTR-Gesetz die generelle Veröffentlichungspflicht auf Informationen im Sinne des § 2 Abs. 2 Nr. 1. Informationen über die Verbringung von Abfällen und über Schadstoffe in Abwasser im Sinne des § 2 Abs. 2 Nr. 2 können daher sehr wohl unter Berufung auf sämtliche in den Nummern 1 bis 3 enthaltenen Gründe zurückgehalten werden, sofern nicht das öffentliche Interesse überwiegt oder der Betroffene einer Veröffentlichung zustimmt (vgl. zu den einzelnen Gründen *Reidt/Schiller* → UIG § 9 Rn. 3 ff.). Das Verfahren über die Prüfung der **Voraussetzungen für ein Zurückhalten von Informationen** ist anders ausgestaltet worden als in § 9 Abs. 1 UIG (vgl. dazu *Reidt/Schiller* → UIG § 9 Rn. 35 ff.). Die Vermutung für das Vorliegen von Betriebs- oder Geschäftsgeheimnissen setzt nicht nur voraus, dass die betreffenden Informationen als solche gekennzeichnet sind, sondern darüber hinaus, dass die Gründe für die Geheimhaltungsbedürftigkeit mitgeteilt werden. Fehlt eine **substantiierte Begründung,** tritt die Vermutungswirkung nicht ein. Ohne weiteres darf die nach Landesrecht zuständige Behörde aber auch dann nicht die Informationen an das Umweltbundesamt weiterleiten. Die Pflicht zur Anhörung, die § 5 Abs. 3 Satz 5 für den Fall vorsieht, dass eine Veröffentlichung trotz des Vorliegens eines Geheimhaltungsgrundes wegen des überwiegenden öffentlichen Interesses erfolgen soll, gilt aus den bereits für § 5 Abs. 2 genannten Gründen auch für den Fall, dass die Behörde das Vorliegen eines Geheimhaltungsgrundes verneint. Gleiches gilt für die **Bekanntgabe der Entscheidung,** dass Informationen durch das Umweltbundesamt in das Register eingestellt werden. 4

Die Zuständigkeit für die Entscheidung über die Schutzbedürftigkeit nach Absatz 2 oder 3 liegt bei der nach Landesrecht zuständige Behörde. Dem Umweltbundesamt ist dabei mitzuteilen, welche Informationen betroffen sind und aus welchen Gründen sie nicht in das Register einzustellen sind. Durch das geänderte Schutzkonzept werden die schutzbedürftigen Informationen nunmehr dem Umweltbundesamt bekannt. Um einen hinreichenden tatsächlichen Schutz der betreffenden Informationen beim Umweltbundesamt sicherzustellen, verpflichtet der neu formulierte Absatz 5 die Bundesbehörde auf den **Stand der Technik** und nennt dabei technische und organisatorische Maßnahmen, 5 die zu treffen sind. Eine genauere Definition dessen, welche Reichweite der Stand der Technik dabei haben soll, fehlt dabei ebenso, wie die Begründung des Regierungsentwurfs unergiebig ist. Nur wenig Orientierung bietet auch die bisherige Literatur zur Datenschutz-Grundverordnung, die an mehreren Stellen ebenfalls diesen Begriff verwendet, auf eine eigenständige Definition jedoch verzichtet (vgl. dazu Kühling/Buchner/Hartung DS-DVO Art. 25 Rn. 21). Angesichts der besonderen Dynamik der Technologien in diesem Bereich dürfte eine immer wieder neue Orientierung am technischen Fortschritt erforderlich sein.

§ 6 Übermittlung der Informationen an die Europäische Kommission

Zuständig für die Durchführung von Artikel 7 Abs. 2 der Verordnung (EG) Nr. 166/2006 ist das Umweltbundesamt. Bei der Übermittlung gibt das Umweltbundesamt an, welche Informationen durch die nach Landesrecht zuständige Behörde als vertraulich beschieden wurden, und bezeichnet die Gründe, weshalb die Kommission diese Informationen der Öffentlichkeit nicht zugänglich machen soll.

Art. 7 Abs. 2 der Verordnung (EG) Nr. 166/2006 legt den Mitgliedstaaten die Pflicht 1
zur jährlichen Berichterstattung an die Kommission auf. Dabei wird eine elektronische Berichterstattung vorgeschrieben. Das genaue **Format sowie die Fristen** ergeben sich aus dem Durchführungsbeschluss (EU) 2019/1741 (ABl. EU 2019 L 267, 3), in der Fassung der Änderung durch den Durchführungsbeschluss (EU) 2022/142 (ABl. EU 2022 L 23, 25). Die administrativen Informationen gemäß den Abschnitten 1 bis 4 des Anhangs zum Durchführungsbeschluss sind danach bis zum 30. September des Berichtsfolgejahres zu übermitteln, bis auf die Informationen zu den Punkten 2.12, 2.13 und 2.14, die erst bis Ende November mitzuteilen sind. Bis zu diesem Zeitpunkt sind auch die thematischen Informationen nach den Abschnitten 5 bis 10 mitzuteilen.

Aufgrund der Änderung des **Schutzkonzepts für die Geheimhaltung** sensibler 2
Daten (vgl. dazu → § 5 Rn. 1) werden auch die betreffenden Informationen an die Kommission weitergeleitet. Das schreibt Art. 11 der Verordnung (EG) Nr. 166/2006 vor. Aus dieser Vorschrift ergibt sich auch schon unmittelbar, dass für jede Betriebseinrichtung getrennt anzugeben ist, welche Informationen aus welchem Grund vertraulich zu behandeln sind. § 6 S. 2 stellt somit lediglich klar, dass diese Aufgabe beim Umweltbundesamt liegt.

§ 7 Bußgeldvorschriften

(1) **Ordnungswidrig handelt, wer gegen die Verordnung (EG) Nr. 166/2006 des Europäischen Parlaments und des Rates vom 18. Januar 2006 über die Schaffung eines europäischen Schadstofffreisetzungs- und -verbringungsregisters und zur Änderung der Richtlinien 91/689/EWG und 96/61/EG des Rates (ABl. L 33 vom 4.2.2006, S. 1), die zuletzt durch die Verordnung (EU) 2019/1243 (ABl. L 198 vom 25.7.2019, S. 241) geändert worden ist, verstößt, indem er vorsätzlich fahrlässig**

1. **entgegen Artikel 5 Absatz 1 Unterabsatz 1 oder 2, jeweils in Verbindung mit § 3 Absatz 2 Satz 1, eine Mitteilung nicht, nicht richtig, nicht vollständig oder nicht rechtzeitig macht oder**
2. **entgegen Artikel 5 Absatz 5 Satz 1 eine dort genannte Aufzeichnung nicht oder nicht mindestens fünf Jahre verfügbar hält.**

(2) **Die Ordnungswidrigkeit kann mit einer Geldbuße bis zu zehntausend Euro geahndet werden.**

Den Entwurf zu § 7, der in unveränderter Form Gesetz geworden ist, hat die Bundesregierung wie folgt begründet (BT-Drs. 16/3756, 12 f.): 1

> „§ 7 enthält Bußgeldvorschriften für den Fall eines Verstoßes gegen die sich aus der Verordnung (EG) Nr. 166/2006 in Verbindung mit diesem Gesetz ergebende Pflicht, einen Bericht rechtzeitig, richtig und vollständig abzugeben sowie Daten nicht, nicht vollständig oder nicht ausreichend lang für die zuständigen Behörden verfügbar zu halten. § 7 enthält eine statische Verweisung auf die einschlägigen Bestimmungen der EG-Verordnung. Er setzt Artikel 20 Abs. 1 der EG-Verordnung um.“

Nach der Änderung der Verordnung (EG) Nr. 166/2006 durch Art. 7 der Verordnung (EU) 2019/1010 (ABl. EU 2019 L 170, 115) wurde der Wortlaut der Bußgeldvorschrift angepasst, in der Sache aber nicht verändert. Unter anderem wurde die statische Verweisung an die aktuelle Rechtslage angepasst. Der Tatbestand des § 7 Abs. 1 Nr. 1 knüpft an die Pflicht zur Berichterstattung durch die Betreiber an die nach Landesrecht zuständige Behörde an (vgl. dazu → § 3 Rn. 4). Diese Behörde ist somit auch für die Verfolgung der Ordnungswidrigkeiten zuständig, soweit eine entsprechende Zuständigkeitsregelung gemäß **§ 36 Abs. 1 Nr. 1 OWiG** getroffen wurde. Im Hinblick auf die Zuständigkeit gilt dies auch für den Tatbestand des § 7 Abs. 1 Nr. 2, der sich auf die **Aufbewahrungspflicht** gemäß Art. 5 Abs. 5 der Verordnung (EG) Nr. 166/2006 bezieht. Diese Pflicht besteht gegenüber den zuständigen nationalen Behörden. Damit sind nach der Systematik des PRTR-Gesetzes ausschließlich die nach Landesrecht zuständigen Behörden gemeint und nicht auch das Umweltbundesamt. Dies ergibt sich nicht zuletzt daraus, dass § 3, der sich mit der Erhebung der Informationen beim Betreiber durch die zuständigen Länderbehörden befasst, auf den gesamten Art. 5 der Verordnung (EG) Nr. 166/2006 und nicht nur auf einzelne Absätze bezieht. 2

Durch die ausdrückliche Nennung des § 3 Abs. 2 Satz 1 wird klargestellt, dass eine **verspätete Berichterstattung** grundsätzlich den Tatbestand einer Ordnungswidrigkeit erfüllt. Dies gilt jedoch nicht, soweit die Verlängerung der Abgabefrist nach dem Verfahren des § 3 Abs. 2 Satz 2 und 3 erfolgt. Anwendbar sind die Bußgeldvorschriften des § 7 in seiner jetzigen Form ab dem Berichtsjahr 2020 (vgl. → § 9). 3

§ 8 Bestimmungen zum Verwaltungsverfahren

Von den in diesem Gesetz getroffenen Regelungen des Verwaltungsverfahrens kann nicht durch Landesrecht abgewichen werden.

§ 8 hat seine aktuelle Fassung durch das Erste Gesetz zur Änderung des PRTR-Gesetzes vom 9. Dezember 2020 (BGBl. I 2873) erhalten (vgl. auch → Vorb. Rn. 11 f.). Abgelöst wurde dabei eine Übergangsvorschrift, die für das erste Berichtsjahr 2007 abweichende Fristen festgelegt hatte. Eine neue Übergangsvorschrift enthält nunmehr § 9. 1

Die Bestimmung stützt sich auf die Ermächtigung in Art. 84 Abs. 1 S. 5 GG, die eine Festlegung der Abweichungsfestigkeit in Ausnahmefällen ermöglicht (vgl. zur Parallelregelung in § 73 BImSchG → BImSchG § 73 Rn. 1 ff.). Das Umweltverfahrensrecht soll dabei regelmäßig den Ausnahmetatbestand erfüllen (Bericht BMI/BMJ BR-Drs. 651/06, 11; vgl. auch Jarass/Pieroth GG Art. 84 Rn. 19-22). Das darüber hinaus erforderliche besondere Bedürfnis nach bundeseinheitlicher Regelung begründet die Bundesregierung in ihrem Entwurf mit der Notwendigkeit, dem Bund seine eigene form- und fristgerechte Berichterstattung an die Kommission zu ermöglichen (BT-Drs. 19/22846, 15). Während sich nämlich Form und Frist der Berichterstattung durch das Umweltbundeamt an die Kommission unmittelbar aus der Verordnung (EG) Nr. 166/2006 sowie dem Durchführungsbeschluss (EU) 2019/1741 ergeben (vgl. dazu → § 6 Rn. 1), ergibt sich die vorgelagerte Pflicht zur Berichterstattung durch die Länder an das Umweltbundesamt aus dem PRTR-Gesetz (→ § 5 Rn. 1 ff.). 2

§ 9 Übergangsvorschrift

Die Bußgeldvorschriften nach § 7 gelten ab dem Berichtsjahr 2020.

§ 9 beinhaltet eine ausschließlich für die Bußgeldvorschrift des § 7 geltende Übergangsvorschrift. Die Norm ist in das Gesetz durch das Erste Gesetz zur Änderung des PRTR-Gesetzes vom 9. Dezember 2020 (BGBl. I 2873) aufgenommen worden. Die vorherige Übergangsvorschrift des § 8, die mit dieser Änderung aufgehoben wurde, betraf die Berichterstattung für das erste Berichtsjahr 2007. 1

Die Änderungen im PRTR-Gesetz waren notwendig, um den geänderten Vorgaben für die Berichterstattung an die Kommission gerecht zu werden (vgl. → Vorb. Rn. 8). Das Format für die Berichterstattung wird nunmehr unmittelbar durch den Durchführungsbeschluss (EU) 2019/1741 (ABl. EU 2019 L 267, 3) festgelegt. Nach Art. 1 UAbs. 2 dieses Beschlusses ist das neue Format ab dem Berichtsjahr 2019 zu beachten (vgl. → § 3 Rn. 2). Dementsprechend sind die geänderten Vorgaben im PRTR-Gesetz auch schon für das Berichtsjahr 2019 anzuwenden, obwohl das Änderungsgesetz selbst erst am 15. Dezember 2020 und damit nach Ablauf der für das Jahr 2019 geltenden Fristen in Kraft getreten ist. Eine Ahndung von Verstößen gegen mit der Berichtspflicht belegte Betreiber für das Berichtsjahr 2019 scheidet damit von vornherein aus. 2

LANDMANN/ROHMER

UMWELTRECHT

BAND III

KOMMENTAR

Herausgegeben von

Prof. Dr. Martin Beckmann
Rechtsanwalt und Fachanwalt für Verwaltungsrecht,
Honorarprofessor der Universität Münster

Prof. Dr. Dr. Wolfgang Durner LL. M.
Rheinische Friedrich-Wilhelms-Universität Bonn und Direktor des Instituts für das Recht der Wasser- und Entsorgungswirtschaft

Prof. Dr. Thomas Mann
Direktor des Instituts für Öffentliches Recht,
Lehrstuhl für Verwaltungsrecht der Georg-August-Universität Göttingen

Prof. Dr. Marc Röckinghausen
Hochschule für Polizei und öffentliche Verwaltung NRW, Abteilung Gelsenkirchen,
Fachbereich Allgemeine Verwaltung/Rentenversicherung

Stand: 1. April 2022
(98. Ergänzungslieferung)

(Zum Bearbeitungsstand im Einzelnen siehe die Datumszeile am unteren Ende jeder Seite)

C.H.BECK

Dieses Titelblatt stammt aus der 98. Ergänzungslieferung April 2022.

(Anschluss an die 97. Ergänzungslieferung Dezember 2021)

ISBN 978 3 406 79498 8

Der Kommentar wurde von der 1. bis zur 50. Ergänzungslieferung
von Prof. Dr. Klaus Hansmann und von der 51. bis zur 58. Ergänzungslieferung
von Prof. Dr. Martin Beckmann herausgegeben.

Zitiervorschläge:

Beckmann in Landmann/Rohmer UmweltR KrWG § 17 Rn. 1
Landmann/Rohmer UmweltR/*Beckmann* KrWG § 17 Rn. 1

www.beck.de

Grundwerk ISBN 978 3 406 34327 8 ergänzt bis ISBN 978 3 406 79498 8

Wilhelmstraße 9, 80801 München
Druck: Druckerei C. H. Beck, Nördlingen
(Adresse wie Verlag)

Satz: mediaTEXT Jena GmbH, Jena

CO_2 neutral
chbeck.de/nachhaltig

Gedruckt auf säurefreiem, alterungsbeständigem Papier
(hergestellt aus chlorfrei gebleichtem Zellstoff)

Bearbeiterverzeichnis (Band I–IV)

Prof. Dr. Martin Beckmann Rechtsanwalt in Münster	Vorb. Abfallrecht, §§ 1–57, 62–68, 70–72 KrWG § 15 UVPG, Umweltschadensgesetz (mit Wittmann)
Dr. Christian-Dietrich Bracher Rechtsanwalt in Bonn	§§ 41 bis 43 BImSchG, 16. und 24. BImSchV
Prof. Dr. Peter Bruckmann Landesamt für Natur, Umwelt und Verbraucherschutz Nordrhein-Westfalen, Essen	39. BImSchV (mit Strecker und Vogt) 43. BImSchV (mit van Endern und Vogt)
Prof. Dr. Pascale Cancik O. Professorin an der Universität Osnabrück	Vorb. §§ 47a ff. BImSchG, §§ 47a–47f BImSchG (§§ 47a–47c, 47e und 47f mit Hansmann)
Prof. Dr. Johannes Dietlein O. Professor an der Universität Düsseldorf	§§ 1, 2, Vorb. §§ 4–21, 4 bis 8, 9 bis 11, 16a, 19, 23a–23c und 25a BImSchG, 9. BImSchV
Dr. Robert Dix Syndikusrechtsanwalt der EWE AG, Oldenburg	§ 29–32, 70, 71, 73 UVPG
Prof. Dr. Matthias Dombert Rechtsanwalt in Potsdam	§§ 4–6, 8, 13, 14, 20, 24, 25 BBodSchG
Rolf-Dieter Dörr Ministerialrat a. D.	OberflächengewässerV (mit Walter)
Prof. Dr. Dr. Wolfgang Durner LL. M. O. Professor an der Universität Bonn	Umweltvölkerrecht, Vorb. §§ 27 ff. WHG, §§ 27–31, 34, 35, 82–85 WHG
Benedikt van Endern Ministerium für Umwelt, Landwirtschaft, Natur- und Verbraucherschutz des Landes Nordrhein-Westfalen	43. BImSchV (mit Bruckmann und Vogt)
Prof. Dr. Astrid Epiney LL. M. O. Professorin an der Université de Fribourg	Art. 191–193 AEUV
Dr. Friederike Erxleben Umweltbundesamt	UERV (mit Wolke)
Prof. Dr. Wolfgang Ewer Rechtsanwalt in Kiel	Vorb. BBodSchG, §§ 9, 15, 16 BBodSchG
Prof. Dr. Kurt Faßbender O. Professor an der Universität Leipzig	§§ 1–5, 33, 36–38 WHG

Bearbeiter

Dr. Frank Fellenberg LL. M. Rechtsanwalt in Berlin	Fluglärmgesetz (mit Reidt und Schiller), Umweltrechtsbehelfsgesetz (mit Schiller)
Dr. Henrik Flatter Bundesamt für Naturschutz, Bonn	§§ 69–74 BNatSchG
Privatdozentin Dr. Sina Fontana, MLE Akademische Rätin, Universität Göttingen	§§ 1, 2, 15–20 UAG
Dr. Matthias Ganske Rechtsanwalt in Bonn	§§ 25, 26, 54–61 WHG
Prof. Dr. Klaus Ferdinand Gärditz O. Professor an der Universität Bonn	Art. 20a GG
Prof. Dr. Martin Gellermann Rechtsanwalt, apl. Professor an der Universität Osnabrück	§§ 4, 7–51, §§ 52–56, §§ 57–68 BNatSchG (§§ 41–43 Mit Sanden)
Nela Gies Richterin am Verwaltungsgericht Gelsenkirchen	§§ 41, 42 WHG
Prof. Dr. Christoph Görisch Hochschule für Polizei und öffentliche Verwaltung NRW, Abteilung Münster	§§ 4–14 UAG
Dipl.-Met. Arno Graff Umweltbundesamt, Dessau	Nr. 5.5 TA Luft (mit Hansmann), Vorb. zu Anhang 3 der TA Luft
Moritz Grunow Rechtsanwalt in Düsseldorf	Vorb. AwSV, § 1 AwSV
Prof. Dr. Günter Hager † O. Professor an der Universität Freiburg	§§ 6, 7 UmweltHG (mit Rehbinder)
Dr. Joachim Hagman Rechtsanwalt in Münster	§§ 65–69 UVPG
Prof. Dr. Klaus Hansmann Leitender Ministerialrat a. D.	§§ 17, 18, 20, 21, 26–37, 38–40, 47a–47c, 47e, 47f, 52, 52b–58d, 59, 60, 62, 64–72, 74 BImSchG (§§ 17, 18 mit Ohms, Vor § 26, §§ 26–31 mit Pabst, Vor § 38, §§ 38–40 mit Hofmann, §§ 20, 21, Vor 32, §§ 32–37, 52, 52b, 62, 66 und 67 mit Röckinghausen, §§ 47a–47c, 47e und 47f mit Cancik), Vor § 53, §§ 53–58d mit Maciejewski, 14., 32. und 34. BImSchV, TA Lärm, TA Luft (ohne Vorb. zu Anhang 3), 4., 11., 20., 21., 25., 27., 30., 34. und 35. BImSchV (mit Röckinghausen), 2. BImSchV (mit Mahrwald und Röckinghausen), 5. BImSchV mit Maciejewski, 12. BImSchV (mit König), BzBlG, 1. DVO BzBlG

Bearbeiter

Dr. Felix Hardach Bundesministerium für Umwelt, Naturschutz und nukleare Sicherheit	§§ 1, 8, 11–13, 17, 20, 22, 23, 26, 31, 32, 35 TEHG
Prof. Dr. Torsten Heilshorn Rechtsanwalt in Freiburg	Vor § 22 BImSchG, §§ 22–25 BImSchG (mit Sparwasser)
Dr. Franziska Heß Rechtsanwältin in Leipzig	§§ 1-3 BNatSchG (mit Wulff)
Michael Heugel Bundesministerium für Umwelt, Naturschutz und nukleare Sicherheit	§§ 5, 6 BNatSchG
Prof. Dr. Ekkehard Hofmann O. Professor an der Universität Trier	Vorb. § 38, §§ 38–40 BImSchG, §§ 16–23, 54–56 UVPG
Dr. Frank Hofmann Bundesministerium für Umwelt, Naturschutz und Reaktorsicherheit nukleare Sicherheit	§ 23 WHG
Dr. Georg Hünnekens Rechtsanwalt in Münster	§§ 50–53 WHG, Vorb. §§ 64–66, §§ 64–66 WHG, Vorb. §§ 72–81 WHG, §§ 72–81 WHG
Georg Kahl † Ministerialrat a. D.	7. BImSchV
Lutz Keppner Bundesministerium für Umwelt, Naturschutz und nukleare Sicherheit	Grundwasserverordnung
Dr. Andreas Kersting Rechtsanwalt in Münster	§§ 58–61 KrWG
Dr. Heike Kieserling Deutsche Bahn AG	§§ 13, 14, 25–38 AwSV
Dr. Jens Martin König Hessisches Ministerium für Umwelt, Klimaschutz, Landwirtschaft und Verbraucherschutz	12. BImSchV (mit Hansmann)
Dr. Olaf Konzak Rechtsanwalt in Köln	§§ 2, 3 und 7 VerpackG (mit Körner)
Dr. Michael Körner, LL.M. Rechtsanwalt in Köln	§§ 2, 3 und 7 VerpackG (mit Konzak)
Dr. Philip Kubitza Richter auf Probe, Rheinland-Pfalz	§§ 100–102 WHG
Prof. Dr. Silke Ruth Laskowski O. Professorin an der Universität Kassel	§ 24 WHG, § 58e BImSchG mit der EMASPrivilegV
Prof. Dr. Joachim Lege O. Professor an der Universität Greifswald	§§ 96–99 WHG
Dr. Rasso Ludwig LL. M. Richterin am Verwaltungsgericht München	§§ 19, 21–23, 26 BBodSchG

Bearbeiter

Prof. Dr. Karim Maciejewski Hochschule des Bundes für öffentliche Verwaltung	Vor § 53 BImSchG, §§ 53–58d BImSchG (mit Hansmann), 5. BImSchV (mit Hansmann)
Birgit Mahrwald Bundesministerium für Umwelt, Naturschutz und nukleare Sicherheit	2. BImSchV (mit Hansmann und Röckinghausen)
Prof. Dr. Thomas Mann O. Professor an der Universität Göttingen	§§ 8a, 12 BImSchG, Vorb. ElektroG, §§ 1, 2 ElektroG, §§ 1–14, 26–28, 30–42. 44–46, 48–50, 52, 53, 57–64, 72 UVPG, §§ 21–38 UAG
Dr. Cedric Christian Meyer Rechtsanwalt in Köln	§§ 46–49, 62–63 WHG
Dr. Uwe Neuser Bundesministerium für Umwelt, Naturschutz und nukleare Sicherheit	§§ 2, 27, 33, 34 TEHG
Volkmar Nies Landwirtschaftsdirektor bei der Landwirtschaftskammer Rheinland	§§ 1, 2, 7, 17, 18 BBodSchG
Dr. Martin Ohms Rechtsanwalt in Berlin	§§ 17, 18 BImSchG (mit Hansmann), 13. BImSchV, 17. BImSchV (z.T. mit Sahm)
Prof. Dr. Heinz-Joachim Pabst Hochschule des Bundes für öffentliche Verwaltung	Vor § 26, §§ 26–31 BImSchG (mit Hansmann), § 61 BImSchG, 41. BImSchV
Dr. Kay Artur Pape Rechtsanwalt in Bonn	Vorb. WHG, §§ 6–22 WHG
Dr. Malte Petersen LL. M. Ministerium für Umwelt, Landwirtschaft, Natur- und Verbraucherschutz des Landes Nordrhein-Westfalen	§§ 89–95 WHG
Prof. Dr. Alexander Proelß O. Professor an der Universität Trier	§§ 43–45l WHG
Prof. Dr. Eckard Rehbinder Em. Professor an der Universität Frankfurt/Main	§ 14 BImSchG UmweltHG (§§ 6, 7 mit Hager)
Prof. Dr. Olaf Reidt Rechtsanwalt in Berlin	§ 16 BImSchG (mit Schiller), 18. BImSchV (mit Schiller), Fluglärmgesetz (mit Fellenberg und Schiller), Umweltinformationsgesetz (mit Schiller)
Dr. Christoph Riese Rechtsanwalt in Berlin	§§ 67–71, 86 WHG

(Fortsetzung Seite 4)

Prof. Dr. Dr. Joachim Sanden † Behörde für Stadtentwicklung und Umwelt, Freie und Hansestadt Hamburg, zugl. Apl. Prof. an der Universität Lüneburg	§§ 41–43 BNatSchG (mit Gellermann)
Dr. Gernot Schiller Rechtsanwalt in Berlin	§ 16 BImSchG (mit Reidt), 18. BImSchV (mit Reidt), Fluglärmgesetz (mit Reidt und Fellenberg), Umweltinformationsgesetz (mit Reidt) Umweltrechtsbehelfsgesetz (mit Fellenberg), §§ 14a, 15 BImSchG
Matthias Schleifenbaum, LL.M. Rechtsanwalt in Köln	Vorb. BattG, § 1 BattG
Prof. Dr. Hendrik Schoen Hochschule für Polizei und öffentliche Verwaltung NRW, Abteilung Münster	§ 50 BImSchG
Prof. Dr. Meinhard Schröder Em. Professor an der Universität Trier	EG-Abfallverbringungs-VO
Prof. Dr. Max-Jürgen Seibert Vorsitzender Richter am Oberverwaltungsgericht Münster	§ 13 BImSchG
Prof. Dr. Reinhard Sparwasser Rechtsanwalt in Freiburg	Vor § 22 BImSchG, §§ 22–25 BImSchG (mit Heilshorn)
Prof. Dr. Indra Spiecker genannt Döhmann, LL.M. O. Professorin an der Universität Frankfurt a.M.	UStatG BImSchG (mit Heilshorn)
Prof. Dr. Peter-Tobias Stoll O. Professor an der Universität Göttingen	EG-Artenschutzverordnung
Silvia Strecker Ministerium für Umwelt, Landwirtschaft, Natur- und Verbraucherschutz des Landes Nordrhein-Westfalen	39. BImSchV (mit Bruckmann)
Prof. Dr. Dr. Markus Thiel Deutsche Hochschule der Polizei, Münster	§§ 3, 48–48b BImSchG
Dr. Christian Tünnesen-Harmes Rechtsanwalt in Duisburg	AbfAEV
Dr. Klaus Vogt Landesamt für Natur, Umwelt und Verbraucherschutz Nordrhein-Westfalen	39. BImSchV (mit Bruckmann und Strecker), 43. BImSchV (mit Bruckmann und van Endern)
Anne-Barbara Walter Umweltbundesamt	OberflächengewässerV (mit Dörr)
Dr. Dirk Weinreich Bundesministerium für Umwelt, Naturschutz und nukleare Sicherheit	Vorb. TEHG, §§ 7, 19 TEHG

Bearbeiter

Dr. Armin von Weschpfennig Akademischer Rat, Universität Bonn	§§ 13a, 13b, 103–107 WHG
Dr. Antje Wittmann Rechtsanwältin in Münster	UmweltschadensG (zusammen mit Beckmann), § 51 UVPG
Frank Wolke Umweltbundesamt, Deutsche Emissionshandelsstelle	§§ 4, 18, 24 TEHG, UERV (mit Erxleben)
Justus Wulff LL.M. Juristischer Mitarbeiter in der Kanzlei Baumann-Rechtsanwälte, Leipzig	§§ 1-3 BNatSchG (mit Heß)
Dr. Reinhard Wulfhorst Ministerium für Wirtschaft, Infrastruktur, Tourismus und Arbeit des Landes Mecklenburg-Vorpommern	§§ 24, 25, 43 UVPG

LANDMANN/ROHMER

UMWELTRECHT

BAND IV

KOMMENTAR

Herausgegeben von

Prof. Dr. Martin Beckmann
Rechtsanwalt und Fachanwalt für Verwaltungsrecht,
Honorarprofessor der Universität Münster

Prof. Dr. Dr. Wolfgang Durner LL. M.
Rheinische Friedrich-Wilhelms-Universität Bonn und Direktor des Instituts für das Recht der Wasser- und Entsorgungswirtschaft

Prof. Dr. Thomas Mann
Direktor des Instituts für Öffentliches Recht,
Lehrstuhl für Verwaltungsrecht der Georg-August-Universität Göttingen

Prof. Dr. Marc Röckinghausen
Hochschule für Polizei und öffentliche Verwaltung NRW, Abteilung Gelsenkirchen,
Fachbereich Allgemeine Verwaltung/ Rentenversicherung

Stand: 1. April 2022
(98. Ergänzungslieferung)

(Zum Bearbeitungsstand im Einzelnen siehe die Datumszeile am unteren Ende jeder Seite)

C.H.BECK

Dieses Titelblatt stammt aus der 98. Ergänzungslieferung April 2022.

(Anschluss an die 97. Ergänzungslieferung Dezember 2021)

ISBN 978 3 406 79498 8

Der Kommentar wurde von der 1. bis zur 50. Ergänzungslieferung von Prof. Dr. Klaus Hansmann und von der 51. bis zur 58. Ergänzungslieferung von Prof. Dr. Martin Beckmann herausgegeben.

Zitiervorschläge:

Beckmann in Landmann/Rohmer UmweltR KrWG § 17 Rn. 1
Landmann/Rohmer UmweltR/*Beckmann* KrWG § 17 Rn. 1

www.beck.de

Grundwerk ISBN 978 3 406 34327 8 ergänzt bis ISBN 978 3 406 79498 8

Wilhelmstraße 9, 80801 München
Druck: Druckerei C. H. Beck, Nördlingen
(Adresse wie Verlag)

Satz: mediaTEXT Jena GmbH, Jena

CO_2 neutral
chbeck.de/nachhaltig

Gedruckt auf säurefreiem, alterungsbeständigem Papier
(hergestellt aus chlorfrei gebleichtem Zellstoff)

Bearbeiterverzeichnis (Band I–IV)

Prof. Dr. Martin Beckmann Rechtsanwalt in Münster	Vorb. Abfallrecht, §§ 1–57, 62–68, 70–72 KrWG § 15 UVPG, Umweltschadensgesetz (mit Wittmann)
Dr. Christian-Dietrich Bracher Rechtsanwalt in Bonn	§§ 41 bis 43 BImSchG, 16. und 24. BImSchV
Prof. Dr. Peter Bruckmann Landesamt für Natur, Umwelt und Verbraucherschutz Nordrhein-Westfalen, Essen	39. BImSchV (mit Strecker und Vogt) 43. BImSchV (mit van Endern und Vogt)
Prof. Dr. Pascale Cancik O. Professorin an der Universität Osnabrück	Vorb. §§ 47a ff. BImSchG, §§ 47a–47f BImSchG (§§ 47a–47c, 47e und 47f mit Hansmann)
Prof. Dr. Johannes Dietlein O. Professor an der Universität Düsseldorf	§§ 1, 2, Vorb. §§ 4–21, 4 bis 8, 9 bis 11, 16a, 19, 23a–23c und 25a BImSchG, 9. BImSchV
Dr. Robert Dix Syndikusrechtsanwalt der EWE AG, Oldenburg	§ 29–32, 70, 71, 73 UVPG
Prof. Dr. Matthias Dombert Rechtsanwalt in Potsdam	§§ 4–6, 8, 13, 14, 20, 24, 25 BBodSchG
Rolf-Dieter Dörr Ministerialrat a. D.	OberflächengewässerV (mit Walter)
Prof. Dr. Dr. Wolfgang Durner LL. M. O. Professor an der Universität Bonn	Umweltvölkerrecht, Vorb. §§ 27 ff. WHG, §§ 27–31, 34, 35, 82–85 WHG
Benedikt van Endern Ministerium für Umwelt, Landwirtschaft, Natur- und Verbraucherschutz des Landes Nordrhein-Westfalen	43. BImSchV (mit Bruckmann und Vogt)
Prof. Dr. Astrid Epiney LL. M. O. Professorin an der Université de Fribourg	Art. 191–193 AEUV
Dr. Friederike Erxleben Umweltbundesamt	UERV (mit Wolke)
Prof. Dr. Wolfgang Ewer Rechtsanwalt in Kiel	Vorb. BBodSchG, §§ 9, 15, 16 BBodSchG
Prof. Dr. Kurt Faßbender O. Professor an der Universität Leipzig	§§ 1–5, 33, 36–38 WHG

Bearbeiter

Dr. Frank Fellenberg LL. M. Rechtsanwalt in Berlin	Fluglärmgesetz (mit Reidt und Schiller), Umweltrechtsbehelfsgesetz (mit Schiller)
Dr. Henrik Flatter Bundesamt für Naturschutz, Bonn	§§ 69–74 BNatSchG
Privatdozentin Dr. Sina Fontana, MLE Akademische Rätin, Universität Göttingen	§§ 1, 2, 15–20 UAG
Dr. Matthias Ganske Rechtsanwalt in Bonn	§§ 25, 26, 54–61 WHG
Prof. Dr. Klaus Ferdinand Gärditz O. Professor an der Universität Bonn	Art. 20a GG
Prof. Dr. Martin Gellermann Rechtsanwalt, apl. Professor an der Universität Osnabrück	§§ 4, 7–51, §§ 52–56, §§ 57–68 BNatSchG (§§ 41–43 Mit Sanden)
Nela Gies Richterin am Verwaltungsgericht Gelsenkirchen	§§ 41, 42 WHG
Prof. Dr. Christoph Görisch Hochschule für Polizei und öffentliche Verwaltung NRW, Abteilung Münster	§§ 4–14 UAG
Dipl.-Met. Arno Graff Umweltbundesamt, Dessau	Nr. 5.5 TA Luft (mit Hansmann), Vorb. zu Anhang 3 der TA Luft
Moritz Grunow Rechtsanwalt in Düsseldorf	Vorb. AwSV, § 1 AwSV
Prof. Dr. Günter Hager † O. Professor an der Universität Freiburg	§§ 6, 7 UmweltHG (mit Rehbinder)
Dr. Joachim Hagman Rechtsanwalt in Münster	§§ 65–69 UVPG
Prof. Dr. Klaus Hansmann Leitender Ministerialrat a. D.	§§ 17, 18, 20, 21, 26–37, 38–40, 47a–47c, 47e, 47f, 52, 52b–58d, 59, 60, 62, 64–72, 74 BImSchG (§§ 17, 18 mit Ohms, Vor § 26, §§ 26–31 mit Pabst, Vor § 38, §§ 38–40 mit Hofmann, §§ 20, 21, Vor 32, §§ 32–37, 52, 52b, 62, 66 und 67 mit Röckinghausen, §§ 47a–47c, 47e und 47f mit Cancik), Vor § 53, §§ 53–58d mit Maciejewski, 14., 32. und 34. BImSchV, TA Lärm, TA Luft (ohne Vorb. zu Anhang 3), 4., 11., 20., 21., 25., 27., 30., 34. und 35. BImSchV (mit Röckinghausen), 2. BImSchV (mit Mahrwald und Röckinghausen), 5. BImSchV mit Maciejewski, 12. BImSchV (mit König), BzBlG, 1. DVO BzBlG

Bearbeiter

Dr. Felix Hardach Bundesministerium für Umwelt, Naturschutz und nukleare Sicherheit	§§ 1, 8, 11–13, 17, 20, 22, 23, 26, 31, 32, 35 TEHG
Prof. Dr. Torsten Heilshorn Rechtsanwalt in Freiburg	Vor § 22 BImSchG, §§ 22–25 BImSchG (mit Sparwasser)
Dr. Franziska Heß Rechtsanwältin in Leipzig	§§ 1-3 BNatSchG (mit Wulff)
Michael Heugel Bundesministerium für Umwelt, Naturschutz und nukleare Sicherheit	§§ 5, 6 BNatSchG
Prof. Dr. Ekkehard Hofmann O. Professor an der Universität Trier	Vorb. § 38, §§ 38–40 BImSchG, §§ 16–23, 54–56 UVPG
Dr. Frank Hofmann Bundesministerium für Umwelt, Naturschutz und Reaktorsicherheit nukleare Sicherheit	§ 23 WHG
Dr. Georg Hünnekens Rechtsanwalt in Münster	§§ 50–53 WHG, Vorb. §§ 64–66, §§ 64–66 WHG, Vorb. §§ 72–81 WHG, §§ 72–81 WHG
Georg Kahl † Ministerialrat a. D.	7. BImSchV
Lutz Keppner Bundesministerium für Umwelt, Naturschutz und nukleare Sicherheit	Grundwasserverordnung
Dr. Andreas Kersting Rechtsanwalt in Münster	§§ 58–61 KrWG
Dr. Heike Kieserling Deutsche Bahn AG	§§ 13, 14, 25–38 AwSV
Dr. Jens Martin König Hessisches Ministerium für Umwelt, Klimaschutz, Landwirtschaft und Verbraucherschutz	12. BImSchV (mit Hansmann)
Dr. Olaf Konzak Rechtsanwalt in Köln	§§ 2, 3 und 7 VerpackG (mit Körner)
Dr. Michael Körner, LL.M. Rechtsanwalt in Köln	§§ 2, 3 und 7 VerpackG (mit Konzak)
Dr. Philip Kubitza Richter auf Probe, Rheinland-Pfalz	§§ 100–102 WHG
Prof. Dr. Silke Ruth Laskowski O. Professorin an der Universität Kassel	§ 24 WHG, § 58e BImSchG mit der EMASPrivilegV
Prof. Dr. Joachim Lege O. Professor an der Universität Greifswald	§§ 96–99 WHG
Dr. Rasso Ludwig LL. M. Richterin am Verwaltungsgericht München	§§ 19, 21–23, 26 BBodSchG

Bearbeiter

Prof. Dr. Karim Maciejewski Hochschule des Bundes für öffentliche Verwaltung	Vor § 53 BImSchG, §§ 53–58d BImSchG (mit Hansmann), 5. BImSchV (mit Hansmann)
Birgit Mahrwald Bundesministerium für Umwelt, Naturschutz und nukleare Sicherheit	2. BImSchV (mit Hansmann und Röckinghausen)
Prof. Dr. Thomas Mann O. Professor an der Universität Göttingen	§§ 8a, 12 BImSchG, Vorb. ElektroG, §§ 1, 2 ElektroG, §§ 1–14, 26–28, 30–42. 44–46, 48–50, 52, 53, 57–64, 72 UVPG, §§ 21–38 UAG
Dr. Cedric Christian Meyer Rechtsanwalt in Köln	§§ 46–49, 62–63 WHG
Dr. Uwe Neuser Bundesministerium für Umwelt, Naturschutz und nukleare Sicherheit	§§ 2, 27, 33, 34 TEHG
Volkmar Nies Landwirtschaftsdirektor bei der Landwirtschaftskammer Rheinland	§§ 1, 2, 7, 17, 18 BBodSchG
Dr. Martin Ohms Rechtsanwalt in Berlin	§§ 17, 18 BImSchG (mit Hansmann), 13. BImSchV, 17. BImSchV (z.T. mit Sahm)
Prof. Dr. Heinz-Joachim Pabst Hochschule des Bundes für öffentliche Verwaltung	Vor § 26, §§ 26–31 BImSchG (mit Hansmann), § 61 BImSchG, 41. BImSchV
Dr. Kay Artur Pape Rechtsanwalt in Bonn	Vorb. WHG, §§ 6–22 WHG
Dr. Malte Petersen LL. M. Ministerium für Umwelt, Landwirtschaft, Natur- und Verbraucherschutz des Landes Nordrhein-Westfalen	§§ 89–95 WHG
Prof. Dr. Alexander Proelß O. Professor an der Universität Trier	§§ 43–45l WHG
Prof. Dr. Eckard Rehbinder Em. Professor an der Universität Frankfurt/Main	§ 14 BImSchG UmweltHG (§§ 6, 7 mit Hager)
Prof. Dr. Olaf Reidt Rechtsanwalt in Berlin	§ 16 BImSchG (mit Schiller), 18. BImSchV (mit Schiller), Fluglärmgesetz (mit Fellenberg und Schiller), Umweltinformationsgesetz (mit Schiller)
Dr. Christoph Riese Rechtsanwalt in Berlin	§§ 67–71, 86 WHG

(Fortsetzung Seite 4)

Prof. Dr. Dr. Joachim Sanden † Behörde für Stadtentwicklung und Umwelt, Freie und Hansestadt Hamburg, zugl. Apl. Prof. an der Universität Lüneburg	§§ 41–43 BNatSchG (mit Gellermann)
Dr. Gernot Schiller Rechtsanwalt in Berlin	§ 16 BImSchG (mit Reidt), 18. BImSchV (mit Reidt), Fluglärmgesetz (mit Reidt und Fellenberg), Umweltinformationsgesetz (mit Reidt) Umweltrechtsbehelfsgesetz (mit Fellenberg), §§ 14a, 15 BImSchG
Matthias Schleifenbaum, LL.M. Rechtsanwalt in Köln	Vorb. BattG, § 1 BattG
Prof. Dr. Hendrik Schoen Hochschule für Polizei und öffentliche Verwaltung NRW, Abteilung Münster	§ 50 BImSchG
Prof. Dr. Meinhard Schröder Em. Professor an der Universität Trier	EG-Abfallverbringungs-VO
Prof. Dr. Max-Jürgen Seibert Vorsitzender Richter am Oberverwaltungsgericht Münster	§ 13 BImSchG
Prof. Dr. Reinhard Sparwasser Rechtsanwalt in Freiburg	Vor § 22 BImSchG, §§ 22–25 BImSchG (mit Heilshorn)
Prof. Dr. Indra Spiecker genannt Döhmann, LL.M. O. Professorin an der Universität Frankfurt a.M.	UStatG BImSchG (mit Heilshorn)
Prof. Dr. Peter-Tobias Stoll O. Professor an der Universität Göttingen	EG-Artenschutzverordnung
Silvia Strecker Ministerium für Umwelt, Landwirtschaft, Natur- und Verbraucherschutz des Landes Nordrhein-Westfalen	39. BImSchV (mit Bruckmann)
Prof. Dr. Dr. Markus Thiel Deutsche Hochschule der Polizei, Münster	§§ 3, 48–48b BImSchG
Dr. Christian Tünnesen-Harmes Rechtsanwalt in Duisburg	AbfAEV
Dr. Klaus Vogt Landesamt für Natur, Umwelt und Verbraucherschutz Nordrhein-Westfalen	39. BImSchV (mit Bruckmann und Strecker), 43. BImSchV (mit Bruckmann und van Endern)
Anne-Barbara Walter Umweltbundesamt	OberflächengewässerV (mit Dörr)
Dr. Dirk Weinreich Bundesministerium für Umwelt, Naturschutz und nukleare Sicherheit	Vorb. TEHG, §§ 7, 19 TEHG

Bearbeiter

Dr. Armin von Weschpfennig Akademischer Rat, Universität Bonn	§§ 13a, 13b, 103–107 WHG
Dr. Antje Wittmann Rechtsanwältin in Münster	UmweltschadensG (zusammen mit Beckmann), § 51 UVPG
Frank Wolke Umweltbundesamt, Deutsche Emissionshandelsstelle	§§ 4, 18, 24 TEHG, UERV (mit Erxleben)
Justus Wulff LL.M. Juristischer Mitarbeiter in der Kanzlei Baumann-Rechtsanwälte, Leipzig	§§ 1-3 BNatSchG (mit Heß)
Dr. Reinhard Wulfhorst Ministerium für Wirtschaft, Infrastruktur, Tourismus und Arbeit des Landes Mecklenburg-Vorpommern	§§ 24, 25, 43 UVPG

2. Verordnungen zum Bundes-Immissionsschutzgesetz

2.1 Erste Verordnung zur Durchführung des Bundes-Immissionsschutzgesetzes (Verordnung über kleine und mittlere Feuerungsanlagen – 1. BImSchV)

Vom 26. Januar 2010

(BGBl. I S. 38, geändert durch Art. 77 d. 10. ZuständigkeitsanpassungsV v. 31.8.2015, BGBl. I S. 1474, durch Art. 16 d. Branntweinmonopol-AuflösungsG v. 10.3.2017, BGBl. I S. 420, durch Art. 2 d. VO zur Einführung der 44. BImSchV v. 13.6.2019, BGBl. I S. 804, durch Art. 105 d. 11. ZuständigkeitsanpassungsV v. 19.6.2020, BGBl. I S. 1328, und durch Art. 1 d. 1. VO zur Änderung der 1. BImSchV v. 13.10.2021, BGBl. I S. 4676)

Vorbemerkung

Schrifttum: *Behnke,* Die neue 1. BImSchV, ImSch 2011, 31 ff.; *Führ,* Gemeinschaftskommentar zum Bundes-Immissionsschutzgesetz, 2. Aufl. 2019; *Happ,* Die Änderungen der Verordnung über kleine und mittlere Feuerungsanlagen (1. BImSchV), DWW 2009, 362 ff.; *Jarass,* Bundes-Immissionsschutzgesetz, 13. Aufl. 2020, § 23 Rn. 21–23; *Metternich,* Spannungsfeld – Kreislaufwirtschaftsrecht vs. Immissionsschutzrecht, I+E 2020, 69 ff.; *Porger,* in: Kotulla, Bundes-Immissionsschutzgesetz, § 23 Rn. 46–48; *Röckinghausen,* Die neue Verordnung über kleine und mittlere Feuerungsanlagen, ZUR 2011, 65 ff.; *Stollenwerk,* Der qualmende Kamin des Nachbarn, KommJur 2015, 326 ff.; *Ule/Laubinger/Repkewitz,* Bundes-Immissionsschutzgesetz; *Wildanger/Wagner,* Eignung von automatischen Messsystemen für die Emissionsermittlung im gesetzlich geregelten Bereich, I+E 2017, 100 ff.

Übersicht

A. Allgemeines

I. Anwendungsbereich und Bedeutung

1 Nach der Zahl der Betroffenen hat die Verordnung über kleine und mittlere Feuerungsanlagen (1. BImSchV) wohl die größte Bedeutung von allen Durchführungsvorschriften zum Bundes-Immissionsschutzgesetz. Das gilt auch noch nach dem Inkrafttreten der *Verordnung über mittelgroße Feuerungs-, Gasturbinen- und Verbrennungsmotoranlagen* **(44. BImSchV)** am 20.6.2019 (BGBl. I 804), mit der zugleich Änderungen an der 1. BImSchV bewirkt wurden, die sämtliche Feuerungsanlagen mit einer Feuerungswärmeleistung ab 1 Megawatt aus deren Auswendungsbereich herausgenommen haben (vgl. *Dilling/Vollmer* I+E 2019, 67 (68 f.)). Weiterhin gilt die 1. BImSchV grundsätzlich für Feuerungsanlagen, die keiner Genehmigung nach § 4 BImSchG bedürfen (§ 1 Abs. 1).

Durch die Ergänzung des § 1 Abs. 1 um den Halbsatz am Ende wird der Kreis der erfassten Anlagen aber darüber hinaus mit Blick auf die Feuerungswärmeleistung eingeschränkt. Damit werden alle Feuerungsanlagen ab einer Feuerungswärmeleistung von 1 Megawatt – unabhängig vom Brennstoff – aus dem Anwendungsbereich der 1. BImSchV in den Anwendungsbereich der 44. BImSchV verlagert. Ebenfalls in den Anwendungsbereich der 44. BImSchV fallen die Feuerungsanlagen mit einer geringeren Feuerungswärmeleistung, die gleichwohl genehmigungsbedürftig sind (vgl. Ziffern 1.2.4, 1.4.2.2 des Anhangs 1 der 4. BImSchV).

2 Langjährige Messreihen zeigen, dass die Belastung der Luft in Deutschland mit Schadstoffen zurückgegangen ist. Im letzten Jahrzehnt des vergangenen Jahrhunderts hat sich die Luftqualität deutlich verbessert. Der Trend zur deutlichen Verbesserung ist jedoch seit Beginn des neuen Jahrhunderts nicht mehr zu erkennen (vgl. https://krank.de/ratgeber/umwelt/emissionen-aus-kleinfeuerungsanlagen-in-wohngebieten/). Gemessen an den **anspruchsvollen Luftqualitätswerten** der Richtlinie 2008/50/EG über Luftqualität und saubere Luft in Europa vom 21. Mai 2008 (ABl. EU L 152, 1 ff.) besteht weiterhin Handlungsbedarf zur Reduzierung der Emissionen relevanter Luftschadstoffe. Der Emissionsbeitrag kleiner und mittlerer Feuerungsanlagen ist dabei zwar jeweils relativ gering. Der Immissionsanteil ist jedoch auf Grund der großen Zahl derartiger Anlagen sowie wegen der geringen Höhe, in der die Abgase abgeleitet werden, nach wie vor hoch. Das gilt insbesondere für **besonders gesundheitsgefährdende Stoffe** wie Feinstaub, polyzyklische aromatische Kohlenwasserstoffe (PAK) und Kohlenmonoxid (CO). Ein umweltpolitischer **Zielkonflikt** ergibt sich darüber hinaus aus dem angestrebten Ausbau der **energetischen Nutzung biogener Brennstoffe.** Während dieser Ausbau klimapolitisch begrüßenswert ist, kann er die Erreichung der Luftqualitätsziele gefährden. Denn vor allem mit Holz befeuerte Kleinfeuerungsanlagen tragen maßgeblich zu den relevanten Emissionen bei. Die Minderung der Emissionen aus kleinen und mittleren Feuerungsanlagen, die durch die 1. BImSchV bewirkt wird, stellt daher nicht nur einen wichtigen Beitrag zur Luftreinhaltung dar, sondern ist eine notwendige Voraussetzung für die **umweltpolitische Akzeptanz** des Ausbaus der energetischen Nutzung von Biomasse (vgl. dazu auch die Begründung der Bundesregierung, BT-Drs. 16/13 100, 22).

2a Der beschriebene Zielkonflikt zeigt sich in besonderem Maße in Wohngebieten mit dichter Wohnbebauung, wenn die **Ableitbedingungen** unzureichend sind. Zur besseren Bewältigung des Konflikts wurde mit der Ersten Verordnung zur Änderung der 1. BImSchV vom 13.10.2021 (BGBl. I 4676) § 19 vollständig neugefasst. Bei Feuerungsanlagen für feste Brennstoffe ist die Austrittsöffnung des Schornsteins nunmehr grundsätzlich firstnah anzuordnen und muss den First um mindestens 40 Zentimeter überragen (vgl. dazu BR-Drs. 607/21, 4).

II. Entstehungsgeschichte

3 Die Verordnung vom 26. Januar 2010 hat die 1997 neu bekanntgemachte Verordnung über kleine und mittlere Feuerungsanlagen (1. BImSchV) vom 15. Juli 1988 (BGBl. I 1059) abgelöst. Diese Verordnung hatte bereits eine unter Geltung des Bundes-Immissionsschutzgesetzes erlassene Vorgängerverordnung vom 28. August 1974 (BGBl. I 2121). Ebenso wie bei der Neuregelung im Jahr 1988 ging es im Jahr 2010 wieder darum, die **Anforderungen zur Emissionsbegrenzung** bei häuslichen, gewerblichen und industriellen kleinen und mittleren Feuerungsanlagen **an den verbesserten Stand der Technik anzupassen.** Darüber hinaus wurde der **Anwendungsbereich** durch Formulierung umfassender Anforderungen an Einzelraumfeuerungsanlagen (vgl. unten → Rn. 11) erheblich **erweitert.** Die von der Bundesregierung am 22. Mai 2009 dem Bundestag zur

Zustimmung vorgelegte Fassung der Verordnung war im allgemeinen Teil ua wie folgt begründet (BT-Drs. 16/13 100, 22):

„Bei der Novellierung gilt es vorrangig, die Anforderungen an den verbesserten Stand der Technik der Emissionsminderung anzupassen, um den technischen Weiterentwicklungen seit 1988 Rechnung zu tragen. Im Vordergrund stehen Kleinfeuerungsanlagen für feste Brennstoffe.
Eine nachhaltige Reduzierung der Staubbelastung aus Kleinfeuerungsanlagen der 1. BImSchV ist nur mit einer Regelung zur deutlichen Senkung der Emissionen aus bestehenden Feuerungsanlagen für feste Brennstoffe und anspruchsvollen Grenzwerten für neue Anlagen erreichbar:
Der Entwurf der Novelle der 1. BImSchV sieht deshalb als wesentliches Element bei bestehenden Einzelraumfeuerungsanlagen die Einhaltung von Emissionsgrenzwerten für Staub und CO vor. Der Nachweis der Einhaltung ist möglich über:
- *Bescheinigung des Herstellers, dass die geforderten Grenzwerte auf dem Prüfstand eingehalten werden*
- *Nachweis über eine Vor-Ort-Messung, dass die geforderten Grenzwerte vergleichbar auf dem Prüfstand eingehalten werden.*

Bestehende Einzelraumfeuerungsanlagen, die diesen Vorgaben entsprechen, können zeitlich unbegrenzt weiterbetrieben werden. Wenn nicht, unterliegen die Anlagen einem Sanierungsprogramm mit langen Übergangsfristen. Die langfristig angelegte Übergangsregelung ermöglicht einen Betrieb der bestehenden Anlagen von 20 bis 40 Jahren. Im individuellen Fall kann ein Betreiber daher über einen ausreichend langen Zeitraum einen Austausch planen.“

Nachdem der Bundestag auf die Empfehlung des federführenden Ausschusses für Umwelt, Naturschutz und Reaktorsicherheit (BT-Drs. 16/13 678) der Verordnung am 2. Juli 2009 in der Fassung der Bundesregierung zugestimmt hatte, stimmte der Bundesrat in seiner Sitzung am 16. Oktober 2009 nur nach Maßgabe einiger Änderungen zu (BR-Drs. 712/09 – Beschluss). Betroffen waren die Vorschriften der §§ 3, 5, 10, 14, 19, 24, 25 und 26. Zum größten Teil handelte es sich um **Klarstellungen und redaktionelle Änderungen.** Mit seiner Zustimmung hat der Bundesrat darüber hinaus die Formulierung einer Entschließung zu der Verordnung verbunden, die sich mit einzelnen Vorschriften (vgl. unten → § 5 Rn. 3 und → § 19 Rn. 2), aber auch mit der gesamten Verordnung befasst (BR-Drs. 712/09 – Beschluss, S. 7): 4

„Der Bundesrat fordert die Bundesregierung auf, die mit der Umsetzung der Verordnung über kleine und mittlere Feuerungsanlagen verbundene Umrüstung (Nachrüstung/Ersatzbeschaffung) von Feuerstätten für feste Brennstoffe durch ein bundeseigenes Förderprogramm zu begleiten und dabei auch eine vorfristige Sanierung der Feuerstätten mit einer deutlich früheren Emissionsminderung zu initiieren.“

Die Bundesregierung hat sich den Änderungsmaßgaben des Bundesrates angeschlossen und die Verordnung in der geänderten Fassung unter dem 25. November 2009 dem Bundestag zur erneuten Zustimmung vorgelegt (BT-Drs. 17/74). Auf eine erneute Begründung verzichtete die Bundesregierung dabei ebenso wie auf eine Stellungnahme zu der Entschließung des Bundesrates. Nachdem der Bundestag in seiner Sitzung am 3. Dezember 2009 der Verordnung zugestimmt hatte, konnte sie am 26. Januar 2010 ausgefertigt und am 1. Februar 2010 im Bundesgesetzblatt verkündet werden (BGBl. I 38). Sie ist gemäß § 28 am 22. März 2010 in Kraft getreten. Gleichzeitig ist die Verordnung aus dem Jahr 1988 außer Kraft getreten. 5

Eine bedeutende Änderung (vgl. → § 1 Rn. 2 zur Aufhebung des Branntweinmonopolgesetzes) erfuhr die 1. BImSchV im Rahmen der Umsetzung der Richtlinie (EU) 2015/2193 zur Begrenzung der Emissionen bestimmter Schadstoffe aus **mittelgroßen Feuerungsanlagen** in die Luft (ABl. L 313 vom 28.11.2015, 1). Im Ergebnis des Umset- 6 zungsprozesses dieser Richtlinie wurde der Anwendungsbereich der 1. BImSchV um sämtliche Anlagen mit einer Feuerungswärmeleistung ab 1 Megawatt verkürzt (vgl. → Rn. 1). Mit Datum vom 30.8.2018 hatte die Bundesregierung eine erste von ihr beschlossene Fassung dem Bundestag zur Zustimmung vorgelegt (BT-Drs. 19/4080) und nach erfolgter Zustimmung an den Bundesrat weitergeleitet, um die nach Art. 80 Abs. 2 GG erforderliche Zustimmung des Bundesrates einzuholen (BR-Drs. 551/18 (neu)). Nachdem der Bundesrat seine Zustimmung von zahlreichen Änderungen abhängig gemacht hatte (BR-Drs. 551/18 (Beschluss)), musste die Verordnung ein zweites Mal erlassen werden. Dabei hat die Bundesregierung die weitaus größte Zahl der Maßgaben des Bundesrates umgesetzt, insbesondere jedoch die Beschlüsse zur 1. BImSchV überwiegend zurückgewiesen (Beschluss der Bundseregierung vom 18.3.2019, BT-Drs. 19/8459). Übernommen wurde allein der neue Satz 2 des § 1 Abs. 2, der sich mit stationären Feuerungsanlagen zum Grillen oder Backen von Speisen befasst (vgl. → § 1 Rn. 3). Nach Zustimmung des Bundestages und des Bundesrates konnte die Verordnung am 13.6.2019 ausgefertigt und am 19.6.2019 verkündet werden (BGBl. I 804). Das Inkrafttreten legt Art. 3 dieser Verordnung auf den 20.6.2019 fest.

6a Die Änderung der Vorschriften über **Ableitbedingungen** für Abgase von Feuerungsanlagen für feste Brennstoffe in § 19 war Gegenstand der Ersten Verordnung zur Änderung der 1. BImSchV vom 13.10.2021 (BGBl. I 4676). Anlass für diese Änderung war die Erkenntnis, dass die bestehenden Vorgaben nicht geeignet waren, den ungestörten Abtransport der Abgase mit der freien Luftströmung ausreichend zu gewährleisten (vgl. die Begründung der Bundesregierung in BR-Drs. 607/21, 1). Der Referentenentwurf des BMU vom 19.1.2021 wurde nach der Länder- und Verbändeanhörung noch einmal überarbeitet und gelangte in neuer Fassung in das Rechtsetzungsverfahren. Die Änderungen betrafen sowohl die Vorgaben für die Anordnung der Austrittsöffnung des Schornsteins als auch den Geltungsbereich des neugefassten § 19 ausschließlich für neu errichtete Anlagen (vgl. dazu → § 19 Rn. 4). In dieser Form fand die Verordnung die Zustimmung des Bundesrates (vgl. BR-Drs. 607/21 (Beschluss)) und konnte am 13.10.2021 ausgefertigt und am 18.10.2021 verkündet werden (BGBl. I 4676). Nach Art. 2 der Änderungsverordnung ist das Inkrafttreten auf den 1.1.2022 festgelegt.

III. Ermächtigungsgrundlage

7 Die 1. BImSchV vom 26. Januar 2010 enthält folgende Präambel:

„Auf Grund des § 23 Absatz 1 in Verbindung mit § 48b sowie des § 59 des Bundes-Immissionsschutzgesetzes in der Fassung der Bekanntmachung vom 26. September 2002 (BGBl. I S. 3830) verordnet die Bundesregierung nach Anhörung der beteiligten Kreise und unter Wahrung der Rechte des Bundestages:“

Die Nennung des § 59 BImSchG ist wegen § 17 der 1. BImSchV erforderlich, nach dem die Überwachungsaufgaben der Schornsteinfeger bei **Feuerungsanlagen der Bundeswehr** von den zuständigen Bundesbehörden wahrgenommen werden. Alle anderen Vorschriften finden ihre Grundlage in § 23 Abs. 1 BImSchG (vgl. dazu die Erläuterungen bei → § 23 BImSchG Rn. 17 ff.).

B. Anforderungen

8 Die Verordnung vom 26. Januar 2010 enthält erstmals eigenständige Anforderungen an **Einzelraumfeuerungsanlagen** für feste Brennstoffe, da diese nach Ansicht des Verordnungsgebers einen maßgeblichen Anteil an den Gesamtemissionen von kleinen und mitt-

leren Feuerungsanlagen haben. Auch im Übrigen wird der **Anwendungsbereich** der Verordnung sowohl für Öl- und Gasheizungen als auch für Festbrennstoffanlagen **erweitert.** Neu sind die NO_x-Begrenzungen in § 6 Abs. 1 für Öl- und Gasfeuerungsanlagen zwischen 120 kW und 1 MW; abgesenkt wird die untere Leistungsgrenze für Festbrennstoffanlagen, ab der die Anforderungen des § 5 gelten (4 kW statt 15 kW). Dem Ziel der Anpassung an den veränderten Stand der Technik geschuldet sind die **Verschärfungen der Emissionsbegrenzungen,** die für Festbrennstoffanlagen in zwei Stufen (1. Stufe: Errichtung der Anlage ab Inkrafttreten der Verordnung; 2. Stufe: Errichtung nach dem 31.12.2014) erfolgen. Die Grenzwerte gelten grundsätzlich auch für bestehende Anlagen. Eine **Sanierung** war aber nicht vor dem 1.1.2015 erforderlich. Eine Veränderung gibt es auch bei den **Überwachungsregeln.** Zum einen wird der Umfang der Überwachung zB dadurch erweitert, dass Festbrennstoffanlagen ab einer Feuerungswärmeleistung von 4 kW statt 15 kW erfasst sind; zum anderen werden die Überwachungsintervalle auf zwei, drei oder gar fünf Jahre verlängert. Gänzlich neu ist die **Pflicht der Betreiber** handbeschickter Festbrennstofffeuerungsanlagen sich vom Schornsteinfeger hinsichtlich der Bedienung, der Brennstofflagerung sowie des Umgangs

(Fortsetzung Seite 5)

Spülwasser) gilt. Der Begriff Warmwasserbereitung ist hier nicht treffend, da auch eine Heizungsanlage zur Bereitstellung von Raumwärme Warmwasser erzeugt. Diese Anlagen sind jedoch ausdrücklich nicht gemeint."

§ 11 (weggefallen)

Abschnitt 4. Überwachung

§ 12 Messöffnung

Der Betreiber einer Feuerungsanlage, für die nach den §§ 14 und 15 Messungen von einer Schornsteinfegerin oder einem Schornsteinfeger vorgeschrieben sind, hat eine Messöffnung herzustellen oder herstellen zu lassen, die den Anforderungen nach Anlage 1 entspricht. Hat eine Feuerungsanlage mehrere Verbindungsstücke, ist in jedem Verbindungsstück eine Messöffnung einzurichten. In anderen als den in Satz 1 genannten Fällen hat der Betreiber auf Verlangen der zuständigen Behörde die Herstellung einer Messöffnung zu gestatten.

Bis auf geringfügige redaktionelle Anpassungen entspricht § 12 der Vorgängervorschrift in der 1. BImSchV vom 15. Juli 1988 (BGBl. I S. 1059). Die Begründung der Bundesregierung zu § 12 der 1. BImSchV 1988 bleibt damit weiter maßgeblich für die Auslegung der Norm.

Amtliche Begründung (BR-Drs. 252/88, S. 42):

„Für die in den §§ 14 und 15 geforderten Messungen ist das Vorhandensein einer geeigneten Messöffnung eine notwendige Voraussetzung, die der Betreiber der Feuerungsanlage auf seine Kosten erfüllen muss. Die Verknüpfung mit den Qualitätsanforderungen an die Messung verdeutlicht, dass die Auswahl der Messstelle und die Installation der Messöffnung nur einem Fachmann anvertraut werden kann. Die Auflage, bei verzweigter Abgasführung in jedem Verbindungsstück eine Messöffnung vorzusehen, wird in Anlage III Nr. 1.1 *(jetzt: Anlage 2 Nr. 1.1)* ergänzt durch die Auflage, dass an jeder Messöffnung gemessen werden soll. Liegt keine Überwachungspflicht nach den §§ 14 und 15 vor, muss der Betreiber in begründeten Fällen zulassen, dass eine Messöffnung hergestellt wird, hat dafür aber keine Kosten zu tragen."

§ 13 Messeinrichtungen

(1) **Messungen zur Feststellung der Emissionen und der Abgasverluste müssen unter Einsatz von Messverfahren und Messeinrichtungen durchgeführt werden, die dem Stand der Messtechnik entsprechen.**

(2) **Die Messungen nach den §§ 14 und 15 sind mit geeigneten Messeinrichtungen durchzuführen.**

(3) **Die eingesetzten Messeinrichtungen sind halbjährlich einmal von einer nach Landesrecht zuständigen Behörde bekannt gegebenen Stelle zu überprüfen.**

Amtliche Begründung (BT-Drs. 16/13 100, S. 32): 1

„Messungen zur Feststellung der Emissionen müssen unter Einsatz von Messverfahren und Messeinrichtungen durchgeführt werden, die dem Stand der Messtechnik entsprechen. Dadurch wird sichergestellt, dass alternative und kostengünstige Messverfahren und Messeinrichtungen in der Praxis eingesetzt werden können. Messungen sind grundsätzlich nur mit geeigneten Messgeräten durchzuführen. Dies wird per se vorausgesetzt, wenn sie eine Eignungsprüfung bestanden haben. Die Grundlagen der Eignungsprüfung werden vom Bundesministerium für Umwelt, Naturschutz und Reaktorsicherheit gemeinsam mit den obersten Landesbehörden festgelegt und im Gemeinsamen Ministerialblatt veröffentlicht. Die regelmäßige Überprüfung der Messgeräte soll dazu beitragen, dass die Geräte in technisch einwandfreiem Zustand betrieben werden. Anerkannte Prüfstellen werden von den obersten Landesbehörden bestimmt."

2 Mit Inkrafttreten der Verordnung über mittelgroße Feuerungs-, Gasturbinen- und Verbrennungsmotoranlagen **(44. BImSchV)** am 20.6.2019 (BGBl. I S. 804) fiel Absatz 2 Satz 2 weg, der die Eignung der Messeinrichtungen bei einer erfolgreichen Eignungsprüfung unwiderlegbar vermutete. Die Streichung diente der Umsetzung eines Beschlusses der Bund/Länder-Arbeitsgemeinschaft Immissionsschutz (LAI) anlässlich ihrer 133. Sitzung vom 22./23.3.2017 in Potsdam. Auch weiterhin kommt das bewährte Verfahren der Eignungsprüfung zur Anwendung. Eine erhöhte Transparenz soll zukünftig dadurch erreicht werden, dass die Eignungsempfehlungen (länderscharf) im *Recherchesystem Messtellen und Sachverständige* (ReSyMeSa), welches von den Ländern als gemeinsames Projekt betrieben wird, abgebildet wird (www.resymesa.de).

§ 14 Überwachung neuer und wesentlich geänderter Feuerungsanlagen

(1) **Der Betreiber hat die Einhaltung der Anforderungen des § 19 vor der Inbetriebnahme der Anlage von einer Schornsteinfegerin oder einem Schornsteinfeger feststellen zu lassen; die Feststellung kann auch im Zusammenhang mit anderen Schornsteinfegerarbeiten erfolgen.**

(2) **Der Betreiber einer ab dem 22. März 2010 errichteten oder wesentlich geänderten Feuerungsanlage, für die in § 3 Absatz 3, § 4 Absatz 1, 3 bis 7, § 5, § 6 Absatz 1 oder 2 oder in den §§ 7 bis 10 Anforderungen festgelegt sind, hat die Einhaltung der jeweiligen Anforderungen innerhalb von vier Wochen nach der Inbetriebnahme von einer Schornsteinfegerin oder einem Schornsteinfeger feststellen zu lassen.**

(3) **Absatz 2 gilt nicht für**

1. **Einzelraumfeuerungsanlagen für den Einsatz von flüssigen Brennstoffen mit einer Nennwärmeleistung von 11 Kilowatt oder weniger,**
2. **Feuerungsanlagen mit einer Nennwärmeleistung von 11 Kilowatt oder weniger, die ausschließlich der Brauchwassererwärmung dienen,**
3. **Feuerungsanlagen, bei denen Methanol, Ethanol, Wasserstoff, Biogas, Klärgas, Grubengas, Stahlgas, Hochofengas oder Raffineriegas eingesetzt werden, sowie Feuerungsanlagen, bei denen naturbelassenes Erdgas oder Erdölgas jeweils an der Gewinnungsstelle eingesetzt werden,**
4. **Feuerungsanlagen, die als Brennwertgeräte eingerichtet sind, hinsichtlich der Anforderungen des § 10.**

(4) **Die Messungen nach Absatz 2 sind während der üblichen Betriebszeit einer Feuerungsanlage nach der Anlage 2 durchzuführen. Über das Ergebnis der Messungen sowie über die Durchführung der Überwachungstätigkeiten nach Absatz 1 und 2 hat die Schornsteinfegerin oder der Schornsteinfeger dem Betreiber der Feuerungsanlage eine Bescheinigung nach Anlage 2 Nummer 4 und 5 auszustellen.**

(Fortsetzung Seite 27)

Abschnitt 5. Gemeinsame Vorschriften

§19 Ableitbedingungen für Abgase

(1) **Bei einer Feuerungsanlage für feste Brennstoffe, die nach dem 31. Dezember 2021 errichtet wird, ist der Schornstein so auszuführen, dass die Austrittsöffnung des Schornsteins**

1. firstnah angeordnet ist und

2. den First um mindestens 40 Zentimeter überragt.

Firstnah angeordnet ist die Austrittsöffnung eines Schornsteins, wenn

1. ihr horizontaler Abstand vom First kleiner ist als ihr horizontaler Abstand von der Traufe und

2. ihr vertikaler Abstand vom First größer ist als ihr horizontaler Abstand vom First.

Bei einer Dachneigung von weniger als 20 Grad ist die Höhe der Austrittsöffnung gemäß Satz 1 Nummer 2 auf einen fiktiven Dachfirst zu beziehen, dessen Höhe unter Zugrundelegung einer Dachneigung von 20 Grad zu berechnen ist. Von den Anforderungen nach den Sätzen 1 bis 3 darf nur abgewichen werden, wenn die Höhe der Austrittsöffnung für das Einzelgebäude nach Abschnitt 6.2.1 der Richtlinie VDI 3781 Blatt 4 (Ausgabe Juli 2017) bestimmt worden ist. Der Schornstein ist so auszuführen, dass die Austrittsöffnung des Schornsteins bei einer Gesamtwärmeleistung der Feuerungsanlage

1. bis 50 Kilowatt in einem Umkreis von 15 Metern die Oberkanten der Lüftungsöffnungen, Fenster und Türen um mindestens 1 Meter überragt,

2. von mehr als 50 bis 100 Kilowatt in einem Umkreis von 17 Metern die Oberkanten der Lüftungsöffnungen, Fenster und Türen um mindestens 2 Meter überragt,

3. von mehr als 100 bis 150 Kilowatt in einem Umkreis von 19 Metern die Oberkanten der Lüftungsöffnungen, Fenster und Türen um mindestens 3 Meter überragt,

4. von mehr als 150 bis 200 Kilowatt in einem Umkreis von 21 Metern die Oberkanten der Lüftungsöffnungen, Fenster und Türen um mindestens 3 Meter überragt oder

5. von mehr als 200 Kilowatt die Oberkanten der Lüftungsöffnungen, Fenster und Türen in demjenigen Umkreis um diejenigen Mindesthöhen überragt, die in Tabelle 3 auf Seite 32 der Richtlinie VDI 3781 Blatt 4 (Ausgabe Juli 2017) vorgegeben sind.

Können mit der Ausführung des Schornsteins nach den Sätzen 1 bis 5 schädliche Umwelteinwirkungen nicht verhindert werden, muss der Schornstein gemäß der Richtlinie VDI 3781 Blatt 4 (Ausgabe Juli 2017) unter Berücksichtigung der vorgelagerten Bebauung und der Hanglage ausgeführt werden. Bei der Errichtung von Feuerungsanlagen für feste Brennstoffe in einem Gebäude, das vor dem 1. Januar 2022 errichtet wurde oder für das vor dem 1. Januar 2022 eine Baugenehmigung erteilt worden ist, ist Absatz 2 anzuwenden, wenn die Anforderungen der Sätze 1 bis 6 im Einzelfall unverhältnismäßig sind.

(2) **Die Austrittsöffnung von Schornsteinen bei Feuerungsanlagen für feste Brennstoffe, die vor dem 1. Januar 2022 errichtet und in Betrieb genommen wurden und ab dem 1. Januar 2022 wesentlich geändert werden, muss**

1. bei Dachneigungen

a) bis einschließlich 20 Grad den First um mindestens 40 Zentimeter überragen oder von der Dachfläche mindestens 1 Meter entfernt sein,

b) von mehr als 20 Grad den First um mindestens 40 Zentimeter überragen oder einen horizontalen Abstand von der Dachfläche von mindestens 2 Meter und 30 Zentimeter haben;

2. bei Feuerungsanlagen mit einer Gesamtwärmeleistung bis 50 Kilowatt in einem Umkreis von 15 Metern die Oberkanten von Lüftungsöffnungen, Fenstern oder

Türen um mindestens 1 Meter überragen; der Umkreis vergrößert sich um 2 Meter je weitere angefangene 50 Kilowatt bis auf höchstens 40 Meter.

Satz 1 gilt für den Austausch der Feuerstätte entsprechend. Die Übergangsvorschriften der §§ 25 und 26 bleiben unberührt. Die Anforderungen des Satzes 1 gelten entsprechend, wenn eine Feuerungsanlage für flüssige oder gasförmige Brennstoffe, die vor dem 1. Januar 2022 errichtet und in Betrieb genommen wurde und ab dem 1. Januar 2022 durch eine Feuerungsanlage für ferste Brennstoffe ersetzt wird.

1 § 19 ergänzte die bisherige Regelung der Ableitbedingungen für Abgase in § 18 der 1. BImSchV vom 15. Juli 1988 (BGBl. I S. 1059) um Anforderungen an die Ableitung bei Feuerungsanlagen für feste Brennstoffe. Nach der vorherigen Regelung lag die Mindestfeuerungswärmeleistung, ab der Ableitbedingungen aufgestellt waren, bei 1 MW. Da Feuerungsanlagen für feste Brennstoffe ab 1 MW Feuerungswärmeleistung nach Nummer 1.2.1 des Anhangs 1 zur 4. BImSchV (abgedruckt in diesem Band unter 2.4) genehmigungsbedürftige Anlagen sind, fielen Feuerungsanlagen für feste Brennstoffe aus dem Anwendungsbereich des § 18 Abs. 1 der 1. BImSchV 1988 heraus. Die Bedingungen des § 19 gelten nun für alle Feuerungsanlagen für feste Brennstoffe bis zu einer Feuerungswärmeleistung von 1 MW. Eine Mindestfeuerungswärmeleistung besteht insoweit nicht. Zur Begründung führt die **Bundesregierung** aus (BT-Drs. 16/13 100, 33):

2 „Zum Schutz insbesondere vor Geruchsbelästigungen, sind ausreichende Schornsteinhöhen und Mindestabstände zu Öffnungen bei Feuerungsanlagen für feste Brennstoffe erforderlich. Neben den Anforderungen an Mindestschornsteinhöhen sind auch Abstände von den Mündungen der Schornsteine zu Öffnungen wie Fenster oder Türen einzuhalten. Die Anforderungen sollen von den Schornsteinfegern überprüft werden (siehe § 14)."

3 Die Absätze 2 und 3 des § 19 in der Fassung der Verordnung vom 26.10.2010 wurden mit Inkrafttreten der Verordnung über mittelgroße Feuerungs-, Gasturbinen- und Verbrennungsmotoranlagen **(44. BImSchV)** am 20.6.2019 (BGBl. I S. 804) aufgehoben. Der Regelungsbereich dieser Absätze bezog sich auf Anlagen mit einer Feuerungswärmeleistung von mehr als 1 Megawatt, die nunmehr im Anwendungsbereich der 44. BImSchV liegen.

4 Durch die Erste Verordnung zur Änderung der 1. BImSchV vom 13.10.2021 (BGBl. I 4676) wurde § 19 neu gefasst. Der vorherige Wortlaut findet sich nun in Absatz 2 Satz 1 und gewährt bestehenden Anlagen einen Bestandsschutz, der nach Absatz 2 Satz 2 auch dann noch gilt, wenn die Feuerstätte ausgetauscht wird. Die Neuformulierung des § 19 wurde von der Bundesregierung wie folgt begründet (BR-Drs. 607/21, 15 f.):

5 **„Zu Absatz 1 (Zu § 19 Absatz 1 (neu))**

Im Juli 2017 ist die VDI 3781 Blatt 4 (vollständiger Titel: Umweltmeteorologie – Ableitbedingungen für Abgase – Kleine und mittlere Feuerungsanlagen sowie andere als Feuerungsanlagen) erschienen, die den Stand der Technik zu den Ableitbedingungen bei Festbrennstofffeuerungen kleiner 1 Megawatt Feuerungswärmeleistung beschreibt. Bei vollständiger Anwendung dieser VDI-Richtlinie sind der Abtransport der Abgase mit der freien Luftströmung sowie eine ausreichende Verdünnung gewährleistet.

Die vorliegende Neuregelung in § 19 Absatz 1 Satz 1 Nummer 1 und Nummer 2 stellt eine vereinfachte Anwendung dieser technischen Regel dar. Dadurch werden die Umgebungsbebauung und Hanglagen grundsätzlich nicht berücksichtigt, um keinen unverhältnismäßig hohen Planungsaufwand zu erzeugen. Durch die vorgegebene Überragung des Firsts und die Nähe der Schornsteinmündung zum First werden die Abgase in den meisten Fällen außerhalb der Rezirkulationszone freigesetzt und können mit der freien Luftströmung abtransportiert werden, statt in Bodennähe die Außenluft mit gesundheitsgefährdenden Schadstoffen zu beeinträchtigen.

§ 19 Absatz 1 Satz 2 dient der Klarstellung des Begriffs „firstnah“ zur Positionierung der Schornsteinmündung. Die in § 19 Absatz 1 Satz 1 vorgeschriebene Überragung des Firstes führt nur dann zu einer Verbesserung der Ableitbedingungen, wenn diese einen bestimmten Abstand zum First nicht überschreitet. Wenn die Schornsteinmündung den First zwar um die geforderten 40 cm überragt, aber zu weit entfernt ist, werden die Abgase weiterhin innerhalb der Rezirkulationszone des Gebäudes freigesetzt und nicht ausreichend abtransportiert.

§ 19 Absatz 1 Satz 3 modifiziert die Anforderung der Sätze 1 und 2 für Gebäude mit flachen Dächern und echten Flachdächern: Bei einer Dachneigung von weniger als 20 Grad ist die Höhe der Austrittsöffnung auf einen fiktiven Dachfirst zu beziehen, dessen Höhe unter Zugrundelegung einer Dachneigung von 20 Grad zu berechnen ist. Bei einem rechteckigen Grundriss mit unterschiedlichen Seitenlängen ergeben sich abhängig davon, ob man die fiktive Giebelseite der kürzeren (schmaleren) oder der längeren (breiteren) Gebäudeseite zuordnet, unterschiedliche Höhen des fiktiven Dachfirsts. In Anlehnung an die VDI 3781 Blatt 4 (Ausgabe Juli 2017) ist die Schmalseite (kürzere Seite) als Giebelseite für das fiktive, symmetrische Satteldach maßgebend.

Nach § 19 Absatz 1 Satz 4 muss Abschnitt 6.2.1. der VDI 3781 Blatt 4 (Ausgabe Juli 2017) angewendet werden, wenn man nicht firstnah ableiten kann oder möchte. Auch in diesem Fall wird die Berechnung der Höhe des Schornsteins des Einzelgebäudes nach der technischen Regel durchgeführt. Eine Betrachtung der Umgebungsbebauung und der Hanglage ist nicht erforderlich.

§ 19 Absatz 1 Satz 5 enthält Vorgaben, die eine ausreichende Verdünnung der Abgase gewährleisten soll. So muss bei Feuerungsanlagen mit einer Gesamtwärmeleistung bis 50 Kilowatt die Austrittsöffnung in einem Umkreis von 15 Metern die Oberkanten von Lüftungsöffnungen, Fenstern und Türen um mindestens 1 Meter überragen. Dies entspricht der bisherigen Anforderung und gilt beispielsweise auch für eine Entfernung von 10 Metern zwischen Schornstein und Fenster. Auch bei größerer Gesamtwärmeleistung und entsprechend größerer Schadstofffracht ist eine Entfernung von 15 oder weniger Metern zwischen Schornstein und Fenster der Nachbarbebauung zulässig. Nach der neuen Regelung muss die Austrittsöffnung die Oberkanten von Fenstern innerhalb des Umkreises dann ggf. um mehr als einen Meter überragen, um eine stärkere, der höheren Gesamtwärmeleistung angemessene Verdünnung zu gewährleisten (vgl. Tabelle 3 der Richtlinie VDI 3781 Blatt 4 (Ausgabe Juli 2017)).

Nach § 19 Absatz 1 Satz 6 muss die VDI 3781 Blatt 4 (Ausgabe Juli 2017) vollständig angewendet werden – also mit Berücksichtigung von Umgebungsbebauung und Hanglagen –, wenn durch die Anwendung von Satz 1 bis 5 schädliche Umwelteinwirkungen nicht vermieden werden können. Insbesondere in eng bebauten Wohngebieten sowie an Hanglagen können Beeinträchtigungen der Nachbarschaft durch die Abgase von einer Festbrennstofffeuerung nicht ausgeschlossen werden, auch wenn die Schornsteinmündung der Anlage außerhalb der Rezirkulationszone des Einzelgebäudes endet.

Nach § 19 Absatz 1 Satz 7 kann die Ableitung der Abgase einer neu zu errichtenden Feuerungsanlage für feste Brennstoffe in bestehenden Gebäuden nach Absatz 2 erfolgen, wenn die Anwendung des Absatz 1 einen unverhältnismäßig hohen Aufwand darstellen würde. Während für eine Ausnahme nach § 22 der 1. BImSchV ein Antrag bei der zuständigen Behörde gestellt werden muss, kann der Ausnahmetatbestand in Satz 7 nach Beratung durch und in Absprache mit dem/der bevollmächtigten Bezirksschornsteinfeger*in in Anspruch genommen werden. Ein unverhältnismäßiger Aufwand ist beispielsweise gegeben, wenn durch die Errichtung einer Feuerungsanlage für feste Brennstoffe eine unzureichende bestehende Wärmeversorgung durch eine unterdimensionierte Wärmepumpe kompensiert werden soll und es nicht möglich ist, den Aufstellort der Feuerungsanlage dahingehend frei zu wählen, dass die Ableitung der Abgase firstnah bzw. über First erfolgen kann.

Zu Absatz 2 (Zu § 19 Absatz 2 (neu))

§ 19 Absatz 2 schreibt die Gültigkeit der Vorschriften für die Ableitbedingungen für bestehende Anlagen in der Verordnung über kleine und mittlere Feuerungsanlagen in der Fassung vom 26. Januar 2010 (BGBl. I S. 38), die zuletzt durch Artikel 105 der Verordnung vom 19. Juni 2020 (BGBl. I S. 1328) geändert worden ist, fort. Diese Regelung findet ihrem Wortlaut gemäß nicht nur bei der erstmaligen wesentlichen Änderung nach dem Stichtag, sondern auch bei jeder weiteren wesentlichen Änderung nach dem Stichtag Anwendung.

Mit Satz 2 des Absatzes 2 wird klargestellt, dass im Falle des Austausches einer Feuerstätte, wie beispielsweise eines Kaminofens, ebenfalls die Vorschriften für die Ableitbedingungen der Verordnung in der vorherigen Fassung fortgeschrieben werden.

Gleiches gilt für den Austausch einer Feuerungsanlage für flüssige oder gasförmige Brennstoffe durch eine Festbrennstofffeuerung (vgl. Satz 4 des Absatzes 2). Dies entspricht beispielsweise dem Austausch einer bestehenden Ölheizung durch eine moderne Biomasseheizung, wie es derzeit vielfach im Rahmen der Bundesförderung für effiziente Gebäude (BEG) erfolgt."

§ 20 Anzeige und Nachweise

Der Betreiber einer Feuerungsanlage hat dafür Sorge zu tragen, dass die Nachweise über die Durchführung aller von einer Schornsteinfegerin oder einem Schornsteinfeger durchzuführenden Tätigkeiten an den Bezirksschornsteinfegermeister gesendet werden. Der Bezirksschornsteinfegermeister hat die durchgeführten Arbeiten in das Kehrbuch einzutragen.

Amtliche Begründung (BT-Drs. 16/13 100, S. 33):

„Die Betreiber von Anlagen haben dafür Sorge zu tragen, dass die Nachweise über die Durchführung aller Überprüfungs- und Überwachungsaufgaben an den Bezirksschornsteinfegermeister weitergeleitet werden. Damit soll sichergestellt werden, dass alle notwendigen Nachweise lückenlos im Kehrbuch eingetragen werden. Die Einzelheiten regelt das Schornsteinfeger-Handwerksgesetz."

§ 21 Weitergehende Anforderungen

Die Befugnis der zuständigen Behörde, auf Grund der §§ 24 und 25 des Bundes-Immissionsschutzgesetzes andere oder weiter gehende Anordnungen zu treffen, bleibt unberührt.

§ 21 entspricht inhaltlich § 19 der 1. BImSchV vom 15. Juli 1988 (BGBl. I S. 1059). Neu ist die Bezeichnung der für andere oder weiter gehende Anordnungen in Betracht kommenden Ermächtigungsgrundlagen § 24 und § 25 BImSchG. Dies bewirkt jedoch keine inhaltliche Änderung, sondern hat lediglich eine klarstellende Funktion.

§ 22 Zulassung von Ausnahmen

Die zuständige Behörde kann auf Antrag Ausnahmen von den Anforderungen der §§ 3 bis 10, 19, 25 und 26 zulassen, soweit diese im Einzelfall wegen besonderer Um-

stände durch einen unangemessenen Aufwand oder in sonstiger Weise zu einer unbilligen Härte führen und schädliche Umwelteinwirkungen nicht zu befürchten sind.

(Fortsetzung Seite 33)

2.18 Achtzehnte Verordnung zur Durchführung des Bundes-Immissionsschutzgesetzes (Sportanlagenlärmschutzverordnung – 18. BImSchV)

Vom 18. Juli 1991

(BGBl. I S. 1588), geändert durch Erste Verordnung zur Änderung der Sportanlagenlärmschutzverordnung v. 9.2.2006 (BGBl. I S. 324), Zweite Verordnung zur Änderung der Sportanlagelärmschutzverordnung v. 1.6.2017 (BGBl. S. 1468) und Dritte Verordnung zur Änderung der Sportanlagenlärmschutzverordnung v. 8.10.2021 (BGBl. I S. 4644)

Vorbemerkung

Schrifttum: *Arndt,* Anwendbarkeit der 18. BImSchVO (SportanlagenlärmschutzVO) auf Spielplätze, NuR 2001, 445; *Berkemann,* Sportstättenbau in Wohngebieten – Alte und neue bau- und immissionsschutzrechtliche Probleme, NVwZ 1992, 817; *Berkemann,* Sport und Freizeitaktivitäten in der gerichtlichen Auseinandersetzung, NuR 1998, 565; *Birk* (Hrsg.), Keine Sport- und Spielplätze in Wohnnähe?, 1992; *Birk,* Sportanlagen im Bebauungsplanverfahren, VBlBW 2000, 97; *Deutsch/Tusch,* Lärmprobleme bei der Modernisierung von Sportanlagen, BauR 2009, 1840; *Dury,* Zur Anwendbarkeit der Sportanlagen-Lärmschutzverordnung im zivilgerichtlichen Nachbarstreit, NJW 1994, 302; *Dury,* Von Sportanlagen ausgehender Lärm – Auswirkungen der Änderung von § 906 Abs. 1 BGB für die Praxis, SpuRt 1995, 102; *Gaentzsch,* Sportanlagen im Wohnbereich, UPR 1985, 201; *Gaentzsch,* Sport im Bauplanungs- und Immissionsschutzrecht, in: Festschrift für Gelzer, 1991, 29; *Guckelberger,* Geräuschemmissionen von Kinder- und Jugendeinrichtungen aus öffentlich-rechtlicher Sicht, UPR 2010, 241; *Hagen,* Sportanlagen im Wohnbereich, UPR 1985, 192; *Hansmann,* Rechtsprobleme bei der Bewertung von Lärm, NuR 1997, 53; *Herr,* Sportanlagen in Wohnnachbarschaft, 1998; *Ketteler,* Die Beutung der Sportanlagenlärmschutzverordnung im Spannungsfeld zwischen Sport und Wohnen, BauR 1992, 459; *Ketteler,* Die Anwendbarkeit der 18. BImSchV (SportanlagenlärmschutzVO) und der BauNVO auf Bolzplätze und vergleichbare Anlagen zur sportlich-spielerischen Betätigung, BauR 1997, 959; *Ketteler,* Sportanlagenlärmschutzverordnung (18. BImSchV), 1998; *Ketteler,* Die Sportanlagenlärmschutzverordnung (18. BImSchV) in Rechtsprechung und behördlicher Praxis, NVwZ 2002, 1070; *Knoche,* Sportlärm – Privilegierung von Altanlagen, GewArch 1997, 191; *Krähe,* Sport als Nachbar, SpuRt 1994, 81; *Koch* (Hrsg.), Schutz vor Lärm, 1990; *Kuchler,* Sind Freizeitbäder Sportanlagen?, NuR 2000, 77; *Mayer,* Motorsportveranstaltungen – Genehmigungsfragen bei der Durchführung, SpuRt 1995, 197; *Pikart/Gelzer/Papier,* Umwelteinwirkungen durch Sportanlagen, 1984; *Rodewoldt/Wagner,* Der Einfluß der Sportanlagenlärmschutzverordnung (18. BImSchV) auf die planungsrechtliche Zulässigkeit von Bolzplätzen in Wohngebieten, VBlBW 1996, 365; *Schink,* Bau- und immissionsschutzrechtliche Probleme beim Sportstättenbau in Wohngebieten, DVBl. 1992, 515; *Spieß,* Einige Aspekte des Gaststätten- und Freizeitlärms, GewArch 2004, 453; *Spindler/Spindler,* Die Sportanlagenlärmschutz-Verordnung in ihrer praktischen Anwendung, NVwZ 1993, 225; *Stange,* Bau- und immissionsschutzrechtliche Probleme beim Sportstättenbau in Wohngebieten, NWVBl. 1992, 153; *Stollmann,* Freizeitaktivität Modellfliegen, ökologische Problematik und rechtliche Rahmenbedingungen, NuR 1997, 476; *Stüer/Middelbeck,* Sportlärm bei Planung und Vorhabenszulassung, BauR 2003, 38; *Stühler,* Zur Änderung der Sportanlagenlärmschutzverordnung, BauR 2006, 1671; *Tettinger/Kleinschnittger,* Aktuelle Rechtsprobleme im Konfliktfeld von Sport und Umweltschutz, JZ 1992, 109; *Uechtritz,* Zur baurechtlichen Bedeutung der Sportanlagenlärmschutzverordnung (18. BImSchV) besonders in Gemengelagen, NVwZ 2000, 1006; *Uechtritz,* Bewertung von Lärm in der Bauleitplanung, in: Festschrift für Hoppe, 2000, 567; *Vierling/Wellhöfer,* Geräusche von Kinderspielplätzen, NuR 2003, 277; *Wellhöfer,* Geräusche von Freizeitanlagen, NuR 2005, 575.

Übersicht

A. Inhalt und Bedeutung der 18. BImSchV

1 Die Sportanlagenlärmschutzverordnung (18. BImSchV) legt im Hinblick auf Geräuschimmissionen von Sportanlagen Immissionsrichtwerte fest und bestimmt die näheren Einzelheiten für das Ermittlungs- und Beurteilungsverfahren. Damit konkretisiert sie die Anforderungen, die sich für die Errichtung, die Beschaffenheit und den Betrieb von Sportanlagen unter dem Aspekt des Lärmschutzes aus der gesetzlichen **Verpflichtung des § 22 BImSchG** ergeben, also die nach dem Stand der Technik vermeidbaren schädlichen Umwelteinwirkungen zu verhindern und die unvermeidbaren auf ein Mindestmaß zu beschränken (BVerwG vom 8.11.1994 – 7 B 73/94, NVwZ 1995, 993). Da nach der Rechtsprechung des BVerwG § 22 Abs. 1 BImSchG auch im öffentlich-rechtlichen Nachbarschaftsverhältnis zwischen Anlagenbetreiber und nutzungsbetroffenen Dritten Maßstab für die Beurteilung der Zumutbarkeit oder Unzumutbarkeit von Lärm ist (BVerwG vom 19.1.1989 – 7 C 77.87, BVerwGE 81, 197 (199 f.)) und sich somit die immissionsschutzrechtliche und die baunachbarrechtliche Zumutbarkeitsschwelle decken, enthält die Sportanlagenlärmschutzverordnung zugleich konkretisierende Vorgaben für die rechtliche Beurteilung des lärmbezogenen Nutzungskonflikts zwischen Sportanlagen und Nachbargrundstücken (BVerwG vom 8.11.1994 – 7 B 73/94, NVwZ 1995, 993; s. näher § 1 Rn. 18).

2 Für ihren Anwendungsbereich kommt der Sportanlagenlärmschutzverordnung grundsätzlich **abschließender und verbindlicher Charakter** zu. Dies entspricht der ausdrücklichen Regelungsabsicht des Verordnungsgebers (BT-Drs. 17/91, S. 36). Der Verordnungsgeber hat – anders als bei anderen auf der Grundlage von § 23 Abs. 1 BImSchG erlassenen Verordnungen – den Behörden auch keine Befugnis zu weitergehenden Anordnungen eingeräumt. Lediglich § 4 sieht mit Rücksicht auf die Kompetenzen der Länder und der Gemeinden eine sachlich begrenzte Öffnungsklausel vor (*Spindler/Spindler*, NVwZ 1993, 225 (228)). Nach Auffassung des BVerwG haben die Vorschriften der Verordnung für die Vorhabenzulassung verbindliche Wirkung, soweit sie hinreichend bestimmt und nicht ihrerseits ausfüllungsbedürftig sind (BVerwG vom 8.11.1994 – 7 B 73/94, NVwZ 1995, 993). Dies bedeutet, dass ein Rückgriff auf andere Regelwerke (z.B. TA Lärm, 16. BImSchV, Freizeitlärm-Richtlinie) für den Anwendungsbereich der 18. BImSchV ausgeschlossen ist, soweit die 18. BImSchV nicht ihrerseits darauf verweist (s. dazu Nr. 1.1 und Nr. 2.1 des Anhangs 1 sowie § 2 Rn. 52; speziell zur Bindungswirkung der Immissionsrichtwerte des § 2 Abs. 2 § 2 Rn. 17 f.). Auch ein Rückgriff unmittelbar auf § 22 Abs. 1 Nr. 1 und 2 BImSchG ist in der Regel ausgeschlossen (aA *Herr*, Sportanlagen in Wohnnachbarschaft, 1998, S. 193 ff. m.w.N.).

(Fortsetzung Seite 3)

mittlere Anzahl n pro Minute der Impulse und/oder auffälligen Pegeländerungen zu bestimmen. Der Zuschlag $K_{I,i}$ beträgt dann:

$$K_{I,i} = 10 \lg (1 + n/12 \cdot 10^{0,1 (L_{AFmax,i} - L_{Am,i})}) \text{ db(A)} \qquad (1)$$

Sofern Impulse und/oder auffällige Pegeländerungen in der Teilzeit T_i mehr als einmal pro Minute auftreten, ist der Wirkpegel $L_{AFTm,i}$ nach dem Taktmaximalverfahren mit einer Taktzeit von 5 Sekunden zu bestimmen. Dieser beinhaltet bereits den Zuschlag $K_{I,i}$ für Impulshaltigkeit und/oder auffällige Pegeländerungen ($L_{Am,i} + K_{I,i} = L_{AFTm,i}$). Bei Anlagen, die Geräuschimmissionen mit Impulsen und/oder auffälligen Pegeländerungen in der Teilzeit T_i mehr als einmal pro Minute hervorrufen und vor Inkrafttreten dieser Verordnung baurechtlich genehmigt oder – soweit eine Baugenehmigung nicht erforderlich war – errichtet waren, ist für die betreffende Teilzeit ein Abschlag von 3 dB(A) zu berücksichtigen.

1.3.4 Zuschlag für $K_{T,i}$ für Ton- und Informationshaltigkeit

Wegen der erhöhten Belästigung beim Mithören ungewünschter Informationen ist je nach Auffälligkeit in den entsprechenden Teilzeiten T_i ein Informationszuschlag $K_{Inf,i}$ von 3 dB oder 6 dB zum Mittelungspegel $L_{Am,i}$ zu addieren. $K_{Inf,i}$ ist in der Regel nur bei Lautsprecherdurchsagen oder bei Musikwiedergaben anzuwenden. Ein Zuschlag von 6 dB ist zu wählen, wenn Lautsprecherdurchsagen gut verständlich oder Musikwiedergaben deutlich hörbar sind.

Heben sich aus dem Geräusch von Sportanlagen Einzeltöne heraus, ist ein Tonzuschlag $K_{Ton,i}$ von 3 dB oder 6 dB zum Mittelungspegel $L_{Am,i}$ für die Teilzeiten hinzuzurechnen, in denen Töne auftreten. Der Zuschlag von 6 dB gilt nur bei besonderer Auffälligkeit der Töne. In der Regel kommen tonhaltige Geräusche bei Sportanlagen nicht vor.

Die hier genannten Zuschläge sind so zusammenzufassen, daß der Gesamtzuschlag auf maximal 6 dB begrenzt bleibt:

$$K_{T,i} = K_{Inf,i} + K_{Ton,i} \leqq 6 \text{ dB(A)} \qquad (2)$$

1.3.5 Bestimmung der Beurteilungspegel

Die Beurteilungspegel werden für die Beurteilungszeit T_r unter Berücksichtigung der Zuschläge $K_{I,i}$ für Impulshaltigkeit und/oder auffällige Pegeländerungen und $K_{T,i}$ für Ton- und Informationshaltigkeit nach Gleichung (3) ermittelt:

$$L_r = 10 \lg \left[\frac{1}{T_r} \sum_i T_i \cdot 10^{0,1 (L_{Am,i} + K_{I,i} + K_{T,i})} \right] \text{dB(A)} \qquad (3)$$

mit

a) für den Tag außerhalb der Ruhezeiten
an Werktagen $T_r = \sum_i T_i = 12$ h,

an Sonn- und Feiertagen $T_r = \sum_i T_i = 9$ h,

b) für den Tag innerhalb der Ruhezeiten $T_r = \sum_i T_i = 2$ h,

c) für die Nacht $T_r = \sum_i \cdot T_i = 1$ h,

und $L_{Am,i}$, $K_{I,i}$ und $K_{T,i}$ die Mittelungspegel und Zuschläge für Impulshaltigkeit und/oder auffällige Pegeländerungen oder der Abschlag nach Nr. 1.3.3 sowie der Zuschlag für Ton- und Informationshaltigkeit nach Nr. 1.3.4 während der zugehörigen Teilzeiten T_i.

Im Falle von Nr. 1.3.2.2 Satz 2 beträgt T_r = 4 Stunden.

Zur Bestimmung der Beurteilungszeit T_r im Falle von § 5 Abs. 3 sind die Beurteilungszeiten nach Buchstaben a, b oder c um die außer Betracht zu lassenden Teilzeiten T_i nach Nr. 1.3.2.3 (tatsächliche Nutzungszeit) zu kürzen.

1.4 **Ständig vorherrschende Fremdgeräusche**

Fremdgeräusche sind Geräusche am Immissionsort, die unabhängig von dem Geräusch der zu beurteilenden Anlage oder Anlagen auftreten.

Sie sind dann als ständig vorherrschend anzusehen, wenn der Mittelungspegel des Anlagengeräusches gegebenenfalls zuzüglich der Zuschläge für Impulshaltigkeit und/oder auffällige Pegeländerungen in mehr als 95% der Nutzungszeit vom Fremdgeräusch übertroffen wird.

1.5 **Seltene Ereignisse**

Überschreitungen der Immissionsrichtwerte gelten als selten, wenn sie an höchstens 18 Kalendertagen eines Jahres in einer Beurteilungszeit oder mehreren Beurteilungszeiten auftreten. Dies gilt unabhängig von der Zahl der einwirkenden Sportanlagen.

1.6 **Vergleich des Beurteilungspegels mit dem Immissionssrichtwert**

Der durch Prognose nach Nr. 2 ermittelte Beurteilungspegel nach Nr. 1.3.5 ist direkt mit den Immissionsrichtwerten nach § 2 der Verordnung zu vergleichen.

Wird der Beurteilungspegel durch Messung nach Nr. 3 ermittelt, ist zum Vergleich mit den Immissionsrichtwerten nach § 2 der Verordnung der zum 3 dB(A) verminderte Beurteilungspegel nach Nr. 1.3.5 heranzuziehen.

2. Ermittlung der Geräuschimmission durch Prognose

2.1 **Grundlagen**

Der Mittelungspegel L_{Am} ist in Anlehnung an VDI-Richtlinie 2714 „Schallausbreitung im Freien" (Januar 1988) und Entwurf VDI-Richtlinie 2720/1 „Schallschutz durch Abschirmung im Freien" (November 1987) zu berechnen.

Für die Berechnung der Mittelungspegel werden für alle Schallquellen die mittleren Schalleistungspegel L_{WAm}, die Einwirkzeiten, die Raumwinkelmaße, gegebenenfalls die Richtwirkungsmaße, die Koordinaten der Schallquellen und der Immissionsorte, die Lage und Abmessungen von Hindernissen und außerdem für schallabstrahlende Außenbauteile von Gebäuden die Flächen S und die bewerteten Bauschalldämm-Maße R'_w benötigt.

Als Eingangsdaten für die Berechnung können Meßwerte oder Erfahrungswerte, soweit sie auf den Meßvorschriften dieses Anhangs beruhen, verwendet werden. Wenn aufgrund besonderer Vorkehrungen eine im Vergleich zu den Erfahrungswerten weitergehende dauerhafte Lärmminderung nachge-

(Fortsetzung Seite 9)

2.40 Verordnung zur Anrechnung von Upstream-Emissionsminderungen auf die Treibhausgasquote (Upstream-Emissionsminderungs-Verordnung – UERV)

Vom 22. Januar 2018

(BGBl. I S. 169, geändert durch Art. 104 d. VO v. 19.6.2020, BGBl. I S. 1328, durch Art. 2 d. VO v. 30.6.2021, BGBl. I S. 2334 und durch Art. 3 d. VO v. 12.11.2021, BGBl I S. 4932)

Inhaltsübersicht

Vorbemerkung

Übersicht

A. Allgemeines

I. Zweck und Bedeutung der Verordnung

1 Die Upstream-Emissionsminderungsverordnung (UERV) regelt die in § 37a Abs. 5 S. 1 Nr. 5 BImSchG vorgesehene Möglichkeit, die Treibhausgasquote nach § 37a Abs. 1 S. 1 BImSchG (→ 37a BImSchG Rn. 1) zu erfüllen. Ab dem Verpflichtungsjahr 2020 bis zum

Verpflichtungsjahr 2026 können **Upstream-Emissionsminderungen (UER)** bis zu einer Höhe von 1,2 Prozentpunkten auf die Treibhausgasquote angerechnet werden, § 3.

Die Treibhausgasquote beschreibt die Pflicht, die Treibhausgasintensität von in Verkehr gebrachten Treibstoffen gegenüber einem Basiswert zu mindern. Dieser Basiswert umfasst nicht nur die bei der Verbrennung entlassenen, sondern sämtliche **Lebenszyklustreibhausgasemissionen** der in Verkehr gebrachten Kraftstoffe. Eingerechnet sind damit auch die Emissionen, die bei der Produktion der Treibstoffe und der Förderung der produktionsnotwendigen Rohstoffe anfallen. Gem. § 2 Abs. 2 sind **Upstream-Emissionen** nach der UERV die Emissionen, die entstehen, bevor der Rohstoff (insbesondere Erdöl und Erdgas) in eine Raffinerie oder Verarbeitungsanlage gelangt, in der fossile Kraftstoffe hergestellt werden. 2

Ab dem Verpflichtungsjahr 2020 können **für verifizierte UER aus validierten Minderungsprojekten** UER-Nachweise ausgestellt werden, die auf die Treibhausgasquote angerechnet werden können. Die UERV regelt die Anforderung an solche Projekttätigkeiten und die Möglichkeit, wie und in welchem Umfang UER auf die Quote angerechnet werden können. Zudem sorgt sie für die Einrichtung eines UER-Registers sowie die Registrierung von zur Validierung und Verifizierung akkreditierten Prüfstellen. 3

Ziel der UERV wie auch ihrer unionsrechtlichen Grundlage ist es, **Anreize zu schaffen**, Emissionen im Upstream-Bereich zu mindern. In diesem Produktionsbereich werden häufig die Begleitgase, die bei der Öl- und Gasförderung anfallen, ohne energetische Nutzung abgefackelt oder in die Atmosphäre entlassen. Die Anrechnungsmöglichkeit von UER soll ein wirtschaftlicher Anreiz dafür sein, insbesondere diese **emissionsintensive Praxis einzustellen**. (vgl. Verordnungsbegründung S. 36; Richtlinie (EU) 2015/652 des Rates vom 20. April 2015 zur Festlegung von Berechnungsverfahren und Berichterstattungspflichten gemäß der Richtlinie 98/70/EG des Europäischen Parlaments und des Rates über die Qualität von Otto- und Dieselkraftstoffen (ABl. L 107 vom 25.4.2015, S. 26) Erwägungsgrund 3). 4

Dem Verpflichteten (→ § 2 Rn. 5) stehen neben der Anrechnungsmöglichkeit von UER **verschiedene Optionen** zur Verfügung, die Minderungspflicht zu erfüllen (§ 37a BImSchG Rn. 11). 5

II. Unionsrechtliche Grundlagen

Die Verpflichtung zu einer Reduzierung der Treibhausgasintensität beruht auf einer unionsrechtlichen Grundlage. Sie wurde mit der **Richtlinie 2009/30/EG** (Kraftstoff-Qualitäts-Richtlinie, ABl. L 140 vom 5.6.2009, S. 88 ff.) in Art. 7a Abs. 2 in die Richtlinie 98/70/EG über die Qualität von Otto- und Dieselkraftstoffen (ABl. L 140 vom 5.6.2009, S. 88 ff.) eingeführt. Sie ist in Deutschland in §§ 37a ff. BImSchG umgesetzt (→ BImSchG § 37a Rn. 10a ff.). 6

Die UERV dient ebenso wie die 37. und 38. BImSchV der Umsetzung der **Richtlinie (EU) 2015/652** des Rates vom 20. April 2015 zur Festlegung von Berechnungsverfahren und Berichterstattungspflichten gemäß der Richtlinie 98/70/EG des Europäischen Parlaments und des Rates über die Qualität von Otto- und Dieselkraftstoffen (ABl. L 107 vom 25.4.2015, S. 26), zuletzt im Hinblick auf die UER-Anrechnung geändert gemäß Artikel 56 Satz 1 Nr. 2 der Verordnung (EU) 2018/1999 des Europäischen Parlaments und des Rates vom 11. Dezember 2018 (Governance-Verordnung). Die Kommission hat zudem eine rechtlich nicht verbindliche „Guidance Note on approaches to quantify, verify, validate, monitor and report upstream emission reductions" veröffentlicht. Die deutsche Umsetzung der Richtlinie stellt in wesentlichen Punkten strengere Anforderungen an Projekttätigkeiten, in denen UER erzielt werden können. Das gilt sowohl für den 7

Zeitpunkt des Projektstarts (→ § 7 Abs. 1), die verwendbare Methodologie (→ § 6 Abs. 2) als auch für die Dauer des Anrechnungszeitraums (→ § 5 Abs. 2).

8 Entgegen der verbreiteten Lesart der Kraftstoff-Qualitäts-Richtlinie sind entsprechend Änderung der Rechtsauffassung der EU-Kommission im Herbst 2019 die Mitgliedsstaaten **auch nach dem Jahr 2020** verpflichtet, die THG-Quote von 6 % fortzuführen. Dadurch besteht für einige Mitgliedsstaaten unerwartet die Situation, die Anrechnungsoption von UER auch nach dem Jahr 2020 zu ermöglichen, um die Quotenerfüllung sicherzustellen. Da mit dem Jahr 2020 das Kyoto-Protokoll ausgelaufen ist und internationale Klimaschutzprojekte fortan den Regelungen des ÜvP (→ Vorb. Rn. 13) unterliegen, birgt die Fortführung der Anrechnungsmöglichkeit von UER Herausforderungen, die weder in der Richtlinie noch in der Guidance Note der EU-Kommission (→ Vorb. Rn. 7) adressiert werden. Weil Deutschland aufgrund der besonderen Ausgestaltung der Treibhausgasquote die Minderungspflicht unabhängig von der europarechtlichen Grundlage ohne Befristung vorgesehen hat, wurden bei der ebenso ursprünglich unbefristeten Umsetzung der Anrechnungsmöglichkeit von UER die besonderen Gegebenheiten der Zeit nach 2020 berücksichtigt (→ Vorb. Rn. 13).

III. Ermächtigungsgrundlage und Entstehungsgeschichte

9 Die Verordnung beruht auf den Ermächtigungsgrundlagen in § 37d Absatz 1, Absatz 2 Satz 1 Nummer 13 und Absatz 3 sowie des § 37e Absatz 3 des BImSchG. Sie wurde am 22.01.2018 ausgefertigt und trat gem. § 50 am Tag nach ihrer Verkündung am **30.01.2018 in Kraft**. Mit dem „Gesetz zur Weiterentwicklung der Treibhausgasminderungs-Quote" vom 24.09.2021 (BGBl. I S. 4458) wurde die ursprünglich unbefristete Anrechnungsmöglichkeit von UER in § 37a Abs. 5 S. 1 Nr. 5 BImSchG beschränkt bis zum Jahr 2026. Die Befristung wurde dem Regierungsentwurf im Rahmen des Gesetzgebungsverfahrens hinzugefügt. Zur Begründung wird Folgendes ausgeführt: „Da der Einsatz fossiler Energieträger langfristig beendet werden soll, wird auch die Anrechnung und somit Förderung von Upstream-Emissionsminderungen durch die Treibhausgasminderungs-Quote zeitlich begrenzt. Die Förderung von Upstream-Emissionsminderungen sollte durch europäische und international verbindliche Vorgaben für Inverkehrbringer fossiler Kraftstoffe zur Minderung von Emissionen im Upstream-Bereich ersetzt werden." (BDrs. 19/29850 vom 19.05.2021). In der „Verordnung zur Festlegung weiterer Bestimmungen zur Weiterentwicklung der Treibhausgasminderungs-Quote" vom 12. November 2021 (BGBl. I S. 4932 vom 23.11.2021) wurden in Art. 3 einige Änderungen an der UERV vorgenommen, die vornehmlich der Klarstellung, Verfahrensbeschleunigung sowie der Aktualisierung von Verweisungsnormen dienen.

10 Erst nach Ablauf der in Art. 21 der zugrunde liegenden Richtlinie (EU) 2015/652 vorgesehenen Umsetzungsfrist bis 21.04.2017 und nach der förmlichen Mahnung der EU-Kommission nach Art. 258 AEUV zur Umsetzung der Richtlinie vom 19.07.2017 wurde die UERV beschlossen. Auch die ebenfalls auf dieser Richtlinie beruhenden 37. und 38. BImSchV waren zu diesem Zeitpunkt noch nicht in Kraft getreten. Das **Vertragsverletzungsverfahren** wurde am 08.03.2018 eingestellt.

11 Im Rahmen der Umsetzung wurde diskutiert, ob Deutschland als Mitgliedsstaat der EU dazu verpflichtet war, die Anrechnungsoption von UER auf die Treibhausgasquote zu ermöglichen oder ob die Richtlinie lediglich die Möglichkeit einräumt, eine solche Anrechnungsoption zu schaffen. Diese Frage wurde auch in anderen Mitgliedsstaaten diskutiert. Insgesamt leitete die Kommission 17 Vertragsverletzungsverfahren wegen fehlender Umsetzung der Richtlinie ein, die sich aber vielfach nicht – ebenso wie in

Deutschland – ausschließlich auf die Umsetzung der UER-Anrechnungsmöglichkeit bezogen.

IV. Verhältnis zum Europäischen und nationalen Emissionshandelssystem

UER-Nachweise können weder im Europäischen Emissionshandelssystem (EU ETS) noch im nationalen Emissionshandelssystem (nEHS) eingesetzt werden. 12

V. Bedeutung des Übereinkommens von Paris

Emissionsminderungen, die in internationalen UER-Projekten erzielt werden, unterliegen ab dem Jahr 2021 den Regelungen des Übereinkommens vom 12. Dezember 2015 (BGBl. 2016 II S. 1082, 1083 – Übereinkommen von Paris, ÜvP). UER-Projekte unterfallen als internationale Klimaschutzprojekte den Regelungen zu Art. 6 ÜvP, deren genaue Ausgestaltung von der Vertragsstaatenkonferenz bislang noch nicht beschlossen wurden. Um sicherstellen, dass erzielte Emissionsminderungen nicht auf mehrere Verpflichtungen oder Klimaziele zugleich angerechnet werden (Doppelzählung), werden UER weder im deutschen Treibhausgasinventar aufgeführt noch auf den national festgelegten Beitrag der Mitgliedsstaaten der EU nach Art. 4 ÜvP angerechnet. Anders als die europarechtliche Grundlage enthält die UERV in § 7 Abs. 2 Nr. 4 und § 19 Abs. 2 Nr. 5 und Nr. 7 ausdrückliche Regelungen, die verhindern sollen, dass UER auf die Treibhausgasquote in Deutschland angerechnet werden und zugleich ebenfalls auf die entsprechenden Verpflichtungen in anderen EU-Staaten oder auf die national festgelegten Beiträge des Gastgeberstaates der Projekttätigkeit oder eines Drittstaates. Zweck dieser Regelungen ist es, eine solche **Doppelzählung auszuschließen**. 13

B. Erfüllungsoption: Upstream-Emissionsminderungen

I. UER-Nachweise und UER-Register

UER-Nachweise werden für **verifizierte UER** ausgestellt, die in nach der UERV genehmigten UER-Projekten (vgl. Vorb. Rn. 18 ff.) innerhalb des Anrechnungszeitraums erzielt wurden. Die Verifizierung erfolgt durch eine für die Bereiche DIN EN ISO 14064-2 und -3 in einem Mitgliedsstaat der EU akkreditierte und nach § 32 als registriert geltende Prüfstelle, §§ 39, 41. Die Menge der erzielten Minderungen wird **in Kilogramm Kohlenstoffdioxidäquivalenten** angegeben. UER-Nachweise enthalten alle für die Berichterstattung nach der 38. BImSchVO und für die Quotenmeldung nach § 37c BImSchG notwendigen Informationen (→ Vorb. Rn. 26 f). 14

UER-Nachweise werden in dem vom Umweltbundesamt geführten **UER-Register** ausgestellt, § 19 Abs. 1. Zugang zum Register erhalten **Projektträger** und **Verpflichtete** (→ § 2 Rn. 5), § 26. Sie können UER-Nachweise in ihren Konten halten und auf die Konten anderer Inhaber übertragen. Zudem enthält das Register ein Entwertungskonto, über das die Biokraftstoffquotenstelle die zur Anrechnung gebrachten UER-Nachweise prüfen kann (→ Vorb. Rn. 29), § 28. 15

Auch zuständige **Behörden anderer Mitgliedsstaaten** können über **Ausbuchungskonten** lesenden und markierenden Zugang zum UER-Register erhalten, § 29. Auf diese Weise können UER-Nachweise in Systeme anderer EU-Mitgliedsstaaten überführt und nach den jeweiligen Regeln des Mitgliedsstaates dort zur Anrechnung gebracht werden. Nachweise für Emissionsminderungen, die nach den Regelungen eines anderen EU-Mitgliedsstaates ausgestellt wurden, können weder in das UER-Register eingeführt noch auf Quotenpflicht angerechnet werden. 16

17 Abgesehen von den genannten Personen und Behörden erhalten Dritte keinen Zugang zum Register. Anders als im Europäischen Emissionshandelssystem sieht die UERV **keine Händler-Konten** vor.

II. Projekte zur Upstream-Emissionsminderung

18 UER-Projekte sind gezielte Maßnahmen im Upstream-Bereich der Öl- und Gasförderungen, die dazu beitragen, die dort anfallenden Upstream-Emissionen zu mindern. Minderungen können insbesondere dadurch erzielt werden, dass Begleitgase, die bei der Öl- und Gasförderung anfallen, nicht wie oft üblich abgefackelt oder in die Atmosphäre entlassen werden, sondern einer weiteren energetischen Nutzung zugeführt werden. Aber auch Energieeffizienzmaßnahmen oder der Einsatz erneuerbarer Energie zur Versorgung von im Upstream-Bereich eingesetzten Verbrauchern gehören zu möglichen Projektkonzepten. Projekttätigkeiten können weltweit durchgeführt werden.

19 In der UERV sind Voraussetzungen beschrieben, denen eine Projekttätigkeit genügen muss, um als UER-Projekt anerkannt zu werden, § 7 und § 10. Für die Zustimmung ist das Umweltbundesamt zuständig, § 10. Hervorzuheben sind insbesondere folgende Anforderungen: Zur Beschreibung der Projekttätigkeit und zur Berechnung der Höhe der erzielten UER müssen nach § 6 Abs. 1 Nr. 1 die vom Exekutivrat des Mechanismus für umweltverträgliche Entwicklung (Clean Development Mechanism, CDM) der Klimarahmenkonvention genehmigte **Methodologien** verwendet werden. Ebenso müssen Projektträger entsprechend der für den CDM entwickelten Prüfungsschritte nachweisen, dass das UER-Projekt **zusätzlich** ist. Ein Projekt ist zusätzlich, wenn es aus wirtschaftlichen oder technischen Gründen nicht würde durchgeführt werden, wenn es nicht als Klimaschutzprojekt anerkannt würde und dadurch die Möglichkeit erhielte, für erzielte, verifizierte Emissionsminderungen Minderungszertifikate verkaufen zu können. Zudem müssen Projektträger einen Antrag auf Zustimmung beim Umweltbundesamt stellen, **bevor die Projekttätigkeit begonnen** hat, § 7 Abs. 1. Auf diese Weise soll sichergestellt werden, dass nicht bereits laufende, sondern lediglich neue Klimaschutzaktivitäten als UER-Projekte anerkannt werden. Auch darf eine Zustimmung nur erteilt werden, wenn eine Projekttätigkeit **keine schwerwiegenden nachteiligen Auswirkungen auf die Umwelt oder das Klima** hat, § 10 Abs. 2 Nr. 4.

20 Das Projektkonzept muss in formaler Weise dokumentiert und von einer unabhängigen, für den Bereich DIN EN ISO 14064-2 und -3 akkreditierten und nach § 32 als registriert geltenden Prüfstelle **validiert** werden, §§ 38, 40. Sowohl der Validierungsbericht als auch die Projektdokumentation gehören zu den Unterlagen, die dem Umweltbundesamt im Rahmen des Zustimmungsantrags vorgelegt werden müssen, § 7 Abs. 2 Nr. 5 und Nr. 7.

21 Der **Anrechnungszeitraum**, in dem in einer Projekttätigkeit auf die Treibhausgasquote anrechenbare UER erzielt werden können, ist gem. § 5 Abs. 2 **auf ein Jahr beschränkt** und kann nicht verlängert werden. Auch kann eine Projekttätigkeit nicht mehrfach als UER-Projekt eine Zustimmung erhalten, § 10 Abs. 2 Nr. 5. Das bedeutet, dass für jede vom Umweltbundesamt genehmigte Projekttätigkeit lediglich für die in einem Jahr erzielten und verifizierten UER im Register UER-Nachweise ausgestellt werden können. Mit der zusätzlichen Einnahmequelle aus dem Verkauf der UER-Nachweise soll sich die Anfangsinvestition in die neuimplementierte Technik und Infrastruktur im Regelfall amortisieren, sodass auch nach Ende des Anrechnungszeitraums die Projekttätigkeit weiterhin Emissionsminderungen erzielt, die aber nicht auf die Verpflichtung nach § 37a Abs. 1 S. 2 BImSchG (→ 37a BImSchG Rn. 1) angerechnet werden können.

III. Anrechnungsmöglichkeit

Auf die THG-Quote können lediglich verifizierte UER angerechnet werden, für die UER-Nachweise ausgestellt worden sind (→§ 19 Rn. 1). Die Anrechnung ist der Höhe nach für jeden Verpflichteten **beschränkt auf 1,2 Prozentpunkte** der Minderungspflicht von derzeit 6 % pro Verpflichtungsjahr. Es ist nicht vorgesehen, dass die Anrechnungsmöglichkeit von UER-Nachweisen mit dem Ansteigen der Treibhausgasquote in den kommenden Jahren ebenfalls angehoben wird. Die Beschränkung kann nicht im Rahmen des Quotenhandels umgangen werden. Es soll sichergestellt werden, dass die Ziele für einen Mindestanteil erneuerbarer Energien im Verkehrssektor eingehalten werden können. Zeitlich ist die Anrechnungsmöglichkeit nach der Neufassung von § 37a Abs. 5 Satz 1 Nr. 5 BImSchG **befristet bis zum Verpflichtungsjahr 2026** möglich. 22

Die Anrechnungsmöglichkeit von UER-Nachweisen ist zudem beschränkt auf solche Nachweise, die **im Verpflichtungsjahr erzielte Emissionsminderungen** ausweisen. Es ist nicht möglich, UER verschiedener Jahre zu akkumulieren, um sie in einem Verpflichtungsjahr anrechnen zu lassen. 23

Um UER-Nachweise zur Anrechnung bringen zu können, muss der Verpflichtete (→ § 2 Rn. 5) sie aus seinem Konto im UER-Register **in das Entwertungskonto** der Biokraftstoffquotenstelle gem. § 4 Nr. 2 bis zum 15.04. des auf das Verpflichtungsjahr folgenden Kalenderjahres **übertragen.** Zum selben Datum muss die Meldung an die Biokraftstoffquotenstelle gem. § 37c BImSchG (→ § 37c BImSchG Rn. 3 f.) erfolgen, in der die UER-Nachweise aufgeführt werden müssen. 24

Nachweise für UER, die unter den Regelungen eines anderen EU-Mitgliedsstaates ausgestellt worden sind, können nicht auf die Verpflichtung nach § 37a Abs. 1 S. 2 BImSchG angerechnet werden. 25

IV. Berichtspflichten

Die UERV selbst schreibt in § 51 lediglich eine Berichtspflicht des Umweltbundesamts über die Vollzugserfahrungen gegenüber der Bundesregierung vor. 26

Verpflichtete (→ § 2 Rn. 5) unterliegen hingegen auch im Hinblick auf die Anrechnung von UER-Nachweisen auf die Quote der in § 37f BImSchG festgeschriebenen (→ § 37f BImSchG Rn. 6-9.) und in der 38. BImSchVO ausgestalteten **Berichtspflicht** gegenüber dem Umweltbundesamt. Der Stichtag für die Berichtspflicht liegt mit dem 31.03. des auf das jeweilige Verpflichtungsjahr folgenden Jahres vor dem Stichtag, bis zu dem die **Mitteilung** an die Biokraftstoffquotenstelle erfolgen muss und die UER-Nachweise auf deren Entwertungskonto im UER-Register übertragen werden müssen (→ Vorb. Rn. 24). 27

V. Zuständige Stellen

Für die **Projektprüfung ist das Umweltbundesamt** zuständig. Das gilt für die Zustimmung zu einer UER-Projekttätigkeit (§ 10) und für die Ausstellung von UER-Nachweisen (§ 19 Abs. 3). Ebenso obliegt dem Umweltbundesamt die Prüfung der laufenden Projekte (§ 44). Es betreibt zudem das UER-Register. 28

Die **Anrechnung** der UER-Nachweise auf die Quote erfolgt wie die Anrechnung der übrigen Erfüllungsoptionen durch die **Biokraftstoffquotenstelle** im Hauptzollamt Frankfurt/Oder, Außenstelle Cottbus. Sie überwacht auch, dass jeder Verpflichtete (→ § 2 Rn. 5) nicht mehr als 1,2 Prozentpunkte seiner Quote mit UER-Nachweisen erfüllt. 29

Teil 1. Allgemeine Bestimmungen

§ 1 Anwendungsbereich

(1) **Diese Verordnung regelt die Anrechnung von Upstream-Emissionsminderungen zur Erfüllung der gesetzlichen Verpflichtung zur Minderung von Treibhausgasemissionen nach § 37a Absatz 1 Satz 1 und 2 in Verbindung mit § 37a Absatz 4 des Bundes-Immissionsschutzgesetzes.**

(2) **Die Verordnung ist nicht anwendbar auf**

1. **Emissionsminderungen durch Projekttätigkeiten, die zu einer unmittelbaren oder mittelbaren Verringerung der Emissionen einer Anlage führen, die dem Anwendungsbereich der Richtlinie 2003/87/EG des Europäischen Parlaments und des Rates vom 13. Oktober 2003 über ein System für den Handel mit Treibhausgasemissionszertifikaten in der Gemeinschaft und zur Änderung der Richtlinie 96/61/EG des Rates (ABl. L 275 vom 25.10.2003, S. 32), die zuletzt durch Artikel 2 des Beschlusses (EU) 2015/1814 (ABl. L 264 vom 9.10.2015, S. 1) geändert worden ist, unterliegt, oder**
2. **den Anteil an Emissionsminderungen durch Projekttätigkeiten im Inland, der durch öffentliche Fördermittel finanziert wird; dies gilt nicht, wenn die öffentlichen Fördermittel der Absicherung von Investitionen dienen.**

Die Norm legt den **Anwendungsbereich** der Verordnung fest. Die Anrechnung von UER ist eine Möglichkeit, mit der Verpflichtete (→ § 2 Rn. 5) die Treibhausgasquote (→ 37a BImSchG Rn. 1) erfüllen können; (zu den weiteren Erfüllungsoptionen s. → Vorb. Rn. 5). 1

Absatz 2 regelt zwei Fälle, die vom Anwendungsbereich der Verordnung **ausgenommen** sind. In beiden Fällen wird für die Emissionsminderungen bereits an anderer Stelle ein Anreiz gesetzt, sodass Aktivitäten in diesen Bereichen nicht als zusätzlich eingeordnet werden können (→ § 6 Rn. 1). Insoweit sind nach Nr. 1 solche Aktivitäten ausgeschlossen, die zu einer Emissionsminderung in einer **dem EU-Emissionshandel unterliegenden Anlage**, § 3 Nr. 1 TEHG, führen. Nach Nr. 2 sind Inlandsaktivitäten ausgeschlossen, soweit sie mit **öffentlichen Geldern finanziert** werden. Für beide Fälle findet sich eine Parallelregelung in § 5 Absatz 1 Satz 3 und S. 4 ProMechG, bei der diese Ausschlussmengen als Teil der Referenzfallemissionen angesehen werden. 2

§ 2 Begriffsbestimmungen

(1) **Treibhausgase im Sinne dieser Verordnung sind Kohlenstoffdioxid (CO_2), Stickoxid (N_2O) und Methan (CH_4).**

(2) **Upstream-Emissionen sind sämtliche Treibhausgasemissionen, die entstehen, bevor der Raffinerierohstoff in die Raffinerie oder Verarbeitungsanlage gelangt, in der die in Anhang I der Richtlinie (EU) 2015/652 des Rates vom 20. April 2015 zur Festlegung von Berechnungsverfahren und Berichterstattungspflichten gemäß der Richtlinie 98/70/EG des Europäischen Parlaments und des Rates über die Qualität von Otto-und Dieselkraftstoffen (ABl. L 107 vom 25.4.2015, S. 26) genannten Kraftstoffe hergestellt werden.**

(3) **Upstream-Emissionsminderung ist die Differenz zwischen den Referenzfallemissionen und den Upstream-Emissionen, die durch eine Projekttätigkeit tatsächlich entstehen.**

(4) **Referenzfallemissionen sind die hypothetische Menge der Upstream-Emissionen, die ohne die Projekttätigkeit entstanden wäre.**

(5) **Raffinerierohstoffe, aus denen Otto-, Diesel- und Flüssiggaskraftstoff hergestellt wird, sind konventionelles Rohöl, Erdgas, Naturbitumen und Ölschiefer im Sinne der Verordnung zur Festlegung weiterer Bestimmungen zur Treibhausgasminderung bei Kraftstoffen vom 8. Dezember 2017 (BGBl. I S. 3892).**

(6) **Projekttätigkeit ist die Entwicklung und Durchführung eines Projektes zur Minderung von Upstream-Emissionen.**

(7) **Kyoto-Projekttätigkeit ist eine Projekttätigkeit nach § 2 Nummer 12 des Projekt-Mechanismen-Gesetzes vom 22. September 2005 (BGBl. I S. 2826), das zuletzt durch Artikel 67 des Gesetzes vom 29. März 2017 (BGBl. I S. 626) geändert worden ist.**

(8) **Projektträger ist eine natürliche oder juristische Person, die die Entscheidungsgewalt über eine Projekttätigkeit oder eine Kyoto-Projekttätigkeit innehat; Projektträger können auch mehrere Personen gemeinschaftlich sein.**

(9) **Projektgrenze ist die Projektgrenze nach Ziffer 52 des Abschnitts G der Anlage „Modalitäten und Verfahren für einen Mechanismus für umweltverträgliche Entwicklung" des in dem Anhang zum Projekt-Mechanismen-Gesetz abgedruckten Beschlusses 17/CP.7, Modalitäten und Verfahren für einen Mechanismus für umweltverträgliche Entwicklung im Sinne des Artikels 12 des Protokolls von Kyoto.**

(10) **Gastgeberstaat ist der Staat, auf dessen Staatsgebiet oder in dessen ausschließlicher Wirtschaftszone die Projekttätigkeit durchgeführt werden soll.**

(11) **Verpflichtete sind die im Sinne des § 37a Absatz 2 des Bundes-Immissionsschutzgesetzes Verpflichteten.**

(12) **Verpflichtungsjahr ist der in § 37a Absatz 1 Satz 1 des Bundes-Immissionsschutzgesetzes genannte Zeitraum.**

(13) **Biokraftstoffquotenstelle ist die zuständige Stelle nach § 8 der Verordnung zur Durchführung der Regelungen der Biokraftstoffquote vom 29. Januar 2007 (BGBl. I S. 60), die zuletzt durch Artikel 1 der Verordnung vom 4. April 2016 (BGBl. I S. 590, 1318) geändert worden ist, in der jeweils geltenden Fassung.**

1 In § 2 werden relevante Begriffe legaldefiniert. Die Definitionen zeigen die Nähe der UERV zum ProMechG, das ebenfalls Voraussetzungen von Emissionsminderungsprojekten regelt.

2 Anders als in § 2 Nr. 2 ProMechG, § 3 Nr. 16 TEHG und § 3 Nr. 9 BEHG erfasst die Definition von **Treibhausgasen** nach der UERV lediglich die drei Klimagase, die im Upstream-Bereich der Öl- und Gasförderung eine wesentliche Rolle spielen. Die Definition des **Upstream-Bereichs** der Produktionskette von Kraftstoffen ist für Projekte im Rahmen der Ölförderung eindeutig vorgegeben: Es werden lediglich Emissionsminderungen erfasst, die erzielt werden, bevor das geförderte Öl in die Raffinerie gelangt. Emissionsminderungen innerhalb des Raffinierungsprozesses, auch solche, die mithilfe des Einsatzes von grünem Wasserstoff erzielt werden, sind keine UER i.S.d. UERV. Ebenso wie eine Raffinerie in der Ölverarbeitung muss auch die für Erdgas genannte „Verarbeitungsanlage" in der Produktionskette nah an der Extraktion des Rohstoffs angesiedelt sein. Auch wenn Erdgas je nach Güte und Verwendungsbestimmung variablen Verarbeitungsprozessen unterliegt, endet der Upstream-Bereich auch bei Gasprojekten, vor dem letzten wesentlichen Verarbeitungsschritt, bevor das Endprodukt auf dem Markt gebracht wird. Als solcher kann die Sauergaswäsche angesehen werden, nicht aber die schlichte Veränderung des Aggregatzustandes bzw. Kompression und Kühlung des Stoffs.

3 **Upstream-Emissionsminderungen (UER)** werden aus der Differenz der Referenzfallemissionen und der Projektemissionen berechnet, wie es für Emissionsminderungen nach den für den CDM (→ Vorb. Rn. 19) zugelassenen Methodologien und hilfsweise DIN EN ISO 14064-2 vorgeschrieben ist. Die **Referenzfallemissionen** sind entsprechend der Regelung in § 2 Nr. 6 des ProMechG formuliert, um einen Gleichlauf des Nachweises der Zusätzlichkeit sicher zu stellen. Die Definition der **Raffinerierohstoffe** umfasst nach der Änderung der UERV (→ Vorb. Rn. 9) seit 2021 ausdrücklich auch Erdgas.

4 **Projekttätigkeit** ist sinngemäß und **Kyoto-Projekttätigkeit** ausdrücklich nach dem ProMechG legaldefiniert. Letztere umfassen insbesondere Projekte unter dem CDM (→ Vorb. Rn. 19). **Projektträger** kann immer nur eine natürliche oder juristische Person sein. Möchten „mehrere gemeinsam" handeln, müssen sie das als eine juristische Person tun, die Träger insb. der Pflichten aus §§ 7 Abs. 2 Nr. 4, 26 Nr. 5, 30 Nr. 5 ist und die notwendigen Erklärungen insb. nach § 7 Abs. 2 Nr. 2 abgeben muss. Auch kann lediglich personenscharf ein Projektträgerkonto eröffnet werden, § 26 (→ § 26 Rn. 1 ff.). Andere Formen der Projektbeteiligung, wie sie im ProMechG angelegt sind, kennt die UERV nicht. Die Definitionen der **Projektgrenze** und des **Gastgeberstaates** entspricht jenen, die Aktivitäten nach dem ProMechG zugrunde liegen. Allerdings ergeben sich nach dem ProMechG je nach Projektart besondere geografische Einschränkungen für Gastgeberstaaten, die die UERV nicht kennt. Im Hinblick darauf, dass die Anrechnungsmöglichkeit nach der UERV die notwendige Ambitionssteigerung der internationalen Klimapolitik nicht untergraben sollte, wäre de lege ferenda eine Beschränkung auf solche Staaten wünschenswert, die Mitglied des ÜvP (→ Vorb. Rn. 13) sind.

5 **Verpflichtete** sind jene Personen, die der THG-Quote unterliegen (→ § 37a BImSchG Rn. 7 f). Das Verpflichtungsjahr ist nach § 37a Abs. 1 S. 1 BImSchG als ein Kalenderjahr definiert. Die **Biokraftstoffquotenstelle** ist das Hauptzollamt Frankfurt/Oder mit seiner Außenstelle in Cottbus.

Teil 2. Anrechnung und Ermittlung von Upstream-Emissionsminderungen

§ 3 Anrechenbarkeit von Upstream-Emissionsminderungen

(1) **Ab dem Verpflichtungsjahr 2020 können Upstream-Emissionsminderungen, die in einem Verpflichtungsjahr erreicht worden sind, zur Erfüllung der gesetzlichen Verpflichtung zur Minderung der Treibhausgasemissionen angerechnet werden.**

(2) **Die Anrechenbarkeit ist begrenzt auf 1,2 Prozent bezogen auf den Referenzwert nach § 37a Absatz 4 Satz 3 des Bundes-Immissionsschutzgesetzes in Verbindung mit der Verordnung zur Festlegung weiterer Bestimmungen zur Treibhausgasminderung von Kraftstoffen sowie der Verordnung zur Anrechnung von strombasierten Kraftstoffen und mitverarbeiteten biogenen Ölen auf die Treibhausgasquote vom 15. Mai 2017 (BGBl. I S. 1195).**

Entsprechend der zugrunde liegenden Richtlinie EU 2015/652 (→ Vorb. Rn. 10) können seit dem Verpflichtungsjahr 2020 UER auf die THG-Quote angerechnet werden. Dabei dürfen lediglich solche UER auf die Quotenpflicht eines Jahres angerechnet werden, die in ebendiesem Verpflichtungsjahr in einer Projekttätigkeit erzielt wurden. Diese zeitliche Einschränkung entspricht der Guidance Note der EU-Kommission (→ Vorb. Rn. 7). Angerechnet werden können nur zertifizierte UER, für die gem. § 19 UER-Nachweise ausgestellt wurden, § 4 Nr. 2. Daraus folgt, dass lediglich UER-Nachweise verwendet werden dürfen, die für Minderungen in Projekttätigkeiten erzielt wurden, denen nach der UERV eine Zustimmung erteilt wurde. Zertifikate, die in anderen EU-Mitgliedstaaten ausgestellt werden, werden hingegen nicht anerkannt (→ § 29 Rn. 1). **1**

Die Anrechnungsmöglichkeit von UER ist zudem der Höhe nach beschränkt auf 1,2 Prozentpunkte der THG-Quote jedes Verpflichteten (→ § 2 Rn. 5). Die Beschränkung soll verhindern, dass größere Teile der Quote über UER erfüllt werden, wodurch das Ziel des Mindestanteils von erneuerbaren Energien im Verkehrssektor gefährdet werden könnte. Ein Quotenhandel wie er für andere Erfüllungsoptionen der THG-Quote erlaubt wird, ist in der UERV nicht vorgesehen. **2**

§ 4 Nachweis durch den Verpflichteten

Zur Anrechnung von Upstream-Emissionsminderungen zur Erfüllung der gesetzlichen Verpflichtung zur Minderung der Treibhausgasemissionen muss der Verpflichtete

1. der Biokraftstoffquotenstelle im Rahmen der Mitteilung nach § 37c des Bundes-Immissionsschutzgesetzes UER-Nachweise für die im Verpflichtungsjahr erreichten Upstream-Emissionsminderungen vorlegen und

2. diese UER-Nachweise bis zum 15. April des auf das Verpflichtungsjahr folgenden Kalenderjahres auf das Entwertungskonto des UER-Registers übertragen.

§ 4 beschreibt die Modalitäten der Anrechnung. Nur in UER-Nachweisen zertifizierte 1 UER (→ § 19 Rn. 1) können auf die THG-Quote angerechnet werden. Dazu muss der Verpflichtete die entsprechenden UER-Nachweise bei der Quotenmitteilung (→ Vorb. 24) angeben und bis zu dem bezeichneten Stichtag von seinem Konto im UER-Register auf das Entwertungskonto übertragen, auf das die Biokraftstoffquotenstelle Zugriff hat (→ § 28 Rn. 2). Der Zeithorizont ist mit Blick auf den Stichtag (31.03. des auf das Verpflichtungsjahr folgenden Jahres) für die Berichtspflicht und jenem für die Melde- und Erfüllungspflicht (15.04. → Vorb. Rn. 27) sehr eng gesetzt.

§ 5 Anrechnungszeitraum

(1) **Anrechnungszeitraum ist der Zeitraum, für den für in einer Projekttätigkeit erreichte Upstream-Emissionsminderungen, die zur Erfüllung der gesetzlichen Verpflichtung zur Minderung von Treibhausgasemissionen angerechnet werden, UER-Nachweise ausgestellt werden sollen.**

(2) **Der Anrechnungszeitraum beträgt ein Jahr. Er ist nicht auf das Kalenderjahr beschränkt.**

Der **Anrechnungszeitraum** wird legal definiert und zeitlich beschränkt. Nur für einen Zeitraum von **einem Jahr** ist die Ausstellung von UER-Nachweisen für die in dieser Zeit erzielten UER möglich. Der Anrechnungszeitraum von UER-Projekten ist deutlich kürzer als jener (7 bzw. 10 Jahre) von Projekten unter dem CDM (→ Vorb. Rn. 19) und kann anders als bei CDM-Projekten nicht verlängert werden. Auch kann ein Projekt nicht zweimal unter der UERV eine Zustimmung erhalten. Zudem dürfen erzielte Minderungserfolge aus einem UER-Projekt zu keinem Zeitpunkt – auch vor oder nach dem Anrechnungszeitraum – auf die THG-Quote in einem anderen EU-Mitgliedsstaat angerechnet werden, § 7 Abs. 2 Nr. 4 b. Grund für den kurzen Anrechnungszeitraums ist die Annahme, dass sich durch den Verkauf der UER-Nachweise für innerhalb eines Jahres erzielter UER regelmäßig die Investitionskosten der UER-Projekttätigkeit amortisieren lassen und die Aktivität kostendeckend oder mit Gewinn ohne weitere finanzielle Anreize fortgesetzt werden kann. Der Anrechnungszeitraum kann erst beginnen, nachdem nach der Zustimmung zu der Projekttätigkeit der Projektträger dem Umweltbundesamt den Beginn verbindlich mitteilt. Eine Rückdatierung des Beginns ist nicht möglich. 1

Der Anrechnungszeitraum muss nicht zwingend mit einem Kalenderjahr und damit mit einem Verpflichtungsjahr übereinstimmen. Er kann in einem laufenden Verpflichtungsjahr beginnen (z.B. am 01.05.2021) und im nächsten Verpflichtungsjahr enden (im Beispiel am 30.04.2022). Um zu gewährleisten, dass erzielte UER nachweislich einem Verpflichtungsjahr (z.B. 2021) zugeordnet werden können, muss der Anrechnungszeitraum nach § 18 Abs. 1 in mindestes zwei Überwachungszeiträume geteilt werden (im Beispiel: 01.05.2021-31.12.2021 und 01.01.2022-30.04.2022) und ebenso viele Verifizierungszeiträume, § 42. Die Zuordnung ist relevant, weil auf die THG-Quote eines Verpflichtungsjahres lediglich solche UER angerechnet werden können, die in eben diesem Verpflichtungsjahr erzielt wurden (→ § 3 Rn. 1). 2

§ 6 Ermittlung der Upstream-Emissionsminderung

(1) Upstream-Emissionsminderungen werden ermittelt nach der Anlage „Modalitäten und Verfahren für einen Mechanismus für umweltverträgliche Entwicklung" des im Anhang zum Projekt-Mechanismen-Gesetzes vom 22. September 2005 abgedruckten Beschlusses „17/CP.7 Modalitäten und Verfahren für einen Mechanismus für umweltverträgliche Entwicklung im Sinne des Artikels 12 des Protokolls von Kyoto". Die Ermittlung erfolgt gemäß

1. den Methoden, die der Exekutivrat nach Abschnitt C Nummer 5 Buchstabe d der in Satz 1 benannten Anlage genehmigt hat,

2. den Nummern 44, 45, 47, 48 und 50 bis 52 des Abschnitts G der in Satz 1 benannten Anlage und

3. den Maßgaben, die nach Anhang C „Grundsätze für die Festlegung von Leitlinien für Methoden bezüglich der Referenzszenarien und der Überwachung" Buchstabe a Ziffer v der in Satz 1 benannten Anlage verabschiedet worden sind.

Die Werte für die Treibhausgaspotentiale (GWP 100y), die bei der Ermittlung der Höhe der Upstream-Emissionsminderungen zugrunde gelegt werden, werden durch das Umweltbundesamt jährlich festgelegt und bis zum Ablauf des 1. Oktober für das darauffolgende Verpflichtungsjahr im Bundesanzeiger bekannt gegeben.

(2) Soweit nicht bereits von Absatz 1 erfasst gilt DIN EN ISO 14064-2, Ausgabe Mai 2020.

1 Im Rahmen der Verordnungsänderung wurde die redaktionell wenig geglückte Formulierung von § 6 ohne wesentliche inhaltliche Änderung neuredigiert. UER sind gemäß **Abs. 1 S. 1** nach den projektbezogene den Berechnungsmethoden der vom Exekutivrat des CDM (→ Vorb. Rn. 19) genehmigten Methodologien zu bestimmen **(Nr. 1)**. Der Verweis auf die **Methodologien des CDM** ist allgemein formuliert und nicht auf spezifische Berechnungsverfahren beschränkt. Einige Methodologien sind allein aufgrund ihres Anwendungsbereichs bereits für Emissionsminderungsprojekte im Upstream-Bereich der Ölförderung zugeschnitten, so insbesondere „AM0009: Recovery and utilization of gas from oil fields that would otherwise be flared or vented" (https://cdm.unfccc.int/methodologies/DB/ET4NXMVXFQ5C2EJ5L1OF8YZIEVLVDA) für Aktivitäten, in denen Begleitgase einer weiteren Nutzung zugeführt werden, statt sie ungenutzt abzufackeln. Die Eignung anderer Methodologien ergibt sich hingegen aus ihrer Anwendung in der konkreten Projektaktivität: So müssen beispielsweise Aktivitäten, in denen erneuerbare Energien erzeugt werden, nachweisen, dass diese tatsächlich im Upstream-Bereich der Öl- und Gasförderung eingesetzt werden und in diesem Bereich fossil erzeugte Energien ersetzen. Das bedeutet, dass Projektträger bei solchen Aktivitäten neben den Anforderungen der CDM-Methodologie selbst (z.B. ACM0002: Grid-connected electricity generation from renewable sources, https://cdm.unfccc.int/methodologies/DB/XP2LKUSA61DKUQC0PIWPGWDN8ED5PG) zusätzlich nachweisen müssen, dass dadurch Emissionsminderungen gerade im Upstream-Bereich erzielt werden. Nicht unter dem CDM anerkannte Methodologien des freiwilligen Marktes oder unter anderen Systemen entwickelte Berechnungsverfahren können nach der UERV nicht für UER-Projekte eingesetzt werden. Das gilt auch für Bereiche, in denen wegen des Anwendungsbereichs des Kyoto-Protokolls keine CDM Projekte durchgeführt werden konnten (insb. im internationalen Seeverkehr).

2 Nach **Abs. 1 S. 1** finden zudem weitere **Werkzeuge und Prüfgrundlagen des CDM** (→ Vorb. Rn. 19) Anwendung: In **Nr. 2** werden insbesondere auf die Berechnungswerk-

zeuge und -methoden für Referenzfallszenarien verwiesen, während in **Nr. 3** eine **Zusätzlichkeitsprüfung** vorgeschrieben wird entsprechend dem CDM „Tool for the demonstration and assessment of additionality" (https://cdm.unfccc.int/methodologies/PAmethodologies/tools/am-tool-01-v7.0.0.pdf). In Abs. 2 S. 2 wird dem Umweltbundesamt die Möglichkeit eingeräumt, Werte für das globale Erderwärmungspotential für die in der UERV relevanten Treibhausgase festzulegen. Dadurch können die Werte jeweils an den aktuellen Stand der Wissenschaft angepasst werden. Derzeit finden die für den CDM gültigen Werte Anwendung.

3 Auch wenn der CDM (→ Vorb. Rn. 19) eine Projekttätigkeit unter dem Kyoto-Protokoll ist und insoweit nicht unverändert ab dem Jahr 2021 fortbestehen kann, verlieren die nach technischen Prinzipien entwickelten Methodologien nicht ihre wissenschaftliche Grundlage und können weiterhin verwendet werden. Zudem findet eine Weiterentwicklung der Methodologien mit Blick auf zukünftige Marktmechanismen unter Art. 6 des ÜvP (→ Vorb. Rn. 13) statt. Sobald auf internationaler Ebene diese Marktmechanismen beschlossen sind und für sie Regelungen zu anwendbaren Methodologien getroffen werden, sollte eine entsprechende Anpassung des Verweises in der UERV vorgenommen werden.

4 Abs. 2 verweist ergänzend auf die in der zugrunde liegenden Richtlinie EU 2015/652 (→ Vorb. Rn. 6) aufgeführte **ISO 14064** (Anhang I Teil 1 Nr. 3d) ii)). Beschrieben werden aber in dieser Norm lediglich allgemeine Grundsätze, die im Zusammenhang mit Emissionsminderungsprojekten eingehalten werden müssen. Spezifische Anforderung an die Ermittlung von Emissionsminderungen in konkreten Projektarten werden nicht angegeben.

Teil 3. Projekttätigkeiten, Nachweise

Abschnitt 1. Antragstellung, Zustimmung, Sicherheitsleistung

§ 7 Antrag auf Zustimmung

(1) **Vor Beginn einer Projekttätigkeit stellt der Projektträger einen Antrag auf Erteilung der Zustimmung zu der Projekttätigkeit beim Umweltbundesamt. Der Antrag wird schriftlich oder in elektronischer Form gestellt.**

(2) **Der Antrag auf Zustimmung enthält folgende Angaben und Unterlagen::**

1. den Namen und die Anschrift des Projektträgers,

2. die Erklärung, dass

a. die Projekttätigkeit weder unmittelbar noch mittelbar zu einer Minderung von Treibhausgasemissionen aus einer Anlage führt, die der Richtlinie 2003/87/EG unterliegt, und

b. für Upstream-Emissionsminderungen durch die Projekttätigkeit in keinem anderen Mitgliedstaat ein Antrag mit dem Ziel der Anrechnung zur Erfüllung von Verpflichtungen gestellt worden ist, die der Umsetzung von Artikel 7a der Richtlinie 98/70/EG des Europäischen Parlaments und des Rates vom 13. Oktober 1998 über die Qualität von Otto- und Dieselkraftstoffen und zur Änderung der Richtlinie 93/12/EWG des Rates (ABl. L 350 vom 28.12.1998, S. 58), die zuletzt durch die Richtlinie (EU) 2015/1513 (ABl. L 239 vom 15.9.2015, S. 1) geändert worden ist, dienen,

c. die Projekttätigkeit keine schwerwiegenden nachteiligen Auswirkungen auf die in der Präambel des Übereinkommens vom 12. Dezember 2015 (BGBl. 2016 II S. 1082, 1083) genannten Belange im Gastgeberstaat hat,

3. eine Erklärung, in der sich der Projektträger verpflichtet, dass mit der Projekttätigkeit nicht zugleich Strom erzeugt wird, für den

a. Zahlungen nach § 19 Absatz 1 des Erneuerbare-Energien-Gesetzes vom 21. Juli 2014 (BGBl. I S. 1066), das zuletzt durch Artikel 1 des Gesetzes vom 17. Juli 2017 (BGBl. I S. 2532) geändert worden ist, oder

b. Zuschlagszahlungen nach den §§ 6 bis 13 sowie 35 des Kraft-Wärme-Kopplungsgesetzes vom 21. Dezember 2015 (BGBl. I S. 2498), das zuletzt durch Artikel 3 des Gesetzes vom 17. Juli 2017 (BGBl. I S. 2532) geändert worden ist,

in Anspruch genommen werden sollen,

4. eine Erklärung, in der sich der Projektträger verpflichtet,

a. die Kontrollen und Anordnungen nach dieser Verordnung zu dulden und dabei mitzuwirken, insbesondere

aa) auf Verlangen Räume zu bezeichnen und zu öffnen,

bb) Geschäftsunterlagen vorzulegen,

cc) Abschriften, Auszüge, Ausdrucke oder Kopien der Geschäftsunterlagen auf eigene Kosten anzufertigen und

dd) die erforderlichen Auskünfte zu erteilen.

b. für Upstream-Emissionsminderungen, die durch die Projekttätigkeit vor, während oder nach Ablauf des Anrechnungszeitraums erreicht worden sind, unbeschadet des § 29 Absatz 2 in keinem anderen Mitgliedstaat einen Antrag auf Anrechnung zur Erfüllung von Verpflichtungen zu stellen, die der Umsetzung von Artikel 7a der Richtlinie 98/70/EG dienen, und

c. dem Umweltbundesamt vor Beginn des Anrechnungszeitraums die von ihm beauftragte Verifizierungsstelle zu benennen,

5. die Projektdokumentation.

6. den Namen und die Anschrift der vom Projektträger beauftragten Validierungsstelle und

7. den Validierungsbericht.

Die Angaben und Unterlagen der Nummern 5, 6 und 7 können in Textform vorgelegt werden.

(3) **Ist der Antrag unvollständig, so teilt das Umweltbundesamt dem Projektträger innerhalb von vier Wochen nach Eingang des Antrags mit, welche Unterlagen und Angaben fehlen.**

I. Allgemeines

1 Teil 3 Abschnitt 1 der UERV regelt das Antrags- und Zustimmungsverfahren für Projekte zur Minderung von Upstream-Emissionen. Nur für Projekte, für die eine Zustimmung erteilt worden ist, können gemäß § 19 Absatz 2 Nr. 1 Nachweise über Upstream-Emissionsminderungen ausgestellt werden. Zuständig für das Antrags- und Zustimmungsverfahren ist das Umweltbundesamt, vgl. Absatz 1 Satz 1 sowie § 10 Absatz 2 Satz 1. Der Absatz 2 regelt die konkreten inhaltlichen Anforderungen an den Antrag.

II. Regelungsgehalt

2 Der Antrag auf Zustimmung bedarf der Schriftform oder alternativ der elektronischen Form. Letztgenannte Möglichkeit setzt dabei lediglich die Anforderungen nach § 3a Absatz 2 VwVfG um, wonach eine angeordnete Schriftform durch die elektronische Form ersetzt werden kann, und dient insofern der Klarstellung vor allem mit Blick auf die Tatsache, dass Projektträger für UER-Projekte häufig nicht aus Deutschland kommen werden und daher mit der elektronischen Form eine sichere internationale Kommunikationsform haben. Unberührt davon bleibt indes die qualitative Anforderung aus § 3a Absatz 2 Satz 2 VwVfG einer qualifizierten elektronischen Signatur als Ersatz der Schriftform. Die Verordnung sieht hierzu keine Ausnahme vor.

3 Absatz 1 verlangt, dass der Antrag auf Zustimmung vor Beginn der Projekttätigkeit gestellt wird. Haben dagegen Projekttätigkeiten schon begonnen, ist eine Nutzung unter der UERV ausgeschlossen; denn solche Projekte hängen nicht von den finanziellen Vorteilen aus der Nutzung von UER-Nachweisen ab, sondern hatten offenkundig bereits aus anderen Gründen ausreichende Anreize für die Projektdurchführung. Damit wird dem klimapolitischen Ziel Rechnung getragen, dass die Anrechnungsmöglichkeit von UER-Nachweisen zu einem zusätzlichen Klimaschutz beitragen und keine Mitnahmegewinne bereits aus anderen Gründen geplanter Projekte generieren soll.

4 Da allerdings bereits zur Antragstellung nach dieser Norm in Verbindung mit den weiteren inhaltlichen Anforderungen in den folgenden Regelungen das Projekt einen erheblichen Ausarbeitungsgrad in der Planung vorweisen muss, kann der Beginn der Projekttätigkeit in Absatz 1 nicht dergestalt verstanden werden, dass jegliche Arbeit an dem Projekt zum Ausschluss führen würde. Im Lichte der Antragsanforderungen ist der Beginn der Projekttätigkeit in Absatz 1 vielmehr dahingehend zu verstehen, dass keine operative Tätigkeit begonnen sein darf. Da die gesamte Systematik des Projektansatzes in der UERV an das ProMechG und mithin hauptsächlich an den CDM angelehnt ist, kann hierbei auf die Definition des Projektstarts aus dem CDM zurückgegriffen werden. Dort wird darauf abgestellt, wann ein Projektträger wesentliche Ausgaben für den Bau der Einrichtung beschließt. Der unbedingte Beschluss über Ausgaben ist mithin auch für Absatz 1 der

maßgebliche Zeitpunkt für den Beginn der UER-Projekttätigkeit. Liegt dieser vor Antragstellung, ist zu unterstellen, dass die Vorteile der UER-Nachweise nicht ursächlich gewesen sind für die Entscheidung über die Projektdurchführung und daher keine Anspruchsberechtigung nach Absatz 1 besteht.

Neben dem Namen und der Anschrift des Projektträgers sind für die Zustimmung zu einem UER-Projekt verschiedene Erklärungen vom Antragsteller abzugeben, die damit de facto Zustimmungsanforderungen enthalten, obwohl sie als Antragserfordernis formuliert sind. Beide in Absatz 2 Nr. 2 geforderten Erklärungen verhindern eine doppelte Anrechnung der Emissionseinsparungen aus UER-Projekten mit anderen Emissionsminderungspflichten außerhalb des Anwendungsbereichs der Kraftstoffqualitätsrichtlinie oder zwar innerhalb des Anwendungsbereichs, aber in anderen Mitgliedstaaten der EU. **5**

In Absatz 2 Nr. 2a wird auf die Emissionshandels-Richtlinie der EU verwiesen (2003/87/EG). UER Projektaktivitäten dürfen daher weder unmittelbar noch mittelbar zu Minderungen in Anlagen führen, die dem Emissionshandel unterliegen. Vermieden wird damit eine doppelte Erfassung von Emissionseinsparungen. Schon der Emissionshandel führt durch die dort geregelte Beschränkung der verfügbaren Berechtigungen (das sog. Cap) zu einer Deckelung der Gesamtemissionen der betroffenen Anlagen. Einsparungen von Emissionen ermöglichen dabei Anlagenbetreibern, die eine Zuteilung erhalten haben, den Verkauf von für die Abgabepflicht nach § 6 TEHG nicht benötigten Berechtigungen und generieren so einen finanziellen Anreiz für die Einsparung. Anlagen ohne kostenfreie Zuteilung hätten nach Minderungsmaßnahmen an der Anlage weniger Bedarf an Zukauf von Berechtigungen und würden dadurch Finanzmittel einsparen. Mit Absatz 2 Nr. 2a wird verhindert, dass derartige Einsparungen, sofern sie auf UER-Projekten beruhen, zu einer doppelten Honorierung führen. Dies würde andernfalls eintreten, wenn zusätzlich zu dem Verkauf oder dem Einsparen von Berechtigungen des Emissionshandels für dieselbe Minderungsmaßnahme auch noch UER-Nachweise gehandelt werden können. **6**

In Absatz 2 Nr. 2b ist die Erklärung gefordert, dass für die Upstream-Emissionsminderungen in keinem anderen Mitgliedstaat der EU ein Antrag mit dem Ziel der Anrechnung zur Erfüllung von Verpflichtungen aus der Kraftstoffqualitätsrichtlinie (93/12/ESG) gestellt worden ist. Dadurch wird eine Doppelnutzung von Projekten in mehreren Mitgliedstaaten der EU verhindert. Diese materielle Anforderung an die Antragstellung korrespondiert mit den Datenübermittlungsregeln aus § 50, die zur Sicherstellung eines ordnungsgemäßen Vollzugs dieses Verbots der Doppelzählung einen Austausch von Informationen mit anderen Mitgliedstaaten vorsehen. **7**

Zu den inhaltlichen Anforderungen ist in Absatz 2 Nr. 2 lit c mit Änderung v. 12.11.2021 die Erklärung aufgenommen, dass die Projekttätigkeit keine schwerwiegenden nachteiligen Auswirkungen auf die in der Präambel des Übereinkommens von Paris genannten Belange im Gastgeberstaat hat. Damit soll die Einreichung der Ziele von Paris gewährleistet werden. Als Antragserfordernis ergibt sich daraus auch ein Ablehnungsgrund für eine Projektzustimmung, wenn die Einhaltung dieser Belange nicht bestätigt werden kann. Daraus ergeben sich insbesondere die folgenden Belange aus der Präambel von dem Übereinkommen von Paris, die es zu beachten gilt: **8**
– die Verhinderung von Ausbeutung,
– Bezahlung fairer Löhne,
– Armutsbekämpfung,
– Ernährungssicherheit,
– Beachtung von Menschenrechten,
– Beachtung von Gesundheitsschutz und Sicherheit am Arbeitsplatz,

– keine Diskriminierung,
– Bewahrung von Senken,
– Stärkung der Klimaresilienz
– Schutz des Ökosystems
– Einklang von Finanzflüssen mit dem Weg hin zu einer treibhausgasarmen und klimaresilienten Entwicklung.

So kann sich ein Projekt in schwerwiegender Weise negativ auf die soziale Entwicklung des Gastgeberstaates auswirken oder die Beschäftigung von Zwangsarbeitern begünstigen. Solche Projekte sind daher abzulehnen. Die Validierungsstelle hat im Rahmen der Validierung des Zustimmungsantrags zu bestätigen, dass die genannten Belange beachtet sind.

9 Mit gleicher Zielrichtung wie in Absatz 2 Nr. 2 lit b (siehe Rn. 7) soll auch mit Nr. 3 eine Doppelnutzung von Projekten in anderen Fördersystemen verhindert werden. Daher muss sich der Projektträger verpflichten, keinen Strom zu erzeugen, für den nach dem EEG oder dem KWKG eine Zahlung erfolgt.

10 Ebenfalls Teil der Systematik einer Verhinderung von Doppelnutzungen ist die Pflicht des Projektträgers nach Absatz 2 Nr. 4 lit b zu erklären, dass er für keine Upstream-Emissionsminderungen, die vor, während oder nach dem Ablauf des Anrechnungszeitraums erreicht worden sind, in einem anderen Mitgliedstaat einen Antrag auf Anrechnung stellt. Diese Regelung geht insofern über die reine Verhinderung einer doppelten Nutzung tatsächlicher Emissionsminderungen hinaus, als davon auch Minderungen erfasst sind, die gar nicht zur Ausstellung von UER-Nachweisen berechtigen, weil sie außerhalb des Anrechnungszeitraums liegen. Diesem weitgehenden Ausschluss, ein Projekt nach dem Ende des Anrechnungszeitraums in einem anderen EU Mitgliedstaat zu nutzen, wird die Überlegung zu Grunde liegen, dass bereits die Nutzung der Minderungen eines Jahres in Deutschland ausreichend wirtschaftlichen Anreiz zur Projektdurchführung setzt und daher weitere Nutzungsmöglichkeiten danach reine Gewinnmitnahmen ohne Mehrwert für den Klimaschutz darstellen würden.

11 Weiterhin zählt neben anderen zu den Antragsunterlagen nach Nr. 5 die Projektdokumention, deren detaillierte Anforderungen wiederum in § 8 festgeschrieben sind. Sie orienieren sich an den Anforderungen des ProMechG, da UER-Projekte eine starkte inhaltlichen Nähe zu Projektaktivitäten nach dem Mechanismus für umweltgerechte Entwicklung gemäß § 8 ProMechG (sog. CDM-Projekte) aufweisen und zudem § 6 Absatz 1 ausdrücklich auf die Vorschriften zum CDM verweisen.

§ 8 Projektdokumentation

Die Projektdokumentation enthält folgende Angaben und Unterlagen:

1. **das angewendete Berechnungsverfahren nach § 6,**
2. **eine Beschreibung**
   a) **der Projekttätigkeit,**
   b) **des Projektziels,**
   c) **der Projektgrenze, einschließlich einer Begründung für die Wahl der Projektgrenze,**
   d) **der Art und Weise, wie die durch die Projekttätigkeit erreichten Upstream-Emissionsminderungen nach § 6 ermittelt werden,**
   e) **dessen, was getan wurde, um die Referenzfallemissionen konservativ zu bestimmen,**
   f) **sonstiger Umweltauswirkungen der Projekttätigkeit,**
3. **das Datum, an dem die ersten Upstream-Emissionsminderungen durch die Projekttätigkeit erreicht werden sollen,**
4. **die auf Basis des Berechnungsverfahrens ermittelte jährliche Upstream-Emissionsminderung in Kilogramm Kohlenstoffdioxid-Äquivalent,**
5. **den Projektort, der der Emissionsquelle am nächsten gelegen ist, unter Angabe der Koordinaten in Längen- und Breitengraden bis zur vierten Dezimalstelle,**
6. **die jährlichen Referenzfallemissionen und die voraussichtlichen jährlichen Emissionen nach der Umsetzung der Projekttätigkeit, jeweils bezogen auf den Brennwert des produzierten Rohstoffs in Kilogramm Kohlenstoffdioxid-Äquivalent pro Gigajoule,**
7. **alle relevanten Quellen, Senken und Reservoire für Treibhausgasemissionen, die in Zusammenhang mit dieser Projekttätigkeit stehen,**
8. **Unterlagen der Umweltbehörde des Gastgeberstaates über die Beurteilung der Umweltauswirkungen der Projekttätigkeit einschließlich grenzüberschreitender Auswirkungen, soweit solche Unterlagen nach dem im Gastgeberstaat geltenden Recht angefertigt wurden und dem Projektträger zugänglich sind,**
9. **die Ergebnisse einer Umweltverträglichkeitsprüfung, falls eine solche Prüfung im Gastgeberstaat durchgeführt worden ist, und sämtliche Verweise auf die Belegunterlagen,**
10. **die Angabe des Anteils an Emissionsminderungen durch Projekttätigkeiten im Inland, die durch öffentliche Fördermittel finanziert wurden, und des Umfangs, in dem die öffentlichen Fördermittel der Absicherung von Investitionen dienten, und**
11. **wenn eine Beteiligung der Öffentlichkeit nach dem Recht des Gastgeberstaates verpflichtend vorgesehen oder vom Projektträger nach der DIN EN ISO 14064-2, Ausgabe Mai 2020, durchgeführt wurde,**
    a) **eine Beschreibung des Beteiligungsverfahrens,**
    b) **eine Zusammenfassung der eingegangenen Stellungnahmen,**
    c) **ein Bericht darüber, wie die eingegangenen Stellungnahmen berücksichtigt worden sind, und**
12. **den Überwachungsplan.**

§ 8 legt den Inhalt der Projektdokumentation für den Antrag auf Zustimmung fest. 1
Mit der spezifischen Beschreibung der vorzulegenden Projektinformationen ermöglicht die Norm eine eindeutige Identifikation von Projekten. Diese ist Voraussetzung für die

Prüfung einzelnen Zustimmungs- und Verifizerungsanforderungen. Inhaltlich sind die Anforderungen an die Projektbeschreibung nach dem ProMechG angelehnt und um spezifische Vorgaben der Richtlinie (EU) 2015/652 ergänzt. Dadurch wird erreicht, im Vollzug der UERV sowohl auf Behördenseite als auch auf Projektträgerseite an die Erfahrungen bei der Entwicklung und Antragstellung von Klimaschutzprojekten anknüpfen zu können. Diese Kohärenz in den Antragsunterlagen trägt dem Umstand Rechnung, dass Emissionsreduktionen aus Projekttätigkeiten nach dem ProMechG gemäß § 21 in UER-Nachweise umgewandelt werden können.

2 Die Projektdokumentation legt neben der Projektbeschreibung Wert auf die Darstellung sonstiger Umweltauswirkungen der Projekttätigkeit. Diese müssen zunächst nach Nr. 1 lit. f beschrieben werden. Weiterhin müssen nach Nr. 9 Unterlagen der örtlichen Umweltbehörden über die Auswirkung der Projekttätigkeit und nach Nr. 10 Ergebnisse etwa durchgeführter Umweltverträglichkeitsprüfungen vorgelegt werden. Dadurch wird die Prüfung schwerwiegender nachteiligen Auswirkungen auf die Umwelt oder das Klima nach § 10 Absatz 2 Nr. 4 ermöglicht.

3 Weiterhin sind bei der Berechnung der Emissionsreduktionen mögliche Verlagerungseffekte zu beachten. Hierzu sieht Nr. 7 die Vorlage entsprechender Informationen über sonstige Quellen, Senken und Reserviore für Treibhausgasemissionen vor, die in Zusammenhang mit der Projekttätigkeit stehen. Diese Dokumentation korrespondiert mit § 9 Nr. 4.

4 Mit Nr. 10 wird sichergestellt, dass es sich um eine zusätzliche Projekttäigkeit handelt. Daher muss offengelegt werden, ob das Projekt bereits eine anderweitige öffentliche Förderung erhalten hat.

5 Schließlich gewährleistet Nr. 12, dass schon im Zeitpunkt der Zustimmungsentscheidung geklärt ist, nach welcher Methode die Überwachung der Emissionen durch die Projekttätigkeit erhoben wird. Dafür ist der der späteren Emissionsberichterstattung nach § 16 Absatz 1 zu Grunde zu legende Überwachungsplan bereits im Zustimmungsantrag einzureichen. Die Inhalte des Überwachungsplans werden dann in § 9 konkretisiert.

§ 9 Überwachungsplan

Der Überwachungsplan enthält folgende Angaben und Unterlagen:

1. **alle gemäß dem angewendeten Berechnungsverfahren zu überwachenden Parameter und erforderlichen Informationen,**
2. **Vorgaben zur Erfassung und Archivierung aller Daten, die zur Abschätzung oder Messung sämtlicher Treibhausgasemissionen benötigt werden, die während des Überwachungszeitraums innerhalb der Projektgrenze entstehen,**
3. **Vorgaben zur Erfassung und Archivierung aller Daten, die zur Bestimmung der Referenzfallemissionen während des Überwachungszeitraums innerhalb der Projektgrenze benötigt werden,**
4. **die Feststellung möglicher Quellen von erhöhten Treibhausgasemissionen außerhalb der Projektgrenze, die nach vernünftigem Ermessen der Projekttätigkeit zuzurechnen sind, sowie Vorgaben zur Erfassung und Archivierung von Daten über diese Treibhausgasemissionen,**
5. **die betrieblichen Strukturen, die zur Umsetzung des Überwachungsplans einzuführen sind,**
6. **Verfahren zur Qualitätssicherung und Qualitätskontrolle der Überwachung,**
7. **die Dokumentation aller Berechnungsschritt,**
8. **eine Erklärung, dass die Projekttätigkeit keine schwerwiegenden nachteiligen Auswirkungen auf die in der Präambel des Übereinkommens vom 12. Dezember 2015 (BGBl. 2016 II S. 1082, 1083) genannten Belange während des Überwachungszeitraums im Gastgeberstaat hat**

§ 9 konkretisiert die Inhalte des nach § 8 Nr. 12 vorzulegenden Überwachungsplans. 1
Die Regelung orientiert sich aus Kohärenzgründen an den entsprechenden Vorgaben für Klimaschutzprojekte nach dem ProMechG. Insbesondere wird unter Nr. 4 die Darstellung von möglichen Emissionsverlagerungen besonders betont.

Mit der Änderung der UERV vom 12.11.2021 wurde mit Nr. 8 ein weiteres Kriterium 2
für den Überwachungsplan aufgenommen. Anknüpfend an die notwendige Darstellung nach § 7 Absatz 2 Nr. 2 lit. c muss mit dem Überwachungsplan erklärt werden, dass die Projektätigkeit keine schwerwiegenden nachteiligen Auswirkungen auf die Präambel des internationalen Übereinkommens von Paris (BGBl. 2016 II S. 1082, 1083) hat.

Weitere Ausführungen siehe § 8. 3

§ 9 Überwachungsplan

Der Überwachungsplan enthält folgende Angaben und Unterlagen:

1. alle gemäß dem angewandten Berechnungsverfahren zu überwachenden Parameter und erforderlichen Informationen,
2. Vorgaben zur Erfassung und Archivierung aller Daten, die zur Abschätzung oder Messung sämtlicher Treibhausgasemissionen benötigt werden, die während des Überwachungszeitraums innerhalb der Projektgrenze entstehen,
3. Vorgaben zur Erfassung und Archivierung aller Daten, die zur Bestimmung der Referenzfallemissionen während des Überwachungszeitraums innerhalb der Projektgrenze benötigt werden,
4. die Feststellung möglicher Quellen von erhöhten Treibhausgasemissionen außerhalb der Projektgrenze, die nach vernünftigem Ermessen der Projekttätigkeit zuzurechnen sind, sowie Vorgaben zur Erfassung und Archivierung von Daten über diese Treibhausgasemissionen,
5. die betrieblichen Strukturen, die zur Umsetzung des Überwachungsplans einzuführen sind,
6. Verfahren zur Qualitätssicherung und Qualitätskontrolle der Überwachung,
7. die Dokumentation aller Berechnungsschritte,
8. eine Erklärung, dass die Projekttätigkeit keine schwerwiegenden nachteiligen Auswirkungen auf die in der Präambel des Übereinkommens vom 12. Dezember 2015 (BGBl. 2016 II S. 1082, 1083) genannten Belange während des Überwachungszeitraums im Gastgeberstaat hat.

§ 9 konkretisiert die Inhalte des nach § 8 Nr. 12 vorzulegenden Überwachungsplans. 1
Die Regelung orientiert sich aus Kohärenzgründen an den entsprechenden Vorgaben für Klimaschutzprojekte nach dem ProMechG. Insbesondere wird unter Nr. 4 die Darstellung von möglichen Emissionsverlagerungen besonders betont.

Mit der Änderung der UERV vom 12.11.2021 wurde mit Nr. 8 ein weiteres Kriterium 2
für den Überwachungsplan aufgenommen. Anknüpfend an die notwendige Darstellung nach § 7 Absatz 2 Nr. 7 lit. c muss in dem Überwachungsplan erklärt werden, dass die Projekttätigkeit keine schwerwiegenden nachteiligen Auswirkungen auf die Präambel des internationalen Übereinkommens von Paris (BGBl. 2016 II S. 1082, 1083) hat.

Weitere Ausführungen siehe § 8. 3

§ 10 Erteilung der Zustimmung

(1) Mit der Erteilung der Zustimmung erklärt das Umweltbundesamt, dass für Upstream-Emissionsminderungen vorbehaltlich ihrer Verifizierung UER-Nachweise ausgestellt werden können.

(2) Das Umweltbundesamt erteilt innerhalb von zwei Monaten nach Eingang des Antrags nach § 7 die Zustimmung, sofern:
1. der Antrag die Anforderungen der §§ 7 bis 9 erfüllt,
2. die Ermittlung der Upstream-Emissionsminderungen entsprechend den Anforderungen nach § 6 erfolgt,
3. die vom Projektträger beauftragte Validierungsstelle zum Zeitpunkt der Validierung registriert war,
4. die Projekttätigkeit keine schwerwiegenden nachteiligen Auswirkungen auf die Umwelt oder das Klima hat und
5. für die Projekttätigkeit nicht schon zu einem früheren Zeitpunkt eine Zustimmung nach dieser Verordnung erteilt worden ist.

(3) Für Kyoto-Projekttätigkeiten kann das Umweltbundesamt auf Antrag des Projektträgers Ausnahmen von den Anforderungen nach Absatz 2 gewähren, sofern auf andere Weise nachgewiesen wurde, dass die Anforderungen erfüllt sind.

(4) Das Umweltbundesamt kann den Projektträger zum Nachweis, dass die Anforderung von Absatz 2 Nummer 4 erfüllt ist, auffordern, Unterlagen vorzulegen, die jenen einer Umweltverträglichkeitsprüfung nach dem Gesetz über die Umweltverträglichkeitsprüfung in der Fassung der Bekanntmachung vom 24. Februar 2010 (BGBl. I S. 94), das zuletzt durch Artikel 2 des Gesetzes vom 8. September 2017 (BGBl. I S. 3370) geändert worden ist, in der jeweils geltenden Fassung, entsprechen, sofern es insbesondere auf Grund der in der validierten Projektdokumentation beschriebenen Projekttätigkeit und der dort dargestellten Umweltauswirkungen zu der Einschätzung gelangt, dass nach Umfang, Standort und Folgen der Projekttätigkeit erhebliche nachteilige Umweltauswirkungen wahrscheinlich sind.

I. Allgemeines

Die Vorschrift beschreibt die Grundlagen zur Erteilung einer Projektzustimmung durch das Umweltbundesamt. Die Zustimmung bedeutet die grundsätzliche Geeignetheit einer Projekttätigkeit zur Generierung von UER-Nachweisen. Die Zustimmung garantiert jedoch nicht, dass tatsächlich UER-Nachweise ausgestellt werden. Vielmehr steht die Ausschüttung von UER-Nachweisen in Absatz 1 ausdrücklich unter dem Vorbehalt ihrer Verifizierung. Im Ergebnis bedeutet die Zustimmung daher einen Verwaltungsakt dahingehend, dass die beantragte und mit der Projektdokumentation beschriebene Projekttätigkeit dem Anwendungsbereich und den Kriterien der UERV unterfällt und im Einklang mit der Projektdefinition aus § 2 Absatz 6 steht. Die Höhe der sich aus der Tätigkeit ergebenden Emissionsreduktionen bleibt hingegen gemäß § 19 Absatz 2 dem Verifizierungsbericht vorbehalten. 1

II. Konkretisierungen nach Absatz 2

2 Die Vorschrift führt zunächst einen Zeitrahmen von zwei Monaten zur Bearbeitung von Zustimmungsanträgen durch die zuständige Behörde ein. Dieser Zeitrahmen beginnt nach Eingang des Zustimmungsantrags. Von dieser Zwei-Monats-Zeit ist die Regelung in § 7 Absatz 3 zu unterscheiden, wonach bei einem unvollständigen Antrag innerhalb von vier Wochen mitzuteilen ist, welche Unterlagen fehlen. Dieser auf die formale Vollständigkeit des Antrags eingehender Zeitraum betrifft gerade nicht die inhaltliche Prüfbarkeit des Antrags. Entsprechend der überzeugenden Ausführungen des VG Berlin zum Verständnis derartiger Bearbeitungsfristen ist mit dem Verweis auf den Antragseingang in Absatz 2 ein materiell vollständiger Antrag gemeint, über den die Behörde positiv oder negativ entscheiden kann (vgl. VG Berlin, Urt. V. 14.8.2020, VG 19 K 492.19, BeckRS 2020, 21508 m.w.N. zum Genehmigungsverfahren im Baurecht). Die bemessene Zeit zur Bearbeitung in Absatz 2 statuiert daher ein Beschleunigungsgebot für die Behörde, ohne dieses auch mit einer Zustimmungsfiktion nach Fristablauf zu verbinden. Daraus und aus der Komplexität der nach §§ 8 und 9 vorzulegenden Antragsunterlagen lässt sich in dem Zeitrahmen eine Ordnungsvorschrift erkennen, nach der die zuständige Stelle angehalten ist, im Rahmen ihrer Möglichkeiten innerhalb von zwei Montaten zu entscheiden oder innerhalb dieser Zeit gegenüber dem Antragsteller mitzuteilen, warum eine Bescheidung noch nicht möglich ist.

3 Voraussetzung für eine Entscheidung der zuständigen Behörde ist weiterhin nach Absatz 2 Nr. 1- 5, dass die Antragsanforderungen und -inhalte eingehalten sind und damit die Behörde in die Verlage versetzt wird, inhaltlich zu entscheiden. Da eine Projekttätigkeit nach § 5 Absatz 2 nur für ein Jahr UER-Nachweise generieren kann und nach § 7 Absatz 2 Nr. 2 lit. b vorher in keinem anderen Mitgliedsstaat bereits ein Antrag gestellt sein darf, ist nach Absatz 2 Nr. 5 weiterhin zu prüfen, ob der Projekttätigkeit schon zu einem früheren Zeitpunkt eine Zustimmung erteilt worden ist, aus der sich ein weiterer Anrechnungszeitraum ergeben würde.

III. Ausnahmen (Absatz 3)

4 Von den Anforderungen aus Absatz 2 kann nach Absatz 3 auf Antrag des Projekträgers eine Ausnahme für Kyoto-Projekttätigkeiten gemacht werden, sofern nachgewiesen ist, dass die Anforderungen erfüllt sind. Kyoto-Projekttätigkeiten sind in § 2 Absatz 7 definiert als Projekttätigkeiten nach § 3 Nr. 12 ProMechG. Damit wird dem Umstand Rechnung getragen, dass Projekte, die unter das ProMechG fallen, im Regelfall schon unter den dort geltenden Regelungen eine Prüfung erfahren haben. Absatz 3 ermöglicht für solche Tätigkeiten, im Einzelfall von einer doppelten Prüfung der Projektanforderungen einerseits nach ProMechG und andererseits nach der UERV abzusehen und frühere Nachweise zu berücksichtigen. Insbesondere kann danach von dem Erfordernis einer Registrierung der Validierungsstelle abgesehen werden, wenn die tätige Validierungsstelle unter dem Mechanismus für eine umweltgerechte Entwicklung an anderer Stelle bereits tätig ist, beispielsweise als Sachverständige für den CDM.

IV. Zusätzliche Anforderung (Absatz IV)

Absatz vier eröffnet der zuständigen Behörde die Möglichkeit, für den Nachweis, dass die Projekttätigkeit keine schwerwiegenden nachteiligen Auswirkungen auf die Umwelt oder das Klima hat, eine zusätzliche Umweltverträglichkeitsprüfung zu verlangen. Diese Prüfung hat dann den Anfoderungen des UIG zu entsprechen. Da es sich bei Projekttätigkeiten nach der UERV meist um solche im außereuropäischen Ausland handelt, ist der Verweis auf das UIG als materieller Verweis auf die inhaltlichen Anforderungen des UIG zu verstehen. Eine derartige zusätzliche Prüfung verlangt indes von der zuständigen Behörde die Einschätzung, dass erhebliche nachteilige Umweltauswirkungen wahrscheinlich sind. Die Regelung ist dem gleichlautenden § 8 Absatz 4 ProMechG entnommen. 5

§ 11 Versagung der Zustimmung

Die Zustimmung ist zu versagen, wenn Tatsachen die Annahme rechtfertigen, dass der Projektträger nicht die notwendige Gewähr für die ordnungsgemäße Durchführung der Projekttätigkeit, insbesondere für die Erfüllung der Pflichten nach dieser Verordnung, bietet.

Die Zustimmung zu einer Projekttätigkeit hängt nach § 11 davon ab, dass der Projektträger die Gewähr für die ordnungsgemäße Durchführung der Projekttätigkeit bietet. Diese Anforderung an die Person des Durchführenden bezieht sich entsprechend der Legaldefintion eines Projektträgers in § 2 Absatz 8 auf eine natürliche oder juristische Person, die die Entscheidungsgewalt über eine Projekttätigkeit oder eine Kyoto-Projekttätigkeit innehat; Projektträger können auch mehrere Personen gemeinschaftlich sein. **1**

Das hier zum Ausdruck kommende negative Zustimmungskriterium entspricht dem Wesen nach der allgemeinen Anforderung einer Zuverlässigkeit für Gewerbetreibende aus § 35 GewO. Mit einer vergleichbaren Formulierung, wie in § 11 aufgegriffen, beschreibt das BVerwG eine Person als unzuverlässig, die „keine Gewähr dafür bietet, dass er sein Gewerbe in Zukunft ordnungsgemäß ausüben werde" (BVerwG v. 19.3.1970, GewA 1971, 200 = VerwRspr 1971, 223 m.w.N.). Diese Feststellung ist unabhängig von dem Verschulden für ein etwaiges Pflichtvergehen zu treffen. **2**

Bei juristischen Personen richtet sich im Sinne allgemeiner Grundsätze zur Zuverlässigkeit die Gewähr zur ordnungsgemäßen Durchführung der Projekttätigkeit an diejenige Person, die die Geschäftsführungsbefugnis innehat und insoweit auch die Entscheidungshoheit über die Durchführung des Projektes besitzt (siehe allgemein zur Zuverlässigkeit bei juristischen Personen Marcks in Landmann/Rohmer, Gewerbeordnung § 35 Nr. 64). **3**

Mit dieser Form der Zuverlässigkeitsprüfung wird sichergestellt, dass die Durchführung der Projekttätigkeit regelkonform erfolgt. Gerade mit Hinblick auf die im Einzelfall hohen finanziellen Werte der zu generierenden UER-Nachweise steht dahinter das berechtigte Ziel, schon im Vorfeld einer Projektdurchführung die Gewährleistung zu haben, dass die ausgeschütteten UER-Nachweise den Anforderungen der Verordnung entsprechen. Das Risko, erst im Nachgang bei unrichtig ausgestellten UER-Nachweisen eine Berichtigung nach § 24 vollziehen und bei nicht vorhandenen Nachweisen die nach § 14 vorzulegende Sicherheitsleistung verwerten zu müssen, wird dadurch reduziert. **4**

Zudem ist § 11 im Kontext der Antragserfordernisse aus § 7 zu lesen. Insbesondere in § 7 Absatz 2 werden verschiedene Pflichten des Projektträgers statuiert, deren Erfüllung durch Eigenerklärungen belegt werden. § 11 bietet hier ein Instrument, um bei vorliegenden Pflichtverfehlungen dem Projektträger die Zustimmung zu einer künftigen Projekttätigkeit zu verweigern. **5**

§ 12 Inhalt der Zustimmung

Die Zustimmung enthält folgende Angaben:

1. die Projektnummer,
2. das Datum der Ausstellung,
3. den Namen und die Anschrift des Projektträgers,
4. den Namen und die Anschrift der Validierungsstelle,
5. die Angaben nach § 8 Nummer 3 bis 6,
6. die Höhe der Sicherheitsleistung und
7. eine Nummer, mit der das Berechnungsverfahren eindeutig identifiziert wird.

Zweck der Norm ist die inhaltliche Bestimmung des Zustimmungsbescheides. Anhand der in der Norm geforderten Informationen wird einerseits die zugestimmte Projekttätigkeit beschrieben, andererseits auch die beteiligten Personen benannt. **1**

Mit diesen Informationen werden Kernaspekte sowohl der Projektbeschreibung als auch des beteiligten Projektträgers und sachverständigen Stelle (als Validierungsstelle für die Projektdokumentation) verbindlich im Zustimmungsbescheid festgelegt. Dadurch kann ein Vergleich mit anderen Projekttätigkeiten dahingehend erfolgen, ob im Sinne von § 7 Absatz 2 Nr. 2 lit b oder Nr. 4 lit b anderweitig ein Antrag für dieselbe Projekttätigkeit gestellt ist oder wird oder ob nach § 10 Absatz 1 Nr. 5 bereits eine Zustimmung vorliegt. **2**

Die nach Nr. 5 anzugebende Nummer des Berechnungsverfahren rekurriert auf die für die jeweilige Projekttätigkeit verwendete Berechnungsmethode. Gemäß RL (EU) 2015/652 v. 20.4.2015, Anhang 1 Teil 1 Nr. 3 lit d ii erfolgt die Berechnung nach den Grundsätzen und Normen, die in internationalen Normen, insbesondere IOS 14064, ISO 14065 und ISO 14066 enthalten sind. Diese Vorgaben sind mit § 6 Absatz 2 insoweit konkretisiert, als die Ermittlung der Höhe der Upstream-Emissionsminderungen nach den genehmigten Berechnungsverfahren aus dem Mechanismus für umweltverträgliche Entwicklung erfolgt. Damit sind für UER-Projekttätigkeiten dieselben Methodologien aus dem Kyoto-Mechanismus des sog. „Clean Development Mechanism" (CDM) anwendbar, die auch für Zustimmungen für Projekte nach § 13 ProMechG gelten, sofern sie auf Upstream-Emissionen im Sinne von § 2 Absatz 2 anwendbar sind. Die Methodologien sind transparent auf der Internetseite des UN-Klimasekretariats einsehbar (https://cdm.unfccc.int/methodologies/index.html, letzter Abruf 31.3.2022). **3**

§ 13 Veröffentlichung nach Erteilung der Zustimmung

(1) **Das Umweltbundesamt veröffentlicht unverzüglich auf seiner Internetseite**

1. **das Datum der Ausstellung des Zustimmungsbescheids und**
2. **die auf Basis des Berechnungsverfahrens ermittelte jährliche Upstream-Emissionsminderung in Kilogramm Kohlenstoffdioxid-Äquivalent,**
3. **die Nummer, mit der das Berechnungsverfahren eindeutig identifiziert wird und**
4. **den Projektort, der der Emissionsquelle am nächsten gelegen ist, unter Angabe der Koordinaten in Längen- und Breitengraden bis zur vierten Dezimalstelle.**

(2) **Das Umweltbundesamt veröffentlicht auf seiner Internetseite den Namen und die Anschrift des Projektträgers, sofern der Projektträger der Veröffentlichung zugestimmt hat.**

Zustimmungsbescheide werden auf der Internetseite des Umweltbundesamtes veröffentlicht. Inhalt dieser Veröffentlichung ist das Datum der Ausstellung des Bescheids sowie die Menge der erwarteten Upstream-Emissionsminderungen. 1

Die Veröffentlichung dient der Transparenz der Marktteilnehmer. Damit ist der geschätzte künftige Umfang der zur Verfügung stehenden UER-Nachweise dokumentiert. Projektträger erlangen dadurch einen bessere Datengrundlage für ihre Entscheidung, inwiweit künftige UER-Projekte wirtschaftlich sinnvoll sind; denn mit den transparent gemachten bereits potentiell verfügbaren Mengen kann besser kalkuliert werden, ob Verpflichtete weiteren Bedarf an UER-Nachweisen haben. Für Verpflichtete ist die Information daneben von großer Bedeutung, da sie für die Frage, mit welchen Mitteln die Treibhausgasquote von ihnen einzuhalten ist, die am Markt potentiell vorhandenen Mengen an UER-Nachweisen mit in diese Betrachtung einschließen können. Sie können daher frühzeitig entscheiden, über eine Anrechnung mit UER-Nachweisen die Quote zu erfüllen oder andere Instrumente wie die Anrechnung strombasierter Kraftstoffe oder eine stärkere Biobeimischung bei Kraftstoffen zu ergreifen. Darüber hinaus dient die transparente Darstellung der potentiell verfügbaren Menge einer fairen Preisbildung am Markt. 2

§ 14 Sicherheitsleistung

(1) **Die Sicherheitsleistung dient dazu, die Erfüllung der Verpflichtung nach § 24 Absatz 3 Satz 1 sicherzustellen. Die Höhe der Sicherheitsleistung legt das Umweltbundesamt im Rahmen der Zustimmung fest. Dabei berücksichtigt es insbesondere die Art der Projekttätigkeit, die geschätzte Höhe der Upstream-Emissionsminderungen und den zu erwartenden Marktwert der UER-Nachweise.**

(2) **Die Sicherheitsleistung ist in Form einer selbstschuldnerischen Bankbürgschaft eines Kreditinstituts mit Sitz in der Europäischen Union oder in einem Vertragsstaat des Abkommens über den Europäischen Wirtschaftsraum zu erbringen.**

A. Zweck der Norm

1 Die Regelung dient der Sicherstellung etwaiger Pflichten zur Löschung von UER-Nachweisen gemäß § 24 Absatz 3 im Falle unrichtiger Angaben. Sie ist dem Umstand geschuldet, dass die Ausschüttung von UER-Nachweisen gemäß § 19 Absatz 2 durch den Projektträger selbst erfolgt und dazu die zuständige Behörde gemäß § 19 Absatz 3 innerhalb von vier Wochen nach Eingang der dort näher bezeichneten Unterlagen ohne abschließende inhaltliche Prüfung diese Ausschüttung von UER-Nachweisen technisch freigibt. Die Gefahr eines Ausfalls des Verpflichteten bei Rückforderungen für etwaige Unrichtigkeiten nach Abschluss der inhaltichen Prüfung der Unterlagen seitens der zuständigen Behörde, insbesondere des Verifizierungsberichts, wird durch die Sicherheitsleistung minimiert.

B. Regelungsgehalt

I. Zweck und Höhe der Sicherheit (Absatz 1)

2 Die Erbringung einer Sicherheit ist gemäß § 19 Absatz 2 Nr. 8 Voraussetzung für eine Ausstellung von UER-Nachweisen. Grundlage für den Umfang der Ausschüttung ist nach § 19 Absatz 2 die im Verifizierungsbericht angegebene Höhe an UER-Nachweisen.

3 Allerdings können die Angaben im Verifizierungsbericht unrichtig sein. Für diesen Fall sieht § 24 Absatz 3 verschiedene Möglichkeiten eines nachträglichen Ausgleichs zu viel ausgeschütteter UER-Nachweise vor. Während die zuständige Behörde als erste Möglichkeit die noch auf dem Konto des Projektträgers vorhandenen UER-Nachweise in entsprechendem Umfang löscht, muss der Projektträger bei fehlenden UER-Nachweisen auf dem Konto eine entsprechende Menge nachträglich wieder auf das Konto zur Löschung übertragen.

4 Die Sicherheit dient dem Fall, dass der Projektträger dieser Pflicht zur nachträglichen Auffüllung des Kontos nicht ordnungsgemäß nachkommt. Insofern wird eine Sicherheitsleistung gemäß § 25 Absatz 1 erst nach Löschung der unrichtig ausgestellten UER-Nachweise freigegeben. Kommt es nicht zu einer Löschung unrichtig ausgestellter UER-Nachweise, weil der Verpflichtete die notwendige Menge an UER-Nachweisen nicht nachträglich auf das Konto zur Löschung überträgt, wird die Sicherheitsleistung nach § 25 Absatz 2 zugunsten der Staatskasse vereinnahmt.

II. Art der Sicherheit

5 Die Art der Sicherheit regelt Absatz 2. Es muss sich um eine selbstschuldnerische Bankbürgschaft eines Kreditinstituts mit Sitz in der EU oder in einem Vertragssstaat des Abkommens über den Europäischen Wirtschaftsraum handeln. Nach dieser Vorgabe ist die Stellung einer andersartigen Sicherheit, etwa die Hinterlegung eines Geldbetrags, nicht zulässig.

6 Mindestanforderungen an eine solche Bürgschaft sind, dass sie von einer dazu autorisierten Person des Bürgen unterzeichnet und in deutscher Sprache verfasst ist sowie den Umfang des Absicherungszwecks nach Absatz 1 iVm § 24 Absatz 3 abdeckt.

7 Erbracht werden muss die Bürgschaft spätestens vor der Ausstellung von UER-Nachweisen gemäß § 19 Absatz 2 Nr. 8. Sie ist also nicht schon bei Antragstellung für eine Projektzustimmung vorzulegen, da die Behörde die Höhe der Sicherheit erst mit der Zustimmung zur Projektaktivität festlegt. Die Bürgschaftshöhe hat dabei der Höhe der im Zustimmungsbescheid nach § 12 Nr. 6 festgelegten Sicherheitsleistung zu entsprechen.

Abschnitt 2. Durchführung, Überwachung

§ 15 Mitteilung und Veröffentlichung des Anrechnungszeitraums

(1) **Wurde einer Projekttätigkeit die Zustimmung erteilt, so teilt der Projektträger dem Umweltbundesamt den Beginn des Anrechnungszeitraums für diese Projekttätigkeit mit.**

(2) **Der Anrechnungszeitraum beginnt frühestens am Tag nach der Mitteilung an das Umweltbundesamt.**

(3) **Das Umweltbundesamt veröffentlicht den Beginn des Anrechnungszeitraums unverzüglich auf seiner Internetseite.**

Der Anrechnungszeitraum ist in § 5 Absatz 1 definiert als der Zeitraum, für den für 1
erreichte Upstream-Emissionsminderungen UER-Nachweise zur Erfüllung der gesetzlichen Verpflichtung zur Minderung von Treibhausgasen ausgestellt werden sollen. Er beträgt nach § 5 Absatz 2 ein Jahr und ist nicht auf das Kalenderjahr beschränkt. Mit dem hiesigen Absatz 1 wird der Beginn dieses Anrechnungszeitraums an eine entsprechende Mitteilung des Projektträgers geknüpft.

Da die Mitteilung nach Absatz 1 ausdrücklich erst dann erfolgen kann, wenn eine 2
Zustimmung erteilt wurde, kann der Anrechnungszeitraum frühestens mit Zugang dieser Zustimmung beim Projektträger erklärt werden. Nach Absatz 2 beginnt der Anrechnungszeitraum dann frühestens am Tag nach dieser Mitteilung, so dass der frühest denkbare Zeitpunkt für den Beginn des Anrechnungszeitraums der Tag nach der Zustimmungsentscheidung sein kann. Eine etwaige Erklärung während dem Antragsverfahren, beispielsweise im Antrag des Projektträgers auf Zustimmung zur Projekttätigkeit, erfüllt nicht die Anforderungen von Absatz 1 und ist demzufolge rechtlich nicht relevant. Dies korrespondiert mit der Anforderung aus § 7 Absatz 1, dass der Zustimmungsantrag vor Beginn der Projekttätigkeit erfolgen muss und zu diesem Zeitpunkt der mögliche Beginn der Anrechnung noch nicht feststeht.

Auf der anderen Seite sind keine weiteren Zeitvorgaben an den Beginn des Anrech- 3
nungszeitraums geknüpft, so dass es grundsätzlich keinen Endzeitpunkt für die Mitteilung des Projektträgers gibt. Zu beachten ist hierbei allerdings, dass die Voraussetzungen für eine Projektzustimmung als Verwaltungsakt mit Dauerwirkung (siehe hierzu Wolke, § 44 Nr. 2) auch im Zeitpunkt der Vorlage eines Verifizierungsberichts noch vorliegen müssen, so dass eine lange zeitliche Spanne zwischen Zustimmung und Beginn des Anrechnungszeitraums eine nochmalige Überprüfung der Zustimmungsvoraussetzungen erforderlich machen kann.

Die Mitteilung des Projektträgers über den Beginn des Anrechnungszeitraums ist an 4
keine besondere Form gebunden. Sie kann daher formlos erfolgen.

§ 16 Überwachung, Berichterstattung

(1) Der Projektträger ist verpflichtet,

1. die tatsächlichen Treibhausgasemissionen durch die Projekttätigkeit entsprechend dem Überwachungsplan zu überwachen und

2. Berichte über die nach den Vorgaben des Überwachungsplans ermittelten Daten (Überwachungsberichte) zu erstellen und den Verifizierungsstellen zu übermitteln.

Für die Überwachung der Upstream-Emissionsminderungen und der Referenzfallemissionen sowie für die Berichterstattung gelten die Vorgaben der Berechnungsverfahren nach § 6 sowie der DIN EN ISO 14064-2, Ausgabe Mai 2020, entsprechend.

(2) Die Ergebnisse der Überwachung und die Berichterstattung müssen verlässlich und belastbar sein. Für die Verlässlichkeit und Belastbarkeit gelten die Anforderungen

1. der Durchführungsverordnung (EU) 2018/2067 der Kommission vom 19. Dezember 2018 über die Prüfung von Daten und die Akkreditierung von Prüfstellen gemäß der Richtlinie 2003/87/EG des Europäischen Parlaments und des Rates (ABl. L 334 vom 31.12.2018, S. 94), die zuletzt durch die Durchführungsverordnung (EU) 2020/2084 (ABl. L 423 vom 15.12.2020, S. 23) geändert worden ist, entsprechend und

2. der Durchführungsverordnung (EU) 2018/2066 der Kommission vom 19. Dezember 2018 über die Überwachung von und die Berichterstattung über Treibhausgasemissionen gemäß der Richtlinie 2003/87/EG des Europäischen Parlaments und des Rates und zur Änderung der Verordnung (EU) Nr. 601/2012 der Kommission (ABl. L 334 vom 31.12.2018, S. 1), die zuletzt durch Durchführungsverordnung (EU) 2020/2085 (ABl. L 423 vom 15.12.2020, S. 37) geändert worden ist, entsprechend.

Die Norm statuiert eine Überwachungs- und Berichtspflicht für den Projektträger für die tatsächlichen Treibhausgasemissionen der Projekttätigkeit. Bei der Überachung und Berichterstattung sind die Berechnungsverfahren nach § 6 (siehe dort) sowie die Vorgaben der DIN EN ISO 14064-2, Ausgabe Mai 2020 – als statischer Regelungsverweis - einzuhalten. **1**

Durch den Verweis auf § 6 wird auf die Anforderungen zur Ermittlung der Emissionsminderungen nach den Modalitäten und Verfahren für einen Mechanismus für umweltverträgliche Entwicklung (dem sog. Clean Development Mechanism nach dem Kyoto-Protokoll, kurz CDM) verwiesen. Insofern sind die inhaltlichen Vorgaben für die Überwachnung und Berichterstattung von UER-Projekten angelehnt an die Vorgaben des CDM. Welche Werte dabei im einzelnen zu beachten sind, hängt von den konkreten Vorgaben in den Berechnungsverfahren für die jeweiligen CDM-Projekte ab. Wenn beispielsweise in der CDM Methodologie AM0009 ein Wert für den CO2-Emissionsfaktor für Methan enthalten ist, ist dieser Wert auch bei der Überwachung und Berichterstattung zum UER-Projekt zu Grunde zu legen. **2**

Die Ergebnisse dieser Überwachung und Berichterstattung müssen nach Absatz 2 verläasslich und belastbar sein. Daher sind die Ergebnisse als Übewachungsbericht nach Absatz 1 Satz 1 den Verifizierungsstellen zur Prüfung zu übermitteln. **3**

Absatz 2 enthält zudem detaillierte Vorgaben zum Inhalt des Überwachungsplans. Für die Verlässlichkeit und Belastbarkeit der Überwachung und Berichterstattung gelten dabei die für den stationären Emissionshandel festgeschriebenen Anforderungen aus den auf Basis der Emissionshandels-Richtlinie 2003/87/EG erlassenen Verordnungen (EU) Nr. 600/2012 und 601/2012 entsprechend. **4**

§ 17 Abweichungen von der Projektdokumentation

(1) Ergibt sich bei der Projekttätigkeit oder beim Überwachungssystem eine Abweichung von den der Zustimmung zugrunde liegenden Unterlagen, so hat der Projektträger dies dem Umweltbundesamt und der Verifizierungsstelle unverzüglich anzuzeigen. Hierbei sind alle für die Beurteilung der Abweichungen erforderlichen Unterlagen vorzulegen.

(2) Die Verifizierungsstelle prüft anhand der Unterlagen und soweit erforderlich vor Ort, welchen Einfluss die Abweichungen auf die Projekttätigkeit haben können, und teilt das Ergebnis der Prüfung dem Umweltbundesamt mit.

(3) Das Umweltbundesamt entscheidet innerhalb von zwei Monaten nach der Mitteilung des Ergebnisses der Prüfung der Verifizierungsstelle, ob die Voraussetzungen für die Erteilung der Zustimmung weiterhin vorliegen. Das Umweltbundesamt widerruft die Zustimmung zur Projekttätigkeit ganz oder teilweise, soweit die Voraussetzungen für die Zustimmung nicht mehr vorliegen.

(4) Einen Projektträgerwechsel nach der Zustimmung zu einer Projekttätigkeit stellt das Umweltbundesamt auf Antrag fest, sofern dem eintretenden Projektträger die Zustimmung zu einer Projekttätigkeit nicht gemäß § 11 versagt wurde und der eintretende Projektträger die Erklärungen nach § 7 Absatz 2 Nummer 2 bis 4 schriftlich oder elektronisch abgegeben hat. Der Antrag muss schriftlich oder elektronisch gestellt werden, die beschriebenen Erklärungen enthalten und von dem ursprünglichen und dem eintretenden Projektträger unterschrieben werden. Nach der Feststellung des Projektträgerwechsels übernimmt der eintretende Projektträger alle Rechte und Pflichten des ausgeschiedenen Projektträgers.

Die Vorschrift regelt die Verfahrensweise bei Abweichungen von der Projektdokumentation und dem Überwachungsplan. Dem Projektträger obliegt dabei eine Anzeigepflicht für Abweichungen von den der Zustimmung zugrunde liegenden Unterlagen bei der Projektdurchführung oder dem Überwachungssystem. 1

Wie auch der Zustimmungsantrag selbst von einer sachverständigen Stelle validiert sein muss (vgl. § 7 Absatz 2 Nr. 7), so sind auch nachträgliche Abweichungen nach Absatz 2 von einer Verifizierungsstelle zu prüfen. Die Verifizierungsstelle muss dabei insbesondere gegenüber dem Umweltbundesamt mitteilen, welchen Einfluss die Abweichungen auf die Projekttätigkeit haben können. 2

In der früheren Fassung von Absatz 2 war die Verifizierungsstelle lediglich verpflichtet zu prüfen, welchen Einfluss die Abweichungen in der Projekttätigkeit auf die Höhe der Upstream-Emissionsminderungen haben können. Mit der seit Änderung v. 12.11.2021 gültigen Fassung von Absatz 2 bezieht sich die Prüfpflicht der Verifizierungsstelle generell darauf, welchen Einfluss die Abweichungen auf die Projekttätigkeit haben können. Diese Verordnungsänderung trägt dem Umstand Rechnung, dass Änderungen in der Projektdurchführung auch ohne Auswirkung auf die erzielte Menge an UER-Nachweisen beachtlich sein können, wenn sie die Änderung die Zulässigkeitsvoraussetzungen betrifft, insbesondere die Zusätzlichkeit eines Projektes. 3

Abweichungen in der Projektdurchführung sind damit weiterhin relevant mit Blick auf Auswirkungen auf die Höhe der tatsächlichen Upstream-Emissionsminderungen. Die Mitteilungspflicht aus Absatz 1 bezieht sich daher vor allem auch auf eine Abweichung in der Menge überwachter Upstream-Emissionsminderungen gegenüber den Angaben im Zustimmungsantrag. Änderungen der Höhe können ein Indiz für Abweichungen in der Projektdurchführung sein. Hier ist von der Verifizierungsstelle im Rahmen der Pflicht 4 aus Absatz 2 insbesondere zu prüfen, inwieweit die geänderte Menge der auszustellenden UER-Nachweise auf einer geänderten Projektdurchführung beruht und diese Änderung die Zustimmungsentscheidung beeinflusst.

5 Auf Basis der Prüfung der Verifizierungsstelle entscheidet das Umweltbundesamt gemäß Absatz 3 innerhalb von zwei Monaten darüber, ob die Voraussetzungen einer Zustimmung weiterhin vorliegen. Sollte dies nicht mehr der Fall sein, widerruft das Umweltbundesamt die Zustimmungsentscheidung. Damit wird neben der Regelung des § 44 Absatz 2 auch hier klargestellt, dass es sich bei der Zustimmung um einen Verwaltungsakt mit Dauerwirkung handelt, der im Rahmen des § 48 VwVfG grundsätzlich widerrufen werden kann (siehe dazu Wolke, § 44 Rn. 2). Die zeitliche Anforderung einer Prüfung seitens des Umweltbundesamtes innerhalb von zwei Monaten greift den Zeitraum zur Prüfung eines Zustimmungsantrags nach § 10 Absatz 2 auf. Eine Zustimmungsfiktion zu den Abweichungen ist der Regelung dagegen an keiner Stelle zu entnehmen. Auch die Tatsache, dass nach § 44 Absatz 1 die Zustimmung bis zur Vorlage des Verifizierungsberichts überprüft werden kann, spricht gegen einen Willen des Verordnungsgebers, den bloßen Zeitablauf als Verwirkung der Widerrufsmöglichkeit oder als Fiktion einer Zustimmung zu deuten. Vielmehr fällt der Zwei-Monats-Regel in Absatz 3 mit Blick auf Abweichungen im Sinne von Absatz 1 die Bedeutung einer bloßen Ordnungsvorschrift zur zeitnahen Prüfung durch die Behörde zu, die für sich selbst betrachtet keine rechtlichen Konsequenzen definiert. Daher führt auch der Ablauf der Zwei-Monats-Regelung nicht dazu, dass die Abweichung als genehmigt oder als unbedeutend gilt. Vielmehr hat die zuständige Behörde auch später noch die Möglichkeit eines Widerrufs der Zustimmung gemäß Absatz 3 Satz 2.

6 Absatz 4 ist mit Änderung v. 12.11.2021 in die Norm neu aufgenommen worden. Er regelt den Fall eines Projektträgerwechsels nach Zustimmung zur Projekttätigkeit. Diese Ergänzung trägt dem Umstand Rechnung, dass nach der Zustimmung zu einem Projekt der ursprüngliche Projektträger seinen Status an eine andere natürliche oder juristische Person übertragen kann. Das Umweltbundesamt stellt einen Projektträgerwechsel fest, sofern die in Absatz 4 genannten Voraussetzungen vorliegen. Diese Feststellung hat rechtliche Bedeutung für künftige Rechte und Pflichten aus der Projekttätigkeit heraus, hier tritt der neue Projektträger nach der Feststellung in die Rechte und Pflichten des ausgeschiedenen Projektträgers ein (Absatz 4 Satz 3). Dazu gehört beispielsweise das Recht, für sich nach § 19 Absatz 1 UER-Nachweise auszustellen, aber auch die Pflicht, fehlende UER-Nachweise nach § 24 Absatz 3 vorzulegen.

7 Der Antrag auf Projektträgerwechsel erfolgt schriftlich oder elektronisch. Er unterliegt damit denselben Formanforderungen wie der Antrag auf Projektzustimmung (vgl. § 7 Absatz 1 Satz 2). Der neue Projektträger muss dabei ebenfalls die Erklärungen nach § 7 Absatz 2 Nr. 2 bis 4 abgeben, da sich diese Erklärungen auf ein künftiges Verhalten beziehen, dass nach dem Projektträgerwechsel von dem neuen Projektträger zu erfüllen ist. Zudem muss auch der neue Projektträger die notwendige Gewähr für die ordnungsgemäße Durchführung der Projekttätigkeit im Sinne von § 11 bieten.

8 Ein Projektträgerwechsel kann nach Absatz 4 Satz 2 nicht einseitig, sondern nur von dem ursprünglichen und dem eintretenden Projektträger gemeinsam erklärt werden.

§ 18 Überwachungsbericht, Überwachungszeitraum

(1) Der Überwachungsbericht muss auf einen Zeitraum bezogen sein, der sowohl innerhalb des Anrechnungszeitraums als auch innerhalb eines Verpflichtungsjahres liegt (Überwachungszeitraum).

(2) Der Überwachungsbericht enthält folgende Angaben und Unterlagen:

1. die Projektnummer,

2. den Namen und die Anschrift des Projektträgers,

3. das Datum, an dem die ersten Upstream-Emissionsminderungen durch die Projekttätigkeit erreicht wurden,

4. eine zusammenfassende Darstellung der Projekttätigkeit mit

a) einer kurzen Beschreibung der Maßnahmen zur Upstream-Emissionsminderung,

b) einer Beschreibung der installierten Technologie und Geräte, relevanter Zeitpunkte für die Projekttätigkeit einschließlich Informationen zur Errichtung und Inbetriebnahme sowie zu den Betriebszeiträumen,

5. den Überwachungszeitraum,

6. die Höhe der Upstream-Emissionsminderungen, die im Überwachungszeitraum erreicht wurden, in Kilogramm Kohlenstoffdioxid-Äquivalent sowie ihre Ermittlung,

7. Angaben zur Umsetzung der Projekttätigkeit im Überwachungszeitraum,

8. die feststehenden verwendeten Werte der Parameter, die in der Projektdokumentation vorgegeben sind, jeweils mit

a) der Maßeinheit,

b) der Quelle und

c) einer Beschreibung des Wertes,

9. die zu überwachenden Werte der Parameter, die in der Projektdokumentation vorgegeben sind, jeweils mit

a) der Maßeinheit,

b) der Quelle,

c) der Aufzeichnungsfrequenz,

d) einer Beschreibung des Wertes und

e) einer Beschreibung der Verfahren zur Qualitätskontrolle.

Die Vorschrift enthält detaillierte Vorgaben zum Inhalt des Überwachungsberichts und zum Überwachungszeitraum. Nach Absatz 1 muss der Zeitraum des Überwachungsberichts sowohl innerhalb des Anrechnungszeitraums als auch innerhalb eines Verpflichtungsjahres liegen. 1

Der Bezug auf den Anrechnungszeitraum versteht sich eigentlich von selbst, da außerhalb eines Anrechnungszeitraums nach § 5 Absatz 1 keine UER-Nachweise für Upstream-Emissionsminderungen geltend gemacht werden können. Insofern bedeutet dieser Verweis eine Klarstellung, dass hierfür auch kein Überwachungsbericht erfolgt, da grundsätzlich Upstream-Emissionsminderungen auch nach Ablauf des Anrechnungszeitraums in anderen Mitgliedstaaten anfallen könnten (vgl. § 7 Absatz 2 Nr. 4 lit. b). 2

Von Bedeutung ist dagegen die Forderung, dass der Zeitraum des Überwachungsberichts innerhalb eines Verpflichtungsjahres liegt. Verpflichtungsjahr ist gemäß Definition aus § 2 Absatz 12 der in § 37a Absatz 1 Satz 1 BImSchG genannte Zeitraum, also ein Kalenderjahr. Da demgegenüber der Anrechnungszeitraum für Upstream-Emissionsmin- 3 derungen gemäß § 5 Absatz 2 nicht auf das Kalenderjahr beschränkt ist, können UER-Projekte in zwei Kalenderjahren laufen. Aus der Regelung aus Absatz 1 ergibt sich dabei die Anforderung, einen Überwachungsbericht nur auf ein Kalenderjahr zu beziehen. Läuft ein Projekt in zwei Kalenderjahren, sind folglich mindestens zwei getrennte Überwachungsberichte für die Upstream-Emissionsminderungen des jeweiligen Kalenderjahres zu erstellen. Andererseits verpflichtet Absatz 1 nicht dazu, für ein Kalenderjahr einheitlich mit nur einem Überwachungsbericht zu berichten, vielmehr können für ein Kalenderjahr auch mehrere Überwachungsberichte vorgelegt werden.

4 In Absatz 2 ist mit Änderung v. 12.11.2021 als Inhalt des Überwachungsberichts die Angabe des Gas-Öl-Verhältnisses je Ölfeld bei Projekttätigkeiten im Zusammenhang mit der Erdölförderung (früher Absatz 2 Nr. 7) weggefallen. Diese Angabe entfällt gemäß Artikel 56 Satz 1 Nr. 2 der Verordnung (EU) 2018/1999 v. 11.12.2018 (EU-Governance-Verordnung). Sie hat weder Einfluss auf die Projektprüfung noch wird sie für die Ausstellung von UER-Nachweisen benötigt, so dass deren Streichung von der Liste notwendiger Angaben im Überwachungsbericht eine Verfahrenserleichterung ohne materielle Einbuße bedeutet.

Abschnitt 3. UER-Nachweise, UER-Register

Unterabschnitt 1. UER-Nachweise

§ 19 Ausstellung von UER-Nachweisen

(1) UER-Nachweise werden im UER-Register des Umweltbundesamtes ausgestellt.

(2) Der Projektträger kann für eine Projekttätigkeit zur Minderung von Upstream-Emissionen UER-Nachweise bis zu der im Verifizierungsbericht angegebenen Höhe ausstellen, wenn

1. für die Projekttätigkeit eine Zustimmung erteilt worden ist,

2. der Verifizierungszeitraum innerhalb des Anrechnungszeitraums der Projekttätigkeit liegt,

3. die vom Projektträger beauftragte Verifizierungsstelle zum Zeitpunkt der Verifizierung registriert war,

4. der Verifizierungsbericht dem Umweltbundesamt vorgelegt wurde und den Anforderungen des § 41 entspricht,

5. die Verifizierungsstelle für Upstream-Emissionsminderungen, die ab dem Jahr 2021 erfolgt sind, gegenüber dem Umweltbundesamt bestätigt hat, dass diese Upstream-Emissionsminderungen nicht gleichzeitig auf die vom Gastgeberstaat oder von Drittstaaten übernommenen national festgelegten Beiträge nach dem Übereinkommen vom 12. Dezember 2015 (BGBl. 2016 II S. 1082, 1083) angerechnet werden,

6. der Projektträger erklärt, dass mit der Projekttätigkeit nicht zugleich Strom erzeugt wurde, für den

a) Zahlungen nach § 19 Absatz 1 des Erneuerbare-Energien-Gesetzes oder

b) Zuschlagszahlungen nach den §§ 6 bis 13 sowie 35 des Kraft-Wärme-Kopplungsgesetzes,

in Anspruch genommen worden sind,

7. Upstream-Emissionsminderungen durch die Projekttätigkeit nicht bereits in einem anderen Mitgliedstaat zur Erfüllung von Verpflichtungen, die der Umsetzung von Artikel 7a der Richtlinie 98/70/EG dienen, angerechnet worden sind und

8. der Projektträger die festgelegte Sicherheitsleistung erbracht hat.

(3) Das Umweltbundesamt stellt vorbehaltlich der Kontrollen nach § 44 Absatz 2 innerhalb von vier Wochen nach Eingang des Verifizierungsberichts, der Bestätigung nach Absatz 2 Nummer 5, der Erklärung nach Absatz 2 Nummer 6 und der Erbringung der Sicherheitsleistung technisch sicher, dass der Projektträger die UER-Nachweise ausstellen kann.

UER-Nachweise zertifizieren in einer genehmigten Projekttätigkeit erzielte und verifizierte UER. Nur in Form von UER-Nachweisen können UER auf die THG-Quote angerechnet werden, (→ § 4 Rn. 1). Die Nachweise werden im **UER-Register** ausgestellt, das das Umweltbundesamt führt. In dieser Datenbankanwendung können UER-Nachweise eindeutig ihren Inhabern zugeordnet und zwischen Inhabern übertragen werden. Über einen Browser können Kontoinhaber ihre Kontostände abrufen und Transaktionen vornehmen. Der Zugang zum UER-Register sowie weitere Funktionalitäten sind in den §§ 26 ff. geregelt. Die Regelungen zum UER-Register sowie seine wesentlichen Funktionen sind an jene des Registers im EU ETS (→ Vorb. Rn. 12) angelehnt. 1

Der Projektträger selbst veranlasst nach Abs. 2 die Ausstellung der UER-Nachweise. 2
Dazu müssen die Voraussetzungen des Abs. 2 Nr. 1-7 vorliegen. **Nr. 1-3** beschreiben dabei allgemeine Vorausaussetzungen an die Projekttätigkeit und die vorgenommene Verifizie-

rung. Die passivische Formulierung in **Nr. 4** muss entsprechend § 39 Abs. 4 dahingehend ausgelegt werden, dass der Verifizierungsbericht durch die Verifizierungsstelle selbst beim Umweltbundesamt vorgelegt werden und eine schriftliche Bestätigung enthalten muss, dass die Projekttätigkeit innerhalb des Verifizierungszeitraums zu den verifizierten UER geführt hat. Die Anforderung aus **Nr. 5** trägt dem Umstand Rechnung, dass mit dem 1. Januar 2021 das ÜvP (→ Vorb. Rn. 13) für die Bilanzierung von Emissionen und Emissionsminderungen Anwendung findet. Anders als unter dem Kyoto-Protokoll haben unter dem ÜvP alle Vertragsstaaten selbst definierte Ziele (national festgelegte Beiträge), wie und in welcher Höhe sie zum Klimaschutz beitragen werden. UER dürfen nicht zugleich auf dieses Klimaziel des Gastgeberstaates oder eines Drittstaates und auf die THG-Quote in Deutschland angerechnet werden, weil dadurch ein und dieselbe Emissionsminderung doppelt verbucht würde (Doppelzählung), was die Umweltintegrität der Minderungsmaßnahme untergraben würde. Deshalb können UER-Nachweise nur dann ausgestellt werden, wenn die Verifizierungsstelle bestätigt, dass eine solche Doppelzählung nicht stattfindet. Als Nachweis für den Ausschluss der Doppelzählung können Projektträger der Verifizierungsstelle eine entsprechende Zusage des Gastgeberstaates vorlegen, wobei sich in der Praxis zeigt, dass nicht alle Staaten bereit sind, solche Zusagen abzugeben, sodass Verifizierungsstellen ihre Entscheidung über die Bestätigung auf die rechtliche Umsetzung des ÜvP im Gastgeberstaat stützen müssen. Die geforderten Erklärungen aus **Nr. 6a und b** können über das UER-Register abgegeben werden und entsprechen den Erklärungen aus § 7 Abs. 2 Nr. 3a und b. In Abs. 2 **Nr. 7** wird die in § 7 Abs. 2 Nr. 2b beschriebene Erklärung auf die erzielten UER konkretisiert, für die UER-Nachweise ausgestellt werden sollen. Die Ausschüttung von UER-Nachweisen kann erst dann veranlasst werden, wenn der Projektträger die Sicherheitsleistung gem. § 14 im Originaldokument beim Umweltbundesamt eingereicht hat.

3 Nach der Veranlassung der Ausstellung von UER-Nachweisen durch den Projektträger schafft das Umweltbundesamt im UER-Register binnen vier Wochen die technischen Voraussetzungen dafür, dass die UER-Nachweise auf dem Konto des Projektträgers ausgestellt werden. Dabei handelt es sich nach dem Wortlaut der Vorschrift um schlichtes Verwaltungshandeln der Behörde, nicht um den Erlass eines Verwaltungsaktes nach § 35 VwVfG. Nichtsdestoweniger müssen alle in Abs. 2 genannten Anforderungen erfüllt sein. Allerdings prüft das Umweltbundesamt innerhalb der Vierwochenfrist den eingereichten Verifizierungsbericht lediglich summarisch. Auf seine Vollständigkeit und Richtigkeit wird der Bericht hingegen erst binnen Jahresfrist nach Ende des Anrechnungszeitraums nach § 44 Abs. 2 geprüft. Das hat zur Folge, dass unter Umständen UER-Nachweise auf einer Verifizierungsgrundlage ausgeschüttet werden, die sich im weiteren Zeitverlauf als fehlerhaft erweist. In diesem Fall greift das Verfahren nach § 24, das über die Sicherheitsleistung nach § 14 abgesichert wird (→ § 24 Rn. 1 ff.).

§ 20 Inhalt von UER-Nachweisen

Ein UER-Nachweis muss folgende Angaben enthalten:

1. **eine eindeutige Nachweisnummer,**
2. **die Projektnummer,**
3. **den Namen und die Anschrift des ausstellenden Projektträgers und des aktuellen Inhabers des UER-Nachweises,**
4. **das Datum der Ausstellung,**
5. **das Datum, an dem die ersten Upstream-Emissionsminderungen durch die Projekttätigkeit erreicht worden sind,**
6. **die Höhe der Upstream-Emissionsminderungen in Kilogramm Kohlenstoffdioxid-Äquivalent,**
7. **das Verpflichtungsjahr, in dem die Upstream-Emissionsminderungen anrechenbar sind,**
8. **den Zeitraum, in dem die Upstream-Emissionsminderungen erbracht wurden,**
9. **eine Erklärung des Projektträgers, dass die Upstream-Emissionsminderungen durch die Projekttätigkeit unbeschadet des § 29 Absatz 2 nicht als Upstream-Emissionsminderungen in einem anderen Mitgliedstaat der Europäischen Union geltend gemacht wurden,**
10. **das Datum des Projektstarts,**
11. **die jährlichen Upstream-Emissionsminderungen in Kilogramm Kohlenstoffdioxid-Äquivalent,**
12. **den Projektort, der der Emissionsquelle am nächsten gelegen ist, unter Angabe der Koordinaten in Längen- und Breitengraden bis zur vierten Dezimalstelle,**
13. **die jährlichen Referenzfallemissionen bezogen auf den Brennwert des produzierten Rohstoffs in Kilogramm Kohlenstoffdioxid-Äquivalent pro Gigajoule,**
14. **die jährlichen Emissionen nach der Umsetzung der Projekttätigkeit bezogen auf den Brennwert des produzierten Rohstoffs Kilogramm Kohlenstoffdioxid-Äquivalent pro Gigajoule und**
15. **die nicht wiederverwendbare Nummer, mit der das Berechnungsverfahren und das entsprechende System eindeutig identifiziert werden.**

1 Im Verkehr wird „ein UER-Nachweis" als Zertifizierung einer Minderung von einer Tonne Kohlenstoffdioxidäquivalent (CO_{2e}) ebenso wie die Zertifizierung bei Kyoto-Projekttätigkeiten angesehen. Nach dem Wortlaut von § 20 Nr. 6 umfasst ein UER-Nachweis hingegen die Gesamtmenge der erzielten und verifizierten UER, die auf eine Veranlassung hin ausgeschüttet werden in $kgCO_{2e}$. Diese Einheit ist deshalb vorgesehen, weil die THG-Quote über die Angabe von Tonnen hinaus exakte Kilogrammmengen ausweist. Das Verständnis einer Gesamtmenge liegt ebenso § 24 zugrunde und wird in § 22 mit der Möglichkeit angedeutet, den UER-Nachweis, der die Gesamtausschüttungsmenge umfasst, zu stückeln (→ § 22 Rn. 1). Aus technischen Gründen ist es allerdings notwendig und sinnvoll, bereits bei der Ausstellung die Stückelungsmöglichkeit derart vorzusehen, dass für die jeweils kleinste Stückelungseinheit Seriennummern vergeben werden. Die Abweichung der Verkehrsauffassung (UER-Nachweis = 1 tCO_{2e}) vom Wortlaut von § 20 (UER-Nachweis = Ausschüttungsgesamtmenge in $kgCO_{2e}$) und der technischen Umsetzung (UER-Nachweis = 1 $kgCO_{2e}$) ist nicht schädlich, solange die jeweils beteiligten Parteien von derselben Begriffsbedeutung ausgehen.

2 Die inhaltlichen Angaben zu der Projekttätigkeit müssen im UER-Nachweis enthalten sein, damit der Verpflichtete (→ § 2 Rn. 5), der den UER-Nachweis auf die THG-Quote

anrechnen lassen möchte, über die Anrechnung ordnungsgemäß berichten kann (→ Vorb. Rn. 27). Entsprechend muss der Nachweis mindestens alle Aspekte enthalten, die von der Berichtspflicht nach der zugrundliegenden europarechtlichen Grundlage (Richtlinie (EU) 2015/625 Angang 1, Teil 2 Nr. 1) umfasst sind. Durch Änderung der UERV (→ Vorb. Rn. 9) werden nun alle relevanten Angaben explizit in § 20 aufgeführt.

3 Anders als Emissionsminderungszertifikate aus Kyoto-Projekttätigkeiten und Berechtigungen im EU ETS (→ Vorb. Rn. 12) sind UER-Nachweise keine Finanzinstrumente und sind entsprechend nicht in § 1 Abs. 9 KWG sowie in § 2 Abs. 3 Nr. 1 f) WpHG aufgeführt. Wegen der eingeschränkten Handelbarkeit hielt der Verordnungsgeber eine entsprechende Qualifizierung offenbar nicht für notwendig. Nichtsdestoweniger dürften UER-Nachweise ihrer Rechtsnatur an Zertifikate und Berechtigungen des EU ETS angelehnt sein, nicht an andere Zertifizierungsformen, wie jenen des Herkunftsnachweisregisters für Strom nach dem EEG.

§ 21 UER-Nachweise für Kyoto-Projekttätigkeiten

(1) Für Upstream-Emissionsminderungen durch Kyoto-Projekttätigkeiten können im Verpflichtungsjahr 2020 zertifizierte Emissionsreduktionen nach § 2 Nummer 21 des Projekt-Mechanismen-Gesetzes in UER-Nachweise umgewandelt werden.

(2) Voraussetzung für die Umwandlung ist, dass

1. **für die Kyoto-Projekttätigkeit eine Zustimmung nach dieser Verordnung erteilt wurde,**
2. **ein Nachweis erbracht wurde, dass die Upstream-Emissionsminderungen im Verpflichtungsjahr 2020 erbracht wurden,**
3. **die zertifizierten Emissionsreduktionen für diese Upstream-Emissionsminderungen erzeugt und anschließend auf einem Konto im Kyoto-Register Deutschlands gelöscht worden sind, um UER-Nachweise auszustellen, und**
4. **die Upstream-Emissionsminderungen durch die Kyoto-Projekttätigkeit nicht durch eine Maßnahme nach Artikel 11a Absatz 9 der Richtlinie 2003/87/EG von der Anrechnung auf den europäischen Emissionshandel ausgeschlossen sind.**

Die Norm regelt die Voraussetzungen, unter denen im Jahr 2020 erzielte zertifizierte Emissionsminderungen aus einer Kyoto-Projekttätigkeit in UER-Nachweise umgewandelt werden konnten. Die Vorschrift bezieht sich auf CDM-Projekte (→ Vorb. Rn. 19), erwies sich aber als wenig praxistauglich. Zum einen zeigt sich der im deutschen THG-Quotensystem angelegte Zeithorizont als derart eng, dass in dem vorgegebenen Rahmen sowohl eine Ausstellung von CER auf Ebene der Vereinten Nationen als auch ein Umtausch nach dem beschriebenen Verfahren kaum hätte fristgerecht erfolgen können. Zum anderen mussten nach § 21 Abs. 2 Nr. 1 Kyoto-Projekttätigkeiten ebenfalls eine Zustimmung nach der UERV erhalten haben, insbesondere also vor Beginn der Projekttätigkeit einen Antrag auf Zustimmung nach § 7 Abs. 1 beim Umweltbundesamt gestellt haben. Bereits laufende CDM-Projekte sind deshalb von der Regelung nach § 21 Abs. 1 ausgenommen. Zudem ist das Kyoto-Protokoll mit dem Jahr 2020 ausgelaufen. Wie genau die Kyoto-Projekttätigkeiten als Marktmechanismen nach Art. 6 unter dem ÜvP (→ Vorb. Rn. 13) fortgeführt oder überführt werden können, hat die Staatengemeinschaft noch nicht entschieden. 1

Die Regelung findet für Emissionsminderungen, die seit dem Jahr 2021 erzielt werden, keine Anwendung mehr. Da ab dem Jahr 2021 die Regelungen des ÜvP (→ Vorb. Rn. 13) greifen, erwartete die Verordnungsgeberin offenbar, dass der Übergang der Kyoto-Projekttätigkeiten zu jenen unter dem ÜvP bereits beschlossen worden wäre. Ein entsprechender Beschluss der Staatengemeinschaft steht indes noch aus. Falls sich die Verordnungsgeberin entschließt, eine vergleichbare Vorschrift für Emissionsminderungen unter den Marktmechanismen des ÜvP einzuführen, sobald diese beschlossenen sind, sollte die Praxistauglichkeit der Regelung insbesondere mit Blick auf den Zeithorizont sichergestellt werden. 2

§ 22 Stückelung und Verbindung von UER-Nachweisen

(1) **UER-Nachweise können im UER-Register gestückelt werden. Dies gilt auch für UER-Nachweise, die bereits aus einer Stückelung hervorgegangen sind.**

(2) **Das Umweltbundesamt kann im UER-Register eine Verbindung von UER-Nachweisen ermöglichen, die auf dasselbe Verpflichtungsjahr bezogen sind. Es stellt hierbei eine eindeutige Rückverfolgbarkeit zu den ursprünglichen UER-Nachweisen sicher.**

Nach dem Wortlaut von § 20 wird pro Ausschüttung ein UER-Nachweis ausgestellt, **1** der die Gesamtmenge der erzielten, verifizierten UER umfasst (→ § 20 Rn. 1). Um Teilmengen dieses Nachweises auf ein anderes Konto im UER-Register übertragen zu können, muss dieser Nachweis gestückelt werden können. Bereits bei der Ausstellung des UER-Nachweises wird die Stückelungsmöglichkeit derart vorgesehen, dass für die jeweils kleinste Stückelungseinheit Seriennummern vergeben werden. Soweit die Seriennummern aufeinanderfolgend sind, werden die UER-Mengen als Block angezeigt und können als Block oder Teilblock übertragen werden. Mit jeder vergebenen Seriennummer sind alle Inhalte des ursprünglich ausgestellten UER-Nachweises verbunden, sodass im Rahmen einer Stückelung keine Informationen verloren gehen. Eine Zusammenführung verschiedener Blöcke ist im UER-Register nicht vorgesehen.

§ 23 Übertragung von UER-Nachweisen

(1) **UER-Nachweise können im UER-Register auf andere Kontoinhaber übertragen werden. Die Übertragung muss von einem Kontobevollmächtigten veranlasst werden. Der Kontoinhaber kann bestimmen, dass die Übertragung eines UER-Nachweises von einem weiteren Kontobevollmächtigten bestätigt werden muss.**

(2) **Die Übertragung erfolgt spätestens zum nächsten Werktag nach der Veranlassung. Sie kann durch einen Kontobevollmächtigten abgebrochen werden, solange sie noch nicht abgeschlossen ist.**

(3) **Das Umweltbundesamt stellt im Rahmen des Betriebs des UER-Registers sicher, dass Inhaber von UER-Nachweisen festlegen können, dass bestimmte UER-Nachweise dieser Inhaber und deren Kontaktinformationen für andere Kontoinhaber im UER-Register sichtbar sind.**

Im UER-Register können Kontoinhaber (Verpflichtete und Projektträger, (→ § 26 **1** Rn. 1)) UER-Nachweise auf das Konto eines anderen Kontoinhabers übertragen. Für den Kontoinhaber handeln Kontobevollmächtigte (§ 30 Rn. 2). Der Kontoinhaber kann ein Vier-Augen-Prinzip vorsehen, nach dem eine Übertragung von UER-Nachweisen nur von zwei Kontobevollmächtigten gemeinschaftlich vorgenommen werden kann.

Anders als im EU ETS (→ Vorb. Rn. 12) kennt das UER-Register keine längeren **2** Delay-Fristen bei der Übertragung von Nachweisen. Vielmehr erfolgt die Übertragung jeweils bis zum nächsten Werktag. Dies ist wohl der geringeren Handelstätigkeit im UER-Register geschuldet, die sich im Wesentlichen aus dem beschränkten Zugang zum UER-Register ergibt (→ § 26 Rn. 1) und dem knappen Zeitfenster, der für den Handel und die Anrechnung auf die Quote zur Verfügung steht (→ § 4 Rn. 1).

Abs. 3 schafft eine Registeröffentlichkeit für Registerteilnehmer, soweit Kontoinhaber **3** es wünschen. Dass dadurch ein Handel zwischen Verpflichteten und Projektträgern vermittelt werden kann, scheint unwahrscheinlich, da in der Praxis entsprechende Geschäfte bereits abgeschlossenen werden, bevor es zu einer Ausstellung von UER-Nachweisen kommt.

§ 24 Unrichtige UER-Nachweise

(1) **Das Umweltbundesamt stellt gegenüber dem Projektträger fest, in welchem Umfang die Angaben zur Höhe der Upstream-Emissionsminderung unrichtig sind, wenn**

1. die im UER-Nachweis enthaltene Angabe zur Höhe der Upstream-Emissionsminderung nicht mit der tatsächlich erreichten Höhe übereinstimmt oder

2. entgegen der Erklärung des Projektträgers die Upstream-Emissionsminderung bereits in einem anderen Mitgliedstaat der Europäischen Union geltend gemacht worden ist.

(2) **Das Umweltbundesamt**

1. berichtigt die Angabe zur Höhe der Upstream-Emissionsminderung im UER-Nachweis, sofern sich der UER-Nachweis im UER-Register noch auf dem Konto des Projektträgers befindet, oder

2. löscht in entsprechendem Umfang gültige UER-Nachweise, die sich auf dem Konto des Projektträgers befinden, sofern sich der UER-Nachweis im UER-Register nicht mehr auf dem Konto des Projektträgers befindet.

(3) **Sind im Fall von Absatz 2 Nummer 2 nicht in ausreichendem Umfang gültige UER-Nachweise auf dem Konto des Projektträgers vorhanden, verpflichtet das Umweltbundesamt den Projektträger, innerhalb einer angemessenen Frist UER-Nachweise in entsprechendem Umfang auf sein Konto zur anschließenden Löschung zu übertragen. Erst wenn der Projektträger dieser Verpflichtung nachgekommen ist, können von seinem Konto wieder UER-Nachweise zur Erfüllung der gesetzlichen Verpflichtung zur Minderung der Treibhausgasemissionen angerechnet oder auf andere Kontoinhaber übertragen werden.**

In § 24 wird ein mehrstufiges Verfahren beschrieben, das das Umweltbundesamt durchführt, wenn Angaben zum Umfang von UER-Mengen im UER-Register unrichtig sind. Nach Abs. 1 sind zwei Fälle vorgesehen, in denen das Umweltbundesamt die Unrichtigkeit feststellt: nach **Abs. 1 Nr. 1**, wenn sich im Rahmen der Prüfung der Vollständigkeit und Richtigkeit der Verifizierungsberichte nach § 44 Abs. 2 ein Fehler in der Höhe der erzielten UER zeigen. Dies führt zu Fehlern im UER-Register, weil UER-Nachweise nach § 19 vor der Prüfung der Verifizierungsberichte ausgestellt werden. Nach **Abs. 1 Nr. 2** stellt das Umweltbundesamt bei Verstößen des Projektträgers gegen seine Erklärungen aus § 19 Abs. 2 Nr. 7. die Unrichtigkeit von UER-Nachweisen fest. Die Möglichkeit, die Unrichtigkeit festzustellen, ist dem Wortlaut der Vorschrift nach zeitlich nicht beschränkt. Haben sich allerdings Fehler nicht bereits innerhalb eines Jahres nach Ende des Anrechnungszeitraums gezeigt, muss das Umweltbundesamt die Sicherheitsleistung nach § 25 Abs. 1 an den Projektträger zurückgeben. Für ein Verfahren nach Abs. 3 fehlt anschließend ein entsprechendes Druckmittel. Zudem hat ein Projektträger lediglich bis 18 Monate nach Ende des Anrechnungszeitraums Zugang zum UER Register, § 26 Abs. 1, sodass anschließend das Verfahren nach Abs. 2 und Abs. 3 nicht mehr durchgeführt werden kann. 1

Nach dem das Umweltbundesamt die Unrichtigkeit eines UER-Nachweises gem. Abs. 1 festgestellt hat, muss es den betroffenen UER-Nachweis **korrigieren**, sofern dieser sich noch **auf dem Konto des Projektträgers** befindet. Liegt der fehlerhafte Nachweis nicht mehr auf dem Konto des Projektträger, **löscht** das Umweltbundesamt in entsprechendem Umfang gültige UER-Nachweise auf dem Konto des Projektträgers. Sobald demnach der betroffene unrichtige UER-Nachweis auf dem Konto eines Dritten, auf das 2

Entwertungskonto (§ 28) oder das Ausbuchungskonto (§ 29) übertragen wurde, wird er in seiner fehlerhaften Form als gültig behandelt. Ein Verpflichteter (→ § 2 Rn. 5) kann sich einen solchen UER-Nachweis wirksam auf die THG-Quote anrechnen lassen. Sinn und Zweck der Regelung ist zum einen den **Schutz des Rechtsverkehrs** zum anderen aber auch die **Integrität des Anrechnungssystem** zu gewährleisten. Daraus ergibt sich, dass „gültige" UER-Nachweise nach Abs. 2 Nr. 2 solche UER-Nachweise sind, die zum Zeitpunkt der Löschung hätten auf die Quote angerechnet werden können. Das muss auch dann gelten, wenn der fehlerhafte UER-Nachweis auf ein früheres Verpflichtungsjahr anrechenbar gewesen ist, weil nur so dem Anrechnungssystem ein anrechenbarer UER-Nachweis entzogen wird.

3 Liegen auf dem Konto des Projektträgers keine UER-Nachweise in ausreichender Höhe, **verpflichtet** das Umweltbundesamt den Projektträger nach Abs. 3 dazu, sein **Konto** innerhalb einer angemessenen Frist **zu füllen**, Abs. 3 S. 1. Solange er dieser Pflicht nicht nachkommt, kann der Projektträger keine Transaktionen von seinem Konto aus durchführen. Diese Kontosperrung dürfte den Projektträger allenfalls im Hinblick auf die Übertragung von im deutschen Anrechnungssystem ungültigen Nachweisen auf das Ausbuchungskonto belasten, da vorhandene gültige UER-Nachweise nach Abs. 2 Nr. 2 von seinem Konto gelöscht würden. Kommt der Projektträger seiner Verpflichtung fristgerecht nach, verfährt das Umweltbundesamt nach Abs. 2 Nr. 2. Kommt er hingegen seiner Pflicht nicht nach, **verfällt die Sicherheitsleistung**.

§ 25 Freigabe der Sicherheitsleistung

(1) **Die Sicherheitsleistung wird vom Umweltbundesamt nach Abschluss der Kontrolle nach § 44 Absatz 2 freigegeben. Bei einer festgestellten Unrichtigkeit wird die Sicherheitsleistung nach der Löschung der UER-Nachweise freigegeben.**

(2) **Sicherheitsleistungen, die nicht nach Absatz 1 freigegeben werden können, werden durch das Umweltbundesamt zugunsten der Staatskasse vereinnahmt.**

Die Sicherheitsleistung nach § 14 dient dazu, die Erfüllung der Verpflichtung des Projektträgers nach § 24 Abs. 3 S. 1 sicherzustellen (→ § 24 Rn. 3). Zu der dort beschriebenen Handlung verpflichtet das Umweltbundesamt den Projektträger u. a. nach § 24 Abs. 1 Nr. 1, wenn sich im Rahmen der Prüfung der Verifizierungsberichte Fehler in der jeweils angegebenen Höhe der erzielten UER zeigen. Finden sich hingegen im Rahmen der Prüfung keine Fehler innerhalb des Prüfzeitraums von einem Jahr nach Ende des Anrechnungszeitraums, kann § 24 Abs. 3 S. 1 nicht mehr zur Anwendung kommen. Mit Wegfall des Sicherungsgrundes muss die Sicherheitsleistung nach **Abs. 1 S. 1** zugrückgegeben werden. Dasselbe gilt nach **Abs. 1 S. 2** auch dann, wenn der Projektträger nach der Feststellung eines Fehlers seiner Verpflichtung nach § 24 Abs. 3 S. 1 nachkommt. 1

Kommt der Projektträger hingegen seiner Pflicht nach § 24 Abs. 3 S. 1 nicht nach, verfällt die Sicherheitsleistung zugunsten der Staatskasse. Es ist nicht vorgesehen und wäre zudem praktisch kaum umsetzbar, dass die Summe vom Staat dazu verwendet wird, UER-Nachweise privatwirtschaftlich zu erwerben und dem Anrechnungssystem zu entziehen. Da die Bürgschaft eine Handlungspflicht absichert, wird sie **im Ganzen** zurückgegeben oder verwertet. Eine Teilverwertung der Bürgschaft in Höhe des Marktwerts der fehlerhaft ausgeschütteten UER-Nachweise ist nicht vorgesehen. 2

Unterabschnitt 2. UER-Register, Konten

§ 26 Zugang zum UER-Register, Kontoeröffnung

(1) **Projektträger und Verpflichtete erhalten auf Antrag beim Umweltbundesamt ein Konto für den Zugang zum UER-Register. Projektträger erhalten Zugang zum UER-Register ab dem Zeitpunkt, an dem die Zustimmung zu einer Projekttätigkeit erteilt wird, bis 18 Monate nach Ablauf des Anrechnungszeitraums der Projekttätigkeit. Bei mehreren Projekttätigkeiten erhält der Projektträger den Zugang für den Zeitraum, in dem er für mindestens eine Projekttätigkeit einen Anspruch auf einen Zugang nach Satz 2 hat.**

(2) **Ist der Kontoinhaber eine juristische Person, so enthält der Antrag folgende Angaben:**

1. den Namen und die Anschrift des Unternehmens oder der Institution,
2. einen Eintragungsnachweis der juristischen Person oder Personengesellschaft, sofern der Antragsteller nicht in einem deutschen Handelsregister registriert ist,
3. eine Telefonnummer und eine E-Mail-Adresse, unter denen der Kontoinhaber erreichbar ist,
4. von einem Geschäftsführer den Namen, das Geburtsdatum, den Geburtsort und das Geburtsland,
6. die Umsatzsteuer-Identifikationsnummer und
7. die Handelsregisternummer.

Ist der Kontoinhaber eine natürliche Person, gilt Satz 1 entsprechend. Das Umweltbundesamt soll im Fall von Satz 1 die Vorlage des Führungszeugnisses (§§ 30, 31 des Bundeszentralregistergesetzes) des Geschäftsführers und im Fall von Satz 2 die Vorlage des Führungszeugnisses des Kontoinhabers verlangen.

(3) **Die Eröffnung eines Kontos kann vom Umweltbundesamt abgelehnt werden aus den in Artikel 19 Absatz 2 der Delegierten Verordnung (EU) 2019/1122 der Kommission vom 12. März 2019 zur Festlegung eines Unionsregisters gemäß der Richtlinie 2003/87/EG des Europäischen Parlaments und des Rates und den Entscheidungen Nr. 280/2004/EG und Nr. 406/2009/EG des Europäischen Parlaments und des Rates sowie zur Aufhebung der Verordnungen (EU) Nr. 920/2010 und (EU) Nr. 1193/2011 der Kommission (ABl. L 122 vom 3.5.2013, S. 1) genannten Gründen.**

(4) **Der Kontoinhaber bestätigt gegenüber dem Umweltbundesamt bis zum 31. Dezember jeden Jahres, dass die Angaben zu seinem Konto vollständig, aktuell und richtig sind.**

(5) **Der Kontoinhaber teilt dem Umweltbundesamt innerhalb von zehn Arbeitstagen Änderungen der Angaben zu seinem Konto mit. Der Kontoinhaber legt auf Anforderung des Umweltbundesamtes innerhalb von vier Wochen Belege für die Angaben in der Änderungsmitteilung vor.**

Zugang zum Register erhalten lediglich **Verpflichtete** (→ § 2 Rn. 5) und **Projektträger** (→ § 2 Rn. 4). Bei Letzteren ist der Zugang zeitlich nach Abs. 1 S. 2 beschränkt. Diese Beschränkung geht über die Periode des Anrechnungszeitraums hinaus, weil das Umweltbundesamt nach § 44 Abs. 2 die vorgelegten Verifizierungsberichte bis zu einem Jahr nach Ende des Anrechnungszeitraums prüft und bei Fehlern in Bezug auf die Höhe der ausgestellten UER-Nachweise das Stufenverfahren nach § 24 einleitet, bei dem der Projektträger weiterhin Zugang zum UER-Register haben muss. **Dritte** erhalten **keinen Zugang** zum UER-Register. Händlerkonten wie sie im EU ETS und im nEHS vorgesehen sind (→ Vorb. Rn. 12), kennt die Verordnung nicht. Hintergrund dürfte es sein, dass 1 ein entsprechender Handel politisch nicht gewollt ist und zudem UER-Nachweise anders als Berechtigungen im EU ETS und nEHS für einen relativ kurzen Zeitraum in Deutschland eingesetzt werden können (→ § 4 Rn. 1).

2 In **Abs. 2 S. 1** werden die **Daten** aufgeführt, die ein Kontoinhaber im Rahmen einer Kontoeröffnung zur Identifikation seiner Person angeben muss. Da über das UER-Register die Anrechnung auf die THG-Quote erfolgt und mit UER-Nachweisen geldwerte Zertifikate erzeugt, gehalten und transferiert werden, müssen die beteiligten Personen ebenso wie in den Registern zum EU ETS und nEHS (→ Vorb. Rn. 12) eindeutig identifiziert sein. Personenbezogene Daten der Geschäftsführer sind im Hinblick auf deren Haftung für die juristische Person von Belang. Nach **Abs. 2 S. 2** obliegt es im intendierten Ermessen des Umweltbundesamtes die Vorlage eines **Führungszeugnisses** des Geschäftsführers bzw. des Kontoinhabers selbst zu verlangen.

3 Die Nähe zu den Regelungen des EU ETS Registers zeigen sich auch in **Abs. 3**: Im Hinblick auf die Gründe, aus denen die Eröffnung eines Kontos abgelehnt werden kann, wird auf die aktuelle Registerverordnung des EU ETS verwiesen. **Abs. 4 und 5** sind Ordnungsvorschriften, die sicherstellen sollen, dass die angegebenen Daten zu den Kontoinhabern aktuell und korrekt sind. Bei Verstößen gegen diese Vorschriften kann das Konto gem. § 31 Abs. 2 Nr. 5 gesperrt werden.

§ 27 Nutzungsbedingungen

(1) **Das Umweltbundesamt kann Nutzungsbedingungen für die Kontoeröffnung und Kontoführung erlassen.**

(2) **Die Nutzungsbedingungen enthalten Ausführungen**

1. **zur Kontoeröffnung,**
2. **zur Kontoführung für Nutzer,**
3. **zu Kontobevollmächtigten,**
4. **zur Authentifizierung,**
5. **zu Transaktionen,**
6. **zu Mitwirkungspflichten der Nutzer zur Mitteilung von Änderungen,**
7. **zum Erlöschen der Eintragungsvollmacht,**
8. **zur Richtigkeit von Anweisungen,**
9. **zur Einhaltung von IT-Sicherheitsstandards durch Nutzer,**
10. **zu technischen Störungen und**
11. **zur Verfügbarkeit des Registerbetriebs.**

(3) **Das Umweltbundesamt gibt die Nutzungsbedingungen im Bundesanzeiger bekannt.**

(4) **Der Kontoinhaber hat die Nutzungsbedingungen einzuhalten.**

Zur Regelung der Details des Registerbetriebs wird das Umweltbundesamt ermächtigt, **1**
Nutzungsbedingungen zu erlassen. Bislang wurden entsprechende Nutzungsbedingung noch nicht im Bundesanzeiger veröffentlicht.

§ 28 Entwertungskonto

(1) **Das Umweltbundesamt richtet im UER-Register ein Entwertungskonto ein. Kontoinhaber übertragen alle zur Anrechnung vorgesehenen UER-Nachweise auf das Entwertungskonto. Die UER-Nachweise werden dauerhaft auf dem Entwertungskonto gespeichert.**

(2) **Die Biokraftstoffquotenstelle erhält Zugriff auf das Entwertungskonto zur Prüfung der UER-Nachweise, die ihr zur Anrechnung vorgelegt werden.**

Im UER-Register richtet das Umweltbundesamt ein Entwertungskonto ein. Auf dieses 1
Entwertungskonto müssen Verpflichtete (→ § 2 Rn. 5) die UER-Nachweise übertragen, die sie auf die THG-Quote **anrechnen lassen** möchten (→ § 4 Rn. 1). Die auf das Entwertungskonto übertragengen UER-Nachweise werden dort dauerhaft gespeichert, zum einen als Beleggrundlage für die Quotenerfüllung und zum anderen, um verwendeten UER-Nachweise dauerhaft dem Anrechnungssystem zu entziehen und damit die Möglichkeit einer doppelten Anrechnung auszuschließen.

Die Prüfung, ob die THG-Quote durch einen Verpflichteten (→ § 2 Rn. 5) ordnungs- 2
gemäß erfüllt wurde, obliegt der **Biokraftstoffquotenstelle** (→ Vorb. 29). Sie erhält deshalb Zugang zum Entwertungskonto, um die in der Quotenmeldung abgegebenen Angaben (→ Vorb. 24) mit den vom Verpflichteten (→ § 2 Rn. 5) auf das Entwertungskonto transfereierten UER-Nachweisen abzugleichen.

§ 29 Ausbuchungskonto

(1) **Das Umweltbundesamt erstellt auf Antrag der zuständigen Behörde eines anderen Mitgliedstaats der Europäischen Union im UER-Register ein Ausbuchungskonto. Es stellt sicher, dass die zuständige Behörde des anderen Mitgliedstaats der Europäischen Union die UER-Nachweise auf dem Ausbuchungskonto einsehen und kennzeichnen kann.**

(2) **Kontoinhaber, die UER-Nachweise in einem anderen Mitgliedstaat einsetzen wollen, übertragen diese UER-Nachweise auf das entsprechende Ausbuchungskonto der Behörde dieses Mitgliedstaats. Die UER-Nachweise werden dauerhaft auf dem Ausbuchungskonto gespeichert.**

Über die Ausbuchungskonten erlaubt das deutsche UER-Register die **Übertragung** 1 von nach der UERV ausgestellten UER-Nachweisen **in die Anrechnungssysteme anderer EU-Mitgliedsstaaten**. Ausbuchungskonten können nicht durch Privatpersonen eröffnet werden, sondern lediglich auf Antrag der zuständigen Stelle eines anderen EU-Mitgliedsstaates. Ob und unter welchen Voraussetzungen diese UER-Nachweise in dem jeweiligen Mitgliedsstaat auf die THG-Quote angerechnet werden können, richtet sich nach den nationalen Regeln des jeweiligen Mitgliedsstaates. Die kompetente Stelle des jeweiligen Mitgliedsstaates erhält lesenden und markierenden Zugriff auf das Ausbuchungskonto, um die Verwendung der UER-Nachweise zu überprüfen und zu dokumentieren. Eine Übertragung von zertifizierten UER in das deutsche System ist hingegen ausgeschlossen.

UER-Nachweise, die von Kontoinhabern auf das Ausbuchungskonto übertragen wor- 2 den sind, werden dort dauerhaft gespeichert, um sie dem deutschen Anrechnungssystem nachweislich zu entziehen und eine doppelte Anrechnung zu vermeiden. Entsprechend ist es nicht möglich, UER-Nachweise aus dem Ausbuchungskonto zurück in das deutsche Anrechnungssystem zu überführen.

§ 30 Kontobevollmächtigte

(1) **Der Kontoinhaber benennt mindestens eine kontobevollmächtigte Person, die in seinem Auftrag Transaktionen im UER-Register durchführt. *Kontobevollmächtigte Personen* sind natürliche Personen im Alter von mindestens 18 Jahren. Mindestens eine der kontobevollmächtigten Personen muss seinen ständigen Wohnsitz in der Bundesrepublik Deutschland haben.**

(2) **Nur kontobevollmächtigte Personen sind berechtigt,**

1. UER-Nachweise auszustellen,
2. UER-Nachweise zu stückeln oder zu verbinden,
3. Übertragungen zu veranlassen, zu bestätigen und abzubrechen und
4. UER-Nachweise und Kontaktinformationen der von ihnen vertretenen Kontoinhaber für andere Kontoinhaber sichtbar zu machen.

(3) **Hat die kontobevollmächtigte Person aus technischen oder sonstigen Gründen keinen Zugang zum UER-Register, so kann das Umweltbundesamt auf seine Veranlassung Handlungen nach Absatz 2 im UER-Register ausführen, sofern er zu diesen Handlungen zum Zeitpunkt der Veranlassung befugt ist.**

(4) **Bei der Benennung einer kontobevollmächtigten Person übermittelt der Kontoinhaber dem Umweltbundesamt folgende Angaben:**

1. den Namen und die Anschrift,
2. die Telefonnummer, die E-Mail-Adresse, das Geburtsdatum, den Geburtsort und das Geburtsland,
3. den Namen und die Anschrift des Unternehmens oder der Institution, für die die kontobevollmächtigte Person tätig ist,
4. die Funktion der kontobevollmächtigten Person innerhalb des Unternehmens oder der Institution,
5. die Art des Ausweisdokuments der kontobevollmächtigten Person,
6. die Nummer des Ausweisdokuments und
7. die Gültigkeitsdauer des Ausweisdokuments.

(5) **Änderungen der Angaben zu einer kontobevollmächtigten Person werden dem Umweltbundesamt innerhalb von zehn Arbeitstagen mitgeteilt. Der Kontoinhaber oder die betroffene kontobevollmächtigte Person legt auf Anforderung des Umweltbundesamtes innerhalb von vier Wochen Belege für die Angaben in der Änderungsmitteilung vor.**

(6) **Auf die Benennung und Zulassung von kontobevollmächtigten Personen ist Artikel 19 Absatz 1 und 2 der Delegierten Verordnung (EU) 2019/1122 entsprechend anzuwenden.**

Um im UER-Register handlungsfähig zu sein, muss jeder Kontoinhaber **mindestens eine kontobevollmächtigte natürliche Person** benennen, die voll geschäftsfähig ist. Mindestens eine kontobevollmächtigte Person muss ihren **Wohnsitz in Deutschland** haben. 1

Abs. 2 beschreibt Handlungsoptionen kontobevollmächtigter Personen im UER-Register. Der Kontoinhaber kann festlegen, welche Rechte, welchem Kontobevollmächtigten zustehen. Auch kann er bestimmte Transaktionen an ein Zusammenwirken von zwei kontobevollmächtigten Personen knüpfen (→ § 23 Rn. 1). In Ausnahmefällen, in denen ein Kontoinhaber keine Handlungen nach Abs. 2 vornehmen kann, weil seine kontobevollmächtigten Personen aus technischen oder sonstigen Gründen verhindert sind, kann 2 nach **Abs. 3** das Umweltbundesamt die vom Kontoinhaber gewünschten Handlungen durchführen. Die Regelung soll insbesondere den Verpflichteten (→ § 2 Rn. 5) eine fristgerechte Quotenerfüllung zum Stichtag ermöglichen. Die Kontosperrung nach § 31 kann allerdings nicht als Hinderungsgrund nach Abs. 3 angesehen werden, da bei einer Kontosperrung wegen Fehlverhaltens gerade die Handlungsmöglichkeiten im UER-Register beschränkt werden sollen.

3 In **Abs. 4** werden die Daten aufgelistet, die für eine kontobevollmächtigte Person dem Umweltbundesamt mitgeteilt werden müssen. Sie dienen dazu, die Person eindeutig zu identifizieren. **Abs. 5** ist eine Ordnungsvorschrift, die sicherstellen soll, dass die angegebenen Daten zu den Kontobevollmächtigten aktuell und korrekt sind. Sie entspricht § 26 Abs. 5 für Kontoinhaber. Bei Verstößen gegen diese Vorschrift kann das Konto gem. § 31 Abs. 2 Nr. 5 gesperrt werden. In **Abs. 6** wird auf die nach aktuelle Registerverordnung des EU ETS gültigen Gründe verwiesen, aus denen eine als kontobevollmächtigt benannte Person abgelehnt werden kann.

§ 31 Kontosperrung

(1) Das Umweltbundesamt kann den Zugang eines Kontobevollmächtigten zum UER-Register sperren, wenn Tatsachen die Annahme rechtfertigen, dass der Kontobevollmächtigte

1. versucht hat, Zugang zu Konten oder Vorgängen zu erhalten, für die er nicht zugangsberechtigt ist,
2. wiederholt versucht hat, sich mit falschen Zugangsdaten Zugang zu einem Konto oder zu einem Vorgang zu verschaffen,
3. versucht hat, die Sicherheit, die Zugänglichkeit, die Integrität oder die Vertraulichkeit des UER-Registers oder der darin gespeicherten Daten zu kompromittieren.

Die Sperrung des Zugangs wird unverzüglich aufgehoben, wenn sich die Annahmen, die zur Sperrung des Zugangs geführt haben, als unbegründet erweisen.

(2) Das Umweltbundesamt kann den Zugang zu einem Konto für alle Kontobevollmächtigten sperren, wenn

1. der Kontoinhaber ohne gesetzlichen Nachfolger verstorben ist oder keine Rechtspersönlichkeit mehr hat,
2. der Kontoinhaber fällige Gebühren nach dieser Verordnung nicht oder nicht vollständig bezahlt hat,
3. der Kontoinhaber gegen die Nutzungsbedingungen für die Kontoeröffnung und Kontoführung verstoßen hat,
4. der Kontoinhaber Änderungen der Nutzungsbedingungen für die Kontoeröffnung und Kontoführung nicht zugestimmt hat,
5. der Kontoinhaber Änderungen der Kontoangaben nicht, nicht vollständig oder nicht rechtzeitig mitgeteilt hat,
6. der Kontoinhaber im Zusammenhang mit der Änderung von Kontoangaben oder mit neuen Kontoangaben trotz Anforderung des Umweltbundesamtes Belege nicht oder nicht rechtzeitig beigebracht hat,
7. gegen den Kontoinhaber oder, bei einer juristischen Person, gegen einen der Geschäftsführer des Kontoinhabers wegen folgender Straftaten ermittelt wird oder wegen folgender Straftaten in den vorangegangenen fünf Jahren ein rechtskräftiges Urteil ergangen ist:
   a) Betrug und Untreue nach den §§ 263 bis 265, 265b und 266 des Strafgesetzbuchs oder
   b) Geldwäsche oder Terrorismusfinanzierung nach den §§ 261 und 89c des Strafgesetzbuchs.

Die Sperrung des Zugangs wird unverzüglich aufgehoben, wenn der Grund für die Sperrung nicht mehr besteht oder wenn der Kontoinhaber im Fall von Satz 1 Nummer 3 nachweislich hinreichende Vorkehrungen getroffen hat, damit sich die Ursache für die Sperrung nicht wiederholt.

Die Sperrung des Zugangs zu einem Konto im UER-Register liegt im Ermessen des Umweltbundesamtes. Bei **Fehlverhalten einer kontobevollmächtigten Person nach Abs. 1** kann dieser der Zugang zum Register gesperrt werden. Die aufgeführten Gründe entsprechen Art. 30 Abs. 1 der Verordnung (EU) 2019/1122. 1

Die Kontosperrung ist kein Hinderungsgrund nach § 30 Abs. 3. Vielmehr muss dem Kontoinhaber die selbst provozierte Handlungsunfähigkeit seiner bevollmächtigten Person zugerechnet werden. Es obliegt dem Kontoinhaber, seine Handlungsfähigkeit im Register 2 über die Benennung anderer Kontobevollmächtigter sicher zu stellen. Nach **Abs. 2** kann der **Zugang zu einem Konto insgesamt** gesperrt werden. Die Sperrungen nach Abs. 1 und Abs. 2 müssen vom Umweltbundesamt unverzüglich aufgehoben werden, sobald der Grund für die Sperrung weggefallen ist. Die Regelung entspricht Art. 30 Abs. 6 der Verordnung (EU) 2019/1122.

Abschnitt 4. Validierungs- und Verifizierungsstellen

Unterabschnitt 1. Registrierung

§ 32 Registrierung von Validierungs- und Verifizierungsstellen

(1) **Validierungs- und Verifizierungsstellen, die in einem Mitgliedstaat der Europäischen Union gemäß DIN EN ISO 14065, Ausgabe Juli 2013, für die Bereiche der DIN EN ISO 14064-2, Ausgabe Mai 2020, und der DIN ISO 14064-3, Ausgabe Mai 2020, oder nach einer Vorgängerversion dieser Normen akkreditiert sind, gelten für den Zeitraum der Akkreditierung als nach dieser Verordnung registriert. Die erforderliche Akkreditierung ist auf Verlangen des Umweltbundesamtes bei jeder Abgabe eines Validierungs- oder Verifizierungsberichts nachzuweisen. Die Regelungen der Durchführungsverordnung (EU) 2018/2067 zum Inhalt der internen Prüfunterlagen einer Validierungs- oder Verifizierungsstelle und deren Einsicht nach Artikel 26 Absatz 3 der Durchführungsverordnung (EU) 2018/2067 sind entsprechend anzuwenden.**

(2) **Beschäftigte des Umweltbundesamtes sind berechtigt,**

1. **der Begutachtung für die Akkreditierung und der wiederkehrenden Überwachung der Validierungs- und Verifizierungsstellen durch die zuständige nationale Akkreditierungsstelle beizuwohnen und**
2. **Einsicht in die Begutachtungsberichte der nationalen Akkreditierungsstelle zu einer Prüfstelle, die als Validierungs- oder Verifizierungsstelle nach dieser Verordnung tätig ist, zu nehmen. Die zuständige nationale Akkreditierungsstelle teilt dem Umweltbundesamt die Termine für die Begutachtung und die wiederkehrende Überwachung mindestens zwei Monate im Voraus mit.**

(3) **Änderungen der Angaben und Unterlagen sind von der zuständigen nationalen Akkreditierungsstelle dem Umweltbundesamt unverzüglich mitzuteilen.**

Nach Abs. 1 S. 1 **gelten** die nach der genannten DIN EN ISO-Norm für die relevanten Bereiche **akkreditierte Prüfstellen** (Validierungs- und Verifizierungsstellen) seit der Änderung der UERV (→ Vorb. Rn. 9) als im Sinne der UERV **registriert**. Diese Fiktion ersetzt das zuvor vorgesehen Antrags- und Prüfverfahren, das sich formal aufwendig zeigte, ohne dass es einen inhaltlichen Mehrwert brachte, da die Registrierungsvoraussetzungen allein durch Vorlage der Akkreditierung erfüllt wurden. Da die fingierte Registrierung durch Widerruf und Rücknahme aufgehoben werden kann, § 36, ordnet die Verordnungsgeberin die Fiktion der Akkreditierung als Verwaltungsakt ein. 1

Die Akkreditierung muss die Prüfstelle nunmehr auf Verlangen des Umweltbundesamtes bei der Einreichung der Prüfberichte vorlegen (S. 2). Neben den zitierten DIN EN ISO-Normen haben die Prüfstellen bei ihrer Arbeit die Anforderungen entsprechend zu beachten, die für Prüfstellen des EU ETS (→ Vorb. Rn. 12) gelten.

Abs. 2 räumt dem Umweltbundesamt Rechte ein, um die Eignung der Prüfstellen prüfen zu können. Die Ordnungsvorschrift in Abs. 3 richtet sich an nationale Akkreditierungsstellen, die verpflichtet werden, relevante Änderungen unverzüglich mitzuteilen. Bindungswirkung kann diese Vorschrift allein gegenüber der Deutschen Akkreditierungsstelle entfalten, nicht aber gegenüber der Akkreditierungsstellen anderer Mitgliedsstaaten der EU. 2

§§ 33 bis 35 *(weggefallen)*

§ 36 Widerruf und Rücknahme der Registrierung

(1) **Das Umweltbundesamt kann die Registrierung einer Validierungs- oder Verifizierungsstelle widerrufen, wenn Tatsachen die Annahme rechtfertigen, dass eine ordnungsgemäße Durchführung der Aufgaben nicht mehr gegeben ist.**

(2) **Die Registrierung soll insbesondere widerrufen werden, wenn die Validierungs- oder Verifizierungsstelle ihre Pflichten nicht, nicht richtig, nicht vollständig oder nicht rechtzeitig erfüllt. Die Registrierung kann auch widerrufen werden, wenn eine Kontrolle der Projekttätigkeiten vor Ort nicht sichergestellt ist.**

(3) **Die Vorschriften des Verwaltungsverfahrensgesetzes über die Rücknahme und den Widerruf von Verwaltungsakten bleiben unberührt.**

In der Vorschrift werden Widerruf und Rücknahme der Registrierung geregelt, auch **1** wenn diese seit der Änderung der UERV (→ Vorb. Rn. 9) nicht mehr im Rahmen eines gesonderten Bescheidungsverfahrens, sondern durch Fiktion erfolgt, § 32. In Abs. 1 und Abs. 2 sind verschiedene besondere Widerrufsgründe aufgeführt, aus denen das Umweltbundesamt die Registrierung widerrufen kann oder soll (intendiertes Ermessen). Abs. 3 stellt klar, dass neben den in Abs. 1 und Abs. 2 aufgeführten Gründen, Widerruf und Rücknahme der Registrierung auch nach §§ 48 und 49 VwVfG vorgenommen werden können.

Unterabschnitt 2. Aufgaben

§ 37 Allgemeine Anforderungen an Validierungs- und Verifizierungsstellen

(1) **Validierungs- und Verifizierungsstellen sind verpflichtet,**

1. die Angaben des Projektträgers auf Richtigkeit und Vollständigkeit zu überprüfen,

2. Prüfberichte (den Validierungsbericht und den Verifizierungsbericht) anzufertigen und

3. im Validierungsbericht und im Verifizierungsbericht richtige und vollständige Angaben zu machen.

(2) **Betragen die geschätzten Upstream-Emissionsminderungen der Projekttätigkeit mehr als 60 Kilotonnen Kohlenstoffdioxid-Äquivalent pro Jahr, so müssen die Aufgaben der Validierungsstelle und der Verifizierungsstelle von zwei verschiedenen Stellen wahrgenommen werden.**

Zentrale Aufgabe der Validierungs- und Verifizierungsstellen ist es, die Angaben des Projektträgers auf Richtigkeit und Vollständigkeit zu überprüfen sowie richtige und vollständige Angaben im Validierungs- und Verifizierungsbericht zu machen. Zu den Angaben des Projektträgers gehören u.a. die Projektdokumentation, die Überwachungsberichte und Tabellen mit den Emissionsberechnungen sowie Informationen, die auf Bedarf angefragt werden. 1

Ab einer Schwelle von 60 Kilotonnen Kohlenstoff-Dioxid-Äquivalent pro Jahr muss die Projektprüfung für den Zustimmungsantrag (Validierung) und die Prüfung des Überwachungsberichts (Verifizierung) von zwei verschiedenen Stellen wahrgenommen werden. Dieses sog. Vier-Augen-Prinzip gewährleistet eine höhere Prüfsicherheit der Angaben für Projekte mit hohen Upstream-Emissionsminderungen und damit hoher wirtschaftlicher Bedeutung. Die Schwelle ist den Regelungen für sachverständige Prüfungen bei internationalen Klimaschutzprojekten nach dem CDM entnommen, wo ebenfalls ab dieser Schwelle unterschiedliche Sachverständige für Projektprüfung und Berichtsprüfung tätig werden müssen. 2

§ 38 Spezifische Aufgaben der Validierungsstellen

(1) **Die Validierungsstelle prüft, ob die Projekttätigkeit eines Projektträgers die Voraussetzungen für die Zustimmung erfüllt, (Validierung) und erstellt den Validierungsbericht.**

(2) **Die Validierung erfolgt anhand der Projektdokumentation und weiterer Unterlagen sowie vor Ort. Upstream-Emissionsminderungen werden nach den Grundsätzen und Normen der mit DIN EN ISO 14064-2, Ausgabe Mai 2020, DIN EN ISO 14065, Ausgabe Juli 2013, und ISO 14066, Ausgabe April 2011, validiert.**

Die Prüfung durch die Validierungsstellen umfasst eine Prüfung von Unterlagen wie die Projektdokumentation, Berechnungen zur Zusätzlichkeit der Projekttätigkeit oder Berechnungen der Emissionseinsparung sowie eine Kontrolle vor Ort. Die Minderungen werden nach den Grundsätzen der Normen DIN EN ISO 14064-2, 14065 und 14066 jeweils in statischer Verweisung auf die genannten Ausgaben validiert. Zur Verfügbarkeit der DIN-Normen siehe § 46. Die Prüfung wird mit einem Validierungsbericht abgeschlossen. 1

Die Prüfung der Validierungsstelle, ob die Projekttätigkeit die Voraussetzungen für die Zustimmung erfüllt, erstreckt sich auf die technischen Prüfungen der vorgelegten Daten und Unterlagen. Das Ergebnis dieser Prüfung ist im Validierungsbericht festgehalten. Dieser bindet die zuständige Behörde nicht an die Ergebnisse. Die Prüfung stellt vielmehr eine vorgelagerte sachverständige Prüfung dar, ob im Sinne von § 37 Absatz 1 Nr. 1 die Angaben des Projektträgers richtig und vollständig sind. Für den Sonderfall der Frage nach der Umweltverträglichkeit eines Projekts erteilt § 10 Absatz 4 ausdrücklich eine Ermächtigung an die zuständige Behörde, weitere Unterlagen zur Einschätzung der Umweltauswirkungen einzufordern. 2

Allerdings ist umstritten, ob solche sachverständigen Stellen bei der Ausübung ihrer Prüfungen lediglich privatrechtliche Beziehungen zum Anlagenbetreiber unterhalten oder ob die Tätigkeit des Sachverständigen als öffentlich-rechtlich zu qualifizieren ist. Nach Ansicht des BGH nimmt jedenfalls der für das Zuteilungsverfahren nach dem TEHG tätige Verifizierer ein öffentliches Amt wahr (BGH, Urt. v. 15.9.2011, III ZR 240/10, NVwZ 2012, 381). Eine Übertragbarkeit dieser Grundsätze auf das sachverständige Handeln unter der UERV liegt nahe. Auch im TEHG übernimmt der Sachverständige die Verifizierung von (Zuteilungs-)Anträgen. Wie in der UERV geht es um die unabhängige und objektive Beurteilung der Richtigkeit solcher Angaben, wobei die Letztentscheidung über den Antrag bei der Behörde verbleibt. Ferner kann auch dort die Behörde die Richtigkeit der Angaben nachträglich überprüfen. Nach Ansicht des BGH überschneiden sich daher die Aufgaben des Sachverständigen und des Umweltbundesamtes weitgehend, da mit der Tätigkeit des Sachverständigen die Behörde einer eigenständigen Prüfung der Richtigkeit der Antragsangaben weitgehend entbunden ist. Die bloße Verlagerung dieser Prüfung auf Private verhindert nach Ansicht des vorgenannten BGH-Urteils nicht den öffentlich-rechtlichen Charakter der sachverständigen Prüfung. Gemessen an diesen Ausführungen ist auch die Prüfung der Angaben im Antrag auf Zustimmung zur UER-Projekttätigkeit seitens der Validierungsstelle nach Absatz 1 als eine hoheitliche Tätigkeit anzusehen, bei der die Validierungsstelle Prüfaufgaben des Umweltbundesamtes übernimmt. 3

§ 39 Spezifische Aufgaben der Verifizierungsstellen

(1) Die Verifizierungsstelle prüft, ob

1. **für die Projekttätigkeit im Verifizierungszeitraum die Voraussetzungen für die Zustimmung vorgelegen haben,**
2. **die Projekttätigkeit entsprechend der Projektdokumentation oder, bei Abweichungen, im Einklang mit der Entscheidung nach § 17 Absatz 3 durchgeführt worden ist,**
3. **der Überwachungsbericht den Anforderungen nach § 18 genügt und**
4. **der Projektträger die Upstream-Emissionsminderungen im Verifizierungszeitraum zutreffend ermittelt hat.**

(2) Die Verifizierung nach Absatz 1 erfolgt anhand des Überwachungsberichts und aller weiteren relevanten Daten sowie vor Ort. Die Vorgaben der Durchführungsverordnung (EU) 2018/2067 sind für die Tätigkeiten nach Absatz 1 entsprechend anzuwenden. Für die Verifizierung der Upstream-Emissionsminderungen und der Referenzfallemissionen gilt DIN EN ISO 14064-2, Ausgabe Mai 2020, entsprechend.

(3) Die Ergebnisse der Verifizierung müssen verlässlich und belastbar sein. Für die Verlässlichkeit und Belastbarkeit gelten die Anforderungen der Durchführungsverordnung (EU) 2018/2067 und der Durchführungsverordnung (EU) 2018/2066 entsprechend.

(4) Die Verifizierungsstelle legt dem Umweltbundesamt und dem Projektträger den Verifizierungsbericht einschließlich des dem Verifizierungsbericht zugrundeliegenden Überwachungsberichts vor. Sie bestätigt zudem schriftlich, dass die Projekttätigkeit innerhalb des Verifizierungszeitraums zu der verifizierten Upstream-Emissionsminderung geführt hat.

Die Vorschrift ist das Pendant der Anforderungen an Validierungsstellen in § 38 für Verifizierungsstellen. Daher gilt das zu § 38 Gesagte entsprechend. 1

Die Verifizierungsstellen prüfen ebenfalls anhand von Unterlagen sowie vor Ort, ob die Voraussetzungen für die Zustimmung im Verifizierungszeitraum vorgelegen haben und ob die Projekttätigkeit im Einklang der Projektdokumentation durchgeführt worden ist. Bei Abweichungen ist bei dieser Prüfung auf die geänderte Fassung der Zustimmung nach § 17 Absatz 3 abzustellen. 2

Für die Verifizierung der Upstream-Emissionsminderungen und der Referenzfallemissionen gilt DIN EN ISO 14064 entsprechend. Die Ergebnisse der Verifizierung müssen verlässlich und belastbar sein, dafür sind die Verordnungen der EU Nr. 600/2012 und 601/2012 anzuwenden. Die Prüfung der Verifizierungsstelle wird nach Absatz 4 abgeschlossen durch einen Verifizierungsbericht. Ausdrücklich bestätigen muss dabei die Verifizierungsstelle schriftlich, dass die Projekttätigkeit innerhalb des Verifizierungszeitraums zu der verifizierten Upstream-Emissionsminderung geführt hat. Dieser konkrete Bestätigung der Verifizierungsstelle über die erreichten Minderungen ist notwendig, da der Verifizierungsbericht die Grundlage für die Ausstellung von UER-Nachweisen durch den Projektträger nach § 19 Absatz 2 bildet und abgesehen von einer Vollständigkeitsprüfung seitens des Umweltbundesamtes nach § 19 Absatz 3 keiner weiteren inhaltlichen Prüfung der Richtigkeit der dokumentierten Emissionsminderungen aus dem Projekt vor Ausschüttung von UER-Nachweisen unterliegt. 3

Gemäß der Entscheidung des BGH zur Rolle von Sachverständigen im Rahmen der Prüfung von Anträgen im Emissionshandel ist auch hier von einer hoheitlichen Tätigkeit 4 der Verifizierungsstellen auszugehen, bei der diese Stellen Prüfaufgaben des Umweltbundesamtes übernehmen (vgl. BGH, Urt. v. 15.9.2011, III ZR 240/10, NVwZ 2012, 381; siehe dazu → § 38 Rn. 3).

§ 40 Validierungsbericht

Der Validierungsbericht enthält folgende Angaben und Unterlagen:

1. **eine zusammenfassende Darstellung des Validierungsprozesses,**
2. **den Namen und die Anschrift des Projektträgers,**
3. **den Zeitraum, in dem die Validierung durchgeführt worden ist,**
4. **eine Beschreibung der Projekttätigkeit,**
5. **den Projektort, der der Emissionsquelle am nächsten gelegen ist, unter Angabe der Koordinaten in Längen- und Breitengraden bis zur vierten Dezimalstelle,**
6. **eine Darstellung der Nachfragen der Validierungsstelle beim Projektträger und dessen Antworten,**
7. **soweit eine Beteiligung der Öffentlichkeit nach dem Recht des Gastgeberstaates oder der DIN EN ISO 14064-2, Ausgabe Mai 2020, durchgeführt wurde, eine Liste der Änderungen der geplanten Projekttätigkeit, die aufgrund der Stellungnahmen der Beteiligung der Öffentlichkeit vorgenommen worden sind,**
8. **das Verfahren, das zur Validierung der geplanten Projekttätigkeit angewendet worden ist, und die Ergebnisse der Validierung,**
9. **die Feststellung, dass für die geplante Projekttätigkeit ein zugelassenes Berechnungsverfahren gewählt worden ist und dass dieses Berechnungsverfahren entsprechend § 6 angewendet worden ist,**
10. **die Projektgrenze der Projekttätigkeit,**
11. **das Verfahren zur Ermittlung der Referenzfallemissionen und der Höhe der zu erwartenden Upstream-Emissionsminderungen sowie die Ergebnisse der Berechnungen,**
12. **Angaben zur sachgerechten Ausgestaltung des Überwachungsplans,**
13. **die Darstellung der Umweltauswirkungen,**
14. **eine Bestätigung der Validierungsstelle, dass keine Anhaltspunkte dafür vorliegen, dass die Projekttätigkeit schwerwiegende nachteilige Auswirkungen auf die in der Präambel des Übereinkommens vom 12. Dezember 2015 (BGBl. 2016 II S. 1082, 1083) genannten Belange im Gastgeberstaat hat,**
15. **eine Liste mit den im Rahmen der Validierung durchgeführten Vor-Ort-Untersuchungen, befragten Personen und überprüften Dokumenten,**
16. **die unterzeichnete Bestätigung der Validierungsstelle, dass die Projekttätigkeit alle Anforderungen dieser Verordnung einhält, mit Angabe der Höhe der zu erwartenden Upstream-Emissionsminderungen,**
17. **die Namen und Kontaktdaten der Mitglieder des Validierungsteams, jeweils unter Angabe ihrer Aufgaben im Rahmen der Validierung,**
18. **Zertifikate der Mitglieder des Validierungsteams,**
19. **Informationen zur Qualitätskontrolle innerhalb des Validierungsteams und des Validierungsprozesses.**

Die Regelung legt die Mindestanforderungen zum Inhalt der Validierungsberichte fest. 1
Sie konkretisiert damit die Angaben und Unterlagen, die für die Prüfung nach § 37 zu berücksichtigen sind. Bei den einzelnen Angaben orientiert sie sich dabei an den Vorgaben des CDM für dortige Validierungen, wurde aber an die speziellen Informationsbedürfnisse im Sinne der Richtlinie (EU) 2015/652 angepasst.

Die Validierungsstelle muss nach Nr. 14 im Bericht bestätigen, dass keine Anhaltspunk- 2
te dafür vorliegen, dass die Projekttätigkeit schwerwiegende nachteilige Auswirkungen auf die in der Präambel des Übereinkommens von Paris genannten Belange im Gastgeber-

staat hat. Diese Anforderung ist mit Änderung v. 12.11.2021 in die Norm aufgenommen und ist eine Folgeänderung zu § 7. Sie setzt die ebenfalls neu aufgenommene, insofern wortgleiche Anforderung an Zustimmungsanträge in § 7 Absatz 2 Nr. 2 lit. c um.

3 Unter die nach Nr. 15 befragten Personen fallen auch betroffene Anwohner. Zudem bezieht sich die Angabe mangels anderer Eingrenzung im Wortlaut auch juristische Personen. Daher sind auch, sofern befragt, Beratungsinstitute (Consultants) zu benennen.

4 Zertifikate der Mitglieder des Validierungsteams im Sinne von Nr. 18 sind insbesondere Berufsabschlüsse oder von den Validierungsstellen ausgestellte sog. „Statements of Competence". Daneben kann die Kompetenz der Mitglieder auch über die Vorlage von Lebensläufen, Arbeitszeugnissen oder gleichwertige Unterlagen zum Nachweis der fachlichen Kompetenz vorgelegt werden.

§ 41 Verifizierungsbericht

Der Verifizierungsbericht enthält folgende Angaben und Unterlagen:

1. die Projektnummer,
2. den Namen und die Anschrift des Projektträgers,
3. den Verifizierungszeitraum,
4. den Zeitraum, in dem die Verifizierung durchgeführt worden ist,
5. die Angabe, ob für die Projekttätigkeit im Verifizierungszeitraum die Voraussetzungen für die Zustimmung vorgelegen haben,
6. die Höhe der Upstream-Emissionsminderung in Kilogramm Kohlenstoffdioxid-Äquivalent, die im Verifizierungszeitraum erreicht worden ist,
7. eine Bestätigung, dass keine Anhaltspunkte dafür vorliegen, dass die Projekttätigkeit während des Verifizierungszeitraums schwerwiegende nachteilige Auswirkungen auf die in der Präambel des Übereinkommens vom 12. Dezember 2015 (BGBl. 2016 II S. 1082, 1083) genannten Belange im Gastgeberstaat hat,
8. eine zusammenfassende Darstellung des Verifizierungsprozesses, des Umfangs und der Ergebnisse der Verifizierung,
9. eine Liste mit den im Rahmen der Verifizierung durchgeführten Vor-Ort-Untersuchungen, befragten Personen und überprüften Dokumenten,
10. die Namen und Kontaktdaten der Mitglieder des Verifizierungsteams, jeweils unter Angabe ihrer Aufgaben im Rahmen der Verifizierung,
11. Zertifikate der Mitglieder des Verifizierungsteams,
12. die Ergebnisse der Überprüfungen,
13. die Feststellung, dass
   a) die Projekttätigkeit entsprechend der Projektdokumentation oder bei Abweichungen im Einklang mit der Entscheidung nach § 17 Absatz 3 durchgeführt worden ist,
   b) die Überwachungsaktivitäten mit dem Überwachungsplan übereinstimmen,
   c) der Überwachungsbericht den Vorgaben des § 18 entspricht,
   d) die Kalibrierungsfrequenz der jeweiligen Messinstrumente mit Auswirkungen auf die ermittelten Upstream-Emissionsminderungen den Vorgaben der Berechnungsverfahren und des Überwachungsplans oder bei Abweichungen der Entscheidung nach § 17 Absatz 3 entspricht,
14. eine Bewertung der Daten und Berechnung der durch die Projekttätigkeit erreichten Upstream-Emissionsminderungen,
15. eine Liste der im Überwachungsplan spezifizierten Parameter mit Angaben dazu, wie die im Überwachungsbericht dargestellten Werte von der Verifizierungsstelle verifiziert worden sind,
16. eine Darstellung der Nachfragen der Verifizierungsstelle beim Projektträger und dessen Antworten sowie die Bewertung dieser Antworten und
17. Informationen zur Qualitätskontrolle innerhalb des Verifizierungsteams und des Verifizierungsprozesses.

Die Vorschrift legt die Mindestanforderungen zum Inhalt der Verifizierungsberichte fest. Sie konkretisiert damit die Angaben und Unterlagen, die für die Prüfung nach § 39 zu berücksichtigen sind. Bei den einzelnen Angaben orientiert sie sich dabei an den Vorgaben des CDM für dortige Verifizierungen von internationalen Klimaschutzprojekten, wurde aber an die speziellen Informationsbedürfnisse im Sinne der Richtlinie (EU) **1**

2015/652 angepasst. Sie folgt dem Muster der Anforderungen an Validierungsberichte in § 40. Daher gilt das dazu Gesagte entsprechend.

2 Der Verifizierungszeitraum ist definiert in § 42, siehe dort. Er muss nach § 19 Absatz 2 Nr. 2 innerhalb des Anrechnungszeitraums liegen. Der Anrechnungszeitraum ist in § 5 bestimmt.

§ 42 Verifizierungszeitraum

Der Verifizierungszeitraum ist der Zeitraum, den der Verifizierungsbericht umfasst. Er hat den gesamten Überwachungszeitraum zu umfassen, auf den sich der Überwachungsbericht bezieht.

Der Verifizierungszeitraum ist der Zeitraum, den der Verifizierungsbericht umfasst. 1
Der Verifizierungszeitraum muss nach § 19 Absatz 2 Nr. 2 innerhalb des Anrechnungszeitraums liegen. Der Anrechnungszeitraum ist in § 5 bestimmt

Der Verifizierungszeitraum hat dabei den gesamten Überwachungszeitraum zu umfassen, auf den sich der Überwachungsbericht bezieht. Der Überwachungszeitraum seinerseits ist nach § 18 Absatz 2 Nr. 5 im Überwachungsbericht anzugeben. Gemäß der Legaldefinition in § 18 Absatz 1 ist der Überwachungszeitraum der Zeitraum, der sowohl innerhalb des Anrechnungszeitraums als auch innerhalb eines Verpflichtungsjahres liegt. Da der gesamte Überwachungszeitraum umfasst sein muss, wird gewährleistet, dass sich die Verifizierung auf eine kontinuierliche Zeit bezieht. Der Verifizierungszeitraum muss folglich für die gewählte Zeit eine komplette Erfassung aller Daten gewährleisten. Die Verifizierung kann daher nicht einzelne Zeiträume ausklammern. Dadurch wird verhindert, dass für die Berechnung der erreichten Upstream-Emissionsminderungen ungünstige Emissionsdaten bei der Erfassung ausgespart werden. 2

§ 43 Veröffentlichung des Verifizierungsberichtes

Das Umweltbundesamt veröffentlicht den Verifizierungsbericht unverzüglich auf seiner Internetseite.

Das Umweltbundesamt veröffentlicht mit Blick auf die Transparenz für die Marktteil- 1
nehmer die Verifizierungsberichte auf seiner Interseitseite. Für Zustimmungsdaten regelt § 13 die Veröffentlichung.

Abschnitt 5. Kontrollen und Anordnungen

§ 44 Kontrollen

(1) **Das Umweltbundesamt kann bis zur Vorlage der Verifizierungsberichte das Fortbestehen der Voraussetzungen für die Zustimmung anhand der ihm vorgelegten Unterlagen und soweit erforderlich vor Ort jederzeit überprüfen.**

(2) **Das Umweltbundesamt überprüft innerhalb eines Jahres nach Ablauf des Anrechnungszeitraums anhand der ihm vorgelegten Unterlagen und soweit erforderlich vor Ort die Verifizierungsberichte auf ihre Richtigkeit und Vollständigkeit.**

(3) **Das Umweltbundesamt ist befugt, soweit es zur Durchführung der Aufgaben nach den Absätzen 1 und 2 erforderlich ist, bei Projektträgern**

1. während der Geschäfts- oder Betriebszeit Grundstücke sowie Geschäfts-, Betriebs- und Lagerräume sowie Transportmittel zu betreten,
2. Besichtigungen vorzunehmen,
3. alle die Projekttätigkeit betreffenden Geschäftsunterlagen einzusehen, zu prüfen, auszudrucken, zu kopieren und Abschriften anzufertigen und
4. die erforderlichen Auskünfte zu verlangen.

I. Allgemeines

1 Die Vorschrift ermöglicht der zuständigen Behörde ausdrücklich eine nachträgliche Überprüfungsmöglichkeit sowohl mit Blick auf ihre Zustimmungsentscheidung als auch mit Blick auf vorgelegte Verifizierungsberichte. Ferner enthält sie konkretisierende Vorschriften für die Durchführung dieser Kontrollen.

II. Absatz 1

2 Nach Absatz 1 kann die zuständige Behörde bis zur Vorlage der Verifizierungsberichte das Fortbestehen der Voraussetzungen für die Zustimmung durch vorgelegte Unterlagen oder vor Ort überprüfen. Damit wird sichergestellt, dass vor Ausschüttung von UER-Nachweisen auf Basis eingereichter Verifizierungsberichte die Bedingungen für die ursprünglich erteilte Zustimmung fortbestehen. Die ausdrückliche Möglichkeit in Absatz 1, das Fortbestehen der Voraussetzungen einer Zustimmung jederzeit anhand der vorgelegten und damit nicht zwangsläufig neuen Unterlagen bis zur Vorlage der Verifizierungsberichte überprüfen zu können, belegt mangels anderer Anhaltspunkte, dass die Anforderungen an eine Zustimmung nicht lediglich im Zeitpunkt ihres Erlasses, sondern während der gesamten Wirksamkeitsdauer vorliegen müssen und überprüft werden können. Folglich handelt es sich hierbei um einen Verwaltungsakt mit Dauerwirkung (vgl. zum Dauerverwaltungsakt auch Fellenberg/Schiller, → UmwRG § 3 Rn. 47). Bei einem Verwaltungsakt mit Dauerwirkung tritt seine Wirkung nicht zu einem bestimmten Zeitpunkt, sondern während eines bestimmten Zeitraums ein (BVerwG v. 5.1.2012, 8 B 62/11, NVwZ 2012, 510). Dabei ist in der Rechtsprechung anerkannt, dass bei der Beurteilung von Dauerverwaltungsakten die Sach- und Rechtslage im Zeitpunkt der letzten mündlichen Verhandlung jedenfalls dann zu berücksichtigen ist, wenn das materielle Recht nicht die Maßgeblichkeit eines anderen Zeitpunkts bestimmt (BVerwG, Urt. V. 6.1.2011, 8 C 2/10, NVwZ 2011, 1328). Bei derartigen Verwaltungsakten mit Dauerwirkung ist zudem anerkannt, dass sie rechtswidrig werden können und mithin § 48 VwVfG Anwendung

findet. (vgl. OVG, Beschl. V. 16.4.2004, 1 W 10/03, BeckRS 2004, 19140 m.w.N.). Selbst wenn man in dem Verweis in Absatz 1 auf den Zeitpunkt der Vorlage eines Verifizierungsberichts eine materiell-rechtlich verbindliche Bestimmung des Endpunkts des Dauerverwaltungsaktes erkennen kann, so führt dies insofern zu der Möglichkeit, dass die zuständige Behörde die ursprüngliche Zustimmungsentscheidung nach § 48 VwVfG jedenfalls bis zu diesem Zeitpunkt auch mit Wirkung für die Vergangenheit zurücknehmen kann. Konsequenz einer Rücknahme ist dann, dass keine Projektzustimmung mehr vorliegt, die eine Ausschüttung von UER-Nachweisen aber nach § 19 Absatz 1 Nr. 1 voraussetzt. Inwieweit ein schutzwürdiges Vertrauen die Aufrechterhaltung einer rechtswidrigen Zustimmung gebietet, bleibt der Einzelfallbetrachtung vorbehalten, dürfte aber regelmäßig schwer zu begründen sein, da der Projektträger durch Absatz 1 ausdrücklich mit einer fortlaufenden Überprüfung rechnen muss.

3 Neben dieser Rücknahmemöglichkeit eröffnet Absatz 1 zudem die Befugnis zur Überprüfung der Voraussetzungen der Zustimmung vor Ort. Im Gegensatz zu Absatz 3 geht es hier um die Überprüfung am Ort der Projekttätigkeit, die nicht zwingend mit den Betretungs- und Einsichtsrechten aus Absatz 3 übereinstimmen muss. Dieses Recht der Behörde zur Vor-Ort-Überprüfung korrespondiert mit entsprechenden Mitwirkungspflichten des Projektträgers, diese Überprüfung zu ermöglichen.

III. Absatz 2

4 Während Absatz 1 die Überprüfung der ursprünglichen Zustimmungsentscheidung ermöglicht, eröffnet Absatz 2 der Behörde das Recht, die Verifizierungsberichte innerhalb eines Jahres nach Ablauf des Anrechnungszeitraums auf ihre Richtigkeit und Vollständigkeit zu überprüfen. Der Anrechnungszeitraum ist dabei gemäß § 5 Absatz 1 der Zeitraum, für den UER-Nachweise für in einer Projekttätigkeit erreichte Upstream-Emissionsminderungen ausgestellt werden sollen. Dieser beträgt ein Jahr (§ 5 Absatz 2). Mithin beginnt die Jahresfrist nicht bereits mit der Einreichung eines Verifizierungsberichts, sondern erst nach Ablauf Projektlaufzeit von einem Jahr. Das ist insbesondere bedeutsam, wenn über die Projektlaufzeit mehrere Verifizierungsberichte eingereicht werden. Hier gilt eine einheitliche Jahresfrist für alle Verifizierungsberichte gleichermaßen.

5 Die Prüffrist von einem Jahr bezogen auf die Verifizierungsberichte macht im Übrigen deutlich, dass der für die Ausschüttung von UER-Nachweisen gemäß § 19 Absatz 1 vorzulegende Verifizierungsbericht keinesfalls innerhalb der in § 19 Absatz 3 genannten Frist von vier Wochen geprüft sein muss. Insofern kann der Projektträger aus dem bloßen Realakt der Ausstellung von UER-Nachweisen im Rahmen von § 19 Absatz 3 kein Vertrauen dahingehend aufbauen, dass der Verifizierungsbericht seitens der Behörde inhaltlich anerkannt und bestätigt wurde.

6 Die Formulierung, dass das Umweltbundesamt die Verifizierungsberichte überprüft, beinhaltet eine Pflicht zur Überprüfung der Verifizierungsberichte, ansonsten hätte die Norm ein Ermessen bestimmt (es steht nicht: „kann überprüfen"). Damit wird die allgemeinen Überwachungsaufgabe aus § 52 Absatz 1 BImSchG, die sich auf die Durchsetzung der Verpflichtungen der UERV als Rechtsverordnung im Sinne von § 37d BImSchG bezieht, mit Blick auf die Verifizierungsprüfungen durch Verordnung auf eine Pflicht statt ein bloßes Ermessen verdichtet.

7 Diese Prüfpflicht bezieht sich allerdings nur auf die Verifizierungsberichte. Den Inhalt eines Verifizierungsberichts bestimmt § 41. Neben dieser spezialgesetzlich geregelten Prüfpflicht für Verifizierungsberichte gilt für sonstige Überwachungsaufgaben des Umweltbundesamtes weiterhin § 52 Absatz 1 BImSchG. In der Konsequenz sind insbesondere

die weiteren in § 19 an die Ausschüttung von UER-Nachweisen geknüpften Anforderungen nicht Gegenstand der Prüfpflicht nach Absatz 2, wohl aber Teil des allgemeinen Kontrollermessens der Behörde und insofern mit den in § 45 statuierten Befugnissen zur Mängelbeseitigung durchsetzbar (siehe dort).

IV. Absatz 3

Absatz 3 enthält eine Befugnisnorm für spezialgesetzlich normierte Betretungs- und Einsichtsrechte. Projektträgern obliegt diesbezüglich eine Pflicht für entsprechende Mitwirkungshandlungen. Die in Absatz 3 normierten Eingriffsbefugnisse sind angelehnt an vergleichbare Überprüfungshandlungen im Rahmen des Vollzugs des Emissionshandels nach § 20 TEHG. 8

Zur Überprüfung sowohl der Zustimmungsentscheidungen gemäß Absatz 1 als auch der Verifizierungsberichte gemäß Absatz 2 kann das Umweltbundesamt als zuständige Behörde Grundstücke sowie Geschäfts-, Betriebs- und Lagerräume sowie Transportmittel betreten, Besichtigungen vornehmen, Geschäftsunterlagen einsehen und Auskünfte verlangen. Diese behördlichen Befugnisse stehen unter der Voraussetzung, dass sie für die Überprüfungen gemäß Absätzen 1 und 2 erforderlich sind. Dagegen ist nicht gefordert, dass bereits konkrete Fehler oder Unrichtigkeiten vorliegen müssen. Vielmehr sind die Kontrollbefugnisse verdachtsunabhängig ausgestaltet und liegen dabei im pflichtgemäßen Entschließungsermessen der Behörde (siehe dazu auch Hardach → TEHG § 20 Rn. 8). Entscheidend ist, dass die Kontrollmaßnahmen für die Prüfungen nach Absätzen 1 und 2 von Bedeutung sein können. Das ist dann der Fall, wenn sich aus den Informationen, die sich aus den Kontrollen ergeben können, Erkenntnisse für das Vorliegen oder Nichtvorliegen von Tatbestandsmerkmalen der Zustimmung oder Verifizierung ergeben können. 9

Ausgestaltet sind die Kontrollmöglichkeiten überwiegend als Realakte, da es um die Befugnis zu tatsächlichen Betretungen und Einsichtnahmen geht. Nur das Verlangen nach Auskünften in Absatz 3 Nr. 4 ist an sich bereits als behördliche Verfügung und damit als Verwaltungsakt gegenüber dem Projektträger anzusehen. Sofern allerdings notwendige Mitwirkungshandlungen seitens des Projektträgers verweigert werden, hat die Behörde aus Absatz 3 heraus auch für weitere Kontrollmaßnahmen die Befugnis zum Erlass eines die Umsetzung der Kontrollen ermöglichenden Grundverwaltungsaktes, der dann auch vollstreckt werden kann (siehe dazu auch Hardach → TEHG § 20 Rn. 10). 10

Betretungsrechte sind nach Absatz 3 Nr. 1 ausdrücklich an die Geschäfts- und Betriebszeiten geknüpft und tragen damit den verfassungsrechtlichen Vorgaben aus Artikel 13 GG zum Schutz der Wohnung Rechnung, zu dem grundsätzlich auch die Privatheit von Betrieb- und Geschäftsräumen gehört (siehe dazu Hardach → TEHG § 20 Rn. 13). Die in Absatz 3 Nr. 4 normierte Auskunftspflicht bezieht sich unmittelbar auf den Projektträger als Adressaten, kann sich indes inhaltlich auch auf Informationen erstrecken, die dem Projektträger nicht unmittelbar vorliegen, aber von ihm beispielsweise durch bestehende vertragliche Konstellationen beschafft werden können (vgl. Hardach → TEHG § 20 Rn. 15). 11

§ 45 Anordnungen

(1) **Das Umweltbundesamt kann gegenüber den Validierungs- und Verifizierungsstellen sowie den Projektträgern die erforderlichen Anordnungen treffen, um Mängel zu beseitigen, die im Rahmen der Kontrollen nach § 44 festgestellt worden sind. Insbesondere kann das Umweltbundesamt anordnen, dass eine Mitarbeiterin oder ein Mitarbeiter einer Validierungs- oder Verifizierungsstelle wegen fehlender Unabhängigkeit, Fachkunde oder Zuverlässigkeit keine Tätigkeiten nach dieser Verordnung durchführen darf.**

(2) **Ordnet das Umweltbundesamt die Vorlage eines geänderten Validierungs- oder Verifizierungsberichts oder die erneute Überprüfung der Projekttätigkeit in Bezug auf die betroffenen Upstream-Emissionsminderungen an, so kann es zusätzlich festlegen, dass bis zur Vorlage des geänderten Validierungs- oder Verifizierungsberichts oder bis zum Abschluss der erneuten Überprüfung vom Projektträger UER-Nachweise nicht oder nur in begrenztem Umfang ausgestellt oder übertragen werden können.**

(3) **Werden in Berichten einer Validierungs- oder Verifizierungsstelle wiederholt Unrichtigkeiten festgestellt, so stellt das Umweltbundesamt bei der Behörde, die die Validierungs- oder Verifizierungsstelle akkreditiert hat, ein Gesuch um Überprüfung der Akkreditierung.**

I. Allgemeines

Die in dieser Norm statuierten Anordnungen korrespondieren mit den Kontrollen aus § 44. Das Umweltbundesamt kann gegenüber den Validierungs- und Verifizierungsstellen sowie den Projektträgern die erforderlichen Anordnungen treffen, um Mängel zu beseitigen, die im Rahmen der Kontrollen nach § 44 festgestellt worden sind. Es handelt sich folglich um eine Befugnisnorm, auf deren Grundlage die Behörde konkrete Anordnungen erlassen darf. **1**

Dass es um Mängel geht, die im Rahmen der Kontrollen nach § 44 festgestellt worden sind, impliziert, dass zwar die Kontrollen nach § 44 die Mängel aufgedeckt haben, nicht aber, dass Anordnungen auf bestimmte Mängel beschränkt wären. Vielmehr können sämtliche entdeckte Mängel Gegenstand behördlicher Anordnungen sein, gleichgültig worauf sich die Mängel konkret beziehen. Insbesondere sind solche Anordnungen nicht beschränkt auf Mängel in Verifizierungsberichten. **2**

Mögliche Anordnungen sind in der Norm exemplarisch, aber nicht abschließend genannt. Ziel der Anordnungen ist jedenfalls die Beseitigung von Mängeln. Insofern können Anordnungen sowohl die Aufforderung zur konkreten Änderung von Validierungs- oder Verifizierungsberichten als auch die Vorlage weiterer Begründungen für die ermittelten Daten beinhalten. **3**

Nach Absatz 2 kann neben der Vorlage eines geänderten Validierungs- oder Verifizierungsberichts oder der erneuten Überprüfung der Projekttätigkeit zusätzlich festgelegt werden, dass bis zu dieser erneuten Vorlage keine oder nur begrenzte UER-Nachweise mehr ausgestellt oder übertragen werden können. Während die Nicht-Ausstellung von UER-Nachweisen durch das Umweltbundesamt schlicht durch die Nichtfreigabe der Ausstellung nach § 19 Absatz 3 erfolgen kann, bedarf es für eine Begrenzung der Übertragung von UER-Nachweisen eines aktiven Eingreifens in das UER-Registerkonto. Mög- **4** lichkeiten für derartige Anpassungen an Transaktionsmöglichkeiten regeln die Nutzungsbedingungen nach § 27.

II. Konsequenzen für Validierungs- und Verifizierungsstellen

5 Neben Anordnungen zur Beseitigung festgestellter Mängel kann die Behörde die Mängel zum Anlass nehmen, Anordnungen zur Durchführung der Validierung oder Verifizierung zu ergreifen. Dazu gehören verschiedene exemplarisch genannten Maßnahmen.

6 Nach Absatz 1 Satz 2 kann das Umweltbundesamt insbesondere anordnen, dass ein Mitarbeiter/eine Mitarbeiterin einer Validierungs- oder Verifizierungsstelle wegen fehlender Unabhängigkeit, Fachkunde oder Zuverlässigkeit keine Tätigkeit nach dieser Verordnung mehr durchführen darf.

7 Nach Absatz 3 ist das Umweltbundesamt zudem verpflichtet, bei wiederholten Unrichtigkeiten in Berichten einer Validierungs- oder Verifizierungsstelle bei der für diese Stelle zuständige Akkreditierungsstelle ein Gesuch um Überprüfung dieser Akkreditierung zu stellen.

Teil 4. DIN-Normen, behördliches Verfahren, Datenübermittlung, Berichtspflichten

§ 46 Zugänglichkeit der DIN-Normen

DIN-Normen, auf die in dieser Verordnung verwiesen wird, sind im Beuth Verlag GmbH, Berlin, erschienen und in der Deutschen Nationalbibliothek archivmäßig gesichert hinterlegt.

I. Allgemeines

Die Vorschrift regelt die Zugänglichkeit der in der Verordnung in Bezug genommenen DIN-Normen. Verweise auf DIN-Normen finden sich in §§ 6 Absatz 2, 8 Nr. 11, 16 Absatz 1, 32 Absatz 1, 38 Absatz 2, 39 Absatz 2 und 40 Nr. 7. 1

Die in Bezug genommenen DIN-Vorschriften müssen nicht selbst zusammen mit der Verordnung verkündet sein. Vielmehr reicht es zur Beachtung des Rechtsstaatsprinzips aus, dass Rechtsnormen der Öffentlichkeit in einer Weise förmlich zugänglich gemacht werden, dass die Betroffenen sich verlässlich Kenntnis von ihrem Inhalt verschaffen können, wobei auch eine Verweisung auf nicht öffentlich zugängliche DIN-Vorschriften nicht per se unzulässig ist (siehe BVerwG, Beschl. 29.7.2010, 4 BN 21/10, KommJur 2011, 30). Der Verweis in § 46 auf die Bezugsmöglichkeiten der relevanten DIN-Vorschriften verbunden mit der Möglichkeit einer Einsehnahme in der Deutschen Nationalbibliothek genügen hier den Anforderungen an eine gesicherte Möglichkeit zur Kenntnisnahme, zumal die zitierten Referenzen auf DIN-Vorschriften im Wesentlichen die Datenerhebung und Arbeiten der Validierungs- und Verifizierungsstellen betreffen und bei diesen die Kenntnis der Normen schon durch die Notwendigkeit einer förmlichen Akkreditierung unterstellt werden kann. 2

§ 47 Behördliches Verfahren

(1) Das Umweltbundesamt kann Schriftform oder die elektronische Form vorschreiben für
1. von Antragsstellern und Prüfstellen vorzulegende Dokumente,
2. für die Bekanntgabe von Entscheidungen und
3. für die sonstige Kommunikation.

(2) Schreibt das Umweltbundesamt die elektronische Form vor, kann es eine bestimmte Verschlüsselung sowie die Eröffnung eines Zugangs für die Übermittlung elektronischer Dokumente vorschreiben.

(3) Das Umweltbundesamt kann vorschreiben, dass Projektträger, Validierungsstellen und Verifizierungsstellen zur Erstellung von Überwachungsplänen oder Berichten oder zur Stellung von Anträgen nur die auf seiner Internetseite zur Verfügung gestellten elektronischen Formularvorlagen benutzen und die ausgefüllten Formularvorlagen in elektronischer Form übermitteln.

(4) Wenn das Umweltbundesamt die Benutzung elektronischer Formatvorlagen vorgeschrieben hat, ist die Übermittlung zusätzlicher Dokumente als Ergänzung der Formatvorlagen unter Beachtung der Formvorschriften des Absatzes 3 möglich.

(5) Das Umweltbundesamt macht die Vorschriften nach den Absätzen 1 bis 3 im Bundesanzeiger bekannt.

(6) Ausnahmen von § 23 Absatz 1 des Verwaltungsverfahrensgesetzes, insbesondere bei Kyoto-Projekttätigkeiten, kann das Umweltbundesamt gewähren auf Antrag
1. des Projektträgers,
2. der Validierungsstelle oder
3. der Verifizierungsstelle.

I. Allgemeines

Mit dieser durch Änderung vom 12.11.2021 (BGBl I S. 169) angepassten Norm für das behördliche Verfahren wird eine zeitgemäße Digitalisierung der verschiedenen Prozesse und damit eine Vereinfachung der Verfahren ermöglicht. Die Absätze 1 bis 5 sind dabei inhaltsgleich mit den Vorgaben aus § 23 TEHG. Die vormalige Regelung zum Verfahren wurde als Absatz 6 beibehalten. 1

Die Möglichkeit zur Vorgabe einer elektronischen Form richtet sich sowohl an Projektträger als auch an Prüfstellen. Sie richtet sich allerdings nicht an weitere Beteiligte. Damit umfasst eine vorgeschriebene elektronische Form nicht die Kommunikation des Umweltbundesamtes mit der Biokraftstoffquotenstelle oder anderer in § 50 genannte Stellen. Hier gilt vielmehr die Einschränkung, dass eine Behörde nicht gegenüber einer anderen Behörde die elektronische Kommunikation anordnen kann (siehe dazu Hardach→ TEHG § 23 Rn. 9). 2

Dabei bedeutet insbesondere die Möglichkeit, die elektronische Form vorzuschreiben, eine verfahrenstechnische Vereinfachung von Verwaltungsprozessen. Relevante Antragsdaten liegen dann bereits in elektronischer Form vor, um sie beispielsweise für Veröffentlichungspflichten nach §§ 13, 16 und 43 leichter auswerten und auslesen zu können. Zudem können derart elektronisch übermittelte Daten automatisiert analysiert werden und schaffen dadurch sowohl eine verlässliche inhaltliche Prüfung als auch eine Verfahrensbeschleunigung. Vor allem der Zeitgewinn trägt zu einem rechtskonformen Vollzug 3 im Rahmen kurzer Bearbeitungsfristen für die zuständige Behörde bei, die über eine Zustimmung innerhalb von zwei Monaten entscheidet (§ 10 Absatz 2), UER-Nachweise innerhalb von vier Wochen freigibt (§ 19 Absatz 3) und Verifizierungsberichte innerhalb von einem Jahr abschließend prüft (§ 44 Absatz 2).

4 Während bereits § 3a Absatz 1 VwVfG eine Übermittlung elektronischer Dokumente zulässt, setzt nach § 3a Absatz 2 eine die vorgeschriebene Schriftform ersetzende elektronische Form die Nutzung einer qualifizierten elektronischen Signatur voraus. § 47 geht über diese Möglichkeiten hinaus, indem die elektronische Form ausschließlich und unter spezifischen Bedingungen an die Stelle von § 3a VwVfG tritt. Die Frage, ob dafür auch eine qualifizierte elektronische Signatur vorliegen muss, liegt hier in der Entscheidung der zuständigen Behörde über die Art der elektronischen Kommunikation. Die spezialrechtliche Ermächtigung der Behörde zur Konkretisierung der elektronischen Kommunikation ist nach § 3a Absatz 2 VwVfG eröffnet, weil die dort genannten Regelungen nur gelten, sowie nicht durch Rechtsvorschrift etwas anderes bestimmt ist. Das Vorschreiben der elektronischen Form nach Absatz 1 kann zwar für die Betroffenen höhere technische und finanzielle Anforderungen mit sich bringen, andererseits steht dem neben den Effizienzgewinnen auch die Tatsache gegenüber, dass seit dem im Jahr 2000 eingeführten § 3a VwVfG die elektronische Kommunikation größere Verbreitung und technische Weiterentwicklung erfahren hat, so dass anzunehmen ist, dass die Betroffenen die Anforderungen ohne weitere Hürden umsetzen können (so auch Hardach → TEHG § 23 Rn. 5).

5 Sollte das Umweltbundesamt von den in § 47 genannten Möglichkeiten Gebrauch machen, gelten dann insbesondere für den Zugang von Anträgen besondere Verfahrensbedingungen. Das bedeutet vor allem, dass bei einer vorgeschriebenen elektronischen Form Projektanträge und Vorlagen von Verifizierungsberichten erst zu dem Zeitpunkt als formwirksam eingereicht gelten, zu dem sie mit der notwendigen elektronischen Form vorliegen (Hardach → TEHG § 23 Rn 19 ff). Daher können auch nur formwirksam eingereichte Anträge und Unterlagen Bearbeitungsfristen für die Behörde einleiten (vgl. die in Rn 3 genannten Fristen).

II. Absatz 2

6 Für den Fall, dass das Umweltbundesamt die elektronische Form vorschreibt, kann ergänzend dazu nach Absatz 2 auch eine bestimmte Verschlüsselung sowie die Eröffnung eines Zugangs für die Übermittlung elektronischer Dokumente vorgeschrieben werden. Dies dient der Datensicherheit und der Wahrung von Geschäftsgeheimnissen bei einer elektronischen Kommunikation zwischen Projektträger und Behörde. Wie auch mit § 23 TEHG sollen die damit die Sicherheit der Übertragung und die Authentizität der übermittelten Dokumente gewährleistet werden (vgl. dazu Hardach → TEHG § 23 Rn. 2).

III. Absatz 3

7 Durch Absatz 3 wird ein einheitliches Verfahren geschaffen, um die Antragsbearbeitung zu vereinfachen. Die Vereinheitlichung der zu übermittelnden Dokumentationen schafft zum einen eine verlässliche Klarheit bei Projektträgern, welche Informationen wie bereitgestellt werden müssen. Zum anderen ermöglichen einheitlich vorliegende Informationen im Vollzug des Umweltbundesamtes eine effiziente Prüfung und Bescheidung von Anträgen.

IV. Absatz 4

Nach Absatz 4 ist die Vorlage auch zusätzlicher Dokumente, die in Ergänzung der Formatvorlagen übermittelt werden, unter Beachtung der Formvorschriften des Absatzes 3 möglich. Absatz 4 stellt damit sicher, dass auch zusätzlich notwendige, nachzureichende Dokumente der gleichen Form wie die ursprünglichen Dokumente entsprechen. 8

V. Absatz 5

Das Umweltbundesamt macht etwaige Anordnungen nach Absätzen 1 bis 3 im Bundesanzeiger bekannt. Absatz 5 dient der Transparenz. Damit werden alle Beteiligten einheitlich über das behördliche Verfahren und die technischen Anforderungen informiert. Eine entsprechende Veröffentlichung im Bundesanzeiger stellt eine Anordnung für eine Vielzahl von bestimmten oder zumindest bestimmbaren Adressaten dar und ist daher als Allgemeinverfügung iSd § 35 Satz 2 VwVfG zu qualifizieren (so auch Hardach → TEHG § 23 Rn. 20). Als derartige Allgemeinverfügung gelten die Regeln zur Bekanntgabe nach § 41 Absatz 3 VwVfG, daher darf die Anordnung der elektronischen Form öffentlich durch Veröffentlichung im Bundesanzeiger bekannt gegeben werden (siehe dazu Stelkens in Stelkens/Bonk/Sachs, VwVfG § 41 Rn 273a). 9

VI. Absatz 6

Absatz 6 enthält allgemeine Vorgaben hinsichtlich der Amtssprache im Rahmen behördlicher Verfahren. Grundsätzlich ist nach § 23 Absatz 1 VwVfG Amtssprache deutsch. Bei den in Absatz 6 zitierten Kyoto-Projekttätigkeiten, für die von diese Amtssprache Ausnahmen möglich sind, handelt es sich gemäß der Legaldefinition in § 2 Nr. 7 um Projekttätigkeiten nach § 2 Nr. 12 ProMechG. Dies wiederum sind Projekte entsprechend den Voraussetzungen des Artikel 6 oder Artikel 12 des Kyoto-Protokolls und den im Anhang zum ProMechG abgedruckten Beschlüssen der Konferenz der Vertragsparteien des Übereinkommens. Gemeint sind damit zum einen gemeinsame Projektumsetzungen nach § 3 ProMechG, die im Kyoto-Protokoll als „Joint Implementation (JI)“ firmieren, zum anderen Projekte im Rahmen des Mechanismus für umweltverträgliche Entwicklung nach § 8 ProMechG, die im Kyoto-Protokoll als „Clean Development Mechanism (CDM)“ firmieren. Wegen des starken internationalen Bezugs dieser Projekte laufen derartige Prozesse verfahrensmäßig auch unter der Kontrolle des UN Klimasekretariats, so dass wesentliche Projektdokumentationen und -prüfungen gewöhnlich in englischer Sprache vorliegen. Um Projektträgern eine Verfahrensvereinfachung zukommen zu lassen, eröffnet hierbei Absatz 6 die Möglichkeit, diese Dokumentationen nach Ermessen des Umweltbundesamtes auch ohne Übersetzung, wie eigentlich nach § 23 Absatz 2 VwVfG gefordert, einreichen zu können. 10

§ 48 *(weggefallen)*

§ 49 Aufbewahrung von Unterlagen, Umgang mit Informationen

(1) **Projektträger müssen alle Unterlagen und Daten der Überwachung, auf deren Basis ein Verifizierungsbericht erstellt wurde, für einen Zeitraum von fünf Jahren aufbewahren. Die Aufbewahrungsfrist beginnt mit dem Abschluss des Verfahrens beim Umweltbundesamt.**

(2) **Validierungs- und Verifizierungsstellen müssen die Unterlagen zur Validierung und Verifizierung der von ihnen geprüften Projekttätigkeiten für einen Zeitraum von fünf Jahren aufbewahren. Die Aufbewahrungsfrist beginnt mit dem Abschluss des Verfahrens beim Umweltbundesamt.**

(3) **Soweit Validierungsstellen und Verifizierungsstellen Aufgaben nach dieser Verordnung wahrnehmen, gelten sie als informationspflichtige Stellen nach § 2 Absatz 1 Nummer 2 des Umweltinformationsgesetzes in der Fassung der Bekanntmachung vom 27. Oktober 2014 (BGBl. I S. 1643) in der jeweils geltenden Fassung.**

(4) **Das Umweltbundesamt bewahrt folgende Angaben und Unterlagen für einen Zeitraum von fünf Jahren auf:**

1. die Anträge auf Zustimmung,
2. die Verifizierungsberichte,
3. die Anträge zur Kontoeröffnung und
4. die Angaben zur Benennung eines Kontobevollmächtigten.

Die Aufbewahrungsfrist beginnt mit dem Abschluss des Verfahrens beim Umweltbundesamt.

(5) **Bei Projekttätigkeiten endet das Verfahren mit der Rückgabe oder Verwertung der Sicherheitsleitung nach § 25 oder der Einstellung eines Verfahrens. Bei Registerverfahren ohne Projektbezug endet das Verfahren mit der Schließung des Kontos. Sollte ein Rechtsmittelverfahren anhängig sein, verlängern sich die Aufbewahrungsfristen bis zu dessen Abschluss.**

I. Allgemeines

Die Norm regelt Aufbewahrungsfristen sowohl für Projektträger als auch für Validierungs- und Verifizierungsstellen sowie dem Umweltbundesamt. Damit wird erreicht, dass für jeden Vorgang im Rahmen der UERV einheitliche Aufbewahrungsfristen von fünf Jahren für alle Personen gelten. Generell ist für alle Betroffenen ein Zeitraum von fünf Jahren als Aufbewahrungsfrist statuiert. 1

Die Aufbewahrungspflicht des Projektträgers nach Absatz 1 bezieht sich auf alle Unterlagen und Daten der Überwachung, auf deren Basis ein Verifizierungsbericht erstellt wurde. Die Pflicht folgt damit unmittelbar aus der Verordnung und bedarf keiner gesonderten Anordnung der zuständigen Behörde. Wenn die Behörde allerdings die Gefahr einer Pflichtverletzung sieht, darf sie die zur Pflichterfüllung notwendigen Anordnungen treffen (siehe Hansmann/Pabst zu Aufbewahrungspflichten im Immissionsschutzrecht → BImSchG § 31 Rn. 36). Da die Pflicht zudem an den Projektträger adressiert ist, der auch die Zustimmung beantragt und die Ausstellung von UER-Nachweisen auf Basis vorgelegter Verifizierungsberichte vollzieht, besteht für die Behörde die Pflicht einer vorgelagerten Prüfung, dass der Projektträger diese Pflicht rechtskonform umsetzt. Grundlage hierfür bietet § 11, nach dem bereits die Zustimmung zu versagen ist, wenn Tatsachen die Annahme rechtfertigen, dass der Projektträger nicht die notwendige Gewähr für die 2 ordnungsgemäße Durchführung der Projekttätigkeit, insbesondere für die Erfüllung der Pflichten nach dieser Verordnung, bietet. Weist der Projektträger keine Vorkehrungen für eine entsprechende Aufbewahrung nach, begründet dies die Annahme einer nicht ordnungsgemäßen Umsetzung der verordnungsrechtlichen Pflichten. Daraus ergibt sich ein zwingender Ablehnungsgrund für eine Zustimmung zur Projekttätigkeit.

3 Nach Absatz 4 gelten für das Umweltbundesamt die gleichen Aufbewahrungsfristen bezogen auf Angaben und Unterlagen der Anträge auf Zustimmung (Nr. 1), der Verifizierungsberichte (Nr. 2), der Anträge auf Kontoeröffnung (Nr. 3) sowie der Angaben zur Benennung eines Kontobevollmächtigten (Nr. 4). In der früheren Fassung von Absatz 4 bezog sich diese Aufbewahrungspflicht auch noch auf die UER-Nachweise einschließlich der Transaktionsdaten (Nr. 5 alte Fassung). Diese Daten wurden in der Neufassung v. 12.11.2021 aus der Aufbewahrungspflicht gestrichen, weil diese den Regelungen aus §§ 28 Absatz 1 Satz 3 und 29 Absatz 2 Satz 2 zuwiderläuft; denn nach diesen Vorschriften müssen die UER-Nachweise mit zugehörigen Transaktionsdaten dauerhaft gespeichert werden. Zudem ist die Speicherung der Transaktionsdaten notwendig, um die Integrität und Sicherheit des Registers zu gewährleisten.

4 Der Beginn der Aufbewahrungsfrist wird einheitlich sowohl für Projektträger nach Absatz 1 Satz 2, für Validierungs- und Verifizierungsstellen nach Absatz 2 Satz 2 und für das Umweltbundesamt in Absatz 4 Satz 2 definiert mit dem Abschluss des Verfahrens beim Umweltbundesamt. In der früheren Fassung von § 49 war der Beginn der Aufbewahrungsfristen für Projektträger und Validierungs- und Verifizierungsstellen noch an unterschiedliche Merkmale geknüpft, nämlich einmal an die Vorlage des Verifizierungsberichts (Absatz 1 Satz 2 alte Fassung), einmal an die Vorlage des Validierungs- und Verifizierungsberichts (Absatz 2 Satz 2 alte Fassung). Mit der Neufassung v. 12.11.2021 ist diese Differenzierung aufgehoben worden. Fortan gilt damit eine gleichlaufende Frist mit gleichem Fristbeginn sowohl für Projektträger als auch für Validierungs- und Verifizierungsstellen.

5 Der Abschluss des Verfahrens im Sinne von Absatz 1 Satz 2 und Absatz 2 Satz 2 und damit der Fristbeginn ist in Absatz 5 näher definiert. Nach Absatz 5 Satz 1 endet das Verfahren bei Projekttätigkeiten mit der Rückgabe oder Verwertung der Sicherheitsleistung nach § 25 oder der Einstellung des Verfahrens. Die Sicherheitsleistung wird nach § 25 Absatz 1 Satz 1 nach Abschluss der Kontrolle nach § 44 Absatz 2 freigegeben. Gemäß § 44 Absatz 2 überprüft das Umweltbundesamt innerhalb eines Jahres nach Abschluss des Anrechnungszeitraums die Verifizierungsberichte. Der Anrechnungszeitraum seinerseits ist definiert in § 5 Absatz 1 als der Zeitraum, für den UER-Nachweise ausgestellt werden sollen. Er beträgt nach § 5 Absatz 2 ein Jahr, ist vom Projektträger gemäß § 15 Absatz 1 mitzuteilen und beginnt nach § 15 Absatz 2 frühestens am Tag dieser Mitteilung. Infolgedessen richten sich die Aufbewahrungsfristen nach Absätzen 1 und 2 nach dem von Projektträger angegebenen Anrechnungszeitraum. Wenn beispielsweise der Projektträger am 1.3.2021 eines Jahres die Zustimmung zur Projekttätigkeit erhalten hat, kann die Anrechnungszeit frühestens am 2.3. beginnen und läuft dann bis 1.3.2022. Dann hat das Umweltbundesamt gemäß § 44 Absatz 2 ein Jahr Prüfzeit, also bis zum 1.3.2023. Mithin würden die Aufbewahrungsfristen in diesem Beispiel am 1.3.2028 enden.

6 Diese Frist verlängert sich allerdings, wenn Unrichtigkeiten im Verifizierungsbericht festgestellt werden. In diesem Fall wird nämlich die Sicherheitsleistung nach § 25 Absatz 1 Satz 2 erst nach der Löschung zusätzlicher UER-Nachweise nach § 24 Absatz 2 Nr. 2 freigegeben und nicht schon nach Ende Prüffrist aus § 44 Absatz 2. Da die Situation in der Verordnung vorgesehen ist, dass diese zusätzlichen UER-Nachweise zur Löschung erst noch vom Projektträger auf Anordnung des Umweltbundesamtes gemäß § 24 Absatz 3 beschafft werden müssen, erfolgt die Freigabe der Sicherheitsleistung in diesem Fall erst

dann, wenn diese zusätzlichen UER-Nachweise vom Projektträger auf sein Konto übertragen und vom Umweltbundesamt gelöscht sind. Da Absatz 5 Satz 1 den Beginn der Aufbewahrungsfristen an das Ende des Verfahrens knüpft, ist in diesen Fällen das Verfahren erst mit der ergänzenden Löschung von UER-Nachweisen und anschließender Freigabe der Sicherheitsleistung beendet. Daher kann hier der Beginn der Aufbewahrungsfrist zeitlich hinter dem Ende der Prüffrist nach § 44 Absatz 2 liegen.

Bei Registerverfahren ohne Projektbezug endet das Verfahren mit der Schließung des **7** Kontos. Dieser Fall betrifft Registerkonten, die ohne direkte Verbindung zu einer Projekttätigkeit eingerichtet worden sind. Er bezieht sich daher auf die Möglichkeit aus § 26 Absatz 1, dass neben Projektträgern auch Verpflichtete ein Konto erhalten können. Verpflichtete sind in § 2 Absatz 11 legal definiert als die im Sinne des § 37a Absatz 2 des Bundes-Immissionsschutzgesetzes Verpflichteten. Bei diesen Konten ist folglich der Beginn der fünfjährigen Aufbewahrungsfrist die Schließung des Kontos.

Die Fristen verlängern nach Absatz 5 Satz 3 bei Anhängigkeit eines Rechtsmittelverfah- **8** rens bis zu dessen Abschluss.

§ 50 Datenübermittlung

(1) **Soweit es zur Durchführung dieser Verordnung oder zur Erfüllung von Berichtspflichten der Bundesregierung erforderlich ist, dürfen das Umweltbundesamt und die Biokraftstoffquotenstelle UER-Nachweise, Berichte über die durchgeführten Kontrollen sowie Informationen über die Höhe der zur Erfüllung der Verpflichtung zur Treibhausgasminderung angerechneten Upstream-Emissionsminderungen übermitteln, und zwar an**

1. folgende Bundesbehörden:

a) das Bundesministerium für Umwelt, Naturschutz und nukleare Sicherheit,

b) das Bundesministerium der Finanzen und die ihm nachgeordneten Behörden,

c) die Biokraftstoffquotenstelle,

d) das Umweltbundesamt,

2. Behörden von anderen Mitgliedstaaten der Europäischen Union sowie von Drittstaaten und die von ihnen jeweils mit der Nachweisführung beauftragten Stellen,

3. Organe der Europäischen Union und

4. die in den nicht-legislativen Leitlinien[1] der Europäischen Kommission genannte zentrale Datenbank.

(2) **Die Übermittlung von Daten nach Absatz 1 Nummer 2 und 3 erfolgt in Abstimmung mit dem Bundesministerium für Umwelt, Naturschutz und nukleare Sicherheit.**

I. Allgemeines

1 Die Vorschrift regelt Näheres zur Datenübermittlung an andere öffentliche Stellen. Ausdrücklich zugelassen wird damit nach Absatz 1 Nr. 1 die Datenübermittlung innerhalb der Bundesverwaltung an das Umweltministerium, das Finanzministerium einschließlich die ihm nachgeordneten Behörden, an die Biokraftstoffquotenstelle sowie an das Umweltbundesamt selbst. Der Verweis auf das Finanzministerium und seiner nachgeordneten Behörden bezieht sich insbesondere auf das ihm nachgeordnete Hauptzollamt Frankfurt (Oder). Dieses Hauptzollamt ist zuständige Stelle iSd § 8 36.BImSchV und damit gemäß Begriffsdefinition in § 2 Absatz 13 die Biokraftstoffquotenstelle.

2 Die Weitergabe von Daten innerhalb der Bundesverwaltung ist erforderlich mit Blick auf die Anrechnung der UER-Nachweise auf die Quote sowie mit Blick auf die Ausübung der Rechts- und Fachaufsicht des Umweltministeriums gegenüber dem Umweltbundesamt. Zudem ist ein Austausch von Daten des die Projekte vollziehenden Umweltbundesamtes mit der Biokraftstoffquotenstelle wichtig, da die Biokraftstoffquotenstelle zwar als zuständige Stelle (siehe Rn 1) die Einhaltung der Kraftstoffquote überwacht, aber keine eigenständige Prüfkompetenz zu Upstream-Emissionsminderungen hat.

3 Absatz 1 Nr. 2 erstreckt die Datenübermittlung zudem auf Behörden von anderen Mitgliedstaaten der EU sowie von Drittstaaten und die dort mit der Nachweisführung beauftragten Stellen, auf Organe der EU sowie auf die in den nicht-legislativen Leitlinien der Europäischen Kommission genannten zentralen Datenbank.

[1] Die nicht-legislativen Leitlinien können unter dem folgenden Link abgerufen werden: https://ec.europa.eu/clima/sites/clima/files/guidance_note_on_uer_en.pdf

4 Die mögliche Datenübermittlung nach Absatz 1 Nr. 2 an europäische Stellen dient zunächst der Erfüllung von Berichtspflichten an die Europäische Kommission gemäß Richtlinie 98/70/EG und Richtlinie (EU) 2015/652.

5 Die Weitergabe an Behörden anderer Mitgliedsstaaten ist zudem notwendig, um die in § 7 Absatz 2 Nr. 2 lit. b statuierte Anforderung prüfen zu können, dass für Upstream-Emissionsminderungen in keinem anderen Mitgliedstaat ein Antrag mit dem Ziel der Anrechnung zur Erfüllung von Verpflichtungen gestellt worden ist. Der unmittelbare Austausch von Daten ist vor allem erforderlich, da bis jetzt keine zentrale Datenbank innerhalb der EU zu UER-Projekten oder -Nachweisen existiert. Ferner ist ein Austausch mit Mitgliedstaaten notwendig, falls eine Ausbuchung von Nachweisen zugunsten eines anderen Mitgliedstaates erfolgt, damit die nach der Richtlinie (EU) 2015/652 zu erhebenden Informationen auch den Behörden in den anderen Mitgliedstaaten, in denen die Anrechnung von Upstream-Emissionsminderungen erfolgen soll, vorliegen.

6 Die nicht-legislativen Leitlinien in Absatz 1 Nr. 4 können unter dem folgenden Link abgerufen werden: https://ec.europa.eu/clima/sites/clima/files/guidance_note_on_uer_en.pdf.

Eine Weitergabe an die dort genannte zentrale Datenbank ist erforderlich, um Mehrfachanrechnungen von Upstream-Emissionsminderungen in verschiedenen Mitgliedstaaten zu verhindern. Eine zentrale Datenbank, die zur Zeit allerdings noch nicht existiert, ist das effektivste Instrument zur Erreichung des Ziel, Doppelnutzungen innerhalb der EU zu verhindern, da über eine zentrale Datenbank automatisierte Abgleiche laufen können.

7 Die Datenübermittlung erfordert nach Absatz 2 in allen Fällen eine Abstimmung mit dem Umweltministerium.

§ 51 Bericht

Das Umweltbundesamt evaluiert diese Verordnung regelmäßig und legt der Bundesregierung ab dem Jahr 2021 jährlich zum 31. Juli einen Erfahrungsbericht vor.

Das Umweltbundesamt legt, analog zum von der Bundesanstalt für Landwirtschaft und Ernährung im Rahmen der Biokraftstoff-Nachhaltigkeitsverordnung vorgelegten Evaluationsbericht –, jährlich zum 31. Juli einen Erfahrungsbericht vor, der sich insbesondere auf das vorangegangene Berichtsjahr bezieht. Zu diesem Erfahrungsbericht gehören Daten zum Vollzug wie Antragszahlen sowie zum Umfang der freigegebenen UER-Nachweise. 1

Teil 5. Schlussbestimmungen

§ 52 Inkrafttreten

Diese Verordnung tritt am Tag nach der Verkündung in Kraft.

Die Verordnung ist verkündet worden am 29.1.2018 (BGBl I 169). Daher ist das Inkrafttreten am 30.1.2018 erfolgt. 1

Für handschriftliche Notizen

Für handschriftliche Notizen

Für handschriftliche Notizen

Für handschriftliche Notizen